Gottes Wort in die Zeit
25 Jahre Erzbischof Friedrich Kardinal Wetter

Gottes Wort in die Zeit

25 Jahre Erzbischof
Friedrich Kardinal Wetter

Silvesterpredigten und Chronik
der Erzdiözese München und Freising
1982 – 2007

Herausgegeben von Peter Pfister
im Auftrag
des Metropolitankapitels München

Verlag Sankt Michaelsbund

Der Verlag Sankt Michaelsbund im Internet:
www.st-michaelsbund.de

ISBN 978-3-939905-08-0
Erste Auflage

Printed in Germany.

Redaktion und Lektorat: Guido Treffler M.A.
Umschlaggestaltung: Rudolf Kiendl, unter Verwendung
einer Fotografie von Thomas Klinger, München
Layout und Satz: Rudolf Kiendl, München
Druck und Bindung: Friedrich Pustet KG, Regensburg

Inhalt

Pax vobis

Der Friede sei mit euch

Das Metropolitankapitel München im November 2007:

Oben (v.l.n.r.): Dompropst Engelbert Siebler, Weihbischof; Dr. Bernhard Haßlberger, Weihbischof, Referent für Liturgie und Kirchenmusik; Dr. Franz Dietl, Weihbischof; Domdekan Dr. Lorenz Wolf, Prälat, Offizial.

Mitte (v.l.n.r.): Dr. Robert Simon, Apostolischer Protonotar, Ständiger Vertreter des Apostolischen Administrators; Dr. Sebastian Anneser, Prälat, Finanzdirektor; Josef Obermaier, Prälat, Seelsorgereferent; Lorenz Kastenhofer, Msgr., Leiter des Referates Orden und Berufungspastoral.

Unten (v.l.n.r.): Erich Pfanzelt, Prälat, Schulreferent; Dr. Wolfgang Schwab, Prälat, Personalreferent; Wolfgang Huber, Msgr., Dompfarrer, Leiter des Referates Weltkirche und Fremdsprachige Seelsorge; Klaus-Peter Franzl, Stellvertreter des Ständigen Vertreters des Apostolischen Administrators.

Lorenz Wolf

Geleitwort

„Die Medien halten in diesen Tagen Rückschau auf das verflossene Jahr und führen uns das Jahr nochmals vor Augen. Es ist erstaunlich, was in diesen zwölf Monaten alles geschehen ist. Dabei machen wir wohl alle die Erfahrung: In der Rückschau verliert vieles seine Wichtigkeit. Das gilt auch für unser persönliches Leben."
Mit diesen Worten begann Friedrich Kardinal Wetter seine 25. Silvesterpredigt im Dom zu Unserer Lieben Frau in München.
Die Silvesterpredigten hatten für ihn in der gesamten Zeit seines Wirkens eine herausragende Bedeutung. Kardinal Wetter hat in der ihm eigenen Kontinuität immer darauf geachtet, beim Jahreswechsel, wenn die Schwelle zu einem neuen Jahr überschritten wird, inne zu halten, um sich des Vergangenen zu vergewissern und sich auf die kommende Zeit zu orientieren.
Seine Aussage, dass in der Rückschau vieles seine Wichtigkeit verliert, entspricht sicher der Erfahrung, wie jeder sie hat, und doch gewinnt vieles neu an Bedeutung, wenn das Gewohnte sich plötzlich verändert, wenn das Zurückliegende nicht einfach weitergeht, sondern eine Veränderung greifbar sich abzeichnet.

Eine solche Veränderung kündigte Friedrich Kardinal Wetter der Öffentlichkeit an, als er die Annahme seines im Jahre 2002 Papst Johannes Paul II. angetragenen Amtsverzichtes bekannt gab und sein Amt als Erzbischof von München und Freising am 2. Februar 2007, dem Fest Maria Lichtmess, in die Hände Papst Benedikt des XVI. zurückgab.
Aus Dankbarkeit gegenüber dem Heiligen Vater und aus seiner Verbundenheit mit ihm, wie mit den Gläubigen des Erzbistums, hat er sich bereit erklärt, den ihm angetragenen Dienst der Diözesanleitung bis zur Ernennung eines neuen Erzbischofs zu übernehmen und das Bischofsamt im Erzbistum München und Freising als der von Papst Benedikt bestellte Apostolische Administrator auszuüben.
Mit wenigen Worten wurde von ihm deutlich gemacht, dass sich die Erzdiözese an der Schwelle zur Neubesetzung des Bischofsstuhls befindet, da er in absehbarer Zeit den Hirtenstab, den er am 8. Dezember 1982 als 73. Nachfolger des heiligen Korbinian aus der Hand seines Vorgängers Joseph Kardinal Ratzinger, dem derzeitigen Inhaber des

Petrusamtes, übernommen und nunmehr 25 Jahre mit fester Hand geführt hat, in die Hände seines Nachfolgers übergeben wird.

An dieser Schwelle gehen, wie bei einem Jahreswechsel, die Gedanken zurück und führen uns die verflossenen 25 Jahre noch einmal vor Augen. Vieles, was an Wichtigkeit verloren hatte, gewinnt neu an Bedeutung.
Friedrich Kardinal Wetter hat die Erzdiözese München und Freising und die Kirche weit darüber hinaus geprägt. Wie eine ganze Generation bis vor kurzem aus eigenem Erleben keinen anderen Papst kannte als Johannes Paul II., so kennt eine ganze Generation in München keinen anderen Erzbischof als ihn.
Vieles von dem, was den Quellgrund seiner Verkündigung und seines Lebenszeugnisses als Hirte des Volkes Gottes bildete, spiegelt sich wider in den Veröffentlichungen von ihm und über ihn. Seine intensive Gottesbeziehung, die Freundschaft mit Christus, die würdige Feier der Sakramente, das Leben im Kirchenjahr, das Vorbild der Heiligen, die Gemeinschaft der Gläubigen, die Begegnung mit allen Menschen, die Sorge um eine gute Zukunft der Gesellschaft und der ganzen Welt kommen in den Büchern, in seinen Hirtenbriefen und in seinen Predigten zum Ausdruck.
Unzählige Menschen haben Kardinal Wetter nicht nur von der Ferne gesehen, sondern haben ihn in persönlichen Begegnungen kennen gelernt, seine Hirtensorge hautnah gespürt und schätzen seine Verlässlichkeit. Dass sein Handeln niemals dem Zufall überlassen war, sondern immer Ergebnis einer kontinuierlichen Suche nach dem Guten, dem Richtigen und dem Wahren, lässt sich sehr deutlich in seinen Silvesterpredigten aufspüren. Daher hat sich das Metropolitankapitel entschlossen, alle 25 Predigten zu veröffentlichen und die darin enthaltenen Grundanliegen noch einmal in Erinnerung zu rufen.

Die vorliegende Festschrift ist als Dank zu verstehen für den gemeinsamen Weg und das vertrauensvolle Miteinander. In hoher Achtung wird sie getragen vom Metropolitankapitel, in dem jeder Einzelne wie das gesamte Gremium einen vertrauensvollen und wohlwollenden Umgang mit Erzbischof Friedrich Kardinal Wetter erleben durfte, der ein konstruktives Ringen um gute Entscheidungen möglich machte.
Die Grundlinien der 25-jährigen Amtszeit herauszuarbeiten hat mit Prof. Dr. Alois Baumgartner der Vorsitzende des Diözesanrates übernommen, der aus Sicht der Beratungsgremien einen Blick auf die Entwicklungen in dieser Zeit eröffnet.
Dass Kardinal Wetter keine Neigung zu einsamen Entscheidungen hat, zeigte sich all die Jahre bis heute unverändert in vielen Konsultationsprozessen in den Beratungsgremien,

unabhängig davon, ob diese auf Dauer oder für bestimmte Aufgaben, gewählt oder berufen an Entscheidungen mitwirkten. Sein stets hoher Respekt vor Widerspruch und anderer Überzeugung und seine Geduld haben dabei sicher schon viele beeindruckt. In dieser Grundhaltung konnte es ihm gelingen, verschiedenste Menschen zusammenzuführen unabhängig von Ansehen, Herkunft oder Amt. So wurde aus dem Oberhirten der Erzdiözese ein Weggefährte, der zuverlässig Wegweiser und Begleiter gleichzeitig sein konnte.
In den Silvesterpredigten wird dies deutlich. Darum wurde nicht eine Reihe von Autoren bemüht, um über die vergangenen 25 Jahre von Friedrich Kardinal Wetter als Erzbischof von München und Freising zu schreiben. Mit seinen Predigten kommt er vielmehr selbst zu Wort. So bleiben seine Gedanken und Überzeugungen als Auftrag für die Zukunft an uns zur Gestaltung der Welt, die an der Schwelle zur Amtsübergabe eine gute Weichenstellung bilden. Friedrich Kardinal Wetter hat es am Fest Maria Lichtmess 2007 trefflich formuliert: „Möge Gottes Segen darauf ruhen.“

München, den 8. Dezember 2007,
dem Hochfest der ohne Erbsünde empfangenen
Jungfrau und Gottesmutter Maria

Prälat Dr. Lorenz Wolf
Domdekan

Peter Pfister

Vorwort

Am 2. Februar 2007 nahm Papst Benedikt XVI. das Resignationsgesuch von Erzbischof Friedrich Kardinal Wetter auf die Erzdiözese von München und Freising an und bestellte ihn zum selben Zeitpunkt zum Apostolischen Administrator der Erzdiözese bis zur Neubesetzung. Friedrich Wetter war am 28. Oktober 1982 zum Erzbischof von München und Freising ernannt und am 12. Dezember 1982 in der Münchener Frauenkirche in sein neues Amt eingeführt worden. Mit dem Amt des Erzbischofs von München und Freising hatte Wetter zugleich den Vorsitz der Freisinger Bischofskonferenz übernommen, der er schon seit 1968 als Bischof von Speyer angehörte.
Diese rund 25 Jahre währende Tätigkeit von Friedrich Kardinal Wetter als Erzbischof von München und Freising sind der Anlass für das Münchener Metropolitankapitel und die Bistumsleitung, das Archiv des Erzbistums zu beauftragen, eine Festschrift herauszugeben. Dabei erscheint es angezeigt, den Erzbischof als eine in der Öffentlichkeit stehende Person der Zeitgeschichte durch sein Wort in die Zeit selbst zu hören. Gerade in den Silvesterpredigten kommen diese „Zeitansagen" des Erzbischofs von München und Freising deutlich zum Ausdruck. Aus diesem Grund versammelt die vorliegende Festschrift alle 25 Predigten, die Erzbischof Friedrich Kardinal Wetter jeweils am letzten Tag des Jahres zumeist im Münchener Dom gehalten hat.

In diesen Predigten werden von Kardinal Wetter grundlegende Fragen, die den Auftrag der Kirche in Gesellschaft und Staat berühren, zur Sprache gebracht. Sein Eintreten für den Schutz des ungeborenen Lebens und eine ungeschmälerte Qualität und Bedeutung der von der Katholischen Kirche getragenen Schwangerenberatung findet weit über die Kirche hinaus Anerkennung. Seine Position in der Auseinandersetzung um das umstrittene Karlsruher Kruzifixurteil, die er 1995 vor mehr als 30000 Menschen bei einer Großdemonstration auf dem Münchener Odeonsplatz vortrug, wirkt nachhaltig.
Wetter hat den Standpunkt der Menschenrechte in der Diskussion um die Asylgesetzgebung und um die Arbeitslosigkeit, aber auch in Fragen der Gentechnik und Biomedizin nachdrücklich immer wieder vertreten. Dies scheint auch in den Silvesterpredigten auf.

Erzbischof Friedrich Kardinal Wetter setzte von Anfang an mit der jährlich am letzten Tag des Jahres gehaltenen Silvesterpredigt eine Tradition fort, die bereits unter seinen Vorgängern zu einer festen Einrichtung geworden war. Es sei in diesem Zusammenhang erinnert an die Adventspredigten im Jahr 1933 „Judentum, Christentum, Germanentum", die Kardinal Michael von Faulhaber gehalten hat. Vom 1. bis zum 4. Adventsonntag 1933 stieg Faulhaber auf die Kanzel von St. Michael in München, um über die religiösen, sittlichen und sozialen Werte des Alten Testaments sowie über den Eckstein zwischen Judentum und Christentum, Jesus Christus, zu sprechen. Diesen so genannten vier Adventspredigten folgte die Silvesterpredigt 1933 mit dem Titel „Christentum und Germanentum", die auf die Stilisierung eines Germanenkultes durch die nationalsozialistische Ideologie gegen ein angeblich undeutsches Christentum zielte. Schon damals waren die Adventspredigten so gut besucht, dass sie durch Lautsprecher in die Bürgersaalkirche und in die Studienkirche (Karmeliterkirche) übertragen werden mussten. Die Kirchen waren dabei bis auf den letzten Platz gefüllt. Die Zuhörerschaft soll neben Katholiken auch aus Protestanten und Juden bestanden haben.
Joseph Kardinal Wendel führte diese Tradition fort. Seine letzte Silvesterpredigt hielt er im Jahr 1960. Kurz nachdem er in einem Rückblick die Wirkung des Eucharistischen Weltkongresses 1960 am Silvestertag geschildert hatte, verstarb er in seinen Privatgemächern.
Geradezu programmatisch zur Gattung Silvesterpredigt sind die Äußerungen von Julius Kardinal Döpfner (1961-1976): „Eine Silvesterpredigt steht im Zeichen der Jahreswende; sie hält rückblickend besinnlich inne und will Anregung geben für einen weiten Weg und zwar für den Raum der Kirche, für unser Leben aus der Berufung in Christus" (1965). 1966 stellte er die Frage: „Warum ist eigentlich in unseren Gemeinden die Silvesterandacht, die Silvesterpredigt im allgemeinen so gut und oft ungewöhnlich stark besucht? Wir haben offensichtlich das Bedürfnis zum Abschluss eines Jahres aus dem Gleichmaß, aus den Sorgen, der Hetze des täglichen Lebens herauszutreten, zu danken und uns Gedanken zu machen. Wir möchten von einer höheren Warte aus Übersicht gewinnen und Wegweisung erhalten für die nächste Strecke unserer Lebenszeit". Und 1967: „An diesem letzten Abend des zu Ende gehenden Jahres 1967 treten wir aus der dahinströmenden Zeit unseres Alltags mit seinen Sorgen und Freuden, seinen Erlebnissen und Erfahrungen vor unseren Gott und Vater, um ihm zu danken, für alle Führung und allen Beistand in diesem vergangenen Jahr. Wir halten dabei besinnlich inne, prüfen und richten das Auge auf Gottes Maßstäbe und Wegweiser für den Gang in das neue Jahr. Das ist Sinn der Silvesterpredigt und der Jahresschlussandacht. Die Jahresschlusspredigt eines

Bischofs wird dabei oft ihr besonderes Gepräge haben. Von der Warte eines Dieners der Kirche können besonders anstehende Aufgaben und Sorgen in den Blick kommen, die über den Zuhörerkreis hinaus die ganze Bistumsfamilie angehen".
Die Kombination der Jahresschlussandacht mit der Silvesterpredigt haben auch die Erzbischöfe Joseph Kardinal Ratzinger und Friedrich Kardinal Wetter weiter gepflegt. Friedrich Kardinal Wetter hat seine 25 Silvesterpredigten zumeist in der Münchener Frauenkirche gehalten; während anschließend der Dompropst der Jahresschlussandacht vorstand, fuhr der Erzbischof in die benachbarte Münchener St. Michaelskirche, um dort den Eucharistischen Segen zu erteilen. Die Predigt wurde live in die Münchener St. Michaelskirche übertragen, die ebenso wie der Dom stets überfüllt war.
Die Erzbischöfliche Pressestelle hat die Predigttexte mit thematischen Fotos und Abbildungen von Kunstwerken in gedruckten Broschüren vorgelegt, die als Grundlage für die Zusammenschau in dem vorliegenden Werk dienten.

Ein zweiter großer Teil der vorliegenden Festschrift umfasst die Chronik des Erzbistums München und Freising in der Zeit von Erzbischof Friedrich Kardinal Wetter, also von 1982 bis 2007. Für die Zeit von 1982 bis 1995 hat Domvikar Franz Xaver Kronberger im Auftrag des Vereins für Diözesangeschichte eine jährliche Chronik erstellt, die in diesem Turnus auch in den jeweiligen Jahresbänden der Zeitschrift „Beiträge zur altbayerischen Kirchengeschichte" veröffentlicht worden ist. Für die Zeit von 1996 bis 2007 hat der Herausgeber die Erstellung dieser Chronik des Erzbistums übernommen. Während Domvikar Kronberger für die Zeit von 1945 bis 1995 die Chroniken bereits in einem Sammelband vorgelegt hat, erscheinen die übrigen Jahreschroniken zum ersten Mal in ununterbrochener Folge. Der Chronikteil ist dabei so aufgebaut, dass nach Monats- und Jahresablauf die einzelnen Ereignisse der Erzdiözese aufgezeigt werden, so wie sie der jeweilige Chronist als wichtig und bedeutend angesehen hat. Dies hat zur Folge, dass stets eine Auswahl getroffen wurde und es nie beabsichtigt war, eine lückenlose Aufzählung zu veröffentlichen.

So liegt nun mit diesem Band ein kompletter Abdruck aller Silvesterpredigten auf der einen Seite und ein historischer Durchzug in chronikaler Form durch die letzten 25 Jahre der Erzdiözese München und Freising vor. Daraus ergibt sich eine zweifache Sicht auf die Läufe der Zeitgeschichte: Jeweils aus dem Jahresrückblick und aus der Chronik, die gleichförmig Ereignis an Ereignis reiht.

In beiden Teilen wurde redaktionelle Arbeit geleistet. So wurden bei den Silvesterpredigten kurze Erläuterungen zu den politischen Ereignissen, zu den Personen und deren Funktionen, allerdings keinerlei Wertungen und keine weiterführende Literatur etc. in Fußnoten angefügt. Um diverse Texte zum Nachlesen aufzufinden, wurden Internetadressen eingebracht. Erschlossen wird das gesamte Werk durch ein umfassendes Orts-, Personen- und Sachregister, das einen schnellen und verlässlichen Überblick und Einblick in die einzelnen historischen Fakten erlaubt.

Diesen beiden großen Textblöcken „Silvesterpredigten" und „Chronik" wurden ein von Winfried Röhmel, dem Pressesprecher von Erzbischof Friedrich Kardinal Wetter, erarbeitetes Lebensbild des Herrn Kardinals und ein Beitrag von Prof. Dr. Alois Baumgartner, dem Diözesanratsvorsitzenden der Erzdiözese und emeritierten Lehrstuhlinhaber für Christliche Sozialethik an der Katholisch-Theologischen Fakultät der Ludwig-Maximilians-Universität München, zur theologischen Einordnung der Silvesterpredigten vorangestellt.

Während der fotografische Bildteil zu den Silvesterpredigten das Thema „Der Prediger Erzbischof Friedrich Kardinal Wetter" hat, werden für den Chronikteil Schwarzweißbilder, hauptsächlich aus dem Fotobestand der Münchener Kirchenzeitung, herangezogen.

Es ist mir eine angenehme Pflicht, am Ende des Vorworts in vielfältiger Weise zu danken. An erster Stelle ist der Diözesanleitung und dem Metropolitankapitel München zu danken für das Vertrauen, das dem Archiv des Erzbistums (zum wiederholten Male) mit der Beauftragung zur Erstellung der vorliegenden Arbeit entgegengebracht wurde. Mein herzlicher Dank gilt den Autoren des Buches, Herrn Winfried Röhmel und Herrn Prof. Dr. Alois Baumgartner sowie Msgr. Franz Xaver Kronberger. Dem ersten Vorsitzenden des Vereins für Diözesangeschichte Prof. Dr. Anton Landersdorfer ist freundlich dafür zu danken, dass er spontan seine Zustimmung zum Wiederabdruck der Chroniken aus den einzelnen Zeitschriftenbänden „Beiträge zur altbayerischen Kirchengeschichte" gegeben hat. Es ist dem Redaktor, Herrn wiss. Dokumentar Guido Treffler M. A., Erzbischöfliches Archiv München, für seine wiederum sehr umsichtige redaktionelle Bearbeitung herzlich zu danken, die er bereits in den Werken über Julius Kardinal Döpfner und Joseph Kardinal Ratzinger wie auch bei den Kriegs- und Einmarschberichten der Erzdiözese vorzüglich aufscheinen ließ. Schließlich kommt ganz besonderer Dank Frau Lic. theol.

Susanne Kaup M. A. zu, die in mühevoller Kleinarbeit die Register erstellt und dadurch das Gesamtwerk zu einem wertvollen Hilfsmittel zur Erforschung der Diözesangeschichte gemacht hat. – Völlig unkompliziert, wohl aber mit höchster Sach- und Fachkompetenz, hat der stellvertretende Direktor des Sankt Michaelbundes, Herr Rudolf Kiendl, das vorliegende Werk betreut und die Bildauswahl sowie das Layout besorgt. Dafür gebührt ihm ganz besonderer Dank.

Bei einem Festakt anlässlich des 75-jährigen Gründungsjubiläums des Vereins für Diözesangeschichte von München und Freising am 4. Dezember 1999 betonte Erzbischof Friedrich Kardinal Wetter: „‚Wir müssen die Zukunft im Blick haben und die Vergangenheit in den Akten', sagte Talleyrand und Kierkegaard meinte: ‚Wir leben nach vorne, aber wir verstehen von hinten'. Talleyrand und Kierkegaard sind zwei ganz verschiedene Geister, aber sie stimmen darin überein: ‚Um Leben und Zukunft gestalten zu können, braucht man das Wissen um seine Vergangenheit' ".

In diesem Sinn kann auch das vorliegende Werk verstanden werden.

München, den 28. Oktober 2007,
dem Tag der 25. Wiederkehr der Ernennung von Bischof Friedrich Wetter
zum Erzbischof von München und Freising

Dr. Peter Pfister
Diakon
Archivdirektor

Winfried Röhmel

Treue zur Berufung

Friedrich Kardinal Wetter, Erzbischof von München und Freising
Ein Lebensbild

Das Netz ist im Wasser

Friedrich Kardinal Wetter

Im herbstlichen Dämmerlicht der romanischen Krypta des Freisinger Mariendoms versammeln sich am Nachmittag des 3. November 1982 Mitglieder des Metropolitankapitels München mit dem Bischof von Speyer, Friedrich Wetter, zum Gebet. Wetter war wenige Tage zuvor, am 28. Oktober, als Nachfolger von Kardinal Joseph Ratzinger durch Papst Johannes Paul II. zum Erzbischof von München und Freising ernannt worden.

Vor dem Reliquienschrein des heiligen Korbinian, der im 8. Jahrhundert als Wanderbischof im Gebiet um Freising den christlichen Glauben verkündete und als Patron des Erzbistums verehrt wird, bittet Wetter um Gottes Segen für die neue Aufgabe: „Erhalte die Priester und Diakone in Treue zu ihrer Berufung und schenke allen, die sich dem Dienst an den Gemeinden verpflichtet haben, Ausdauer und Freude. Mache unsere Familien zu Heimstätten christlichen Glaubens, damit deine frohe Botschaft der kommenden Generation weitergegeben wird".

Aber Wetter hat auch mögliche Auseinandersetzungen um Kern und Wesen der christlichen Botschaft im Blick, die an ihm nicht vorüber gehen würden. So fügt er die Bitte an: „Und wenn wir, wie der heilige Korbinian, wegen der Treue zu deinen Geboten verlacht und verkannt werden, dann gib uns die Kraft, mit dir das Kreuz zu tragen für das Leben der Welt."

An der Schwelle des christlichen Glaubens in dem schon 739 durch den heiligen Bonifatius im Auftrag des Papstes kanonisch errichteten altbayerischen Bistum Freising ist dieses Gebet eine Art Verlöbnis mit den Priestern, Diakonen, den hauptamtlichen Mitarbeitern in der Seelsorge und allen Gläubigen des Erzbistums, für die er 25 Jahre lang, ein Vierteljahrhundert, als Oberhirte verantwortlich sein wird, nach Kardinal Michael Faulhaber (1917-1952) die längste Amtszeit eines Erzbischofs von München und Freising.

Als Erzbischof steht Friedrich Wetter in einer mehr als 1250 Jahre alten Tradition. Er ist in diesem Amt der 72. Nachfolger des heiligen Korbinian und unmittelbarer Nachfolger von Kardinal Joseph Ratzinger, der seither als Kurienkardinal an der Spitze der Römischen Glaubenskongregation wirkte, am 19. April 2005 als Nachfolger von Papst Johannes Paul II. im Konklave der Kardinäle der katholischen Weltkirche, darunter auch Kardinal Wetter, zum Papst gewählt worden ist, den Namen Benedikt XVI. angenommen und in sein päpstliches Wappen die Attribute seines Heimatbistums, den so genannten Freisinger Mohren und den legendären Bären des heiligen Korbinian aufgenommen hat. Am 12. Dezember 1982 hatte Ratzinger den Bischofsstab an Wetter übergeben, der mit einem Gottesdienst im Münchener Liebfrauendom sein Amt als Erzbischof und damit das vielschichtige bayerische Erzbistum, das an Katholiken zahlenmäßig größte unter den sieben bayerischen Diözesen, offiziell übernahm. Das Erzbistum zählt in drei Seelsorgsregionen 755 Pfarreien mit fast 2 Millionen katholischen Christen.

Geborgenheit in Familie und Kirche

Friedrich Wetter wurde am 20. Februar 1928 als Sohn einer Eisenbahnerfamilie, des Oberlokomotivführers Peter und seiner Frau Hedwig Agnes Wetter in Landau in der Pfalz geboren. Nach zwei Schwestern, Elisabeth Hedwig, der älteren, und Hildegard, der jüngeren, war er das jüngste Kind. Elisabeth trat als Kandidatin in den Dienst der von der Engländerin Mary Ward (1585-1645) gegründeten Congregatio Jesu. 1933 wurde sie als „Mater Immolata" eingekleidet und legte 1935 die Gelübde ab. Von 1976 bis 1984 war sie Generaloberin dieses weltweit tätigen Schulordens, früher „Maria-Ward-Schwestern" oder „Englische Fräulein" genannt. Dank ihrer gründlichen Forschungsarbeit gilt Schwester Immolata als die herausragende Expertin der Institutsgeschichte Mary Wards. Die Geschwister erfuhren die Geborgenheit einer christlich-katholischen Familie. Immer wurde im Kreise der Familie gebetet, wurde das Kirchenjahr mitgelebt. Wenn der Erzbischof in seiner Verkündigung oft an die Mütter appellierte, ihre Kinder zu lehren, die Hände zu falten und mit ihnen zu beten, so war ihm das von der eigenen Mutter her vertraut. Sehr früh, schon in der ersten Volksschulklasse, empfing er die erste heilige Kommunion. Es war dies keine feierliche Erstkommunion, wie damals und auch heute üblich, sondern eine so genannte „Frühkommunion", zu der die Familie selbst das Kind hinführte. Auch an seine erste Bibel kann sich Wetter noch erinnern: eine Bibel mit Text und farbigen Bildern. In Familie und Kirche lernte er das Kirchenjahr mit allen seinen Höhepunkten und Festen kennen und lieben. Im wechselnden Ablauf der Kirchenlieder und in der Verschiedenheit der liturgischen Farben des Messgewandes wurde schon dem Kind das Kirchenjahr mit seiner Heilsgeschichte vertraut. So habe er entdeckt, „dass es dem Leben Jesu nachgeht".

Niemand musste ihn zum Kirchgang zwingen. Er tat es freiwillig und gern, hat viel ministriert, leitete bald selbst die Ministranten und wurde Oberministrant in seiner Heimatpfarrei St. Maria in Landau. In der Heimatpfarrei wurde das Kind und der heranwachsende Jugendliche durch das Vorbild vieler Priester geprägt, darunter Kapläne, die bei den jungen Menschen gut ankamen. Die Priester, an denen sich das eigene Priester- und Berufsbild entwickelt hat, waren aber ältere Geistliche. Vor allem war dies eine herausragende Priesterpersönlichkeit des Bistums Speyer, Hermann Schwamm (1900-1954), der spätere Theologieprofessor, zuletzt Dekan der Katholisch-Theologischen Fakultät der Universität Mainz, ein persönlicher Freund von Kardinal Joseph Wendel, der wie Wetter zunächst Bischof von Speyer war und dann Erzbischof von München und Freising (1952-1960) wurde. Dem Professor Schwamm verdanke er viel, sagt Kardinal Wetter. Er habe ihm ein Christusbild vermittelt, wie es auch Romano Guardini getan habe, „ein ganz zeitgemäßes Christusbild im Sinne biblischer Theologie, ganz aus der Heiligen Schrift heraus".
Im Hause der Familie Wetter habe man im übrigen vor allen Priestern immer Achtung gehabt, auch wenn man Grenzen gesehen habe: „Man war nicht blind." Wenn Grenzen bei Priestern offensichtlich waren, habe ihn dies doch nicht daran gehindert, seiner Berufung zu folgen. Die Berufung zum Priesterberuf, so erinnert sich der Kardinal, habe sich in der Jugendzeit entwickelt. Da habe er „die Nähe zu Christus" gespürt und gewusst, als Priester dürfe man in seinem Namen und Auftrag etwas ganz Großes, ja das Entscheidendste für die Menschen tun, sie zu Christus führen. So sei die Berufung gewachsen: „Ich war mir meiner Sache völlig sicher. Es gab kein langes Ringen." Im Gegensatz zu anderen Berufungsbiographien ging es bei Wetter „geradlinig drauf zu".

Immun gegen die Ideologie des NS-Staates

Die Jugendzeit ist aber auch deutlich von den herrschenden politischen Verhältnissen in Deutschland, durch das Regiment des nationalsozialistischen Unrechtsstaates beeinträchtigt. Die katholische Familie Wetter stand in allen ihren Gliedern wie auch viele andere katholische Familien in dieser Zeit schon aufgrund ihres Glaubens und ihrer Bindung an die Kirche im Gegensatz zum NS-Staat: „Hitler war von Anfang an abgelehnt. Das war völlig klar." In der Familie, in der Pfarrei und in der Gemeinschaft der Kirche habe es eine geistliche Geborgenheit gegeben, aus der heraus Kräftigung und Immunisierung gegen die NS-Ideologie erwachsen konnte: „Wir haben gewusst, was wir an der Kirche haben."

Der junge Friedrich Wetter wird am Ende des Krieges wie viele seiner Generation, so auch Papst Benedikt XVI., noch als Flakhelfer eingesetzt, um das absehbar unvermeidliche Ende aufzuhalten. Für die so genannte Flakhelfergeneration kann er sagen: „Es blieb gar nichts anderes übrig." Flakhelfer, das sei richtiges Militär gewesen: Ein Drittel Soldaten, ein Drittel Schüler und ein Drittel russische Kriegsgefangene, die gegen alle Genfer Konvention Granaten schleppen mussten. Wenn ein Bomberpulk im Anflug war, dann wussten die „Flakhelfer", gleich würden Bomben fallen, es könne Tote und Verwundete unter ihnen geben. Allen sei bewusst gewesen, „wenn die Bombe auf unsere Gruppe fällt, dann bist du tot". Zwar habe er als junger Mensch in solchen Situationen kein direktes Gefühl der Angst gespürt, aber „wir haben darauf gewartet, dass der Krieg zu Ende geht".
Ein schlimmes Ereignis in seiner Heimatstadt Landau ist ihm noch vor Augen. In der gleichen Straße, wo die Familie Wetter wohnte, stand eine sehr schöne Synagoge. Als der Zehnjährige am 9. November 1938 zum Ministrieren in die Pfarrkirche geht, sieht er die Synagoge brennen, eine für ihn entsetzliche Erinnerung. Die Familie habe gewusst: „Da passiert etwas Schreckliches. Die furchtbaren Ausmaße der Verfolgung und Vernichtung von Juden ahnten wir nicht." Als Bischof und Erzbischof hat Kardinal Wetter immer wieder gerade die besondere Nähe und Verbindung zwischen Christen und Juden, die gemeinsamen christlich-jüdischen Wurzeln ins Bewusstsein gebracht und Antisemitismus scharf verurteilt.

Studium und Priesterweihe in Rom

Am Gymnasium Landau machte Wetter 1947 sein Abitur. Sein Heimatbischof, Joseph Wendel, wurde auf ihn aufmerksam und förderte ihn. Von 1948 bis 1956 studierte er an der Päpstlichen Universität Gregoriana und war Alumnus im berühmten Collegium Germanicum et Hungaricum in Rom. Am 10. Oktober 1953 wurde er in der Kirche des Germanicums durch den Generalvikar der Diözese Rom, Kardinal Clemente Micara, zum Priester geweiht.
Dass er ins Germanicum kam, eine besondere Auszeichnung für begabte Theologen, verdankte er im wesentlichen Professor Schwamm. Dieser habe Bischof Wendel gesagt: „Schick den nach Rom." Das war unter den damaligen Verhältnissen leichter gesagt als getan. Die Pfalz gehörte zur französischen Besatzungszone. Es gab keine Reisefreiheit und keine Pässe. Wendel hatte schon als Koadjutor an der Seite des im ganzen Bistum hoch geschätzten und verehrten Speyerer Oberhirten Ludwig Sebastian in den letzten

Jahren des NS-Regimes die durch die Machthaber dem Bistum Speyer aufgezwungene Verwaltung des französischen Bistums Metz mit äußerstem Takt und Feingefühl praktiziert und somit bei den französischen Behörden hohes Ansehen. Die französische Militärregierung stellte auf Wendels Bitten hin die erforderlichen Pässe für Friedrich Wetter und Wolfgang Seibel aus, den späteren Jesuiten, renommierten Chefredakteur der deutschen Jesuitenzeitschrift „Stimmen der Zeit" und namhaften publizistischen Begleiter des Zweiten Vatikanischen Konzils.
Die Zeit bis zum Reiseantritt überbrückten beide mit dem Besuch der Jesuitenhochschule St. Georgen in Frankfurt, die am besten, wie man ihnen sagte, auf Rom vorbereiten könne. Weihnachten 1947 kamen dann die französischen Pässe, im Januar 1948 die erforderlichen Bestätigungen des Italienischen Generalkonsulats zum Studienaufenthalt „für eine längere Zeit". Am 11. Februar 1948 trafen Wetter und Seibel mit der Eisenbahn auf dem alten Bahnhof Stazione Termini in der Ewigen Stadt ein. Gleich am ersten Tag sei er nach St. Peter gegangen, erzählt Wetter, und er sei überrascht gewesen. Anders als er vermutet hatte, sei ihm das große Gotteshaus unter der Kuppel des Michelangelo gar nicht fremd, sondern vielmehr sehr bekannt vorgekommen: „Ich war beeindruckt von den großen Dimensionen, aber ich war nicht in der Fremde."
Im Germanicum et Hungaricum, das als ältestes Priesterseminar der Welt gilt, kam Wetter zugute, dass er ein sehr begabter Schüler war. Latein, Griechisch, aber auch Mathematik und Deutsch waren in der Schule die Fächer, die er besonders mochte. Er spielte Violine und Cello, auch ein wenig Orgel. Als Abiturient hatte Wetter in seiner Heimatstadt Landau bei einer Schüleraufführung der Shakespeare-Komödie „Der Widerspenstigen Zähmung" auf der Bühne der im Jugendstil errichteten Landauer Festhalle gestanden. Dort hatte er auch seine ersten Konzerte und Theateraufführungen erlebt. In Wetters Studienjahren galten im Germanicum strenge Ordnung und Disziplin: „Es war nicht nur streng, im Vergleich zu heute sehr streng." Aber geschadet habe es nicht. Durch die Strenge, die auch einen durchgehenden Verbleib im Priesterseminar einschloss, bekamen die jungen Studenten allerdings nicht viel von Italien zu sehen. Aber die angehenden Priester seien dadurch, so sieht es der Kardinal heute, doch „auf das Wesentliche hingewiesen worden".

Als Wissenschaftler und Seelsorger

Seine wissenschaftliche Laufbahn begann Wetter bereits an der Päpstlichen Universität Gregoriana. Dort wurde er 1956 zum Doktor der Theologie promoviert. Thema seiner Dissertation war „Die Lehre Benedikts XII. vom intensiven Wachstum der Gottesschau".

1965 habilitierte er sich in München bei dem international renommierten Theologen Professor Michael Schmaus mit einer Arbeit über die Trinitätslehre des bedeutenden mittelalterlichen Philosophen und Theologen der Scholastik, Johannes Duns Scotus (1266-1308).

Unmittelbar nach seiner Priesterweihe arbeitete Wetter von 1956 bis 1958 in der Pfarrseelsorge als Kaplan der Pfarrei St. Josef in Speyer. Seinen Heimatbischof Isidor Markus Emanuel hatte er in einem Brief gebeten: „Schicken Sie mich zu einem Pfarrer, von dem ich etwas lernen kann." In Rom sei in praktischer Pastoral nicht viel vermittelt worden. Der Bischof schickte ihn wunschgemäß zu einem „Vollblutpfarrer", der sofort nach Ankunft Wetters und eines weiteren Kaplans die Aufgabenverteilung festlegte: 17 Stunden Religionsunterricht in der Woche, Ministrantenarbeit, Jugendarbeit für die männliche Jugend, Seelsorge im Vinzentius-Krankenhaus mit 240 Betten; das hieß, jede Woche Krankenbesuche und, wie damals üblich, Taufen. Ferner hatte Kaplan Wetter jeden Sonntag einen Gottesdienst mit Predigt zu halten und während der Woche im Wechsel einmal eine Kindermesse mit Katechese und eine Jugendgemeinschaftsmesse mit Ansprache. Hinzu kamen Abendmessen und Schulmessen, für die auch Ansprachen vorbereitet werden mussten, ferner Beerdigungen, Beichte hören und anderes: „Man war ganz gut eingedeckt."

1958 wechselte der junge Kaplan an das Priesterseminar St. German in Speyer und wirkte dort bis 1960 als Assistent und Dozent. Für kurze Zeit wurde er zur Mithilfe in der Seelsorge im ländlichen Glanmünchweiler angewiesen, für Wetter „eine gute Schule in der praktischen Seelsorge auf dem Lande". Über diese Erfahrung, wenngleich sie kurz war, sei er acht Jahre später, als er Bischof von Speyer wurde, sehr froh gewesen. 1962 wurde Wetter als Dozent für Fundamentaltheologie an die Philosophisch-Theologische Hochschule Eichstätt berufen, aus der die heutige Katholische Universität Eichstätt hervorging. Ab 1964 wirkte er dort bis 1968 als Professor für Fundamentaltheologie. Zum Wintersemester 1967/68 wurde er als Professor für katholische Dogmatik an die Katholisch-Theologische Fakultät der Johannes-Gutenberg-Universität in Mainz berufen.

Bischof von Speyer

Nachdem im Februar 1968 der Speyerer Diözesanbischof Isidor Markus Emanuel auf sein Amt verzichtet hatte, ernannte Papst Paul VI. den Theologieprofessor Wetter nach der aus heutiger Sicht kurzen Zeit von nur vier Monaten am 28. Mai 1968 zum 94. Bischof von Speyer. Der damalige Bischof von Mainz, Kardinal Hermann Volk, bei dem Wetter Rat suchte, ermunterte ihn, die Aufgabe anzunehmen. Er gab ihm auch eine Devise mit ins Amt, die er bis heute beherzigt: „Der Bischof ist der erste Beter und Seelsorger seines Bistums." Am Hochfest Peter und Paul, dem 29. Juni 1968, wurde er im Dom zu Speyer zum Bischof geweiht und wählte ein Wort aus dem Johannes-Evangelium zum Leitspruch seines bischöflichen Wirkens, das er auch als Erzbischof von München und Freising beibehielt. Es ist das erste Wort, das Jesus nach seiner Auferstehung an die Apostel gerichtet hat: „Pax vobis – Friede sei mit euch!" (Joh 20,19).

14 Jahre lang wirkte er als ebenso volksverbundener wie engagierter bischöflicher Seelsorger in seinem pfälzischen Heimatbistum. Er pflegte gute Beziehungen mit Repräsentanten evangelischer und orthodoxer Christen wie auch jüdischer Gemeinden. In dieser Zeit knüpfte er ohne öffentliches Aufsehen, aber umso wirkungsvoller und nachhaltiger, zahlreiche persönliche Kontakte zu den bedrängten katholischen Kirchen in der DDR und in weiteren Ländern des damaligen Ostblocks. Als Bischof des vergleichsweise kleinen Bistums Speyer kannte er den Klerus „vom jüngsten Kaplan bis zum ältesten Emeritus". Er kannte ein Stück ihrer Vita. Hinter jedem Namen im Schematismus, dem Personalverzeichnis des Bistums, stand für Bischof Wetter ein Gesicht. Auch 25 Jahre nach dieser Zeit ist er seinem Heimatbistum tief verbunden als „bayerischer Pfälzer", wie er gern sagt, der noch als bayerischer Staatsbürger geboren worden sei. In der Pfalz kommen die Leute noch heute auf ihn zu, als ob er immer noch ihr Bischof wäre.

In der Deutschen Bischofskonferenz war der Speyerer Oberhirte zunächst Mitglied der Kommission für Fragen der Wissenschaft und Kultur, seit 1970 führte er deren Vorsitz. Von 1981 an leitet Wetter ununterbrochen die wichtige Glaubenskommission der Bischofskonferenz. Er ist heute der dienstälteste Bischof Deutschlands. Für den Fortschritt der Ökumene wirkt er als Mitglied des Kontaktgesprächskreises, dem Repräsentanten der Deutschen Bischofskonferenz und des Rates der Evangelischen Kirche in Deutschland (EKD) angehören, wie auch als Mitglied der Internationalen Kommission für den theologischen Dialog zwischen der katholischen Kirche und den Kirchen der Orthodoxie. Immer wieder und auch im Vorfeld des für 2010 geplanten 2. Ökumenischen Kirchentages in München hat er deutlich gemacht, dass Ökumene sich nicht „machen" oder „herstellen" lässt, sondern einen „Prozess der inneren Bekehrung" braucht, der dem Einheitswillen Christi entspreche und eine sichtbare Einheit im Glauben bewirke.

Erzbischof von München und Freising und Kardinal

Am 28. Oktober 1982 wurde er von Papst Johannes Paul II. zum Erzbischof von München und Freising ernannt. Die Ernennung, die ihm der damalige Apostolische Nuntius

Guido Del Mestri überbrachte, sei ihm „in die Knochen gefahren". Er habe vor allem großen Respekt vor seinen Vorgängern, den Kardinälen Faulhaber, Wendel, Döpfner und Ratzinger, empfunden und für sich „eine Zeit zum Überlegen" erbeten. Er habe sich auch beraten lassen: „Dann habe ich mein Ja-Wort gegeben."
Am 15. Mai 1985 nahm ihn der Papst in das Kardinalskollegium der katholischen Weltkirche auf. Der Münchener Kardinal ist traditionell auch Vorsitzender der Freisinger Bischofskonferenz und steht damit an der Spitze des bayerischen Episkopats. Auf weltkirchlicher Ebene gehört Wetter zwei Römischen Kongregationen an, der für die Glaubensverbreitung und der für das katholische Bildungswesen. Mehrfach nahm Kardinal Wetter an Römischen Bischofssynoden teil.
In seinem Erzbistum verfolgt er zielstrebig eine Erneuerung der Seelsorge. Er bringt Klerus und Laien beharrlich vor allem eine aktive Mitsorge und Mitverantwortung für die Weitergabe des christlichen Glaubens an die kommenden Generationen nahe. Dies bezeugen Predigten und Hirtenbriefe, persönliche Besuche in den Pfarrgemeinden wie auch zahlreiche Äußerungen und Publikationen in Presse, Funk und Fernsehen. Diesem Ziel diente das von ihm in den Jahren von 1991 bis 1994 jeweils zu mehrtägigen Beratungen nach Freising einberufene „Pastorale Forum". Diese diözesane Kirchenversammlung verabschiedete unter anderem Voten zur Erneuerung der Sakramentenpastoral, zu Ehe, Partnerschaft und Sexualität, zur Situation von Menschen, die in Scheidung leben oder wieder geheiratet haben. Sie leitete aber auch die Verbesserung der Rahmenbedingungen für die mehr als 125 000 im Bereich des religiösen, sozialen und kulturellen Lebens der Erzdiözese ehrenamtlich tätigen Frauen und Männer ein. Dem Impuls des Forums, ein gleichwertiges und partnerschaftliches Zusammenleben von Männern und Frauen zu ermöglichen, folgte der Kardinal mit der Ernennung zweier Frauen in Leitungsfunktionen des Erzbischöflichen Ordinariats und mit der Gründung einer Bischöflichen Frauenkommission.

„Pastorales Forum" und Würzburger Synode

Das „Pastorale Forum" war Wetters eigene Idee. Er sei zu dem Entschluss gekommen, es müsse etwas geschehen, was in die Zukunft weise. Das Ziel seien dabei nicht große Papiere gewesen, sondern ein lebendiger Austausch, bei dem die notwendigen Dinge angesprochen werden und er für sein Leitungsamt als Bischof Anregungen bekomme, was zu tun sei. Während in der Öffentlichkeit die Aufmerksamkeit für das diözesane Forum vor allem so genannten „heißen Eisen" gegolten habe, seien ganz wichtige Ergebnisse

erzielt worden, die der geistlichen Erneuerung dienten, etwa das Projekt „Exerzitien im Alltag“, das einen immer noch sich steigernden Zulauf verzeichnen kann. „Biotope des Glaubens bilden“, das war Wetters Richtungsangabe für das Forum und die Umsetzung seiner Voten.
Schon der Bischof von Speyer hatte sich für eine „Gemeinsame Synode der Bistümer in der Bundesrepublik Deutschland“ eingesetzt, die dann in mehreren Sitzungsperioden von 1971 bis 1975 im Dom zu Würzburg tagte. Mit dieser Synode, so sieht er es heute, sei eine „Zerreißprobe der Kirche in Deutschland“ bestanden worden: „Die Kirche blieb zusammen.“ Zwar habe es „echt deutsch viel Papier, Worte und Sitzungen“ gegeben. Aber es gebe auch keinen Zweifel daran, dass die Synode notwendig gewesen sei. Beim Katholikentag in Essen (1968) habe es von den Rändern her eine teilweise renitente und geradezu revolutionäre Stimmung gegeben. In dieser Situation habe er damals zu Kardinal Julius Döpfner, der sowohl Erzbischof von München und Freising wie auch Vorsitzender der Deutschen Bischofskonferenz war und schließlich auch Präsident der Würzburger Synode wurde, gesagt: „Da hilft nur noch eine gemeinsame Synode!“ Kardinal Döpfner habe zurückgefragt: „Meinst Du das auch?“

Neustrukturierung der Seelsorge und Laienapostolat

In jüngster Zeit hat Kardinal Wetter eine Neustrukturierung der Seelsorge und Verwaltung im Erzbistum eingeleitet und veranlasst, dass Modelle einer Neuorganisation der Seelsorge wie auch der Verwaltung von Pfarreien und Pfarrverbänden diskutiert werden und Gestalt gewinnen. Ziel dieser Neustrukturierung ist es, die Zusammenarbeit der Pfarreien in Seelsorge und Verwaltung zu fördern, das kirchliche Leben insgesamt zu stärken und einen neuen Aufbruch zu bewirken. Der Kardinal hat mit großer Resonanz in den Pfarrgemeinden und darüber hinaus auch ein „Jahr der Priester- und Ordensberufe“ ausgerufen mit dem Ziel, „junge Männer und Frauen zu bestärken, dem Ruf Gottes zu folgen, um als Priester, Ordensmann oder Ordensfrau ihm und den Menschen zu dienen“, wie er im November 2005 in einem Hirtenbrief an die Gemeinden des Erzbistums formulierte.
Das vom Zweiten Vatikanischen Konzil ausdrücklich gestärkte organisierte Laienapostolat ist dem Kardinal sehr wichtig. Er hat mit den Formen des Laienapostolats nicht nur keine Probleme, sondern pflegt ein gutes Miteinander. Freilich ist ihm wichtig, dass es nicht zu Ausformungen einer Zwei-Säulen-Theorie kommt, hier Amtskirche, dort engagierte Laien: „Der Bischof ist der Bischof, auch der Bischof der Laien.“ In den 25 Jahren sei-

ner Amtszeit und zuvor schon in Speyer habe es nie den geringsten Versuch gegeben, ihn in seinen bischöflichen Kompetenzen einzuschränken. „Das ist meine Erfahrung im ganzen Bistum", zieht er Bilanz. Es gebe auch manche Fragen, etwa im Bereich der Gesellschaftspolitik, bei denen es gut sei, wenn Laien sich äußerten, ohne dass gleich der Bischof mit der Autorität des Amtes Stellung nehmen müsse. Den Diözesanrat als Organ des Laienapostolates im Erzbistum hat Kardinal Wetter aus Überzeugung und zum Wohle des ganzen Erzbistums stets unterstützt, ebenso die Arbeit der Pfarrgemeinde- und Dekanatsräte wie auch der kirchlichen Verbände.

Neues Geschichtsbewusstsein und Öffnung der Archive

Kardinal Wetter legte Fundamente für ein neues Geschichtsbewusstsein im Erzbistum und ermöglichte so eine lebendige Auseinandersetzung mit der jüngsten Kirchengeschichte. Er veranlasste die Herausgabe wichtiger Werke zum Verständnis der Diözesangeschichte vom Mittelalter bis zur Neuzeit und öffnete das Archiv seines Vorgängers Kardinal Michael Faulhaber, der von 1917 bis 1952 Erzbischof in München war. Die Wissenschaft und interessierte Öffentlichkeit hat so seit Mitte 2002 einen Zugang zu wichtigen Quellen, die unter anderem Aufschluss über das Verhältnis von Kirche und Nationalsozialismus in Deutschland geben können.
Auch das Archiv von Kardinal Julius Döpfner, der von 1961 bis 1976 Erzbischof war, wurde auf Veranlassung Wetters verzeichnet und zugänglich gemacht. Es soll der Forschung über das nicht nur kirchengeschichtlich wichtige Ereignis des Zweiten Vatikanischen Konzils dienen und Aufschlüsse über die daran anschließende Würzburger Synode der deutschen Bistümer geben. Döpfner war einer der vier Moderatoren des Konzils und Präsident der Synode. Große Aufmerksamkeit fand im Kontext des Besuchs von Papst Benedikt XVI. in seiner bayerischen Heimat die von Wetter veranlasste Ausstellung über das Wirken von Kardinal Joseph Ratzinger als Erzbischof von München und Freising in den Jahren 1977 bis 1982. So hat er mit einem großen persönlichen Engagement dafür gesorgt, dass das Archiv der Erzdiözese weit mehr als nur eine Sammlung wichtiger Archivalien ist, sondern ganz im Sinne päpstlicher Erklärungen, ein lebendiges Gedächtnis, das in der Erzdiözese, aber auch durch das weit darüber hinausreichende Wirken ihrer Erzbischöfe in der ganzen katholischen Weltkirche wirksam sein kann, öffentliche Beachtung in Wissenschaft und Publizistik findet und eine differenzierte Urteilsbildung ermöglicht.

Dialog mit Wissenschaftlern und Künstlern

Zu regelmäßigen Konsultationen trifft sich Kardinal Wetter mit den Theologieprofessoren der Ludwig-Maximilians-Universität München. Die Fakultät schätzt seinen sensiblen Umgang mit der theologischen Wissenschaft. Sie ehrte ihn 1997 mit der Verleihung des theologischen Ehrendoktors. Wetter verbesserte in der Erzdiözese erheblich und spürbar den Kontakt zu Frauen und Männern aller künstlerischen Berufe. Er fördert junge Künstler, trifft sich mit Dichtern, Schriftstellern, Autoren und Filmemachern und hat über die von ihm neu geordnete Künstlerseelsorge dem traditionellen Münchener „Aschermittwoch der Künstler" ein kirchlich wie gesellschaftlich wirksames Profil gegeben. Der Gottesdienst zu diesem Anlass wird seit einigen Jahren im Bayerischen Fernsehen direkt übertragen. So wird der kirchliche Charakter dieses Tages der Öffentlichkeit wieder bewusst im Unterschied zu den üblich gewordenen eher nur lautstarken politischen Kundgebungen zum Aschermittwoch, die geeignet sind, diesen Tag seines inneren Sinnes zu entleeren. Der Kardinal tritt entschieden für den verfassungsrechtlich garantierten Schutz der Sonntage und Feiertage und im Interesse des Gemeinwohls für den Schutz der Feiertagskultur in Bayern ein.

Münchener Liebfrauenkirche und Freisinger Mariendom

Der Erzbischof gab den entscheidenden Anstoß zu einer grundlegenden Sanierung der durch die Bomben des Zweiten Weltkrieges schwer geschädigten und zusätzlich noch beim schnellen Wiederaufbau beeinträchtigten Münchener Frauenkirche. Sie ist seit der Errichtung des Erzbistums im Jahre 1821 die Kathedrale der Erzbischöfe von München und Freising. Jährlich besuchen mehr als zwei Millionen Menschen aus allen Kontinenten das eindrucksvolle Gotteshaus. Wetter nahm großen persönlichen Einfluss auf die Gestaltung der Kirche „Zu Unserer Lieben Frau", die mit ihren charakteristischen Türmen das Wahrzeichen der bayerischen Landeshauptstadt ist und 2008, zur 850-Jahrfeier der Gründung Münchens, wieder unübersehbar ins Blickfeld kommen und so eine bis heute lebendige bayerisch-münchnerische Frömmigkeit bezeugen wird. 1994 wurde die Generalsanierung der Frauenkirche abgeschlossen. Mehrere zehntausend Menschen nahmen an zahlreichen Gottesdiensten in der erneuerten Kathedrale teil, für den Kardinal geradezu eine demokratische Bestätigung, dass es richtig war, die Generalsanierung anzugehen.
Der Freisinger Mariendom, dessen Anfänge bis in die Romanik zurückreichen und an dessen Bau alle Jahrhunderte wie in Jahresringen erkennbar sind, ist die Konkathedrale

des Erzbistums. Auch dieses Gotteshaus wurde in der von den Brüdern Asam in den Jahren 1723 und 1724 geschaffenen barocken Raumschale nach zweijähriger Innenrenovierung am 25. November 2006, zum Fest des Diözesanpatrons St. Korbinian, von Kardinal Wetter für die Gläubigen des Erzbistums und die Besucher aus Nah und Fern wieder geöffnet. Der Liebfrauenkirche in München und dem Mariendom in Freising ist der Kardinal auch durch die Verehrung ihrer Patronin, der Gottesmutter Maria, besonders verbunden. Marienfrömmigkeit lebendig zu halten und zu erneuern, das Rosenkranzgebet, den Engel des Herrn zu pflegen, das legt er oft und bei vielen Anlässen den Gläubigen ans Herz: „Halten wir uns an den Marienglauben der Kirche, an die Marienfrömmigkeit der Kirche und an die Wallfahrtsorte, die von der Kirche gebilligt sind, dann sind wir auf dem rechten Weg“ (Predigt bei der Diözesanwallfahrt im Wallfahrtsort Birkenstein am 8. Mai 1988). Von Maria sei zu lernen, sich dem Geist Gottes zu öffnen, „Christus aufzunehmen und in der Gemeinschaft mit Christus zu leben“ (Predigt zum Beginn des Marianischen Jahres, Pfingsten 1987).

Stimme der Kirche – Stimme der Caritas

In grundlegenden Fragen, die den Auftrag der Kirche in Gesellschaft und Staat berühren, gehört Kardinal Wetter zu den anerkannten Wortführern der katholischen Kirche in Deutschland. Sein Eintreten für den Schutz des ungeborenen Lebens und eine ungeschmälerte Qualität und Bedeutung der von der katholischen Kirche getragenen Schwangerenberatung findet weit über die Kirche hinaus Respekt und Anerkennung. Seine Position in der Auseinandersetzung um das umstrittene Karlsruher Kruzifix-Urteil, die er 1995 vor mehr als 30 000 Menschen bei einer Großdemonstration auf dem Münchener Odeonsplatz vortrug, wirkt nachhaltig. Wetter vertritt eine glasklare Orientierung an den Menschenrechten, sei es in der Diskussion um die Asylgesetzgebung, um die Arbeitslosigkeit, im Verhältnis von unterschiedlichen Kulturen und Religionen, aber auch in Fragen der Gentechnik und Biomedizin und vor allem in seiner immer wieder vehement erhobenen Forderung nach Anerkennung der christlich-jüdischen Wurzeln als gemeinsames Fundament eines geeinten Europa.
Zu seinen ureigensten Aufgaben gehört die Unterstützung des Caritasverbandes und seiner 447 eigenen sozialen Einrichtungen und der mehr als 1 200 weiteren kirchlich-caritativen Einrichtungen im Erzbistum. Sie wie auch das tausendfache in Pfarreien und kirchlichen Verbänden verwurzelte sozial-caritative Engagement gelten ihm als wesentliche Lebensäußerung der Kirche. Auf seine Initiative hin wurde in Oberschleißheim

bei München 1996 ein Haus für pflegebedürftige und kranke obdachlose Männer und im November 2002 in München ein Haus für pflegebedürftige und kranke obdachlose Frauen von der Erzdiözese gebaut und finanziert, die für die ganze Bundesrepublik als beispielhaft gelten. Sein jährlicher vorweihnachtlicher Besuch bei Menschen, die in einer caritativen Einrichtung leben, ist mehr als nur eine schöne Geste. Als er aus diesem Anlass 1997 mehrfach geistig und körperlich behinderten Kindern, ihren Eltern und Betreuern begegnet, spricht er aus, was für ihn Maßstab caritativen Handelns ist: „Die Kultur einer Gesellschaft lässt sich an ihrer Einstellung zu den Schwächsten ablesen."

Vorbild der Heiligen

Während Wetters Amtszeit in München wurden mit seiner persönlichen werbenden Unterstützung drei Personen selig gesprochen, die im Erzbistum segensreich gewirkt haben: 1985 Maria Theresia Gerhardinger (1797-1879), Gründerin des weltweit verbreiteten Ordens der Armen Schulschwestern, die als eine Pionierin des modernen Schulwesens in Deutschland gilt, 1987 der Jesuitenpater Rupert Mayer (1876-1945), der als Sozialapostel Münchens und Kämpfer gegen den Ungeist des Nationalsozialismus in lebendiger Erinnerung ist, und 1988 der aus Berchtesgaden stammende, in der Volksfrömmigkeit verwurzelte und verehrte Redemptoristenpater Kaspar Stanggassinger (1871-1899).
Das Vorbild und Engagement dieser in jüngster Zeit selig gesprochenen Personen hat der Kardinal immer wieder als beispielhaft und zukunftsweisend herausgestellt. Zwei Persönlichkeiten der jüngeren Kirchengeschichte werden jedoch in seinen Predigten besonders oft erwähnt: die in Auschwitz ermordete vom Judentum zum Christentum konvertierte Karmelitin und von Papst Johannes Paul II. zur Patronin Europas erhobene Heilige Edith Stein und der Münchener Jesuit Pater Alfred Delp, den die Nationalsozialisten wegen seines Widerstands gegen das Unrechtsregime durch den Strang hinrichten ließen. Über Edith Stein hat er eine gefragte Biographie verfasst, die in mehr als 90000 Exemplaren verbreitet worden ist. Noch als Bischof von Speyer hat er Edith Stein durch die Begegnung mit Zeitzeugen, die ihr nahe standen, tiefer kennen gelernt, darunter ein Neffe des Speyerer Generalvikars Schwind, „des väterlichen Freunds von Edith Stein". Auch der Speyerer Dompropst hatte sie noch gekannt. Als Wetter in Bad Bergzabern firmte, brachte ihm der Pfarrer ein Buch, die Autobiographie der großen mittelalterlichen Mystikerin und Kirchenlehrerin Teresa von Avila. Es war das originale Buch, das die Philosophin Edith Stein in einer Nacht durchlas und sie dazu bewegte, katholisch zu werden und sich taufen zu lassen. Über Edith Stein sprach der 77-jährige Kardinal anlässlich des

Weltjugendtages 2005 bei einem Treffen in Remscheid im Oberbergischen Land vor mehreren hundert Jugendlichen in sehr persönlicher Weise und beeindruckte die jungen Menschen sichtlich mit seiner Darstellung ihres Lebens und Vorbildes. Den Jesuitenpater Alfred Delp nannte er zu dessen 100. Geburtstag einen „prophetischen Rufer auch für unsere Zeit". Immer wieder bringt er der ganzen Öffentlichkeit das geistliche Vermächtnis gerade dieses Märtyrers ins Bewusstsein, der an den geistigen Grundlagen für eine Neuordnung Deutschlands und Europas nach dem Ende des NS-Regimes entscheidend mitgearbeitet hatte: „Die Geburtsstunde der menschlichen Freiheit ist die Stunde der Begegnung mit Gott." (Alfred Delp)

In der Erzdiözese hat Kardinal Wetter in den fast 24 Jahren seines Wirkens mehrere zehntausend junge Menschen gefirmt. Bei Jugendtreffen, so vor allem bei der jährlichen traditionellen Korbinianswallfahrt der Jugend des Erzbistums mit bis zu zehntausend Teilnehmern, sucht der Kardinal einen direkten Draht zur jungen Generation. Er hält auch enge Verbindung mit seinen Priestern und Diakonen wie mit den haupt- und nebenamtlich in der Seelsorge als Pastoral- und Gemeindereferenten tätigen Frauen und Männern. Für ihn gehört Kollegialität zu den Grundprinzipien der Wahrnehmung des Bischofsamtes. Es geht ihm erklärtermaßen darum, in Familien, Pfarrgemeinden, in den kirchlichen Orden und geistlichen Gemeinschaften „Biotope des Glaubens" zu schaffen, aus denen sich die Weitergabe des Glaubens und das aktuelle Handeln der Kirche immer wieder erneuern kann. Er betont, es genüge nicht, den Glauben nur zu bewahren, er müsse auch offensiv in Kirche und Gesellschaft bezeugt und so wirksam werden.

Der Besuch des Papstes in München und Freising

Als einen großen Höhepunkt, in dem sich vieles bündelt und auf glückliche Weise verbindet, was Wetter in seinem bischöflichen Wirken angestoßen und auf den Weg gebracht hat, sieht er selbst den Besuch von Papst Benedikt XVI. in seiner bayerischen Heimat vom 9. bis 14. September 2006. Der Papst hatte den Kardinal beauftragt, diesen Besuch in Bayern mit den Stationen München, Altötting, Marktl am Inn, Regensburg und zuletzt Freising, inhaltlich und organisatorisch in die Hand zu nehmen. Der Empfang für den Heiligen Vater war an allen Tagen und an allen Orten nicht nur aus der Sicht der kirchlichen Veranstalter und Organisatoren überwältigend. Dem Papst war es gelungen, die Herzen der Menschen zu bewegen und sie zu motivieren, ihren Glauben neu zu sehen und zu bekennen. Das vom Kardinal und den anderen gastgebenden bayerischen Bischöfen für den Besuch ausgewählte Wort des Papstes aus seiner Ansprache bei der

Amtseinführung: „Wer glaubt, ist nie allein" entfaltete eine dynamische Kraft, die immer noch anhält.
Die persönlichste und berührendste Ansprache des Papstes war sicher die bei seiner Begegnung mit Priestern und Diakonen der Erzdiözese im Freisinger Mariendom, wo er selbst 1951 zum Priester geweiht worden war. Für Kardinal Wetter waren diese Tage der Begegnung mit dem Papst, der ausdrücklich auch im Münchener Bischofshof wohnen wollte, ein harmonischer Zusammenklang mit der Zielsetzung des eigenen bischöflichen Dienstes für das Erzbistum. In Freising konnte der Kardinal in herzlicher Übereinstimmung mit dem Papst am Schrein des heiligen Korbinian darum bitten, der Diözesanpatron möge allen, dem Papst, den Bischöfen, Priestern und Gläubigen beistehen, „den Glauben, den er unserem Land eingepflanzt hat, lebendig zu halten". In Freising, am Schrein des heiligen Korbinian, mündete so der Anfang des bischöflichen Dienstes von Kardinal Wetter in einen festlichen Ausklang nach einem Vierteljahrhundert.
Die feierliche und würdige Form der Gottesdienste, die sich gerade beim großen Gottesdienst mit dem Papst in Gemeinschaft mit mehr als einer Viertelmillion Menschen auf dem Münchener Messegelände vor den Augen der ganzen Welt besonders eindrucksvoll zeigte, ist ein durchgehend zentrales Anliegen für Wetter. Gerade weil es in manchen Pfarreien nicht mehr möglich ist, wegen des Priestermangels jeden Sonntag die Eucharistie zu feiern, macht er deutlich, worum es geht: „Von der Eucharistie lebt die Kirche, von der Eucharistie leben wir" (Hirtenbrief zum Jahr der Eucharistie, 1. November 2004). Dazu gibt er ganz konkrete Hinweise, die sehr viel mehr sind als nur Appelle. Sie zeigen, wie wichtig ihm das Herzstück lebendigen Glaubens ist: „Unsere Feier muss Würde ausstrahlen: Hektik, Unruhe oder Eile haben im Gottesdienst keinen Platz. Hier muss Raum sein für Stille, Besinnung und Anbetung. In der Weise, wie wir feiern, soll Gottes Gegenwart spürbar werden" (ebd.).

Annahme des Amtsverzichts und Würdigung durch den Papst

Am Fest Mariä Lichtmess, dem 2. Februar 2007, nahm Papst Benedikt XVI. den Amtsverzicht von Kardinal Wetter an, den dieser schon anlässlich seines 75. Geburtstages noch bei Papst Johannes Paul II. eingegeben hatte. Dieser Akt hatte eine besondere Note und wurde auch als Anerkennung Wetters gewertet. Mit der Annahme des Amtsverzichts war gleichzeitig die Ernennung des Kardinals zum Apostolischen Administrator für das Erzbistum verbunden, dem alle Vollmachten und Rechte eines Diözesanbischofs zustehen. Er nehme es, wie es komme, sagte er mit der ihm eigenen Gelassenheit und meistert seither mit altgewohnter Energie und Tatkraft die Fülle der Termine. Wie dies zu meistern sei? „Man muss es mit innerer Ruhe machen."

Gefragt nach einer Bilanz seines im 80. Jahr stehenden Lebens, seines priesterlichen und bischöflichen Dienstes, wählt Kardinal Wetter einen biblischen Vergleich. Er handelt von den Jüngern Jesu, die eine ganze Nacht vergeblich das Netz auswarfen und nichts fingen, auf Weisung des Auferstandenen aber gegen alle Erfahrung erneut das Netz auswarfen und es nicht wieder einholen konnten, weil es voller Fische war (vgl. Joh 21, 1-7). Der Kardinal sagt dazu wenige Sätze: „Das Netz ist im Wasser. Was ich da rausziehe, muss ich nicht wissen, will ich auch gar nicht wissen. Ich weiß nur: Es ist nicht alles umsonst." Den Abschied von der Aufgabe sieht er nüchtern. „Es gehört zur menschlichen Reife, etwas aus der Hand zu geben und es andere machen zu lassen. Bischof und Priester bleibe ich. Das verliere ich nicht."

Es war Papst Benedikt XVI., der anlässlich seines eigenen 80. Geburtstags seinen Nachfolger im Amt des Erzbischofs von München und Freising in ganz ungewöhnlicher Weise vor aller Öffentlichkeit würdigte und sein Wirken eindrucksvoll zusammenfasste: „Ich möchte Dir, lieber Mitbruder, ganz herzlich danken für alles, was Du in diesen ganzen langen Jahren als Erzbischof von München und Freising gegeben hast – Deine ganze Kraft, Deinen Glauben, Deine Liebe, Deine Erkenntnis, Deinen Mut und Deine Freundschaft. Ich glaube, die Erzdiözese spürt es und weiß, dass sie von einem guten Hirten gelenkt worden ist."

Bibliographische Hinweise (in Auswahl)

Grundsätzlich sei verwiesen auf die Veröffentlichungen der Pressestelle des Erzbischöflichen Ordinariats München, die die Predigten von Erzbischof Friedrich Kardinal Wetter bei Hochfesten und anlässlich wichtiger Ereignisse herausgibt. Zudem liegen zahlreiche Predigten, Vorträge und Meditationen Kardinal Wetters in Sammelbänden vor.

Georg Maria Roers (Hg.), Die ungleichen Brüder. Künstlerreden und Predigten zum Aschermittwoch von 1986-2004, München 2005.

Verantwortung vor Gott. Friedrich Kardinal Wetter im Gespräch mit Walter Flemmer, Augsburg 2002.

Friedrich Wetter, Verkünde das Wort. 10 Jahre im Dienst der Verkündigung als Erzbischof von München und Freising, hg. von Fritz Weidmann, Würzburg 1993.

Friedrich Wetter, Zeit-Worte, hg. von Fritz Weidmann, München ^{2}1995.
Friedrich Wetter, Er allein trägt. Weiheansprachen, hg. von Fritz Weidmann, München 1996.
Friedrich Wetter, Mit euch auf dem Weg. Anstösse für ein lebendiges Christsein, hg. von Fritz Weidmann, München 1998.
Friedrich Wetter, Edith Stein. Zur Wahrheit berufen – vom Kreuz gesegnet. Ein Lebensbild, 2. erw. Aufl., München 1999.
Friedrich Wetter, Geheimnis unserer Hoffnung. Meditative Texte und Bilder zum Kirchenjahr, München 2000.
Friedrich Wetter, Vom Leben sprechen. Texte und Meditationen, München 2003.
Friedrich Wetter, Der Friede sei mit euch. Worte in die Zeit, Freiburg/Br. u. a. (erscheint demnächst).

Auszeichnungen

Der Kardinal wurde von der Bundesrepublik Deutschland mit dem Bundesverdienstkreuz mit Stern (1982) und mit Schulterband (1993) geehrt. Er ist Träger des Verdienstordens von Rheinland-Pfalz (1983), des Bayerischen Verdienstordens (1985), der Verfassungsmedaille in Gold (1991). Als Zeichen der Wertschätzung verlieh ihm die bayerische Landeshauptstadt München die Medaille „München leuchtet – Den Freunden Münchens" in Gold (1993). Seine Vaterstadt Landau verlieh ihm die Ehrenbürgerwürde (1994). Die Katholisch-Theologische Fakultät der Ludwig-Maximilians-Universität München hat Kardinal Wetter die Ehrendoktorwürde verliehen (1997). Die griechische Kulturstiftung Palladion zeichnete den Kardinal in Anerkennung seiner Unterstützung der griechisch-orthodoxen Kirche in Bayern mit einer Ehrenmedaille aus (2002). Der Kardinal ist auch Träger des „Bayerischen Janus" (2003): Dieser Anerkennungspreis wird von den im Bayerischen Archivtag vereinten öffentlichen und privaten Archiven im Freistaat vergeben und vom Bayerischen Staatsministerium für Wissenschaft, Forschung und Kunst verliehen. Die Ehrenauszeichnung „Generoso Animo – Für hochherzigen Einsatz" wurde ihm vom Katholischen Schulwerk in Bayern übergeben (2007). Ebenfalls im Jahr 2007 verlieh der Bund der Pfalzfreunde in Bayern e.V. die Hofenfels-Medaille an Kardinal Wetter.

Alois Baumgartner

Erinnerung – Wegweisung – Zuwendung

Zum Dienst der Kirche an der Gesellschaft in den Silvesterpredigten Kardinal Friedrich Wetters (1982 – 2006)

I. Die Silvesterpredigt als Zeitansage

Die Silvesterpredigten der Münchener Erzbischöfe waren und sind Zeitansagen. Sie versuchten immer, das Geschehen der Zeit einzuordnen sowie die treibenden Ideen und deren Wandlungen aufzudecken und, wenn erforderlich, kritisch zu beleuchten. Darin kommt diesen Predigten zugleich eine programmatische Bedeutung zu. Das entsprach und entspricht auch den Erwartungen der vielen Gläubigen im Münchener Liebfrauendom und in der St. Michaelskirche, wohin die Jahresschlussansprachen übertragen werden.[1] Die Jahresschlussansprachen waren freilich nicht allein an die Anwesenden adressiert, sie richteten sich an alle Katholiken der Kirche von München und Freising und erhoben darüber hinaus einen Öffentlichkeitsanspruch. Die Stimme der Kirche sollte in wichtigen Fragen der Gesellschaft weithin vernehmbar sein.

Auch der erste Eindruck, den man bei der Durchsicht der Silvesterpredigten gewinnt, die Kardinal Friedrich Wetter im Laufe eines Vierteljahrhunderts als Erzbischof von München und Freising gehalten hat, fügt sich in diesen Erwartungshorizont. Immer wieder betont er den Sinn der Jahresschlussandacht. Er wendet sich gegen die Illusion, die Zeit bliebe am Silvesterabend stehen oder die Probleme des 31. Dezember seien nicht die Probleme des folgenden 1. Januar.[2] Ihr Sinn liege vielmehr darin, inne zu halten und wenigstens für eine knappe Stunde einen inneren Abstand zu gewinnen gegenüber einer zunehmend beschleunigten Welt, um rückschauend Misslungenes und Gelungenes, Hoffnung gebende und destruktive Tendenzen zu unterscheiden und so Orientierung zu gewinnen. Die Gesellschaft, so ein Vergleich des Kardinals, dürfe nicht wie ein Schiff immer schnellere Fahrt aufnehmen, ohne den Kompass in der Hand zu halten.[3]

Der Zeitdiagnose dienen Kardinal Wetter sowohl die aus seiner Sicht auf einen grundlegenden Wandel weisenden markanten Ereignisse und Diskussionen der vergangenen zwölf Monate als auch die Jahrtage und Gedenktage, die in das verflossene Jahr gefallen sind. Eine Art Zeitansage verbindet er auch mit den christlichen Vorbildern, jenen

Persönlichkeiten, die im vergangenen Vierteljahrhundert zur Ehre der Altäre erhoben wurden.

1. Die Silvesterpredigten – Spiegel des Zeitgeschehens

Die Silvesterpredigten Kardinal Wetters spiegeln einen nicht geringen Teil des gesellschaftlichen und kirchlichen Ringens wider, das sich in den Jahren 1982 bis 2006 vollzog. Sie lesen sich wie eine kleine Zeitgeschichte. Es macht den Reiz der zusammenhängenden Lektüre aus zu sehen, wie Diskussionen aufflammten, um in sich wieder zusammenzufallen, während andere Themen sich in immer neuen Variationen durchhalten.

Die Predigten der Jahre 1983 und 1984 sind noch ganz von der damals allgegenwärtigen Diskussion um den Frieden und die Ziele der Friedensbewegung geprägt. Friedensinstitute wurden gegründet. Schriften zur Friedensforschung füllten ganze Bibliotheken. Auch die Kirche wurde von denjenigen, die innerhalb und außerhalb der Kirche von der Idee des Friedens innerlich erfasst waren, gedrängt, sich konkrete sicherheitspolitische Positionen zu Eigen zu machen und andere zu verdammen. Kardinal Wetter entzieht sich den Fragen nicht, aber er hält Distanz zu den Forderungen, die der emotional aufgeladenen Debatte entsprangen. Das Jahr 1986 brachte die Katastrophe von Tschernobyl. Vielen war damals schon klar, dass dieses Ereignis eine Zäsur im bisher unerschütterten Glauben an den technologischen Fortschritt darstellte. Die alte Frage „Mensch und Technik" sei, so drückte es Kardinal Wetter aus, neu gestellt, „und zwar in einer noch nie dagewesenen Schärfe".[4] Das Jahr darauf rückte das vielschichtige Problem der Immunschwächekrankheit AIDS in den Mittelpunkt. 1988 begannen die Memminger Prozesse gegen einen Frauenarzt. Die öffentliche Meinung hatte sich zu diesem Zeitpunkt bereits soweit vom geltenden Recht, welches das Leben der ungeborenen Kinder ohnehin nur noch marginal zu schützen vermochte, entfernt, dass allein schon die Anklage eines Arztes deutschlandweit eine Welle der Empörung auslöste. Die Predigt des Jahres 1989 steht ganz im Zeichen der friedlichen Revolution in Mittel- und Osteuropa. Land um Land konnte sich aus dem Machtbereich der Sowjetunion lösen und die eigene Souveränität gewinnen. Deutschland steht vor der Wiedervereinigung. Der Prediger stellt diese Entwicklung in einen besonderen Zusammenhang: „Wir Deutsche sind von diesem Aufbruch besonders berührt. Denn vor genau fünfzig Jahren begann von Deutschland aus der Zweite Weltkrieg, der über all diese Völker großes Leid gebracht hat."[5] Die Leidtragenden des Kriegs sähen fünfzig Jahre danach das Licht der Freiheit. Bringt das Jahr

1990 dem deutschen Volk die Einheit, so das Jahr 1991 den Zerfall der UdSSR, dessen Verwerfungen sich im serbo-kroatischen Krieg und in den Folgejahren in Tschetschenien und in Bosnien zeigten. 1995 treibt das Kreuzurteil des Bundesverfassungsgerichts die Katholiken auf die Straßen. Das Rechtsempfinden vieler wird vom Spruch des obersten Gerichts getroffen.

Die Silvesterpredigten greifen all diese einschneidenden Ereignisse auf. Sie versuchen Orientierung zu geben. Sie deuten die aktuelle Geschichte in ihrer Herausforderung für verantwortliches Handeln.

Kardinal Wetter weicht auch den innerkirchlichen Streitthemen nicht aus. Er versucht die Wogen zu glätten, welche vor und nach der Veröffentlichung der römischen „Instruktion zu einigen Fragen über die Mitarbeit der Laien am Dienst der Priester" hochschlagen. Er kritisiert den wenig pastoralen Ton des Dokuments. Gleichzeitig besteht er aber auf dem Anliegen der Instruktion, den besonderen Dienst des geweihten Priesters in der Verkündigung, in der Feier des Sakramentes und in der Leitung der Gemeinde wieder ins Gedächtnis zu rufen.

Als nach Jahren des Ringens zwischen den deutschen Bischöfen und dem Heiligen Stuhl eine definitive Entscheidung gegen die Beteiligung der Kirche an der staatlichen Form der Schwangerschaftskonfliktberatung gefallen war, stellt Kardinal Wetter am Silvesterabend 2000 den weiteren Weg der katholischen Kirche und der kirchlichen Beteiligung an der Schwangerenberatung vor. Er stellt seine Ausführungen unter das doppelte Vermächtnis Kardinal Wendels, seines 1960 unmittelbar nach der Jahresschlusspredigt verstorbenen Vorgängers. Das eine Vermächtniswort findet Kardinal Wetter im Wahlspruch Wendels „veritati et caritati". Beidem, der Wahrheit und der Liebe müsse man gerecht werden: der Wahrheit im unzweideutigen Zeugnis für die Unantastbarkeit menschlichen Lebens von Anfang an, der Liebe in der uneingeschränkten Zuwendung zu den betroffenen Frauen, gleich ob sie sich in ihrem Konflikt schon entschieden haben oder noch nicht. Das andere Vermächtniswort Kardinal Wendels ist seiner letzten Predigt am 31. Dezember 1960 entnommen: „Übet die Liebe und haltet den Frieden." Kardinal Wetter lässt sich davon auch in dieser Situation, in der die katholische Kirche Deutschlands nach dem römischen Spruch in eine Zerreißprobe geriet, leiten. Er vermeidet jedes Wort der Missbilligung oder Ausgrenzung gegenüber jenen Katholiken, die, von ihrem Gewissen getrieben und in bürgerlichen Vereinen organisiert, die Schwangerschaftskonfliktberatung innerhalb des staatlichen Systems verbunden mit der Ausstellung von Beratungsbescheinigungen fortführen wollen. Diese handelten zwar weder als kirchlicher oder katholischer Verein noch im Auftrag der Kirche. Aber Kardinal Wetter gibt doch seiner Hoffnung Ausdruck, dass jetzt der Streit ein Ende habe und dass „mit vereinten Kräften für den Schutz des Lebens der ungeborenen Kinder gearbeitet wird, und wir die Wahrheit in Liebe tun".[6]

2. Zeitdeutung aus der Erinnerung

Um die eigene Zeit richtig zu deuten und einzuordnen, bedarf es nach der Überzeugung Kardinal Wetters des Rückblicks und der Erinnerung. Die Gedenktage und -jahre haben deshalb in seinen Predigten einen festen Platz. Die Geschichte unseres Landes, die gleichsam eine Folie darstellt, auf der sich die Geschichte der kirchlichen Gemeinschaft abbildet, sieht Kardinal Wetter sowohl in ihren gelungenen Phasen wie auch in ihren von Verblendung und Schuld gezeichneten Momenten. Gedenktage wie 50 Jahre Machtergreifung durch die Nationalsozialisten, 50 Jahre Reichspogromnacht, 50 Jahre Kriegsbeginn oder der Hinweis auf die Zerstörung der Münchener Innenstadt im Jahre 1944, die Kardinal Faulhaber zwang, auf die Silvesterpredigt zu verzichten und stattdessen ein Hirtenwort verlesen zu lassen, haben für Kardinal Wetter Gegenwartsbedeutung. Geschichte dient uns als Mahnung. Das Nicht-Vergessen ist Pflicht und Voraussetzung für die Versöhnung. Die Erinnerung verfolgt nicht zuerst das Ziel moralischer Distanzierung von einer Geschichte, mit der die Nachgeborenen nichts zu tun hätten. In ihr bekundet sich vielmehr eine Art Solidarität, die bereit ist, Hypotheken der Geschichte des eigenen Landes zu übernehmen. Mit ihr verbindet sich zudem das Wissen, dass aus dem eigenen Volk Ideen sowie Denk- und Handlungsweisen hervorgingen, für die sich jede Identifikation verbietet.

Daneben stehen in den Predigten Kardinal Wetters auch die positiven Gedenktage, die in einer ganz anderen Weise eine Pflicht der Erinnerung auferlegen: 40 Jahre Bonner Grundgesetz, 40 Jahre Deklaration der Menschenrechte durch die UNO oder 1250-Jahrfeier der kanonischen Errichtung des Bistums Freising durch Bonifatius. Sie fordern ein Gedenken heraus an die „Grundsteinlegung" staatlicher Rechtsgemeinschaft und den Beginn der Ortskirche von München und Freising. Die Herausforderung dieser Gedenktage liegt für Kardinal Wetter darin, sich der Frage zu stellen, inwiefern wir staatlich oder kirchlich in Treue zu unserem Ursprung stehen und inwieweit das Grundgelegte heute gefährdet ist. Niemand solle sich, so Kardinal Wetter, täuschen. Die demokratische Staatsordnung sei keine für alle Zeit gesicherte Form des Zusammenlebens. „Sie ist durchaus empfindlich, sie ist zerbrechlich und zerstörbar."[7] Von daher wird seine oft wiederholte Warnung verständlich, die Grundrechte der Verfassung nicht umzuinterpretieren und damit innerlich auszuhöhlen. Die in den Menschenrechten niedergelegte Werteordnung der staatlichen Rechtsgemeinschaft sei der Verfügungsgewalt der Politik entzogen. Weder der Mehrheitswille des Parlaments noch irgendeine Majorität des Plebiszits dürften sie antasten, sie sind die unverrückbaren Ecksteine des politischen Handelns und des richterlichen Spruchs. In der Jahresschlusspredigt 1989, vierzig Jahre nach dem Inkrafttreten des Bonner Grundgesetzes, stellt Kardinal Wetter gerade auch im Blick auf den Lebensschutz des ungeborenen Menschen die Frage: „Wenn wir uns heute eine Verfassung zu geben hätten, wäre sie noch die gleiche wie 1949?“[8]

3. Die Zeitansage der modernen Heiligen und Seligen

Eine dritte Form von Zeitansage ist Kardinal Wetter offensichtlich ein großes Anliegen: Das gelebte Beispiel der zwischen 1982 und 2006 heilig oder selig gesprochenen Mitchristen, vor allem jener aus unserem engeren Lebenskreis. Die Heiligen und Seligen sind ihm „Zeugen des Glaubens und Hüter der Menschlichkeit“.[9]
Der am 20. Oktober 1982 heilig gesprochene Franziskanerpater Maximilian Kolbe und die 1986 selig gesprochenen Bernhard Lichtenberg und Karl Leisner werden uns dabei als Zeugen einer inneren Souveränität und einer Freiheit, die aus Glaube und Liebe erwächst, zur Seite gegeben.
Kardinal Wetters Absicht ist es, seinen Zuhörern für das anbrechende Jahr Wegbegleiter und Vorbilder anzuempfehlen: Pater Rupert Mayer, der uns aufgrund seiner schnörkellosen Normalität nahe steht[10], Mutter Teresa, die in einem Umfeld bitterster Armut arbeitet und mit dem aufrüttelnden Satz zitiert wird, die Armut an Liebe, die ihr in westlichen Gesellschaften begegne, sei für sie viel erschütternder als die Armut in Kalkutta.
Dem Münchener Jesuiten Pater Alfred Delp gilt die besondere Verehrung Kardinal Wetters. Er ist ihm Beispiel einer unerschütterlichen Lebensbejahung, die auch noch im Angesicht des Todes trägt[11]. Von der seligen Maria Theresia vom Kinde Jesu Gerhardinger entleiht er sich jenen Ausspruch, der den Zuhörern für das neue Jahr Trost und Motivation geben kann: „Beim Herrn kommt es weniger darauf an, was wir tun, sondern wie wir es tun“[12]. Die 1998 heilig gesprochene Karmelitin und zur Kirchenlehrerin erhobene Edith Stein steht dem Pfälzer Kardinal Wetter besonders nahe. Ihr verdankt er ein Motto, das ihm so wertvoll ist, dass er es sogar in zwei aufeinander folgenden Silvesterpredigten weitergibt: „... an der Hand des Herrn leben“[13].

II. Kirche und Politik

Man kann mit Recht die Frage stellen, inwieweit Friedrich Wetters Silvesterpredigten politische Ansprachen sind, und ob die Kathedra des Bischofs wenigstens einmal im Jahr gleichsam zur politischen Kanzel wurde. Ja gewiss, werden viele sagen, das unterscheide ja gerade die Silvesterpredigt von der Verkündigung der Botschaft an christlichen Fest-tagen, bei Weihehandlungen und Firmspendungen. Sie sei der Ort, wo der Bischof die das Jahr über geübte politische Zurückhaltung aufgebe, politische Zielsetzungen und faktische politische Entwicklungen der Kritik unterziehe und deren ideelle Hintergründe aufdecke. In der Tat fehlt in kaum einer der 25 Jahresschlusspredigten Friedrich Wetters der gesellschaftliche und politische Bezug. Sie sind alles andere alles unpolitisch. Nicht selten finden sich sogar mehrere „politische Botschaften" in einer Predigt.
Und doch, was heißt politische Predigt? Die Art und Weise, wie das Politische in ihr zur Sprache kommt, sagt viel über das Amtsverständnis des Predigers und über dessen Einschätzung des Verhältnisses von kirchlichem Amt und politischem Mandat, was wiederum viel darüber verrät, wie das grundsätzliche Zueinander von Kirche und Politik gedacht wird. Dass Friedrich Wetter wenig mit einem politischen Prälaten gemein hat, wird niemand bestreiten. Er hält Distanz – zum Kampf der Parteien ebenso, wie zur öffentlichen Auseinandersetzung um die konkrete Alltagspolitik. Er wirkt zu keiner Zeit wie ein verhinderter Politiker. Er verkörpert glaubhaft das geistliche Amt. Die Erwartungen, dass ein Erzbischof jede sich bietende Gelegenheit nutzen müsse, in die Arena des konkreten politischen Ringens zu steigen, enttäuscht er, und zwar aus Überzeugung. Indirekt spiegelt sich also die Verhältnisbestimmung zwischen Kirche und Politik in nahezu allen Silvesterpredigten. In einer Predigt jedoch äußert sich er dazu grundsätzlich und systematisch.
Es war kein Zufall, dass sich Friedrich Wetter in der Jahresschlusspredigt 1983 ausführlich zur politischen Aufgabe der Kirche äußerte. Die Auseinandersetzungen, die sich nach dem Nachrüstungsbeschluss der Nato entzündet hatten, waren noch voll im Gange. Die Friedensbewegung hatte auch die Kirche erfasst; sie war nicht unmaßgeblich von Kirchenmitgliedern mitgetragen. Es gab kaum einen Sektor des deutschen Katholizismus, der nicht von dieser emotional aufgeladenen Diskussion berührt worden wäre. Die deutschen Bischöfe hatten zwar im April des Jahres 1983 ein ausführliches Wort zum Frieden veröffentlicht. Es trug den Titel „Gerechtigkeit schafft Frieden".[14] Aber vielen erschien das Wort zu grundsätzlich formuliert. Sie vermissten das konkrete Urteil über die strittigen Fragen der Friedenssicherung. Manche forderten schlicht die Verurteilung der Nachrüstung. Das ist der Hintergrund der klaren politischen Standortbestimmung der

Kirche und der Abgrenzung gegenüber weiter gehenden Anforderungen, die Kardinal Wetter vornimmt und die zeigt, wie entschieden er sich auch in dieser Frage am Zweiten Vatikanischen Konzil orientiert:

„Es wurde uns aber auch vorgehalten, wir hätten nicht mutig genug Stellung bezogen und es wurde gefordert, wir sollten konkrete Entscheidungen auch für den politischen Bereich treffen. Wir haben dies bewusst nicht getan. Warum nicht? Weil das nicht unsere Sache ist. Es entspricht der von Gott gegebenen Ordnung, dass der Bereich kirchlichen Tuns und der Bereich politischen Handelns nicht vermischt werden. Gewiss müssen beim politischen Handeln wie bei allem menschlichen Handeln die Gebote Gottes und die von Gott stammenden ethischen Grundsätze beachtet werden. Aber politische Entscheidungen zu treffen ist nicht Sache der Kirche, sondern des Staates und seiner Organe. Zudem können Christen bei gleicher Gewissenhaftigkeit in der gleichen Frage zu verschiedenen Urteilen kommen, wie das Zweite Vatikanische Konzil klargestellt hat (Kirche in der Welt von heute 43). So ist es auch in der Friedensfrage. Alle wollen den Frieden. Umstritten ist nur der Weg, das heißt, welche politischen Maßnahmen zu ergreifen sind, um den Frieden zu sichern. Die Entscheidung über diese Maßnahmen ist nicht Sache der Kirche, sondern Aufgabe derer, denen die politische Führung und Verantwortung im Staat rechtmäßig übertragen ist. Die beiden Bereiche dürfen also nicht miteinander vermengt werden. Darum dürfen wir es auch nicht hinnehmen, dass unsere Gotteshäuser zu politischen Demonstrationen missbraucht werden."[15]

Diese Sätze, die auf eingehende Reflexion dessen verweisen, was das Zweite Vatikanische Konzil zur politischen Aufgabe der Kirche im Allgemeinen und zur Rolle der Priester, Bischöfe und Laien im Besonderen vorgelegt hat, lassen sich auf vier Kernaussagen konzentrieren.

Erstens, die politische Rolle der Kirche unter der Leitung seiner Hirten ist ganz in die Sendung der Kirche eingebunden. Die kirchliche Gemeinschaft kann sich letztlich nicht an den gesellschaftlichen Erwartungen orientieren. Umfang und Grenzen ihrer politischen Aktivität ergeben sich aus ihrem Selbstverständnis. Er begrüße es, trägt Kardinal Wetter vor, dass man in diesen für die ganze Menschheit so wichtigen Fragen des Friedens und der Versöhnung von der Kirche etwas erwarte. Doch müssten die Grenzen des Auftrags und der Zuständigkeit gewahrt bleiben.

Zweitens, wofür ist die Kirche zuständig? Ihre Sendung ist es, in ihrer Lehre die „Wahrheit vom Menschen"[16] und über das menschliche Zusammenleben in Freiheit und Frieden, in Gerechtigkeit und Solidarität zu verkünden und durch ihren Dienst den Menschen Kraft und Mut zu Versöhnung und Mitmenschlichkeit zu vermitteln. Wetter wirft die Frage auf, ob die Kirche damit nicht zu wenig tue für Frieden und Gerechtigkeit. Nein, lautet seine Antwort: Wenn sie das Ihre tue, tue sie das Entscheidende, was sonst niemand tun könne.[17]

Drittens, in den konkreten politischen Fragen hat sich die Kirche als Ganze und haben sich die Amtsträger der Kirche Zurückhaltung aufzuerlegen. Die politische Entscheidung im Konkreten sei nicht Sache der Kirche, sondern Sache der Politiker und aller Bürger, die in der Demokratie zur Teilnahme an den politischen Willensbildungsprozessen aufgerufen seien.

Das heißt zugleich, dass die konkrete Politik einer jener Bereiche ist, in der die Kirche nach einem Wort des Konzils nur durch die Laien zum Salz der Erde werden kann. Dabei stehe es den katholischen Christen, wie Wetter in der Silvesterpredigt ausführt, „völlig frei, sich zusammenzuschließen und im weitesten Rahmen dessen, was einem katholischen Christen möglich ist, auch dezidiert politisch Position zu beziehen".[18]

Viertens, auf die konkreten politischen Fragen gibt es unter den katholischen Christen häufig und in legitimer Weise nicht nur eine richtige Antwort. Auch wenn sie sich den gleichen Grundsätzen verpflichtet wissen, können Christen zu unterschiedlichen Lösungen kommen. Das heißt zugleich, dass damit die Vorstellung eines geschlossen politischen Katholizismus, der vom kirchlichen Amt gewissermaßen Weihe und Legitimation bezieht, nicht mehr, wenn er denn je so bestanden hat, aufrecht erhalten werden kann. Es gibt im Konkreten nicht *die* christliche Politik, die für sich den Ausschließlichkeitsanspruch des Christlichen geltend machen und die daher auch von der Kanzel herab verkündigt werden könnte.

Einen besonderen Hinweis, wenn es um das Zueinander von Kirche und Politik geht, verdient die Hochachtung, die Friedrich Wetter nicht nur einmal in seinen Silvesterpredigten den Politikern gegenüber zum Ausdruck bringt. Seine Kritik in politischen Grundsatzfragen ist oft hart und kompromisslos. Aber sie führt nie zu einer Schelte der Politiker. Im Gegenteil, Wetter findet immer wieder Worte des Dankes und wendet sich vehement gegen jede Herabwürdigung der politischen Verantwortungsträger. Die prägnantesten Formulierungen fand der Prediger im Jahre 1994: „Wir danken aber auch den Menschen, jenen Männern und Frauen, die in der Politik und in den anderen Bereichen des öffentlichen Lebens hohe und höchste Ämter, damit aber auch hohe und höchste Verantwortung für unser Volk übernehmen und Tag für Tag sich redlich mühen, dieser Verantwortung auch vor Gott gerecht zu werden. Sie verdienen unseren Dank und unsere Anerkennung, nicht aber die unsachgemäße, herabsetzende Behandlung, die ihnen bisweilen in der Öffentlichkeit zuteil wird."[19]

An anderer Stelle dankt der Kardinal in besonderer Weise den katholischen Christen, die sich in der Politik engagieren und aus christlicher Überzeugung Politik gestalten. Diese Verbindung von Dankbarkeit und Hochachtung sowie das Fehlen jeder herablassenden oder gar kränkenden Kritik haben ihren Grund nicht nur im Wissen, wie schwierig heute der Beruf des Politikers zu erfüllen ist und wie schwer die Grenzziehungen zwischen erforderlicher Kompromissbereitschaft und unbeugsamer Grundsätzlichkeit auf Politikern lasten können. Hinzu tritt ganz offensichtlich die Überzeugung, dass Politiker zu sein und politisch zu handeln mit dem damit verbundenen Ringen um Gerechtigkeit eine eigene Berufung darstellt.

III. Die Freiheit in ihrer gesellschaftlichen und personalen Bedeutung

Es gibt in den Silvesterpredigten Kardinal Wetters zwei inhaltliche Schwerpunkte. Den ersten Schwerpunkt bildet das unablässige Pochen auf die Unverfügbarkeit des menschlichen Lebens. Kaum eine Predigt, in der Kardinal Wetter nicht darauf zu sprechen käme. Er weiß, dass viele des Themas müde geworden sind, sei es aus Abstumpfung oder aus dem vordergründigen Argument, dass es den sozialen Frieden störe, wenn man den mühselig gefundenen modus vivendi (et necandi) immer wieder in Frage stelle, oder weil man in dieser offenen Wunde einer freiheitlichen, an Menschenrechten sich orientierenden Gesellschaft nicht mehr rühren will. Aber er *müsse* das Thema ansprechen, so Kardinal Wetter, ein Thema, „über das manche von uns schon nichts mehr hören wollen und dessen sie überdrüssig sind. Aber ich muss es aufgreifen, weil ich überzeugt bin: Dieses Thema hat eine viel breitere Wirkung, als die meisten in unserem Land es für möglich halten."[20] Wetters Sprache wird bei diesem Thema zunehmend härter und entschiedener. Und doch unterscheidet sich darin der Prediger Wetter nicht wesentlich von anderen Bischöfen. Vielmehr dokumentiert sich darin ausschnitthaft, mit welcher Leidenschaft und Beharrlichkeit sich die katholische Kirche in Deutschland seit den siebziger Jahren des 20. Jahrhunderts gegen die sukzessive Erosion eines gesellschaftlichen Grundwerts und gegen die Preisgabe eines von der Verfassung geschützten hohen Rechtsguts ankämpfte: in einer bis heute anhaltenden Auseinandersetzung um den Rechtsschutz des ungeborenen Kindes, im Kontext der Fortschritte der Reproduktionsmedizin, im Zusammenhang einer den Menschen instrumentalisierenden Forschung und in den Umdeutungen, die sich auf die Würde des Menschen im Sterbeprozess beziehen. Es gibt kaum eine Silvesterpredigt der letzten 25 Jahre, in der der Münchener Erzbischof hier nicht deutlich Stellung bezogen hätte.

Der zweite Schwerpunkt eröffnet sich nur dem, der die Jahresschlusspredigten Kardinal Wetters im Zusammenhang liest. Es ist das Ringen um das Verständnis menschlicher Freiheit. Bereits in seiner ersten Silvesterpredigt im Jahr 1982, kurz nach der feierlichen Übernahme der Kathedra im Münchner Liebfrauendom am 12. Dezember, spricht er am Beispiel Maximilian Kolbes über die Freiheit. Fast provokant formuliert er die Frage, wer denn in Auschwitz der Freie gewesen sei: Maximilian Kolbe, der aus freien Stücken hervortritt und an Stelle eines Familienvaters in den Hungerbunker geht oder der SS-Mann, der scheinbar frei über das Leben anderer verfügt. Erzbischof Wetter geht es dabei nicht um eine vordergründige Gegenüberstellung von äußerer und innerer Freiheit. Er weiß um die Vielschichtigkeit des Begriffs der Freiheit. In den Predigten entfaltet er die Freiheitsidee in ihrer vielfachen Bedeutung für den Menschen und für die Gesellschaft.

Wichtig ist ihm zunächst die von der staatlichen Rechtsgemeinschaft garantierte oder jedenfalls zu garantierende Freiheit, in der Gestalt der Religions- und Gewissensfreiheit, in der Berufsfreiheit, in der Pressefreiheit, in der Freiheit der Eltern, sich für Kinder zu entscheiden und diese zu erziehen, und in der Freiheit der Kunst. Es geht um jenen „Raum der Freiheit…, den der Mensch braucht, um in Würde leben und sich entfalten zu können"[21] Die gesellschaftliche Verbürgung dieser Freiheitsrechte eröffnet den Einzelnen die Möglichkeit für eigenverantwortliche Entscheidungen. Der freiheitliche Staat lebt davon, dass die Bürger von dieser „Ermächtigung" zur Freiheit verantwortlich Gebrauch machen. Nur so entfaltet sich menschliches und gesellschaftliches Leben. Die strukturell eröffnete Freiheit bedeutet freilich nicht Beliebigkeit im Handeln derer, die von ihr Gebrauch machen.

Verständlicherweise steht unter den Freiheitsrechten die Religionsfreiheit im Zentrum der Silvesterpredigten. Das religiöse Bekenntnis kann nur in Freiheit übernommen und lebendig vollzogen werden. In der Silvesterpredigt des Jahres 1995 hat Kardinal Wetter diesen Gedanken in einen tiefen christlichen Zusammenhang gestellt. Gottes Wort an uns sei ein Wort der Liebe, „das nur mit Liebe beantwortet werden kann. Das setzt Freiheit voraus. Zwang, Nötigung würde alles zerstören. Ohne Freiheit keine Liebe."[22]

Die Freiheit im religiösen Bekenntnis zu sichern, ist die Aufgabe des Staates, wobei er auch darauf zu achten hat, dass er sich nicht selbst in einem radikalen Laizismus einer Weltanschauung verschreibt, die Religionsfreiheit nur noch als Freiheit von Religion versteht. „Der Staat kann und darf nicht selbst Religion auferlegen", so zitiert Wetter den damaligen Präfekten der Glaubenskongregation Joseph Ratzinger. „Aber er darf ebensowenig die Abwesenheit Gottes zur Norm seines Handelns machen."[23] Aufgabe des Staates ist es ferner, dafür zu sorgen, dass die Wahrnehmung der Freiheit durch die einen nicht zu Lasten der Freiheit der anderen geht, dass vielmehr ein größtmögliches Maß an Freiheit gewährleistet wird, das mit der gleichen Freiheit aller anderen vereinbar ist.[24] Die hohe Wertschätzung der strukturellen Freiheit, die Kardinal Wetter immer wieder zum Ausdruck bringt, macht auch seine Enttäuschung verständlich, wenn manche meinten, im Rahmen der Kunst- oder Pressefreiheit den christlichen Glauben oder seine Symbole oder gar die Gestalt Jesu Christi verhöhnen zu können. Der Durchgang durch fünfundzwanzig Jahresschlusspredigten zeigt auf eine erschütternde Weise, dass der intolerante Umgang mit den Glaubensgefühlen der Christen nicht als punktuelle Episode abgetan werden kann, sondern dass sich dahinter eine Methode verbirgt.[25] Dass hier der Rechtsstaat seiner Aufgabe nicht gerecht wird, ist die feste Überzeugung Kardinal Wetters. Der Missbrauch der Freiheit, durch den die Freiheit anderer ignoriert wird, unterminiert die freiheitliche Gesellschaftsordnung. Aus dem „Missbrauch der Freiheit wird keine Kultur erwachsen".[26]

Aufgabe des Einzelnen ist es, im Rahmen der ihm gewährten Religions- und Gewissensfreiheit nach der Wahrheit und nach dem Guten zu suchen. Es ist seine Chance, sein Leben an Handlungsprinzipien und an einem Gottesglauben festzumachen, der ihn nach der festen Überzeugung des Predigers in die Freiheit führt. Kardinal Wetter beobachtet sehr genau, dass es vielen Menschen schwer fällt, sich zu binden.[27] Bei Lebensentscheidungen steht für viele die Aufgabe von anderen Optionen und Chancen im Vordergrund. Sie erscheinen als Einschränkung und Freiheitsverlust. Dem gegenüber möchte Kardinal Wetter Mut machen. Lebensentscheidungen binden den Menschen zwar, aber sie machen ihn zugleich frei und geben ihm eine neue Perspektive. Sie eröffnen neue Lebens- und Freiheitsräume. So bindet zwar der Bund der Ehe die Partner in lebenslang zugesagter Treue, aber er macht sie zugleich frei füreinander. Die „freie Partnerschaft" oder eine Ehe auf Zeit hingegen, in denen vermeintlich die freie Selbstbestimmung offen gehalten werde, wird von Kardinal Wetter als Ausdruck einer Verschränkung in sich selbst verstanden.[28] Ohne Bindung gibt es nach seiner Überzeugung keine Freiheit.[29] Dies gilt in eminenter Weise auch für die Glaubensentscheidung oder, anders ausgedrückt, für die Bindung an Gott. Sie befreit dazu, zu sich selbst und zu seinen Grenzen ja zu sagen.[30] Sie entbindet den Glaubenden von der Notwendigkeit der Selbstbehauptung. Sie führt ihn, wie Kardinal Wetter am Beispiel Maximilian Kolbes zeigen möchte, in die Freiheit für den Nächsten.[31]

IV. Veritati et caritati – der Wahrheit und dem Menschen verpflichtet

Es gibt einen aus der Antike stammenden Ratschlag, wie man seine Ziele anstreben solle: fortiter in re – suaviter in modo, in der Sache kraftvoll und unbeirrt, im Vorgehen mild und geschmeidig. Mögen sich manche Zeitgenossen – innerhalb und außerhalb der Kirche – eine solche Doppelstrategie zu Eigen machen, Kardinal Wetters Führungsstil und Amtsverständnis sind damit nicht getroffen. Strategisches Denken ist ihm fern. Schwierig vorzustellen, dass er sein Sprechen und Handeln einem solchen Kalkül unterwerfen könnte und wollte.

Viel näher liegt ihm der Wahlspruch eines seiner Vorgänger auf dem Stuhl des Heiligen Korbinian, der wie er aus der Pfalz nach München kam und vordem Bischof von Speyer war, nämlich der Wahlspruch Kardinal Josef Wendels: veritati et caritati. Diesen Wahlspruch greift Kardinal Wetter vierzig Jahre nach Wendels plötzlichem Tod auf.[32] Er beschreibt die doppelte Herausforderung, den Dienst an der Wahrheit mit der personalen Zuwendung zum konkreten Menschen zu verbinden. Was die erste Verpflichtung angeht, so hatte Kardinal Wetter bereits zum 25. Gedenktag der jähen Abberufung seines Vorgängers am 31. Dezember 1960 ein Wort Wendels aus dessen letzter Silvesterpredigt zitiert und sich zu eigen gemacht: „Was die Welt von heute braucht bei der oft unglaublichen Verwirrung der Geister und der schrecklichen Verwilderung der Sitten, ist sichere Klarheit und starke sittliche Festigkeit."[33] Die Wahrheit zu bekennen und das Gute als gut und das Böse als böse zu benennen ist das eine. Aber wie kann man das vollziehen, ohne zugleich den suchenden und den an seinem Selbstanspruch scheiternden Menschen, den Menschen mit abweichender sexueller Identität, den Menschen angesichts seiner zerbrochenen Beziehung zu verletzen? Liest man unter dieser Rücksicht Wetters Jahresschlusspredigten nach, so entdeckt man immer wieder, dass – um im Bild zu sprechen – das Kind gerade nicht mit dem Bad ausgeschüttet wird. Man verspürt das Ringen des Bischofs, das ihm auferlegte Lehramt und das ihm anvertraute Hirtenamt – bei aller gelegentlichen Spannung zwischen beiden – in eine Balance zu bringen.

Am deutlichsten tritt dieses Ringen in der bereits beschriebenen dramatischen Situation zutage, als Rom die katholische Kirche in Deutschland zum Ausstieg aus der staatlich organisierten Schwangerschaftskonfliktberatung drängte, damit das christliche Zeugnis für das Leben nicht verdunkelt werde. Kardinal Wetter versteht dieses Pochen auf Eindeutigkeit und Klarheit. Aber es erscheint ihm zugleich als unabdingbar, und zwar auch als Teil christlichen Zeugnisses, dass die Kirche, wenn auch unter anderen Bedingungen, die konkrete Zuwendung zu schwangeren Frauen nicht zurücknehmen dürfe, sondern im Gegenteil verstärken müsse. Als in der zweiten Hälfte der achtziger Jahre die Immunschwächekrankheit AIDS zum allgegenwärtigen Thema wurde, findet sich bei Wetter kein Wort von Geißel Gottes oder ähnlichen Einschätzungen. Das erste, was der Kardinal dazu anmerkt und anmahnt, ist die uneingeschränkte („auf welche Weise sie auch immer angesteckt wurden"[34]) Zuwendung zu den Betroffenen. Erst im zweiten Schritt geißelt er die kollektive Einstellung, wonach die sexuelle Promiskuität heute als gegeben und selbstverständlich zu akzeptieren sei.[35] Auch dort wo er mit äußerster Schärfe Missstand und Unrecht anprangert, wirkt es nie wie ein Schlag ins Gesicht der individuell Betroffenen. Wenn er sarkastisch bemerkt, dass Advent und Weihnachten zu „‚Konjunkturbelebungsfeiern' des Marktes" würden, „dem zunehmend ganze Bereiche des menschlichen Lebens geopfert werden"[36], so klingt daraus kein Vorwurf gegenüber dem Einzelhändler um die Ecke. Wenn er formuliert, dass „der sicherste Ort für ein Menschenleben, ja der Inbegriff der menschlichen Geborgenheit überhaupt, nämlich der Mutterschoß", heute „der lebensgefährlichste Ort" geworden sei[37], so liegt ihm jede Anklage einer von inneren Konflikten zerrissenen Frau fern. Selbst seine Aufsehen erregende und Kritik herausfordernde Äußerung zur so genannten Homo-Ehe, mit ihrer Einführung verabschiedeten wir uns „aus der Kultur- und Sittengeschichte der Menschheit"[38], bezieht sich ausdrücklich auf die Benennung homosexueller Partnerschaft als Ehe und auf die Gleichstellung mit ihr. Mit der Feststellung, dass homosexuelle Partnerschaften ihrem Wesen nach weder als Ehen noch als eheähnliche Gemeinschaften noch als Familien zu betrachten seien, werde niemand, „der eine solche Anlage in sich verspürt"[39], diskriminiert. Hinter dieser Äußerung stehen sowohl die Sorge um den homosexuell veranlagten Menschen als auch das Wissen um die lange, leidvolle Geschichte von dessen Diskriminierung.

Für Kardinal Wetter steht dieser doppelte Dienst der Kirche – der Dienst an der Wahrheit und der Dienst am Menschen, welcher der Zuwendung bedarf – in keinem grundsätzlichen Gegensatz. Der Dienst an der Wahrheit, die Verkündigung von Normen und das Beharren auf unverfügbaren Menschenrechten ist für ihn letztlich auch ein Dienst am Menschen. Freilich, die Kirche kann sich nicht darauf beschränken, die reine Lehre zu verkünden. Sie muss auch denen nahe sein, die von den Normen überfordert sind, in deren individuelle Lebensgeschichte die normativen Ansprüche kaum integrierbar erscheinen. Sie muss schließlich auch denen nahe sein, die Schuld auf sich geladen haben. Die Kirche muss mit Worten streiten, aber sie muss sich zugleich in Taten bewähren. Es ist eine „doppelte Solidarität", die ihr aufgetragen ist[40].

1 Während der Jahre der Domrenovierung (1990-1992) fanden die Silvesterpredigten in der St. Michaelskirche statt.

2 Vgl. Silvesterpredigt 2004, S. 249 ff.

3 Silvesterpredigt 2003, S. 240.

4 Silvesterpredigt 1986, S. 83.

5 Silvesterpredigt 1989, S. 116.

6 Silvesterpredigt 2000, S. 218.

7 Silvesterpredigt 1989, S. 117.

8 Ebenda, S. 118.

9 Silvesterpredigt 1987, S. 94.

10 Vgl. Silvesterpredigt 1987, S. 93 ff.

11 Vgl. die Silvesterpredigten der Jahre 1983, 1985 und 2003, S. 62, 78 f, 264.

12 Silvesterpredigt 1985, S. 75.

13 Vgl. Silvesterpredigten der Jahre 1998 und 1999, S. 209, 213.

14 Gerechtigkeit schafft Frieden, hrsg. v. Sekretariat der Deutschen Bischofskonferenz (= Die Deutschen Bischöfe, 24).

15 Silvesterpredigt 1983, S. 57 f.

16 Silvesterpredigt 1993, S. 154.

17 Silvesterpredigt 1983, S. 58.

18 Ebenda.

19 Silvesterpredigt 1984, S. 66.

20 Silvesterpredigt 1998, S. 204 f.

21 Silvesterpredigt 1993, S. 152.

22 Silvesterpredigt 1995, S. 178.

23 Silvesterpredigt 1998, S. 209.

24 Vgl. Silvesterpredigt 1990, S. 127.

25 Vgl. die Silvesterpredigten der Jahre 1983, 1985, 1990, 1995, S. 61, 80, 128, 171 ff.

26 Silvesterpredigt 1985, S. 80.

27 Vgl. Silvesterpredigt 1984, S. 65 ff.

28 Vgl. Silvesterpredigt 2002, S. 235.

29 Vgl. die Silvesterpredigten der Jahre 1984, 1985 und 1995, S. 65 ff, 74 ff, 177 f.

30 Vgl. Silvesterpredigt 1991, S. 135.

31 Vgl. Silvesterpredigt 1982, S. 51 f.

32 Silvesterpredigt 2000, S. 215; vgl. auch Silvesterpredigt 1985, S. 74 ff.

33 Silvesterpredigt 1985, S. 77.

34 Silvesterpredigt 1987, S. 98.

35 Silvesterpredigt 1987, S. 99.

36 Silvesterpredigt 2003, S. 240.

37 Silvesterpredigt 1988, S. 106 f.

38 Silvesterpredigt 2000, S. 216.

39 Ebenda.

40 Silvesterpredigt 1998, S. 205.

Friedrich Kardinal Wetter

Silvesterpredigten 1982 – 2006

Silvesterpredigt 1982

Wege in die Freiheit

Brüder und Schwestern im Herrn!

Vor wenigen Wochen, am 10. Oktober, hat der Papst[1] den polnischen Franziskanerpater Maximilian Kolbe[2] heilig gesprochen. Wir alle wissen, wie sein Lebensende aussah: Im August 1941 trat er im Konzentrationslager Auschwitz freiwillig vor, stellte sich an den Platz eines Familienvaters, der für den Tod im Hungerbunker bestimmt war, und starb an dessen Stelle, um ihm das Leben zu retten. Liebe Brüder und Schwestern! Warum erinnere ich Sie heute am Silvesterabend an diesen Heiligen und an sein Sterben? Von diesem Mann und seinem Tod fällt Licht auf uns und unsere Welt, ein Licht, das wir brauchen, damit wir den rechten Weg erkennen und nicht in die Irre gehen.

Eine solche Besinnung tut an der Schwelle eines neuen Jahres Not. Wohin Irrwege führen, das zeigt uns ein unglückseliger Tag vor 50 Jahren, an dem Menschen in unserem Volk die Macht ergriffen und ausgaben, zu führen, in Wirklichkeit aber in die Irre führten. Hier in München haben sie Aufmärsche inszeniert und unsere Stadt zur „Hauptstadt der Bewegung" erklärt, einer Bewegung, die in wenigen Jahren in die Unfreiheit, in Krieg und in Elend und Millionen von Menschen in den Tod führte. Wir dürfen aber nicht vergessen, dass sich auch Millionen von Menschen in unserem Volke in die Irre führen ließen. Darum brauchen wir Licht, um zu sehen, wohin der Weg in die Zukunft führt. Maximilian Kolbe kann uns hier ein Wegweiser sein.

Wer war auf dem Appellplatz in Auschwitz der Freie: der SS-Mann, der nach seinem Belieben über das Leben der Häftlinge verfügen konnte, der in den Hungerbunker und in die Gaskammer schicken konnte, oder der Gefangene Maximilian Kolbe? Ganz sicher nicht der SS-Scherge, der gefesselt war von den Fesseln seines Hasses, seiner Menschenverachtung und seiner Würdelosigkeit. Frei war Maximilian Kolbe! So frei, dass er sein Leben einsetzte für den Bruder, denn er war frei von sich selbst. Und woher hatte Maximilian Kolbe diese Freiheit? Weil er in Liebe gebunden war an Gott. Diese Bindung an Gott, die bei ihm die besondere Form der Hingabe der Weihe seines Lebens an Gott im Priestertum und im Ordensstand hatte, gab ihm diese Freiheit. Und darin ist er Christus ähnlich geworden. Christus hat sich ja ganz frei für uns alle in den Tod dahingegeben.

Er hatte diese Freiheit, weil er ganz innig und untrennbar mit seinem himmlischen Vater verbunden war, so untrennbar, dass er sagen konnte: „Ich und der Vater sind eins" (Joh 10,30). Wo immer Menschen nach dem Beispiel eines Maximilian Kolbe sich mit Christus und wie Christus an den Vater binden, dort entsteht Freiheit, dort erblüht Menschlichkeit, die stärker ist als der Tod, ja stärker als eine Hölle von Auschwitz.

Brüder und Schwestern! An der Schwelle eines neuen Jahres wollen wir uns auf die große Aufgabe besinnen, diese Freiheit, zu der uns Christus befreit hat, selbst anzunehmen und in unsere Welt hineinzutragen. Unsere Welt braucht diese Freiheit.
Wie sieht unsere Welt aus? Wenn wir uns umschauen, stellen wir fest, dass das Verhältnis zum Leben weithin gestört ist. Denken wir nur, in welcher Weise sich die Praxis der Abtreibung in den letzten Jahren in unserer Gesellschaft entwickelt hat. Die Finanzierung der Abtreibung durch die Krankenkassen hat dieser Praxis geradezu eine öffentliche Anerkennung verschafft. Natürlich müssen wir Frauen, die in eine Notlage geraten sind, wirklich helfen. Es ist aber keine Hilfe, dabei mitzuhelfen, menschliches Leben zu töten. Wir helfen nur dann wirklich, wenn wir menschliches Leben hegen und hüten. Die Zahl der Geburten ist in unserem Volk in den letzten Jahren rapide abgesunken. Deutschland steht unter den Völkern der Welt als Schlusslicht da, obwohl wir doch zu den wohlhabenden Völkern gehören. Was ist mit uns los? Seit Jahren – auch in diesem zu Ende gehenden Jahr – gibt es in unserem Volk mehr Särge als Wiegen. An diesen statistisch erfassbaren Zahlen zeigt sich eine innere Einstellung: Eine lebensmüde, ja bisweilen eine lebensfeindliche Haltung. Und woher kommt das? Da wäre gewiss manches zu sagen. Aber die letzte Ursache liegt darin, dass wir zu Gott auf Distanz gegangen sind. Im Prozess einer voranschreitenden Säkularisierung haben wir uns vielfach von Gott abgewandt. Darin äußert sich unser gebrochenes Verhältnis zum Leben, weil wir uns von dem abgewandt haben, der das Leben in Person ist, die Quelle des Lebens. Wer sich von Gott abwendet, wendet sich vom Leben ab.
Um diesem Übel abzuhelfen, ist gewiss viel notwendig; ich nenne hier nur eine kinder- und familienfreundliche Politik. Aber all solche Maßnahmen greifen zu kurz und bleiben auf der Strecke, wenn wir das letztlich Entscheidende nicht tun: Uns hinwenden zu Gott und damit uns hinwenden zum Leben. Man kann nicht ohne Gott Ja und schon gar nicht gegen Gott, sondern nur mit ihm, zum Leben Ja sagen. Die Kirche spricht dieses „Ja mit Gott" zum Leben. Der Heilige Vater hat in seinem Rundschreiben über die Familie vom vergangenen Jahr geschrieben: „Die Kirche ist fest überzeugt, dass das menschliche Leben, auch das schwache und leidende, immer ein herrliches Geschenk der göttlichen

Güte ist. Gegen Pessimismus und Egoismus, die die Welt verdunkeln, steht die Kirche auf der Seite des Lebens; in jedem menschlichen Leben weiß sie den Glanz jenes ‚Ja', jenes ‚Amen' zu entdecken, das Christus selbst ist. Dem ‚Nein', das in die Welt einbricht und einwirkt, setzt sie dieses lebendige ‚Ja' entgegen und verteidigt so den Menschen und die Welt vor denen, die das Leben bekämpfen und ersticken" (Familiaris consortio, Bonn 1981, S. 33). Brüder und Schwestern! Sprechen wir alle dieses Ja, das Gott zum Menschen, zu uns Menschen, zu unserem Leben gesprochen hat. Sprechen wir es ohne Vorbehalt! Wenden wir uns hin zu Gott und binden wir uns in Liebe an ihn! Aus dieser Bindung erwächst unsere Freiheit für das Leben.

In unserer Gesellschaft gibt es viel Ehe- und Familiennot. Es gibt diese Not nicht deswegen, weil die Menschen heute schlechter wären als in früheren Zeiten. Wahrhaftig nicht! Aber die Bedingungen für Ehe und Familie sind schwieriger geworden. Bei vielen, gerade bei jungen Menschen, ist die Fähigkeit, sich endgültig zu entscheiden und ein vorbehaltloses Ja zum Ehegatten zu sagen, schwächer geworden. Wir Menschen wollen frei sein. Das ist gut so und richtig. Freiheit gehört zum Menschsein. Aber was verstehen denn viele unter Freiheit? Oft wird unter Freiheit nur Freizügigkeit verstanden. Doch besteht ein himmelweiter Unterschied zwischen Freiheit und Freizügigkeit, zwischen liberté und libertinage, wie unsere französischen Nachbarn deutlicher unterscheiden.

Vor einiger Zeit konnte man im Anzeigenteil einer Zeitung lesen: „Frau hat sich selbst verwirklicht. Sie ist auf und davon. Zurückgeblieben ist der Vater mit den Kindern". Es gibt heute in unserer Gesellschaft eine öffentliche Verführung. Freizügigkeit wird als Freiheit dargestellt, der Ehebruch verharmlost. Liebe Brüder und Schwestern! Der Zug der Freizügigkeit zieht, aber er zieht uns in die falsche Richtung: in die Haltlosigkeit und damit in die Unfreiheit. Man kann sich auch in Unfreiheit hineinemanzipieren.

Wie man dieses Übel heilen kann, sagt uns ein bekanntes irisches Sprichwort: „Eine Familie, die zusammen betet, hält auch zusammen". Zusammen beten, das heißt, miteinander vor Gott treten, sich ihm öffnen und sich an ihn binden. Liebe Eheleute, lassen Sie Gott eintreten in Ihre eheliche Gemeinschaft! Binden Sie sich miteinander an ihn. Er ist es, der auch Sie als Mann und Frau miteinander verbindet und so frei macht füreinander. Dieser Gott gibt ihnen die Kraft der Liebe und der Treue, dass Sie in Ihrem Füreinander und Miteinander froh und glücklich werden. Auch hier gilt: Aus der Bindung an Gott erwächst unsere Freiheit füreinander.

Eine Not unserer Gesellschaft ist heute die Arbeitslosigkeit.[3] Das ist ein wirtschaftliches Problem, aber noch tiefer gesehen ein menschliches Problem, das an die Wurzel geht. Denn es ist schlimm für einen Menschen, zu erfahren: Ich werde nicht mehr gebraucht, ich bin überflüssig. Besonders schlimm ist es, wenn junge Menschen von der Arbeitslosigkeit getroffen sind. Das erzwungene Nichtstun ruft Schäden hervor, die niemand mehr gutmachen kann. Es wird wohl keiner unter uns sein, der ein fertiges Rezept in der Tasche hat, wie man in Kürze die Not der Arbeitslosigkeit beseitigen kann. Aber eines ist sicher: Wir werden keine Lösung finden, wenn wir an unseren hohen, allzu hohen Ansprüchen festhalten. Wir müssen Solidarität zeigen mit den Menschen in Not, und Solidarität verlangt immer auch die Bereitschaft zum Opfer. Warum bringen wir es eigentlich nicht fertig, auf zwei oder drei Prozent unseres hohen Lebensstandards zu verzichten? Schauen wir uns doch einmal in der Welt um: Da leben Millionen von Menschen, die nur über einen kleinen Bruchteil dessen verfügen, was wir haben, deren Lebensstandard weit unter dem liegt, was wir als Existenzminimum bezeichnen. Wir müssen herunter von unseren hohen Ansprüchen! Ist unser Festhalten am hohen Lebensstandard nicht auch eine Form der Unfreiheit? Wir sprechen ja vom Konsumzwang. Wer hat uns denn diese Fesseln angelegt? Wir selbst doch. Es wird Zeit, dass wir diese Fesseln ablegen um unserer Freiheit willen. Diese Fesseln an das Geld und an all das, was man sich für Geld besorgen kann, werden wir aber nur loswerden, wenn wir uns an einen anderen Reichtum binden, den Reichtum der Liebe Gottes, der uns in Jesus Christus geschenkt ist. Dieser Reichtum ist viel schöner und herrlicher und beglückender als all das, was uns diese Welt anbieten kann. Liebe Brüder und Schwestern! Hängen wir unser Herz an den Reichtum der Liebe Gottes! Binden wir uns in Liebe an diesen Gott! Dann werden wir frei werden für die Welt und für den Bruder in Not und Wege finden, so dass eines Tages wieder alle arbeiten und sich selbst ihr Brot verdienen können.

In der Welt hat sich Angst breit gemacht, die Angst vor einem Krieg.[4] Wir leben ja auf einem Pulverfass. Darum sind wir alle in Sorge um den Frieden. Woher kommt es denn, dass es in dieser Welt so viel Feindseligkeit gibt, dass die Menschen bereit sind, mit schrecklichen Mordwaffen aufeinander loszugehen? Woher kommt die Feindschaft unter den Menschen? Darauf gibt uns die Heilige Schrift Antwort und zwar auf den ersten Seiten. Es wird erzählt, wie unsere Stammeltern sich im Ungehorsam von Gott abwenden. Diese Abwendung von Gott hat zur Folge, dass sie selbst miteinander nicht mehr zurechtkommen. Das wird uns deutlich gemacht im Brudermord Kains an Abel. Wo sich Menschen von Gott abwenden, kommen sie nicht mehr miteinander zurecht, da wenden sie sich auch voneinander ab, Feindschaft entsteht. Alle Feindschaft dieser Erde hat hierin ihren Grund, auch die Feindseligkeit und der Argwohn, der dem schrecklichen Rüstungswettlauf zugrunde liegt.

Damit ist aber gesagt, worauf es ankommt, um in dieser Welt Frieden zu schaffen: Wir

müssen uns Gott zuwenden mit aller Kraft. Das schließt ein, dass wir in unseren Herzen abrüsten: Alle Feindseligkeit, aller Hass, alle Zwietracht muss aus unseren Herzen verbannt werden. Das ist die längst fällige Abrüstung. Wenn das geschieht in der Welt, auf beiden Seiten geschieht, werden die Abrüstungsverhandlungen bald einen glänzenden Erfolg haben. Wir werden bald bei der Null-Lösung sein.
Wir haben an Weihnachten alle mit einem frohen Herzen die Botschaft gehört: „Friede auf Erden den Menschen". Danach sehnen wir uns. Aber dieser „Friede den Menschen auf Erden" hat zur Voraussetzung das „Ehre sei Gott in der Höhe" (Lk 2,14). Gott müssen wir die Ehre geben, vor ihm anbetend unser Knie beugen, ihm im Gehorsam dienen, seinen Willen tun, ihn zur Mitte unseres Lebens machen, uns in Liebe an ihn binden. Dann werden wir auch frei für den Frieden.

Liebe Brüder und Schwestern! Das Verhältnis unter uns Menschen, das Verhältnis, das wir zu uns selbst haben, kommt so lange nicht in Ordnung, als unser Verhältnis zu Gott nicht in Ordnung kommt. Es geht hier um eine ganz einfache Aufgabe und dennoch um das Allerwichtigste in unserem Leben, das uns der Heiland im ersten Gebot – im Hauptgebot – genannt hat: „Du sollst den Herrn Deinen Gott lieben aus Deinem ganzen Herzen, aus Deiner ganzen Seele und mit all Deiner Kraft". Wenn wir uns so an Gott binden in Liebe, dann werden wir frei für den Nächsten, frei füreinander und in die Lage versetzt, auch das zweite Gebot, das dem ersten gleich ist, zu erfüllen: „Du sollst Deinen Nächsten lieben wie Dich selbst" (Mk 12,30f.). In Liebe gebunden an Gott, frei für die Welt, frei für den Nächsten. Das ist die Aufgabe. Und wenn wir uns an diese Aufgabe machen, können wir getrost, ohne jede Angst, in das neue Jahr gehen. Dann brauchen wir keine Sorge zu haben, dass das neue Jahr uns in die Irre führt. Es wird uns im Gegenteil in die Freiheit führen, die Gott uns bereitet hat. Gott wird uns der Erfüllung unseres Menschseins näher bringen. Das neue Jahr wird dann für uns alle ein Jahr des Heiles, ein Heiliges Jahr werden.
Amen.

1 Johannes Paul II. (1920-2005), Papst (1978-2005).

2 P. Maximilian Kolbe OFMConv (1894-1941), polnischer Franziskaner, Heiliger.

3 1982 waren in der Bundesrepublik Deutschland über 1,8 Millionen Menschen im Jahresdurchschnitt arbeitslos. Die Arbeitslosenquote lag bei 7,5%.

4 In den Jahren 1979-1983 beherrschte der NATO-Doppelbeschluss vom 12. Dezember 1979 die außen- und innenpolitische Debatte in der Bundesrepublik Deutschland. Dieser Beschluss der NATO bot dem Warschauer Pakt einerseits Verhandlungen über eine Begrenzung sowjetischer und US-amerikanischer atomarer Mittelstreckenraketen an. Andererseits sollten für den Fall, dass die Verhandlungen scheiterten, neue US-amerikanische Raketen (Pershing II) und Marschflugkörper (Cruise Missiles) in Westeuropa stationiert werden. Mit der Stationierung wurde im Herbst 1983 begonnen, nachdem die Verhandlungen in Genf zu keinem Ergebnis geführt hatten.

Silvesterpredigt 1983

Nehmt das Herz von Stein aus eurer Brust

Brüder und Schwestern im Herrn!

Schnell ist dieses Jahr zu Ende gegangen. Bevor wir in wenigen Stunden die Schwelle des neuen Jahres überschreiten, halten wir nochmals inne und schauen zurück, nicht, um dem Vergangenen nachzutrauern, sondern um uns zu rüsten für das kommende Jahr. Was hat dem verflossenen Jahr sein besonderes Gepräge gegeben? Das war die Auseinandersetzung um den Frieden in der Welt. Die Ziele militärischer Friedenssicherung wie die Wahl ihrer Mittel wurden heftig diskutiert und werden auch heute noch diskutiert.[1] Wir deutschen Bischöfe haben im April in einer umfangreichen Schrift zu diesen Fragen Stellung genommen.[2] Worum ging es uns? Wir wollten die für diesen Bereich „geltenden Prinzipien in Erinnerung rufen" und „Kriterien nennen, die deren Anwendung auf konkrete Fragen erlauben" (1.3). Es ging uns also darum, ethische Prinzipien und Kriterien zu deren Anwendung darzulegen. Wir sind dankbar, dass unser Wort zum Frieden von verschiedenen Seiten hohe Anerkennung gefunden hat. Es wurde uns aber auch vorgehalten, wir hätten nicht mutig genug Stellung bezogen und es wurde gefordert, wir sollten konkrete Entscheidungen auch für den politischen Bereich treffen. Wir haben dies bewusst nicht getan. Warum nicht? Weil das nicht unsere Sache ist. Es entspricht der von Gott gegebenen Ordnung, dass der Bereich kirchlichen Tuns und der Bereich politischen Handelns nicht vermischt werden. Gewiss müssen beim politischen Handeln wie bei allem menschlichen Handeln die Gebote Gottes und die von Gott stammenden ethischen Grundsätze beachtet werden. Aber politische Entscheidungen zu treffen, ist nicht Sache der Kirche, sondern des Staates und seiner Organe. Zudem können Christen bei gleicher Gewissenhaftigkeit in der gleichen Frage zu verschiedenen Urteilen kommen, wie das Zweite Vatikanische Konzil klargestellt hat (Kirche in der Welt von heute 43). So ist es auch in der Friedensfrage. Alle wollen den Frieden. Umstritten ist nur der Weg, das heißt welche politischen Maßnahmen zu ergreifen sind, um den Frieden zu sichern. Die Entscheidung über diese Maßnahmen ist nicht Sache der Kirche, sondern Aufgabe derer, denen die politische Führung und Verantwortung im Staat rechtmäßig übertragen ist.

Die beiden Bereiche dürfen also nicht miteinander vermengt werden. Darum dürfen wir es auch nicht hinnehmen, dass unsere Gotteshäuser zu politischen Demonstrationen missbraucht werden. Unsere Kirchen sind Stätten des Gebetes und müssen es bleiben. Das schulden wir der Ehre Gottes und dem Wohl der Menschen. Wer demonstrieren will, kann dies in unserem Staat in aller Öffentlichkeit tun, ohne dass er verfolgt wird. Denn wir leben in einer freiheitlichen Ordnung, in der jeder seine Meinung sagen darf. Das ist beileibe nicht in allen Ländern der Fall. Seien wir dankbar, dass wir in einem freiheitlichen Rechtsstaat leben können, und seien wir auch denen dankbar, die für diese freiheitliche Ordnung Verantwortung übernehmen.
Die Unterscheidung zwischen dem kirchlichen und dem politischen Bereich hat auch Konsequenzen für unsere katholischen Verbände. Es steht katholischen Christen völlig frei, sich zusammenzuschließen und im weiten Rahmen dessen, was einem katholischen Christen möglich ist, auch dezidiert politische Position zu beziehen. Zusammenschlüsse von Katholiken, die einen kirchlichen Auftrag wahrnehmen, müssen sich jedoch im Rahmen ihres kirchlichen Auftrags an die genannte Begrenzung halten und in konkreten politischen Fragen die gebotene Zurückhaltung üben. Ich begrüße es, dass man in der für die ganze Menschheit so wichtigen Frage von der Kirche etwas erwartet. Doch müssen die Grenzen des Auftrags und der Zuständigkeit gewahrt bleiben.
Tut die Kirche dann aber nicht zu wenig für den Frieden und das Wohl der Menschen? Nein. Wenn sie das Ihre tut, tut sie das Entscheidende, was niemand sonst tun kann – auch für den Frieden in der Welt. Die Kirche verkündet in Gottes Auftrag die Gebote Gottes. Wie sähe unsere Welt aus, wenn wir Menschen auf Gottes Wort besser hören und seine Gebote besser befolgen würden? Es ginge viel menschlicher zu. Denn Gott meint es gut mit uns – auch durch seine Gebote. Würden alle Menschen dem Willen Gottes gehorchen, würde in der Welt Friede herrschen. Die Frage lautet demnach nicht: Tut die Kirche genug für den Frieden? Sondern: Hören die Menschen genug auf den Willen Gottes, den die Kirche verkündet? Schließlich fließt durch den Dienst der Kirche den Menschen die Kraft der Versöhnung zu, die Kraft, Frieden zu stiften.

Liebe Brüder und Schwestern, hören wir, was Gott von uns will, und tun wir es! Dann geschieht das für den Frieden Entscheidende: Wir erhalten ein neues Herz. Darauf hat der Heilige Vater[3] in seiner Botschaft zum morgigen Weltfriedenstag hingewiesen: „Der Friede entspringt einem neuen Herzen."
Damit sind wir beim Heiligen Jahr, das dem Leben der Kirche in diesem Jahr seinen besonderen Zug gab.[4] Im Heiligen Jahr geht es um das neue Herz. Wir denken an die

große Erlösungstat, die Gott vor 1950 Jahren in Tod und Auferstehung seines Sohnes Jesus Christus für uns vollbracht hat. Durch diese Tat will Gott uns zu neuen Menschen schaffen. Darum gibt er uns durch seinen Geist ein neues Herz. So sagt es der Prophet Ezechiel: „Ich schenke euch ein neues Herz und lege einen neuen Geist in euch. Ich nehme das Herz von Stein aus eurer Brust und gebe euch ein Herz von Fleisch" (36,26). Das göttliche Werk der Erlösung hat den neuen Menschen mit dem neuen Herzen zum Ziel. Das Jubiläumsjahr unserer Erlösung begann am 25. März und wird am kommenden Osterfest enden. Drei Viertel dieses Heiligen Jahres sind also bereits vorüber. An der Schwelle des neuen bürgerlichen Jahres sollten wir uns besinnen, wieweit wir uns dem Angebot der Gnade bereits geöffnet haben. In diesem Heiligen Jahr mögen, wie der Papst bei den Eröffnungsfeierlichkeiten sagte, „alle sich stärker an den göttlichen Erlöser halten, an ihn, der die Tür zum Heil ist". Ist uns das wenigstens in etwa schon gelungen? Können wir sagen: Ich bin in diesen letzten Monaten Christus näher gekommen; ich habe fester in ihm Wurzel gefasst; ich lebe stärker als früher mit ihm und aus der Kraft seines Geistes? Diese Frage muss jeder für sich beantworten.

Wenn wir solchen Fragen nachgehen, spüren wir, dass bestimmte Kräfte in uns am Werk sind, die Macht über uns ausüben und unser Leben prägen. Es sind Kräfte und Strömungen unserer Welt und unserer Zeit. Sie gilt es zu durchleuchten und festzustellen, ob sie unser Leben menschlicher machen oder nicht. Schauen wir uns einige dieser Strömungen an.

Die meisten Leute verfügen heute über viel Freizeit. Vor kurzem sagte mir jemand, der sich auskennt: „Wir Deutsche sind Weltmeister in Freizeit." Aber zugleich hören wir ständig die Klage: „Ich habe keine Zeit." Das beginnt schon bei den Kindern, deren Tage verplant sind. Viele Leute haben keine Zeit, weder für sich, um zur Besinnung zu kommen, noch für die anderen, um ihnen zu helfen, noch für Gott, um zu beten und ihm die Ehre zu geben. „Weltmeister in Freizeit" und „ich habe keine Zeit" – da stimmt doch etwas nicht.

Ein anderes Beispiel. Dieser Tage war in den Nachrichten zu hören, die Bundesbürger hätten im Weihnachtsgeschäft etwa 19 Milliarden ausgegeben. Diese stolze Summe zeigt, dass es uns materiell gut geht; dass wir nicht arm sind und uns viel leisten können, bedeutend mehr als die meisten anderen Völker in der Welt. Und trotzdem sind wir arm an Kindern. Trotz allen materiellen Wohlstandes hat die Bundesrepublik seit 1974, also seit zehn Jahren, ununterbrochen die geringste Geburtenrate in der ganzen Welt. Hier stimmt doch etwas nicht.

Was stimmt nicht? Wir haben in den letzten Jahren in unserer Gesellschaft eine Veränderung in der praktizierten Wertordnung erlebt, die nachdenklich stimmt. Vor kurzem sagte mir die Mutter einer jungen Ärztin: „Wenn vor Jahren ein Arzt eine Abtreibung vorgenommen hat, wurde er bestraft und riskierte seinen Beruf. Wenn heute ein Arzt sich weigert, an einer Abtreibung mitzuwirken, riskiert er, dass er in bestimmten Krankenhäusern nicht angestellt wird." Vielleicht wird nirgendwo die Verwirrung unserer Wertordnung so greifbar wie gerade in diesem Bereich. Am 6. August 1945 fiel in Hiroshima die erste Atombombe. Eine einzige Bombe, und 260 000 Menschen starben. Ihrem Leben wurde ein gewaltsames Ende bereitet. Seitdem ist Hiroshima das abschreckende Beispiel eines Atomkrieges. Im Jahre 1982 wurden in der Bundesrepublik laut Statistik 91 000 Kinder abgetrieben. Diese Zahl umfasst nur die gemeldeten Abtreibungen. Hinzu kommt noch eine Dunkelziffer, die wir nicht kennen. Lassen wir diese Dunkelziffer außer Betracht und beschränken wir uns auf die ohnehin erschreckend hohe Zahl von 91 000 registrierten Abtreibungen. In nicht ganz drei Jahren wird demnach in unserer Bundesrepublik dem Leben von ebenso vielen ungeborenen Kindern gewaltsam ein Ende bereitet wie Menschen in Hiroshima durch die Bombe ums Leben kamen. Liegt darin ein wesentlicher Unterschied, dass das Unglück in Hiroshima an einem Tag geschah, während das Unglück der Abtreibungen sich über einen Zeitraum von drei Jahren erstreckt? In beiden Fällen wurden beziehungsweise werden 260 000 Menschenleben von Menschen ausgelöscht. Gewiss muss man bei diesen Zahlen differenzieren. Es gibt beim Schwangerschaftsabbruch auch den Fall der medizinischen Indikation, der alle Betroffenen vor ein schier unlösbares Dilemma stellt. Diese Fälle sind durch den Fortschritt der Medizin Gott sei Dank sehr selten geworden. Da ihre Zahl sehr klein und die nicht berücksichtigte Dunkelziffer der Abtreibungen um ein Vielfaches größer ist, hat der Vergleich mit Hiroshima seine Geltung.

Ich muss noch eine weitere Differenzierung anbringen, um nicht missverstanden zu werden. Es werden Abtreibungen in leichtfertiger Weise vorgenommen. Aber es gibt auch Frauen, die sich in einer Ausweglosigkeit sehen und meinen, nur durch die Abtreibung aus ihrer Notlage befreit zu werden. Oft leiden solche Frauen nachher noch mehr und werden das Gefühl der Schuld nicht mehr los. Über keine dieser Frauen soll der Stab gebrochen werden. Wir wollen niemanden verurteilen, sondern helfen. Aufgabe der Kirche ist es doch, den Menschen die Gnade und das Erbarmen Gottes zu überbringen. Dadurch geschieht echte Hilfe, nicht dadurch, dass man Abtreibung verharmlost und Unrecht für Recht erklärt. Wenn eine Frau meint, in auswegloser Lage zu sein, besteht die beste Hilfe darin, sie nicht allein zu lassen, sondern ihr beizustehen, damit es gar nicht zum Abbruch kommt. Es gibt viele Frauen, denen so geholfen wurde und die glücklich

waren, ihr Kind zur Welt gebracht zu haben. Lassen wir daher niemand allein, sondern helfen wir, und zwar rechtzeitig.
Lassen Sie mich noch kurz auf ein anderes Beispiel hinweisen, das die Verwirrung unserer Wertordnung deutlich macht. Wenn Monate lang Woche für Woche Blasphemie und Obszönität öffentlich ausgebreitet werden dürfen, dann wird es in unserer Gesellschaft gespenstisch.[5] Wo nicht nur die religiösen Gefühle vieler Mitmenschen verletzt werden, sondern auch das Heilige in den Schmutz gezogen und Gott gelästert wird, stürzt das Haus der Menschlichkeit ein und begräbt uns unter seinen Trümmern. Wenn die Ehrfurcht vor dem Heiligen, die Ehrfurcht vor Gott abhanden kommt, vor wem und vor was sollte man dann noch Ehrfurcht haben? Ohne Ehrfurcht aber schmilzt die Menschlichkeit dahin wie der Schnee an der Sonne. Dafür kann man sich nicht auf die Freiheit der Kunst berufen. Wird die Freiheit zum Deckmantel von Obszönität und Blasphemie gemacht, so wird sie missbraucht. Missbrauch aber trägt die Kräfte der Zerstörung in sich. Freiheit hat es immer mit der Wahrheit zu tun. In der Schrift heißt es: „Die Wahrheit wird euch befreien" (Joh 8,32). Halten wir das Heilige heilig und wehren wir der Ehrfurchtslosigkeit und der Gotteslästerung, damit unser Leben keine gespenstischen Züge annimmt und wir plötzlich dastehen wie Goethes Zauberlehrling: „Die Geister, die ich rief, die werd' ich nun nicht los".

Brüder und Schwestern, begegnen wir dem heiligen Gott immer in großer Ehrfurcht und halten wir das Leben heilig! Von solchen Grundentscheidungen hängt die Wertordnung unseres Lebens und damit die Menschlichkeit unseres Lebens ab. Als vor einigen Jahren die Geldentwicklung inflationäre Züge annahm, waren alle beunruhigt. Viel beunruhigender ist es, wenn geistige Werte ihre Kraft für uns verlieren und unserem Leben nicht mehr Halt, Ordnung und Ausrichtung geben. Ohne sie würde unser Leben leer und hohl. Wir Menschen brauchen ein materielles Existenzminimum, um am Leben zu bleiben. So brauchen wir auch ein geistiges Existenzminimum, ohne das unser Leben unmenschlich würde. Dazu gehört die Ehrfurcht vor dem Leben, dazu gehört die Ehrfurcht vor Gott.
Wenn wir heute Abend im Rückblick auf das verflossene Jahr kritische Erscheinungen angesprochen haben, so ist das kein Pessimismus, sondern Realismus. Wir wollen die Dinge sehen, wie sie sind, und wollen uns sehen, wie wir sind. Beim Rückblick entdecken wir neben Fehlern und Versagen aber auch viel Gutes, wofür wir heute Abend aus frohem Herzen danken dürfen. Das Gute überwiegt bei weitem das Schlechte. Wir durften ein Jahr in Frieden leben, ein Jahr in Freiheit und auch in materiellem Wohlstand. Im Vergleich zur allgemeinen Weltlage darf man das trotz des Übels der Arbeitslosigkeit im vergangenen Jahr sagen. Viele Menschen in der Welt können nur träumen von dem,

was wir Tag für Tag mit größter Selbstverständlichkeit genießen. Wir danken Gott für alle Gaben des Leibes und der Seele, mit denen er jeden von uns beschenkt hat.

Brüder und Schwestern, mit welchen Empfindungen gehen wir ins neue Jahr? Ich weiß nicht, was Sie auf diese Frage antworten. Meine Antwort lautet: Ohne Spur von Angst, mit Zuversicht. Warum? Das Leitwort unseres bevorstehenden Katholikentages in München[6] gibt die Antwort: „Dem Leben trauen, weil Gott es mit uns lebt." Dieses Wort stammt von dem Münchener Jesuitenpater Alfred Delp[7]. Er hat es niedergeschrieben im Gestapogefängnis mit gefesselten Händen, wenige Wochen vor seinem Tod. Welch eine Zuversicht spricht aus diesem Wort, eine Zuversicht, die ihm auch seine Henker nicht nehmen konnten; denn sie war in Gott gegründet. Gott lebt unser Leben mit uns, auch im neuen Jahr 1984. Er lebt nicht nur Ausschnitte unseres Lebens mit uns, sondern unser ganzes Leben, mit allen Höhen und Tiefen.
In der Sophienkathedrale in Nowgorod, die aus dem 11. Jahrhundert stammt, ist in der großen Kuppel über dem Kirchenschiff ein mächtiges Bild des Pantokrator, des Weltenherrschers zu sehen. Eine Hand hält er geschlossen. Die Gläubigen sehen in der geschlossenen Hand ein Zeichen, dass der Herr ihr und ihrer Stadt Schicksal, das ihnen verborgen ist, in seiner mächtigen und guten Hand hält. So ist es auch bei uns. Wir wissen nicht, was uns das neue Jahr bringt. Das macht auch gar nichts. Viel wichtiger ist es, dass der Herrscher der Welt und Herr der Geschichte unser Leben in seiner allmächtigen, guten Hand hält. Und zugleich lebt er dieses unser Leben mit uns. Das nimmt uns die Zukunftsangst und schenkt uns Zuversicht und Freude am Leben.
Unser Münchener Katholikentag soll ein leuchtendes Zeugnis christlicher Lebensfreude werden. Die organisatorischen Vorbereitungen laufen bereits auf vollen Touren. Auch die geistliche Vorbereitung muss nun auf volle Touren kommen. Dazu bitte ich Sie alle herzlich um Ihre Mitarbeit. Lassen Sie sich erfüllen von der Glaubensgewissheit, dass Gott uns in seinen Händen hält und unser Leben mit uns lebt. Lassen Sie sich von Gott mit Zuversicht und Freude am Leben beschenken und schenken Sie diese Lebensfreude weiter. Das ist es, was wir für uns selbst brauchen und für den Katholikentag, damit er in einer Welt, die reich an Angst und arm an Hoffnung ist, ein lebendiges, strahlendes Zeugnis christlicher Zuversicht und Lebensfreude werde.
Amen.

1 Seit Herbst 1983 stationierte die NATO in Westeuropa und auch in der Bundesrepublik Deutschland neue atomare Raketensysteme.

2 Gerechtigkeit schafft Frieden. Wort der deutschen Bischofskonferenz zum Frieden (= Die deutschen Bischöfe. Hirtenschreiben und Erklärungen 34), Bonn 1983.

3 Johannes Paul II. (1920-2005), Papst (1978-2005).

4 Ein Heiliges Jahr findet turnusmäßig alle 25 Jahre statt. Im Jahr 1983 wurde ein außerordentliches Heiliges Jahr vom Gründonnerstag 1983 bis zum Ostersonntag 1984 gefeiert.

5 Anspielung auf den Film „Das Gespenst" von Herbert Achternbusch.

6 88. Deutscher Katholikentag in München vom 4. bis 8. Juli 1984.

7 P. Alfred Delp SJ (1907-1945), deutscher Jesuit.

Silvesterpredigt 1984

Glaubwürdig Christ sein

Brüder und Schwestern im Herrn!

„Geliebte Diözesanen! Zum ersten Mal seit 27 Bischofsjahren hat euer Erzbischof im Innern der Stadt keine Kirche, um in der Silvesterpredigt zu euch zu sprechen." Mit diesen Worten begann Kardinal Michael Faulhaber[1] sein Hirtenwort, mit dem er sich schriftlich zum Silvesterabend 1944 an die Münchener Katholiken wandte. Nicht nur unser Liebfrauendom und die Kirchen im inneren Stadtbezirk waren in Trümmer gesunken, die ganze Innenstadt war ein großes Trümmerfeld.
Wir sind heute Abend hier versammelt, um für das verflossene Jahr zu danken. Darum ist es gut, auch einmal an den trümmerbeladenen Silvestertag vor 40 Jahren zurückzudenken. Wofür haben die Menschen damals gedankt? Dafür, dass sie noch einmal mit dem Leben davongekommen waren. Und wie gingen sie in das neue Jahr? Was sollte es ihnen bringen? Den Zusammenbruch eines Reiches, das als tausendjähriges Reich ausgerufen war, aber bereits nach zwölf Jahren wie die Häuser unter dem Bombenhagel einstürzte. Unter seinen Trümmern lagen Millionen von Toten, die der Krieg hinweggerafft hatte, und Millionen von Toten, die in Menschenverachtung umgebracht worden waren. Denen, die es miterlebt haben, klingt noch das „Heil, Heil" in den Ohren, das selbst im letzten Kriegsjahr noch geschrien wurde. Und was kam? Nicht Heil, sondern Unheil. Das Leid, das damals über unser Land kam, lässt sich nicht in Zahlen fassen.
Auf dem Hintergrund dieser jüngeren Geschichte, an die sich viele von uns noch erinnern können, wollen wir heute für das verflossene Jahr danken. Wir danken Gott für den Frieden, der uns in diesem Jahr gewährt wurde. Wir danken Gott für die Freiheit, in der wir leben durften. Wir danken Gott für den Wohlstand, dessen sich unser Volk erfreuen darf. Gewiss gibt es auch heute Bedürftige, die auf unsere Hilfe angewiesen sind. Aber ihre Zahl hält sich in Grenzen und wir verfügen über Mittel, ihre Not zu lindern.
Was wir heute als selbstverständlich hinnehmen, ja geradezu fordern, hätte sich vor 40 Jahren niemand träumen lassen. Heute haben wir andere Zeiten, könnte man sagen. Das stimmt, aber nur zum Teil. Denn was aus einer Zeit wird, hängt von uns selber ab. Es könnte bei uns auch anders aussehen. In vielen Ländern der Erde herrscht heute kein

Friede, in vielen Ländern gibt es weder politische Freiheit noch Religionsfreiheit, werden Menschenrechte verletzt und Menschen gefoltert. In weiten Gebieten der Erde finden wir äußerste Not. Äthiopien, von dem wir in den letzten Wochen so viel und so Erschütterndes gehört haben, ist nur ein Land unter vielen Ländern.[2]

Wir haben zu danken, dass wir in Ordnung, Ruhe und Sicherheit leben dürfen. Dafür danken wir Gott, dem Geber alles Guten. Wir danken aber auch den Menschen, jenen Männern und Frauen, die in der Politik und in den anderen Bereichen des öffentlichen Lebens hohe und höchste Ämter, damit aber auch hohe und höchste Verantwortung für unser Volk übernehmen und Tag für Tag sich redlich mühen, dieser Verantwortung auch vor Gott gerecht zu werden. Sie verdienen unseren Dank und unsere Anerkennung, nicht aber die unsachgemäße, herabsetzende Behandlung, die ihnen bisweilen in der Öffentlichkeit zuteil wird. Wir danken auch all unseren Mitbürgern, die, wie der Apostel sagt, „in Ruhe ihrer Arbeit nachgehen und ihr selbstverdientes Brot essen" (2 Thess 3,12). Damit sind alle gemeint, die ohne Aufhebens zu machen ihre tägliche Pflicht erfüllen. Denn das Wohl eines Gemeinwesens hängt nicht nur von denen ab, die es regieren, sondern auch vom Mittun aller Bürger.

So danken wir heute für das Leben in Frieden, in Freiheit, in Wohlfahrt, das uns im vergangenen Jahr geschenkt wurde. Und in diesen gemeinsamen Dank lege jeder noch den persönlichen Dank für die vielen Gaben und Wohltaten, mit denen Gottes Güte einen jeden von uns im sich neigenden Jahr bedacht hat.

Wir beginnen das neue Jahr in der Bereitschaft, uns seinen Aufgaben und Herausforderungen zu stellen. Diese Aufgaben und Herausforderungen beginnen nicht erst heute Nacht um 24.00 Uhr, wir nehmen sie bereits mit aus dem alten Jahr. Blicken wir zurück.

„Unsere Sorge der Mensch – unser Heil der Herr", so lautete das Leitwort des Katholikentages 1958 in Berlin.[3] Dieses Leitwort ist noch heute hochaktuell. In der Mitte unserer Sorge steht der Mensch, auch im neuen Jahr. Im vergangenen Jahr fand hier in München der 88. Deutsche Katholikentag statt.[4] Auch dieser Katholikentag stand im Zeichen der Sorge um den Menschen. Er sollte neues Vertrauen in das Leben wecken und den Mut zum Leben stärken. Auch am Ende des Jahres dürfen wir dankbar feststellen: Unser Münchener Katholikentag hat vielen Menschen Mut zum Leben, ja Lebensfreude geschenkt.

Auffallend war die große Anzahl jugendlicher Teilnehmer. Wir dürfen darin ein Zeichen sehen, dass viele junge Leute etwas erwarten und vor allem Hilfe für ihr Leben suchen. Wer die jungen Menschen beobachtet – das gilt allgemein, nicht nur für den Katholikentag –, kann feststellen, sie gehen zu dieser Veranstaltung und zu jenem Treffen, informieren sich da und sammeln Erfahrungen dort; viele sind auch bereit zu einem erstaunlichen Engagement, aber in einem tun sie sich schwer: Entscheidungen zu treffen, die eine Bindung, eine dauerhafte Verpflichtung darstellen. Ein Beispiel ist die Ehe auf Probe, was ein Widerspruch in sich ist. Man kann immer wieder Stimmen hören, die sagen: Das ist die Jugend von heute.

Stimmt dieses abwertende Urteil? Wir finden bei unserer Jugend viel guten Willen, mehr, als oft angenommen wird. Wir müssen aber doch auch bedenken, in welcher Zeit die Jugendlichen herangewachsen sind: in der Zeit eines schrankenlosen Pluralismus, in der die Meinung verbreitet wurde, alles sei machbar, alles sei zu haben. Mit solchen Ideen sind die jungen Leute groß geworden. Und diese Zeit geht nicht auf das Konto der Jugend, sondern auf das der Erwachsenen. Wie soll ein junger Mensch in einer permissiven Gesellschaft lernen, richtig zu leben, wenn es ihm nicht gezeigt wird? Haben wir es der Jugend gezeigt, oder haben wir sie weithin allein gelassen? Ich meine, wir haben ihnen die vielen Äste des Lebensbaumes, dessen Blütenpracht und die schönen Früchte gezeigt, aber nicht gezeigt, dass diese Schönheit und Fruchtbarkeit einen kräftigen Stamm voraussetzt, der fest in der Erde verwurzelt ist. Wir haben der Jugend zu wenig gezeigt und vorgelebt, dass es eine verbindliche, von Gott gegebene Wertordnung gibt, die nicht ungestraft außer Acht gelassen werden kann; dass es Gebote Gottes gibt, die uns nicht einengen, sondern Wege ins Leben und in die Freiheit weisen; dass es zum Gelingen eines menschlichen Lebens gehört, Tugenden zu üben wie Mäßigung, Selbstzucht und Treue. All das hätten wir den Kindern und Jugendlichen deutlicher sagen und glaubwürdiger vorleben müssen. Diese Aufgabe nehmen wir mit ins neue Jahr.

Vielen Jugendlichen hat es nicht nur an Hilfe gefehlt, sie wurden auch noch verführt. Als Beispiel mag stehen, was sich auf dem Videomarkt abgespielt hat, der im vergangenen Jahr in die Schlagzeilen gekommen ist. Skrupellose Geschäftemacher sind in den Videomarkt eingedrungen, haben die Schwächen der Menschen, gerade der jungen Menschen, schamlos ausgenützt und ihnen Brutalitäten und Obszönitäten vorgesetzt, die eine Verhöhnung des Menschen sind. So Ekel erregende Dinge sind auf diesem Weg an die Jugendlichen gekommen, dass es selbst Erwachsenen beim Ansehen dieser Streifen übel wurde.

Bei solchen Vorgängen muss man unwillkürlich an das Wort des Herrn denken: „Wer eines von diesen Kleinen, die an mich glauben, zum Bösen verführt, für den wäre es besser, wenn er mit einem Mühlstein um den Hals im tiefsten Meer versenkt würde" (Mt 18, 6).

In einer größeren bayerischen Stadt hat man eine Untersuchung unter den Hauptschülern durchgeführt, um zu erfahren, wie viele von ihnen Videofilme sehen und damit auch Zugang haben zu den widerlichen Filmstreifen. Gleichzeitig befragte man deren Eltern, wie viel Prozent ihrer Kinder nach ihrer Meinung diese Filme sehen. Das Ergebnis: 80 % der Hauptschüler sehen Video, und die Eltern meinten, es seien 4 %. Worüber soll man mehr erschrecken: über die 80 % der Schulkinder oder über die Ahnungslosigkeit der Eltern, die nicht merken, was in ihren Kindern vor sich geht. Ich bitte alle Eltern inständig, kümmern Sie sich nicht nur um die Gesundheit und das schulische und berufliche Fortkommen Ihrer Kinder und Jugendlichen, kümmern Sie sich auch um deren Seele! Ich danke auch all den vielen Eltern, die keine Mühe für eine gute, Leib und Seele erfassende Erziehung ihrer Kinder scheuen und den Mut aufbringen, auch gegen den Strom zu schwimmen. Sie können ihre Zeit und ihre Kraft nicht besser investieren als in eine gute Erziehung.

Im neuen Jahr wird ein Gesetz zum Schutz der Jugend in Kraft treten.[5] Das ist zu begrüßen. Aber mit einem Gesetz allein wird das Problem nicht gelöst. Ein Gesetz kann unterlaufen und umgangen werden. Auch für die Abtreibung gibt es ein Gesetz. Es ist ein schlechtes Gesetz. Und nicht einmal das wird eingehalten. In den letzten Monaten wurde der Ruf nach Katalysatoren für die Autos laut, um der Verschmutzung der Luft entgegenzuwirken. Noch viel notwendiger sind Katalysatoren, welche die geistige Umwelt reinigen, um unsere Kinder und Jugendlichen vor seelischer Vergiftung zu bewahren.

In der Sorge um die Jugend stehen wir vor einer großen Herausforderung, die wir aus dem alten in das neue Jahr mitnehmen. Dieser Herausforderung wollen wir uns stellen. Es darf nicht so weit kommen, dass es in den Herzen der jungen Menschen einmal so aussieht wie das Trümmerfeld der Münchener Innenstadt vor 40 Jahren. Die Zukunft soll einer an Leib und Seele gesunden Generation gehören.

Brüder und Schwestern, unsere Sorge der Mensch. So hieß es beim Berliner Katholikentag 1958, so heißt es auch heute. „Macher machen Menschen. Reagenzglas und Samenbank ersetzen Vater und Mutter." Diese und ähnliche Schlagzeilen waren im vergangenen Jahr zu lesen. In einer Fernsehsendung diskutierten Leihmütter, Samenspender und Wissenschaftler; die Sendung trug den Titel „Lasset uns den Menschen machen". Die Familienkommission der französischen Bischofskonferenz veröffentlichte vor kurzem eine Erklärung „Leben und Tod auf Bestellung".

Zunächst möchte ich klarstellen: Wenn die Kirche zu solchen Fragen Stellung nimmt, so geht es ihr niemals darum, den Fortschritt zu bremsen oder gar zu verhindern. Gott selbst hat Kräfte in den Menschen und in die Natur gelegt, die auf Entfaltung und damit auf Fortschritt angelegt sind. Gott hat aber auch eine sittliche Ordnung gegeben, die beachtet werden muss, damit technischer Fortschritt nicht zu menschlichem Rückschritt werde. Darum geht es in kirchlichen Stellungnahmen.

Der wissenschaftliche Fortschritt hat Tore zu neuen Bereichen aufgestoßen, die dem Menschen ungeahnte Möglichkeiten eröffnen. So weit gehen die Möglichkeiten, dass der Beginn des menschlichen Lebens zum Gegenstand des Experimentierens gemacht werden kann und bereits gemacht wird. Damit stehen wir aber auch vor grundlegenden ethischen Fragen. Die Situation, in der wir uns befinden, lässt sich so beschreiben: Wir wissen immer mehr, was wir können, und immer weniger, was wir dürfen und sollen.

Was ich im Folgenden sage, richtet sich in keiner Weise gegen Ärzte, die in hoher Verantwortung dem Leben dienen, durch ihre Forschertätigkeit bessere Möglichkeiten suchen, den Menschen zu helfen, und dabei die Grenzen beachten, die ihnen mit der Würde des Menschen und damit vom Herrn des Lebens gezogen sind. Was gegen die Würde des Menschen verstößt, kann nie dem Menschen zum Fortschritt dienen.

Es gibt Berichte aus europäischen und außereuropäischen Ländern über Experimente mit menschlichem Leben, bei denen diese Grenzen nicht mehr beachtet werden. So rühmt sich ein Spezialist, er habe lebende Menschenkinder zwischen vier und sechs Schwangerschaftsmonaten der Gebärmutter entnommen und sie bis zu einer Körpergröße von 30 cm wachsen lassen; dann aber habe er ihre Entwicklung „stoppen“ müssen, „da die Föten sonst das Geburtsstadium erreicht hätten“. Das ist gewiss ein extremes Beispiel und eine Ausnahme. Aber es zeigt, in welcher Richtung Experimente nicht nur möglich sind, sondern auch praktiziert werden. Denken wir weiter an die Einrichtung von Samenbanken und die Inanspruchnahme von Leihmüttern. Es werden sogar Versuche unternommen mit dem Ziel, eines Tages ein Menschenkind durch einen Affen austragen und zur Welt bringen zu lassen.

Welch fatale Vorstellung von Elternschaft und vom Menschen überhaupt steht hinter solchen Experimenten und Bestrebungen? Vater- und Mutterschaft beschränken sich doch nicht auf das Bereitstellen von Keimzellen. Vater und Mutter steuern nicht nur Zellen bei, sondern schenken einem Kind das Leben. Das ist ein gesamtmenschlicher Vorgang, bei dem das Leibliche vom Geistigen bestimmt und beseelt ist. Was dabei vor sich geht, ist nicht nur Biologie, sondern hat eine leib-geistige, darum also menschliche Gestalt, die einmalige und nicht rückgängig zu machende personale Beziehungen schafft: die Beziehung zwischen Mutter und Kind wie zwischen Vater und Kind. Dadurch wird auch die

Beziehung zwischen Vater und Mutter vertieft und bereichert, weil das Kind die gemeinsame Frucht ihrer gegenseitigen Liebe ist.
Mit was für einem Menschenbild haben wir es bei den vorhin angesprochenen Experimenten und Praktiken zu tun? Hier wird der Mensch seiner Personwürde beraubt und zum bloßen Objekt, zu einer Sache erniedrigt. Dahinter steht eine tiefe Verkennung des Menschen, ja eine tiefe Menschenverachtung. Brüder und Schwestern, unsere Aufgabe ist es, dieses entstellte, verzerrte Menschenbild nicht zu übernehmen und uns einzusetzen, dass es auch nicht von unserer Gesellschaft übernommen wird. Wohin es führt, wenn der Mensch nicht mehr in seiner Personwürde anerkannt, sondern zum Objekt erniedrigt wird, zeigen uns die Trümmer der Münchener Innenstadt vor 40 Jahren.
Was müssen wir tun? Auf Gott schauen. Denn die Würde des Menschen ist ein Lichtstrahl, der von Gott auf jeden Menschen fällt. Romano Guardini[6], dessen Geburtstag sich im Februar zum 100. Mal jährt, sagte: „Nur wer Gott kennt, kennt auch den Menschen." Gott hat uns als seine Abbilder geschaffen. Das Abbild ist nur zu verstehen im Hinblick auf das Urbild. Darum müssen wir auf Gott schauen und die religiöse, ja göttliche Dimension des Menschen wieder entdecken und ins Bewusstsein heben. In diesem Sinne äußerte sich vor zwei Wochen der Herr Altbundespräsident Karl Carstens[7] bei der Feier seines 70. Geburtstags: „Ich habe es oft gesagt, aber ich wiederhole es noch einmal, weil ich nichts Wichtigeres zu sagen habe: Die Wiedergewinnung der religiösen Dimension ist von entscheidender Bedeutung für unsere Zukunft, ja für die Zukunft und das Überleben der Menschheit. Um sie müssen wir uns bemühen." Ja, Brüder und Schwestern, bemühen wir uns, die religiöse Dimension, das Bild Gottes im Menschen wieder zu entdecken. Denn wie die Würde des Menschen, so kommt auch seine Rettung, sein Heil von Gott. Unsere Sorge der Mensch – unser Heil Gott, der Herr.

Lassen Sie mich noch auf ein letztes Problem eingehen, das ebenfalls die Sorge um den Menschen betrifft: die Arbeitslosigkeit. Ich glaube, kein Thema wurde im vergangenen Jahr in den Medien so oft genannt wie die Arbeitslosigkeit, allerdings wurde sie fast ausschließlich in wirtschaftlichen und finanziellen Zusammenhängen angeführt. Dieses Problem muss auch noch unter anderen Gesichtspunkten betrachtet werden, die ethischer Natur sind.
Die Sorge um die Arbeitslosen dürfen wir nicht einfach auf die große Politik abschieben, sie geht uns alle an. Auch die Kirche bemüht sich, ihren Beitrag zu leisten. Wir bayerischen Bischöfe haben im Frühjahr für unsere eigenen kirchlichen Dienststellen Richtlinien zur Linderung der Arbeitslosigkeit beschlossen. In unserem Erzbistum haben wir

einen besonderen Fonds von 500 000,– DM eingerichtet und der Caritas zur Vergabe anvertraut, damit in besonderen Notfällen rasch geholfen werden kann.
Mit Geld allein können wir das Problem jedoch nicht lösen. Mit Geld wird die Not des Herzens nicht behoben. Ich bitte alle Gläubigen im Bistum, die Arbeitslosen als Menschen anzunehmen und sie spüren zu lassen, dass sie keine Menschen zweiter Klasse sind. Aber auch mit menschlichem Mitempfinden wird das Problem nicht gelöst. Die Aufgabe liegt darin, die Arbeit richtig zu verteilen. Dieselbe Aufgabe stellt sich bei der Verteilung der Nahrung. Wir sehen in diesen Wochen, welche Folgen eine falsche Verteilung hat. Die EG[8] vernichtet Nahrungsmittel in Milliardenhöhe und wenige Flugstunden von Europa entfernt hungern und verhungern Hunderttausende.
Wie die Nahrung muss auch die Arbeit gerecht verteilt werden. Jene, die genügend haben, sollen einen Teil ihrer Arbeit und damit auch den entsprechenden Lohnanteil – sonst würden die Dinge nur schlimmer – denen geben, die nichts haben. Das ist nicht in jedem Beruf und auch nicht bei jedem Arbeitnehmer möglich. Aber in vielen Fällen ist es möglich und könnte eine spürbare Erleichterung bringen. In den Zusammenhang der Arbeitsverteilung gehört auch ein heikles Problem, das unter dem Stichwort Doppelverdiener in der Gesellschaft diskutiert wird. Es ist ein Stichwort in des Wortes ursprünglicher Bedeutung; denn es gibt so manchem einen Stich. Natürlich muss man, wie so oft, auch hier sorgsam unterscheiden. Es gibt Familien, in denen aus echter Notwendigkeit beide Eltern verdienen müssen, weil ein Verdienst nicht ausreicht.
Es gibt aber auch Fälle, wo eine solche Notwendigkeit beim besten Willen nicht zu erkennen ist, wo der zweite Verdienst dem Erwerb einer zweiten Eigentumswohnung dient oder verwendet wird, um große Reisen oder neueste teure Mode zu finanzieren. In unserer freiheitlichen Rechtsordnung wird man das nicht auf dem Rechtsweg verhindern können. Aber es gibt doch auch sittliche Verpflichtungen, die nicht in ein staatliches Gesetz gefasst sind. Denken wir nur an das Privateigentum. Niemand hat das Recht, es uns wegzunehmen. Trotzdem dürfen wir nicht rücksichtslos damit umgehen, sondern müssen dem etwas geben, der nichts hat und Not leidet. So ist es auch mit der Arbeit.
Für den zweiten Arbeitsplatz bei Eheleuten wird oft mit der Selbstverwirklichung argumentiert. Das klingt gut. Und wie soll sich der Arbeitslose, der eine Familie zu ernähren hat, verwirklichen? Und wer sagt, dass man sich nur auf einem bezahlten Arbeitsplatz verwirklichen kann? Durch rücksichtsloses Ausnützen der Rechte wird eine Gesellschaft unmenschlich. Und zur Freiheit, auf die wir uns so gern und mit Recht berufen, gehört unabdingbar auch die Freiheit des geübten Verzichts.
Wie vielen Menschen könnte durch die gerechtere Verteilung Arbeit gegeben werden,

um sich und ihre Familie zu ernähren, ohne dass andere dadurch in Not gerieten. Diese müssten nur von ihrem Überfluss hergeben. Wie vielen Menschen, Arbeitssuchenden und ihren Familien, könnte auf diese Weise wirksam geholfen werden. Wie viel Ermutigung und Freude würde durch solche Solidarität unserer ganzen Gesellschaft geschenkt, ein großartiges Geschenk im neuen Jahr!

Mit der Sorge um den Menschen treten wir über die Schwelle des neuen Jahres. Aber wir überschreiten diese Schwelle nicht in Sorge, sondern in Bereitschaft und Zuversicht. Nicht, was uns das neue Jahr bringt, ist das Entscheidende, sondern was wir aus all dem, was es uns bringt, machen. Wir sollen ja nicht gelebt werden, sondern leben. Was aus dem Jahr 1985 wird – ganz gleich, was es uns bringt –, hängt letztlich davon ab, was wir aus ihm machen. Darum beginnen wir das neue Jahr in der Bereitschaft, das Beste aus ihm zu machen. Und wir beginnen das Jahr mit Zuversicht, ja mit Freude, um aus dieser Freude heraus, unser Leben zu gestalten.
Woher nehmen wir die Freude? Sie wird uns geschenkt. Von wem? Der berühmte Maler Franz Marc[9] sagt es uns in einem Brief, den er während des ersten Weltkrieges aus Frankreich an seine Frau schrieb. Inmitten der vielfältigen Gefahren des Krieges schreibt er an seine Frau Maria: „Es gibt keinen dummen Tod oder ein dummes Unglück oder Glück; ich las wieder viel im Evangelium – wie kannst Du eigentlich im Evangelium lesen und doch Angst haben? Tatsächlich: mir ist das ganz unverständlich. Lies Deinen Nerven aus dem Evangelium vor – da müssen sie doch ganz ruhig werden und Dein ganzes Wesen muss freudig werden.“ Das Wörtchen muss hat Franz Marc zweifach unterstrichen. Lies das Evangelium und „Dein ganzes Wesen muss freudig werden.“
Lesen auch wir das Evangelium und lassen wir uns froh machen von der Botschaft, die es uns verkündet: Gott liebt uns, er ist bei uns, auch im kommenden Jahr, er führt uns und er lebt unser Leben mit uns. Bei einer solchen Botschaft muss doch auch unser ganzes Wesen freudig werden. Lasst uns mit dieser Freude im Herzen an Gottes Hand in das neue Jahr gehen und alles, was es uns bringt, aus der Kraft gestalten, die Gott uns gibt. Dann wird das Jahr 1985 ein Jahr des Herrn und ein Jahr des Heiles. Das ist mein Wunsch für Sie alle.
Amen.

1 Michael Kardinal von Faulhaber (1869-1952), Erzbischof von München und Freising (1917-1952).

2 Dürre und politische Umstände verursachten 1984/1985 in Äthiopien eine Hungersnot, von der ca. acht Millionen Menschen betroffen waren und die ca. eine Million Menschen das Leben kostete.

3 78. Deutscher Katholikentag in Berlin vom 13. bis 17. August 1958.

4 88. Deutscher Katholikentag in München vom 4. bis 8. Juli 1984.

5 Gesetz zum Schutz der Jugend in der Öffentlichkeit vom 25. Februar 1985.

6 Romano Guardini (1885-1968), katholischer Religionsphilosoph und Theologe.

7 Karl Carstens (1914-1992), Bundespräsident der Bundesrepublik Deutschland (1979-1984).

8 Europäische Gemeinschaft.

9 Franz Marc (1880-1916), deutscher Maler.

Silvesterpredigt 1985

Sittliche Ordnung und christlicher Glaube

Brüder und Schwestern im Herrn!

Wer vor 25 Jahren in München lebte, wird den jähen Schrecken des Silvesterabends 1960 nicht vergessen. Um 17.00 Uhr war Kardinal Wendel[1] hier im Liebfrauendom auf die Kanzel gestiegen und hatte wie in den vorausgehenden Jahren die Silvesterpredigt gehalten. Die Gläubigen waren nach dem Jahresschlussgottesdienst noch nicht zu Hause angekommen, da war der Kardinal schon tot. Im letzten Teil seiner Predigt hatte er über die Flugzeugkatastrophe vom 17. Dezember 1960 bei der St. Paulskirche[2] gesprochen und gesagt: „Seid wachsam; denn ihr wisst nicht den Tag, an dem der Herr kommt. Haltet euch bereit; denn der Menschensohn kommt zu einer Stunde, da ihr es nicht vermutet. Selig die Knechte, die der kommende Herr wachend findet." Dieses letzte Wort galt eine Stunde später ihm selbst: Der Herr kam, er kam unvermutet, und fand seinen Knecht Josef Wendel wachend vor. Selig der Knecht, den der kommende Herr wachend findet! So hat er nach der tief beeindruckenden Silvesterpredigt hier im Dom uns allen nochmals eine unvergessene Silvesterpredigt gehalten, wortlos, mit seinem unerwarteten Sterben, mit seinem plötzlichen Heimgang zu Gott. Wir gedenken heute in tiefer Dankbarkeit dieses großen Bischofs, der sowohl als Bischof seines Heimatbistums Speyer wie auch als Erzbischof von München und Freising Maßstäbe kirchlichen Tuns gesetzt hat.
Zwei große Münchener Ereignisse kennzeichnen sein letztes Lebensjahr: Die Münchener Stadtmission vom Frühjahr 1960 und der Eucharistische Weltkongress[3]. Beide Ereignisse standen bereits im Zeichen des Konzils, das damals vorbereitet wurde. Durch die Mission sollte das Leben aus dem Glauben in unserer Stadt erneuert werden. Es war die gleiche Aufgabe, die sich später das Konzil gestellt hat: die Erneuerung der Kirche aus dem Glauben. In seiner Silvesterpredigt sagte Kardinal Wendel über das Ergebnis der Mission: „Es ist offenbar geworden, wie weit das Leben aus dem Glauben abgestorben ist und wie viele als Christen nur noch den Namen haben, dass sie leben, in Wahrheit aber tot sind." Trotz vieler einzelner Früchte hat die Stadtmission ihr Ziel nicht erreicht. Das Konzil hat die Aufgabe weltweit aufs Neue gestellt. 20 Jahre sind seitdem vergangen. Und wie sieht es heute aus? Wir können die Worte unseres toten Kardinals von 1960

unverändert wiederholen: „Es ist offenbar geworden, wie weit das Leben aus dem Glauben abgestorben ist und wie viele Christen nur noch den Namen haben, dass sie leben, in Wahrheit aber tot sind." Wir dürfen das nicht einfach zur Kenntnis nehmen und dann zur Tagesordnung übergehen.
Die Aufgabe der inneren Erneuerung ist uns heute mit neuer Dringlichkeit gestellt, wie 1960 bei der großen Stadtmission. Wir alle sind zur Heiligkeit berufen. „Heiligkeit ist kein Luxusartikel für einige auserwählte Seelen, vielmehr eine christliche, an alle gerichtete Forderung" (Walter Nigg). „Das ist es, was Gott will, euere Heiligung" (1 Thess 4, 3), sagt der Apostel Paulus. Es gibt keine größere Verpflichtung für uns alle als den Willen Gottes. Wir Bischöfe haben auf der Synode, die am 8. Dezember in Rom zu Ende gegangen ist,[4] die Berufung aller zur Heiligkeit wieder in Erinnerung gerufen. Im Schlussdokument heißt es: „Die Berufung zur Heiligkeit ist die Einladung zur inneren Umkehr des Herzens und zur Teilnahme am Leben des dreieinigen Gottes, was die Erfüllung aller Wünsche des Menschen bedeutet und sie übersteigt. Gerade heute, wo sehr viele Menschen eine innere Leere und geistliche Krise spüren, muss die Kirche den Sinn für Buße, Gebet, Anbetung, Opfer, Selbsthingabe, Liebe und Gerechtigkeit nach Kräften erhalten und fördern."
In diesem Jahr wurden wir mit einem leuchtenden Vorbild christlicher Heiligkeit beschenkt. Am 17. November hat Papst Johannes Paul II.[5] die Münchener Ordensfrau Schwester Maria Theresia von Jesu Gerhardinger[6] selig gesprochen und damit das Licht ihres heiligmäßigen Lebens und Wirkens auf den Leuchter gehoben, damit es fortan vor allen Menschen leuchte. In der Jakobskirche am Anger verehren wir ihr Grab. Wir Münchener sind diesem Licht also besonders nahe. Lassen wir uns vom Licht ihres heiligmäßigen Lebens entzünden. Leben wir den Glauben, wie sie es getan hat. Legen wir unser Leben in Gottes Hand, tun wir täglich, was Gott von uns will, lieben wir Gott und seien wir gut zu den Menschen. Auf diesem Weg kommt es nicht darauf an, Aufsehen erregende, außergewöhnliche Dinge zu tun, sondern an Gottes Hand zu leben. Schwester Theresia Gerhardinger sagte: „Beim Herrn kommt es weniger darauf an, was wir tun, sondern wie wir es tun". Auf diesem Weg ist Schwester Theresia Gerhardinger zur Heiligkeit gelangt. Dieser Weg, der täglich treu gelebte Glaube, führt auch uns zur Heiligkeit.

Den Glauben leben kann aber nur, wer den Glauben kennt. Kennen wir ihn? Vor kurzem schrieb mir eine Lehrerin über Erfahrungen im Religionsunterricht bei 10- bis 11-jährigen Kindern. Sie zeigte ihnen ein Krippenbild. Wie viele Kinder wussten, was auf dem Bild dargestellt ist? Ein einziges in der ganzen Klasse wusste Bescheid. Das ist gewiss nicht in allen Klassen so. Aber es wirft ein Schlaglicht, das zeigt, wie weit Glaubenswissen heute abgesunken ist. Das gilt nicht nur für die Kinder und Jugendlichen, das gilt auch für die Erwachsenen. Das Schwinden religiösen Wissens gehört zu den Erscheinungen, die am meisten nachdenklich stimmen. Wir deutschen Bischöfe haben darum in diesem Jahr einen Erwachsenen-Katechismus herausgegeben, der den katholischen Glauben verlässlich darstellt und von der Autorität unserer Bischofskonferenz getragen ist[7]. Das Buch ist nicht als Schulbuch gedacht, sondern soll in erster Linie denen Orientierung und Hilfe geben, die mit der Verkündigung des Wortes Gottes und der Glaubensunterweisung beauftragt sind. Es ist aber auch geeignet für alle, die nach einer zuverlässigen Darlegung unseres Glaubens suchen. Das Buch allein bewirkt noch keine Erneuerung des Glaubens. Es ist ein Hilfsmittel, das man benützen muss. Darum bitte ich alle, die in der Verkündigung stehen, sich den Inhalt des neuen Katechismus anzueignen und zur Grundlage ihres Dienstes am Wort zu machen. Ich lade darüber hinaus auch alle, die nach einem tieferen Verständnis des Glaubens suchen, ein, nach diesem Buch zu greifen. Nur so wird sich die Erwartung erfüllen, welche die Bischöfe mit dem Erwachsenen-Katechismus verbinden und die sie im Vorwort so ausgedrückt haben: „Möge der neue Katechismus eine Erneuerung der Katechese bewirken und dadurch zur Erneuerung der Kirche, zu einer Blüte des Glaubens in unseren Diözesen beitragen."

Zum Leben des Glaubens gehört die Feier des Gottesdienstes. Der Eucharistische Weltkongress 1960 in München, der die Handschrift von Kardinal Wendel trug, atmete bereits den Geist der Liturgiereform des Zweiten Vatikanischen Konzils. Das Anliegen dieser Erneuerung war es, die Teilnahme aller Gläubigen am Gottesdienst der Kirche zu fördern und zu verlebendigen. Participatio actuosa, tätige Teilnahme lautete das Leitwort. Inzwischen ist in diesem Bereich viel geschehen. Die Riten, die Formen des Gottesdienstes wurden neu geordnet, so dass die einzelnen Zeremonien selbst sprechen und von den Gläubigen innerlich mitvollzogen werden können. Neben dem Latein wurde die Muttersprache in die Liturgie eingeführt, um uns das Mitfeiern zu erleichtern und uns auch auf diesem Weg einen besseren Zugang zu den heiligen Geheimnissen zu eröffnen, die wir im Gottesdienst feiern. Die tätige Teilnahme, die dem Konzil so sehr am Herzen lag, besteht jedoch nicht nur im Mitvollzug äußerer Formen wie Singen, Stehen, Knien, sondern vor allem im inneren Mitvollzug.
Für die Mitfeier der hl. Messe zum Beispiel bedeutet dies, dass wir eingehen in die Opferhingabe Jesu Christi am Kreuz und mit Christus jenes „Ja, Vater" sprechen, das ihn das

Leben gekostet hat. Damit wird die Mitfeier der heiligen Messe zum Anspruchsvollsten, das es gibt. Zum Lobe Gottes gehört es nicht nur, dass wir mit dem Munde singen; noch wichtiger ist es, mit dem Herzen zu singen. Zum Gottesdienst genügt nicht, dass etwas geschieht, das wir uns erdacht haben; die Anbetung Gottes ist erfordert, in der wir dem heiligen Gott, unserem Herrn und Schöpfer, die Ehre geben und uns als seine Geschöpfe bekennen. Ohne die innere tätige Teilnahme am Gottesdienst bleibt die nur äußerliche Teilnahme Leerlauf, der unsere Herzen leer lässt und schließlich zu leeren Kirchen führt. Auf der Synode in Rom berichteten Bischöfe aus sozialistischen Ländern, wie die Gläubigen bei ihnen den Gottesdienst mitfeiern, dass sie im Glauben gestärkt nach Hause gehen und die Zahl der Gottesdienstbesucher seit dem Konzil nicht ab-, sondern zugenommen hat. Die Bischöfe sahen darin eine Frucht des Konzils. Wenn wir unsere, in den letzten Jahren geringer gewordene Zahl der Kirchenbesucher danebenstellen, erkennen wir, welch große Aufgabe in der Durchführung des Konzils noch vor uns liegt. Gerade die gehetzten und zerstreuten Menschen unserer Zeit müssen wieder zu einer vertieften Mitfeier, zu einem betenden Mitvollzug des Gottesdienstes finden.
Zur Erneuerung des Glaubens und zum Streben nach Heiligkeit, zu der Gott uns alle ruft, gehören nicht nur die Kenntnis und das Bekenntnis des Glaubens sowie die lebendige, fromme Mitfeier des Gottesdienstes; dazu gehört auch unsere Mitverantwortung für die Welt. „Pro mundi vita. Für das Leben der Welt" hieß das Leitwort des Eucharistischen Weltkongresses von 1960. Damit ist gewiss zuerst der Leib des Herrn gemeint, der uns in der Eucharistie gereicht wird. „Das Brot, das ich geben werde, ist mein Fleisch für das Leben der Welt" (Joh 6,51), sagte Jesus in der Synagoge von Kapharnaum. Aber dieses Wort hat Konsequenzen. Was uns in der Kommunion geschenkt wird, müssen wir weitergeben. Wir tragen als Christen eine Verantwortung für die Welt. Was braucht sie? Was kann die Welt mit Fug und Recht von uns Christen erwarten? Kardinal Wendel sagte in seiner letzten Silvesterpredigt: „Was die Welt von heute braucht bei der oft unglaublichen Verwirrung der Geister und der erschreckenden Verwilderung der Sitten, ist sichere Klarheit und starke sittliche Festigkeit." Man möchte es nicht glauben, dass diese Worte vor 25 Jahren gesprochen wurden. Man meint, sie stammen aus dem Jahre 1985. Denn sie passen genau auf unsere heutige Situation. Was die Welt von heute braucht, ist sichere Klarheit und sittliche Festigkeit.

Unsere Gesellschaft wird charakterisiert als permissive Gesellschaft, d.h. man kann bei uns alles tun und alles lassen, alles ist erlaubt. Wenn man diese Beschreibung verabsolutiert, ist das gewiss überzeichnet. Denn es gibt noch eine gesetzliche Ordnung. Wer mit ihr in Konflikt gerät, wird bestraft. Aber was die sittliche Ordnung betrifft, sind im öffentlichen Empfinden ganze Bereiche dem Belieben des Einzelnen anheim gestellt. Bedenken wir nur, was sich im Bereich der menschlichen Geschlechtlichkeit gewandelt hat. Wie viele nehmen noch ernst, dass es ein 6. Gebot Gottes und damit eine verbindliche Ordnung gibt? Für andere Bereiche gilt Ähnliches.

Was steht hinter dem Abbau sittlicher Normen? Der Drang nach Freiheit. Freiheit ist gut, von Gott gewollt. Freiheit gehört zu unserem Menschsein. Allerdings wird Freiheit oft mit Bindungslosigkeit verwechselt. Diese Verwechslung ist gefährlich, weil sie unser Leben auf eine falsche Fährte setzt. Denn Bindungslosigkeit führt zu Haltlosigkeit, aber nicht in die Freiheit. Zur Freiheit gehört die verbindliche sittliche Ordnung. Ein Baum muss fest im Erdreich verwurzelt sein. Nur so steht er fest und kann sich entfalten, in die Höhe wachsen und Früchte tragen. Ist er nicht fest in der Erde verwurzelt, fällt er bei der geringsten Belastung um und geht kaputt. So ist das auch mit dem Menschen. Er muss Wurzel fassen im Guten – das ist der Sinn der ethischen Ordnung – und dadurch sittliche Festigkeit erlangen, wie der Baum aus seiner Verwurzelung in der Erde Festigkeit empfängt. Dadurch wird ihm aber seine Freiheit nicht genommen, sondern gestärkt und entfaltet, dass er in seinem Menschsein wachsen und fruchtbar werden kann. Je stärker die Entschiedenheit für das Gute, je intensiver die Bindung an das Gute, desto größer ist unsere Freiheit. Es gibt ein altes lateinisches Sprichwort: Serva ordinem et ordo servabit te. Halte dich an die Ordnung und die Ordnung wird dich erhalten! Es ist ein Irrweg, getrieben von falschen Emanzipationsgelüsten, sittliche Verpflichtungen über Bord zu werfen. Das führt in die Haltlosigkeit, nicht in die Freiheit. Auf Haltlosigkeit kann man kein menschliches Leben aufbauen.

Gott hat uns mit den 10 Geboten eine verbindliche Ordnung des Lebens gegeben. Mit seinen Geboten will er uns an das Gute binden, uns im Guten verwurzeln, um uns so in die immer größere Freiheit zu führen. Die 10 Gebote engen uns nicht ein, sondern sind Wege des Lebens, Wege der Menschlichkeit und Freiheit. Es ist unsere Aufgabe, die Gebote Gottes wieder ins allgemeine Bewusstsein zu rufen. Das setzt voraus, dass wir selbst die von Gott gegebene sittliche Ordnung ernst nehmen und zur Richtschnur unseres Lebens machen. Der Münchener Jesuitenpater Alfred Delp[8] war für die Anerkennung der Ordnung Gottes in der Öffentlichkeit eingetreten und hat sein Zeugnis mit dem Leben bezahlt. Am 2. Februar waren es 40 Jahre, dass ihn die Nationalsozialisten in Berlin-Plötzensee umgebracht haben. Zehn Tage vor seinem Tod, am 23. Januar, schreibt er einen Brief an sein Patenkind, das erst 10 Tage alt war und das er nie sehen sollte. In diesem Brief, den er mit gefesselten Händen geschrieben hat, heißt es: „Das war der

Sinn, den ich meinem Leben setzte, besser, der ihm gesetzt wurde: die Rühmung und Anbetung Gottes vermehren; helfen, dass die Menschen nach Gottes Ordnung und in Gottes Freiheit leben und Menschen sein können. Ich wollte helfen und will helfen, einen Ausweg zu finden aus der großen Not, in die wir Menschen geraten sind und in der wir das Recht verloren, Menschen zu sein. Nur der Anbetende, der Liebende, der nach Gottes Ordnung Lebende, ist Mensch und ist frei und lebensfähig." Unsere menschliche Freiheit, ja Lebensfähigkeit hängt davon ab, dass wir nach Gottes Ordnung leben.

Im Mai dieses Jahres haben wir an das Ende des Krieges und damit an das Ende der nationalsozialistischen Herrschaft gedacht. Dieses Regime hat ein Exempel statuiert, was geschieht, wenn Gott und seine Ordnung beiseite geschoben werden: grauenhafte Unmenschlichkeit in Ausmaßen, die unsere Vorstellungen übersteigt. Menschen ohne Gott haben die Konzentrationslager für Millionen von Menschen zur Hölle gemacht. Dazu ist der Mensch fähig, der sich von Gottes Ordnung lossagt, auch heute noch. Und die Hölle auf Erden kann sich auch in andere Formen als die eines Konzentrationslagers kleiden.
Wenn das Grundwasser nur wenig absinkt, versiegen 100 Brunnen. Wenn das Grundwasser der Sittlichkeit absinkt, versiegen hunderte Brunnen der Menschlichkeit. Helfen wir alle zusammen, dass das Grundwasser der Sittlichkeit nicht weiter absinkt, sondern die Welt das erhält, was sie braucht, starke sittliche Festigkeit, wie bereits Kardinal Wendel in seiner Silvesterpredigt 1960 gesagt hat. Dazu ist unser aller Mitarbeit nötig, ganz besonders sind jene gefordert, die auf die öffentliche Meinung Einfluss ausüben. Kardinal Wendel nennt in seiner Silvesterpredigt besonders die „Verantwortlichen, die durch Presse, Rundfunk, Fernsehen, Film die öffentliche Meinung bilden oder verbilden", „die Schriftsteller, Künstler, Produzenten, Regisseure und Bühnenbildner" und wiederholt die Worte, mit denen sich Papst Johannes XXIII.[9] am vorausgegangenen Weihnachtsfest an die genannten Berufsgruppen gewandt hatte: „Habt einen heiligen Schrecken davor, jene Saat auszustreuen, die die Liebe entweiht, die Familien auflöst, die Religion verspottet und die Fundamente der sozialen Ordnung erschüttert, die sich auf die Beherrschung der egoistischen Triebe stützt und auf die einträchtige, das Recht eines jeden wahrende Brüderlichkeit. Arbeitet vielmehr mit, um die Luft, die wir atmen, immer reiner und weniger verderbt zu machen, deren erste Opfer sonst die Unschuldigen und Schwachen sind."
Hohe Verantwortung lastet auf allen, welche über die öffentliche Meinung auf die sittliche Ordnung Einfluss ausüben und sie mitgestalten. Das trifft nicht nur auf die genann-

ten Berufsgruppen zu, das gilt für alle, die ein öffentliches Amt bekleiden, das gilt aber auch für einen jeden von uns. Wir alle tragen Mitverantwortung, ob in unserem Volk der ethische Grundwasserspiegel weiter absinkt oder wieder steigt. Wir brauchen nicht alles, was uns vorgesetzt wird, hinzunehmen und zu schlucken. „Prüfet alles, was gut ist, behaltet" (1 Thess 5,21), sagt der Apostel. Prüfen wir, was im öffentlichen Leben geschieht, prüfen wir nicht eng und borniert, sondern lassen wir uns leiten von der Werteordnung, die Gott in seine Schöpfung gelegt hat. Legen wir die Gebote Gottes als Maßstab an. Wir werden viel Gutes und Schönes entdecken, von dem der Apostel sagt: Behaltet es! Was aber der verbindlichen Ordnung Gottes widerspricht, darf nie unsere Zustimmung finden.

Im Laufe der Jahre wurden auch in unserer Stadt wiederholt Filme gezeigt und Theaterstücke aufgeführt, welche Heiliges in einen obszönen Kontext stellten und der Lächerlichkeit preisgaben. Viele Christen haben sich dadurch in ihrer religiösen Überzeugung tief verletzt gefühlt. Aber es geht nicht nur um persönliches Verletztsein. Hier wird öffentlich Heiliges in den Schmutz gezogen. Man beruft sich dabei auf die Freiheit der Kunst. Das ist nicht Freiheit der Kunst, sondern Missbrauch der Freiheit. Aus dem Missbrauch der Freiheit wird keine Kultur erwachsen. Auch die Kunst ist an die sittliche Ordnung gebunden, der jeder Mensch verpflichtet ist. Ohne Ethik führt der Weg in die Kulturlosigkeit.

Gegen einen Film, der Wahrheiten des christlichen Glaubens verhöhnte und das religiöse Empfinden verletzte, wurde Anzeige erstattet.[10] Diese Anzeige wurde zurückgewiesen mit dem Bescheid, man könne gegen den Film nicht vorgehen, weil er den öffentlichen Frieden nicht störe. Ich frage mich, was ein solcher Bescheid bedeutet. Ist das nicht eine Aufforderung an die Christen, den öffentlichen Frieden zu stören, um zu ihrem Recht zu kommen? Wir leben in einem Staat, der sich als Rechtsstaat versteht und darum auch die Rechte der Einzelnen und der Minderheiten schützt. Das ist gut so. Aber passt es noch in das Bild des Rechtsstaates, wenn Bürger den öffentlichen Frieden stören müssen, um ihr Recht zu erlangen, dass man ihren Glauben und ihre religiösen Gefühle nicht lächerlich macht und in den Schmutz zieht? Wir Christen sagen ja zum Staat und sind dankbar, dass er sich verpflichtet weiß, das Recht eines jeden Einzelnen zu schützen und dass jeder das Recht hat, frei seinen Glauben zu bekennen und nach ihm zu leben. Zu diesen Rechten gehört aber auch, dass niemand in seinen religiösen Überzeugungen verletzt wird, ob Katholik oder Protestant, ob Christ oder Nichtchrist.

Zum Rechtsschutz möchte ich noch ein Beispiel anführen. Ich denke an den Schutz des ungeborenen Lebens. In unserer Gesellschaft kommt auf zwei Geburten eine Abtreibung. Von einem angemessenen Schutz des menschlichen Grundrechtes auf Leben kann man bei diesem Verhältnis nicht mehr sprechen. Nun lag dem Deutschen Bundesrat in den letzten Wochen ein Antrag vor, das Recht der Ungeborenen ein wenig besser zu schützen. Das Ergebnis: zwei Bundesländer haben zugestimmt, alle anderen waren dazu nicht bereit. Solche Dinge stimmen nachdenklich. Es geht hier ja nicht um ein Gesetz, das man so oder auch anders fassen kann, wie zum Beispiel Vorschriften der Straßenverkehrsordnung. Hier geht es um eine von Gott gegebene sittliche Verpflichtung, die den Einzelnen wie die Volksgemeinschaft betrifft, nicht zu töten, sondern das Lebensrecht eines jeden Menschen zu schützen, ob geboren oder ungeboren.

In den letzten Wochen konnte man im Zusammenhang mit der Bischofssynode in Rom hören, die Kirche blase zum Rückzug, sie wolle sich in die Innerlichkeit zurückziehen. Diese Meldung ist grundfalsch. Wir Bischöfe haben uns ausdrücklich gegen die Abkapselung gewandt und uns im Sinne des Zweiten Vatikanischen Konzils zur Öffnung bekannt. Im Schlussdokument der Synode heißt es: „Ausgeschlossen ist eine leichtfertige Angleichung, die zur Säkularisierung der Kirche führen könnte. Ebenso bleibt ausgeschlossen eine starre Verkapselung der Gemeinschaft der Gläubigen in sich selbst. Bejaht jedoch wird die missionarische Öffnung zum Heil der Welt in seiner Fülle. Hierzu werden nicht nur alle wahrhaft menschlichen Werte angenommen, sondern auch schärfstens verteidigt: die Würde der menschlichen Person, die fundamentalen Menschenrechte, der Friede, die Freiheit von Unterdrückung, Armut und Ungerechtigkeit."
Im Sinne der missionarischen Öffnung der Kirche für die Welt, wie sie in der Pastoralkonstitution „Die Kirche in der Welt von heute" auf dem Konzil Ausdruck gefunden hat, hat Kardinal Wendel bereits 1957 die Katholische Akademie in Bayern ins Leben gerufen.[11] Sie sollte ein Ort des Dialogs zwischen der Kirche und den verschiedenen Bereichen der Welt sein. Diesem Anliegen wissen wir uns heute ungemindert verpflichtet. In unserer Botschaft haben wir Bischöfe uns am Ende der Synode an alle Menschen gewandt: „Es gibt für die Menschheit einen Weg – und wir sehen schon erste Zeichen –, der zu einer Zivilisation der Teilhabe, der Solidarität und der Liebe führt, eine Zivilisation, die allein des Menschen würdig ist. Mit euch allen wollen wir daran arbeiten, dass diese Zivilisation der Liebe, der Plan Gottes für die Menschheit, in der Erwartung der Ankunft des Herrn verwirklicht werde." Miteinander und mit allen Menschen guten Willens an einer Zivilisation der Liebe zu arbeiten, das ist unsere Aufgabe. Die Zivilisation der Liebe ist unser Weg in die Zukunft. Auf diesem Weg können wir getrost auch ins neue Jahr gehen.

Gaudium et spes, Freude und Hoffnung, so lautet der Anfang der großen Pastoralkonstitution, in der das Konzil die Haltung der Kirche zur Welt von heute beschrieben hat. Gaudium et spes, Freude und Hoffnung, das ist auch unsere Haltung zur Welt und zur Zeit, in der wir leben und in die wir mit dem Beginn des neuen Jahres schreiten.
Gaudium et spes, Freude und Hoffnung wünsche ich Ihnen allen und Gottes Segen für das neue Jahr 1986.
Procedamus in pace in nomine Christi. So hat Kardinal Wendel vor 25 Jahren seine Silvesterpredigt beschlossen. Mit diesem Wort schließen wir auch heute: Lasst uns im Frieden voranschreiten in diesem Jahr im Namen Christi.
Amen.

1 Joseph Kardinal Wendel (1901-1960), Erzbischof von München und Freising (1952-1960).

2 Am 17. Dezember 1960 war ein Flugzeug der US Air Force mit 20 Personen an Bord im Bereich Bayerstraße/Martin-Greif-Straße in der Nähe der Münchener St. Pauls-Kirche auf eine Trambahn gestürzt. Die Zahl der Opfer differiert in verschiedenen Quellen zwischen 49 und 53.

3 37. Eucharistischer Weltkongress in München vom 31. Juli bis 7. August 1960.

4 Zweite außerordentliche Vollversammlung der Bischofssynode vom 25. November bis 8. Dezember 1985 aus Anlass des 20. Jahrestages des Endes des Zweiten Vatikanischen Konzils.

5 Johannes Paul II. (1920-2005), Papst (1978-2005).

6 Maria Theresia von Jesu Gerhardinger (1797-1879), Gründerin der Kongregation der Armen Schulschwestern von Unserer Lieben Frau.

7 Katholischer Erwachsenen-Katechismus, Bd. 1: Das Glaubensbekenntnis der Kirche, Kevelaer u. a. 1985; Internetadresse: http://dbk.de/katechismus/index.php

8 P. Alfred Delp SJ (1907-1945), deutscher Jesuit.

9 Johannes XXIII. (1881-1963), Papst (1958-1963).

10 Dabei handelt es sich wohl um den Film „Das Gespenst" von Herbert Achternbusch.

11 Die 1957 als „Kirchliche Stiftung des öffentlichen Rechts" gegründete Katholische Akademie in Bayern wird von der Bayerischen Bischofskonferenz mit den Erzbistümern München und Freising und Bamberg sowie den Bistümern Augsburg, Eichstätt, Passau, Regensburg und Würzburg getragen.

Silvesterpredigt 1986

Generation in der Entscheidung

Brüder und Schwestern im Herrn!

Sehr schnell ist das alte Jahr vergangen. Bevor wir die Schwelle zum neuen Jahr überschreiten, halten wir nochmals Rückblick, um Gott für seine Gaben und seine gnädige Führung zu danken, aber auch um uns für das neue Jahr zu rüsten. Heute Nacht beginnt zwar ein neues Jahr, doch der Strom der dahinfließenden Zeit trägt Früchte, die Erfolge und Fortschritte, aber auch die ungelösten Aufgaben und Probleme des alten Jahres hinüber ins neue Jahr. So wollen wir Rückschau halten, um uns dadurch für das neue Jahr zu rüsten.

Für viele Menschen, nicht nur in unserem Land, war das aufregendste Ereignis des zu Ende gehenden Jahres das Reaktorunglück von Tschernobyl am 26. April.[1] In der Tat hat Tschernobyl weite Kreise aufgewühlt. Angst hat um sich gegriffen, Ängste wurden aber auch verbreitet und mit diesen Ängsten wurden sogar Geschäfte gemacht. Ängste wurden vom ukrainischen Tschernobyl auch auf das bayerische Wackersdorf[2] übertragen, obwohl es sich dabei um zwei verschiedene Dinge handelt.

Angst war noch nie ein guter Ratgeber. Wir haben Verständnis für die Sorgen vieler Eltern um die Zukunft ihrer Kinder und nehmen sie ernst. Es ist doch ganz natürlich, wenn sich Eltern fragen, wie die Welt aussehen wird, in der ihre Kinder einmal leben werden. Mit Angst ist diese Frage nicht zu beantworten. Und ein Geschäft mit der Angst ist unverantwortlich. Andererseits löst man das Problem auch nicht mit Beschwichtigungen oder Verdrängung. Das wäre ebenfalls eine falsche Reaktion.

Tschernobyl hat uns die alte Frage „Mensch und Technik“ neu gestellt, und zwar in einer noch nie da gewesenen Schärfe. Wie weit sind Risiken verantwortbar? Ist die Risikogrenze erreicht, so dass nur noch eines gilt: verzichten? Ist der Verzicht eine Lösung? Auf Technik brauchen wir nicht zu verzichten und können wir gar nicht verzichten. Das Leben der Menschen ist heute ohne Technik nicht mehr vorstellbar. Und warum sollten wir auf all das Gute und Schöne verzichten, das der Mensch mit den Fähigkeiten, die Gott ihm gegeben, und den Kräften der Natur geschaffen hat?

Gilt das aber auch für die Kernenergie? Hier stellt sich die Frage neu; denn die Kernenergie ist nicht nur eine unerschöpfliche Energiequelle, zu der es wenigstens im Augenblick keine realistische Alternative gibt; sie enthält auch ein Zerstörungspotential, dessen verheerende Folgen sich über ganze Länder, ja Kontinente, und über Generationen hin erstrecken können. Hier ruht eine Last der Entscheidung auf unserer Generation, wie sie frühere Zeiten nicht gekannt haben.

Wie werden wir mit dieser Last der Entscheidung fertig? Rein technische, wirtschaftliche, politische Überlegungen und Einsichten genügen nicht. Alle menschlichen Handlungen müssen ethischen Grundsätzen entsprechen, die wiederum im Schöpferwillen Gottes verankert sind. Erinnern wir uns an einige solcher Grundsätze, die für unsere Frage bedeutsam sind.

Gott hat den Menschen zum Herrn der Schöpfung gemacht. Der Mensch ist die Mitte der Schöpfung. Darum darf, ja soll er sich die Erde Untertan machen. Gott hat dem Menschen die Welt mit allem, was sie an Reichtum, Möglichkeiten und Kräften enthält, anvertraut. Der Mensch soll die Erde bebauen, hegen, kultivieren. Aber er darf sie nicht zerstören. Wir müssen die Erde als Lebensraum für die künftigen Generationen erhalten und dürfen sie nicht egoistisch ausbeuten.

Weil der Mensch der Herr über die Erde ist, muss aller wissenschaftlich-technische Fortschritt dem Menschen dienen. Würde der Mensch unter die Räder des Fortschritts geraten, wäre dies bei aller technischen Weiterentwicklung kein Fortschritt mehr, sondern ein Rückschritt. Daher muss die der Sache angemessene Sicherheit gewährleistet sein.

An solchen ethisch verbindlichen Grundsätzen sind alle weiteren Überlegungen zu messen. Nur auf dieser Grundlage ist eine Antwort möglich, die verantwortbar ist.

Diese Antwort findet keiner allein, sie ist nur möglich durch die Zusammenarbeit vieler. Denn für den Einzelnen ist das Feld gar nicht mehr überschaubar. Darum müssen alle, die Verantwortung tragen, vertrauensvoll zusammenarbeiten, so dass sich der eine auf den anderen verlassen kann. Der Forscher, der die Ergebnisse seiner Arbeit weitergibt, muss sich darauf verlassen können, dass jene, welche die politischen Entscheidungen zu fällen haben, keinen Missbrauch damit treiben. Und der Politiker muss sich darauf verlassen, dass er nicht nur über Vorteile einer neuen Erfindung oder Entdeckung informiert wird, sondern auch über die Gefahren und Risiken restlos aufgeklärt wird. Und alle jene, die in Betrieben jene Technologien anwenden, müssen die Gewähr bieten, dass die gebotenen Sicherheitsmaßnahmen niemals außer Acht gelassen werden, sei es aus Nachlässigkeit oder aus Gründen des größeren Gewinns. Die Chemieunfälle der letzten Wochen haben das Vertrauen in diesem Bereich allerdings nicht gestärkt.[3]

Nur in gemeinsam getragener Verantwortung ist es möglich, die schwierigen Entscheidungen, vor die wir durch die Kerntechnik gestellt sind, richtig zu treffen. Wenn alle Beteiligten vertrauensvoll zusammenarbeiten und miteinander ihre hohe Verantwortung wahrnehmen, ihr Tun stets nach den ethischen Wertmaßstäben ausrichten, niemals der Versuchung unterliegen, ihre Macht zu missbrauchen, können wir die Entscheidung, die auf unserer Generation lastet, so treffen, dass wir vor der Zukunft und vor allem vor Gott bestehen können.

Mit Schlagstöcken, Steinen und Molotowcocktails bahnen wir uns nicht den Weg in die Zukunft. Nicht Prügel sollen wir austeilen, wir sollen Argumente austauschen. Gott hat uns keine Schläger in die Hand gedrückt, sondern hat uns Vernunft gegeben, damit wir vernünftig miteinander umgehen, bereit aufeinander zu hören und voneinander zu lernen.

Überschauen wir diesen ganzen Fragenkomplex, so sehen wir, dass das Problem der Kernenergie nicht so sehr eine Frage der Technik, sondern vor allem des Menschen ist. Was in unseren Tagen technisch möglich geworden ist, fordert uns in unseren spezifisch menschlichen Fähigkeiten in unerhörter Weise heraus: unsere Verantwortung füreinander, für die kommende Generation, für die Umwelt als Lebensraum der Menschen; unser menschliches Miteinander, das von der Vernunft und vom Vertrauen getragen sein muss; unsere innige Festigkeit, dass wir nie unser Wissen oder unsere Macht missbrauchen; und schließlich unsere Freiheit, die sich in ihrem Tun immer an die ethische Ordnung und darin an Gott gebunden weiß.

Um den Menschen geht es auch in einer anderen Frage, welche in den letzten Wochen in die Schlagzeilen kam: die Sonntagsarbeit. Anlass war die Einführung der Sonntagsarbeit in einem Werk.[4] Dem Vernehmen nach bereiten sich andere Werke vor, diesem Beispiel zu folgen. Stehen wir am Anfang einer Entwicklung, die mit dem Verlust des Sonntags enden wird?

Grund für die Sonntagsarbeit ist der geringere Ausschuss und damit die größere Gewinnquote. Wir erkennen dankbar die Erfolge unserer Wirtschaft an, wir alle profitieren ja davon. Dafür darf aber nicht der Sonntag geopfert werden. Der ideelle Verlust wäre so groß, dass er durch keinen materiellen Gewinn aufgewogen werden könnte. Es wäre kurzsichtig, nur auf den Gewinn von morgen zu schauen, aber nicht zu bedenken, was in 20 oder 30 Jahren los ist. Eine Entwicklung, welche zum Verlust des Sonntags führt, wäre, wie die Geschichte lehrt, nicht mehr rückgängig zu machen.

Damit stellt sich die grundsätzliche Frage, nach welcher Werteordnung wir leben wollen.

Ist uns der Zuwachs an finanziellem Gewinn mehr wert als die geistigen und geistlichen Güter, die mit dem Sonntag verbunden sind und durch nichts anderes ersetzt werden können?
Wir leben in einem Land, das vom Christentum geprägt worden ist und das dem christlichen Glauben sehr viel verdankt. Für uns Christen ist der Sonntag ein heiliger Tag, ein Tag, der Gott gehört, an dem wir nicht rütteln und nicht rütteln lassen dürfen. Aber auch für unsere Mitbürger, welche sich nicht zum christlichen Glauben bekennen, ist der Sonntag von unschätzbarem Wert. Denken wir nur an die Familie, die der Hilfe und des Schutzes bedarf. Sie ist auf den Sonntag angewiesen, damit die Familiengemeinschaft gepflegt werden kann. Infolge des heutigen Arbeitsrhythmus ist dies unter der Woche nur unzureichend möglich. Ohne die gelebte und regelmäßig erfahrene Gemeinschaft fällt eine Familie auseinander. Von der gesunden Familie lebt unser Staat und lebt unser Volk. Nicht nur der Einzelne, auch die menschliche Gemeinschaft ist auf den gemeinsamen Sonntag angewiesen. Die Väter unserer Verfassung haben vor 40 Jahren darum gewusst und daher den Sonntag unter den Schutz der Verfassung gestellt.
Der Hinweis auf die Verfassung soll nun nicht bedeuten, dass wir nur nach dem Gesetz rufen. Ein Gesetz, auch eine Verfassung, kommt zu Fall, wenn die Menschen die geistigen Werte nicht mehr lebendig halten, welche durch die Verfassung und Gesetz geschützt werden. Darum richten wir die ernste Frage an uns selbst: Wie weit halten wir den inneren Gehalt des Sonntags noch lebendig? Ist er uns ein heiliger Tag, der Gott gehört? Diese Frage betrifft nicht nur die eine Stunde des Sonntagsgottesdienstes, sondern die Wertung und Gestaltung des ganzen Sonntags. Der ganze Tag soll der Gottesverehrung, der Ruhe und Erholung und der Pflege der Gemeinschaft dienen; es soll ein Tag sein, an dem der Mensch seiner Würde inne wird.
Wir müssen uns daher hüten, den Sonntag innerlich auszuhöhlen, ihn zu einem einfachen freien Tag zu degradieren. Wenn der Sonntag seines geistigen Gehalts entleert ist, brauchen wir uns nicht zu wundern, wenn Menschen sehr schnell bereit sind, am Sonntag zu arbeiten, vor allem, wenn sie durch verlockende finanzielle Anreize dazu verführt werden. Die Sonntagsarbeit betrifft nicht nur die Industrie, sondern auch die Landwirtschaft. Seit einiger Zeit kann man in zunehmendem Maß am Sonntag Menschen bei der Feldarbeit antreffen, auch wenn von der Witterung her gar kein Anlass dazu besteht. Für viele ist der Sonntag nur noch Wochenende und nicht mehr „der erste Tag der Woche, an dem Christus von den Toten erstanden ist".
Erst kurz vor Weihnachten mussten wir erleben, wie es um den geistigen Gehalt heiliger Tage bestellt ist. In einer Fernsehsendung „Pink", eine Sendung des Bayerischen

Rundfunks, 3. Programm vom 17. Dezember 1986, wurde Christus verhöhnt und das Weihnachtsfest verunglimpft. Für eine solche Sendung können wir kein Verständnis aufbringen, auch wenn die Leute versuchen, sich mit lockeren Sprüchen herauszureden. Hier gibt es nur eines: Protest und die Forderung, dass solche Verunglimpfungen unseres Glaubens unterbleiben. Die Medien sind nicht dazu da, dass Heiliges der Lächerlichkeit preisgegeben wird. Wer das nicht einsehen will oder einsehen kann, ist dort fehl am Platz. Aus diesem Grund haben die Verantwortlichen umgehend gehandelt und Konsequenzen gezogen. Was aber an diesem Vorgang vor allem betroffen macht, ist Folgendes: Die Macher dieser Sendung konnten damit rechnen, groß herauszukommen, wenn sie Religiöses ironisieren und sich darüber lustig machen. Warum ist das möglich? Doch deswegen, weil jene, die in diesem Fahrwasser schwimmen, erwarten können, dass sie bei den einen auf genüssliche Resonanz stoßen und dass ihnen von der anderen Seite nur wenig Widerstand entgegengesetzt wird.

Diese Beobachtung stellt uns vor die Frage, wie weit denn die innere Entleerung unserer Feste und des Sonntags um sich gegriffen hat und ob wir diese Entwicklung einfach hinnehmen dürfen. Es geht hier nicht nur um die Gestaltung bestimmter Tage, es geht um den Menschen. Der Mensch braucht die Feier der Sonn- und Festtage. Werden sie ihres inneren Gehalts entleert, führt dies zu einer inneren Leere des Menschen. Ohne Sonntag wird der Mensch unmenschlich, ohne Sonntag wird auch die Gesellschaft unmenschlich. Darum ist es um des Menschen willen ein Gebot der Stunde, den Sonntag zu schützen. Die beste Verteidigung besteht darin, den Sonntag heilig zu halten und ihn zu feiern.

Lassen Sie mich noch ein drittes Problem ansprechen, welches uns ebenfalls vor eine große Herausforderung stellt. Im 5. Jahrhundert vor Christus lebte der griechische Arzt Hippokrates[5]. Auf ihn wird der Eid zurückgeführt, der seinen Namen trägt und durch die Jahrtausende die unbestrittene Grundlage des ärztlichen Tuns darstellte. Er galt gleichermaßen in christlichen und nichtchristlichen Kulturen und hat den vielfältigen Umbrüchen der Geschichte standgehalten.

Im Eid des Hippokrates heißt es: „Meine Verordnungen werde ich treffen zu Nutz und Frommen der Kranken nach bestem Vermögen und Urteil und von ihnen Schädigung und Unrecht fernhalten. Ich werde niemandem, auch nicht auf seine Bitte hin, ein tödliches Gift verabreichen oder auch nur einen solchen Rat erteilen. Auch werde ich nie einer Frau ein Mittel zur Vernichtung keimenden Lebens geben." Ganz eindeutig wird hier das ärztliche Tun als Dienst am Leben festgelegt.

Dieser Eid hatte verbindliche Kraft seit vorchristlicher Zeit. Und heute erleben wir mit, wie er in bestimmten Bereichen beiseite geschoben und damit grundsätzlich in Frage gestellt wird. Offiziell wurde das durch die Novellierung des § 218 vor 10 Jahren sanktioniert. Inzwischen hat sich aus der damals gesetzlich zugesicherten Straffreiheit bei vielen ein Rechtsanspruch entwickelt. Es gibt Krankenhäuser, die für die entsprechenden Abteilungen einen Arzt nur anstellen, wenn dieser auch zum Töten bereit ist.

Hier geht es nicht mehr nur um das Bild eines Berufsstandes, nämlich des Arztes, sondern vor allem um das Bild des Menschen. Es wird ja behauptet, auch das Töten stünde in bestimmten Fällen im Dienst der Humanität. Was ist das für ein Menschenbild, dass man auch um der Humanität willen töten kann?
Dieses neue Menschenbild ist jedenfalls verschieden von dem Menschenbild, das im Licht der christlichen Offenbarung erkannt wurde und das die Grundlage auch der heute so oft genannten Menschenrechte bildet. Für uns ist der Mensch Person, ausgestattet mit einer unverletzlichen Würde, mit dem Recht auf Leben, das ihm niemand nehmen darf, mit dem Recht auf Freiheit des Glaubens und dem Recht, nach seinem Gewissen zu leben und zu handeln. Wir sind stolz auf die Menschenrechte und setzen uns für ihre Verwirklichung ein, und sind empört, wenn wir immer wieder von den vielen Verletzungen der Menschenrechte in der Welt hören. Wir protestieren dagegen, wenn Menschen um ihres Glaubens willen bedrängt und verfolgt werden, wie zum Beispiel in der Tschechoslowakei, wenn Menschen aus politischen Gründen unterdrückt werden wie in Afghanistan, wenn Menschen aus rassistischen Gründen elementare Rechte vorenthalten werden wie in Südafrika oder aufgrund einer verfehlten Wirtschaftsstruktur in menschenunwürdigen Verhältnissen leben müssen wie in Südamerika. Das sind nur einige Beispiele, die mit einer traurigen Liste noch lange weitergeführt werden könnten.
Mit der Änderung im Berufsbild des Arztes geht eine Veränderung im Menschenbild einher, der wir unsere Aufmerksamkeit widmen müssen. Was sich unauffällig in wenigen Jahren verändert hat, bewegt sich in eine Richtung, die nicht zu größerer Humanität hinführt, sondern von ihr wegführt. Wir haben den vielen Ärzten zu danken, die sich dem Eid des Hippokrates und dem Menschenbild verpflichtet wissen, das den Menschen jeder menschlichen Verfügungsgewalt entzieht. Diese Aufgabe dürfen wir nicht allein den Ärzten überlassen. Wir alle müssen zusammenstehen, dass die Würde des Menschen und seine elementaren Rechte gewahrt bleiben, nicht nur in der weiten Welt, sondern auch bei uns.

Wir haben einige Aufgaben bedacht, die uns alle angehen. Ich höre aber auch immer wieder die Frage: Was tut denn die Kirche, um solche Aufgaben zu meistern? Es gibt Bereiche, in denen sie nur ihre Stimme erheben kann, um Gottes Willen und Gebot zur Geltung zu bringen. Es ist nicht ihre Aufgabe, es besser zu wissen als die Fachleute, etwa in den Fragen der Kernphysik. Es ist auch nicht ihre Aufgabe, das Geschäft der Politik zu betreiben. Dazu sind die verfassungsgemäß bestellten Organe des Staates da. Aber ihre Pflicht ist es, geistige Orientierung zu geben, auf die sittlichen Grundlagen unseres Tuns hinzuweisen, die Werteordnung, die von Gott stammt, zu vertreten, Gottes Gebote zu verkünden. Dazu gehört es auch, auf Fehler und Gefahren hinzuweisen und vor dem Bösen zu warnen.

Was die Kirche hier tut, ist viel, und es ist notwendig. Wer täte es sonst, wenn sie es nicht täte? Dieser Dienst am Menschen ist nicht immer einfach. Bisweilen bringt er einem Spott und Hohn ein.

Es gibt auch Bereiche, in denen die Kirche nicht nur verkündet, sondern auch handelt. Schauen wir nur auf die verzweigten Dienste der Kirche im sozial-caritativen Bereich. Hier machen wir große Anstrengungen. Trotzdem wird es nie gelingen, alle Not zu beseitigen.

Greifen wir nur die Asylbewerber heraus, die uns in den letzten Wochen vor besonders schwierige Probleme gestellt haben. Auch hier packt die Kirche mit an, um die Not zu lindern. In Bayern sind über 700 Asylbewerber in kirchlichen Häusern untergebracht. Und was oft übersehen wird: Unsere Caritas bemüht sich landesweit um die menschliche Betreuung der heimatlos Gewordenen. Dies geschieht in guter Zusammenarbeit mit dem Diakonischen Werk der Evangelischen Landeskirche. An vielen Orten kümmern sich Helferkreise unserer Pfarreien um die Asylanten. Diese Betreuung dürfen wir nicht unterschätzen. Denn Leute, die für längere Zeit untätig auf den Ausgang ihres Verfahrens warten müssen, sind besonderen Gefährdungen ausgesetzt. Wie können sie ohne menschliche Zuwendung und Mitsorge diese Zeit durchstehen? Allen, die mithelfen, das Los der Asylbewerber zu erleichtern, gilt unser Dank für ihren Dienst der Menschlichkeit.

Leicht ist die Asylantenfrage nicht zu lösen. Sie enthält internationale, ja Kontinente übergreifende Probleme. Wie schwer ist es, in jedem einzelnen Fall festzustellen, ob das Asylgesuch begründet ist oder nicht. Es wird immer wieder vorkommen, dass Menschen das Asylrecht auch missbrauchen. Da gilt das Wort von Pater Rupert Mayer[6], das er aus reicher persönlicher Erfahrung gesprochen hat: „Wer noch nie angeschmiert wurde, hat auch noch nie etwas Gutes getan."

Bei all den schwierigen Fragen, die wir miteinander bedacht haben, geht es nicht darum, schwarz zu malen. Wir sollen die Dinge nüchtern betrachten, um die Zukunft in christlicher Verantwortung mitzugestalten. Die Welt fordert uns Christen heute so eindringlich wie selten heraus, die helfenden und rettenden Kräfte unseres Glaubens zu mobilisieren und bei der Gestaltung der Zukunft mitzuarbeiten. Dazu will uns die Kirche die Augen öffnen und Mut machen.

Ein Zeichen solcher Ermutigung ist Pater Rupert Mayer für München und unser ganzes Bistum, ja weit darüber hinaus. Es ist uns eine große Freude und hohe Ehre, dass der Heilige Vater[7] im Mai des neuen Jahres zum zweiten Mal zu uns nach München kommen wird, um Pater Rupert Mayer selig zu sprechen.[8] Bei der Seligsprechung geht es nicht nur um einen Festtag, sondern um viel mehr. Es geht darum, uns vom Feuer dieses Mannes ergreifen zu lassen und seinem Beispiel zu folgen. In der Kraft des Glaubens hat er segensreich gewirkt und das geistige Leben in unserer Stadt wesentlich mitgeprägt. Durch sein mutiges Bekenntnis war er für viele Tausende in bedrängter Zeit ein fester Halt, der sie treu zu Christus und seiner Kirche und zu den Idealen der Menschlichkeit stehen ließ. Gern hätten ihn die nationalsozialistischen Machthaber umgebracht, aber sie wagten es nicht, weil sie den Widerstand der Münchener Bevölkerung fürchten mussten. So groß war die prägende Kraft dieses Mannes in unserer Stadt und die Verehrung, die man ihm entgegenbrachte! Sein Leben zeigt, welche Kräfte im christlichen Glauben verborgen liegen. Auch heute sind unter der Oberfläche ungeahnte Möglichkeiten für eine Gestaltung der Welt aus der Kraft unseres Glaubens vorhanden. Wir müssen nur wie Pater Rupert Mayer in die Tiefe zu den Quellen vorstoßen und wie er unseren Glauben leben. Pater Rupert Mayer steht wie ein Stern der Hoffnung über dem neuen Jahr und lässt uns voll Zuversicht in die Zukunft gehen.

Wir nehmen nicht nur Aufgaben, Fragen und Probleme mit ins neue Jahr. Zweifellos hält das neue Jahr auch viel Schönes für uns bereit. Darum müssen auch wir bereit sein, es anzunehmen.

Hilde Domin[9] schreibt in einem kleinen Gedicht:

> Nicht müde werden,
> sondern dem Wunder
> leise
> wie einem Vogel
> die Hand hinhalten.

Dem Wunder leise wie einem Vogel die Hand hinhalten. Was heißt das? Im Blick auf unsere Aufgaben und Probleme vergessen wir leicht, dass Gott bei uns ist und unseren Weg mit uns geht, auch im neuen Jahr. Der Herr hat uns nicht nur als pilgerndes Gottesvolk auf den Weg durch die Zeit geschickt, er geht selbst mit uns. „Seht, ich bin bei euch alle Tage bis zum Ende der Welt" (Mt 28,20). Er geht mit uns und hält viel Schönes für uns bereit, um uns damit zu beschenken. Wir müssen im neuen Jahr kräftig zupacken, um unsere Aufgaben zu erfüllen. Vergessen wir darüber aber nicht, auch dem Wunder leise wie einem Vogel die Hand hinzuhalten. Werden wir nicht müde, Gott leise die Hand hinzuhalten, die nichts festhält und ganz leer ist, leer für ihn und alles, was er uns im neuen Jahr zugedacht hat. Dann wird das Jahr 1987 ein wundervolles Jahr, erfüllt vom Wunder seiner Liebe. Ein solches Jahr wünsche ich Ihnen allen.
Amen.

1 Am 26. April 1986 kam es im Kernkraftwerk Tschernobyl in der Nähe der Stadt Prypjat (heute Ukraine) zu einer Kernschmelze und Explosion in einem der Reaktorblöcke. Eine nicht genau bekannte Zahl von Menschen fand dabei den Tod. Radioaktive Materie verteilte sich auch über verschiedene Regionen Europas.

2 In Wackersdorf war der Bau einer atomaren Wiederaufbereitungsanlage geplant.

3 In der Nacht zum 1. November 1986 kam es zu einem Großbrand in dem Baseler Chemieunternehmen Sandoz AG. Hochgiftige Stoffe gelangten in den Rhein und verseuchten den Fluss. In dieser Nacht wurden vom benachbarten Gelände des Pharmakonzerns CIBA-Geigy auch 400 kg Unkrautvernichtungsmittel in den Rhein geleitet.

4 Die Siemens AG plante die Einführung der Sonntagsarbeit in zwei Münchener Bereichen bei der Chip-Fertigung.

5 Hippokrates von Kos (um 460 v. Chr. – um 375 v. Chr.), Arzt.

6 P. Rupert Mayer SJ (1876-1945), deutscher Jesuit, Seliger.

7 Johannes Paul II. (1920-2005), Papst (1978-2005).

8 Papst Johannes Paul II. besuchte Deutschland vom 30. April bis 4. Mai 1987 zum zweiten Mal. Stationen seiner fünftägigen Pastoralreise waren Köln, Bonn, Münster, Kevelaer, Bottrop, Essen, Gelsenkirchen, München, Augsburg und Speyer. In Köln sprach er Edith Stein selig, in München P. Rupert Mayer SJ.

9 Hilde Domin (1909-2006), deutsche Schriftstellerin.

Silvesterpredigt 1987

Der Mensch: Die Mitte der Welt – Gott: Die Mitte des Menschen

Brüder und Schwestern im Herrn!

Wiederum neigt sich ein Jahr dem Ende zu. Wir haben uns hier im Liebfrauendom versammelt, um vor Gottes Angesicht auf das verflossene Jahr zurückzublicken und vorauszuschauen auf das neue Jahr, das in wenigen Stunden seine Tore öffnen wird.
Was bewegt uns in dieser Stunde? An erster Stelle Dank; denn wir haben doch alle in diesem Jahr viel Gutes und Schönes erfahren dürfen.
Im kirchlichen Leben bildete der Besuch des Heiligen Vaters[1] mit der Seligsprechung von Edith Stein[2] am 1. Mai in Köln und der Seligsprechung von Pater Rupert Mayer[3] am 3. Mai in München den Höhepunkt.[4] Beide Seligen lebten in einer Zeit, in der das Böse in unserem Volk triumphierte. Beide waren einfache Leute, ohne Macht. Aber sie besaßen eine innere Kraft, die sie unbesiegbar machte. Darum ließen sie sich von den Machthabern des Dritten Reiches nicht beirren. Ungebeugt widerstanden sie ihnen bis zum Letzten, Edith Stein als Märtyrerin in Auschwitz, Pater Rupert Mayer als unerschrockener Bekenner Jesu Christi in München. Mit der Überlegenheit des auf Gott vertrauenden und in Gott ruhenden Menschen sagte Rupert Mayer: „Ein einbeiniger Jesuit kann eben, wenn es Gottes Wille ist, länger leben als eine gottlose, tausendjährige Diktatur."
Gewiss waren sie nicht die einzigen, die so tapfer widerstanden. Viele Bekannte und Unbekannte sind einen ähnlichen Weg gegangen. In Rupert Mayer und Edith Stein sind sie mitgeehrt worden. In der Kraft ihres Glaubens blieben sie, die menschlich gesehen machtlos waren, strahlende Sieger über jene Mächtigen, vor denen die Welt damals zitterte. Durch die Seligsprechung proklamierte die Kirche feierlich ihren Sieg, den Sieg, durch den heilige Menschen das Böse überwunden haben.
Dass es in der Kirche solche Menschen gab und gibt, ist doch etwas Beglückendes, für uns alle ein Zeichen der Hoffnung. Diese Zeugen des Glaubens zeigen uns, welche Kraft unser Glaube schenkt und wie frei er den Menschen macht, dass er auch einem Machtkoloss wie dem Dritten Reich widerstehen kann.
Bei aller Berühmtheit, die unsere neuen Seligen erlangten, führten sie doch ein beschei-

denes Leben in der Normalität ihres Alltags. Das gilt auch für Rupert Mayer, dessen Name schon zu seinen Lebzeiten weit über München hinaus bekannt war. Am Abend nach der Beerdigung fragte der Obere von St. Michael einen Mitbruder, der Pater Rupert Mayer sehr nahe gestanden war: „Haben wir heute einen Heiligen beerdigt?“ Nach einigem Zögern sagte dieser: „Ich glaube nicht.“ „Warum nicht?“ „Weil Pater Mayer so normal war.“ Wahre Größe bemisst sich nicht nach Schlagzeilen und Publicity, sondern nach der Treue zu Gott und sich selbst im ganz normalen Alltag. Menschen wie Rupert Mayer und Edith Stein sind darum Ermutigung für alle, die sich Tag für Tag redlich mühen, in schlichter Gläubigkeit dem Herrn nachzufolgen und dadurch Gott und sich selbst treu zu bleiben. Ihr ermutigendes Beispiel beschränkt sich nicht auf den innerkirchlichen Raum, sondern leuchtet weit hinaus in die Welt. Die Menschheit braucht solche beispielhafte Menschen. Ihnen verdanken wir es, dass wir trotz Dachau und Auschwitz und vielem anderen am Menschen nicht irre werden.

Man hat versucht, die beiden Seligsprechungen im Mai als Selbstrechtfertigung der Kirche darzustellen, als Ablenkungsmanöver, das die Aufmerksamkeit vom Versagen der Kirche im Dritten Reich auf zwei Heldengestalten ablenken sollte. Wir brauchen kein Ablenkungsmanöver. Denn wir behaupten gar nicht, dass alle in der Kirche heldenhaft wie Rupert Mayer und Edith Stein dem Nationalsozialismus widerstanden hätten. Es gab auch in unseren Reihen Unschlüssige und Schwache, unter den Hirten der Kirche wie im Kirchenvolk. Nicht jeder ist zum Heldsein geboren. Trotzdem bleibt die Tatsache bestehen, dass die katholische Kirche in Deutschland das festeste Bollwerk gegen den Nationalsozialismus und die verlässigste Hüterin der Menschlichkeit in jener unmenschlichen Zeit war, ohne dass wir die vielen übersehen, die nicht der Kirche angehörten und ebenfalls mutig Widerstand geleistet haben.

So haben wir allen Grund, am Ende des Jahres für die beiden Seligen zu danken. Als Zeugen des Glaubens und Hüter der Menschlichkeit geben sie heute uns Mut zum Christsein und Mut zum Menschsein. Durch das hell leuchtende Beispiel ihres Lebens zeigen sie uns in unserer weithin orientierungslos gewordenen Zeit, worauf es ankommt: auf die im Alltag gelebte Treue zu Gott und zum Menschen und damit zu sich selbst. Menschen wie ihnen verdanken wir, dass wir in einer Welt, in der viel Unmenschliches getan wird, am Menschen nicht irre werden. Dass es Pater Rupert Mayer und Edith Stein in unserer Zeit und in unserem Volk gegeben hat und noch gibt, dafür danken wir Gott.

Auf der Bühne der Weltpolitik war der Vertrag vom 8. Dezember in Washington das herausragende Ereignis.[5] Die beiden Supermächte haben sich vertraglich gebunden, die

Mittelstreckenraketen abzubauen. Zum ersten Mal in der Geschichte werden aufgrund eines völkerrechtlichen Vertrages Waffen vernichtet, ohne dass dabei Menschen auf der Strecke bleiben. Das ist ein Vorgang, für den es am Ende des Jahres zu danken gilt, auch wenn noch ein weiter Weg zur Sicherung des Weltfriedens zurückzulegen bleibt.

Der Vertrag vom 8. Dezember war nur ein Schritt, aber ein Schritt in die richtige Richtung. Es müssen ihm noch viele Schritte folgen, und zwar die entscheidenden. Zunächst muss das schriftlich Vereinbarte einmal durchgeführt werden. Dazu ist ein Zeitraum von Jahren vorgesehen. Und wenn dies geschehen ist, sind von den riesigen Mengen von Massenvernichtungsmitteln lediglich 3 % abgebaut. Beide Seiten sind also auch dann immer noch bis zu den Zähnen bewaffnet. Aus dem Gleichgewicht des Schreckens und der Angst sind wir also noch lange nicht heraus.

Wir haben darum keinen Grund zu Euphorie, aber wir haben Grund zum Dank, weil wenigstens ein erster Schritt getan wurde, aus dem Gutes hervorgehen kann. Am 8. Dezember, an dem der Vertrag unterzeichnet wurde, feiert die Kirche die unbefleckt empfangene Gottesmutter Maria als die Morgenröte unseres Heils. Jener Vertrag könnte auch die Morgenröte einer friedlichen Zukunft werden. Nur müssen wir eins bedenken: Wenn die ersten Zeichen der Morgenröte am Himmel sichtbar werden, wissen wir, dass die Sonne aufgehen wird, und zwar mit naturhafter Notwendigkeit. Die Sonne kommt bestimmt. Ob aus dem Vertrag von Washington der Friede der Welt folgt, ist noch längst nicht ausgemacht. Das liegt an uns Menschen.

Ob ein weltweit gesicherter Friede geschaffen wird, hängt davon ab, ob weltweit die Menschenrechte nicht nur auf dem Papier anerkannt, sondern auch verwirklicht werden. Ohne Gerechtigkeit kein Friede. Schon im Alten Testament heißt es beim Propheten Jesaja: „Das Werk der Gerechtigkeit wird der Friede sein" (Jes 32,17).

Weltweiter Friede setzt daher weltweite Verwirklichung der Menschenrechte voraus. Davon sind wir noch weit entfernt. Ständig hören wir von Menschenrechtsverletzungen. In vielen Staaten rund um die Erde werden fundamentale Rechte nicht gewährt oder in unzulässiger Weise eingeschränkt, und zwar politische wie religiöse Rechte.

Die Glaubens- und Religionsfreiheit gehört zu den grundlegenden Menschenrechten. Wie steht es damit? Noch nie in der Geschichte wurden so viele um ihres Glaubens willen verfolgt oder benachteiligt wie heute, und das in allen Teilen der Welt. Denken wir nur, weil uns dieses Land am nächsten liegt, an die Tschechoslowakei. Dort ist es den Bischöfen untersagt, jemanden zum Priester zu weihen, wenn hierfür nicht die Zustimmung des Staates vorliegt. Die Bischöfe und Diözesanadministratoren können die Priester nicht versetzen, wie es die Seelsorge erfordert; die Entscheidung liegt in den

Händen des Staates. Die Pfarrer dürfen priesterliche Handlungen nur in der Pfarrei vornehmen, für die sie die staatliche Erlaubnis haben. Es gibt dort Bischöfe, die bereits von Papst Pius XII.[6] – also vor über drei Jahrzehnten – ernannt und damals geweiht wurden. Weil dies ohne Zustimmung des Staates geschah, durften sie bis heute noch nie eine bischöfliche Amtshandlung vornehmen. Die Gläubigen werden überwacht und in ihrem Berufsleben entsprechend benachteiligt und zurückgesetzt. Trotzdem wird aus der Slowakei berichtet, dass dort am Werktagmorgen vor der Arbeit bei der Feier der hl. Messe die Kirchen voll sind, so voll, wie sie bei uns nicht einmal am Sonntag gefüllt sind. Ich nenne diese Dinge, weil sie sich in unserer unmittelbaren bayerischen Nachbarschaft abspielen. Aus anderen Ländern und Teilen der Welt ließen sich viele weitere Beispiele der Verletzung menschlicher Grundrechte anführen.

Wir haben also noch einen weiten Weg vor uns, um aus dem Schweigen der Waffen und aus dem Gleichgewicht des Schreckens und der Angst herauszukommen und einen weltweiten Frieden zu erlangen, der auf der Gerechtigkeit aufbaut, die dem Menschen ungeschmälert seine Rechte zugesteht und ihn in Freiheit und Würde leben lässt. Trotzdem dürfen wir zum Jahresschluss danken, dass mit dem Washingtoner Vertrag die Morgenröte einer friedlichen Zukunft sichtbar wurde, deren Verwirklichung zwar noch aussteht und alle Menschen guten Willens herausfordert.

Bei dieser Aufgabe, welche die Einheit der ganzen Menschheit betrifft, wissen wir uns als Kirche in besonderer Weise in Pflicht genommen. In der Kirchenkonstitution des II. Vatikanischen Konzils heißt es: „Die Kirche ist ja in Christus gleichsam das Sakrament, das heißt das Zeichen und Werkzeug für die innigste Vereinigung mit Gott wie für die Einheit der ganzen Menschheit" (Kirchenkonstitution 1). Die Kirche weiß sich also verpflichtet, beizutragen an der Einheit aller Menschen, die frei ist von spaltenden, zerstörenden Kriegen. Dazu müssen wir alle mithelfen, indem wir das Bewusstsein um die Einheit aller Menschen und die gemeinsame Verantwortung aller füreinander fördern; indem wir für Recht und Gerechtigkeit in der Welt und damit für die Freiheit aller Menschen eintreten; indem wir selber Gerechtigkeit gegen jedermann üben und Menschen des Friedens sind; indem wir nicht müde werden, die Not der zerrissenen Menschheit, die Unterdrückung und die Verletzung des Rechts betend und sühnend vor Gott zu tragen.

Wir haben am Ende des Jahres zu danken, dass unsere äußeren Lebensbedingungen gut sind. Wir konnten in Frieden leben, die meisten haben geordnete Arbeit, wir sind gut versorgt mit den Gütern, die wir zum Leben brauchen, und können uns viel leisten, so viel wie nie eine Generation vor uns. Dabei übersehen wir weder die Arbeitslosen, deren

Zahl schon so lange konstant bleibt, noch die Armen, die es auch heute unter uns gibt. So drückend das Los der Arbeitslosigkeit sein kann, dürfen wir nicht übersehen, dass für die Menschen ohne Arbeit heute in besserer Weise gesorgt wird als früher. Lassen wir uns einmal berichten, wie es den Arbeitslosen in den 20er Jahren in München erging, die am Morgen beim Aufstehen oft nicht wussten, ob sie an diesem Tag etwas zum Essen bekommen. Allein an der Tür von Pater Rupert Mayer klopften in jenen Jahren täglich 60 bis 70 Arbeitslose und Arme, die von ihm etwas erbaten, um leben zu können. Zwischen dem Arbeitslosen der 20er Jahre und dem Arbeitslosen von 1987 besteht ein himmelweiter Unterschied. Damit möchte ich die Lage der Arbeitslosen nicht im geringsten verharmlosen. Im Gegenteil, wir haben mitzuhelfen, dass die Arbeitslosigkeit überwunden wird. Da durch die Rationalisierung die Arbeit an Umfang nicht zunehmen wird, muss sie besser verteilt werden, das heißt auch, dass manche etwas von ihrer Arbeit abgeben müssen, was sicher für die Betroffenen ein Opfer mit sich bringt, aber um des Gemeinwohles willen nicht umgangen werden kann.
Wie gut es uns geht, zeigt uns der Blick auf die Dritte Welt, wo es unzähligen Menschen an Arbeit und Brot fehlt.
Heuer waren es 25 Jahre, dass die Münchener Bruderhilfe für die Kirche in Ecuador ins Leben gerufen wurde.[7] Ich konnte mich bei meinem Besuch an Ort und Stelle überzeugen, wie viel Gutes durch unsere Bruderhilfe den Armen, insbesondere den Indios, getan wurde und getan wird. Dabei dürfen wir nicht nur an die materielle Seite denken. Noch wichtiger ist die Ermutigung, die durch unsere Hilfe geweckt wird. Die Bischöfe Ecuadors sagten mir bei meinem Besuch, mit der Münchener Bruderhilfe habe ein neues Kapitel in der Geschichte der Kirche ihres Landes begonnen. Als man mir zeigte, was alles mit unserer Hilfe entstanden ist, musste ich unwillkürlich an die wunderbare Brotvermehrung denken, von der uns das Evangelium berichtet. Damals vermehrten sich das Brot und die Fische unter den Händen der Apostel. Das Geld vermehrt sich zwar nicht auf dem Weg von München nach Ecuador, aber was dort mit unserem Geld Gutes getan wird, ist ein Vielfaches von dem, was wir mit dem gleichen Geld bei uns tun könnten. Wohin ich in Ecuador kam, wurde mir eine Dankbarkeit entgegengebracht, die kaum zu beschreiben ist. Diesen Dank möchte ich allen in unserem Erzbistum weitergeben. Unsere Brüder und Schwestern in Ecuador danken uns für unsere Hilfe, und wir danken Gott, dass wir helfen können.

Vielleicht ist mancher unter uns, dem das Danken heute Abend schwer fällt, weil ihm das vergangene Jahr Enttäuschung und Bitterkeit gebracht hat, Krankheit oder den Verlust eines geliebten Menschen. Es wird wohl niemand hier sein, der ohne Verwundung und ohne Leid durch dieses Jahr gekommen ist. Das Schwere darf uns aber nicht den Blick trüben, so dass wir das viele Gute in unserem Leben nicht mehr richtig sehen. Das Böse drängt sich vor, das Gute geschieht in der Stille; und bleibt im Verborgenen; so wird es oft übersehen oder zu wenig beachtet. Der Schauspieler Ernst Ginsberg[8], der auch auf unseren Münchener Bühnen gespielt hat, besaß einen tiefen Blick, der ihn auch durch großes Leid hindurch immer noch das Gute sehen ließ. Vom Übergewicht des Guten bewegt, war er voll des Dankes. Schon fast völlig gelähmt, verfasste er auf seinem Sterbebett folgendes Gedicht:

> Oh mein Gott, in der Sturmflut dieser Zerstörung,
> in der mir die Sprache röchelnd ertrank,
> laß mir – oh schenk meiner Bitte Erhörung –
> nur dieses einzige Wort noch: Dank.

Gott gebe uns auch den Blick in die Tiefe, dass wir all das Gute entdecken, das seine Güte uns in diesem Jahr geschenkt hat, und wir das Jahr 1987 mit einem dankbaren Herzen beschließen.

Wir blicken in dieser Stunde auch auf das neue Jahr. Viele fragen sich: Was wird es uns bringen? Die Antwort ist einfach: Das wissen wir nicht. Das Jahr liegt dunkel vor uns, dunkel wie die Mitternacht, in der es beginnt. Mit unseren Raketen und Leuchtkörpern können wir diese Dunkelheit nicht vertreiben.

Wir sollten nicht fragen: Was macht das Jahr 1988 aus uns, sondern uns überlegen: Was machen wir aus ihm? Denn das neue Jahr wird doch nicht als blindes Schicksal über uns verhängt, sondern uns überantwortet und anvertraut, dass wir es gestalten und etwas aus ihm machen.

Mit welchen Herausforderungen tritt das neue Jahr auf uns zu? Beim Jahresrückblick sind bereits einige Aufgaben zutage getreten. Ich möchte dem noch eine Aufgabe hinzufügen, die wir als Herausforderung des alten Jahres ins neue Jahr mitnehmen.

Zu den Wörtern, die dem verflossenen Jahr seine Kennzeichnung gegeben haben, gehört das Wort Aids. Ich möchte jetzt nicht Stellung nehmen zu den vielen Fragen, die mit dieser Krankheit aufgeworfen wurden. Selbstverständlich brauchen die Betroffenen, auf welche Weise sie auch immer angesteckt wurden, unsere Hilfe und unsere menschliche Zuwendung. Selbstverständlich muss alles getan werden, dass diese Krankheit nicht weiter um sich greift. Dabei müssen alle zusammenhelfen, die Kranken und die Gesunden und der Staat, der ja die Pflicht hat, im Rahmen seiner Zuständigkeit für das öffentliche Wohl, auch die Gesundheit seiner Bürger zu schützen. Wenn ein Staat diese Pflicht ernst nimmt, braucht man ihn deshalb nicht zu beschimpfen, auch wenn seine Maßnahmen noch nicht der Weisheit letzter Schluss sein mögen. Mir geht es jetzt um etwas anderes.

Die Diskussion um die schreckliche Krankheit Aids hat ans Licht gebracht, welche sittlichen Maßstäbe sich in beträchtlichem Umfang durchgesetzt haben. In der öffentlichen Diskussion wurde es als Zumutung hingestellt, auf geschlechtliche Vereinigung mit ständig wechselnden Partnern verzichten zu müssen. Für viele ist die „freie" Liebe scheinbar das Normale, lebenslange eheliche Treue halten sie als Zwangsmoral für unzumutbar.

Was kündigt sich in solchen Vorgängen an? Nicht die Ablösung einer Moral durch eine andere, sondern die Abschaffung der Sittlichkeit überhaupt. Das aber würde die Abschaffung des Menschen bedeuten. Denn der Mensch ist von seiner Natur her ein sittliches Wesen. Es macht seine Würde aus, dass ihm Werte und sittliche Maßstäbe vorgegeben sind, die absolute Geltung beanspruchen und ihn fordern, in Freiheit zu antworten und dadurch sein Leben menschlich verantwortlich zu gestalten. Das gehört zur Größe des Menschen. Das Tier steht nicht unter dem Anspruch einer sittlichen Forderung, weil es eben nicht Mensch, sondern Tier ist.

Wo die absolute Geltung unantastbarer Werte und Rechte durchlöchert wird, wird der Mensch zum Objekt, zur Sache degradiert, über die man verfügen kann, wie man eben über Dinge verfügt. Ein Beispiel ist die Tötung ungeborener Kinder.

Im kommenden Jahr werden wieder Olympische Spiele stattfinden. Wer denkt daran, dass seit den letzten Olympischen Spielen vor vier Jahren allein in der Bundesrepublik etwa eine Million ungeborener und fühlender Menschenkinder der Geborgenheit des Mutterschoßes entrissen wurden und in den Mülleimer gewandert sind? Wo Unantastbares angetastet wird, wird der Mensch zum Abfall. Ich sage das nicht, um zu verurteilen, sondern um Dinge beim Namen zu nennen, die heute verdrängt werden.

In den letzten Wochen wurden viele schockiert durch Nachrichten, dass Neugeborene, die wegen einer schweren Hirnschädigung keine große Lebenschance haben, zu Organ- und Gewebetransplantation ausgeschlachtet werden sollen. Menschliches Leben wird hier als Ersatzteillager für die Reparatur eines anderen verwendet. Vertreter der Wissenschaft fordern, dass unter ganz bestimmten Voraussetzungen menschliche Föten zur „verbrauchenden Forschung" verwendet werden können. „Verbrauchende Forschung" heißt im Klartext nichts anderes als Experiment mit Tötung. Es soll also erlaubt werden, dass menschliches Leben im Frühstadium getötet wird. Die vorgeschlagene Kontrollkommission, die diese Vorgänge überwachen soll, ändert an der Tatsache der Tötung nichts. Sie könnte nur dafür sorgen, dass die Tötung unter Kontrolle und im vorgesehenen Rahmen geschieht. Das junge Menschenleben hat, wie der einerseits beschönigende, andererseits aber entlarvende Ausdruck „verbrauchendes Experiment" sagt, nur noch Verbrauchswert. Der Mensch wird verbraucht, wie man ein Kleid, oder ein paar Schuhe verbraucht.

Aber solche Experimente sollen doch dem Fortschritt der Wissenschaften dienen und sollen schließlich dem Menschen wieder zugute kommen, so wird behauptet. Robert Edwards[9], der das erste Retortenbaby ermöglichte, forderte, die Ethik müsse sich der Wissenschaft anpassen, eine Forderung, die auch in Deutschland Anhänger gefunden hat. Das hieße aber, die Dinge auf den Kopf stellen. Wenn der Mensch sich seine Moral selbst machen kann, bedeutet dies ihre Abschaffung. Sittlichkeit setzt doch gerade voraus, dass es dem menschlichen Machen entzogene moralische Maßstäbe des Handelns gibt, an denen sich der Mensch auszurichten hat, und nicht umgekehrt. Die Abschaffung der Sittlichkeit aber würde die Abschaffung des Menschen bedeuten. Der Mensch käme unter die Räder seines eigenen Machens. Und was als Fortschritt deklariert würde, wäre in der Tat ein Weg ins Verderben. Die Ethik hat Vorrang vor der Technik, auch vor der wissenschaftlichen Technik, und dieser Vorrang darf nicht angetastet werden – um des Menschen willen.

Wir bejahen voll und ganz den Fortschritt der Wissenschaften, und zwar aller Wissenschaften, und danken den Forschern für all ihr Mühen. Aber ein Fortschritt, der über Leichen geht, und seien es Leichen, die nur wenige Lebenstage zählen, ist kein Fortschritt, sondern ein Irrweg, der ins Verderben führt.

In der Bundesrepublik ist ein Gesetz in Vorbereitung, das den rechtsfreien – aber nicht sittlich freien – Raum vor der Geburt des Menschen ausfüllen soll. Wir hoffen und fordern vom Gesetzgeber, dass er eine Rechtsordnung erlässt, die der Sittenordnung und unserem Grundgesetz entspricht und der Würde des Menschen und der Unantastbarkeit menschlichen Lebens voll Rechnung trägt.

Allerdings dürfen wir den Gesetzgeber bei dieser Aufgabe nicht allein lassen. Das Ja zu sittlichen Werten und zur Sittenordnung überhaupt ist durch gesetzliche Regelungen allein nicht zu garantieren. Dazu brauchen wir Menschen, die die sittlichen Werte verkörpern. Wir brauchen Menschen, die ihr Leben am Willen Gottes ausrichten, wie er sich in seinen Geboten ausdrückt, Menschen, die der Permissivität die Treue entgegenstellen und durch ihr Leben vor allem unserer jungen Generation zeigen, dass echte Liebe und

wahres Glück von der Treue nicht zu trennen sind. Wir brauchen Menschen, die Maß zu halten wissen, und dadurch den Weg zu echter Freude weisen.
Mit gutem Grund betont Hans Jonas[10], der diesjährige Träger des Friedenspreises des Deutschen Buchhandels, wie notwendig es ist, sich in eine neue Bescheidenheit und Mäßigung einzuüben und sich nicht dem Konsumtaumel hinzugeben.
Es gehört zu den erfreulichen Zeichen unserer Zeit, dass unter den jungen Leuten wieder größere Bereitschaft zur Ehe wächst und das Ja zu Kindern wieder stärker geworden ist. Es gilt, die Familie, die heute größeren Belastungen ausgesetzt ist, weiter zu fördern und zu stärken. Die Familie ist die erste und wichtigste Schule der Menschlichkeit und der davon unablösbaren Sittlichkeit. Mit der Familie steht und fällt die Zukunft unseres Volkes. Es müsste noch viel mehr ins Bewusstsein aller treten, dass die Entscheidung für Familie und Kinder der fundamentale Dienst an der Gesellschaft ist, den alle zu honorieren haben. Jede materielle und geistige Investition in Familie und Kinder ist am besten angelegtes Kapital. Man darf sich nicht als Vater oder Mutter einer kinderreichen Familie entschuldigen müssen und nicht als demütiger Bittsteller erscheinen, wenn man Kindergeld oder – gottlob inzwischen gesetzlich abgesicherten – Mutterschaftsschutz und Erziehungsurlaub beansprucht. Ich bitte Sie alle, stärken wir Ehe und Familie, stärken wir das sittliche Bewusstsein in unserem Volk. Es geht dabei um nichts Geringeres als um die Menschlichkeit des Menschen.

Kehren wir bei unserem Ausblick auf das kommende Jahr nochmals in den Raum der Kirche zurück. 1988 werden es 500 Jahre sein, dass der Bau unserer Münchener Liebfrauenkirche vollendet wurde. Wir wissen dies aus der Grabplatte des Baumeisters, die Sie in der Vorhalle unseres Domes sehen können. Dort steht zu lesen: „Im Jahre 1488 am Montag nach dem Michaelstag starb Meister Jörg von Halspach, Maurer dieses Gotteshauses unserer Lieben Frau, der mit Gottes Hilfe und seiner Hand an diesem Bau den ersten, den mittleren und den letzten Stein vollführt hat.“ Die Weihe der Kirche fand jedoch erst 1494 statt. Die 500-Jahr-Feier der Liebfrauenkirche wird daher erst 1994 festlich begangen. Doch soll die Vollendung des Baues vor 500 Jahren deswegen nicht sang- und klanglos übergangen, sondern in angemessenem Rahmen gefeiert werden.[11]
Dieser Bau der Kirche aus toten Steinen weist uns hin auf den Bau der lebendigen Kirche, die wir selbst sind. Dieser Bau der lebendigen Kirche geht weiter durch die Generationen. Immer werden wieder neue Steine eingefügt, d.h. Menschen für Christus gewonnen und durch die Taufe seiner Kirche eingegliedert, jener Kirche, deren Haupt Jesus Christus ist.

Bei diesem Aufbau sind wir alle als Werkleute gefordert. Vielfältig sind die Aufgaben, die uns dabei gestellt sind. Ich möchte zum Schluss nur eine Aufgabe noch kurz andeuten: Unsere Jugend steht unter dem Einfluss der säkularisierten Gesellschaft mit ihren verwirrenden Angeboten und Verlockungen. Die jungen Menschen brauchen unsere Hilfe, und sie erwarten sie, auch wenn manchmal das Gegenteil der Fall zu sein scheint. Helfen wir zusammen, dass die Jugend in der Kirche geistliche Heimat findet, Geborgenheit, Orientierung, Mut zum Leben. Dazu müssen wir Räume schaffen, Gemeinschaften, in denen sie gelebten Glauben erfahren können, wo sie Gemeinschaft der Kirche erfahren als Gemeinschaft mit Jesus Christus und Gott, unserem Vater. Es geht um dieselbe Aufgabe, um die es schon den Aposteln ging und von der Johannes in seinem ersten Brief schreibt: „Was wir gesehen und gehört haben, das verkündigen wir auch euch, damit auch ihr Gemeinschaft mit uns habt. Wir aber haben Gemeinschaft mit dem Vater und seinem Sohn Jesus Christus“ (1 Joh 1,3).

Wir müssen den Glauben, den wir empfangen haben, den Jungen weitergeben, dass sie immer tiefer hineinwachsen in die Gemeinschaft der Glaubenden und somit in die Gemeinschaft mit Gott, dem Vater, und seinem Sohn Jesus Christus. So wird lebendige Kirche aufgebaut.

So etwas lässt sich nicht einfach machen oder organisieren. Wovon dieses Bemühen beseelt sein muss, zeigt uns der neue Selige, der uns im kommenden Jahr geschenkt wird. Der Heilige Vater wird am 24. April in Rom Pater Kaspar Stanggassinger[12] seligsprechen. Pater Stanggassinger stammt aus Berchtesgaden und ist in Gars begraben. Er war ein begnadeter Jugendseelsorger, der junge Leute zu Christus geführt hat. Das Geheimnis seines segenreichen Wirkens unter der Jugend war sein Ringen um Heiligkeit. Darauf wird es auch bei uns ankommen. Daran wird sich entscheiden, welchen Beitrag wir zum Aufbau der lebendigen Kirche von München und Freising in unserer Generation leisten. Mögen uns unsere neuen Seligen Schwester Maria Theresia von Jesu Gerhardinger[13], Pater Rupert Mayer und Pater Kaspar Stanggassinger durch ihre Fürsprache dabei helfen.

Wir haben im Rückblick auf das alte und im Ausblick auf das neue Jahr Verschiedenes bedacht. Lassen Sie mich zusammenfassen, worauf es bei all dem letztlich ankommt. Ich tue dies mit einer Geschichte von Edzard Schaper[14], die den Titel „Die Geisterbahn“ trägt. In dieser Erzählung wird das Schicksal eines alternden Mannes – Adameit heißt er – geschildert, der mit seinem Beruf und seinem Leben nicht mehr zurecht kommt. Er ist in einem Zirkus beschäftigt und bedient dort das Karussell. Eines Tages begegnet er einem Geistlichen – er ist Gefängnispfarrer –, den er aber nicht als solchen erkennt bzw. anerkennen will. Es kommt zu einem längeren Gespräch, in dem die Konstruktion des

Karussells eine Rolle spielt, und das dann von hier aus unvermittelt in eine große Tiefe führt.

> „‚Na klar', sagte Adameit, ‚die Achse muß im Lot sein, sonst wird das ja eine Art Berg- und Tal- und Tunnelbahn.'
> ‚Ja. Und nun stellen Sie sich mal vor, die Sache wäre nicht in konzentrischen Kreisen konstruiert.'
> ‚Das würde schleudern.'
> ‚Richtig. Und wenn einer mal den Motor schneller laufen ließe bei diesem Schleudern ...'
> ‚Jesses!' sagte Adameit, ‚das würde die Sache unters Publikum schmeißen!'
> ‚Eben, das meine ich auch', sagte der Pastor ernst, ‚und das könnte ich meinen achthundert Leuten hinter Gittern auch sagen: auf die Achse kommt es an, auch wenn man die nicht sieht, und daß eben alles, der ganze Zauber und der ganze Talmi dieses Lebens, der Achse zugeordnet bleibt. Sonst schmeißt es einen – in die Gegend, in die Sünde, in die Schuld oder wohin Sie wollen, jedenfalls vom Mittelpunkt weg und auf keinen Fall in den Himmel.'"

Auf die Achse kommt es an. Der Mensch ist die Mitte der Welt, ihre Achse um die sie sich dreht, sonst verlöre sie ihren Sinn. Aber der Mensch braucht wiederum seine Achse, eine Mitte, ohne die auch er seinen Sinn verlöre. Diese Mitte des Menschen ist Gott. Auf die Achse kommt es an. Halten wir uns darum fest an Gott, damit es uns auf dem Karussell des Lebens nicht in die Gegend schmeißt, in Sünde, Schuld und Verderben. Wenn wir Gott entgleiten, entgleiten wir uns selbst. Auf die Achse kommt es an. Halten wir uns fest an Gott, auf dass in der neuen Jahresrunde unser Leben in Ordnung bleibt und wir immer tiefer in die beglückende Gemeinschaft mit Gott hineinwachsen.
Das wünsche ich Ihnen allen für das neue Jahr.
Amen.

1 Johannes Paul II. (1920-2005), Papst (1978-2005).

2 Edith Stein (1891-1942), deutsche Philosophin, Karmelitin jüdischer Herkunft, Heilige.

3 P. Rupert Mayer SJ (1876-1945), deutscher Jesuit, Seliger.

4 Papst Johannes Paul II. besuchte Deutschland vom 30. April bis 4. Mai 1987 zum zweiten Mal. Stationen seiner fünftägigen Pastoralreise waren Köln, Bonn, Münster, Kevelaer, Bottrop, Essen, Gelsenkirchen, München, Augsburg und Speyer.

5 Die INF-Verträge zwischen den USA und der UdSSR (auch als Washingtoner Vertrag über nukleare Mittelstreckensysteme bezeichnet) legten die Vernichtung aller Raketen mit mittlerer und kürzerer Reichweite (500 bis 5500 Kilometer) und deren Produktionsverbot fest.

6 Pius XII. (1876-1958), Papst (1939-1958).

7 1962 wurde Ecuador „Patenland" des Erzbistums München und Freising. Die „Bruderhilfe für Ecuador" unterstützt vor allem caritativ-soziale Projekte wie Krankenhäuser, Heime und Schulen. Sie gründet sich nicht nur auf Spenden der Gläubigen, sondern auch auf Haushaltsmittel des Erzbistums.

8 Ernst Ginsberg (1904-1964), deutscher Schauspieler.

9 Robert Edwards (geb. 1925), britischer Physiologe.

10 Hans Jonas (1903-1993), deutscher Philosoph.

11 Zur Geschichte der Frauenkirche vgl. Monachium Sacrum. Festschrift zur 500-Jahr-Feier der Metropolitankirche Zu Unserer Lieben Frau in München, Bd. 1 [Kirchengeschichte], hg. von Georg Schwaiger, Bd. 2 [Kunstgeschichte], hg. von Hans Ramisch, München 1994.

12 P. Kaspar Stangassinger CSsR (1871-1899), deutscher Redemptorist, Seliger.

13 Maria Theresia von Jesu Gerhardinger (1797-1879), Gründerin der Kongregation der Armen Schulschwestern von Unserer Lieben Frau, Selige.

14 Edzard Schaper (1908-1984), deutscher Schriftsteller.

Silvesterpredigt 1988

Chronik einer Gewissenserforschung

Brüder und Schwestern im Herrn!

In wenigen Stunden geht das Jahr 1988 zu Ende. War es ein gutes Jahr? Diese Frage kann zunächst nur jeder für sich selbst beantworten. Wir leben jedoch alle auch in einer menschlichen Gemeinschaft. War das Jahr 1988 auch für die menschliche Gemeinschaft in unserem Land ein gutes Jahr? In der Welt hat es eine gewisse Entspannung gegeben, Schritte auf den von allen ersehnten gesicherten Frieden hin wurden getan. Wir konnten in unserem Land in Freiheit und Frieden leben. Die Wirtschaft florierte. Die Bundesbürger haben über 50 Milliarden im Sommer für ihren Urlaub ausgegeben. Es gab zwar auch Unglücke, die uns bewegten, zum Beispiel die Flugzeugabstürze in Ramstein[1] und Remscheid[2]. Auch das schwere Erdbeben in Armenien[3] und der Absturz des Jumbos über Schottland[4] haben uns nicht unberührt gelassen. Aber im Ganzen sind wir mit dem sich neigenden Jahr doch recht zufrieden. Sind wir auch zufrieden mit uns selbst? Es ging uns in diesem Jahr gut. Ist das ein Beweis dafür, dass auch das Jahr gut war? Das Jahr war nur dann gut, wenn wir gut waren.

Ich weiß nicht, wie Sie urteilen. Mich jedenfalls würde brennend interessieren, wie das Urteil ausfällt, wenn man in 50 oder 100 Jahren die Geschichte schreiben wird, die wir heute miterleben und mitgestalten. Werden die späteren Generationen auch sagen: 1988 war ein gutes Jahr?
Wie urteilen wir denn über die Vorgänge in unserem Volk vor 50 Jahren, also in den 30er Jahren? Ganz anders als die meisten Menschen damals. Es gab Hochstimmung bei Aufmärschen; man war stolz, als Deutschland immer größer wurde durch ungerechte Besetzungen. So wurde 1938, also vor 50 Jahren, ganz Österreich „heim ins Reich" geholt.[5] Auf Dokumentarfilmen kann man nur mit Erstaunen den Taumel der Begeisterung diesseits und jenseits der Grenze sehen. Und als der Krieg begann und eine Sondermeldung nach der anderen die Siege der deutschen Truppen verkündete, da schlugen die Herzen höher. Heute denken wir über jene Vorgänge anders. Beschämt fragen wir: Wie war so etwas möglich?

Könnte diese Frage in 50 Jahren nicht aufs Neue gestellt werden im Hinblick auf so manches, was wir heute tun oder mittun? Was könnte in einem Geschichtsbuch des Jahres 2050 stehen? Schauen wir einmal in dieses Geschichtsbuch. Dort lesen wir: Man hat damals schon deutlich erkannt, dass die Umwelt nicht zerstört und ausgeplündert werden darf, sondern gepflegt werden muss. Trotzdem haben sie ganz munter an der Zerstörung der Umwelt und damit an der Zerstörung des Lebensraumes der kommenden Generationen mitgewirkt. Sie haben mit ihren Abwässern Flüsse und Seen heillos verschmutzt und in Kloaken verwandelt und mit ihrem Abfall die Meere verpestet. Mit ihrem Gift haben sie an vielen Orten den Boden und das Grundwasser verseucht. Sie haben es hingehen lassen, dass große Teile des tropischen Regenwaldes abgeholzt wurden, was die Klimaverhältnisse auf der ganzen Erde verschlechterte. Sie haben es nicht einmal fertig gebracht, die für das Leben auf der Erde wichtige Ozonschicht vor weiterer Zerstörung zu bewahren. Damit wurden der Umwelt nicht nur örtlich begrenzte Schäden zugefügt, vielmehr wurde die ganze Erde in Mitleidenschaft gezogen, und zwar so, dass diese Schäden nicht mehr rückgängig zu machen sind. Wir müssen heute sehen, wie wir damit fertig werden.

Es ging ihnen in Deutschland damals recht gut. Man sieht es daran, dass sie sich im Jahre 1988 für über 22 Milliarden DM Weihnachtsgeschenke leisteten. Wenn auch ein Teil auf Pump gekauft wurde, die 22 Milliarden haben sie doch aufgebracht. Das ist mehr als dreimal so viel, wie der wohlhabende Staat in jenem Jahr für die Millionen hungernder und obdachloser Menschen in der Dritten Welt gab. Dabei hatten sie selbst kein Problem, satt zu werden; im Gegenteil, ihr Problem bestand darin, schlank zu bleiben.

Unser Geschichtsbuch fährt fort: Im gleichen Jahr hatten sich drei Grauwale unter dem Packeis vor der Küste Alaskas verirrt. Amerikaner und Russen kämpften in noch nie da gewesener Einmütigkeit um das Leben der gefährdeten Tiere. Trotzdem kam für einen der Wale jede Hilfe zu spät. Rund um die Uhr verfolgten die Medien den dramatischen Rettungsversuch und hielten die Welt ständig auf dem Laufenden. Eine internationale Woge des Mitgefühls schlug den beiden nach Luft schnappenden Walfischen entgegen. Millionen Dollar verschlang diese Aktion in wenigen Tagen. Noch nie war in so kurzer Zeit eine solche Summe für hungernde Kinder gespendet worden. So mancher Kranke und Sterbende wäre damals froh gewesen, wenn ihm von seinen nächsten Verwandten und Bekannten ein ähnliches Mitgefühl gezeigt worden wäre. Bei aller Liebe zu den Tieren – sie sind ja auch Geschöpfe Gottes – scheinen die Leute damals sich über den Unterschied von Mensch und Tier nicht mehr ganz im Klaren gewesen zu sein.

Damals war der sicherste Ort für ein Menschenleben, ja der Inbegriff menschlicher Geborgenheit überhaupt, nämlich der Mutterschoß, der lebensgefährlichste Ort. Nirgends kamen so viele Menschen ums Leben wie im Mutterschoß. Man darf davon ausgehen, dass im Jahr 1988 in der Bundesrepublik Deutschland etwa 250 000 Kinder im Mutterschoß getötet wurden. Das bedeutet, dass von acht Kindern nur fünf mit dem Leben davongekommen sind; drei mussten sterben, ehe sie das Licht der Welt erblickten. Nicht einmal in einem blutigen Krieg war der Anteil der Toten so groß.

Es scheint, dass der Großteil der Bevölkerung das alles für richtig gehalten hat. Denn es war in diesem Jahr nicht möglich, den Schutz der ungeborenen Kinder zu verbessern. Die öffentlichen Krankenkassen bezahlten sogar die Tötung dieser Kinder. Dieser Vorgang ist einmalig. Denn wo ist sonst noch die Tötung unschuldiger Menschenkinder unter Berufung auf eine staatliche Rechtsverordnung mit öffentlichen Geldern bezahlt worden? Um den Eid des Hippokrates, der über zwei Jahrtausende das Ethos des Arztes bestimmt hatte, brauchte man sich nicht mehr zu scheren. Man hat den Eid des Hippokrates, der seit vorchristlicher Zeit Ausdruck der Unantastbarkeit des menschlichen Lebens und damit ein Grundpfeiler unserer Kultur war, stillschweigend unter den Teppich gekehrt.

1988 feierte man die Charta der Menschenrechte, die 40 Jahre zuvor von den Vereinten Nationen beschlossen worden war und deren Arbeit zugrunde lag.[6] Zu den fundamentalsten Menschenrechten gehört das Lebensrecht. Es ist unverständlich, wie man die Charta der Menschenrechte feiern und zugleich im selben Jahr in Deutschland 250 000 Kindern das Lebensrecht vorenthalten konnte.

In einer bayerischen Stadt wurde damals ein Prozess gegen einen Arzt geführt, der angeklagt war, mehr als 150 Kinder illegal im Mutterleib getötet zu haben.[7] Die Richter hatten zu prüfen, inwieweit der Arzt das ohnehin weitmaschige, das ungeborene Leben nur ungenügend schützende Gesetz übertreten hatte. Doch gab es Gruppen, unterstützt von Parteien, die damals in den deutschen Parlamenten saßen, die es nicht hinnehmen wollten, dass die Richter in der ihnen von der Verfassung zugesicherten Unabhängigkeit nach Recht und Gesetz verfahren. Sie versuchten vielmehr, die Richter unter Druck zu setzen, damit diese sich nicht an das Recht halten und somit das Gegenteil dessen tun, was ihre Pflicht war. Aus dem Abstand der Geschichte drängt sich die Frage auf: Haben denn diese Leute damals nicht erkannt, dass sie sich mit dem Druck auf ein rechtmäßig arbeitendes Gericht und mit dem Versuch, Recht außer Kraft zu setzen, auf einen Weg begaben, der einen Staat schließlich zu einer Räuberbande macht. Der heilige Augustinus[8] hat schon zu Beginn des 5. Jahrhunderts gesagt: Ein Staat ohne Gerechtigkeit ist nichts anderes als eine große Räuberbande.

Wir sind immer noch bei der Lektüre unseres Geschichtsbuches. Im Jahre 1988 kamen viele Aussiedler aus dem Osten in die Bundesrepublik. 200 000 waren es in jenem Jahr. Aber man hatte Schwierigkeiten, sie aufzunehmen. Ganz anders war es nach dem Krieg gewesen. Damals waren Millionen Flüchtlinge und Heimatvertriebene nach Deutschland geströmt, dessen Städte noch in Trümmern lagen und wo die Not der Nachkriegszeit herrschte. Unter diesen extrem schwierigen Verhältnissen war es – gewiss unter Opfern – gelungen, Millionen von Flüchtlingen zu integrieren. 1988, wo das Land aufgebaut war, die Wirtschaft florierte, Wohlstand herrschte, wurde die Aufnahme von 200 000 Aussiedlern als eine fast unlösbare Aufgabe hingestellt.
Was war damals mit den Menschen überhaupt los? Sie hatten alles, mehr, als sie brauchten. Noch nie war eine Generation vor ihnen so mit Gütern des Wohlstands gesegnet gewesen. Und trotzdem sind viele damals nicht mit sich selbst fertig geworden. Die Zahl der registrierten Selbstmordversuche wird mit über 500 000 angegeben. Der Drogenhandel blühte. Fast jede Woche konnte die Polizei geschmuggelte Drogen sicherstellen. Aber der Großteil der Drogen kam doch unter die Leute. Außerdem darf nicht übersehen werden, dass sich der Alkohol damals zur Droge Nr. 1 entwickelte. Was war mit den Menschen damals nur los, dass sie sich benebeln, also sich den Verstand nehmen wollten? War es denn erstrebenswert, von Sinnen zu sein? Wie war das alles möglich?

Das sind nur einige Auszüge aus dem Geschichtsbuch von 2050 über unser zu Ende gehendes Jahr 1988. Sicher hätte dieses Geschichtsbuch noch viel mehr über uns und unsere Zeit zu berichten.
Man spricht in unserem Volk immer wieder von der Bewältigung der Vergangenheit. Am 9. November gab die Pogromnacht vor 50 Jahren erneut dazu Anlass.[9] Der Bundestagspräsident hat in ehrlicher Absicht Vergangenheitsbewältigung versucht und ist dabei gestürzt.[10]
Wir sollten eigentlich keine 50 Jahre warten, um Vergangenheit zu bewältigen, sondern sofort damit beginnen, die Gegenwart zu bewältigen. Dann ersparen wir künftigen Generationen die Vergangenheitsbewältigung.
Manche werden einwenden, das Bild des Jahres 1988 aus dem Geschichtsbuch 2050 ist düster ausgefallen. Das stimmt. Aber die Tatsachen, die dort stehen, stimmen auch. Um ein rundes Bild zu gewinnen, müssen natürlich auch die positiven Seiten genannt und gewürdigt werden. Bei einer Gewissenserforschung stehen aber nun einmal die Fehler im Vordergrund. Denn bei einer Gewissenserforschung – auch am Ende eines Jahres – geht es doch darum herauszufinden, was man falsch gemacht hat, um es in Zukunft bes-

ser zu machen. Uns nur auf die Schultern zu klopfen und uns zu loben, weil wir's so gut gemacht haben, hilft nicht viel weiter.
Natürlich müssen wir auch das Gute sehen und dankend anerkennen. Das gehört zur Wahrhaftigkeit. Nur ist es gar nicht so leicht, das Gute ebenso deutlich beim Namen zu nennen wie die Fehler. Es gibt gewiss Fälle, wo das Gute unübersehbar ist, wie zum Beispiel die großen internationalen Hilfsmaßnahmen für die Opfer des schrecklichen Erdbebens in Armenien. Daran wird sichtbar, dass Menschen noch ein Herz für Menschen in Not haben, über alle Grenzen der Sprache und Rasse, über alle Grenzen der Völker und Machtblöcke hinweg. Aber in der Regel stellt sich das Gute nicht so offenkundig dar. Normalerweise drängt sich das Schlechte in den Vordergrund und findet mehr Interesse als das Gute. Das Böse ist laut, das Gute ist leise. Das Schlechte hat kräftige Ellenbogen, das Gute ist zurückhaltend, bescheiden und darum wenig auffallend. Schauen Sie sich unter diesem Gesichtspunkt einmal die Nachrichten in den Medien an. Sieht die Welt so aus, wie sie dort Tag für Tag für uns in Erscheinung tritt?
Um die Welt zu sehen, wie sie wirklich ist, muss man eigens die Augen öffnen, um das viele Gute zu entdecken, das unter uns geschieht. Ich gestehe Ihnen, dass es mich froh und zuversichtlich macht, immer wieder so vielen guten Menschen in unserem Erzbistum begegnen zu dürfen, gerade auch jungen Menschen, voller Ideale, Menschen mit einem sauberen Blick, denen man ansieht, dass in ihnen nicht die Finsternis herrscht, sondern das Licht. Das Gute geschieht nicht in den Schlagzeilen, sondern im stillen Alltag. Denken wir an die Mutter, die Tag für Tag treu und selbstverständlich für Mann und Kinder sorgt und ihnen ein Heim bereitet, wo sie Geborgenheit finden; an die Eheleute, die trotz mancher Schwierigkeiten einander die Treue halten; an die Eltern, die in Güte und Geduld ihre Kinder zu guten Menschen erziehen; an den Lehrer, der sich Tag für Tag müht, seinen Schülern etwas beizubringen, damit sie später Tüchtiges leisten können; an die Krankenschwester, die Tag und Nacht selbstlos ihre Kranken umsorgt. Was wäre da nicht alles zu nennen. Wir kämen an kein Ende. Aber von diesen vielen Menschen, die still und treu ihre Pflicht erfüllen und nicht müde werden, Gutes zu tun, weil sie gut sind, lebt die Welt; von ihnen leben wir. Wie würden wir heute Abend dastehen, wenn im Laufe des Jahres nicht unzählige, ungenannte und uns unbekannte Menschen für uns gearbeitet hätten?

Beim Jahresrückblick gilt es, dafür zu danken: all den Menschen, die uns Gutes getan haben, und vor allem Gott, der uns so viele gute Mitmenschen gegeben hat, durch die er uns täglich seine eigene Güte erfahren lässt. Gott sorgt für uns auch dadurch, dass er gute Menschen in unser Leben schickt.

Trotzdem stimmt auch das, was im Geschichtsbuch von 2050 über unser Jahr 1988 zu lesen ist. Wir kommen also nicht darum herum, unsere Gegenwart zu bewältigen und dafür zu sorgen, dass der Weg in eine gute Zukunft führt und wir den kommenden Generationen keine unverantwortbaren Lasten hinterlassen. Was ist zu tun?
Viele von Ihnen sind mit dem Autofahren vertraut. Worauf kommt es dabei an? Mit dem Gaspedal bringen Sie den Motor in Gang, dass sich das Auto vorwärts bewegt. Sie müssen das Ziel vor Augen haben, wissen, wohin die Fahrt gehen soll, und das Steuer fest in der Hand halten, um das Auto auf das Ziel hinzulenken. Schließlich brauchen Sie die Bremse, um die Kraft des Motors zu beherrschen, damit es nicht zum Zusammenstoß und damit zum Unglück kommt.
So ist das auch mit dem menschlichen Fortschritt, mit dem wir uns aus dem alten Jahr in die Zukunft bewegen. Aufs Gaspedal brauchen wir nicht zu treten. Denn die Zeit läuft alleine, und die Entwicklung in ihr ist so rasant wie nie. Der technische Fortschritt allein in unserem Jahrhundert hat ein Vielfaches von dem zustande gebracht, was in den beiden vorausgegangenen Jahrtausenden auf diesem Gebiet geleistet wurde. Beschleunigen brauchen wir das Tempo nicht. Wir sind in voller Fahrt. Darum ist es notwendig, das Steuer fest in der Hand zu halten. Denn wir tragen Verantwortung dafür, wohin die Fahrt geht. Das ist nicht mehr Sache der Technik, sondern der Ethik. Wir dürfen ja das Auto auch nicht ohne Steuer fahren lassen.
Wissen wir um den Weg? Gott selbst zeigt ihn uns durch seine Gebote. Viele kennen die Zehn Gebote heute nicht mehr. Aber sie sind deswegen nicht außer Kraft gesetzt. Sie haben und behalten ihre verbindliche Geltung. Manche meinen, diese Gebote seien nur eine Last. Gott will uns mit ihnen nicht das Leben schwer machen, sondern wahrhaft menschliches Leben ermöglichen. Mit seinen Geboten zeigt uns Gott die Wege des Lebens, damit wir nicht in die Irre gehen. Mit ihnen schützt er bleibende Werte, ohne die menschliches Leben verdirbt, zum Beispiel die Unverletzlichkeit der Person, die Unantastbarkeit des menschlichen Lebens, die Heiligkeit der Ehe, die Ehre des Menschen, die Wahrhaftigkeit, ohne die es kein vertrauensvolles Miteinander gibt. Und er schützt mit seinen Geboten auch seine eigene Ehre, nicht nur seinetwegen, sondern auch unsertwegen; denn wo Gott in der Höhe nicht mehr die Ehre gegeben wird, gibt es für uns Menschen keinen Frieden auf Erden.
Mit seinen Geboten setzt Gott Maßstäbe, damit unser Leben menschlich bleibt. Er wirft Licht auf den Weg unseres persönlichen Lebens und der menschlichen Gemeinschaft, damit wir nicht ins Verderben laufen, sondern glücklich werden.
Gottes Maßstäbe sind verbindlich. Er fordert unsere Freiheit heraus, das Lenkrad unseres

Lebens fest in die Hand zu nehmen und uns auf seinen Wegen vorwärts zu bewegen. Darin liegt unsere große Verantwortung. Der Fortschritt ist janusköpfig, er hat zwei Gesichter und schaut in zwei verschiedene Richtungen. Wir haben mit dem Steuer unserer Verantwortung zu sorgen, dass die Reise in die richtige Richtung geht.
In keinem Bereich des menschlichen Lebens können wir unsere sittliche Beanspruchung und damit unsere Verantwortung beiseite legen. Denn sittliche Beanspruchung und Verantwortung gehören untrennbar zum Menschen. Sie sind Bedingungen der Menschlichkeit. Darum haben sie Geltung in allen Bereichen menschlichen Tuns, in Wirtschaft und Industrie, in Forschung und Technik, in Wissenschaft und Politik, im Recht und in der Kunst. Nirgends darf die Ethik und damit die Verantwortung ausgeklammert werden. Wo immer wir stehen, stehen wir vor Gott als solche, die ihm Rechenschaft schuldig sind. Die Verantwortung vor Gott schließt die Verantwortung für die Menschen nicht aus, sondern ein.
Hans Jonas[11], der im letzten Jahr den Friedenspreis des deutschen Buchhandels erhielt, hat in unserer Gesellschaft mit großem Nachdruck auf die Verantwortung als Gebot der Stunde hingewiesen. Er spricht die Vermutung aus, „dass schon die äußerlich guten Zeiten mit einer inneren Verwüstung des Menschen erkauft sein könnten". Ohne Verantwortung „könnten wir technologisch-elektronisch ausgehaltene Wilde werden", „die ersten ganz verwilderten Zivilisationsbarbaren". Hier sehen wir, worum es bei der Verantwortung geht: um die Menschlichkeit des Menschen.
Das Auto braucht nicht nur ein Steuer, sondern auch eine Bremse. Damit soll nun nicht gesagt sein, Entwicklung und Fortschritt sollten zum Stillstand gebracht werden. Vielmehr soll dieses Bild zum Ausdruck bringen, dass der Mensch die Macht über das Werk seines Geistes und seiner Hände nicht verlieren darf. Er muss der Herr seiner Werke bleiben. Wir sehen das an der Atomkraft, für deren Anwendbarkeit Otto Hahn[12] vor genau 50 Jahren die entscheidende Entdeckung gemacht hat. Solange der Mensch die Atomkraft beherrscht, ist es gut. Aber wehe, wenn sie ihm entgleitet. Schon in den 50er Jahren sagte Romano Guardini[13], im letzten Jahrhundert musste man den Fortschritt vorantreiben, heute aber bestehe die Hauptaufgabe darin, ihn zu beherrschen.
Ich will nur ein Beispiel nennen, wo es gilt, die Bremse zu betätigen. Seit Jahren sind wir auf steigenden Konsum getrimmt worden. Nicht nur eine raffinierte Werbung hat uns dazu verlockt, auch der Staat hat seinen Beitrag dazu geleistet.
Konsumtüchtigkeit ist geradezu eine sozialökonomische Tugend, ja Pflicht geworden. Kann das so weitergehen? Wir können doch nicht doppelt so viel essen und trinken, uns zwei Hüte aufsetzen oder drei Paar Schuhe anziehen. Die materiellen Bedürfnisse

haben doch ihre Grenzen und sind einmal befriedigt. Wenn der Mensch satt ist, wäre es unverantwortlich und sinnlos weiter zu essen. Früher nannte man das Völlerei. Das Wort ist außer Gebrauch gekommen, die Sache nicht. Völlerei gibt es auch heute, nicht nur beim Essen und Trinken. Unser ganzes Konsumverhalten sollten wir daraufhin überprüfen.

Was wir heute brauchen, ist Mäßigkeit, Enthaltsamkeit, Anspruchslosigkeit, eine neue Bescheidenheit. Wir müssen Selbstdisziplin üben, sonst wird uns eines Tages Disziplin von außen aufgezwungen. Nicht nur das Auto braucht eine Bremse, auch der Mensch.

Damit wird deutlich, worum es beim Steuer der Verantwortung vor Gott und für die Menschen und worum es bei der Bremse der Mäßigkeit und Selbstdisziplin geht: um die Menschlichkeit des Menschen, dass wir nicht unter die Räder unseres eigenen Fortschritts kommen, sondern bleiben, was wir sind: Bild Gottes. Vergessen wir darum im neuen Jahr weder das Steuer der Verantwortung noch die Bremse der Selbstdisziplin.

Wir haben heute Abend nur in die Welt und auf unser Leben in dieser Welt geschaut; wir haben es getan als Glaubende vor dem Angesicht Gottes und in seinem Licht. Über die Kirche haben wir nichts gesagt. Und doch wäre auch aus ihrem Leben vieles zu bedenken. Auch die Kirche muss Rückschau und Gewissenserforschung halten, aber auch in die Zukunft blicken. Denn sie ist ja Gottes Volk, das dem Herrn entgegengeht. Darum hätte ich Ihnen heute Abend auch etwas zu dem vor uns liegenden Jubiläumsjahr sagen müssen, das wir 1989 mit den übrigen altbayerischen Diözesen begehen. Denn 1989 sind es 1250 Jahre, dass der heilige Bonifatius in päpstlichem Auftrag die Bistümer Freising, Passau, Regensburg und Salzburg kanonisch errichtet hat. Dazu werde ich bei nächster Gelegenheit mich ausführlicher äußern. Heute möchte ich nur auf Folgendes hinweisen:

Wir wollen uns bei diesem Jubiläum nicht im Lichte einer großen Vergangenheit sonnen, sondern uns herausfordern lassen, damit der Glaube in unserem Erzbistum erstarkt und lebendig bleibt. Es geht auch nicht darum, die Betriebsamkeit zu intensivieren, sondern die Frömmigkeit. Als Vorbild kann uns für dieses Jahr die historische Reise dienen, die Papst Paul VI.[14] vor genau 25 Jahren ins Heilige Land unternommen hat.[15] Der Papst wollte damals mitten im Konzil einfach zu den Quellen des Glaubens zurückkehren. Das ist auch unsere Aufgabe: geistlich zurückkehren zu den Quellen des Glaubens und aus den Wurzeln des Glaubens leben. Paul VI. gab damals die Anweisung, seine Reise solle werden eine „Pilgerfahrt, geprägt von Einfachheit, Frömmigkeit, Buße und Liebe“.

So soll auch unser Jubiläumsjahr geprägt sein von Einfachheit, Frömmigkeit, Buße und Liebe, auf dass der Glaube in unserem Erzbistum kraftvoll erstarke.
Ihnen allen wünsche ich ein gesegnetes Jahr 1989.
Amen.

1 Am 28. August 1988 kollidierten im Rahmen einer Flugschau auf dem US-amerikanischen Luftwaffenstützpunkt Ramstein (Rheinland-Pfalz) drei Flugzeuge der italienischen Kunstflugstaffel „Frecce Tricolori". Eines der brennenden Flugzeuge stürzte in die Zuschauermenge und riss 70 Menschen in den Tod. Hunderte von Menschen erlitten zum Teil schwerste Verbrennungen.

2 Beim Absturz eines US-amerikanischen Kampfflugzeugs in ein Wohngebiet von Remscheid am 8. Dezember 1988 kamen sechs Menschen ums Leben, 50 weitere wurden verletzt.

3 Der Norden Armeniens wurde am 7. Dezember 1988 durch ein Erdbeben der Stärke 6,8 erschüttert. Dabei kamen 25 000 Menschen ums Leben.

4 Durch einen Sprengstoffanschlag am 21. Dezember 1988 wurde eine Boeing 747 der US-amerikanischen Fluglinie PanAm über dem Ort Lockerbie (Schottland) zum Absturz gebracht. Dabei starben 270 Menschen, davon 11 aus Lockerbie.

5 Am 12. März 1938 marschierten deutsche Truppen in Österreich ein. Bereits einen Tag später, am 13. März, beschloss die österreichische Regierung das Anschlussgesetz („Gesetz über die Wiedervereinigung Österreichs mit dem Deutschen Reich").

6 Am 10. Dezember 1948 wurde die Allgemeine Erklärung der Menschenrechte von der Generalversammlung der Vereinten Nationen genehmigt und verkündet.

7 Von September 1988 bis Mai 1989 musste sich der Arzt Dr. Horst Theißen vor dem Memminger Landgericht wegen illegalen Schwangerschaftsabbruchs verantworten.

8 Augustinus von Hippo (354-430), Kirchenlehrer, Heiliger.

9 In der Nacht vom 9. auf den 10. November 1938 kam es im ganzen deutschen Reich zu Übergriffen gegen Leben und Besitz jüdischer Mitbürger, die vom NS-Regime planmäßig organisiert worden waren. Fast alle Synagogen und viele jüdische Friedhöfe wurden zerstört.

10 Bundestagspräsident Philipp Jenninger trat am 11. November 1988 als Konsequenz aus seiner umstrittenen Rede am 10. November im Deutschen Bundestag anlässlich des 50. Jahrestages der Reichspogromnacht zurück.

11 Hans Jonas (1903-1993), deutscher Philosoph.

12 Otto Hahn (1879-1968), deutscher Chemiker.

13 Romano Guardini (1885-1968), katholischer Religionsphilosoph und Theologe.

14 Paul VI. (1897-1978), Papst (1963-1978).

15 Papst Paul VI. reiste vom 4. bis 6. Januar 1964 ins Heilige Land. Dies war die erste Pilgerfahrt eines Papstes zu den heiligen Stätten in Israel und Jordanien.

Silvesterpredigt 1989

Die Kraft der Freiheit

Brüder und Schwestern im Herrn!

In wenigen Stunden geht das Jahr 1989 zu Ende. Was geschah in diesem Jahr? Der Herbst wurde zum Frühling – im Osten Europas. Und wir alle sind davon mitbetroffen. Wie eine Lawine hat sich die Freiheit eine Bahn gebrochen und rollte von einem Land ins andere, von Polen und Ungarn über die DDR, die Tschechoslowakei und Bulgarien bis nach Rumänien.[1] Dieser Aufbruch in die Freiheit vollzog sich auf dem Hintergrund der Perestroika[2] in der Sowjetunion.
Wir haben diesen Umbruch lange erhofft und ersehnt, haben aber nicht gewagt, so recht daran zu glauben. Zu lebendig war noch die Erinnerung an Berlin 1953[3], an Ungarn 1956[4], an die Tschechoslowakei 1968[5], wo der Ruf nach Freiheit von tödlichen Schüssen übertönt und von rollenden Panzern niedergewalzt wurde.
In diesem Jahr beging man das 200-jährige Jubiläum der Französischen Revolution[6] – mit gemischten Gefühlen, nicht ohne Grund. Angetreten war diese Revolution im Zeichen der Toleranz und Meinungsfreiheit; aber sie schlug um ins Gegenteil, in Intoleranz und Gesinnungsterror und ließ den Menschen nicht einmal mehr die Freiheit des Glaubens und der Religion. Die Ideale, die 1789 verkündet wurden, waren groß: Freiheit, Gleichheit, Brüderlichkeit. Aber die Revolution war ein Hohn auf diese Ideale. Es ging nämlich ganz und gar nicht brüderlich, sondern unbrüderlich, ja sogar unmenschlich zu. Statt Freiheit verschwanden viele im Kerker. Statt Gleichheit rollten die Köpfe unter dem Fallbeil der Guillotine, Blut floss in Strömen auf Plätzen und Straßen, und viel Volk hatte daran seine Freude. Diese Revolution war kein Ruhmesblatt der Geschichte.
Oder denken wir an die Oktoberrevolution in Russland 1917, also noch am Beginn unseres Jahrhunderts.[7] Das war ein blutiger Bürgerkrieg, der vielen das Leben kostete und in der Folgezeit Millionen von Menschen in Elend, Knechtschaft, Verbannung und Tod führte.
Die Revolution im Osten Europas, deren Zeuge wir sind, ist ganz anderer Art. Es ist eine sanfte Revolution, eine Revolution der Gewaltlosigkeit, der Freiheit, der Menschenrechte und damit auch ein Beitrag zum Frieden in Europa und zur Verständigung der Völker.

Wir Deutsche sind vom Aufbruch dieser Völker in die Freiheit besonders berührt. Denn vor genau 50 Jahren[8] begann von Deutschland aus der 2. Weltkrieg, der über all diese Völker großes Leid gebracht hat und die bis in unsere Tage an den bitteren Folgen des Krieges schwer zu tragen hatten.

Diese friedliche Revolution hat zum politischen Zusammenbruch totalitärer Unrechtssysteme geführt; sie hat den wirtschaftlichen Konkurs dieser Systeme vor aller Welt offen gelegt und die Diktaturen entlarvt als das, was sie trotz ihres jahrzehntelangen Gehabens auf der diplomatischen Bühne in Wahrheit waren, nämlich Räuberbanden. Der heilige Augustinus[9] sagte schon zu Beginn des 5. Jahrhunderts: Ein Staat ohne Gerechtigkeit ist nichts anderes als eine große Räuberbande. Die Vorgänge in Rumänien haben das in den Tagen vor Weihnachten in geradezu erschütternder Weise ans Licht gebracht.

Die Menschen, die in Osteuropa den Umsturz herbeiführten, haben sich nicht auf Gewalt gestützt, sondern auf ihr Recht auf Freiheit. Geschossen und gequält wurde nur von denen, die ihren blutbefleckten Thron des Unrechts und der Gewalt nicht räumen wollten.

Warum sind die totalitären, waffenstrotzenden Systeme in diesen Ländern in so kurzer Zeit von waffenlosen Menschen hinweggefegt worden? Weil sie auf einem falschen Fundament aufgebaut waren, auf der Ideologie des Kommunismus, des atheistischen Sozialismus. Wer auf Atheismus, also auf Gottlosigkeit baut, der baut auf Sand. Dem ergeht es, wie es Jesus am Ende der Bergpredigt sagt: „Als nun ein Wolkenbruch kam und die Wassermassen heranfluteten, als die Stürme tobten und an dem Haus rüttelten, da stürzte es ein und wurde völlig zerstört" (Mt 7, 27). Das haben wir erlebt, den Bankrott der Gottlosigkeit, der sich zugleich als Bankrott der Unmenschlichkeit erwiesen hat. Der Mensch ist in seinem Innersten auf Gott verwiesen und hängt so sehr von ihm ab, dass Gott geradezu in die Definition des Menschen gehört. Wenn er Gott verliert, verliert er sich selbst. Ein Leben ohne Gott führt in die Unmenschlichkeit. Aus diesen Zusammenhängen heraus sollten wir die Vorgänge im Osten tiefer verstehen und zu deuten versuchen. Es geht dort nicht nur um Politik und Wirtschaft, es geht zutiefst um den Menschen, der Gott braucht, um menschliche Gemeinschaft, auch für den Staat – nicht nur im Osten, auch bei uns.

Noch ein Zweites hat sich bei der friedlichen Revolution gezeigt. Die Kraft der Wahrheit, der Gerechtigkeit und der Freiheit ist stärker als Panzer, Gummiknüppel und Kerker. Das bedeutet, dass die Kräfte des Friedens auf Dauer den Mächten brutaler Gewalt überlegen sind. Diese Überlegenheit ist wohl noch nie in der Geschichte in solchen Ausmaßen sichtbar geworden. Ist das nicht ein Zeichen der Hoffnung, 50 Jahre nach

Ausbruch des bisher schlimmsten aller Kriege und an der Schwelle eines neuen Jahrtausends? Für dieses Zeichen der Hoffnung danken wir heute Abend ganz besonders, auch wenn wir nüchtern genug sind und wissen, dass die Entwicklung im Osten noch lange nicht abgeschlossen ist. Aus dem Frühling muss erst noch ein Sommer werden. Da bleibt noch viel zu tun, und wir müssen mithelfen. Wir haben den Menschen, die als Aus- und Übersiedler in der letzten Zeit zu uns gekommen sind, geholfen. Dafür gebührt allen für ihre selbstlose Hilfsbereitschaft unser Dank. Wir müssen aber auch denen helfen, die ihr Land nicht verlassen haben bzw. gar nicht verlassen konnten, sondern geblieben sind, bereit, mitzuarbeiten am Aufbau eines neuen menschenwürdigen Staatswesens, das nicht auf Sand steht, sondern auf dem dauerhaften Fundament der von Gott gegebenen Schöpfungsordnung errichtet ist.

Wie ist das bei uns? Wir haben in diesem Jahr das 40-jährige Bestehen der Bundesrepublik und ihrer Verfassung gefeiert.[10] Das Grundgesetz entstand aus der Erfahrung des Zusammenbruchs nach dem Krieg, mit dem das gottlose System des Nationalsozialismus seinen Bankrott hatte erklären müssen. Damals haben katholische und evangelische Christen in gemeinsamer Verantwortung für unser Volk Sorge getragen, dass der neue Staat auf ein solides Fundament gestellt wurde. Darum haben sie eine Verfassung geschaffen, die jene Werteordnung schützt, die dem Willen des Schöpfers entspricht. Pfeiler dieser Werteordnung sind die unantastbare Würde des Menschen sowie sein Recht auf Entfaltung seiner Persönlichkeit, der Schutz des Lebens, die Glaubens- und Gewissensfreiheit, der Schutz von Ehe und Familie, um nur die wichtigsten zu nennen. Diese Werte sind genuin christliches Erbe, auch wenn die Kirche selbst im Lauf ihrer Geschichte Phasen des Ringens durchmachen musste, um sie mit der gebotenen Klarheit zu verkünden und zu verwirklichen.

Wir sind mit unserer Verfassung in den letzten 40 Jahren gut gefahren. Das darf aber nicht zu dem Trugschluss führen, das müsse immer so bleiben. Wer die Geschichte ein wenig kennt, weiß, wie schnell unser Volk die Demokratie der Weimarer Republik verspielt hat. Die Rechnung hat unser Volk 1945 präsentiert bekommen. Es war eine teure Rechnung. Über 50 Millionen Tote gehen auf das Konto des von Deutschland begonnenen Krieges. Die freiheitliche Demokratie ist keine für alle Zeit zugesicherte Form des Zusammenlebens. Sie ist durchaus empfindlich, sie ist zerbrechlich und zerstörbar. Darum muss sie lebendig erhalten werden.

Das Grundgesetz wurde im Bewusstsein der „Verantwortung vor Gott und dem Menschen" beschlossen, wie es in der Präambel heißt. In dieser Verantwortung muss es auch

gelebt werden. Das bedeutet, dass neu auftauchende Fragen gemessen werden müssen an den Werten, die von der Verfassung geschützt und menschlicher Verfügungsgewalt entzogen sind. Denn die Werteordnung, die in den Menschenrechten ihren Ausdruck findet, stammt nicht von Menschen, sondern von Gott. Darüber kann darum auch kein Mensch verfügen, kein Parlament, kein Volksentscheid, auch nicht die Kirche.
Durch den Fortschritt der Wissenschaft stellen sich uns neue Fragen, die den Menschen ganz zentral betreffen. Ich nenne nur als Beispiel die Gentechnologie[11] und die unter dem Namen Fortpflanzungsmedizin zusammengefassten Probleme wie In-Vitro-Fertilisation[12], heterologe Befruchtung[13], Leihmütter, Mehrlingsreduktion und Embryonenschutz. Dabei geht es nicht nur um die Frage, ob man dies oder jenes machen darf, sondern es geht um den Menschen, ob der Mensch Subjekt oder Objekt ist, Person oder Sache. Das hat entscheidend mit der Menschenwürde zu tun, deren Schutz nach dem Grundgesetz der oberste Zweck allen Rechts ist. Hier muss auch in der Rechtsordnung Klarheit geschaffen werden, damit der Mensch Mensch bleibt und nicht zur Sache entwürdigt wird. Hier werden die Weichen für die Zukunft unseres Volkes gestellt. Darum besteht Handlungsbedarf. Aber was geschieht? Einzig die Bayerische Staatsregierung hat einen akzeptablen, die Menschenwürde schützenden Gesetzesvorschlag zur Fortpflanzungsmedizin eingebracht. Aber selbst bei den CDU-regierten Ländern hat dieser Vorschlag im Bundesrat keine Zustimmung gefunden, ebenso wenig bei den Koalitionsparteien im Bundestag, ganz zu schweigen von den anderen Fraktionen und Ländern. Da muss man sich fragen, inwieweit in unserem Staat noch die Werte und Rechte ernst genommen werden, die unsere Verfassung schützen will. Wenn wir uns heute eine Verfassung zu geben hätten, wäre sie noch die gleiche wie vor 1949? Eine Frage, über die nachzudenken sich lohnt.
Ein ständiger Stachel im Fleisch ist die in der Bundesrepublik herrschende Praxis der Abtreibung. Darüber habe ich in der letzten Silvesterpredigt und bei anderen Gelegenheiten deutlich gesprochen. Ich möchte heute Abend nur etwas zum Läuten der Glocken am Fest der Unschuldigen Kinder sagen. Denn in der Öffentlichkeit ist uns Bischöfen trotz klarer Aussagen hartnäckig unterstellt worden, wir würden uns mit dem Läuten gegen die Frauen richten und anklagen. Hören Sie, wie ich meinen Priestern das Läuten erklärt habe; ich habe sie angewiesen, die Gläubigen davon zu unterrichten. Auch die Presse hat diesen Text erhalten.
„Angesichts der Tatsache, dass in der Bundesrepublik Deutschland verlässigen Angaben zufolge jährlich über 250 000 Kinder im Mutterschoß getötet werden, sind wir alle aufgerufen, unseren Beitrag zum Schutz des Lebens zu leisten.

Das Läuten am Fest der Unschuldigen Kinder richtet sich darum nicht gegen Frauen, die in Schwierigkeiten geraten sind, sondern an alle, an die Mütter und besonders auch an die Väter der ungeborenen Kinder, an Freunde und Verwandte, jene Konflikte nicht erst zu schaffen oder zu verschärfen, die eine Frau zur Abtreibung drängen können. Er richtet sich an Ärzte und medizinisches Personal, die Abtreibungen vornehmen, die nicht aus der ethischen Verantwortung entlassen werden können, dass das, was sie tun, Tötung menschlichen Lebens ist. Der Aufruf betrifft ebenso die Frauen und Männer, die in Staat und Gesellschaft für politische Entscheidungen zum Schutz des ungeborenen Lebens verantwortlich sind, letztlich die ganze Gesellschaft, wie sie mit Kindern umgeht, jungen Familien Lebensräume schafft, wie sie allein erziehenden Müttern und Vätern gegenübertritt.
In diesem Zusammenhang lenkt sich der Blick auch auf die zahlreichen Kinder in unserer Gesellschaft, die misshandelt und missbraucht werden. Die Vereinten Nationen haben am 20. November ein Dokument zum Schutze der Rechte der Kinder veröffentlicht. Dabei richtet sich unser Blick auch auf Kinder, die in kriegerische Auseinandersetzungen hineingezogen werden, auf die Kinderprostitution, verursacht durch einen schamlosen Sextourismus aus reichen Ländern, auf die Not Hunderttausender hungernder Kinder. Sie alle treten vor unser geistiges Auge, wenn wir über den Wert des menschlichen Lebens nachdenken. Lassen wir uns von den im Mutterleib bedrängten ungeborenen Kindern ebenso das Gewissen erforschen wie von den geborenen missbrauchten, durch Hunger und Krankheit gezeichneten Kindern auf dieser Welt.
Die Glocken rufen uns am Fest der Unschuldigen Kinder auf, die Not der Kinder, der ungeborenen und der geborenen im Gebet vor Gott zu tragen, damit in unserem Volk das Leben geschützt werde, wie es seinem Willen und Gebot entspricht."[14]
Wo sind wir denn, wenn man in dieser Absicht keine Glocke mehr läuten dürfte! Wenn wir Bischöfe uns an jemanden wenden, warum wird uns das Wort im Munde herumgedreht und gesagt, wir würden uns gegen jemand wenden. Wir haben uns gegen niemand gewandt, sondern an alle in unserer Gesellschaft, um sie wachzurütteln und die Not der Kinder, der ungeborenen und geborenen, vor Gott zu tragen und damit auch die Not ihrer Mütter. Man wirft uns vor: Ihr treibt Frauen in Gewissensbisse. Wenn sich jemand etwas vorzuwerfen hat, beißt sein Gewissen – mit und ohne Glocken. Man hält uns vor: Ihr stellt Frauen an den Pranger. Ich habe den Eindruck, dass man uns an den Pranger stellen will. Helft den Frauen und den Kindern! werden wir aufgefordert. Das tun wir schon lange. Über die Hälfte aller bayerischen Kindergärten sind zum Beispiel in katholischer Trägerschaft. In München allein gibt es vier kirchliche Häuser für in Not geratene

Frauen und vier kirchliche Häuser für allein erziehende Mütter. Wir helfen, nicht erst seit heute. Wir nennen aber auch Recht Recht und Unrecht Unrecht.
Es haben sich vor allem innerkirchliche Stimmen gemeldet, die nur die Form des Läutens ablehnten, das Anliegen jedoch mittragen. Ich verstehe, dass man auch Gründe gegen das Läuten anführen kann. Über diese Gründe lässt sich reden. Wir dürfen aber doch nicht die Augen davor verschließen, dass es vielen Protesten nicht nur um das Läuten, sondern um die Sache ging. Und die Sache ist so ernst, dass sie keine Kompromisse zulässt. Es geht nämlich um das unverletzbare Grundrecht des unschuldigen, völlig wehrlosen Menschen auf Leben. – Aber musstet ihr Bischöfe zu den Glocken greifen? fragt man uns. Gibt es nicht noch andere Möglichkeiten, sich zu äußern. Seit Jahren sprechen wir Klartext. Was hat es gefruchtet? Es gibt Gruppen in unserem Staat, auch parteilich und sonstig organisierte, welche fordern, den Rechtsschutz der ungeborenen Kinder ganz zu streichen, das heißt, die noch nicht geborenen Kinder für völlig rechtlos zu erklären. Das ist so ungeheuerlich, dass wir Bischöfe zu dem ungewöhnlichen Mittel des Läutens griffen, um unsere Sorge laut in die Gesellschaft hinauszurufen und alle wachzurütteln, nicht weil wir gegen etwas, sondern weil wir für etwas sind: für das Leben, für das Lebensrecht aller Kinder, auch der ungeborenen, wie es dem Gebot Gottes entspricht, und damit für die Würde des Menschen, deren Schutz der oberste Zweck allen Rechts, auch unserer Verfassung ist. Das muss doch das Anliegen von uns allen, unseres ganzen Volkes sein.

Wenden wir uns noch dem innerkirchlichen Bereich zu. Da gab es im vergangenen Jahr Düsteres und Helles. Hat zum Beispiel auf der einen Seite die so genannte Kölner Erklärung[15] Turbulenzen hervorgerufen, so war es auf der anderen Seite das Jubiläum der Gründung unseres Bistums vor 1250 Jahren ein Zeichen, dass in vielen Herzen der Glaube lebt. Trotzdem muss man gestehen, dass das Bild der Kirche in der Öffentlichkeit nicht gerade erhebend ist. Für so manchen ist dieses Bild Anlass, lautlos auf Distanz zu gehen oder der Kirche den Rücken zu kehren.
Wir wissen, wie gewichtig heute in der öffentlichen Meinung das Image ist, die Weise, wie etwas zur Darstellung gebracht wird. Oft fallen Image und Wirklichkeit auseinander, und oft wird das Image so ernst genommen, dass man die Wirklichkeit kaum noch beachtet.
Trifft das auch auf die Kirche zu? Ihr Bild in der Öffentlichkeit wird zu einem guten Teil von den Medien bestimmt. Ich danke allen Journalisten, die sich um eine faire Berichterstattung über das kirchliche Leben bemühen. Denn es ist gar nicht so leicht, über kirchliche

Vorgänge zu berichten und sie sachgemäß zu kommentieren. Die Kirche ist eben nicht von dieser Welt, auch wenn sie in der Welt ist. Es gibt aber auch Medien, die genüsslich, ja hämisch die Fehler der Kirche ausbreiten, ja sogar die Wahrheit verdrehen. So war erst jüngst trotz wiederholter vorausgegangener Klarstellung noch zu lesen, wir deutschen Bischöfe seien im November nach Rom zitiert worden; man hätte uns dort auf Linie gebracht. Tatsache ist, dass wir Bischöfe um das Gespräch gebeten haben und dass dieses Gespräch in einer sachlichen, offenen und brüderlichen Atmosphäre verlaufen ist. Um Unklarheiten zu vermeiden, möchte ich nochmals betonen, dass ich nicht verallgemeinere, sondern all den Journalisten danke, die um eine sachgemäße Darstellung bemüht sind.

Und wie steht es um die Wirklichkeit der Kirche bei uns? Stimmen Image und Wirklichkeit überein? Wer die Kirche von innen heraus kennt und in ihr steht, wird sie in dem über sie verbreiteten Image oft nicht wieder erkennen. Es gibt in der Kirche viel Schönes, und je tiefer wir zu ihrer Mitte vordringen, desto heller erstrahlt, was uns in ihr geschenkt ist, nämlich das Schönste, was es gibt: die Gemeinschaft mit Jesus Christus; Kinder Gottes dürfen wir sein, bestimmt für das ewige Leben bei Gott. Es finden sich in der Wirklichkeit der Kirche aber auch Schatten. Wir alle bleiben nämlich doch immer wieder hinter dem hohen Anspruch des Christseins zurück durch unser Versagen, durch unsere Fehler und Sünden. Das sind Wunden der Kirche, unsere Wunden. Wunden tun weh, auch die Wunden der Kirche. Ihren Schmerz zu verspüren, ist ein Zeichen dafür, dass wir zur Gemeinschaft der Kirche gehören und Glieder am Leibe Christi sind. Wir beschönigen sie nicht, sondern stehen zu ihnen.

Denn „Gottes Barmherzigkeit verbindet nur den, der Wunden hat" (Charles Péguy). Diese unsere Wunden, die Wunden seiner Kirche, hat Jesus auf sich genommen, um sie zu heilen, und zwar von innen heraus, aus der Kraft seiner Liebe. Darum hat er sich in der Geißelung und am Kreuz blutig schlagen, ja sogar tödlich verwunden lassen.

Die Zahl derer, die am Leben der Kirche teilnehmen, ist kleiner geworden. Vielleicht wird sie noch kleiner. Das muss nicht heißen, dass deswegen auch ihre geistige Kraft abnehme. Die Zahl ist letztlich nicht entscheidend. Mitläufer hat es immer und überall gegeben, in der Politik, in den modischen Strömungen der Zeit, auch in der Kirche. Entscheidend für die geistige Kraft sind die Treuen. In der DDR bilden die Katholiken eine Minderheit von 6 %. Diese 6 % brachten in den letzten Jahren genauso viele Kinder zur Taufe wie die übrigen 94 %. Und diese Minderheit hat 40 Jahre lang dem Druck von außen und der Versuchung von innen widerstanden, Kirche im Sozialismus zu sein, Kompromisse einzugehen mit einem System, mit dem man sich nicht einlassen darf. Das sind doch Zeichen geistlicher Kraft.

Gott sei Dank gibt es auch bei uns eine beachtliche Schar treuer Christen, die klar und deutlich zum Glauben und zur Kirche stehen. Und ihre Zahl ist gar nicht so klein. Wie viele Menschen arbeiten doch in unseren Gemeinden, dass der Glaube lebendig bleibt. Ich denke nicht nur an die Priester, Diakone und hauptamtlichen Laienmitarbeiter, sondern auch an die Eltern, die mit ihren Kindern beten und ihnen von Gott erzählen, an die Katecheten und Religionslehrer, die auch den Kindern, die zu Hause nichts von Gott hören, die christliche Botschaft nahe zu bringen versuchen; an die Kommunionmütter und Firmhelfer, an die vielen, die Alten, Kranken, Notleidenden und Armen helfen und Gottes Liebe erfahrbar machen. Ich denke auch an jene, die aus ihrer katholischen Glaubensüberzeugung um die Lösung wichtiger Fragen in Politik und Gesellschaft ringen und dabei ihren christlichen Standpunkt nicht verbergen, sondern offen bekennen. Ihnen allen gilt mein Dank, und nicht nur mein Dank, sondern unser aller Dank.

Stehen wir mutig zur Kirche und zum Glauben, auch wenn uns bisweilen der Wind ins Gesicht bläst. Unsere Brüder und Schwestern in Osteuropa blieben durch Jahrzehnte hindurch standhaft und gingen um ihres Glaubens willen sogar in den Untergrund, zum Beispiel in der Ukraine und in der Tschechoslowakei. Diese tapferen und treuen Christen sind Lichter der Hoffnung ins neue Jahr, ins neue Jahrzehnt, damit es auch im 3. Jahrtausend kraftvoll leuchte. Solange es Menschen gibt, die auf Gott bauen, werden die Lichter nicht ausgehen. Wir haben allen Grund zu Hoffnung und Zuversicht, weil Gott bei uns ist und uns in seinen Händen hält. Wie sagte doch Dag Hammarskjöld[16]: „Das Unerhörte, in Gottes Hand zu sein."

Ich wünsche Ihnen allen ein gesegnetes Jahr in Gottes Hand.

Amen.

1 Polen (freie Wahlen am 4. und 18. Juni 1989), Ungarn (Ausrufung der Republik Ungarn am 23. Oktober 1989), DDR (Öffnung der Berliner Mauer am 9. November 1989), Tschechoslowakei („Samtene Revolution" ab 17. November 1989, Wahl Václav Havels zum Staatspräsidenten am 29. Dezember 1989), Bulgarien (Rücktritt Todor Schiwkows als Staatspräsident am 10. November 1989), Rumänien (am 22. Dezember 1989 als frei erklärt, standrechtliche Erschießung Nicolae Ceausescus am 25. Dezember 1989).

2 Perestroika bezeichnet den Prozess des Umbaus des politischen und wirtschaftlichen Systems der Sowjetunion.

3 Sowjetische Truppen und kasernierte Volkspolizei schlugen am 17. Juni 1953 den Volksaufstand in der DDR nieder.

4 Die sowjetische Armee schlug den am 23. Oktober 1956 begonnenen Volksaufstand nieder.

5 Gewaltsame Niederschlagung des „Prager Frühlings" durch am 21. August 1968 einmarschierende Truppen des Warschauer Pakts.

6 Mit dem Sturm auf die Bastille in Paris am 14. Juli 1789 begann die Französische Revolution.

7 In der Nacht zum 25. Oktober 1917 begann die bolschewistische Revolution in Russland. Die Regierung Kerenski kapitulierte bereits in der folgenden Nacht und wurde durch ein sozialistisches Regime unter Lenin ersetzt.

8 Am 1. September 1939.

9 Augustinus von Hippo (354-430), Kirchenlehrer, Heiliger.

10 Die Bundesrepublik Deutschland wurde am 23. Mai 1949 durch die Verkündung des Grundgesetzes gegründet.

11 Die Gentechnologie ist ein Teilgebiet der Biotechnologie. Sie ist ein auf den Kenntnissen der Molekularbiologie aufbauendes Verfahren zur Anwendung gezielter Eingriffe in das Erbgut bzw. in die biochemischen Steuerungsvorgänge von Lebewesen.

12 Methode zur künstlichen Befruchtung.

13 Von heterologer Befruchtung spricht man, wenn bei einer künstlichen Befruchtung der Samenspender nicht der Ehemann oder Partner einer fest gefügten Partnerschaft ist.

14 Vollständiger Text und Fürbitten in: Amtsblatt für das Erzbistum München und Freising, Jg. 1989, Nr. 19, 15. Dezember, S. 427-430.

15 Am 6. Januar 1989 veröffentlichte Stellungnahme von über 220 deutschen, österreichischen, Schweizer und niederländischen Theologieprofessorinnen und Theologieprofessoren mit dem Titel „Wider die Entmündigung – für eine offene Katholizität". Darin wird der autoritäre Stil des Papstes und insbesondere dessen Verhalten bei der Erteilung der kirchlichen Lehrerlaubnis kritisiert.

16 Dag Hammarskjöld (1905-1961), UN-Generalsekretär (1953-1961).

Silvesterpredigt 1990

Unsere Verantwortung für Frieden und Freiheit

Brüder und Schwestern im Herrn!

In großer Dankbarkeit schauen wir auf das zu Ende gegangene Jahr zurück. Unserem Volk wurde seine Einheit wiedergeschenkt.[1] Dies geschah auf friedliche Weise, ohne Gewalt, kein Schuss ist gefallen, kein Panzer gerollt. Die Einheit unseres Vaterlandes ist zugleich ein wichtiger Schritt hin auf die Einheit Europas, und zwar des ganzen Europas, das Ost und West umspannt. Damit ist die Nachkriegszeit zu Ende gegangen; sie hat lange genug gedauert, 45 Jahre. Dies alles ist möglich geworden durch die Ost-West-Entspannung, die die Hoffnung auf eine Ära des Friedens geweckt hat. Endlich wurde spürbar abgerüstet, auf beiden Seiten. Die Angst voreinander ist gewichen. Die Feindschaft zwischen den beiden großen Machtblöcken wurde abgebaut und partnerschaftliche, ja freundschaftliche Beziehungen wurden angebahnt. Damit wurden Fundamente für einen dauerhaften Frieden gelegt. Dafür danken wir heute aus tiefem Herzen.
Unser sich seinem Ende zuneigendes Jahrhundert ist von zwei blutigen Weltkriegen gezeichnet. Noch in keinem Jahrhundert haben so viele Menschen durch Kriege ihr Leben verloren wie in dem unsrigen. Durch die friedliche Wende im Osten ist nun in seinem letzten Jahrzehnt die Hoffnung auf einen gefestigten, dauerhaften Frieden erblüht, den unser Jahrhundert als kostbare Mitgift dem ersten Jahrhundert des bald anbrechenden Jahrtausends übergeben möchte.
Aber kaum hatte sich diese zarte Blüte der Hoffnung auf Frieden entfaltet, da zieht sich über der Golfregion das Gewitter eines neuen Krieges zusammen.[2] Und von den jüngsten Entwicklungen in der Sowjetunion wissen wir nicht, wohin sie führen. Bei den Vorgängen am Golf denken wir unwillkürlich an jenen Diktator[3], der vor einem halben Jahrhundert von deutschem Boden aus durch das Unrecht von Aggression und Annexion die Welt in den fürchterlichsten aller bisherigen Kriege gestürzt hat. Soll sich das in unseren Tagen von einem anderen Land aus wiederholen? Soll man den Diktator[4] gewähren lassen und damit seinen Appetit auf neues Unrecht, auf neue Aggressionen und Annexionen noch anregen?
Was können wir tun? Wir kommen uns recht hilflos vor. Sind wir es? Wir können schein-

bar nichts tun, um dem drohenden Unheil zu wehren. Doch gibt es nicht Kräfte, die mächtiger sind als alles Kriegsgerät, das am Golf zusammengezogen ist? Denken wir an die Erfahrungen, die wir vor Jahresfrist im Osten unseres Vaterlandes gemacht haben. Mauer, Stacheldraht und Todesstreifen hatten den östlichen Teil Deutschlands in ein großes Gefängnis verwandelt. Und wer ihm entrinnen wollte, wurde beim Übersteigen der Mauer infolge eines verbrecherischen Schießbefehls abgeschossen wie ein Tier auf der Jagd. So gewalttätig und unmenschlich war dort die Diktatur. Und doch ist die Mauer gefallen, nicht durch militärischen Einsatz, sondern durch den Einsatz von Waffen ganz anderer Art. Geistige Kräfte haben die Mauer zu Fall gebracht, die Sehnsucht nach Freiheit, die Ablehnung des Unrechts, der Gewalt und der Lüge, wovon jenes System lebte; und nicht zuletzt das Gebet vieler gläubiger Menschen diesseits und jenseits des Eisernen Vorhangs.

Unwillkürlich denkt man hier an die stürzenden Mauern von Jericho. Nachdem die Israeliten nach dem 40-jährigen Zug durch die Wüste den Jordan durchschritten hatten, um das Land, das Gott ihnen übereignete, in Besitz zu nehmen, standen sie vor dem befestigten Jericho. Auf Gottes Geheiß griffen sie die Stadt nicht an, sondern zogen an sieben Tagen mit der Bundeslade um die Stadt und bliesen dabei mit den Widderhörnern. Nachdem sie am siebten Tag siebenmal um die Stadt gezogen waren, stürzten die Mauern von selbst in sich zusammen. Nicht durch kriegerische Gewalt, sondern durch eine Prozession mit der Bundeslade, dem Zeichen der Gegenwart Gottes, fiel die Stadtmauer von Jericho zusammen. So ist auch die Mauer, die Ost und West trennte, nicht durch Waffengewalt eingerissen worden, sondern durch geistige Kräfte und die Macht des Gebetes.

Denken wir auch an unseren seligen Pater Rupert Mayer[5], der in dieser Kirche so kraftvoll gewirkt hat. Nicht mit äußerer Gewalt hat er sich gegen die nationalsozialistische Diktatur gewandt – solche Gewalt hatte er gar nicht – sondern mit geistigen Waffen hat er gekämpft, mit dem Wort Gottes, mit dem Zeugnis für die Wahrheit und mit dem Gebet. Die damaligen Machthaber, die keine Skrupel hatten, Tausende, ja Millionen Menschen in den Tod zu schicken, fürchteten diesen im Ersten Weltkrieg schwer verwundeten, einbeinigen Jesuiten so sehr, dass sie es nicht wagten, ihn umzubringen. Sie spürten, dass er sie durch das Zeugnis des Martyriums noch mehr schwächen würde. An einem solchen Zeugen für die Wahrheit und an einem solchen Beter wie Pater Rupert Mayer können wir erkennen, was geistige Kräfte vermögen – was also auch wir mit geistigen Kräften vermögen.

Beten wir darum für den Frieden im Nahen Osten und in der ganzen Welt, und lassen wir uns nicht irremachen von denen, die sagen, das Beten nütze nichts. Wer so redet,

hat wohl nie mit dem Beten Erfahrungen gemacht; vielleicht weiß er gar nicht, was Beten ist. Pater Rupert Mayer wusste, was Beten und was Kämpfen heißt. Auf Grund seiner Erfahrung sagte er einmal: Das Gebet ist unsere stärkste Waffe.
Beten wir darum für den Frieden in der Welt, und werden wir dabei nicht müde. Das Gebet für den Frieden ist ein Gebot der Stunde, damit die Welt vor der Geißel eines neuen Krieges verschont bleibe, damit Hass, Feindschaft und Terror überwunden werden und am Ende unseres Jahrhunderts endlich eine Ära dauerhaften Friedens anbreche.
Wie beschämend ist es für uns, in der tiefen Sorge um den Frieden erfahren zu müssen, dass der Irak auch mit deutscher Hilfe aufgerüstet hat; dass deutsche Firmen mitgeholfen haben, diese Diktatur so stark zu machen, dass sie sich in der Behandlung der Geiseln vor aller Welt das Schauspiel eines beispiellosen Zynismus leisten konnte. Wir Deutsche haben den letzten Krieg, der von unserem Land ausging, verloren. Wollen wir an einem Krieg, der in anderen Ländern geführt wird, gewinnen? Was soll ein Gewinn an Wirtschaftskraft und Geld, wenn er bezahlt wird mit dem Verlust des Lebens der im Krieg Getöteten, mit dem Verlust an Menschlichkeit, mit dem Verlust an Ehre? Hier gilt es umzudenken, hier müssen Maßnahmen getroffen werden, die solche Geschäfte unmöglich machen, auch um der Zukunft unseres Volkes willen. Denn wenn an der Spitze unserer Werteordnung der finanzielle Gewinn steht, dem alles andere rücksichtslos untergeordnet wird, dann werden wir unsere Seele und damit schließlich alles verlieren.

Werfen wir unseren Blick nochmals auf die Einheit Deutschlands. Die äußere, nämlich die politische und wirtschaftliche Einheit ist im abgelaufenen Jahr zügig hergestellt worden. Die innere Einheit dagegen muss noch wachsen. Und es wird seine Zeit brauchen, bis dieser Wachstumsprozess abgeschlossen ist. Das Ende eines Krieges bedeutet noch nicht Frieden. Der Friede muss erst wieder neu aufgebaut werden. Durch den Zusammenbruch einer Diktatur entsteht noch kein freier Staat. Der muss erst neu geschaffen werden.
Wir stehen aber nicht nur vor der Aufgabe, den Osten und den Westen unseres Vaterlandes zu einer inneren Einheit zusammenwachsen zu lassen. Wir stehen ebenso vor der Aufgabe, ein geeintes Europa aufzubauen. Auf welchem Fundament soll das deutsche Haus, auf welchem Fundament soll das europäische Haus stehen? Welcher Ordnung gehört ein solches Fundament an?
Die tragenden Fundamente für das geeinte Deutschland wie für das geeinte Europa liegen nicht allein und auch nicht in erster Linie im wirtschaftlichen Bereich. Zwar ist abzusehen, dass durch die Wiedervereinigung die Wirtschaft weiter wachsen und dass das geeinte Europa zur größten Wirtschaftsmacht der Welt werden wird. Eine florieren-

de Wirtschaft ist zu begrüßen. Denn sie bedeutet für Millionen Menschen Arbeit und Brot und schafft die Voraussetzung für die Linderung der Not in der Welt. Aber genügt das? Sicher nicht. Die Fundamente müssen tiefer reichen, sollen das deutsche wie das europäische Haus und damit unsere Zukunft Bestand haben. Václav Havel[6], der sich als scharfer Beobachter der gegenwärtigen Entwicklungen erwiesen hat, sagte im Jahre 1984, als ihm von der Universität Toulouse die Ehrendoktorwürde verliehen wurde: „Ich kann mich, kurz gesagt, des Eindrucks nicht erwehren, dass die westliche Kultur viel mehr als von den SS-20-Raketen von sich selbst bedroht ist." Und worin liegt die Bedrohung? Doch wohl darin, dass wir die geistigen und sittlichen Werte, die unser politisches, wirtschaftliches und kulturelles Leben tragen, nicht mehr ernst nehmen, so dass diese ihre tragende Kraft für uns zunehmend verlieren.
Wie es bei uns damit bestellt ist, sehen wir am besten am Umgang mit der Freiheit. Die Freiheit gehört wesenhaft zu unserem Menschsein, zur Würde der Person. Unfreiheit ist daher unmenschlich. „Zur Freiheit hat uns Christus befreit" (Gal 5, 1), schreibt der Apostel Paulus, um uns damit zu sagen, dass Christus durch sein Erlösungswerk die Würde unseres Menschseins wieder hergestellt hat. Die Mauern und Ketten sprengende Kraft der Freiheit haben wir bei der Wende im Osten erfahren. Wir alle sind dankbar, dass wir seit vier Jahrzehnten in einem freiheitlichen Staat leben dürfen. Es zeichnet unsere Verfassung aus, dass sie die Freiheit als fundamentales Grundrecht der Person anerkennt und schützt.
Der Schutz der Verfassung allein genügt jedoch nicht, damit Freiheit Freiheit bleibt. Wir selbst sind herausgefordert, die Freiheit so zu leben, dass sie ihren hohen Rang behält und nicht verdirbt. Dazu gehört entscheidend, dass wir Freiheit nicht damit verwechseln, nach Lust und Laune alles tun oder lassen zu können. Das ist keine Freiheit, sondern Haltlosigkeit und Missbrauch der Freiheit. Alle Freiheit hat ihre Grenze am Recht des andern; sonst wäre ein menschliches Zusammenleben nicht möglich. Die Freiheit ist darauf hingerichtet, dass wir ohne Zwang von außen, vielmehr aus eigenem Wollen heraus das Gute tun und das Böse nicht tun. Wenn jemand Böses tut, tut er dies zwar auch kraft seiner Freiheit, aber er missbraucht sie dabei; denn sie ist ihm dazu gegeben, sich selbst für das Gute und gegen das Böse zu entscheiden.
Der verantwortungsvolle Umgang mit der Freiheit ist jedem einzelnen von uns aufgegeben. Aber er ist auch eine Gemeinschaftsaufgabe, damit das Zusammenleben der vielen in einem Staat und überhaupt in einer Gemeinschaft gelingt. Das ist nur möglich, wenn Übereinstimmung herrscht, dass die eigene Freiheit dort ihre Grenze hat, wo die Freiheit und das Recht eines anderen verletzt werden.

Vorgänge des letzten Jahres zeigen uns, dass in dieser Beziehung in unserem Volk einiges nicht stimmt. So wurde bei den Diskussionen um den deutschen Einigungsvertrag unter dem Anspruch auf persönliche Freiheit und auf die Selbstbestimmung der Frau uneinsichtig gefordert, die Frau müsse über den Abbruch der Schwangerschaft, konkret gesagt über die Tötung des ungeborenen Kindes, entscheiden dürfen, als ob das ungeborene Kind kein Recht auf Leben hätte. Vom Recht des Kindes auf Leben war keine Rede. Unsere Gesellschaft hat in ihrem hochmütigen Fortschritts- und Machbarkeitsdenken offenbar einen blinden Fleck, der die unterscheidende Erkenntnis von Recht und Unrecht, ja von Gut und Böse, verhindert. Nur so ist es erklärlich, dass bis ins Parlament hinein politische Gruppen, von Teilen der Bevölkerung unterstützt oder unter Druck gesetzt, die Forderung erheben, der Staat solle die Tötung ungeborener Kinder unter Erstattung der Kosten freigeben. Wenn der Staat in Fällen, in denen eine Frau durch eine Schwangerschaft eine brauchbare Lebensperspektive zu verlieren meint, gesetzliche Hilfe dadurch leistet, dass die Schwangere ihr Kind töten lassen kann, dazu noch kostenlos, dann ist ein solches Gesetz zutiefst menschenverachtend – gerade auch gegenüber der Frau. Denn sie wird allein gelassen, belastet mit dem Gedanken, Hand an das eigene Kind gelegt zu haben. Sie wird allein gelassen, auch von denen, die ihr weisgemacht haben, die Tötung des Kindes sei Ausdruck freier Selbstbestimmung. Das ist nicht Freiheit, sondern deren Missbrauch, der zerstörerisch wirkt.

Zerstörerischer Geist ist auch am Werk, wenn einzelne Presseprodukte mit Emanzipationsradikalismus genüsslich über Geheimnisse unseres Glaubens herfallen, strotzend vor Unkenntnis, bar jeglicher Ehrfurcht vor dem Heiligen. Das ist nicht Freiheit, sondern deren Missbrauch. Dass solche Produkte bei vielen Lesern ankommen oder doch unbekümmert hingenommen werden, zeigt, auf welch niedrigem Niveau wir gelandet sind. Die sittliche Höhe einer Gesellschaft wird offenkundig an den Werten, die zu schützen sie bereit ist. Wer Heiliges in den Schmutz zieht, gibt damit zu erkennen, in welchem Schmutz er selbst lebt. Damit kein Missverständnis aufkommt: Wir sind ganz entschieden für die Pressefreiheit, aber ebenso entschieden gegen deren Missbrauch, weil er zerstört und daher nicht zu verantworten ist.

Die Freiheitsglocke zu läuten ist doch ohne Sinn, wenn jeder nur seine nach eigenem Geschmack gemodelte Freiheit meint und nicht an das Recht und die Freiheit der anderen denkt, auch an das Recht der Ungeborenen, Schwachen und Hilflosen.

In einer Zeit, in der wichtige historische Entscheidungen fallen und Weichen für die Zukunft unseres Volkes, ja des ganzen europäischen Kontinents gestellt werden, ist es dringlichste Aufgabe, die uns vorgegebenen, unverfügbaren Werte und Maßstäbe des

Sittlichen anzuerkennen und zu beachten. Nicht wir entscheiden, was gut und böse ist; Gut und Böse sind uns unverfügbar vorgegeben. Gott selbst ist der Urheber der unantastbaren Würde der Person, der unveräußerlichen Menschenrechte und des Sittengesetzes. Über diese Ordnung haben wir nicht zu befinden. Uns aber ist die Freiheit gegeben, dass wir auf dieser Ordnung als dem tragenden Fundament in freier Selbstbestimmung unser Leben und damit die Zukunft unseres Volkes und Europas aufbauen.
Der russische Philosoph und Dichter Wladimir Solowjew[7] schrieb: „An das Gute nicht glauben, ist sittlicher Tod. An sich selbst als den Quell des Guten glauben, ist Wahnsinn. An den göttlichen Quell des Guten glauben und zu ihm zu beten, indem man ihm den eigenen Willen in allem hingibt, ist wahre Weisheit und der Anfang der sittlichen Vollkommenheit." Wir haben die Freiheit zu wählen zwischen Tod, Wahnsinn und Weisheit. Ich denke, wir alle wissen, was wir wählen, sicher nicht den sittlichen Tod noch den Wahnsinn.

Richten wir unsere Aufmerksamkeit schließlich noch auf eine Entwicklung, die für die Gestaltung unserer Zukunft ebenfalls höchst bedeutsam ist. Wir hören seit einiger Zeit immer wieder vom Pflegenotstand in Krankenhäusern und vom Mangel an sozialen Berufen. Damit stellt sich uns die Frage, welchen Wert das Dienen in unserem Verständnis hat. Dass das Verdienen einen hohen Stellenwert besitzt, ist bekannt. Wie aber steht es um den Wert des Dienens? Davon hängt ja viel für das Gelingen unseres Lebens ab. Denn nicht durch Verdienen, sondern durch Dienen werden wir reich an Menschlichkeit und Lebensglück. Ein Journalist beobachtete einmal einen Tag lang den oft Ekel erregenden Dienst der Mutter Teresa[8]. Am Abend sagte er tief beeindruckt: „Das könnte ich nicht für eine Million Dollar tun." Worauf Mutter Teresa nur antwortete: „Ich auch nicht."
Gewiss muss etwas getan werden, dass der Mangel an sozialen Berufen behoben wird. Aber noch wichtiger ist es, für den hohen Rang des Dienens nicht blind zu werden. Denn davon leben wir. Was verdanken wir doch alles den vielen, vielen Menschen, die still und unauffällig Tag für Tag uns und anderen dienen: den Frauen und Müttern, die ihren Familien durch stilles, kaum beachtetes Dienen Geborgenheit und ein Zuhause schenken und so zu einer Quelle der Freude und Kraft werden; den Eltern, die ihre Kinder gewissenhaft erziehen, sie Wahrhaftigkeit, Fleiß, Güte, Hilfsbereitschaft und das Beten lehren und es ihnen vorleben; die mit ihren heranwachsenden Jugendlichen über Lebensfragen sprechen und ihnen Orientierung geben; den Familien, die sich um ihre Alten und Kranken kümmern und sie pflegen; der weitaus größte Teil der alten Men-

schen – es sollen 90 % sein – wird zuhause von den Angehörigen versorgt und gepflegt; all den unzähligen Menschen, die tagtäglich ohne Aufhebens in ihrem Beruf anderen dienen; denen, die für die öffentliche Ordnung und Sicherheit sorgen, damit wir in Frieden und Freiheit leben können; denen, die sich darum kümmern, dass wir etwas zu Essen, zum Anziehen und Wohnen haben; denen, die sich um die Kranken, Behinderten, Armen und Obdachlosen kümmern; denen, die verzeihen und Frieden stiften im Großen wie im Kleinen; den vielen stillen Betern, die täglich die Not der Menschen fürbittend vor Gott tragen und dadurch ein Segen für die ganze Welt sind. Es ist unmöglich, auch nur annähernd alle zu nennen, denen wir es verdanken, menschlich gut leben zu können. Welch ein Kapital an Menschlichkeit ist in unserem Land vorhanden! Das ist nicht messbar oder zählbar, aber spürbar, beglückend spürbar. Die Sensation des Guten wäre eine Schlagzeile wert, die mehr bedeutet als die Schlagzeilen eines ganzen Jahres. Danken wir am Ende dieses Jahres doch all denen, die uns dienen. Denn nicht von den Schreiern leben wir, sondern von den still Dienenden. „Die leisen Kräfte sind es, die das Leben tragen" (Romano Guardini). Auf sie kommt es an. Die stillen, treu Dienenden benützen auch ihre Freiheit richtig, indem sie Gutes tun und dadurch selbst gut sind und es immer mehr werden.

Die Freiheit ist uns allen gegeben als Freiheit zum Guten. Unsere Zukunft, auch das neue Jahr, hängt nicht vom Horoskop ab, sondern davon, dass wir unsere Freiheit zu Gutem gebrauchen und nicht zum Bösen missbrauchen. Indem wir uns frei für das Gute entscheiden, für das, was recht ist, für die Wahrheit, für die Liebe, für das Dienen, für das Verzeihen, für den Frieden, ergreifen wir die gute Hand unseres Gottes, der uns machtvoll, in väterlich liebender Sorge in die Zukunft führt. An seiner Hand schreiten wir ins neue Jahr in gläubiger Zuversicht, wie es am Ende des Te Deum heißt: „Non confundar in aeternum. In Ewigkeit werde ich nicht zuschanden!"

Amen.

1 Der Weg zur deutschen Einheit fand sein Ende am 3. Oktober 1990. Um Mitternacht hörte die DDR auf zu existieren und wurde Teil der Bundesrepublik Deutschland.

2 Am 2. August 1990 drangen irakische Truppen in Kuwait ein und besetzten das Land. Da der Konflikt nicht durch Verhandlungen gelöst werden konnte, griffen die Vereinigten Staaten und ihre Verbündeten den Irak am 16. Januar 1991 an und zwangen die irakischen Soldaten zum

Rückzug aus Kuwait. Am 12. April 1991 trat der Waffenstillstand zwischen dem Irak und den Koalitionsstreitkräften in Kraft.

3 Adolf Hitler (1889-1945).

4 Saddam Hussein (1937-2006), Staatspräsident des Irak.

5 P. Rupert Mayer SJ (1876-1945), deutscher Jesuit, Seliger.

6 Václav Havel (geb. 1936), tschechischer Schriftsteller und Politiker.

7 Wladimir Solowjew (1853-1900), russischer Religionsphilosoph und Dichter.

8 Mutter Teresa (1910-1997), Gründerin des Ordens „Missionarinnen der Nächstenliebe", Selige.

Silvesterpredigt 1991

Kurs in die Zukunft

Plädoyer für eine menschenwürdige Gesellschaft

Brüder und Schwestern im Herrn!

Wenn ein Schiff auf hoher See fährt, muss man immer wieder prüfen, ob der Kurs noch stimmt. Gegebenenfalls muss der Kurs korrigiert werden, damit das Schiff nicht an Klippen zerschellt, sondern wohlbehalten den Zielhafen erreicht. Wir alle sitzen im Schiff und befinden uns auf hoher See, auf dem Meer der Geschichte. Da gibt es ruhige Zeiten, aber auch Wogen und Stürme. Wir durchfahren in diesen Jahren stürmische Strecken, in denen die Wogen hochgehen. Wir haben daher allen Grund zu schauen, ob der Kurs noch stimmt. Die Jahreswende lädt uns zu dieser Besinnung ein. Wir überprüfen unseren Kurs in die Zukunft, indem wir rückblickend einige Ereignisse des zu Ende gehenden Jahres bedenken.

In der letzten Woche haben wir erlebt, wie das mächtige Schiff, das den Namen Sowjetunion trug, gestrandet und zerschellt ist.[1] Bis vor wenigen Jahren war die Sowjetunion noch eine Großmacht, die Angst einjagte. Vor einigen Tagen fiel sie auseinander, und heute existiert sie nicht mehr. Nicht von außen wurde sie zerstört, sie ist von selber auseinander gefallen. Wie kam das? Sie hatten doch Erfolge aufzuweisen, zum Beispiel eine wirksame Alphabetisierungskampagne und die Elektrifizierung des Riesenreiches. Sie haben den Wettlauf mit dem technischen Fortschritt aufgenommen. Die Sowjetunion hat den ersten Sputnik in die Erdumlaufbahn geschossen.[2] Der erste Mensch im All war ein Sowjetrusse.[3] Und doch ist der rote Stern wie eine Sternschnuppe verglüht und der einstige Machtkoloss UdSSR einfach auseinander gefallen und im Meer der Geschichte untergegangen. Warum?
Dieser Staat hatte ein falsches Ziel. Er peilte ein irdisches Paradies an, das es gar nicht gibt und nie geben wird. Es gibt Wohlstand auf Erden, aber kein Paradies. Wer auf ein Ziel zusteuert, das es gar nicht gibt, braucht sich nicht zu wundern, wenn er ins Schlingern gerät, seine Fahrt zur Irrfahrt wird, sein Schiff an Klippen stößt, auseinander bricht und untergeht. Die Hoffnung des Sowjetstaates ging ins Leere. Alle, die ihre Hoffnung auf

die vom Staat verordnete kommunistische Ideologie gesetzt hatten, wurden getäuscht und sind jetzt enttäuscht. Von den großen Versprechungen blieben leere Regale in den Geschäften und eine große Not.
Auf welches Ziel steuern wir zu? Wir wollen auch ins Paradies und glücklich werden. Pascal[4] sagt: „Der Mensch ist für die Freude geboren." Wir alle suchen die Freude und das Glück. Aber wo suchen wir die Freude, wo finden wir das Glück?
Das Leben bietet uns immer wieder Freuden und glückliche Stunden. Auch im vergangenen Jahr wurden uns solche Stunden zuteil. Wir durften am Wohlstand teilhaben, der in unserem Land herrscht. Dankbar schauen wir darauf zurück. So schön die Freuden waren, die uns zuteil wurden, das Paradies ist das noch nicht. Ingeborg Bachmann[5] sagt: „In allem ist etwas zu wenig." Damit sollen die Freuden des täglichen Lebens nicht mies gemacht werden. Sie gehören zu unserem Leben. Darum nehmen wir sie dankbar an. Aber das Glück, das wir suchen, sind sie nicht. In allem ist etwas zu wenig.
Die endgültige Sättigung unserer Sehnsucht nach Glück finden wir nicht in vergänglichen Genüssen. Unser Lebensdurst wird nur in Gott gestillt. Die Größe des Menschen, sein Adel liegt darin, dass er Gottes bedarf. Nicht in den Freuden dieser Welt, nur in Gott finden wir das vollkommene Glück, nach dem wir alle hungern und dürsten. Das Paradies, das all unsere Sehnsucht stillt, ist Gott selbst.
Soll der Kurs unseres Lebens stimmen, dann müssen wir Gott als Lebensziel anstreben. Ihn zu besitzen, bedeutet vollendetes Glück. Aber man kann Gottes nicht habhaft werden, wie man sich einer Sache bemächtigt. Gott ist keine Sache, er ist Person. Wie wird denn ein Mensch unser eigen? Indem wir uns ihm übereignen. In der Ehe gehört der Mann seiner Frau, weil die Frau ihm gehört, und umgekehrt gehört die Frau ihrem Mann, weil er ihr gehört. Indem sie sich einander schenken, gehört der eine dem andern. So ist das auch mit Gott und uns Menschen. Wir bewegen uns auf das vollkommene Glück, auf das Paradies zu, indem wir auf ihn hin leben und uns ihm übereignen.
Es ist unsere christliche Hoffnung, in Gott die Erfüllung all unserer Sehnsucht zu finden. Diese Hoffnung sollten wir allen Menschen mitteilen, indem wir sie glaubhaft vorleben. Wir schulden der Welt dieses Zeugnis unserer Hoffnung. Wäre das 70 Jahre währende Experiment des Kommunismus möglich gewesen, wenn wir Christen glaubhaft unsere Hoffnung gelebt hätten? Diese Frage können wir wohl schwer beantworten, aber trotzdem sollte man über sie nachdenken.

Die Frage nach dem rechten Weg in die Zukunft stellt sich uns nicht nur angesichts des Zusammenbruchs der Sowjetunion. Sie stellt sich uns auch im Hinblick auf das geeinte

Deutschland und das zu einende Europa. Im verflossenen Jahr und in den vorangegangenen Jahren wurden entscheidende Schritte auf das vereinte Europa hin getan. Schauen wir zurück auf das zu Ende gehende Jahrhundert deutscher und europäischer Geschichte. Unser 20. Jahrhundert ist gekennzeichnet von einem großartigen technischen Fortschritt. Noch in keinem Jahrhundert zuvor hat die Technik solche Fortschritte erzielt wie in dem unseren. Darauf dürfen wir stolz sein. Dieser Fortschritt wird für uns greifbar im Wohlstand. Besonders wir Deutsche sind dessen Nutznießer. Werden wir doch als Weltmeister des Wohlstandes eingestuft.

Entspricht dem Fortschritt der Technik in unserem Jahrhundert auch der Fortschritt in der Menschlichkeit? Noch in keinem Jahrhundert hat Europa so blutige Kriege erlebt wie in unserem. Noch nie sind so viele Menschen in Kriegen und Lagern umgekommen, noch nie sind so viele eingekerkert, verbannt, gemartert und gemordet worden wie im 20. Jahrhundert. Schauen wir nur auf den jüngsten, den serbo-kroatischen Krieg.[6] Niemand hätte gedacht, dass ein derart unmenschlicher Krieg im heutigen Europa noch möglich wäre. Der Golfkrieg im Frühjahr ist ohnehin schon längst wieder vergessen.[7] Und dabei wird immer noch weltweit kräftig mit dem Feuer des Krieges gespielt. Nach dem Bericht der Weltbank werden jährlich immer noch mehr als tausend Milliarden Dollar für Rüstung ausgegeben, während Millionen hungern und verhungern. So stolz wir auf den Fortschritt der Technik sein dürfen, so kleinlaut werden wir, wenn wir auf den Fortschritt in der Menschlichkeit angesprochen werden. Muss man nicht angesichts der ungeheuerlichen Menschenverachtung in unserem Jahrhundert von einem Rückschritt in der Menschlichkeit sprechen?

Die Frage drängt sich auf: Was ist der Mensch? Was ist der Mensch wert? Was darf ich mit ihm machen? Die Forderung nach wenigstens befristeter Freigabe der Abtreibung bis hin zum Rechtsanspruch auf Tötung des ungeborenen Kindes wie die beginnende Debatte um Zulassung der Euthanasie in Deutschland und anderen europäischen Ländern zeigen, dass für viele die unantastbare Würde des Menschen nicht mehr klar und unumstritten ist. Die Anerkennung der Würde des Menschen und der Rechte des Menschen sowie die gelebte Menschlichkeit weisen den Weg in eine lebenswerte Zukunft. Dabei geht es nicht nur um Recht oder Unrecht wie im Falle der Tötung eines Menschen, es geht noch viel umfassender um das richtig gelebte Menschsein.

Wir hören von Flüchtlingsströmen in der Welt. In Kroatien sind über eine halbe Million auf der Flucht. Sie fliehen, weil sie es zu Hause nicht mehr aushalten können. Bei uns gibt es noch viel mehr Flüchtlinge, Menschen, die es bei sich nicht mehr aushalten und vor sich selbst fliehen. 2000 Drogentote gab es in diesem Jahr in Deutschland. Das ist nur die Spitze eines Eisberges ; darunter verbirgt sich ein Heer von Fixern und von Drogenabhängigen. Hinzu kommt die Schar der Alkoholsüchtigen, selbstgemachte Hektik, Raserei auf der Autobahn. Das sind nur einige Formen heutiger Flucht vor sich selbst. Diese Menschen suchen Freiheit, indem sie vor sich selbst fliehen. Dieser Weg führt nicht in die Freiheit, sondern in die Irre, in Fesseln. Wie fest solche Fesseln einen Menschen anketten, sehen wir daran, welcher Anstrengung es bedarf, auch nur einen Alkoholabhängigen oder einen Drogenabhängigen von seiner Sucht zu befreien.

Zur Freiheit kommt der Mensch nicht, indem er sich selbst zu entfliehen sucht, sondern indem er zu sich ja sagt; das heißt, zu seinen Grenzen und zugleich zu seiner Offenheit auf den unendlichen Gott hin ja sagt. Im horizontalen Bereich stoßen wir überall an Grenzen; unser Leben ist zeitlich auf eine bestimmte Anzahl von Jahren begrenzt; es hat seine räumliche Grenze, wir können nur an einem Ort leben. Unser Wissen wie unser Können haben ihre Grenze. Wir wissen vieles nicht und können vieles nicht. Aber die Vertikale unseres Menschseins kennt keine Grenze; unsere Sehnsucht geht ins Unendliche, nach oben, zu Gott, wo wir die Erfüllung finden.

Die Antwort auf die Frage nach dem Menschen muss beides umfassen: seine horizontale Begrenztheit in dieser Welt und seine vertikale Offenheit auf den unendlichen Gott hin. Beides ist notwendig, damit das Menschsein gelingt. Der Kommunismus hat uns in diesem Jahrhundert einen erschütternden Beweis dafür geliefert, was aus dem Menschen wird, wenn man Gott und damit die Offenheit des Menschen auf Gott hin leugnet. Nicht der neue Mensch, den man prahlend verkündete, war die Folge, sondern Unmenschlichkeit, die sich in Unterdrückung, massenhafter Verelendung und Millionen Gefolterter und Ermordeter ausgewirkt hat.

Hier haben wir ein Paradebeispiel, das uns zeigt, wohin ein Kurs ohne Gott den Menschen führt: in die Unmenschlichkeit. Obwohl das Experiment eines Menschseins ohne Gott im kommunistischen Osten Europas für alle offenkundig so katastrophal gescheitert ist, gibt es bei uns Versuche, den Hinweis auf unsere Verantwortung vor Gott aus der Verfassung zu streichen, ein Zeichen für das Bestreben, Gott aus dem Leben der Gemeinschaft unseres Volkes immer mehr zurückzudrängen. Hier gilt es, auf der Hut zu sein. Denn ein Leben ohne Gott führt mit und ohne Kommunismus in die Unmenschlichkeit. Ohne Gott verliert der Mensch sich selbst. Ob wir in der Menschlichkeit voranschreiten und damit den richtigen Kurs ins neue Jahr nehmen, hängt entscheidend daran, dass wir Gott ernst nehmen und auf ihn hin unser Leben ausrichten. Das gilt für den Einzelnen wie für die menschliche Gemeinschaft, auch für die Gemeinschaft unseres geeinten Vaterlandes, auch für die Völker im zu einenden Europa.

Am 12. Oktober 1492 hat Christoph Columbus[8] als erster Europäer den Boden der neuen Welt betreten, ein Ereignis, das eine neue Epoche der Weltgeschichte eingeläutet hat. Es werden also demnächst 500 Jahre seit der Entdeckung Amerikas verflossen sein. Eine Besinnung auf dieses Ereignis ist ebenfalls hilfreich, ja notwendig, um den richtigen Kurs in die Zukunft zu bestimmen.

Die Eroberung des neuen Kontinents vollzog sich in beschämender Weise. Die vom Goldrausch besessenen Spanier meinten auch noch, mit ihrem Machtanspruch und ihrer Menschenverachtung die Evangelisierung der Eingeborenen verbinden zu können. So mancher wird im kommenden Jahr dafür über die Kirche herfallen und sie verurteilen. Es ist nicht zu bestreiten, dass die Eroberer, die sich Christen nannten, durch unbeschreibliche Grausamkeit und Ungerechtigkeit den christlichen Namen besudelt haben. Man darf aber nicht übersehen, dass es gerade Männer der Kirche waren, die sich als erste und mit aller Entschiedenheit für die Menschenwürde und eine gerechte Behandlung der Indianer eingesetzt haben. Der bekannteste von ihnen ist Bartholomäus de las Casas[9], der zuerst als Eroberer nach Amerika kam, in den Dominikanerorden eintrat, die Priesterweihe empfing und schließlich Bischof einer Diözese der neuen Welt wurde. Erst vor kurzem wurden im Vatikanischen Archiv Dokumente entdeckt, die bezeugen, dass die Päpste jener Zeit sich mit allem Nachdruck für die Rechte der Indianer einsetzten und von Kaiser Karl V.[10] eine menschenwürdige Behandlung für sie forderten.

Wir Europäer haben an den Menschen in Lateinamerika viel gutzumachen. Es waren Europäer, die damals unzählige Indianer umgebracht und ihre Kultur zerstört haben. In der Folgezeit haben die Industriestaaten dann die Menschen in diesem Subkontinent auch noch abhängig gehalten bis auf den heutigen Tag. Das Unrecht und die Abhängigkeit zeigen sich anschaulich an den Rohstoffpreisen. Vor wenigen Tagen las ich folgendes Beispiel: Als wir vor Jahren eine Tasse Kaffee noch für eine Mark erhielten, gingen davon zwei Pfennige an den Erzeuger. Als die Tasse zwei Mark kostete, erhielt der Erzeuger nur noch einen Pfennig. Dieses Beispiel zeigt uns, dass wir mit jeder Tasse Kaffee Nutznießer dieser Ungerechtigkeit sind. Wir haben also Unrecht wiedergutzumachen. Unsere Hilfe für Lateinamerika ist kein Almosen, sondern Wiedergutmachung. Auch das ist nötig, damit der Kurs in die Zukunft stimmt.

Nicht nur in Lateinamerika gibt es Not. Sie herrscht auch in vielen anderen Ländern. Menschen, die es zuhause nicht mehr aushalten, kommen in steigender Anzahl zu uns und bitten um Asyl. Für die Politik ist es wahrlich keine leichte Aufgabe, mit diesem Problem fertig zu werden. Gesetzesänderungen allein werden dabei nicht ausreichen. Das eigentliche Problem ist die wirtschaftliche Not in vielen Ländern, die eine Armutswande-

rung in Gang gesetzt hat. Wenn wir den Menschen in ihrer Heimat eine Zukunft geben, helfen wir damit auch, das Asylantenproblem in unserem Land zu lösen.
Zu den Bildern des Jahres gehört nicht zufällig auch das, was sich in den Häfen von Brindisi und Bari abspielte. Tausende Albaner kamen in überfüllten Schiffen und suchten Asyl in Italien. Sie ließen sich durch nichts zurückhalten, sprangen ins Wasser und schwammen an Land. Unglaubliche Zustände herrschten am Hafen und im Stadion von Bari. Wer sagt uns denn, dass solches nicht auch bei uns geschehen könnte, und zwar in ganz anderen Größenordnungen, dass sie nicht zu Tausenden oder Zehntausenden, sondern zu Hunderttausenden oder Millionen kommen. Wenn Menschen Hunger haben und wissen, wo es etwas gibt, sind sie nicht mehr zu halten. Sie holen es sich einfach. Es gab schon einmal eine Völkerwanderung, in der ganze Völkerschaften durch unseren Kontinent zogen und sich holten, wo es etwas zu holen gab. Wer sagt uns denn, heute sei so etwas nicht mehr möglich?
Wenn wir an unsere Zukunft denken, dürfen wir die Zukunft der armen Völker in der Dritten Welt und im Osten nicht ausblenden. Unsere Zukunft ist mit deren Zukunft unlösbar verkettet. Ihnen aus ihrer Armut herauszuhelfen, ist nicht nur ein Gebot der christlichen Nächstenliebe; auch nicht nur wie bei Lateinamerika ein Stück Wiedergutmachung; es ist nicht minder auch Vorsorge für unsere eigene Zukunft. Die verschiedenen Teile der Welt sind so zusammengewachsen, dass wir alle in einem Boot sitzen. Wir wollen doch, dass dieses eine Boot nicht vom rechten Kurs abirrt und schließlich an einer Klippe zerschellt, sondern einer guten Zukunft entgegenfahrt. Ich missgönne niemandem seine Freude an einem Knallkörper. Aber muss es denn sein, dass laut gestrigen Nachrichten in dieser Silvesternacht in Deutschland für 140 Millionen DM Leuchtkörper und Knaller in die Luft gejagt werden? Ginge uns etwas ab, wenn für diese Summe hungernde Menschen gespeist würden? Wenn wir, auf unser persönliches Lebensglück versessen, unsere Augen vor den großen Aufgaben verschließen, sind wir auf dem falschen Weg. Weiten wir darum unseren Blick und unser Herz auf die ganze Welt und auf die ganze Menschheit hin. Auch wenn wir von unserem Wohlstand etwas hergeben müssen, Not leiden wir deswegen noch lange nicht.

„In allem ist etwas zu wenig." Dieses Wort der Dichterin Ingeborg Bachmann ist ein Wort der Hoffnung. Indem es uns sagt, dass nichts Geschaffenes uns die letzte Erfüllung geben kann, lenkt es unseren Blick nach oben, zu dem, in dem allein sich unser Menschsein vollendet. Indem wir an die Grenzen alles Irdischen stoßen, werden wir aufgerichtet zu Gott, der uns mit dem Schönsten erfüllen will, was es gibt: mit seiner Liebe, mit sich selbst.

Große Aufgaben stehen vor uns. Wir haben sie nüchtern betrachtet. Sie sind uns kein Anlass zum Klagen. Sie fordern uns vielmehr heraus. Und das ist gut so. Denn wer herausgefordert ist, wird gebraucht. Wir alle werden gebraucht. Von Dostojewski[11] stammt das Wort: „Alle sind an allem schuld." Damit will er sagen, dass der einzelne mit allen Menschen verflochten ist und das Ganze unserer Welt mitgestaltet und mitverantwortet. Was der russische Dichter negativ formuliert, kann man auch positiv ausdrücken: Alle sind imstande, alles zu verbessern. Zu ihnen gehören auch wir.

Wenn die Herausforderungen der Zukunft auch groß sind, wir dürfen das neue Jahr mit neuer Zuversicht beginnen. Den Grund unserer Zuversicht haben wir erst vor wenigen Tagen an Weihnachten gefeiert. Wir sind auf der Fahrt durch das Meer der Zeit nicht allein. Gottes Sohn ist bei uns. Mit seiner Geburt ist er in unsere Geschichte eingetreten und geht nun unseren Weg mit uns als Immanuel, der Gott mit uns. Jesus ist bei uns im Schiff, in unserem persönlichen Lebensschifflein, im Schiff der Kirche, im Schiff der ganzen Menschheit. Weil er bei uns ist, werfen wir alle Verzagtheit und Zukunftsangst über Bord. Weil er bei uns ist, stellen wir die Segel unseres Lebensschiffes voll in den unendlichen Wind des göttlichen Geistes. Dann werden wir spüren, zu welcher Fahrt wir fähig sind, zur Fahrt in die Fülle des Lebens mit Gott.

Diese Zuversicht wünsche ich Ihnen allen zum neuen Jahr des Heils 1992.

Amen.

1 Am 21. Dezember 1991 beschlossen Politiker von elf Teilrepubliken auf einem Gipfeltreffen in Alma-Ata die Auflösung der Sowjetunion und die Gründung der Gemeinschaft unabhängiger Staaten (GUS). Michail Gorbatschow, der Staatspräsident der ehemaligen Sowjetunion, trat am 25. Dezember von seinem Amt zurück.

2 Am 4. Oktober 1957 schoss die Sowjetunion den ersten künstlichen Satelliten auf eine Erdumlaufbahn.

3 Als erster Mensch absolvierte der sowjetische Kosmonaut Juri Gagarin am 12. April 1961 einen Weltraumflug.

4 Blaise Pascal (1623-1662), französischer Mathematiker und Philosoph.

5 Ingeborg Bachmann (1926-1973), österreichische Schriftstellerin.

6 Im März 1991 begannen die militärischen Auseinandersetzungen zwischen Serben und Kroaten, die erst 1995 ihr Ende finden sollten.

7 Am 2. August 1990 waren irakische Truppen in Kuwait eingedrungen und hatten das Land besetzt. Da der Konflikt nicht durch Verhandlungen gelöst werden konnte, griffen die Vereinigten Staaten und ihre Verbündeten den Irak am 16. Januar 1991 an und zwangen die irakischen Soldaten zum Rückzug aus Kuwait. Am 12. April 1991 trat der Waffenstillstand zwischen dem Irak und den Koalitionsstreitkräften in Kraft.

8 Christoph Columbus (1451 [?]-1506), genuesischer Seefahrer in spanischen Diensten.

9 Bartholomäus de las Casas (1474-1566), spanischer Dominikaner.

10 Karl V. (1500-1558), Kaiser des Heiligen Römischen Reiches deutscher Nation (1519-1556).

11 Fjodor Dostojewski (1821-1881), russischer Schriftsteller.

Silvesterpredigt 1992

Zeitbeben

Standpunkte für eine Orientierung

Brüder und Schwestern im Herrn!

Schon wieder geht ein Jahr zu Ende, ein Jahr mit mancherlei Erschütterungen. Es hat gebebt, und es bebt noch.
Was in Bosnien-Herzegowina und in Somalia geschah und noch geschieht, ist doch erschütternd.[1] Wie ein feuriger Lavastrom beim Ausbruch eines Vulkans ergießt sich dort ein Strom des Hasses, der Vergewaltigung, des Quälens und Mordens über wehrlose Menschen. Hier zeigt sich, wie unmenschlich der Mensch sein kann.
Die Not dort hat uns nicht gleichgültig gelassen. Wir haben Flüchtlinge bei uns aufgenommen. Kurz vor Weihnachten sagte eine Mutter, die mit ihrem Kind aus Sarajewo geflohen war, zu mir: Ich danke Gott, dass wir heil aus Sarajewo herausgekommen sind, und den Deutschen, weil sie uns gut aufgenommen haben. Wir haben Hilfsgüter in die Notstandsgebiete gesandt, um die Not zu lindern und den Bedrängten Hoffnung zu schenken. Dass die deutschen Katholiken ein Herz für die Not in der Welt haben, wurde wieder sichtbar bei der Sonderkollekte für Bosnien-Herzegowina und Somalia im September, bei der 28 Millionen DM gespendet wurden. Allein aus unserem Erzbistum waren es über zwei Millionen. Ich danke allen, die zu diesem stattlichen Ergebnis beigetragen haben, von Herzen.
So notwendig diese Hilfen sind, das Elend ist damit nicht abgestellt. Den Kriegstreibern und Banditen muss das Handwerk gelegt werden. In Somalia hat nun nach Jahren endlich die Völkergemeinschaft eingegriffen. Humanitäre Einmischung nennt man das. Wie notwendig das war, sieht man daran, dass Panzer rollen mussten, um das Brot zu den verhungernden Menschen zu bringen. Damit ist wenigstens ein Anfang gemacht.
Trostlos sieht es in Bosnien-Herzegowina aus, trostlos auch bei der europäischen Völkergemeinschaft und bei der UNO. In ihrer Unentschlossenheit haben sie ihre Hilflosigkeit vor aller Welt demonstriert und damit den Kriegstreibern Mut gemacht. Die europäischen Völker sind auf dem Weg zum geeinten Europa. Mit diesem Jahreswechsel vollziehen sie im wirtschaftlichen Bereich einen neuen Schritt auf dieses Ziel hin. Aber ihre

geistige Kraft ist so schwach, dass sie unfähig sind, der entsetzlichen Unmenschlichkeit vor ihrer Tür auf dem eigenen Kontinent zu wehren. Wir haben unsere Erfahrungen mit der deutschen Wiedervereinigung gemacht und sehen nun, wie sehr wir uns verkalkuliert haben. Die Umarmungen von Ossis und Wessis nach dem Fall der Mauer waren nur ein Moment dieses Vorgangs. Heute wissen wir, dass die Wiedervereinigung Riesensummen erfordert und dass es menschliche Probleme zu verarbeiten gilt. Und das kostet große Anstrengungen.

Und wie wird das bei der europäischen Einigung sein? Niemand kann heute sagen, was die Einheit Europas an wirtschaftlichen und menschlichen Opfern verlangen wird. Umsonst ist sie bestimmt nicht zu haben. Und doch ist sie notwendig, unausweichlich notwendig, damit Kriege, wie wir sie in Ex-Jugoslawien erlebt haben und erleben, in diesem Europa ein für allemal unmöglich werden. Die Erfahrung der Hilflosigkeit der Völkergemeinschaft gehört auch zu den Beben des vergangenen Jahres, die uns erschüttern.

Bosnien-Herzegowina und Somalia sind nur zwei Brandherde der Unmenschlichkeit auf unserer Erde. Es gibt noch viele andere. Ich möchte nur noch einen nennen, weil er seit Jahren verschwiegen wird. Das ist der Sudan.[2] Auch dort werden Menschen gewaltsam vertrieben. Es gibt Hunderttausende Flüchtlinge im Süden des Landes. Humanitäre Hilfsmaßnahmen werden verhindert. Den Christen werden Kirchen und Schulen gewaltsam geschlossen, Priester und Laien werden willkürlich verhaftet, Missionare ausgewiesen. Auf die Jugend wird Druck ausgeübt, um sie zu zwingen, ihre Religion aufzugeben. Fundamentale Menschenrechte werden mit Füßen getreten. Im Februar will der Papst[3] bei seiner bevorstehenden Afrikareise im Sudan Station machen, um den Verfolgten und Unterdrückten zu helfen.[4]

An verschiedenen Orten der Welt hat es gebebt, dass die Erschütterungen bis zu uns gelangt sind. Es hat aber auch bei uns gebebt. Obwohl diese Beben geringere Stoßkraft hatten als die genannten in der Ferne, haben sie doch die Menschen in unserem Land mehr erschüttert und aufgeschreckt. Die Beben bei uns tragen Namen wie Rostock, Hoyerswerda, Mölln.[5] Sie äußern sich in Antisemitismus, Ausländerfeindlichkeit, Rechtsradikalismus.

Auch darauf haben wir reagiert. Besonders eindrucksvoll geschah dies am zweiten Advent in unserer Stadt.[6] München leuchtete. Es waren Lichter des Friedens, der Versöhnung, der Menschlichkeit. Diese Lichter haben den hasserfüllten Randalierern heimgeleuchtet und ihnen gezeigt, dass sie Außenseiter unserer Gesellschaft sind. Im Schein der Kerzen konnte an jenem Abend alle Welt sehen: Wir stehen zur Würde des Menschen und sind nicht bereit, sie mit Füßen treten zu lassen. Das leuchtende München vom zweiten Advent hat inzwischen in fast allen deutschen Großstädten Nachahmung gefunden. Daran sollen unsere jüdischen Mitbürger wie die Ausländer in unserem Lande erkennen: Wir respektieren ihre Menschenwürde. Sie können Vertrauen in uns haben; denn die überwältigende Mehrheit unseres Volkes ist nicht von Antisemitismus noch von Ausländerhass befallen. Sie sollen in Frieden, frei von Ängsten, bei uns leben können.

Dazu beizutragen sind wir Christen in besonderer Weise verpflichtet. War doch Jesus ein Sohn des jüdischen Volkes; Maria, seine Mutter, war Jüdin; die Apostel gehörten alle dem jüdischen Volk an. Wir Christen haben also allen Anlass, über das Maß des normalen bürgerlichen Zusammenlebens hinaus uns mit den Angehörigen des jüdischen Volkes verbunden zu wissen. Und wenn wir Fremden und Ausländern begegnen, wissen wir von Jesus, dass er selbst uns in ihnen begegnet. „Was ihr für einen meiner geringsten Brüder getan habt, das habt ihr mir getan" (Mt 25,40). Anständiges Verhalten gegen jüdische Mitbürger und Ausländer heißt nicht, dass wir damit unsere nationale Identität preisgeben müssten, wie das manche befürchten.

Offenbart die Tatsache, dass an vielen Orten Randalierer aufgetreten sind und ihr Unwesen tagelang fortsetzen konnten, nicht eine Schwäche unseres Staates? Diese Schwäche hat etwas zu tun mit Staatsverdrossenheit, mit Politikverdrossenheit – Wörter, die in letzter Zeit zu Schlagwörtern wurden und Schlaglichter auf unsere Einstellung zum Staat werfen. Sind wir nicht mehr bereit, unseren Staat mitzugestalten? Die immer größer gewordene Partei der Nichtwähler zeigt das deutlich. Wir alle müssen uns fragen, wie weit der Begriff des Gemeinwohls noch bei uns lebendig ist. Wenn uns das Bewusstsein unserer Verantwortung für das Gemeinwohl abhanden kommt, ist kein Gemeinwesen mehr zu regieren, keine Stadt, kein Land und kein Staat. Aufgabe des Staates ist es, für das Gemeinwohl zu sorgen. Aber dazu muss jeder beitragen. Man kann nicht nur fordern. Wenn wir unseren Staat nur noch als Selbstbedienungsladen ansehen, bei dem sich jeder holen kann, was er will, schwächen, ja ruinieren wir ihn. Gleiches gilt für das Land und die Kommunen. Das betrifft nicht nur den finanziellen und wirtschaftlichen Bereich, sondern auch den ideellen Bereich wie das hohe Gut der demokratischen Freiheit. Die demokratischen Freiheiten, die uns in unserem Staatswesen garantiert sind, dürfen wir nicht ausfransen lassen und sie schließlich so missbrauchen, wie das bei den Ausschreitungen in Rostock und anderswo geschehen ist. Man kann nicht vom Staat verlangen, dass er Ordnung schafft und damit auch unsere demokratischen Freiheiten gewährleistet, und zugleich aufschreien, wenn die Hüter der Ordnung eingreifen, um dem Missbrauch demokratischer Freiheiten zu wehren. Der Staat hat nur die Kraft, die wir ihm geben. Und er braucht Stärke, nicht zuletzt, um die gewalttätigen Randalierer in die Schranken zu weisen und Gefahren von unserem Gemeinwesen, und das heißt doch von uns allen, abzuwehren. Es geht dabei um nichts Geringeres als darum, einen Raum sicherzustellen, in dem wir in Frieden leben und uns in Freiheit entfalten können.

Unversehens ist unser Rückblick auf das alte Jahr auch zu einem Ausblick auf das neue Jahr geworden. Wir wissen zwar nicht, was das neue Jahr bringen wird. Aber wir nehmen wichtige Aufgaben aus dem alten Jahr mit. Einige wurden schon genannt, wie die wehrhafte Verteidigung der Menschenwürde, und zwar der Würde aller Menschen, gleich ob schwarz oder weiß, Christ oder Heide, Jude oder Moslem, oder die Mitarbeit bei der Gestaltung unseres Staates und der Sicherung des Gemeinwohls. Keiner hat das Recht zu sagen: „Ohne mich", der Christ schon gar nicht. Gibt uns doch Jesus selbst den Auftrag, Salz der Erde und Licht der Welt zu sein (Mt 5, 13 f).

Die Beben des vergangenen Jahres haben uns aufhorchen lassen, dass an den Fundamenten etwas nicht stimmt. Wir müssen also Vorkehrungen treffen, um jene Fundamente abzusichern, auf denen sich unser Leben aufbaut. Außer den genannten stellen sich uns eine ganze Reihe weiterer Aufgaben. Bedenken wir die eine und andere, um uns für das neue Jahr zu rüsten.

Wir brauchen Orientierung. Viele verlangen danach. Es ist ein gutes Zeichen, dass es suchende Menschen gibt. Vor allem unsere Jugend braucht Orientierung. Wir dürfen sie doch nicht hilflos dem Jahrmarkt der Meinungen oder gar Verführern überlassen. Was sonst dabei herauskommt, haben wir an Rostock gesehen. Vor kurzem konnte man aus der Feder eines scharfen Beobachters unserer Situation in der Zeitung lesen: „Oberflächlichkeit, Orientierungsdefizit und Verwirrung kennzeichnen unseren Alltag. Einst klare Begriffe bilden heute eine beliebige Manipuliermasse. ... Es gilt alles – und damit gilt nichts mehr."

Ist diese Beschreibung überzogen, oder stimmt sie gar? Ein Musterbeispiel fehlender Orientierung in Grundfragen hat uns dieses Jahr der Deutsche Bundestag gegeben. Nach dem Schwangeren- und Familienhilfegesetz, am 26. Juli 1992 vom Bundestag beschlossen, soll es nicht rechtswidrig, also rechtens sein, ein Kind während der ersten drei Monate im Mutterschoß zu töten, wenn dem eine Beratung vorausgegangen ist. Im gleichen Gesetz wird angeordnet, dass über das ganze Land verteilt Einrichtungen zu schaffen sind, in denen Abtreibungen vorgenommen werden. Welch eine Orientierungslosigkeit wird hier offenkundig. Wie kommt ein Parlament dazu, ein Recht außer Kraft zu setzen, über das es keine Kompetenz hat? Das Recht auf Leben hat der Mensch, ob geboren oder ungeboren, nicht vom Staat, auch nicht von der Gesellschaft. Das Lebensrecht ist ein Menschenrecht, das vom Schöpfer des Menschen kommt, von Gott. Und welche Auffassung vom Staat herrscht bei der Mehrheit des Parlaments, dass es als Staatsaufgabe erachtet wird, für ein flächendeckendes Netz von Abtreibungseinrichtungen zu sorgen? Seit wann ist es Aufgabe des Staates, organisatorisch mitzuhelfen, dass Abtreibungen möglichst leicht vorgenommen werden können? Das heißt doch im Klartext: Eine soziale Notlage soll durch Gewalt gegen unschuldige, wehrlose Menschen beseitigt werden, und zwar durch tödliche Gewalt. Und diese Gewalt soll auch noch staatlicherseits unterstützt werden. Man kann nur hoffen, dass das Bundesverfassungsgericht auf solche Ungeheuerlichkeiten die richtige Antwort geben wird.

Dieses Gesetz gehört auch zu den Beben des vergangenen Jahres. Dieses Beben erschüttert nämlich die Grundlagen der Humanität und des Staates. Doch viele in unserem Volk merken nicht, was da vor sich geht. So groß ist die Orientierungslosigkeit, dass ein beträchtlicher Teil der Bevölkerung sogar zustimmt. Gott sei Dank gibt es auch noch Stimmen in unserem Volk, die wissen, was Recht und was Unrecht ist, und sich zu Wort melden. Sie dürfen nicht müde werden, ihre Stimme zu erheben, um des Menschen willen.

Wir brauchen Orientierung. Dazu ist eine Ordnung der Werte nötig. Seit dem Umbruch des Jahres 1968[7] werden immer wieder Untersuchungen über den Wertewandel in unserer Gesellschaft durchgeführt. Was ist mit dem Ausdruck Wertewandel gemeint? Es geht hier nicht um materielle Werte wie den Geldwert oder den Aktienkurs, der steigt und fällt, auch nicht um den Wert eines Kunstwerkes, der in kurzer Zeit einen enormen Zuwachs erfahren kann. Es geht um geistige Werte, die unser Leben in seiner Menschlichkeit bestimmen, um Tugenden wie Treue, Liebe, Wahrhaftigkeit. Bei dieser Werteordnung gibt es auch eine Negativseite, Untugenden wie Faulheit, Unehrlichkeit, Rücksichtslosigkeit.

Diese Werteordnung steht in sich, sie wird nicht von uns hervorgebracht. Wenn wir von Wertewandel sprechen, heißt das nicht, die Werte hätten in sich einen Wandel erfahren. Es heißt vielmehr, dass sich unsere Einstellung zu bestimmten Werten gewandelt hat. Es könnte doch sein, dass für einen Faulheit einen größeren Wert besitzt als Fleiß.

Bei den genannten Untersuchungen hat man Verschiebungen festgestellt. Während früher Ordnung, Genügsamkeit, Sparsamkeit, Arbeitsfreude einen hohen Stellenwert besaßen, stehen nun andere Werte hoch im Kurs wie Freizeit, Genuss, Liebe, Geld, Bildung, Gesundheit, Friede, Umwelt. Neben dieser Umschichtung gibt es noch eine andere Entwicklung, die auch mit der Werteordnung zusammenhängt und uns aufhorchen lässt. Es gibt Ansätze, vielleicht auch schon mehr als Ansätze, für die Hochschätzung von Durchsetzungsvermögen mit Ellenbogen und für eiskaltes Karrierestreben. Einer solchen Mentalität erscheinen Menschen, die etwas von Treue, Freundschaft, Ehrlichkeit, auch Steuerehrlichkeit, oder Dienstbereitschaft halten, als weltfremde Schwächliche und Dumme. In einer solchen Gesellschaft wäre es bald aus mit echter Menschlichkeit.

Wir selbst entscheiden über die Werteordnung, nach der wir leben. Unsere eigene Einstellung, unsere Geisteshaltung und Herzensbildung wählen aus dem großen Geflecht der Werte jene aus, die unser Leben prägen und gestalten. Zur Orientierung, die wir brauchen, gehört darum die richtige Grundeinstellung. Denn sie entscheidet, wie wir die Dinge, auch die Werte sehen, die wir zum Leben nötig haben. Diese Grundeinstellung bedarf eines Maßstabs für Echtheit, der uns davor bewahrt, Opfer der gerade gängigen Mode oder gar einer Ideologie zu werden.

Wo finden wir den Maßstab für Echtheit, wie finden wir den Standpunkt, von dem aus wir die Dinge im rechten Licht sehen? Bei denen, die heute weithin unsere öffentliche Meinung bestimmen, bei den Medien, wohl nicht. Es gibt dort hervorragende Sendungen, und es gibt ausgezeichnete Beiträge in den Zeitungen, die tatsächlich orientieren. Aber das Gesamtbild sieht doch etwas anders aus. Romano Guardini[8] schrieb im Jahre 1956, als es noch kaum Fernsehen gab: „Die Masse der Erscheinungen überflutet die Fähigkeit des Unterscheidens. Die Menge der Reize macht unfähig, zu sehen, was hinter ihnen steht. Das Getöse der Reklame, das Gerede in Zeitung und Rundfunk verwirrt den inneren Sinn. Immer schwerer wird es dem heutigen Menschen, die Rangordnung der Werte zu sehen, zwischen Mittel und Zweck, Hauptsache und Nebensache zu unterscheiden und zu einem echten Urteil zu gelangen."

Hilfe zur Orientierung kann man da nicht erwarten. Aber wir könnten von den Medien Hilfe durch Zurückhaltung erfahren. Es gibt Beispiele dafür, dass die Berichterstattung aus Rostock und anderswoher von einzelnen als Einladung zum Krawallmachen empfunden wurde. Die Randalierer wollen doch ins Fernsehen kommen. Warum erweist man ihnen diesen Gefallen und bezahlt sie auch noch für bestimmte Auftritte vor der Kamera? Wäre es nicht viel besser, solche Leute totzuschweigen, d.h. durch Enthaltsamkeit mit der Kamera ihnen die Lust zum Randalieren wenigstens zum Teil zu nehmen?

Wo also finden wir den Maßstab für Echtheit, wo jene Grundeinstellung, die uns Orientierung gibt, die das Leben trägt? Das finden wir in Jesus Christus. Er ist das Maß, an dem alles gemessen wird, und er ist der Weg, der ins wahre Leben führt. Durch den Glauben haben wir in ihm unseren Standort, unseren Standpunkt. Durch den Glauben dürfen wir die Dinge in seinem Licht und mit seinen Augen schauen. Wer auf ihn baut, steht auf einem festen Fundament, das durch kein Beben dieser Welt zerbrochen werden kann. Wer sich an Jesus hält, geht nicht in die Irre, mag die Orientierung im Einzelfall noch so schwer sein. Wer sich an ihm festhält, geht nicht unter. Uns an Jesus festhalten, in ihm Stand gewinnen, ist die Aufgabe nicht nur für das neue Jahr, sondern für unser ganzes Leben.

Weil Jesus Christus und die Kirche zueinander gehören, lassen Sie mich noch eine Bitte anschließen. Stimmen wir nicht in das völlig überflüssige Jammern ein, das so oft auch die Form des Kritisierens annimmt. In unserer Gesellschaft ist die Selbstbemitleidung in. Ist das angebracht, nicht vielleicht sogar beschämend, wenn wir an unseren Wohlstand denken und die Not großer Teile der Menschheit daneben stellen? Auch in der Kirche wird gejammert. Gewiss könnte und sollte manches besser sein, d.h. vor allem, wir selbst sollten bessere Christen sein. Wir haben doch Grund, auf unsere Kirche stolz zu sein, auch gegenüber einer Welt, die meint, die Kirche habe ausgespielt.

Was verdanken die Menschen der Kirche doch, auch wenn sie das gar nicht wissen. Nehmen wir den fundamentalen Artikel 1 unseres Grundgesetzes: „Die Würde des Menschen ist unantastbar." Diese Einsicht in das Wesen des Menschen verdankt die Welt dem Christentum. Damit sind verbunden die Freiheit des Menschen und die Gleichheit aller. Bei der Erarbeitung der Menschenrechte hat die Kirche Entscheidendes beigesteuert. Unser modernes Staatswesen ist inspiriert von den Grundsätzen der katholischen Soziallehre, insbesondere die soziale Gesetzgebung. Davon wissen heute die wenigsten. Oder schauen wir auf den karitativen Dienst, den die Kirche unzähligen Menschen leistet. Ihren Kritikern würde Hören und Sehen vergehen, wenn wir unsere sozial-karitativen Einrichtungen schließen würden, Kindergärten, Krankenhäuser, Alten- und Pflegeheime, Behinderteneinrichtungen, Beratungsdienste, Sozialstationen, Hilfe für Mütter in Not und für Alleinerziehende, alles, was für Obdachlose getan wird oder für Aidskranke, nicht zu vergessen den sozialen Wohnungsbau. Diese Dienste kommen nicht nur Katholiken, sondern allen zugute.

Würde dieser Dienst der Kirche an den Menschen ausfallen, unsere Gesellschaft müsste unverzüglich den sozialen Bankrott erklären. Wir haben keinen Grund, mit jammervollem Blick auf unsere Kirche zu schauen. Wir dürfen stolz auf sie sein.

Und dabei ist das Entscheidende noch gar nicht gesagt. Die Kirche hilft uns nämlich, so zu leben und so zu sterben, dass wir in den Himmel kommen. So einfach sich das anhört, das ist doch das Entscheidende: was aus unserem Leben einmal für die Ewigkeit wird. Die Kirche führt uns in die ewige Freude unseres Gottes. Das ist doch kein Grund zum Klagen, sondern Grund zur Freude und Dankbarkeit.

Im Rückblick auf das alte Jahr und im Ausblick auf das neue Jahr haben wir Wichtiges bedacht. Vieles davon habe ich wieder gefunden in der Gestalt Matronjas, die uns Alexander Solschenizyn[9] in der Erzählung „Matronjas Hof" geschildert hat. Diese Erzählung aus dem Jahre 1963 ist ein Protest gegen die vom kommunistischen Staat verordnete Art zu leben. Sie ist wohl auch ein Protest gegen unsere Lebensart. Vor allem aber zeigt sie uns, wie wir aus unserem Leben ein gutes Leben machen können.

Matronja hatte es schwer. Sie wurde von ihrem Mann nie geliebt. Da sie nichts brauchte, vertrank er, was übrig blieb. Sie wurde von ihm auch hintergangen. Seit dem Krieg war er verschollen. Sie blieb ohne Rente. Sechs Kinder hatte sie geboren. Alle waren sehr früh gestorben. Matronja klagte nicht. In ihren Augen fand sich stets ein strahlendes Lächeln. Sie stand früh gegen vier oder fünf Uhr auf, kochte, sammelte alte Baumstümpfe, pflückte im Wald Beeren, hackte Kartoffeln und versorgte ihre Ziege. Wurde sie von ihren Nachbarn gebraucht – und sie brauchten sie oft –, half sie ihnen. Geld bekam sie dafür nicht. Stets war sie freundlich und zufrieden und mit allem ausgesöhnt. Einen Teil ihres Hauses ließ sie abreißen und gab die Balken ihrer Pflegetochter, damit diese zu einem bescheidenen eigenen Haus kommen konnte. Beim Abtransport dieser Balken wurde sie an einem unbeschrankten Bahnübergang von zwei Lokomotiven, die aneinander gekoppelt rückwärts und ohne Licht fuhren, mit zwei Arbeitern erfasst und zerquetscht.

Nach ihrem Tod sagte Ignatytsch, ein Mathematiklehrer, der bei ihr in Miete gewohnt hatte, von ihr: „Wir alle haben neben ihr gelebt und nicht begriffen, dass sie jene Gerechte war, ohne die, wie das Sprichwort sagt, kein Dorf bestehen kann. Und keine Stadt. Und nicht unser ganzes Land."

Ignatytsch verrät uns auch das Geheimnis ihres Lebens: „Jede Arbeit begann sie ‚mit Gott', und zu mir sagte sie immer ‚Mit Gott!', wenn ich zur Schule ging. ... Sünden hatte sie weniger als ihre lahme Katze. Die biß Mäuse tot."

Matronja hat mit Gott gelebt und hat alles, was sie tat, mit Gott getan. Darum war sie mit allen und allem ausgesöhnt. So wurde sie eine jener Gerechten, ohne die kein Dorf, keine Stadt, kein Land bestehen kann. Solche Matronjas gibt es auch heute. Sonst wären wir bereits zugrunde gegangen.

Gehen auch wir wie Matronja mit Gott in das neue Jahr und tun wir wie sie alles mit Gott. Dann wird das neue Jahr gut, dann wird unser Leben gut.

Ich wünsche Ihnen allen ein gutes neues Jahr, ein Jahr mit Gott.

Amen.

1 Die Anfang März 1992 erfolgte Ausrufung einer Republik Bosnien und Herzegowina einerseits und einer bosnisch-serbischen Republik andererseits führte zur militärischen Eskalation, die erst 1995 durch den Dayton-Vertrag beendet werden konnte. In Somalia herrschte seit dem Sturz des Diktators Siad Barre 1991 Bürgerkrieg zwischen verschiedenen Clans und Kriegsherren. Die US-amerikanisch geführte UN-Mission UNOSOM, die 1992 begonnen hatte, scheiterte.

2 Der Sudan befand sich seit 1983 im Bürgerkrieg.

3 Johannes Paul II. (1920-2005), Papst (1978-2005).

4 Vom 3. bis 10. Februar 1993 besuchte Papst Johannes Paul II. Benin, Uganda und Sudan.

5 1991 und 1992 kam es in Rostock, Hoyerswerda und Mölln zu ausländerfeindlichen Übergriffen. In Mölln starben am 23. November 1992 eine türkische Frau und zwei türkische Kinder bei einem Brandanschlag auf zwei Wohnhäuser.

6 Am 6. Dezember 1992 bildeten in München ca. 400 000 Menschen eine Lichterkette, um gegen Ausländerfeindlichkeit und Rechtsradikalismus zu demonstrieren.

7 Die unter dem Schlagwort „1968" zusammengefassten Bewegungen protestierten gegen den Vietnamkrieg, wandten sich gegen überlieferte Autoritäten und forderten die Gleichstellung von Minderheiten und sexuelle Freiheit.

8 Romano Guardini (1885-1968), katholischer Religionsphilosoph und Theologe.

9 Alexander Solschenizyn (geb. 1918), russischer Schriftsteller.

Silvesterpredigt 1993

Verantwortung vor Gott

Über die geistigen Grundlagen des demokratischen Staates

Brüder und Schwestern im Herrn!

Das Jahr 1993 neigt sich dem Ende zu. Heute an Silvester halten wir wie üblich Rückblick. Aber viel mehr bewegt uns der Ausblick auf das neue Jahr. Wir sind gespannt, was es uns bringen wird. Niemand weiß es.

Es ist gut so, dass wir unseren Blick in die Zukunft richten. Doch sollten wir nicht beim Jahr 1994 stehen bleiben. Dies wäre zwar verständlich; denn in wenigen Stunden beginnt unweigerlich der Marsch durchs neue Jahr. Was nachher kommt, liegt in weiter Ferne. Das beunruhigt uns weniger. Und doch nötigt uns der Jahreswechsel, weiter zu schauen. Er bringt uns nämlich die Vergänglichkeit zum Bewusstsein. Wie das Jahr 1993 vergangen ist, wird auch 1994 vergehen. Die Jahre vergehen, auch die Jahrzehnte und Jahrhunderte, sogar die Jahrtausende. Noch sechs Jahre, und die Menschheit tritt, wahrscheinlich mit großem Spektakel, über die Schwelle zum dritten Jahrtausend nach Christus.

Auch unser Leben vergeht. Was dann? Woraufhin leben wir? Haben wir ein Ziel? Und das heißt: Hat unser Leben einen Sinn? Es genügt doch nicht, einfach in den Tag hineinzuleben und zu warten, was er bringen wird. Auch in das neue Jahr dürfen wir nicht einfach hineinleben wie Zuschauer, die mehr oder weniger darauf gespannt sind, was sich in den nächsten zwölf Monaten auf der Bühne der Geschichte abspielen wird, auf der kleinen Bühne unseres persönlichen Lebens wie auf der großen Bühne unseres Volkes und der Völkerfamilie. Wir alle stehen selbst auf dieser Bühne. Jeder hat sein Leben zu gestalten. Jeder ist verantwortlich für sich selbst und mitverantwortlich für das, was mit den anderen geschieht.

Wir haben ein Ziel, das größer und schöner gar nicht sein kann. Dieses Ziel ist Gott, unsere Teilhabe an seinem nie endenden, unbeschreiblichen Glück. Zu diesem Ziel gibt es keine Alternative. Der Mensch ist auf Gott hin angelegt, wie das bekannte Wort des heiligen Augustinus[1] sagt: „Auf dich hin hast du uns geschaffen.“ Erreichen wir dieses Ziel, ist unser Leben geglückt; verfehlen wir es, ist es missglückt. Das gilt nicht nur für

uns Christen, sondern für alle Menschen. Gott will, dass alle gerettet werden. Er will sein göttliches Leben mit allen teilen.
Wir müssen also unserem Leben die richtige Richtung geben, das heißt auf Gott hin leben. Dem dient auch der Rückblick am Jahresende. Wir schauen, wo wir stehen. Wir prüfen, ob die Richtung stimmt oder ob wir Irrwege eingeschlagen haben. Wir fragen uns, ob eine Kurskorrektur notwendig geworden ist, und wenn dies zutrifft, wo zu korrigieren ist. Vor allem aber müssen wir uns prüfen, ob wir Gott als das Ziel unseres Lebens klar und unverwechselbar vor Augen haben. Wenn nämlich er aus unserem Blick verschwindet, dann gehen in unserem Leben die Lichter aus, und wir verlieren die Orientierung.
Diese Fragen muss sich jeder persönlich stellen, wir müssen sie uns aber auch gemeinsam stellen. Denn wir gehen den Weg zum Ziel gemeinsam und in Verantwortung füreinander. Wie steht es also damit?

Verschiedentlich war im zu Ende gehenden Jahr die Forderung zu hören, man solle Gott aus dem Grundgesetz streichen. Zwei Gründe wurden dafür geltend gemacht: einmal die verfassungsgemäße Trennung von Kirche und Staat, außerdem würden sonst die Kirchen in der Verfassung Privilegien erhalten. Hinter dieser Argumentation steht ein gefährlicher Irrtum, dass nämlich der Staat mit Gott nichts zu tun habe. Wenn Gott in der Verfassung genannt wird, bedeutet dies in keiner Weise eine Privilegierung der Kirche. Vielmehr kommt dadurch zum Ausdruck, dass der Mensch nicht das Maß aller Dinge ist, sondern sich vor einer höheren Instanz, nämlich vor dem Schöpfer, zu verantworten hat. Und dies gilt auch für den Staat. Auch er ist nicht das Maß aller Dinge, auch er steht in der Verantwortung vor Gott, auch er ist gebunden an Gottes Willen und Ordnung, an das von Gott verfügte Recht.
Das Grundgesetz beginnt mit den Worten: „Im Bewußtsein seiner Verantwortung vor Gott und den Menschen … hat sich das Deutsche Volk … dieses Grundgesetz gegeben." Nicht Kirchenleute oder nur der Kirche besonders verbundene Politiker haben diesen Satz in die Verfassung gebracht. Entscheidenden Anteil hatte zum Beispiel ein großer liberaler Politiker, nämlich Theodor Heuss[2].
Die Väter unseres Grundgesetzes wussten, warum sie die Verantwortung des Volkes vor Gott an den Beginn der Verfassung stellten. Sie hatten die gottlose Ideologie des Nationalsozialismus erlebt, der keine Verantwortung vor Gott kannte. Der Staat bzw. die Rasse wurde zum Götzen, die Menschen wurden unterdrückt, das eigene Volk und die Völker Europas, ja über die Grenzen Europas hinaus, wurden in einen furchtbaren

Krieg getrieben. Das war nur möglich, weil die Machthaber jener Jahre keine Spur von Verantwortung vor Gott hatten. Wer das nicht mehr am eigenen Leib erfahren hat, sollte doch wenigstens so viel von der jüngsten deutschen und europäischen Geschichte wissen. Zudem hat der gottlose Kommunismus durch seinen Zusammenbruch vor wenigen Jahren nochmals unübersehbar gezeigt, wohin es führt, wenn Gott aus der Verfassung und damit aus dem öffentlichen Bewusstsein eines Volkes gestrichen wird. Während man dabei ist, die Bewahrung der Schöpfung in die Verfassung aufzunehmen, melden sich in unserem Volk Stimmen, den Schöpfer aus der Verfassung zu streichen. Wer die Schöpfung bewahren will, kann doch den Schöpfer nicht beiseite schieben.

Nicht nur der Einzelne ist verantwortlich vor Gott, auch ein Volk. Das bedeutet Bindung, aber eine Bindung, die Halt gibt, damit wir nicht aus der Freiheit und aus der Menschenwürde herausfallen. Diese Bindung an Gott hält die Macht in den Grenzen des Rechts. Ohne diese Bindung wäre immer der Stärkere im Recht, und die Freiheit würde erstickt. Ein bedrückendes Beispiel hierfür liefert uns der in Bosnien wütende Krieg.[3] Er ist nur dadurch erklärbar, dass die Kriegstreiber alle Bindung an Gott abgeschüttelt haben und somit zügellos ihrem Hass freien Lauf lassen können. Nur dort, wo ein Volk um seine Verantwortung vor Gott weiß, ist jener Raum der Freiheit gesichert, den der Mensch braucht, um in Würde leben und sich entfalten zu können. Der Platz Gottes bleibt nie leer, weder im Leben des Einzelnen noch im Leben des Volkes. Muss Gott weichen, kommen die Tyrannen.

Auch wenn in Deutschland nicht jeder an Gott glaubt, so muss doch in unserem Volk das Bewusstsein unserer Verantwortung vor Gott lebendig bleiben. Diese Bindung an Gott gibt uns Halt und Orientierung und ist Garant unserer Freiheit.

Die Verantwortung vor Gott steht in unserer Verfassung. Dies genügt allerdings noch nicht. Die Verantwortung vor Gott muss auch gelebt werden. Wie steht es damit in unserem Staat?

Zweimal in zwanzig Jahren hat die Mehrheit des Deutschen Bundestages diese Verantwortung vor Gott außer Acht gelassen. Zweimal hat das Parlament ein Gesetz beschlossen, nach dem die Tötung eines ungeborenen Kindes innerhalb einer bestimmten Frist rechtens sein sollte, und damit das in der Verfassung geschützte Grundrecht des Menschen auf Leben verletzt. Zweimal hat ihm das höchste deutsche Gericht bescheinigt, dass es in einem Grundsatzartikel nicht mehr auf dem Boden der Verfassung steht. Gewiss gibt es Fälle in der Gesetzgebung, in denen es strittig sein kann, ob etwas noch verfassungskonform ist. Aber hier geht es um mehr als nur um Verfassungsrecht. Hier

geht es um ein Menschenrecht, das nicht durch die Verfassung gegeben ist, sehr wohl aber von ihr geschützt wird und geschützt werden muss.
Nach dem Urteil des Bundesverfassungsgerichts vom Mai dieses Jahres[4] waren aus dem Parlament seltsame Tone zu hören wie: Wir lassen uns unseren Mehrheitsbeschluss doch nicht von Karlsruhe kaputt machen. Ich war bisher und bin auch jetzt noch der Meinung, dass alle Mitglieder des Parlaments auf dem Boden der Verfassung zu stehen haben. Das erwartet man doch von jedem Staatsbürger. Ich musste als Bischof vor Antritt meines Amtes gemäß Konkordat vor dem Ministerpräsidenten meine Loyalität zur Verfassung mit einem Eid bekräftigen. Von den Mitgliedern der gesetzgebenden Versammlung sollte man nicht weniger fordern. Wohin führt der Weg eines Volkes, dessen Parlament in seiner Mehrheit in einem fundamentalen Menschenrecht nicht mehr auf dem Boden der Verfassung steht, geschweige denn um seine Verantwortung vor Gott weiß?
Aber Mehrheitsbeschlüsse gehören doch zur Demokratie, wird man entgegenhalten. Das ist richtig, ohne Mehrheitsbeschlüsse ist eine Demokratie nicht denkbar. Zur Demokratie gehört aber auch, dass die sittlichen Werte ihre Geltung behalten, auch wenn sie von keiner Mehrheit getragen werden. Zur Demokratie gehört ebenfalls, dass die Rechte geachtet werden, die vorstaatlicher Natur sind, das heißt Rechte, die in der Natur des Menschen gründen und den Grundbestand an Menschlichkeit sichern. Wir nennen sie darum Menschenrechte. Sie sind nicht vom Menschen gesetzt, sondern vom Schöpfer in die Natur des Menschen hineingelegt.
Die sittlichen Werte und die Menschenrechte sind unantastbar, weil sie wahr sind. Niemand, auch keine Parlamentsmehrheit, kann die Wahrheit außer Kraft setzen und sich damit selbst an die Stelle der Wahrheit setzen. Die sittlichen Werte und die Menschenrechte sind nicht Produkt der Demokratie, sondern deren Grundlage. Der Staat bringt sittliche Werte und Grundrechte des Menschen nicht aus sich hervor, sondern empfängt sie von außen, von Gott, dem Schöpfer. Und alles Recht, das der Staat setzt, muss darauf aufbauen. „Wenn Gott nicht ist, ist alles erlaubt" (Dostojewski).
Leider muss man das immer und immer wieder sagen. Zu viele in unserem Volk wollen das nicht hören. Und doch dürfen wir nicht schweigen. Denn es geht hier um die Menschlichkeit des Menschen, die mit seiner Ausrichtung auf Gott steht und fällt, und zudem auch um den Bestand der freiheitlichen Demokratie.
Kehren wir nochmals kurz zum Urteil des Bundesverfassungsgerichts vom Mai dieses Jahres zurück. Anerkanntermaßen wurde darin festgestellt, dass die Abtreibung zu jedem Zeitpunkt rechtswidrig ist, auch wenn sie unter bestimmten Voraussetzungen straffrei bleibt. Sie bleibt immer Unrecht. Und doch hat das Urteil dem Parlament eine Tür

offen gelassen, Unrecht für Recht zu erklären. Denn es hat ihm die Möglichkeit gegeben, die Abtreibung eines voraussichtlich behinderten Kindes für rechtens zu erklären. Das Parlament kann dies tun, muss es aber nicht. Die Entscheidung steht noch aus. Aber schon heute muss klar und unmissverständlich gesagt werden: Auch das Leben eines behinderten Kindes ist unantastbar. Der Bundestag kann nicht über Unverfügbares verfügen und Unrecht für Recht erklären. Man würde sonst die Kinder einteilen in lebenswerte und lebensunwerte. Diese Unterscheidung ist zutiefst unmenschlich.
Es geht mir bei all dem nicht um Politik, sondern um die Wahrheit vom Menschen, die der Mensch Gott verdankt. Denn er ist nach dem Bild Gottes geschaffen, keine Sache, sondern Person und daher unverfügbar. Diese Wahrheit hat die Kirche zu verkünden, ob man sie hören will oder nicht. Hier ist gewiss eine Kurskorrektur in unserem Volk und im Staat fällig.

Wir haben uns eingangs die Frage gestellt, auf welches Ziel hin wir leben; ob wir auf Gott hin ausgerichtet sind; welche Korrekturen wir vornehmen müssen, um unserem Leben die richtige Richtung zu geben. Das betrifft nicht nur die staatliche Rechtsordnung, sondern auch unseren persönlichen Lebensstil.
Wofür arbeiten wir? Welches Ziel erstreben wir? Ist das etwa nur noch das persönliche Wohlbefinden? Selbstverständlich soll es jedem gut gehen, selbstverständlich soll jeder haben, was er zum Leben braucht. Aber brauchen wir alles, was wir haben? Wir leben doch über unsere Verhältnisse. Ich spreche hier vom Durchschnitt, nicht von den Armen, die es auch bei uns gibt und denen es an Notwendigem fehlt. Hätten alle Menschen auf der Erde denselben Lebensstandard wie wir, wäre menschliches Leben nicht mehr möglich. Die Ressourcen würden nicht ausreichen, die Atmosphäre wäre durch Gifte zerstört. Wir leben über unsere Verhältnisse, und zwar auf Kosten der anderen, sogar der kommenden Generationen. Wir sind nicht einmal mehr in der Lage, unseren Abfall zu beseitigen. Giftmüll wird in Länder der Dritten Welt transportiert, wobei deren Armut schamlos ausgenutzt wird. Wenn es nur uns gut geht! Ist das wirklich das Ziel, für das es sich zu leben lohnt?
Ich will nicht ungerecht sein und in Schwarzweißmalen verfallen. Es gibt viele, die helfen, manche unter Opfern, sogar unter großen Opfern helfen. Gott sei Dank, dass es das gibt. Aber das andere gibt es auch. Heute Nacht werden laut Pressemitteilung 150 bis 200 Millionen D-Mark in die Luft gejagt. Muss das sein angesichts der Not in der Welt? Wir haben fette Jahre erlebt, in denen die Wirtschaft gewachsen ist. Wir haben Ansprüche gestellt, und sie wurden erfüllt. Das Glück, die Zufriedenheit ist nicht in gleichem

Maß gewachsen. Vor kurzem stieß ich auf folgenden Satz: „Je mehr wir haben, desto mehr haben wir zu wenig." Ist uns durch das wirtschaftliche Wachstum der Blick für geistige Werte und Pflichten abhanden gekommen, dass wir nicht nur für uns, sondern auch für andere Verantwortung haben? Vor einem Monat las ich in einer Zeitung, nicht in einer Kirchenzeitung: „Bei uns gibt es kaum noch gesamtgesellschaftliche Werte, die der individuellen Gier Fesseln anlegen. Von Rechten ist viel die Rede, von Verantwortung nur wenig und von Gemeinwohl fast nie. Wie das wohl enden wird?" (Die Zeit, 26. November 1993, Nr. 48, Seite 1)
Die Fixierung auf die materiellen Werte lässt die geistigen Werte, die lebensnotwendig sind wie das tägliche Brot, verblassen. Sie werden im Bewusstsein gegenstandslos und zerfallen. Dem Wertezerfall entspricht der Anstieg der Gewalt und der Kriminalität. Dieser Anstieg ist in unserer Gesellschaft deutlich spürbar. Beispiele dafür bekommen wir jeden Tag zu lesen und zu sehen.
Und was haben diese Fragen mit Gott und unserer Ausrichtung auf ihn zu tun? Sehr viel. Wer sein Leben auf Gott hin richtet, wird frei. Die Fixierung auf die materiellen Güter löst sich. Der Blick wird frei für die geistigen Werte. Wer sich auf Gott hin orientiert, wird frei vom Konsumzwang, frei von der Verkrampfung in sich selbst. Wer loslassen kann, dessen Hände werden frei zum Dienen. Diese Freiheit brauchen wir, um schwere Aufgaben, die vor uns liegen, zu bewältigen; ich nenne nur die steigende Arbeitslosigkeit. Diese Freiheit, die wir zum Leben brauchen, gewinnen wir, wenn wir uns auf Gott hin ausrichten.

All das ist keine schöne Theorie, sondern entspricht der Wirklichkeit. Im letzten Jahr erschien eine Untersuchung über die Moralbilder und Werteinstellung Jugendlicher. Das Ergebnis: Alle positiven Daten in der Lebenseinstellung junger Menschen entsprechen ihrer Kirchlichkeit. Mit der Nähe zur Kirche wächst die Übereinstimmung mit den Eltern, wächst das Vertrauen in die Zukunft, wachsen die Chancen für eine gesunde Persönlichkeitsbildung. Kirchliche Bindung, und das heißt die verbindliche Ausrichtung auf Gott, hilft richtig leben.
In diesen Tagen haben sich bei uns in München 80 000 junge Menschen aus ganz Europa eingefunden, um an dem großen Taizétreffen teilzunehmen.[5] Während des Jahres pilgern sie zu Tausenden nach Taizé in Burgund und nehmen am Gebet der Brüdergemeinschaft teil. Neben dem Singen und der Bibelarbeit nimmt dort das betende Schweigen vor Gott einen breiten Raum ein. In diesen Tagen ist Taizé nach München gekommen. Ich grüße sehr herzlich die Jugendlichen zusammen mit den Brüdern aus Taizé und freue mich, dass auch aus den osteuropäischen Ländern so viele gekommen sind.

Was zieht die jungen Leute, die noch voll Tatendrang sind, zu dieser Brüdergemeinschaft? Sie finden bei dieser Gemeinschaft Ausrichtung auf Gott hin und dadurch Orientierung für ihr Leben. Das geschieht im Gebet, im Schweigen vor Gott, im Hören auf sein Wort und wird verstärkt durch die Erfahrung in der Gemeinschaft Gleichgesinnter. Aus der Kontemplation kann dann die Aktion hervorwachsen, aus dem betenden Schweigen entsteht christliches Handeln. Aktion und Kontemplation, mit diesen Worten hat Roger Schutz[6], der Gründer der Brüdergemeinschaft, das Programm von Taizé zusammengefasst. Unzähligen jungen Menschen hat diese Ausrichtung auf Gott die richtige Richtung für ihr Leben gegeben. Möge etwas von diesem Geist ausstrahlen auf unsere Stadt und unser ganzes Bistum, besonders auf unsere Jugend.

In diesem Jahr hat der Heilige Vater[7] zwei bedeutende kirchliche Dokumente veröffentlicht, die uns katholischen Christen zur Orientierung, zur Ausrichtung unseres Lebens auf Gott hin dienen. Im März erschien der Katechismus der katholischen Kirche, der die Glaubens- und Sittenlehre enthält.[8] Und im August erschien eine Enzyklika über grundlegende Fragen der kirchlichen Morallehre.[9] Beide Dokumente riefen hierzulande Besorgnis, ja Ängste hervor, unsere Freiheit könnte dadurch eingeschränkt werden. Dass wir auf unsere Freiheit bedacht sind, ist verständlich und notwendig. Denn in der Freiheit zeigt sich unsere Würde als Person; durch sie unterscheiden wir uns von der Welt der Sachen.
Will die Kirche an unserer Freiheit rütteln, wenn sie uns in verbindlicher Form die Wahrheiten des Glaubens vorlegt oder Weisungen für unsere sittliche Lebensführung gibt? Da bei dieser Frage immer wieder das Gewissen genannt wird und in der Tat eine entscheidende Rolle spielt, beschränken wir uns auf das Gewissen und seine Freiheit.
Was ist das Gewissen? Der Katechismus zitiert das Konzil und sagt: „Im Innersten seines Gewissens entdeckt der Mensch ein Gesetz, das er sich nicht selbst gibt, sondern dem er gehorchen muß und dessen Stimme ihn immer anruft, das Gute zu lieben und zu tun und das Böse zu meiden und so, wo nötig, in den Ohren des Herzens tönt… Denn der Mensch hat ein Gesetz, das von Gott seinem Herzen eingeschrieben ist, dem zu gehorchen eben seine Würde ist… Und das Gewissen ist der verborgenste Kern und das Heiligtum des Menschen, in dem er allein ist mit Gott, dessen Stimme in seinem Innersten widerhallt" (GS 16; KKK 1776). Demnach ist das Gewissen eine Anlage, eine Fähigkeit, mit der der Schöpfer den Menschen ausgestattet hat; durch sie ist der Mensch auf das Gute hingeordnet und somit letztlich auf den Guten, nämlich auf Gott. Denn alles Gute hat seinen tiefsten Ursprung in Gott. Diese Anlage hat Gott in uns hineingelegt, damit wir uns in Freiheit für das Gute entscheiden und somit uns auf ihn hin ausrichten. Freiheit

und Gewissen gehören also zusammen. Auch das wird vom Katechismus bekräftigt mit den Worten des Konzils, wo es heißt: Der Mensch „darf aber auch nicht darin gehindert werden, gemäß seinem Gewissen zu handeln" (DH 3; KKK 1782). Gott will freie Menschen, keine Sklaven.
Warum bedarf es dann noch der sittlichen Weisungen und Normen? Nicht wir Menschen entscheiden, was gut und was böse ist. Das wird uns vorgegeben. Wir haben uns vielmehr für das Gute zu entscheiden, und zwar in Freiheit. Die Normen sagen uns, was gut und was böse ist. Mit Hilfe der sittlichen Normen müssen wir uns im Gewissen ein Urteil bilden, ob das, was wir tun wollen, gut oder böse ist.
Die sittlichen Normen sind also eine notwendige Hilfe, unsere Freiheit richtig zu gebrauchen, nämlich das Gute zu tun, und sie nicht zu missbrauchen, indem wir Böses tun.
Darum sind wir gehalten, unser sittliches Tun an den Normen auszurichten, mit denen Gott uns sagt, was gut und böse ist. Aufgabe der Kirche ist es, diesen Anspruch Gottes geltend zu machen. Wenn wir unser Gewissensurteil bilden, haben wir es immer auch mit Gott zu tun. Daher müssen wir uns frei halten von subjektiver Überheblichkeit, Besserwisserei und persönlicher Bedürfnisbefriedigung. Es ist Missbrauch, sich auf sein Gewissen zu berufen, um damit den eigenen Willen durchzusetzen. Wir haben uns vielmehr mit Hilfe unseres Gewissens auf das Gute auszurichten, um selbst gut zu werden. Wir müssen mit unserer freien, im Gewissen getroffenen Entscheidung vor Gott bestehen können. Darauf kommt es an.

Wir alle sind auf dem Weg. Wir alle sind Suchende. Entscheidend ist, dass wir das Ziel nicht aus dem Auge verlieren, Gott und unsere ewige Gemeinschaft mit ihm.
Gleich in den ersten Tagen des neuen Jahres feiern wir das Fest der Erscheinung des Herrn. Die Weisen kommen aus dem Morgenland. Sie suchen Jesus, machen dabei auch einen Umweg und geraten an die falsche Adresse, zu Herodes. Aber geführt vom Stern finden sie den Herrn. In diesen Weisen dürfen wir uns wieder erkennen.
Wie sie sind auch wir suchend auf dem Weg zu Gott. Umwege bleiben uns wohl nicht erspart. Aber Gott lässt auch uns seinen Stern leuchten, der uns den richtigen Weg finden lässt. Nur eines ist von uns gefordert: Das Ziel vor Augen, müssen wir uns von seinem Stern führen lassen.
Gott vor Augen gehen wir durchs neue Jahr, in der festen Zuversicht, dass es uns näher zu ihm führt. Dann wird es ein gutes, ein gesegnetes Jahr. Dies wünsche ich Ihnen allen von Herzen.
Amen.

1 Augustinus von Hippo (354-430), Kirchenlehrer, Heiliger.

2 Theodor Heuss (1884-1963), Bundespräsident der Bundesrepublik Deutschland (1949-1959).

3 Seit Anfang März 1992 führten die verschiedenen Volksgruppen in Bosnien einen Bürgerkrieg, der erst 1995 durch den Dayton-Vertrag beendet werden konnte.

4 Das Bundesverfassungsgericht entschied mit sechs zu zwei Richterstimmen, dass das neue Abtreibungsgesetz in weiten Teilen verfassungswidrig sei und deshalb nicht in Kraft treten könne.

5 Die ökumenische Bruderschaft von Taizé veranstaltet jeweils zum Jahresende ein Jugendtreffen in einer europäischen Großstadt. Das 16. Europäische Treffen fand 1993 in München statt.

6 Frère Roger Schutz (1915-2005), Gründer und Prior der ökumenischen Bruderschaft von Taizé.

7 Johannes Paul II. (1920-2005), Papst (1978-2005).

8 1986 berief Papst Johannes Paul II. eine Kommission unter Vorsitz von Joseph Kardinal Ratzinger zur Vorbereitung eines Entwurfs für einen Weltkatechismus. Der Katechismus erschien 1992 zunächst in französischer Sprache. Die deutsche Ausgabe wurde 1993 veröffentlicht: Katechismus der Katholischen Kirche, München u. a. 1993; Internetadresse: http://www.vatican.va/archive/DEU0035/_INDEX.HTM.

9 Die Enzyklika „Veritatis splendor" vom 6. August 1993 war die zehnte im Pontifikat von Papst Johannes Paul II. veröffentlichte Enzyklika. Deutscher Text: Enzyklika Veritatis Splendor von Papst Johannes Paul II. an alle Bischöfe der katholischen Kirche über einige grundlegende Fragen der kirchlichen Morallehre. 6. August 1993 (= Verlautbarungen des Apostolischen Stuhls 111), Bonn 1993; Internetadresse: http://www.vatican.va/edocs/DEU0080/_INDEX.HTM

Silvesterpredigt 1994

Wer nicht den Mut hat, Geschichte zu machen, wird ihr armes Objekt

Über die Konsequenzen christlichen Glaubens

Brüder und Schwestern im Herrn!

Was wird uns das neue Jahr bringen? Diese Frage bewegt uns an der Schwelle des neuen Jahres. Umfragen zufolge schauen die Menschen in unserem Land mit Optimismus auf das kommende Jahr wie seit Jahrzehnten nicht mehr. Es ist gut, wenn die Menschen zuversichtlich in die Zukunft blicken.
Die entscheidende Frage lautet jedoch nicht: Was bringt uns das neue Jahr? Sondern: Was müssen wir tun, damit es ein gutes Jahr wird? Ob es gut wird oder nicht, hängt entscheidend von uns selbst ab; nämlich davon, was wir aus ihm machen. Das neue Jahr fällt nicht wie ein blindes Schicksal über uns her, sondern bietet sich uns an als eine Zeit, die wir selbst mit den Möglichkeiten, die uns gegeben sind, zu gestalten haben. Als Einzelne und miteinander gestalten wir das Leben unserer Familie, der Stadt, in der wir wohnen, unseres Landes und auch der Kirche. An uns hängt es also, was aus dem neuen Jahr werden wird.
Es werden Dinge auf uns zukommen, mit denen wir nicht rechnen. Jedes Jahr bringt auch Überraschungen. Andererseits stellt uns das neue Jahr vor Aufgaben und Herausforderungen, die wir bereits heute erkennen können. Es sind Aufgaben und Herausforderungen, die wir aus dem zu Ende gehenden Jahr mitnehmen. Halten wir darum Rückblick auf 1994.

Bilder des Grauens bekamen wir zu sehen. In Ruanda wurde innerhalb weniger Tage eine halbe Million Menschen hingemetzelt.[1] An einem einzigen Wochenende flüchtete eine Million über die Grenze, um das nackte Leben zu retten. Einen solchen Flüchtlingsstrom hat es bisher noch nie gegeben. Scharen von Kindern, die ihre Eltern verloren haben, irren verlassen umher. Niemand weiß, wie die tiefen Wunden, die dieser Bürgerkrieg geschlagen hat, jemals wieder heilen sollen.
In unserer Nähe, in Bosnien, tobt der Krieg nun schon bald drei Jahre.[2] Über 30 Waffen-

stillstandsabkommen wurden geschlossen, keines gehalten. Was dort geschieht, hat mit uns zu tun. „In Sarajewo stirbt Europa“, hörte ich vor kurzem jemanden sagen. Europa, wirtschaftlich so stark, war bisher zu schwach, den Kriegsbrand in Bosnien zu löschen, den Menschenrechten Achtung zu verschaffen und damit Frieden herzustellen. Wir dürfen uns mit der Tragödie des Bosnienkrieges nicht abfinden und den an Leib und Leben bedrohten Menschen unsere Hilfe nicht versagen.
Dies gilt auch für schwerwiegende Entscheidungen, die in unserem Land etwa über den Einsatz deutscher Soldaten in Krisengebieten anstehen. Mit allen ethisch gebotenen Mitteln müssen wir darauf drängen, die Waffen niederzulegen, Gräueltaten und Menschenrechtsverletzungen zu beenden und am Verhandlungstisch ehrlich um den Frieden zu ringen.
Leider gibt es unter den Machthabern auch solche, die nur die Sprache der Gewalt verstehen und dadurch ganze Völker in Krieg und Elend stürzen. Der Bosnienkrieg ist dafür ein Exempel.
Ruanda und Bosnien sind nur zwei Beispiele, die durch eine lange Liste ergänzt werden könnten. Zum Jahresende ist es auch noch zum Krieg in Tschetschenien gekommen.[3] 41 Kriege sind 1994 in der Welt geführt worden, wie man dieser Tage lesen konnte. 45 Millionen Flüchtlinge hat man weltweit gezählt. Tendenz steigend. Dies zeigt uns, wie es in unserer Welt im letzten Jahr zugegangen ist und wie hilflos die UNO dem Töten gegenübersteht.
Das muss nicht so sein. Die Wunder des Friedens, die wir in diesem Jahr haben erleben dürfen, zeigen es uns. In Südafrika haben Schwarze und Weiße die Apartheid begraben und sich vereint zum Aufbau eines gerechten und darum friedlichen Staatswesens.[4] Im Nahen Osten hat ein Friedensprozess begonnen, lang ersehnt, aber kaum für möglich gehalten.[5] Trotz der Anschläge extremer Fanatiker wird dieser Friedensprozess voranschreiten. Was bisher auf diesem Weg geschehen ist, ist unumkehrbar. Und in Nordirland ist nun nach einem 25-jährigen Bürgerkrieg ein friedliches Miteinander in Gang gekommen.[6] Diese Wunder des Friedens sind Zeichen der Hoffnung. Wie kam es dazu? Die Betroffenen kamen endlich zur Einsicht, dass in kriegerischen Auseinandersetzungen beide Seiten Verlierer sind.
Wir danken am Ende dieses Jahres Gott für diese Wunder des Friedens und bitten ihn, dass diese Einsicht doch allen Verantwortlichen auf dieser Erde zuteil werde.

Niemand auf der Welt setzt sich mit solchem Nachdruck für Frieden, Freiheit, Gerechtigkeit und Menschenrechte ein wie unser Papst Johannes Paul II.[7] Mit guten Gründen hat

ihn das angesehene amerikanische Wochenmagazin Time zum Mann des Jahres 1994 gewählt. Daran wird ersichtlich, welch hohes Ansehen der Papst in der Welt genießt und welche Bedeutung ihm in der Gestaltung der Welt zugeschrieben wird.
In einer Zeit sittlicher Verwirrung, heißt es in der Begründung, stehe Johannes Paul II. mit Überzeugung zu seinen Idealen und biete diese einer Welt an, die sich häufig von ihm unterscheide. Er wirke auf das öffentliche Bewusstsein durch seine Humanität, seine geistige Kraft, Frömmigkeit, Weisheit und durch seinen persönlichen Charme. Die Kraft dieses Papstes sei eine moralische Kraft.
Muss es uns nicht nachdenklich stimmen, wenn wir damit vergleichen, welches Image der Papst in Deutschland hat, auch in Bereichen des eigenen Lagers? Ich meine, solche negativen Einstellungen zum Papst werfen mehr Licht auf uns als auf den Papst. Sind wir etwa blind geworden für das Gute?
Papst Johannes XXIII.[8] hat uns in einer Notiz eine seiner Lebensregeln hinterlassen. Darin heißt es: „Meine Natur neigt dazu, eher die gute Seite im Menschen herauszufinden, statt Kritik und voreilige Urteile zu fällen." In diesem Satz ist eine tiefe Lebensweisheit verborgen. Nur mit einem guten Herzen sieht man gut. Und wer gut sieht, der sieht auch richtig.
Wenn andere uns beurteilen, wollen wir doch auch, dass sie die gute Seite bei uns herausfinden. Machen wir uns die Lebensweisheit Johannes' XXIII. zu eigen. Bemühen wir uns, die Dinge von der guten Seite zu nehmen und vor allem die gute Seite der Menschen herauszufinden. Und seien wir froh und stolz, dass wir einen Papst haben, der in der weiten Welt so hohes Ansehen genießt.
Im September dieses Jahres fand in Kairo die „Internationale Konferenz für Bevölkerung und Entwicklung" der Vereinten Nationen statt.[9] Der Vatikan war dort mit einer Delegation vertreten. Der Heilige Vater hatte sich selbst an die Regierungschefs gewandt. In der deutschen Berichterstattung war über die Rolle des Vatikans auf dieser Konferenz viel Negatives zu lesen und zu hören. Die Wirklichkeit war jedoch anders. Ich beziehe mich auf den Bericht eines Mitglieds der deutschen Regierungsdelegation.
In Kairo liefen Bestrebungen, Abtreibung zum Mittel der Familienplanung zu erklären. Um das Wachstum der Bevölkerung in Grenzen zu halten, sollten ungeborene Kinder einfach umgebracht werden dürfen. Gegen dieses ungeheuerliche Vorhaben erkämpfte die Vatikandelegation die Aussage „Abtreibung ist kein Mittel der Familienplanung".
In dieser Debatte machte sich die katholische Kirche durch die Vertreter des Vatikans zum Anwalt der Unantastbarkeit der Menschenwürde und des Menschenrechts und erreichte, dass eine ethische Grundsatzdiskussion geführt wurde, dass nicht diktiert wurde,

sondern ein Dialog in Gang kam. Es geht nicht an, dass die wohlhabenden Länder den ärmeren Ländern mit der Zahl der Kinder vorschreiben, wo das Heil ihrer Zukunft liegt. Die Vertreter des Vatikans sind auch wie sonst niemand eingetreten für die Förderung, die Gleichstellung und Würde der Frauen sowie für die große Bedeutung der Familie. Die Stimme der Kirche wurde in Kairo nicht nur gehört, sondern auch in hohem Maß respektiert. Ihre Vertreter haben mit ihrem Zeugnis für das Recht auf Leben den Verhandlungen ethische Tiefe gegeben.

Um eine ähnliche Frage geht es auch bei einem weiteren Vorgang des verflossenen Jahres. Im Sommer wurde der Entwurf einer Bioethik-Konvention des Europaparlaments bekannt. Mit dieser Konvention ist beabsichtigt, auf europäischer Ebene ethische Grenzen der Forschung aufzuzeigen, die am Menschen vorgenommen werden. Dieses Vorhaben ist nur zu begrüßen.

Allerdings fanden sich in dem Entwurf auch Vorschläge, die unannehmbar sind. So war die Forschung an Embryonen bis zum 14. Tag nach der Befruchtung vorgesehen sowie Eingriffe bei geschäftsunfähigen Personen, d. h. bei Menschen mit bestimmten Krankheiten und Behinderungen.

Wir können mit Dankbarkeit registrieren, dass das Straßburger Parlament im Oktober diesen Entwurf abgelehnt und an den zuständigen Ausschuss zurückverwiesen hat.

Dieser Vorgang ruft uns zu höchster Aufmerksamkeit. Es darf nicht dazu kommen, dass der Mensch Manipulationen ausgesetzt wird, weder in seinen ersten Lebenstagen noch in seinen alten, von Gebrechlichkeit gezeichneten Tagen oder aufgrund einer Behinderung. Der Mensch ist immer Person mit einer unantastbaren Würde. Darum darf er nie zum Objekt, zur Sache erniedrigt werden. Die Einteilung in Menschen, mit denen man experimentieren darf, und solche, bei denen dies verboten ist, ist zutiefst unmenschlich. In Deutschland gab es zur Zeit der nationalsozialistischen Diktatur schon einmal diese Einteilung, offiziell gemacht durch das Erbgesundheitsgesetz „zur Verhütung erbkranken Nachwuchses", wie es hieß. Hunderttausende sind damals kriminellen Machenschaften zum Opfer gefallen.

Wir stellen uns damit nicht gegen die Forschung. Wir sind vielmehr dankbar für alles, was durch den Fortschritt der Forschung den Menschen zugute kommt. Nur muss sich der Fortschritt in den Bahnen der Humanität bewegen und darf nicht über Entwürdigung der Menschen oder gar über Leichen gehen. Was Novalis[10] vor 200 Jahren sagte, gilt bei den heutigen Möglichkeiten wissenschaftlicher Forschung verstärkt: „Vor jedem Schritt, welchen Wissenschaft und Technik nach vorwärts machen, müssen die Menschen drei Schritte zur Vervollkommnung ihrer Ethik nach Innen tun."

Das verflossene Jahr wurde in Kirche und Welt als Jahr der Familie begangen. Es war gut, die allgemeine Aufmerksamkeit auf die Familie zu lenken. Denn viele Menschen tun sich immer schwerer, unter den Bedingungen der modernen Gesellschaft als Familie zu leben. Darum muss die Familie gefördert und gestärkt werden. Familien mit Kindern, die den Generationenvertrag garantieren, dürfen für diesen Beitrag zum Überleben der Gesellschaft ökonomisch nicht schlechter gestellt, um nicht zu sagen benachteiligt werden.

Ich möchte stichpunktartig einiges nennen, was in unserem Erzbistum seit vielen Jahren für die Familie getan wird. Wir führen in kirchlicher Trägerschaft rund 500 Kindergärten, 65 Kinderhorte und sechs Kinderkrippen. Über 30 000 Kinder werden hier gefördert und damit Familien unterstützt. Wir haben 765 Eltern-Kind-Gruppen, die regen Zuspruch erfahren. In unserer Ehe- und Familienberatung wurden im letzten Jahr 4773 Personen aus 3464 Familien von Fachleuten qualifiziert beraten. Seit 25 Jahren setzen wir uns für die Alleinerziehenden ein. Hier hat die Kirche Pionierarbeit geleistet und eine Aufgabe aufgegriffen, als die Alleinerziehenden in der Gesellschaft noch kein Thema waren. Die vom Sozialdienst katholischer Frauen betreuten Beratungsstellen für Frauen in Schwangerschaftskonflikten wurden 1993 von 7250 Frauen aufgesucht. In München haben wir fünf kirchliche Häuser, die junge Mütter aufnehmen und ihnen in den ersten Lebensmonaten oder auch Lebensjahren ihres Kindes Geborgenheit und Lebenszuversicht geben.

Neben den vielfältigen besonderen Diensten, die die Kirche im sozialen Bereich der Familie leistet, dürfen wir nicht übersehen, was die Kirche in der normalen Seelsorge für die Familie tut, in der Verkündigung und der Unterweisung für eine christliche Lebensgestaltung, bei der Feier von Familienfesten wie Hochzeit, Taufe, Firmung, beim Sterben und beim Begräbnis von Familienangehörigen, bei der Teilnahme der Familie am Gottesdienst, durch Ehevorbereitung und Brautleutetage. Was hier für die Familie geschieht, ist nicht zu zählen.

Wenn nun das Jahr der Familie zu Ende geht, darf unsere Sorge um die Familie nicht zu Ende sein. Sie ist der Hort der Menschlichkeit. Nirgends schmerzen menschliche Tragödien so sehr, wie wenn sie in der Familie passieren. Die Zukunft der Menschen, unseres Volkes wie der Menschheit hängt an der Familie. „Sie gehört zum Besitzstand der Menschheit!“ (Papst Johannes Paul II.)

Mit der Familie hängt naturgemäß die Sorge um die nachwachsende Generation zusammen. Kinder und Jugendliche sind die Zukunft unseres Volkes. Jugendstudien zeichnen ein sehr differenziertes Bild unserer Jugend, die gerne selbstbewusst auftrumpft, aber unter fehlender Orientierung leidet. Hinter einer erschreckenden Gewaltbereitschaft steckt oft der Mangel an liebender Zuwendung und überzeugender Lebensperspektive. In der Familie erfährt der junge Mensch Nestwärme, hier entwickelt sich das Urvertrauen, das für die Gestaltung seines ganzen Lebens von grundlegender Bedeutung ist. Wenn heute junge Menschen ausflippen und Aggressionen selbst schon bei Kindern zunehmen, liegt der Grund dafür in der Regel in gestörten Familienverhältnissen.

In mehr als 50 Prozent der bundesdeutschen Familien wachsen die Kinder ohne Geschwister auf, mehr als zwei Millionen leben mit nur einem Elternteil. In vielen Familien finde Erziehung kaum mehr statt; elterliche Zuwendung erschöpfe sich oft im Einschalten des Videorecorders, so behauptete jüngst ein Nachrichtenmagazin.

Man darf nicht verallgemeinern. Es gibt viele Eltern und Alleinerziehende, die mit hohem Einsatz für ihre Kinder das Beste zu erreichen suchen. Sie bringen um ihrer Kinder willen persönliche Opfer, stellen sich gegen den Trend einer egoistischen Selbstverwirklichung, üben bewussten Konsumverzicht. Dennoch bleiben Anzeichen einer bedrohlichen Erziehungskrise bestehen.

Die Schule hat es zunehmend mit erziehungsschwierigen Kindern zu tun. Es fehlen oft die Grundregeln des Sozialverhaltens. Lehrerinnen und Lehrer sollen die familiären Defizite ausgleichen und sehen sich in die Rolle von Ersatzmüttern und -vätern gedrängt. Mit der griffigen Formel „Schule neu denken" wird eine Schule gefordert, die Kindern und Jugendlichen den Lebens- und Erfahrungsraum bietet, den sie zu Hause nicht mehr haben. Aber mit einem solchen Auftrag wäre sie heillos überfordert. Die Eltern müssen auch in Zukunft die Ersterzieher ihrer Kinder sein. Was aber die Schule leisten kann, ist die tatkräftige Unterstützung der elterlichen Erziehungsbemühungen, mehr nicht.

Gerade unsere kirchlichen Schulen stehen zu dieser Aufgabe. Wir haben in Bayern eine Vielzahl von Schulen in der Trägerschaft von Ordensgemeinschaften und der Diözesen. In Bayern sind 10 Prozent der Gymnasien und 25 Prozent der Realschulen in katholischer Trägerschaft. Unsere Schulen sind geschätzt, und viele Eltern vertrauen ihnen ihre Kinder an, weil sie wissen, dass über einen soliden Fachunterricht hinaus eine Erziehung nach christlichen Maßstäben angestrebt wird. Dieser profilierte Beitrag zu einer wertorientierten Erziehung wird gerade auch von staatlicher Seite immer wieder anerkannt. Dafür sind wir dankbar.

Zur finanziellen Absicherung der kirchlichen Schulen erwartet der Staat einen nicht unerheblichen Eigenbeitrag der Schulträger. Manche von ihnen stehen jetzt bereits mit dem Rücken zur Wand. Im Zuge von Sparmaßnahmen soll die Staatsleistung neuerdings reduziert werden. Seit Jahren schon stehen für Schulbaumaßnahmen nur unzureichende

Mittel zur Verfügung. Das belastet unsere Schulen zusätzlich, so dass Schulschließungen nicht auszuschließen sind. Um der Eltern willen, die für ihre Kinder das verfassungsmäßig geschützte Recht auf eine christliche Schule in Anspruch nehmen wollen, appelliere ich an die Verantwortlichen, nicht an der falschen Stelle zu sparen. Die Träger kirchlicher Schulen brauchen den Staat als verlässlichen Partner.
Wir haben volles Verständnis, dass der Staat sparen muss. Denn wir müssen auch in unseren kirchlichen Haushalten Sparmaßnahmen durchführen, die für die Betroffenen u. U. schmerzlich sind. Doch sollte man an der richtigen Stelle sparen, also nicht dort, wo es um die Zukunft geht, bei der Bildung und Erziehung der Jugendlichen. Wenn wir Schulen schließen müssen, bleibt dem Staat nichts anderes übrig, als sie selbst zu übernehmen. Das käme ihm jedoch teurer zu stehen als die Leistungen an unsere kirchlichen Schulen. Ich sage dies öffentlich, weil es eine öffentliche Angelegenheit ist, und ich sage es in aller Deutlichkeit, damit wir nicht eines Tages hören müssen, wir hätten uns nicht deutlich zu Wort gemeldet.

Ein Haus, das kein solides Fundament besitzt, hat keinen Bestand. Ebenso braucht das Leben eines jeden Menschen wie das Leben jeder menschlichen Gemeinschaft ein tragfähiges Fundament. Dazu gehört eine verlässige Werteordnung.
Haben wir eine solche auch allgemein anerkannte Werteordnung?
Nehmen wir als Beispiel den Streit um die Feiertage, der im Zusammenhang mit der Pflegeversicherung ausgebrochen ist.[11] Wie gehen wir selbst mit unseren Feiertagen um?
Für viele sind die kirchlichen Feiertage freie Tage zusätzlich zum Urlaub. Der religiöse Inhalt spielt für sie keine Rolle. So wird der Feiertag seines Sinnes entleert und zum Urlaubstag, zu einem freien Tag herabgestuft. Wer so mit Feiertagen umgeht, macht es dem Staat leicht, sie zu streichen. Gott sei Dank gibt es in unserem Volk auch noch viele Menschen, für die der Feiertag ein heiliger Tag ist, wichtig für ihren Glauben und wichtig für das menschliche Miteinander.
Es ist völlig unverständlich, dass man zur Finanzierung der Pflegeversicherung keine Urlaubstage, sondern Feiertage heranziehen wollte, zumal wir beim Urlaub ohnehin Weltspitze sind. Hat man nicht gesehen, dass mit einem Feiertag den Menschen viel mehr genommen wird als mit einem Urlaubstag? In beiden Fällen wird ein freier Tag gestrichen. Aber mit dem Wegfall des Feiertags fällt noch mehr weg: nicht nur die religiöse Betätigung, sondern auch die gemeinsame Gestaltung des Tages in der Familie, die menschlichen Kontakte mit Freunden und Verwandten, das Brauchtum, das oft mit Feiertagen verbunden ist.

Immer wieder wurde behauptet, man könne wegen der Tarifautonomie keinen Urlaubstag streichen. Es ist gut, dass es die Tarifautonomie gibt; aber sie darf nicht egoistisch missbraucht werden. Sie funktioniert nur, wenn sie mit Vernunft und mit Verantwortung für das Ganze wahrgenommen wird. Die Gesetze unseres Staates dürfen doch nicht vom Druck einzelner Gruppen diktiert werden, wer auch immer diese seien, sondern müssen vernünftig sein und dem Gemeinwohl dienen.
Die Situation ist verfahren, wie jeder sehen kann. Auf einem falschen Weg kommt man nicht an das richtige Ziel. Es ist keineswegs ehrenrührig, einen Fehler einzugestehen und ihn zu verbessern. Das gilt für jeden, auch für den Staat. Darum soll er den einschlägigen Artikel des Pflegeversicherungsgesetzes ändern.
Die geringere Gewichtung eines Feiertags gegenüber einem Urlaubstag ist nur ein Beispiel, das zeigt, wie unsere Werteordnung ins Rutschen gekommen ist. Noch vieles ließe sich hier anfügen, etwa, dass Gewalt und Verbrechen in Filmen und Druckerzeugnissen zur Unterhaltung verharmlost werden. Kein Wunder, dass Jugendliche Gewalt spielen, am Computer „killen", dass Schüler zunehmend aggressiver werden und Gewaltanwendung überhaupt zunimmt.
Man charakterisiert unsere Gesellschaft als pluralistisch. Das heißt, es gilt alles. Das hat zur Folge, dass alles gleich gültig und somit nichts wirklich gültig ist. Alles geht; das aber ist der Anfang einer Entwicklung, an deren Ende nichts mehr geht, weil dann das Chaos herrscht.
Wie jeder Mensch braucht auch die menschliche Gesellschaft Grundwerte und Prinzipien, die von allen akzeptiert werden, an denen nicht gerüttelt wird, weil sie absolut gültig sind. Das muss uns nachdenklich machen. In unserer pluralistischen Gesellschaft hat nämlich auch der christliche Glaube an gestaltender Kraft in der Öffentlichkeit verloren, weil er im Leben vieler Menschen an den Rand geraten ist.
Wir leben in einer geschichtlichen Phase, in der wir auf das Fundament eines humanen Zusammenlebens besonders achten müssen. Man kann in der Geschichte der Menschheit folgende nachdenklich stimmende Zirkelbewegung beobachten: „Ein freies Gemeinwesen gelangt dank der nicht zuletzt materiellen Energien, die es über den hergebrachten strengen Grundsätzen entfaltet, zu Wohlstand und sogar Reichtum. Aber schon ein oder zwei Menschenalter später beginnt das Bewusstsein für den Zusammenhang zu zerreißen, der zwischen diesen Prinzipien und dem allgemeinen Wohlergehen besteht, zwischen der Freiheit und einem Kanon unbezweifelter Normen" (Joachim Fest). Diese Beobachtung trifft auch auf unsere Zeit zu. Nach dem verlorenen Krieg haben wir Wohlstand und Reichtum aufgebaut. Jetzt aber, nach zwei Generationen, sind wir dabei

zu vergessen, auf welchen Grundlagen der erreichte Wohlstand, auf welchen sittlichen Bindungen unsere Freiheit beruht.

Die pluralistische Gleich-Gültigkeit führt uns nicht in die Zukunft. Wir brauchen ein für alle verbindliches Ethos. Das aber ist ohne Verankerung in Gott nicht zu haben. Die Voraussetzungen unserer Existenz schaffen wir uns nicht selbst; wir empfangen sie von dem, dem wir uns verdanken, vom Schöpfer der Welt. In seinen Geboten zeigt er uns die Wege, auf denen unser Leben gut wird, auf denen wir das Glück finden. Mit seinen Geboten zeigt er uns eine sittliche Werteordnung, die absolute Geltung hat und uns vor dem pluralistischen Chaos bewahrt. Es ist erstaunlich, wie viele Christen ins Stottern geraten, wenn sie nach den 10 Geboten gefragt werden.

Wir Menschen brauchen im Leben mehr, als diese Welt uns zu bieten hat. Der Mensch braucht „eine Hoffnung, die das Dasein übersteigt, eine Sehnsucht nach etwas ganz Anderem, Großem und Fraglosem, das ihm eine Bestimmung gibt über steigende Tariflöhne, die jährlichen Ferien auf den Seychellen und andere Glückserfüllungen einer hedonistischen Zivilisation hinaus" (Joachim Fest). Das heißt: Der Mensch braucht Gott. Die Hoffnung auf ihn, die Sehnsucht nach ihm gehört zum menschlichen Leben. Manch edler Mensch lebt aus dieser Sehnsucht, ohne es zu wissen. Seien wir wachsam, dass diese Bindung an Gott nicht im Chaos der Gleichgültigkeit versinkt, weder in unserem persönlichen Leben noch in unserem Volk. Auch der Staat braucht Gott; auch er muss sich an Gottes Gebote halten, um seine Aufgaben an unserem Volk erfüllen zu können. Ohne Bindung an Gottes Ordnung werden wir wichtige Aufgaben wie die Überwindung der Arbeitslosigkeit nicht meistern. Nur mit Gott wird unser Leben und auch das neue Jahr gut.

Das kommende Jahr wird für unser ganzes Volk ein Gedenkjahr sein. Vor 50 Jahren ging ein schrecklicher Krieg zu Ende, der nicht nur unsere Städte, auch diese unsere Frauenkirche, in Trümmer gelegt hat, sondern auch unser Staatswesen. Auf die Katastrophe erfolgte ein erstaunlicher innerer und äußerer Wiederaufbau. Seit 1945 dürfen wir in Frieden leben. Dieses Gedenkjahr stellt uns die Aufgabe zu prüfen, wieweit die Grundwerte und Grundsätze des Wiederaufbaus, auf denen unsere Freiheit und unser Wohlstand beruhen, heute noch das Leben in Gesellschaft und Politik und natürlich auch in unserem persönlichen Leben tragen, oder ob wir uns vielleicht auf schwankendem Boden befinden.

Am 2. Februar werden es 50 Jahre, dass der Münchener Jesuitenpater Alfred Delp[12] von den damaligen Machthabern umgebracht wurde. Er kämpfte für die Würde des Menschen, die politische Moral, die Freiheit und den christlichen Glauben. Dafür haben sie ihn in Berlin-Plötzensee erhängt. Von ihm stammt das Wort: „Wer nicht den Mut hat, Geschichte zu machen, wird ihr armes Objekt. Laßt uns tun." Warten wir darum nicht, was uns das neue Jahr bringen wird, sondern gestalten wir es. In welcher Grundhaltung wir dies tun sollen, sagt uns ebenfalls Alfred Delp. „Das gebeugte Knie und die hingehaltenen leeren Hände sind die beiden Urgebärden des freien Menschen." So formulierte er im Angesicht des Todes.

Gehen wir an die Gestaltung des neuen Jahres mit vor Gott gebeugtem Knie, weil Gott der Garant unserer Freiheit und Würde ist, und mit hingehaltenen leeren Händen, weil er sie mit seinen guten Gaben füllen wird. So wird das neue Jahr für uns ein gutes Jahr für Zeit und Ewigkeit.

Ein solches gutes neues Jahr wünsche ich Ihnen allen von Herzen.

Amen.

1 Der Abschuss des Flugzeugs des ruandischen Staatspräsidenten Juvenal Habyarimana am 6. April 1994 bildete den Ausgangspunkt für den planmäßig durchgeführten Völkermord an den Tutsi, verbunden mit der Ermordung dissidenter Angehöriger der Hutu. Bis Juni wurden ca. 500 000 Menschen ermordet.

2 Seit Anfang März 1992 führten die verschiedenen Volksgruppen in Bosnien einen Bürgerkrieg, der erst 1995 durch den Dayton-Vertrag beendet werden konnte.

3 Am 11. Dezember 1994 marschierten russische Truppen in Tschetschenien ein, um die separatistischen Bestrebungen des tschetschenischen Präsidenten Dschochar Dudajew zu beenden, der bereits am 1. November 1991 einseitig die Unabhängigkeit seines Landes von Russland proklamiert und auch einen Bündnisvertrag mit Russland abgelehnt hatte.

4 Nach einer Übergangsphase von 1990 bis 1994 wurden im Jahr 1994 die ersten allgemeinen und demokratischen Wahlen in Südafrika abgehalten. Nelson Mandela wurde zum ersten Präsidenten nach dem Ende des Apartheidsystems ernannt.

5 Im Rahmen des sog. Oslo-Friedensprozesses wurde am 4. Mai 1994 das „Gaza-Jericho-Abkommen" geschlossen, das die Stadt Jericho und den Gazastreifen unter palästinensische Selbstverwaltung stellte.

6 Anfang der 1990er Jahre kam der Friedensprozess in Nordirland in Gang. Großbritannien und Irland sowie alle nordirischen Parteien begannen Gespräche. Damit auch die „Sinn Fein", eine irisch-republikanische Partei, zu den Verhandlungen zugelassen wurde, erklärte die IRA am 31. August 1994 ihren Waffenstillstand.

7 Johannes Paul II. (1920-2005), Papst (1978-2005).

8 Johannes XXIII. (1881-1963), Papst (1958-1963).

9 Im Aktionsplan der vom 5. bis 13. September 1994 in Kairo tagenden UN-Konferenz setzte sich die internationale Staatengemeinschaft u. a. das Ziel, bis 2015 weltweit den allgemeinen Zugang zu einem umfassenden Angebot von Familienplanung zu ermöglichen.

10 Novalis (1772-1801), eigentlich Georg Friedrich Philipp Freiherr von Hardenberg, deutscher Schriftsteller.

11 Zum 1. Januar 1995 wurde eine paritätisch von Arbeitgebern und Arbeitnehmern finanzierte Pflegeversicherung eingeführt. Zur Entlastung der Arbeitgeber und zur Teilfinanzierung der von ihnen zu leistenden Beiträge schafften alle Länder mit Ausnahme Sachsens den Buß- und Bettag als Feiertag ab.

12 P. Alfred Delp SJ (1907-1945), deutscher Jesuit.

Silvesterpredigt 1995

Wachsamkeit auf dem Weg in die Zukunft

Brüder und Schwestern im Herrn!

Das zu Ende gehende Jahr war ein Jahr besonderer Erinnerung. Vor 50 Jahren ist der Zweite Weltkrieg zu Ende gegangen. Die Ereignisse von 1945 und was zu der Katastrophe jenes Jahres geführt hat, wurden immer wieder ins Gedächtnis gerufen. Bei ungezählten Veranstaltungen war die Mahnung zu hören, so etwas dürfe sich nie mehr wiederholen. Es gelte, wachsam zu sein, damit die Würde des Menschen nicht erneut mit Füßen getreten werde und die sittlichen Grundlagen des Zusammenlebens nicht wiederum missachtet würden. Solche Erinnerung ist wichtig für die Zukunft. Denn wir müssen wissen, woher wir kommen, um zu wissen, wohin wir gehen. Darum möchte ich auch heute Abend an einige besondere Ereignisse des sich neigenden Jahres erinnern, die uns zur Wachsamkeit auf unserem Weg in die Zukunft aufrufen.

Am 10. August wurde bekannt, dass das Bundesverfassungsgericht in Karlsruhe schon am 16. Mai entschieden habe, die Anordnung, in Bayerns staatlichen Pflichtschulen Kreuze anzubringen, sei verfassungswidrig.
Keine Entscheidung eines deutschen Gerichts hat so ungeheueres Aufsehen erregt und Menschen derart aufgebracht. Die Karlsruher Richter hatten an den Nerv der Menschen in unserem Land gerührt. Und das, obwohl es angeblich nur um ein Symbol ging, um das Zeichen des Kreuzes in einer bestimmten Gattung bayerischer Schulen. So jedenfalls wurde es eilfertig von einem Teil der veröffentlichten Meinung dargestellt.
Tatsächlich geht es in dem Gerichtsentscheid aber um viel mehr: um Toleranz in unserem Staat – darf ein Einzelner, dem kein Unrecht geschieht, allen anderen seinen Willen aufzwingen? –; es geht ferner um das Verhältnis von aktiver und passiver Religionsfreiheit und damit um den Spielraum, der uns für die Religionsausübung in unserem Staat gegeben ist; und schließlich kommt das Verhältnis des Staates zur Religion ins Spiel; damit sind die geistigen Voraussetzungen für unsere Rechtsordnung und für den Staat überhaupt angesprochen.
Über die verschiedenen Fragen, die der Karlsruher Entscheid aufgeworfen hat, ist in

den letzten Wochen viel gesagt und geschrieben worden. Ich möchte nur eine Frage herausgreifen, weil sie für unsere Zukunft von elementarer Bedeutung ist: Braucht der Staat Religion? Ich stelle diese Frage, weil in dem Gerichtsentscheid von Karlsruhe eine Tendenz sichtbar wird, die auf einen Staat ohne Religion abzielt, das heißt, auf einen Staat, der nicht an ihm vorgegebene Werte gebunden ist, die im Religiösen verankert sind. Diese Tendenz ist daran ersichtlich, dass der Gerichtsentscheid das Anbringen des Kreuzes ohne jede Einschränkung als verfassungswidrig erklärt. Eine solche Aussage ist doch nur sinnvoll, wenn man einen Staat anvisiert, in dem die Religion keinen Platz hat und ausschließlich in die Privatsphäre zurückgedrängt wird.

Unser Staat ist weltanschaulich neutral. Er redet keinem Bürger in seine religiösen und weltanschaulichen Belange hinein; er nötigt keinen zu einem religiösen Bekenntnis. Das ist gut so. Denn die Glaubens- und Religionsfreiheit gehört zu den grundlegenden Menschenrechten. Die weltanschauliche Neutralität des Staates ist darum mit gutem Grund in der Verfassung verankert.

Unser Volk hat sich diese Verfassung selbst gegeben. Ihr liegt jedoch eine Werte- und Menschenrechtsordnung voraus, über die kein Mensch, kein Parlament und kein Volk zu befinden hat. Diese Werteordnung ist nämlich von Gott, dem Schöpfer, uns Menschen vorgegeben, und zwar verbindlich vorgegeben.

Mitte dieser gottgegebenen Ordnung ist der Mensch. Er ist Person mit unantastbarer Würde. Er darf darum nie zu einer Sache entwürdigt werden. Aus der personalen Würde des Menschen ergeben sich die Menschenrechte, wie zum Beispiel das Recht auf Leben und auch das Recht auf freie Religionsausübung. Diese Werteordnung ist die Grundlage der Verfassung und des menschenwürdigen Zusammenlebens im Staat.

Weil diese Werteordnung nicht von Menschen stammt, sondern von Gott vorgegeben ist, wäre ein Staat ohne Religion nicht mehr der Staat unseres Grundgesetzes. Wo Gott nicht anerkannt wird als Schöpfer der Welt und Herr der Menschen, droht die Ordnung zu zerbrechen, auf der unser Zusammenleben beruht. Unser Jahrhundert erbrachte in „gottloser Folgerichtigkeit" erschreckende Beispiele dafür.

NS-Regime und Kommunismus etwa wollten von Gott und Religion nichts wissen. Sie haben sich darum auch nicht an die von Gott gegebene Ordnung gehalten, sich nicht um Menschenrechte gekümmert und die Würde des Menschen millionenfach mit Füßen getreten.

Wir wollen einen Staat, der weltanschaulich neutral ist und jedem seine religiöse Freiheit belässt und schützt. Wir wollen aber auch allen Anfängen wehren, damit sich unser Staat nicht zu einem Staat ohne Gott entwickelt, der sich dann nicht mehr an die ihm vorgegebene Ordnung gebunden weiß. Eine solche Entwicklung widerspräche auch unserer Verfassung, die sich in der Präambel ausdrücklich auf die Verantwortung vor Gott beruft.

Das Christentum hat unsere Kultur entscheidend mitgeprägt. Dies geschah vor allem dadurch, dass die christliche Sicht der Welt den Menschen die Augen für die tragenden Grundwerte öffnete. Auf diesem Fundament ist unsere Kultur gewachsen. Mit ihr haben die Menschen gute Erfahrungen gemacht. Darum haben die Bayern 1968 durch einen Volksentscheid in der Verfassung festgelegt, dass die Kinder in der Schule nach den Grundsätzen des christlichen Bekenntnisses zu unterrichten seien.[1] Dafür steht das Kreuz in der Schule. Dort ist es ein Zeichen unserer Kultur und der christlichen geprägten Identität unseres Volkes. Darum war es konsequent, dass die bayerische Staatsregierung und der bayerische Landtag am Kreuz in der Schule festgehalten, zugleich aber durch eine Ausgleichsformel verdeutlicht haben, dass durch das Schulkreuz niemand, kein Kind und kein Elternpaar, in seiner Religionsfreiheit beeinträchtigt wird.

Man hält uns vor, wir würden das Kreuz seines Sinnes als Zeichen unseres christlichen Glaubens entleeren, wenn wir in ihm ein Zeichen unserer kulturellen Identität sähen; wir würden das Kreuz reduzieren auf das Zeichen einer Zivilreligion, eines konturlosen Restbestandes von Religion in Staat und Gesellschaft, der nichts bedeutet und niemandem weh tut.

Hier wird uns etwas Falsches unterschoben. Natürlich ist und bleibt uns das Kreuz das heilige Zeichen unseres Glaubens an den gekreuzigten Herrn Jesus Christus, der von den Toten erstanden ist. Es ist und bleibt das Zeichen unserer Erlösung. Und der am Kreuz erhöhte Herr wird der Welt immer Ärgernis und Torheit bleiben, wie der Apostel Paulus sagt (1 Kor 1,23).

Aber gerade weil das Kreuz Zeichen jenes Glaubens ist, der das private und das öffentliche Leben mitprägte und auch heute noch beeinflusst, wurde es auch zu einem Zeichen unserer Kultur. Die lebensgestaltende Kraft des Glaubens lässt das Kreuz als Glaubenszeichen auch zu einem Kultursymbol werden, ohne ihm dadurch seinen religiösen Ernst zu nehmen. Danken wir Gott, dass wir in einem Land leben dürfen, das in seiner Geschichte vom christlichen Glauben geprägt wurde, für den das Kreuz steht.

Damit steht der einzelne Mensch vor der persönlichen Frage, wie er das Kreuz sieht und welche Bedeutung er ihm beimisst. Die Karlsruher Richter haben mit ihrem kritikwürdigen Entscheid – wenn auch ungewollt – eine wichtige Debatte in Gang gebracht. Diese Debatte hat vielen die Augen dafür geöffnet, dass wir von geistigen Vorgaben leben, die weder der Staat noch ein Mensch hervorbringen kann. Die allgemeine Empörung gegen

den Gerichtsentscheid aus Karlsruhe hat wohl auch gezeigt, dass viele Menschen in unserem Land spontan spürten: Wer am Kreuz rüttelt, rüttelt an unverfügbaren Grundlagen unseres Lebens, die im Christentum ihren verlässigsten Garanten haben.
Die gerichtlichen und politischen Auseinandersetzungen sind hoffentlich vorbei. Es bleibt aber als ständige Aufgabe unsere Sorge um die Anerkennung der von Gott gegebenen Werteordnung zum Wohl aller Menschen in unserem Staat.

Wie berechtigt diese Sorge ist, zeigt uns eine Entscheidung, die der Deutsche Bundestag am 29. Juni dieses Jahres getroffen hat. Diese Entscheidung wirft die Frage auf, wie weit sich unser Volk und insbesondere die Abgeordneten der Verantwortung vor Gott bewusst sind, wenn es um Werte und Rechte geht, die nicht von Menschen, sondern von Gott stammen. Ich meine die neue Gesetzgebung zur Abtreibung.
Darin wird nämlich festgeschrieben, dass unter bestimmten Voraussetzungen ein ungeborenes Kind getötet werden kann, wenn es für die Mutter nicht zumutbar ist. Damit wird ungeborenen Kindern das von Gott verliehene unveräußerliche Lebensrecht und dessen umfassender Schutz versagt. Hier bleibt nur eines: Wir müssen klar und unnachgiebig unseren Widerspruch anmelden; und dies nicht nur gegenüber dem Parlament, sondern auch in unserer Gesellschaft; denn was das Parlament im Juni beschlossen hat, ist ein Spiegelbild unserer Gesellschaft. Es gibt kein Lebensrecht höherer und minderer Qualität. Alle haben das gleiche Recht auf Leben, ob geboren oder ungeboren, ob gesund oder krank oder behindert.
Verschiedene Stimmen äußerten nach der Entscheidung des Bundestages: Mit diesem Gesetz können wir leben. Das ist eine Ausrede. Die Frage lautet doch viel mehr: Können die ungeborenen Kinder damit leben? Und weiter: Kann unser Volk damit leben, wenn hingenommen wird, dass etwa jedes dritte Kind nicht das Licht der Welt erblickt? Unsere christliche Pflicht ist es, darauf hinzuweisen, dass ein Abweichen von Gottes Ordnung unser Volk in die Irre führt.

Die Auseinandersetzung um staatliche und gesellschaftliche Ordnung wird in Deutschland von zahlreichen Versuchen begleitet, den christlichen Glauben, die Kirche, die Person Jesu Christi und überhaupt den Glauben an Gott öffentlich zu schmähen und lächerlich zu machen. Auf niedrigem Niveau werden zum Teil alle Hemmungen überwunden. Rücksichtslos werden religiöse Überzeugungen von Millionen Menschen in unserem Land herabgewürdigt und in den Schmutz gezogen. So schmähte zum Beispiel im Zusammenhang mit dem Kreuzurteil aus Karlsruhe eine in Berlin erscheinende Zeitung[2] in

der Überschrift: „Kruzifix: der Balkensepp muß weg"! Ein Magazin[3] bildete unter dem Vorwand einer Satire den gekreuzigten Christus als Flaschenöffner ab.
Für alle religiös empfindenden Menschen, nicht nur für uns Christen, sind dies Ungeheuerlichkeiten und Provokationen, die sich weder auf die Freiheit der Meinungsäußerung noch die der Kunst berufen können. Das ist nicht Wahrnehmung der Freiheit, sondern Missbrauch der Freiheit.
Es gibt zwar im Gesetz den so genannten Gotteslästerungsparagraphen, der die Schmähung und Beschimpfung von Religions- und Weltanschauungsgemeinschaften unter Strafe stellt. Im Juli dieses Jahres machten Bündnis 90/Die Grünen im Deutschen Bundestag den Vorstoß, diese Bestimmung aus dem Gesetzbuch zu streichen, so dass auch noch in der Rechtsordnung die letzte Hemmschwelle beseitigt worden wäre.
Schmähung und Beleidigung von Religion und Glaube stellen nach der geltenden Rechtslage – auch wenn sie in Medien öffentlich vollzogen werden – als solche keine strafbaren Handlungen dar. Gegen übelste Verunglimpfung und Beschimpfung rechtlich vorzugehen ist nur möglich, wenn der öffentliche Friede gestört ist. Das heißt, Christen und übrigens auch Mitglieder anderer Religionsgemeinschaften können erst dann das Recht auf Schutz vor Religionsschmähung und Glaubensbeschimpfung einklagen, wenn andere oder sie selbst den öffentlichen Frieden gestört haben. Muss man bei uns erst selbst straffällig werden, um die einfachste Achtung seiner Würde als glaubender Mensch einklagen zu können? Das ist widersinnig.
Ich stelle dies zum wiederholten Mal mit aller Deutlichkeit heraus, denn heute sind die Zielscheibe von Verspottung und Hohn wir Christen, vor allem wir katholische Christen, morgen Juden, Muslime und andere Glaubensgemeinschaften, gegen die vorzugehen man heute noch nicht wagt.
Dieser Zustand ist dem Rechtsfrieden in unserem Land abträglich. Darum hat der Freistaat Bayern vor wenigen Wochen wieder einen Vorstoß im Bundesrat unternommen, um den Glauben der Menschen vor Schmähung zu schützen. Wenn sich auch dem bayerischen Antrag kein Bundesland angeschlossen hat, ehrt dieser Vorstoß Bayern, zeigt aber zugleich, wie es in der Rechtsprechung bei uns um die Ehrfurcht vor dem Heiligen bestellt ist.
Der amerikanische Kulturphilosoph Neil Postman[4] schreibt: „Eine Kultur braucht geheiligte Symbole, die vor Entheiligung geschützt werden." Das geht auch den Staat an. Wenn er nicht bereit ist mitzuhelfen, dass das Heilige heilig gehalten wird, schaufelt er seiner Kultur und damit sich selbst das Grab. Und der russische Dichter Dostojewski[5] sagt: „Der Mensch kann nicht leben, ohne zu knien." Ehrfurcht gehört zur Humanität.

Wo die Ehrfurcht vor dem Heiligen zerbricht, zerbricht auch die Ehrfurcht vor dem Menschen, da zerbricht die Humanität.

Im Herbst dieses Jahres sah ich mich veranlasst, eine Personalentscheidung zu treffen, die in der Öffentlichkeit einigen Wirbel hervorgerufen hat.[6] Der Grund waren Äußerungen eines in der Jugendseelsorge Verantwortlichen zur Frage der menschlichen Geschlechtlichkeit und zur einschlägigen kirchlichen Lehre. Ich konnte es als Bischof nicht hinnehmen, dass Jugendliche im Namen der Kirche bestärkt werden, sich der in der Gesellschaft verbreiteten Willkür zur Befriedigung eigener Bedürfnisse anzupassen.
Aufgabe der kirchlichen Jugendseelsorge wie aller, die in christlicher Verantwortung für die heranwachsende Jugend stehen, also auch der Eltern und Religionslehrer, ist es, jungen Menschen zu helfen, dass sie fähig werden, die Kräfte ihrer Geschlechtlichkeit in ihre heranwachsende Persönlichkeit zu integrieren. Sie sollen reife Menschen werden, die ihre Sexualität als etwas Schönes und Gutes und als Bereicherung erleben können, aber nicht Opfer ihrer Triebe werden. Man muss gar nicht die kirchliche Sexualmoral bemühen, um die zutiefst inhumane Formel „Sex aus purer Lust“ für abwegig zu halten.
Gerade die vielen Fälle des publizierten Missbrauchs der Sexualität in unserer Gesellschaft zeigen doch, dass die geschlechtlichen Kräfte nur dann Ausdruck partnerschaftlicher Liebe werden können, wenn sie in die Persönlichkeit integriert sind. Gewiss ist es sehr schwer, dies jungen Menschen heute zu vermitteln. Aber deswegen ist die Kirche, die mit ihrer Sexualmoral genau das vermitteln will, noch lange nicht verklemmt, und kann ihre Sexuallehre auch nicht einfach für „unbrauchbar“ erklärt werden.
Die Kirche will mit ihrer Lehre zu einer humanen Gestaltung der Sexualität und damit zum Gelingen des Lebens beitragen. Dieser Aufgabe ist auch die kirchliche Jugendarbeit verpflichtet, wie dies auch die Leitlinien, die in unserem Erzbistum in Kraft sind, ausdrücken.
Aufschlussreich war die Reaktion auf meine Entscheidung. Der Eindruck drängt sich geradezu auf, dass viele über die katholische Sexualmoral sprechen und schreiben, die in der Sache kaum Bescheid wissen oder falsche Vorstellungen von dem haben, was die Kirche sagt und mit ihrer Lehre beabsichtigt. Meine differenzierenden Erläuterungen wurden gar nicht erst wahrgenommen. Offensichtlich passten sie nicht in das Klischee vom „weltfremden“ Bischof, der angeblich nicht weiß, was junge Menschen denken.
Dabei könnte sich jeder gut über die Lehre der Kirche informieren. Wir deutschen Bischöfe haben im Sommer den zweiten Band des Erwachsenenkatechismus veröffentlicht, in dem die Sittenlehre der Kirche dargelegt wird.[7] Er trägt den Titel „Leben aus dem Glauben.“ Hier kann sich jeder aus erster Hand informieren.

Jeder ist verantwortlich, aus welchen Quellen er sein Wissen schöpft, aus trüben oder aus klaren Quellen. Dazu gehört auch die Bereitschaft, sich etwas sagen zu lassen, auch wenn es unter Umständen unangenehm ist und Schwierigkeiten bereitet.

Unsere Überlegungen über sittliche Weisungen führen zu einer grundsätzlichen Frage, der wir uns stellen müssen: Sind wir noch bereit, uns etwas verbindlich sagen zu lassen?

Jesus hat verbindlich gelehrt. Er hat die Menschen vor die Entscheidung gestellt: entweder – oder. Wer nicht für mich ist, der ist gegen mich. Nach seiner Rede in Kapharnaum sagten viele: „Was er sagt, ist unerträglich. Wer kann das anhören?" Selbst Jünger verließen ihn. Da fragte Jesus die Zwölf, den engsten Jüngerkreis: „Wollt auch ihr gehen?" Auch sie mussten sich entscheiden, und zwar verbindlich, das heißt sich selbst bindend. Sie haben sich für Jesus entschieden. „Herr, zu wem sollen wir gehen? Du hast Worte des ewigen Lebens", antwortet Petrus im Namen der Zwölf (Joh 6,60.66-68).

Heute steht die Unverbindlichkeit hoch im Kurs. Verbindliche Vorgaben werden weithin als Zumutung abgelehnt. Das sei Machtausübung und beschädige unsere Freiheit. Solche Vorwürfe richten sich vor allem auch an die Kirche. Denn sie erhebt den Anspruch, verbindlich zu lehren.

Dies tut sie nicht aus eigener Machtvollkommenheit, sondern in Jesu Auftrag: „Lehret sie, alles zu befolgen, was ich euch geboten habe" (Mt 28,20). „Wer euch hört, der hört mich, und wer euch ablehnt, der lehnt mich ab" (Lk 10,16). Die Verbindlichkeit dessen, was die Kirche lehrt, stammt also letztlich nicht vom Papst oder den Bischöfen sondern von Jesus Christus. Wir haben nur weiterzugeben, was er sagt. Wir haben nichts hinzuzufügen und nichts wegzunehmen.

Aber an den Wahrheiten, die zum Glaubensgut gehören, ist nicht zu rütteln. Sie stehen nicht zur Disposition. Die Wahrheit ist nicht in die freie Entscheidung jedes einzelnen gestellt. In unsere Entscheidung ist gestellt, sie anzunehmen oder sie abzulehnen. Dazu gehört auch, sich um das entsprechende Glaubenswissen und Glaubensverständnis zu bemühen.

Auch der Papst und wir Bischöfe sind an das Wort Gottes gebunden. Wir verfügen nicht über Gottes Wort, sondern haben ihm zu dienen, indem wir es unverkürzt verkünden. Auch uns gilt die Weisung des Paulus an seinen Schüler Timotheus: „Verkünde das Wort, tritt dafür ein, ob man es hören will oder nicht; ... Es wird eine Zeit kommen, in der man die gesunde Lehre nicht erträgt, sondern sich nach eigenen Wünschen immer neue Lehrer sucht, die den Ohren schmeicheln" (2 Tim 4,2 f.) Dieses Wort hat auch heute seine volle Gültigkeit.

Beschädigt aber die Verbindlichkeit der kirchlichen Lehre nicht unsere Freiheit? Sie schränkt unsere Freiheit nicht ein, sondern fordert sie heraus. Christus nötigt sich keinem auf, und auch die Kirche hat dazu nicht das Recht.
Christus ruft, bietet an, bittet sogar und appelliert an unsere Freiheit, aber zwingt keinen. Zu Beginn des 3. Jahrhunderts schrieb Origenes[8] das schöne Wort: „Christus trägt über keinen den Sieg davon, der es nicht will. Er siegt nur durch Überzeugen." Der Grund dafür liegt darin, dass sein Wort an uns ein Wort der Liebe ist, das nur mit Liebe beantwortet werden kann. Das setzt Freiheit voraus. Zwang, Nötigung würde alles zerstören. Ohne Freiheit keine Liebe. In seinem Wort, durch die Verkündigung der Kirche vermittelt, werden wir beschenkt. Jesus beschenkt uns mit der Wahrheit über Gott und über uns, mit der Wahrheit, die er selbst ist. Sie fordert als Antwort nicht Beliebigkeit, sondern unser verbindliches, in Freiheit gesprochenes Ja.
Warum aber tun sich Menschen oft so schwer, sich durch den Mund der Kirche mit der Wahrheit beschenken zu lassen? Es gibt Menschen, die keine Geschenke entgegennehmen oder zumindest nur unter innerem Widerstand entgegennehmen können. Nicht selten liegt ein wesentlicher Grund hierfür in Demütigungen, die sie – oft schon als Kinder – erfahren mussten. Nicht selten scheint die Demütigung, die wir uns durch die Sünde selbst zugefügt haben, uns unfähig zu machen, sogar das Geschenk Gottes anzunehmen. Damit berauben wir uns selbst.
Gewiss hat nicht alles, was die Kirche lehrt, die gleiche Verbindlichkeit. Manchmal fällt es auch nicht leicht zu erkennen, was das Wort des Herrn und der Kirche in einer konkreten Situation von uns erwartet. Bemühen wir uns deshalb um echte Gewissensentscheidung und lassen wir uns nicht von der Haltung ichsüchtiger Beliebigkeit anstecken. Sagen wir in Freiheit unser verbindliches Ja zu dem, was uns Jesus durch die Kirche zu glauben vorlegt. Versperren wir uns nicht vor dem Angebot des Herrn, sondern lassen wir uns von ihm durch den Dienst der Kirche mit seiner Wahrheit beschenken. Seine Wahrheit macht uns geistlich reich und frei.

Abschließend möchte ich noch die öffentliche Diskussion um die Erneuerung der Kirche ansprechen, die in den letzten Wochen durch das so genannte Kirchenvolksbegehren medienwirksam breite Aufmerksamkeit gefunden hat.[9] Um es gleich klarzustellen: Wir brauchen eine Erneuerung der Kirche. Die Erneuerung ist Aufgabe der Kirche zu jeder Zeit, auch heute. Das Zweite Vatikanische Konzil hat ausdrücklich gelehrt: Die Kirche ist „stets der Reinigung bedürftig, sie geht immerfort den Weg der Buße und Erneuerung" (Dogmatische Konstitution über die Kirche „Lumen gentium" 8). Die Frage lautet nur: wie?

Eine oft gehörte Forderung lautet: Es muss sich etwas ändern, so kann es nicht mehr weitergehen. Diese Forderung führt in ihrer Allgemeinheit nicht weiter. Es müsste schon deutlich werden, was geändert werden muss. Und es müsste weiter deutlich werden, aus welchen Motiven Änderungen gefordert werden. Geht es um geistliche Anliegen oder um Ideologien oder um eine falsche Anpassung an modische Trends? Vor allem aber stellt sich die Frage, wer sich ändern muss. Die Kirche ändert sich nämlich nur, wenn sich Menschen ändern.

In diesem Zusammenhang ist immer wieder der offene oder verdeckte Vorwurf der Dialogverweigerung zu vernehmen; und dies, obwohl es noch nie so viele Gremien in der Kirche gab, wo unendlich viel geredet wird. Zum echten Dialog aber gehört, dass nicht nur Meinungen und Positionen in Form von Verlautbarungen geäußert werden, sondern dass es auch zum Gespräch kommt, bei dem beide Seiten bereit sind, aufeinander zu hören und aufeinander einzugehen. Der „großflächige Verlautbarungskatholizismus“ sollte ein Stück weit zurückgenommen und durch das „kleinräumige Gespräch“ der Christen über Glaube und Kirche ergänzt werden. Und die zahllosen Sitzungsstunden sollten mit Betstunden in eine gute Balance gebracht werden.

Was ist nun mit den Forderungen des Kirchenvolksbegehrens? Sie artikulieren Probleme und Fragen, derentwegen sich nicht wenige an der Kirche wund reiben. Das müssen wir ernst nehmen.

Es muss aber auch mit aller Deutlichkeit gesagt werden, bloße Strukturveränderungen führen nicht zur Erneuerung der Kirche. Blicken wir nur auf Kirchen, in denen die Forderungen des Kirchenvolksbegehrens verwirklicht sind. Sind diese Kirchen etwa lebendiger und weniger der Erneuerung bedürftig? Eine Erneuerung der Kirche, die diesen Namen verdient, muss aus dem Innern kommen, nämlich aus der Vertiefung des Glaubens und der Frömmigkeit. Von dieser Mitte her muss die institutionelle Gestalt der Kirche belebt und dort, wo sie Fehlformen zeigt, verändert werden.

Das zeigt uns deutlich die Kirchengeschichte. Sie lehrt uns, dass die großen Erneuerer der Kirche nicht die Macher, sondern die Heiligen waren. Der Blick auf die Heiligen zeigt uns auch, dass Erneuerung nicht billig zu haben ist. „Reformen kosten etwas. Nicht finanziell, sondern existentiell. Reformen, die nur erleichtern, bringen nichts, und das ist genau die Schwäche der Aktion. ... Das Kirchenvolksbegehren ist mir da zu liberalisierend“ (J. B. Metz).

Die Erneuerung der Kirche steht und fällt darum mit unserer Erneuerung, das heißt mit unserer Bereitschaft, dem Ruf Gottes zur Heiligung zu folgen. „Das ist der Wille Gottes, eure Heiligung“ (1 Thess 4, 3). Billiger ist die Erneuerung der Kirche nicht zu haben.

Damit sind wir bei der entscheidenden Frage angelangt, die sich wie ein roter Faden durch alle Probleme hindurchzieht, die wir im Rückblick auf das Jahr 1995 bedacht haben. Das ist die Gottesfrage. Wie stehen wir zu Gott? Wie er zu uns steht, hat er uns gesagt und gezeigt. „So sehr hat Gott die Welt geliebt, dass er seinen einzigen Sohn hingab, damit jeder, der an ihn glaubt, nicht zugrunde geht, sondern das ewige Leben hat" (Joh 3,16). In Jesus Christus ist Gott uns ganz nahe gekommen, um für immer bei uns zu sein. „Ich bin bei euch alle Tage bis zum Ende der Welt" (Mt 28,20).

Gott ist uns nahe. Sind aber auch wir ihm nahe? Leben wir unser Leben in Gottes Nähe? Oder halten wir ihn uns vom Leib und leben, als ob es ihn nicht gäbe? Ergreifen wir seine uns entgegengestreckte Hand?

Von Karl Rahner[10] stammt das heute mit Recht oft zitierte Wort: „Der Christ der Zukunft wird ein Mystiker sein, oder er wird nicht sein." Damit sind nicht Visionen oder Verzückungen gemeint, sondern ein Leben in der Gemeinschaft mit Gott, ein Leben vor Gottes Angesicht, ein Leben, das Gott gehört. Davon hängt die Zukunft unseres Christseins und der Kirche in unserem Land ab.

Unser ganzes Leben und alles, was wir tun, hat mit Gott zu tun. In allen Dingen unseres Lebens ist er dabei und hat seine Hand im Spiel, um uns zu helfen. An uns ist es, uns auf ihn einzulassen, um mit ihm unser Leben zu meistern.

Ein Gebet von Antoine de Saint-Exupéry[11] beginnt so: „Erscheine mir, Herr, denn alles ist schwer, wenn der Geschmack an Gott verlorengeht." Hier wird uns der Schlüssel zum neuen Jahr gegeben: Wir brauchen Geschmack an Gott. Dieser Geschmack stellt sich ein, wenn wir ernst machen mit einem Leben vor Gottes Angesicht. Dann finden wir Freude an Gott und Freude am Leben. In dieser Freude dürfen wir getrost allen Herausforderungen des neuen Jahres entgegengehen. „Mit meinem Gott überspringe ich Mauern" (Ps 18,30), heißt es in den Psalmen.

Ich wünsche Ihnen allen für das neue Jahr Geschmack an Gott und Freude an ihm und Freude am Leben.

Amen.

1 In einem Volksentscheid am 7. Juli 1968 entschied sich die bayerische Bevölkerung für eine Verfassungsänderung zur Einführung der christlichen Gemeinschaftsschule als Regelschule im Volksschulbereich.

2 die tageszeitung (taz), Nr. 4693, 11.8.1995, S. 1.

3 Das Satiremagazin „Titanic" hatte auf der Titelseite der Oktober-Ausgabe den Gekreuzigten als Toilettenpapierhalter abgebildet und dazu getitelt: „Spielt Jesus noch eine Rolle?"

4 Neil Postman (1931-2003), US-amerikanischer Medienwissenschaftler und Kulturphilosoph.

5 Fjodor Dostojewski (1821-1881), russischer Schriftsteller.

6 Mit Wirkung vom 1. April 1995 wurde Albert Bauernfeind von seinem Amt als kommissarischer Leiter des Erzbischöflichen Jugendamtes und mit Wirkung vom 2. Oktober 1995 als Münchener Stadtjugendpfarrer entpflichtet.

7 Die Deutsche Bischofskonferenz gab im Jahr 1995 nach der Einarbeitung von Hinweisen auf den Katechismus der Katholischen Kirche (1992) und die Enzyklika „Veritatis Splendor" (1992) den zweiten Band des Katholischen Erwachsenen-Katechismus heraus. Druck: Katholischer Erwachsenen-Katechismus, Bd. 2: Leben aus dem Glauben, Freiburg/Br. 1995; Internetadresse: http://dbk.de/katechismus/index.php

8 Origenes (um 185 - um 254), Theologe und Kirchenschriftsteller.

9 Das Initiative KirchenVolksBegehren „Wir sind Kirche" sammelte vom 16. September bis 12. November 1995 ca. 1,8 Millionen Unterschriften für fünf Forderungen: 1. Aufbau einer geschwisterlichen Kirche; 2. Volle Gleichberechtigung der Frauen in allen kirchlichen Ämtern; 3. Keine Bindung des Priesteramtes an den Zölibat; 4. Positive Bewertung der Sexualität und Anerkennung der verantworteten Gewissensentscheidung; 5. Frohbotschaft statt Drohbotschaft.

10 P. Karl Rahner SJ (1904-1984), deutscher Jesuit.

11 Antoine de Saint-Exupéry (1900-1944), französischer Schriftsteller.

Silvesterpredigt 1996

Was ist los mit unserer Zeit?

Bilanz und Ausblick

Brüder und Schwestern im Herrn!

Ein Religionslehrer legte den Kindern im Unterricht das 3. Kapitel des Johannesevangeliums vor. Dann forderte er sie auf, jeder solle aus diesem Kapitel den Satz, der ihm am besten gefalle, aufschreiben. Das Ergebnis: Drei Viertel der Kinder hatte folgenden Vers aufgeschrieben: „Gott hat die Welt so sehr geliebt, dass er seinen einzigen Sohn dahingab, damit jeder, der an ihn glaubt, nicht zugrunde geht, sondern das ewige Leben hat" (Joh 3, 16). Gott sorgt sich um uns, nicht mit leeren Worten oder unverbindlichen Gefühlen, sondern durch die Hingabe seines Sohnes. Er will, dass niemand von uns zugrunde geht. Das haben die Kinder ganz richtig erfasst. Wir alle sollen das Leben haben und zwar in Fülle.
Gott sorgt sich um uns. Sorgen auch wir uns um uns? Wir sorgen uns um gar vieles: um Gesundheit, Wohnung und Lebensunterhalt, Versicherungen und Altersversorgung, und nicht wenige haben Angst vor dem Wertverfall unserer Währung. Die Debatte um den Euro zeigt es. Diejenigen, die schon eine Inflation oder gar zwei miterlebt haben, wissen um die Folgen. Mit Recht tragen wir Sorge, dass der Wert unserer Währung nicht verfällt und unser Leben hinreichend abgesichert ist.
Sind wir aber ebenso besorgt um den Erhalt der geistigen, sittlichen Werte in unserem Alltag? Der Verfall geistiger Werte ist viel schlimmer als der Verfall des Geldwertes.
Ist unsere Sorge um die Stabilität des Geldes vielleicht größer als die Sorge um die sittliche Festigkeit des Menschen?
Ein anderes Sorgenkind sind die öffentlichen Haushalte. Sie weisen vom Bund über die Länder bis zu den Kommunen Defizite auf, von denen niemand weiß, wie sie getilgt werden. Ein kritischer Beobachter dieser Entwicklung hat dies einmal so formuliert: Wir schleppen uns von Defizit zu Defizit.
Das kommt aber daher, dass wir über unsere Verhältnisse leben, und zwar auf Kosten der kommenden Generationen. Eltern sagen: Unsere Kinder sollen es nicht schlechter haben als wir, sondern besser. Das ist gut so. Aber als Gemeinschaft tun wir genau das

Gegenteil. Wir stellen Ansprüche, die von den kommenden Generationen zu bezahlen sind. Wir haben einen Stil entwickelt, der schon allein auf die heute in der Welt lebenden Menschen nicht übertragbar ist, geschweige denn auf künftige Generationen.
Hinter dem längerfristig nicht ausgleichbaren Defizit der öffentlichen Haushalte verbirgt sich auch ein sittliches Defizit: mangelnde Verantwortung für die Zukunft; ein Defizit an Solidarität mit den kommenden Generationen.
Mensch kann man nur sein in der Gemeinschaft der Mitmenschen. Ohne Mitmenschlichkeit keine Menschlichkeit. Mitmenschen sind jedoch nicht nur die Hausbewohner und Arbeitskollegen. Auch die Menschen der kommenden Generation gehören dazu. Die Sorge um die Menschen der kommenden Zeit gehört darum zu der Sorge um den Menschen, die uns heute aufgegeben ist.
Wir müssen daher unsere Ansprüche überprüfen, und viele von uns müssen vom überzogenen Besitzstandsdenken Abschied nehmen. Wenn wir über weniger materielle Werte verfügen, werden wir vielleicht wieder sensibler für geistige, kulturelle und religiöse Werte.
Ein weiteres Sorgenkind ist die Arbeitslosigkeit. Es zeigt sich am Horizont noch kein Silberstreifen durchgreifender Verbesserung. Da wird gerungen und gekämpft um volle Lohnfortzahlung im Krankheitsfall, um einen Urlaubstag, bei Lohnerhöhung um die Stelle hinter dem Komma.
Wird mit dem gleichen Ernst auch um die geistigen Voraussetzungen gerungen, die notwendig sind, um das Problem wenigstens einigermaßen in den Griff zu bekommen? Die Arbeitslosigkeit bei uns ist unter anderem eine Folge struktureller Veränderungen in Gesellschaft und Wirtschaft. Wenn durch leistungsfähigere Maschinen und Apparate weniger Arbeit für die Menschen vorhanden ist, die Zahl der Arbeit Suchenden aber nicht abgenommen, sondern zugenommen hat, führt das zwangsläufig zu Arbeitslosigkeit. Die Wirtschaft kennt zudem ihre eigenen Abläufe, die nur schwer beeinflussbar sind. Diese Vorgänge so zu handhaben und zu steuern, dass Arbeitsplätze entstehen, fordert natürlich auch die Bereitschaft zu teilen; was heißt, mit weniger zufrieden zu sein um der anderen willen. Es ist auf Dauer nicht hinnehmbar, dass Millionen arbeitsfähige und arbeitswillige Menschen ausgegrenzt werden und keine Arbeit bekommen.
Das Problem der Arbeitslosigkeit wird nicht ausschließlich am Verhandlungstisch zwischen den Tarifpartnern gelöst, wenn dort auch wichtige Entscheidungen fallen, die sich auf den Arbeitsmarkt auswirken. Das strukturelle Problem der Arbeitslosigkeit wird nur entschärft, wenn wir umdenken und sich in unseren Köpfen strukturelle Verhärtungen lösen.

Auch europäische Entwicklungen rufen unsere Sorge um den Menschen wach. Das Europaparlament in Straßburg verabschiedete eine Bioethik-Konvention. Derzufolge soll es europaweit erlaubt sein, medizinische Experimente an nicht einwilligungsfähigen Personen wie Geisteskranken, kleinen Kindern oder Patienten im Koma in Ausnahmefällen selbst dann durchzuführen, wenn sie keinen direkten Nutzen für den Betroffenen haben. „Sieg der Forschung über die Menschenrechte" überschrieb eine Zeitung treffend ihren Bericht. Wir sind dankbar, dass die deutsche Bundesregierung dieser Konvention nicht zustimmt.

Wir sagen ja zur Forschung und sind den Forschern für ihre Arbeit dankbar. Sind wir doch alle Nutznießer ihrer Forschertätigkeit. Aber die Forschung darf sich nicht über Menschenrechte hinwegsetzen und den Menschen zum Gegenstand von Experimenten entwürdigen. Auch der behinderte und unheilbare Mensch ist Person, dessen Würde nicht angetastet werden darf.

Dies gilt in gleichem Maße für das Kind, das im vergangenen Jahr in bestürzender Weise zum Opfer verbrecherischer Gewalt wurde, bei uns und anderwärts in Europa.[1] Die Würde des Kindes ist unantastbar. Ich frage besorgt: Sind die an Kindern verübten Misshandlungen und Schandtaten Signal für Morbidität in unserer Gesellschaft, die viele offene und verdeckte Stufen sittlicher Verwahrlosung kennt?

In England wurden dieses Jahr Tausende tiefgekühlter Embryonen vernichtet, das heißt, Tausende Menschenleben getötet. So weit kommen wir, wenn wir uns nicht an die Ordnung Gottes halten und Embryonenbanken anlegen. Welch ein Menschenbild tritt da zutage, wenn Menschen auf Vorrat produziert werden!

Wir machen uns um vieles Sorge, mit guten Gründen. Aber vergessen wir darüber nicht allzu leicht die Sorge um unser wahres Menschsein und eine humane Gesellschaft? Kommt bei all unserem Arbeiten und Bemühen nicht der Mensch zu kurz, der nicht nur vom Brot allein lebt?

Es scheint, dass das menschliche Leben schwieriger geworden ist, trotz all der unzähligen Erleichterungen, die uns der Fortschritt der Technik gebracht hat. Was ist doch alles durch das Flugzeug, ICE, Auto, Telefon und Telefax, Computer, Kühlschrank, Waschmaschine möglich geworden. Trotz dieser Erleichterungen ist das Leben nicht leichter geworden. Das kommt daher, dass unsere Welt und unsere Gesellschaft eine fortschreitende Differenzierung durchlaufen. Dabei geht die Übersicht verloren. Das Ganze gerät uns aus dem Blick. Die erfahrene Wirklichkeit wird immer weniger durchschaubar und immer unberechenbarer.

Die fortschreitende Differenzierung hat auch Abhängigkeit – bei den einzelnen Menschen und in der Staatengemeinschaft – zur Folge, oft wird sie nicht einmal wahrgenommen. Stellen wir uns vor, die OPEC[2] würde uns heute von der Erdölzufuhr abschneiden. Es gäbe kein Benzin mehr, alle Autos blieben stehen. Wie sähe da unser Leben aus? Die Undurchschaubarkeit verursacht Ängste, und die Differenzierung bringt Vereinzelung und Vereinsamung mit sich.

Ein weiteres Merkmal unserer Zeit ist, dass wir keine Zeit haben. In einer Stunde sehen und hören und erfahren wir mehr als die Generation vor uns in einer ganzen Woche, ja in einem ganzen Monat. Alles muss schnell gehen. Die Beschleunigung unserer Erfahrung lässt uns keine Zeit, die Flut der Bilder, der Worte, der Eindrücke und Erlebnisse zu verarbeiten.

Vor kurzem stieß ich auf ein Gedicht, in dem unsere Zeit folgendermaßen charakterisiert wurde:

was ist los
mit unserer Welt?
was ist los
mit unserer Zeit?

immer mehr
immer besser
immer schneller

schneller
besser
mehr

lauter
hektischer
angestrengter

noch eine Idee
noch ein Termin
noch eine Aktivität

noch ein Plan
noch eine Veranstaltung
noch ein Gremium

wir legen uns krumm
sichern uns ab
amüsieren uns zu Tode

wir stopfen uns voll
mit Bildern und Eindrücken
Lärmen und Hast

und machen
und machen
und tun

wir strengen uns an
wir strengen uns noch mehr an
– und doch ändert sich nichts

also
noch mehr tun
und noch mehr machen

noch besser
noch schneller
noch mehr

noch mehr
von demselben

das scheint
nicht der Weg zu sein
der unsere Sehnsucht stillt

ganz im Gegenteil

Andrea Schwarz

Es wird nur wenige unter uns geben, die in diesen Zeilen unsere Zeit und sich selbst nicht wieder erkennen. Wir wollen mit dem Aufzählen dieser kritischen Beobachtungen unsere Zeit und unsere Welt nicht schlecht machen. Man kann ja auch so viel Gutes aufzählen, was Tag für Tag geschieht. Allein die Tatsache, dass wir in Deutschland wieder auf ein Jahr in Friede, Freiheit und für die meisten auch in Wohlstand zurückblicken können, zeigt doch, dass viele Menschen viel Gutes bewirkt haben. Es wäre undankbar, dies nicht anzuerkennen.

Wir müssen aber zugleich auch die Augen offen halten, um zerstörerische Tendenzen zu sehen, die von Menschen ausgehen und auf den Menschen zurückschlagen.

Es ist nicht so, dass soziale und politische Entwicklungen mit der Notwendigkeit von Naturgesetzen auf uns zukommen, denen wir hilflos wie einem Hochwasser ausgeliefert wären. Wir Menschen selbst gestalten weithin selbst die Welt, im Guten wie im Bösen. Kriege wie in Ruanda[3] und Bosnien[4] sind doch keine Naturereignisse, sondern sind in hasserfüllten, machtgierigen und ideologisch verblendeten Menschenherzen entstanden und schlagen nun mit dem Elend, das sie mit sich gebracht haben, auf die Menschen zurück.

Umgekehrt entspringt auch das Gute in den Herzen der Menschen. In diesen Tagen wurde hier in der Frauenkirche die diesjährige Sternsingeraktion eröffnet. Anwesend war eine Gruppe Jugendlicher aus Ecuador. Die jungen Leute hatten als Kinder kein Zuhause, keine Eltern, die sich um sie kümmerten. Einige waren buchstäblich auf der Straße aufgelesen worden, andere waren bereits während ihrer Kindheit in die Drogenszene geraten. Sie alle haben in einem Haus Heimat gefunden, wo eine deutsche Ordensschwester wie eine Mutter für sie sorgte. In diesem Haus haben sie Liebe erfahren, und heute hat jeder einen ordentlichen Beruf erlernt.

Auch das Gute, das geschieht, kommt nicht wie ein Naturereignis über uns. Nur weil es Menschen mit einem guten Herzen gibt, geschieht Gutes in der Welt. Das Gute und Richtige muss nicht selten mühsam gesucht werden. In allen persönlichen und öffentlichen Lebensbereichen gilt es, in den vorgegebenen Gesetzmäßigkeiten und manchen Widerständen den Spielraum für menschliche Freiheit und Verantwortung zu finden. Wenn wir schon die Antwort nicht kennen – etwa in vielen Problemen von Wirtschaft und Politik –, sollen wir Fragen stellen, aber Fragen, die nicht an der Oberfläche bleiben, sondern in die Tiefe gehen.

In dem schon aufgeführten Gedicht werden einige solcher Fragen gestellt:

Könnte es sein
daß wir
das Eigentliche verloren
vergessen
verdrängt haben

daß wir unsere Wurzeln
abgeschnitten haben
unseren Grund verlassen
die Quellen zugeschüttet
haben

könnte es sein
daß wir gerade deshalb
so viel tun?

könnte es sein
daß wir die Fragen
nicht mehr aushalten
und deshalb dauernd Antworten geben?

könnte es sein
daß wir die Leere nicht mehr aushalten
und uns deshalb
so mit Bildern und Worten anfüllen?

könnte es sein
daß wir die Stille nicht mehr aushalten
und deshalb so laut geworden sind?

könnte es sein
daß wir uns selbst nicht mehr aushalten
und uns deshalb so nach außen orientieren?

könnte es sein
daß wir vor lauter Unterwegs-Sein
das Ziel aus den Augen verloren haben?

Das sind Fragen, die in die Tiefe vorstoßen. Wer gibt uns Antwort in unserer Ratlosigkeit?
„Herr, zu wem sollen wir gehen? Du hast Worte des ewigen Lebens" (Joh 6,68), sagte einst Petrus im Namen der Zwölf zu Jesus. Gehen auch wir zu Jesus. Er gibt uns die Antwort, die wir brauchen, damit das Leben richtig wird. Er gibt uns nicht Antwort auf unsere vielen Einzelfragen, z. B. wie wir unsere Finanzen in Ordnung bringen sollen oder welche wirtschaftspolitischen Entscheidungen wir treffen müssen, um aus der gegenwärtigen Arbeitslosigkeit herauszukommen. Dazu hat er uns Verstand und Willen gegeben. Aber er sagt uns, wozu wir da sind und auf welches Ziel hin wir leben sollen. Und damit gibt er uns Hoffnung und Vertrauen, Mut und Durchsicht als Grundlage, auf der wir die fälligen Entscheidungen treffen können.
Bei Jesus können wir Orientierung finden und Weg und Ziel ausmachen und unser Leben wie ein Schiff in den bergenden Hafen steuern. Täuschen wir uns nicht: Auf einem großen Schiff kann alles in bester Ordnung sein. Die Gäste haben genug zu essen und zu trinken, im Krankheitsfalle wird geholfen, für Unterhaltung und Beschäftigung ist gesorgt. Aber das Schiff fährt in die falsche Richtung, es kommt nicht am Ziel an, sondern stößt auf einen Eisberg und sinkt.
So gibt es bei uns eine Fülle von Einzelheiten und Zusammenhänge, die richtig sind. Aber die Frage ist: ob das Ganze unseres Lebens, der Gesellschaft wie des Einzelnen, richtig ist.
Gehen wir zu Jesus und lassen wir uns von ihm sagen, worauf es ankommt. Seine Antwort ist eindeutig: „Suchet zuerst die Gottesherrschaft und ihre Gerechtigkeit, alles andere wird euch dazugegeben werden" (Mt 6,33).
Die Herrschaft Gottes aufzurichten, dazu ist Jesus gekommen. Er sammelt die Menschen um sich, um sie in das Reich seines Vaters zu führen. Dort werden sie auf ewig glücklich sein. Das schließt ein, dass die Menschen sich der Herrschaft Gottes unterwerfen, seinen Willen erfüllen und ihm die Ehre geben, die ihm gebührt. Darum lehrt er uns, im Vaterunser zu beten: „Dein Reich komme, dein Wille geschehe!"
Der Wille Gottes richtet sich nie gegen uns, sondern zielt auf unser Heil, auch wenn es oft für uns nicht durchschaubar ist und von uns Opfer verlangt. Den Gott, der unseren

Wünschen und Träumen angepasst ist, gibt es nicht. Aber alles, was er von uns verlangt, dient unserem Heil.

Wir leben in einer Welt, in der die Selbstbestimmung, bisweilen sogar Selbstherrlichkeit des Menschen gegenüber Gott weit verbreitete Grundstimmung ist. Die Frage, was Gott von uns will, ist verstummt. Gott scheint der große Vergessene unseres Zeitalters zu sein. Nietzsche[5] erklärte einst Gott für tot. Er ist damit zum Propheten der so genannten postmodernen Lebenswelt geworden, der Gott, wie es scheint, einfach abhanden gekommen ist.

Daraus resultiert so manches, was uns zu schaffen macht. „Wenn Ihm (Gott) sein Recht nicht geschieht, wird das Dasein krank". Denn: „Der Gehorsam gegenüber Ihm (Gott) bildet den Kern aller Ordnung" (Romano Guardini). Das betrifft nicht nur den Einzelnen, sondern auch die menschliche Gesellschaft, auch die Gemeinschaft des Volkes in einem Staat. Gott, den wir bezeugen oder verleugnen, wird durch unseren Glauben wie auch Unglauben immer zu einer Kraft, die Gesellschaft und Politik entscheidend prägt. In diesem Sinn ist Gott ein Politikum.

Wenn der Mensch Gott vergisst, vergisst er auch, wer er selbst ist. Ebenso wenn ein Staat Gott vergisst, vergisst auch er, was er ist. Die totalitären Systeme zeigen es. Gott vergessen oder Gott verdrängen bringt dem Menschen Schaden. Geht die Nähe zu Gott verloren, leidet die wahre Menschlichkeit. Ohne Gott wird der Mensch zu einem Pilger ohne Ziel, zu einem Irrläufer.

Gehen wir darum in die Schule Jesu und lernen wir bei ihm, wo der letzte Bezugspunkt unseres Daseins ist. Wir dürfen nicht Zweit-, Dritt- und Viertrangiges zur Hauptsache machen. Die Hauptsache in unserem Leben ist Gott. Am Ja oder Nein zu ihm, am Ja oder Nein gegenüber seinem Willen entscheidet sich das Ganze unseres Lebens.

Suchen wir darum die Gottesherrschaft, sein Reich, und vertrauen wir auf die Zusage Jesu, dass uns dann alles andere dazugegeben wird. Suchen wir seinen Willen und seine Gerechtigkeit, dann wird das Ganze unseres Lebens richtig. Dann stehen wir auf einem festen Boden, um Lösungen für die vielfältigen Probleme und Nöte zu finden, vor die wir uns im öffentlichen Leben, in Wirtschaft und Politik, aber auch im persönlichen Leben gestellt sehen. Der Gehorsam gegen Gott bildet den Kern aller Ordnung in uns und in der Welt. Mit dem Blick auf Gott können wir getrost in das neue Jahr gehen.

Brüder und Schwestern im Herrn, ich möchte meine Überlegungen an der Jahreswende mit einem kurzen Gedanken über die geistliche Bedeutung unserer Zeitrechnung für unser Leben abschließen. Bei der Angabe von Jahreszahlen an Kirchen und auch vielen nichtkirchlichen Gebäuden lesen wir oft die Worte „anno Domini – im Jahr des Herrn". In dieser Form, die Zeit zu bestimmen, drückt sich unser Glaube aus, dass Christus der Herr der Zeit ist. Ihm gehört die Zeit, ihm gehört das Jahr. „Sein ist die Zeit und die Ewigkeit", heißt es in der Osterliturgie bei der Weihe der Osterkerze.

Der Heilige Vater[6] hat uns aufgerufen, das neue Jahr als Christusjahr zu begehen, um uns auf das große Jubiläum der Menschwerdung des Gottessohnes vor 2000 Jahren vorzubereiten. Das Jahr 1997 soll also in besonderer Weise Christus gehören.

Wir geben dem neuen Jahr die Zahl 1997, weil wir bei der Zählung der Jahre mit der Geburt Jesu Christi beginnen. Diese Zählung ist ein Bekenntnis. Denn damit sagen wir, an wem wir uns orientieren und unter wessen Herrschaft wir stehen. Im Altertum war es nämlich weithin üblich, die Zeitrechnung an den Regierungsjahren des jeweiligen Herrschers festzumachen. So lesen wir im Evangelium, wie das Auftreten Johannes des Täufers zeitlich bestimmt wird: „Im 15. Jahre der Regierung des Kaisers Tiberius" (Lk 3,1).

Mit solchen Zeitangaben wurde auch mitgeteilt, zu welcher Nation und welchem Herrschaftsbereich einer zugehörte. So endet der Bericht über das Martyrium des hl. Apollonius[7] im zweiten Jahrhundert in Rom mit der folgenden Datierung: „Es litt aber der dreimal selige Apollonius der Asket nach römischer Berechnung am 11. vor den Kalenden des Mai, nach asiatischer aber im achten Monat, nach unserer Zeitrechnung unter der Herrschaft Jesu Christi, dem Ehre sei in alle Ewigkeit."

Die Christen jener Zeit benutzten im Umgang mit ihrer Umwelt die dort übliche Zeitrechnung. Sie selbst aber entwickelten ein eigenes geschichtliches Verständnis der Zeit, das sich nicht nach den Regierungsjahren der irdischen Herrscher richtete, sondern sich an der Herrschaft Jesu Christi orientierte, welcher der Herr aller Herren und König über alle Könige ist. „Nach unserer Zeitrechnung unter der Herrschaft Jesu Christi" heißt es stolz in dem Bericht des Martyriums. Das ist so wichtig, dass die Zahl der Jahre und der Monate zurücktreten können. Entscheidend für die Zeit ist nur eines: Sie und alles, was in ihr geschieht, steht unter der Herrschaft Jesu Christi.

Wenn wir das neue Jahr das 1997. Jahr nach der Geburt des Herrn benennen, sagen wir damit aus: Wir leben unter der Herrschaft Jesu Christi, wir gehören zu seinem Herrschaftsbereich und leben darum in einer Heilszeit, mag noch so viel Unheiles geschehen.

Stellen wir uns darum im neuen Jahr entschieden unter die Herrschaft Jesu Christi und damit unter die Herrschaft unseres Gottes. Vorbild können uns die beiden Märtyrer Bernhard Lichtenberg[8] und Karl Leisner[9] sein, die der Heilige Vater heuer bei seinem Deutschlandbesuch in Berlin selig gesprochen hat.[10] Sie haben mit Entschiedenheit unter

der Herrschaft Jesu Christi gelebt. Das hat ihrem Leben Tiefgang und Freiheit gegeben und die Kraft, sich der damaligen Diktatur nicht zu beugen. Sie sind als Sieger aus diesem Kampf hervorgegangen.
Suchen wir in diesem Christus-Jahr 1997 zuerst das Reich Gottes und seine Gerechtigkeit, wie Jesus uns geheißen hat. Dann wird uns alles andere dazugegeben werden. Dann wird das neue Jahr für uns ein Jahr in Würde und Freiheit, ein Jahr in Freude am Leben werden. Das wünsche ich Ihnen allen von Herzen.
Amen.

1 Besondere Beachtung fanden die Verbrechen an Kindern in Belgien, die der bei Charleroi lebende Marc Dutroux und seine Komplizen begangen haben.

2 Organization of the Petroleum Exporting Countries (dt.: Organisation erdölexportierender Länder), gegründet in der Zeit vom 10. bis 14. September 1960 in der irakischen Hauptstadt Bagdad.

3 Der Abschuss des Flugzeugs des ruandischen Staatspräsidenten Juvenal Habyarimana am 6. April 1994 bildete den Ausgangspunkt für den planmäßig durchgeführten Völkermord an den Tutsi, verbunden mit der Ermordung dissidenter Angehöriger der Hutu. Bis Juni wurden ca. 500000 Menschen ermordet.

4 Seit Anfang März 1992 führten die verschiedenen Volksgruppen in Bosnien einen Bürgerkrieg, der erst 1995 durch den Dayton-Vertrag beendet werden konnte.

5 Friedrich Nietzsche (1844-1900), deutscher Philosoph.

6 Johannes Paul II. (1920-2005), Papst (1978-2005).

7 Hl. Apollonius (gest. 184/185), Märtyrer.

8 Bernhard Lichtenberg (1875-1943), katholischer Priester, Seliger.

9 Karl Leisner (1915-1945), katholischer Priester, Seliger.

10 Vom 21. bis 23. Juni 1996 besuchte Johannes Paul II. Deutschland zum dritten Mal nach 1980 und 1987. Stationen seiner Reise waren diesmal Paderborn und Berlin.

Silvesterpredigt 1997

Die Gesellschaft braucht ethische Vertiefung

Brüder und Schwestern im Herrn!

Dieser Tage konnte man in der Presse lesen: Die Deutschen gehen wieder mit mehr Zuversicht ins neue Jahr. Es ist gut, wenn wir nicht mit Ängsten, sondern zuversichtlich in die Zukunft blicken. Denn Angst trübt den Blick und bindet Kräfte.
Andererseits müssen wir uns aber auch fragen: Worauf gründet sich denn dieser Optimismus? Schwerlich auf den Erfahrungen des nunmehr vergangenen Jahres. Mit dem 1. Januar beginnt zwar ein neues Jahr. Damit aber werden wir die Last des alten nicht los. Das neue Jahr beginnt, wie das alte geendet hat. Es ist genau wie beim Bankkonto: Das Plus oder Minus des 31. Dezember ist auch das Plus oder Minus des 1. Januar. Wir können das, was geworden ist, nicht abschütteln und tun, als sei es nicht mehr da.
Ehe um Mitternacht die Böller krachen, die Raketen aufsteigen und die Korken der Sektflaschen knallen, ist es darum angebracht zurückzublicken, um mit nüchternen Erwartungen, aber auch mit Zuversicht ins neue Jahr zu gehen.

Als soziales Problem Nummer eins gilt seit langem die hohe Arbeitslosigkeit. Vor Jahren wurde die Hoffnung geäußert, bis zum Jahr 2000 könne die Zahl der Arbeitslosen halbiert werden. Tatsächlich aber ist sie weiter angestiegen und hat inzwischen die Rekordhöhe von 4 bis 5 Millionen erreicht. Gleichzeitig kündigt jede zweite Wirtschaftsbranche für das kommende Jahr weiteren Personalabbau an.
Und dies, obwohl der Export boomt und nicht wenige Unternehmen kräftige Gewinne vorweisen können. Das hat sicher mit der Rationalisierung zu tun, und es hängt auch mit der Globalisierung zusammen. Unsere Wirtschaft ist in den weltweiten Markt eingebunden und auch von ihm abhängig. Aber es kommen auch andere Faktoren ins Spiel. Von einem Unternehmer hörte ich, er habe Arbeitskräfte gesucht, damit er die Aufträge seiner Kunden erfüllen konnte. Deutsche Arbeiter fand er nicht, so stellte er Ausländer ein.
Es ist nicht leicht, die Gesetzmäßigkeiten des Marktes und das nicht absehbare Verhalten des Menschen in der Wirtschaft so ins Spiel zu bringen, dass die Menschen dabei nicht unter die Räder kommen. Mit dem Bündnis für Arbeit[1] hat man dies versucht, auf der

Bundesebene leider ohne Erfolg. Auf der bayerischen Landesebene ist es besser gegangen. Da gelang es, für die Jugendlichen genügend Lehrstellen zu schaffen.

Im Zusammenhang mit der Arbeitslosigkeit wird immer wieder von einer neuen Armut gesprochen. Die gibt es in der Tat. Unser Caritasverband bekommt das zu spüren. Zugleich aber gibt es auch einen neuen Reichtum. Die Weihnachtseinkäufe der letzten Wochen und die seit langem ausgebuchten Flüge in die Sonnenregionen sind keine Zeichen von Massenarmut, sondern Auswirkungen eines verbreiteten Wohlstandes.

Es gibt beides, Armut und Reichtum. Das ist nicht neu. Arme und Reiche hat es immer gegeben, das wird auch in Zukunft so bleiben. Aber die Schere zwischen arm und reich darf nicht ständig weiter auseinandergehen.

Die Besitzenden dürfen die Armen nie aus dem Blick verlieren. Die mehr haben, als sie brauchen, müssen denen geben, die zu wenig haben, um menschenwürdig leben zu können. Das war ein Grundanliegen des Wortes zur sozialen und wirtschaftlichen Lage, das die Deutsche Bischofskonferenz und der Rat der EKD im Februar dieses Jahres veröffentlicht haben.[2]

Option für die Armen. Mit diesem Wort wird die genannte Aufgabe gekennzeichnet. Gott selbst nimmt sich der Armen an. Bei uns muss es auch so sein. Das ist nicht nur Pflicht des Einzelnen, sondern auch gemeinsame Aufgabe von Staat und Gesellschaft. Wir dürfen nicht Menschen in eine Zone absinken lassen, in der sie nicht mehr menschenwürdig leben können, so schwer das in einzelnen Fällen auch zu bewerkstelligen sein mag.

Dies ist aber auch ein Gebot politischer Klugheit. Es darf ja nicht so sein wie am Anfang der 30er Jahre, als Massenarbeitslosigkeit und dadurch bedingte Armut unter anderem den Weg für den politischen Umsturz 1933 bereiteten. Gott sei Dank sind die Verhältnisse heute anders, und unsere Demokratie ist gefestigt. Dies entbindet uns jedoch nicht von der Verpflichtung, einem möglichen Kampf zwischen Arbeitsplatzbesitzern und Arbeitslosen durch fällige politische und soziale Maßnahmen entgegenzuwirken.

Mit der hohen Arbeitslosigkeit ist verbunden die Verschuldung des Staates und der öffentlichen Hände, die eine unerträgliche Belastung für die künftigen Generationen darstellt. Wir leben über unsere Verhältnisse auf Kosten anderer.

Es geht zu wenig voran. „Reformstau", das Wort des Jahres, kennzeichnet unsere Situation in diesem Jahr.

Wie geht es weiter? Vor 200 Jahren schrieb der Dichter Novalis[3]: „Wenn die Menschen einen einzigen Schritt vorwärts tun wollen zur Beherrschung der Natur durch die Kunst der Organisation der Technik, müssen sie vorher drei Schritte der ethischen Vertiefung nach innen gehen." Was Novalis hier von der Beherrschung der Natur sagt, gilt erst recht von der Lösung sozialer und wirtschaftlicher Probleme. Was uns Not tut, ist die ethische Vertiefung. Wer vorankommen will, muss in die Tiefe vorstoßen. Das geht nicht nur jene an, die an den Schalthebeln der politischen und der wirtschaftlichen Macht sitzen; das geht alle an. Wir alle müssen uns auf ethische Maßstäbe besinnen und unser Handeln daran ausrichten.

Von einem Religionslehrer hörte ich, welchen Satz er in 20 Jahren Unterricht aus dem Mund der Schüler am meisten gehört hat. Er lautet: „Das muss jeder für sich selbst entscheiden." Dieser Satz spiegelt nicht nur die Schülermentalität wider, sondern charakterisiert unsere Zeit überhaupt. Der Lehrer fragte regelmäßig zurück: „Und wie würdest Du entscheiden?" Bei dieser Rückfrage, so berichtet er, ging regelmäßig ein Aufmerken durch die Klasse. Denn jetzt wurde es interessant. Woher nehme ich die Maßstäbe für meine Entscheidung? Woran orientiere ich mich?

Wenn es keine vorgegebenen sittlichen Maßstäbe gibt, dann haben alle Recht. Dann gibt es weder wahr noch falsch, nur unterschiedliche Sichten, die aber alle gleich gültig, gleich berechtigt nebeneinander stehen. Dann kann jeder machen, was er will, jeder hat immer recht.

Wie orientierungslos wir geworden sind, zeigt sich am Umgang mit dem Kostbarsten, was es auf der Erde gibt, dem Menschen. Das beginnt beim Umgang mit dem ungeborenen Kind.

Wer wagt es heute noch, von der Verantwortung derjeniger zu sprechen, die sich in ihrem sexuellen Verhalten keine Gedanken darüber machen, dass neues Leben entstehen kann? Kommt es zur Schwangerschaft, dann ist oft von der Verantwortung der Eltern für das Kind nicht mehr die Rede, sondern von der durch ein mehr als zweifelhaftes Gesetz eingeräumten Möglichkeit, das noch nicht geborene Kind innerhalb einer bestimmten Frist der Schwangerschaft zu töten.

Anfang der 70er Jahre brach in Deutschland die Diskussion um die Abtreibung auf, die nach der Wiedervereinigung unseres Vaterlandes neu entfacht wurde. Im Juni 1995 gelangte die Bundesrepublik mit Hilfe des Bundesverfassungsgerichtes zu einer neuen gesetzlichen Regelung, die dem Schutz des Lebens dienen soll, aber zugleich ein flächendeckendes Netz von Abtreibungsmöglichkeiten vorschreibt.[4] Wie passt das zum Auftrag der Verfassung, auch das Leben der ungeborenen Kinder zu schützen?

Damit wird der Staat zum Gehilfen für die Tötung ungeborener Kinder: er stellt seine Gesundheitseinrichtungen, Krankenanstalten und sein medizinisches Personal zur Verfügung und sorgt für die Bezahlung. Statt den Auftrag der Verfassung zu erfüllen, das

Leben auch des Ungeborenen zu schützen, leistet der Staat Beihilfe bei der Tötung von Kindern. Das ungeborene Kind ist bis zur 22. Woche seines Lebens faktisch schutzlos geworden, das behinderte Kind sogar bis zu seiner Geburt.
Dieses Gesetz genügt nicht dem Anspruch der Unantastbarkeit des menschlichen Lebens. Es ist Produkt einer orientierungslos gewordenen Gesellschaft, die nicht mehr weiß, was ein Mensch ist, und schläfert dazu noch das Gewissen der Menschen ein. Darum können und dürfen wir uns mit diesem Gesetz nicht abfinden.
Wir können uns aber auch nicht mit dem Bewusstsein abfinden, das sich in unserem Volk weit verbreitet hat. Ist es nicht bedenklich, ja bedrückend, wie wenige gegen die Tötung der Ungeborenen öffentlich aufbegehren? Als die Ermordung der kleinen Nathalie bekannt wurde, ging ein Entsetzen durch unser Land.[5] Mit Recht. Denn es ist entsetzlich, was diesem Kind angetan wurde. Wo aber bleibt das Entsetzen angesichts der Tatsache, dass Jahr um Jahr Tausende und Abertausende kleiner Nathalies bereits im Schoß der Mutter getötet werden? Wie ist das zu vereinbaren: hier Entsetzen, dort schweigendes Hinnehmen, wenn nicht gar Zustimmung?
Um das Recht des ungeborenen Kindes geht es vielen nicht mehr. Es ist nicht mehr ein Mensch mit Würde, sondern ein Gegenstand, der zur Disposition steht. In diesem Zusammenhang ist erhellend, worüber vor dem Bundesverfassungsgericht heute gestritten wird: nicht mehr um den Schutz des Lebens, sondern um den Anspruch auf flächendeckende Abtreibungsmöglichkeit, um Festlegung des Tötungsrechts für Spezialisten und um die Absicherung ihres Einkommens aus der Abtreibung.
So konnte es auch dazu kommen, dass sich die zwei Senate im Bundesverfassungsgericht nicht mehr einig werden, ob das trotz einer Sterilisation oder einer versuchten Abtreibung doch geborene Kind einen Schadenersatzanspruch begründet.[6]
Kann die Rechtsprechung nicht mehr zu der Erkenntnis durchstoßen, dass die Würde eines Menschen von Anfang an missachtet wird, wenn man seine bloße Existenz als Quelle eines Schadenersatzanspruchs betrachtet? Darf man ein Kind in dem Bewusstsein aufwachsen lassen, dass, weil es „planwidrig" zur Welt kam, nicht die Eltern für seinen Unterhalt sorgen, sondern dafür ein Dritter in Erstattung eines Schadens aufkommt? Können unter solchen Umständen die leiblichen Eltern ein Kind noch erziehen, ihm Vorbild sein für die grundlegenden sozialen Tugenden der Uneigennützigkeit und Solidarität mit den Schwachen? Wenn wir erkennen müssen, dass die in unsere Verfassung als unveräußerlich aufgenommenen Rechte ihre Kraft und Verbindlichkeit verlieren, dann bleibt die Frage: Wie kann unsere Gesellschaft wieder zur Besinnung finden? Auch hier gilt, was Novalis uns ans Herz legt: Wir müssen Schritte der ethischen Vertiefung nach

innen tun. Nur so geht uns auf, was der Mensch ist: Person mit unantastbarer Würde und unantastbaren Rechten, nie Objekt, nie Sache, über die man verfügen kann. Der Mensch ist das Kostbarste, was es auf Erden gibt; darum ist Ehrfurcht die Grundhaltung, mit der man ihm begegnen muss. In ihm, den Gott als sein Abbild geschaffen hat, spiegelt sich Gott wider.
Das gilt von jedem Menschen, dem ungeborenen, dem behinderten, dem kranken und dem sterbenden. Die Größe des Menschen muss uns wieder neu bewusst werden.

Richten wir unseren Blick nun auf den kirchlichen Binnenraum. Im November erschien die römische Instruktion, die „einige Fragen über die Mitarbeit der Laien am Dienst der Priester" behandelte.[7] Nichts hat in diesem Jahr die Wogen so hoch gehen lassen wie diese Instruktion.
Noch ehe die Betroffenen den Text in Händen hatten, wurde Stimmung gemacht, zumal in Deutschland, und zum Widerstand geblasen. Es wurde behauptet, die Mitarbeit der Laien sei nicht mehr gewollt oder werde zumindest eingeschränkt. Tatsache ist, dass die Instruktion nichts Neues bringt, mit einer Ausnahme, und die besteht darin, dass die Alumnen des Priesterseminars in der Messe nicht mehr predigen dürfen.
Das Dokument betont ausdrücklich, dass die Mitarbeit der Laien wichtig und dringlich ist, es sagt sogar, dass die Mitwirkung der Laien zur Natur der Kirche gehört. Stärker kann man die apostolische Tätigkeit der Laien nicht begründen. Gleich auf der ersten Seite der Instruktion heißt es: „Es ist zu betonen, dass die apostolische Tätigkeit der Laien bei der Evangelisierung in Gegenwart und Zukunft wichtig und dringlich ist. Die Kirche kann von diesem Wirken nicht absehen, weil es zu ihrer Natur als Gottesvolk gehört und weil sie es braucht, um ihren eigenen Evangelisierungsauftrag zu erfüllen."
Wenn man die grundsätzlichen theologischen Ausführungen des 1. Teils nicht beachtet und nur die praktischen Verfügungen des 2. Teils liest, kann man manche Irritation und Verärgerung verstehen. Denn dort wird in nüchterner juristischer Sprache aufgezählt, was erlaubt und was nicht erlaubt ist. Da ist die Rede von Missbräuchen, wodurch sich manche, die gar nicht gemeint waren, vor den Kopf gestoßen fühlten. Eine pastorale Diktion hätte dem Dokument sicherlich gut getan. Trotzdem sollten wir uns nicht verwirren oder entmutigen lassen.
Ich danke den vielen Frauen und Männern, die in unserem Erzbistum das Leben der Kirche auch im Bereich der Pastoral mitgestalten und mit den Priestern haupt-, neben- oder ehrenamtlich zusammenarbeiten. Ohne ihre Mitarbeit würde die Seelsorge in weiten Bereichen zusammenbrechen. Nur mit ihnen kann die Kirche in unserem Erzbistum sein, was sie

sein soll: Gemeinschaft der Glaubenden, die im Zusammenspiel der vielen Charismen, Dienste und Ämter auferbaut wird als Leib Christi unter Jesus Christus, ihrem Haupt.
Zum Verständnis der Instruktion ist es wichtig zu sehen, dass es nicht um das weite Feld der Aktivitäten geht, die Laien in der Kirche ausüben, sondern nur um die Mitarbeit am Dienst des Priesters. Das zentrale Anliegen der Instruktion liegt darin, keine Grauzone zwischen dem Dienst der Priester und dem Dienst ihrer Mitarbeiter entstehen zu lassen. Eine Grauzone würde beiden schaden. Der Priester wie seine Mitarbeiter brauchen ein klares Profil. Das ist Voraussetzung für eine geordnete, fruchtbare Zusammenarbeit.
Darum macht die Instruktion Aussagen über das Priesterbild, die in unserer Zeit aktuell sind. Wir sind gewohnt, funktional zu denken. So ist es nicht verwunderlich, wenn die Ansicht vorherrscht, der priesterliche Dienst gleiche einem Bündel von Funktionen und Aufgaben; das Bündel könne bei Bedarf aufgeschnürt und die Aufgaben könnten verteilt werden. Diese Vorstellung trifft nicht, was der Priester ist.
Durch die Weihe ist der Priester befähigt und bevollmächtigt, in der Person Christi zu handeln. Diesen Dienst vollzieht er durch die Verkündigung des Wortes Gottes, bei der Feier der Sakramente sowie durch die pastorale Leitung der Gläubigen. Diese Aufgaben bilden eine innere Einheit. Sie bedingen und durchdringen einander, so dass sie nicht einfach verteilt werden können.
So leitet der Priester die Gläubigen nicht durch Organisieren und Verwalten, sondern vornehmlich durch die Verkündigung des Wortes Gottes und die Leitung der Eucharistie und der Feier der Sakramente. Diese innere Einheit zu sehen, ist wichtig. Denn davon hängt es ab, wo und wie Laien am Dienst des Priesters mitwirken können.
Die Instruktion ist uns somit Anlass, unsere Sicht des priesterlichen Dienstes wie auch der Mitarbeit der Laien zu vertiefen. Dieser Aufgabe müssen wir uns alle stellen. Dies ist bedeutsam für ein gedeihliches Miteinander der verschiedenen Dienste. Nur eine vertiefte Sicht wird uns den rechten Weg finden lassen, um sowohl der kirchlichen Ordnung wie den seelsorglichen Notwendigkeiten in unserem Erzbistum gerecht zu werden.

Wir gehen dem großen Jubiläum entgegen, in dem wir die Geburt Jesu Christi vor 2000 Jahren festlich begehen. Nach dem Christusjahr 1997 stehen wir nun am Beginn des Jahres 1998, das dem Heiligen Geist geweiht ist.[8] Es gibt kaum etwas Wichtigeres, als die Gegenwart und das Wirken des Heiligen Geistes in der Kirche und in uns selbst wieder zu entdecken. Er führt uns nämlich in die Tiefe, dorthin, wo das Eigentliche geschieht. Wir leben in einer Welt, in der so sehr zählt, was zu zählen ist. In ihr gilt, was gemacht wird. Was wird doch alles gemacht, um unsere Aufmerksamkeit auf sich zu ziehen! Obwohl wir immer wieder an die Grenzen des Machbaren stoßen, übersehen wir häufig die wesentlichen Dinge, die in der Tiefe geschehen, wo man nicht mehr zählen und nicht mehr machen kann. Was dort geschieht, ist nicht zu zählen und unbezahlbar. Es ist auch nicht machbar, wir müssen es uns schenken lassen. Liebe, Güte, Freundschaft, die für unser Leben so wichtig sind, gehören dazu.

Darum müssen wir uns dem Geist Gottes öffnen. Er führt uns nämlich in die Tiefe, wo die Quellen unseres Lebens entspringen. Im Credo bekennen wir: „Wir glauben an den Heiligen Geist, der lebendig macht". Wenn wir uns nicht mit einem oberflächlichen, seichten Leben begnügen wollen, brauchen wir ihn. Gottes Geist schenkt wahres Leben, Leben, das von Gott kommt. Davon lebt die Kirche; nicht in erster Linie von dem, was wir tun, sondern von dem, was Gottes Geist tut. Als Gott den Menschen erschuf, hat er ihm Geist eingehaucht und ihn dadurch lebendig gemacht. So hat er auch an Pfingsten der Kirche seinen Heiligen Geist eingehaucht und sie mit seinem Leben lebendig gemacht. Ohne den göttlichen Geist hätte die Kirche kein Leben; sie gliche einem Apparat, der sich zwar bewegt, aber nicht lebt. Wir können uns in der Kirche noch so anstrengen; wenn Gottes Geist nicht mitspielt, bleiben all unsere Mühen und Aktionen fruchtlos. Ohne den Geist Gottes bleibt alles Leerlauf.

Die im Herbst verstorbene Mutter Teresa[9] sagte einmal: „Ich bin nur ein kleines Kabel, Gott ist der Strom." Sie wusste sich vom göttlichen Geist geführt. Das große Werk für die Ärmsten der Armen, mit dem sie die Welt beschenkte und an Liebe reicher machte, hat Gottes Geist durch sie bewirkt. Er war der Strom, sie das Kabel.

Diesen Strom des göttlichen Geistes brauchen auch wir, wenn wir vorankommen wollen. Nehmen wir als Beispiel die Feier des Gottesdienstes. Die Liturgiereform des Konzils hat uns heute viele Möglichkeiten gegeben, die Formen des Gottesdienstes mitzugestalten. Das sollte eine Hilfe sein, den Gottesdienst bewusster und tiefer mitzufeiern. Sind unsere Gottesdienste dadurch lebendiger und frömmer geworden?

Oft herrscht die Meinung vor, der Gottesdienst würde von uns gemacht. Dass das Entscheidende von Gott her geschieht, wird nicht selten übersehen. Gott kommt zu uns, begegnet uns, um uns seine Nähe zu schenken. Und wir feiern ihn und beten ihn im Geist und in der Wahrheit an. Das alles entzieht sich der Machbarkeit; es ist Geschenk des göttlichen Geistes. Öffnen wir uns ihm und seinem Wirken nicht, bleibt unser Gottesdienst, auch wenn er noch so schön gestaltet wäre, geistlos und leer.

Nicht die Macher haben die Kirche vorangebracht, sondern die Heiligen. Sie haben sich dem Geist Gottes geöffnet und sich von ihm führen lassen. Das gilt nicht nur von den großen heiligen Frauen und Männern, die im Heiligenkalender stehen, sondern auch von den vielen namenlosen Heiligen, die Gott der Kirche geschenkt hat. Und es soll von uns allen gelten.

Das bedeutet nicht, dass wir Wunder vollbringen müssten. Es geht um viel Wichtigeres, das zugleich aber ganz einfach ist. Wir sollen uns dem Geist öffnen, uns von ihm führen und ihn in uns wirken lassen. Ob wir dies tun, können wir daran erkennen, dass wir in unserem Leben Früchte des Geistes hervorbringen. Paulus zählt einige auf: „Liebe, Freude, Friede, Langmut, Freundlichkeit, Güte, Treue, Sanftmut und Selbstbeherrschung" (Gal 5,22 f.). Wo immer wir uns dem Geist Gottes öffnen und von ihm führen lassen, bringen wir solche Früchte hervor.

Werden wir darum hellhörig für ihn. Hören wir nicht auf die lautstarken Meinungsmacher, sondern auf den Geist, was er uns sagt. Werden wir empfindsam für seine Führung. Er führt uns in die Tiefe, dorthin, wo sich unser wahres Leben abspielt, in die Begegnung mit Gott. Aus der neuen, geistgeschenkten Gotteserfahrung können wir dann unser Leben und das Geschehen der Welt gestalten.

Was Novalis im Hinblick auf die Kräfte und Gesetzmäßigkeiten der Natur sagte, gilt für unser ganzes Leben, auch für das Leben der Kirche. Nur wer in die Tiefe geht, wird vorankommen. Lassen wir uns darum vom Geist Gottes in die Tiefe führen, dann können wir voll Zuversicht in die Zukunft gehen. Unsere Hoffnung gründet dann nicht auf menschlichem Können und Versagen, sondern auf der Führung durch Gottes Geist, die uns über die Straßen dieser Welt in Gottes Arme führt.

In einem Gedicht hat Hilde Domin[10] zur Sprache gebracht, dass wir unsere Hoffnung nicht auf den Menschen setzen können, sondern allein auf Gott, der am brennenden Dornbusch gesagt hat: „Hier bin ich", und am Kreuz die Arme für uns weit geöffnet hat.

Weniger als die Hoffnung auf ihn

das ist der Mensch
einarmig
immer

Nur der gekreuzigte
beide Arme
weit offen
der Hier-Bin-Ich

Er ist der Grund unserer Hoffnung.

Das neue Jahr, das im Zeichen des Heiligen Geistes steht, führt uns dem Jubiläumsjahr der Geburt Christi näher. Es soll uns aber vor allem näher zu Christus führen, der seine Arme, die er am Kreuz ausgebreitet hat, auch heute für uns weit geöffnet hält. Dazu wünsche ich Ihnen für das neue Jahr Gottes Segen und viel Zuversicht.
Amen.

1 Initiative des IG-Metall-Vorsitzenden Klaus Zwickel im Herbst 1995 zur Schaffung von Arbeitsplätzen als konzertierte Aktion von Staat, Arbeitgebern und Gewerkschaften.

2 Für eine Zukunft in Solidarität und Gerechtigkeit. Wort zur wirtschaftlichen und sozialen Lage in Deutschland (= Gemeinsame Texte 9), Bonn 1997.

3 Novalis (1772-1801), eigentlich Georg Friedrich Philipp Freiherr von Hardenberg, deutscher Schriftsteller.

4 Der Deutsche Bundestag verabschiedete das Schwangeren- und Familienhilfeänderungsgesetz am 29. Juni 1995. Es wurde im Bundesgesetzblatt vom 21. August 1995 verkündet.

5 Am 20. September 1996 wurde die siebenjährigen Nathalie Astner aus Epfach (Landkreis Landsberg am Lech) missbraucht und ermordet.

6 Vgl. dazu die Pressemitteilung des Bundesverfassungsgerichts Nr. 106/97 vom 15. Dezember 1997: Zur Arzthaftung bei fehlgeschlagener Sterilisation und fehlerhafter genetischer Beratung (http://www.jura.uni-sb.de/Entscheidungen/pressem97/BVerfG/arzthaft.html).

7 Instruktion zu einigen Fragen über die Mitarbeit der Laien am Dienst der Priester. 15. August 1997 (= Verlautbarungen des Apostolischen Stuhls 129), Bonn 1997.

8 Zur Vorbereitung auf das Große Jubeljahr 2000 wurden die Jahre 1997 bis 1999 unter das Zeichen der Heiligsten Dreifaltigkeit gestellt: 1997 war Christus gewidmet, 1998 dem Heiligen Geist, 1999 Gottvater.

9 Mutter Teresa (1910-1997), Gründerin des Ordens „Missionarinnen der Nächstenliebe", Selige.

10 Hilde Domin (1909-2006), deutsche Schriftstellerin.

Silvesterpredigt 1998

Mut zur Zukunft

Eine Perspektive für die Jahrtausendwende

Brüder und Schwestern im Herrn!

In wenigen Stunden geht das alte Jahr zu Ende und es beginnt das neue Jahr 1999, das letzte unseres Jahrhunderts. An Silvester schauen wir zurück. Aber unser Interesse richtet sich noch mehr auf das neue Jahr. Was wird es bringen? Was werden wir aus ihm machen?

Jesus hat uns aufgetragen, Salz der Erde und Licht der Welt zu sein. Darum müssen wir uns einbringen. Wir haben der Welt schließlich etwas zu geben.

Das Christentum hat in der Vergangenheit Entscheidendes beigetragen für die Gemeinschaft der Menschen. So ist zum Beispiel die Idee der Menschenrechte, die vor 50 Jahren von der UNO feierlich deklariert wurden, maßgeblich aus dem christlichen Verständnis des Menschen hervorgewachsen, der als Abbild Gottes geschaffen und darum Träger einer unveräußerlichen Würde und unantastbarer Rechte ist.[1]

In der Auseinandersetzung mit der Welt sind wir aber nicht nur Gebende, wir empfangen auch. In der Begegnung mit den verschiedenen Kulturen und geschichtlichen Epochen leuchtet die Botschaft des Evangeliums in neuen Farben auf. Der Reichtum, der in der christlichen Botschaft enthalten ist, faltet sich aus und wird offenkundig.

Ein Beispiel, an dem das sichtbar wird, ist der Wandel, den die Gestalt der Kirche in unserem Jahrhundert erfahren hat. Aus einer Kirche, die überall, wo sie auftrat, ein europäisches Gesicht hatte, ist nun eine Kirche geworden, die in Afrika ein afrikanisches, in Lateinamerika ein lateinamerikanisches und in Asien ein asiatisches Gesicht trägt und dabei doch stets ein und dieselbe Kirche bleibt.

Welch neue Züge im Antlitz der Kirche im 21. Jahrhundert hervortreten werden, wissen wir nicht. Jedoch gehen wir nicht zaghaft oder ängstlich in die Zukunft, sondern voll Hoffnung und erhobenen Hauptes. Papst Johannes XXIII.[2] sagte 1962, als er das Konzil eröffnete: „In der täglichen Ausübung unseres Hirtenamtes verletzt es uns, wenn wir manchmal Vorhaltungen von Leuten anhören müssen, die zwar voll Eifer, aber nicht gerade mit einem sehr großen Sinn für Differenzierung und Takt begabt sind. In der jüngsten Vergangenheit bis zur Gegenwart nehmen sie nur Missstände und Fehlentwicklungen zur Kenntnis. Sie sagen, dass unsere Zeit sich im Vergleich zur Vergangenheit nur zum Schlechteren hin entwickle. … Wir müssen diesen Unglückspropheten widersprechen, die immer nur Unheil voraussagen, als ob der Untergang der Welt unmittelbar bevorstünde."

Wir gehören nicht zu den Unglückspropheten, die in allem nur Missstände und Fehlentwicklungen sehen. Als Christen freuen wir uns über das viele Gute, das in der Welt geschieht. Zur christlichen Nüchternheit gehört aber auch, dass wir uns nicht einem naiven Fortschrittsoptimismus verschreiben, welcher der Realität nicht standhält.

Lassen Sie mich beginnen mit einem Vergleich. In regelmäßigen Abständen geben Sie Ihr Auto in die Inspektion. Sie wollen sicher sein, dass Ihr Wagen in Ordnung ist. Wenn Sie den Zug besteigen, wollen Sie sicher sein, dass Sie wohlbehalten ans Ziel gelangen.

Die Leute saßen sorglos in jenem Unglückszug, bis er in Eschede aus den Gleisen sprang und hundert Menschen in den Tod riss, weil an einem Rad etwas nicht in Ordnung war.[3]

Vor wenigen Tagen haben Erpresser Schrauben an den Geleisen der Bahn gelockert, und der Zug, der kam, entgleiste.[4] Der gesamte Unterbau muss in Ordnung sein.

Das gilt auch für den geistigen Unterbau, den wir auf unserer Reise in die Zukunft brauchen.

Schauen wir darum einmal genauer hin auf die Geleise, auf denen der Zug unserer Gesellschaft im vergangenen Jahr gefahren ist, auf denen er auch in die Zukunft rollt. Das heißt, prüfen wir die geistigen Fundamente, ob sie für die Zukunft tragfähig sind oder Risse aufweisen. In Eschede genügte ein haardünner Riss in einem Rad, den ganzen Zug ins Unglück zu stürzen. Man muss also sehr genau hinsehen.

Dabei geht es nicht nur um uns, sondern auch um die nach uns kommenden Generationen. Seit einiger Zeit ist im Zusammenhang mit der Ökologie oft die Rede vom Prinzip der Nachhaltigkeit. Wir dürfen die Umwelt nicht weiter wie bisher schädigen, sondern müssen sie für die kommenden Generationen bewahren; auch sie sollen in einer Welt mit gesunder Luft, gesundem Wasser und gesundem Boden leben.

Das Prinzip der Nachhaltigkeit gilt nicht weniger für die geistige Umwelt, die notwendig ist, damit die Menschen kommender Zeiten in Würde und Anstand leben können.

Durchleuchten wir darum einige Ereignisse des Jahres 1998, um zu sehen, ob der geistige Unterbau in Ordnung ist.

Da muss ich ein Thema ansprechen, über das manche von uns schon gar nichts mehr hören wollen und dessen sie überdrüssig sind. Aber ich muss es aufgreifen, da ich überzeugt bin: Dieses Thema hat eine viel breitere Wirkung, als die meisten in unserem Land es für möglich halten. Es geht dabei um eine tragende Säule im Fundament unserer gesellschaftlichen Ordnung.

In den letzten Wochen wurde bekannt, dass von den zuständigen Stellen beabsichtigt ist, ein Präparat, das die Bezeichnung RU 486 trägt, in Deutschland auf den Markt zu bringen. Bei diesem Präparat handelt es sich um ein Abtreibungsmittel. Es zielt ausschließlich auf die Tötung des menschlichen Lebens im Schoß der Mutter. Es wird angepriesen, weil es für Frauen angeblich „schonend" sei. Hier wird das Rechtsbewusstsein im Rahmen einer Methodendiskussion vernebelt und verdunkelt, als könne Abtreibung mittels einer „schonenden Methode" zu einer harmlosen Angelegenheit heruntergeredet werden.

Gleich, nach welcher Methode es geschieht: Abtreibung ist schweres Unrecht und sittlich verwerflich. Die Einführung von RU 486 würde zur völligen Privatisierung und Verharmlosung der Abtreibung führen, ein Vorgang, der pervers und eines Kulturstaates unwürdig ist. Hier zeigen sich gefährliche Risse im Unterbau unseres gesellschaftlichen Lebens.

Mit der sprachlichen Verharmlosung geht eine Faktenverdrängung einher. Man nimmt einfach nicht zur Kenntnis, dass menschliches Leben mit der Befruchtung beginnt und Abtreibung somit Tötung eines Menschenkindes im frühesten Stadium ist. In dem Szenarium der Verdunkelung wird der Eindruck erweckt, als ob die katholische Kirche in der Frage nach dem Beginn des menschlichen Lebens eine Sonderposition vertrete, die nur gläubige Katholiken etwas anginge und die ansonsten keine Beachtung verdiene.

Wann menschliches Leben beginnt, bestimmt weder der Papst, noch die Regierung, noch das Parlament, und auch nicht die Pharmaindustrie. Wann neues Menschenleben beginnt, sagt uns die Naturwissenschaft, die hier zuständig ist. Und sie sagt es eindeutig: Ein neues Menschenleben beginnt mit der Empfängnis. Das menschliche Leben beginnt nicht erst mit der Geburt, sondern mit der Empfängnis.

Wegen ihrer klaren Position in der Abtreibungsfrage wurde der katholischen Kirche in einer größeren deutschen Tageszeitung „maßloser Frauenhass" vorgeworfen. Ihr fehle im Streit um die Abtreibung jedes Maß. Ich möchte eine solche Ansicht entschieden zurückweisen. Gerade weil wir Verständnis für Frauen in Not haben, hat die katholische Kirche in unserem Land in der Abtreibungsdiskussion von Anfang an darauf geachtet, nicht nur mit Worten zu streiten, sondern auch in Taten eine doppelte Solidarität mit Müttern und Kindern zu üben. Die katholische Kirche tut viel für Mütter und Kinder, seien es die Kindertagesstätten, die Ehe- und Familienberatungen, die Jugendfürsorge, die Heim- und Heilpädagogik, die Eltern-Kind-Gruppen, nicht zuletzt unsere Schwangerenberatungsstellen, die gerade bei betroffenen Frauen großes Vertrauen genießen.

Weil wir dies tun und uns für Frauen in Not- und Konfliktsituationen einsetzen, haben wir ein Recht und aus unserem Wissen im Umgang mit betroffenen Frauen auch die Pflicht, deutlich zur Frage der Abtreibung in unserem Land Stellung zu nehmen. Ich meine, es sei gerechtfertigt zu sagen, letztlich gebe es nichts Frauenfeindlicheres als die Abtreibungsmentalität, die in unserer Gesellschaft weit verbreitet ist und Frauen nicht selten unter Druck setzt.

Im Oktober traf das Bundesverfassungsgericht eine Entscheidung zum Bayerischen Schwangerenhilfe-Ergänzungsgesetz.[5] In seinem Urteil stellt das höchste deutsche Gericht die Berufsfreiheit von Ärzten, ausschließlich Abtreibungen vorzunehmen, über den Schutz des Lebensrechtes der ungeborenen Kinder. Die schrankenlose Berufsfreiheit des Arztes gilt nach diesem Urteil mehr als das von Gott gegebene Lebensrecht des ungeborenen Kindes. Kommt das nicht gleichsam einer Rechtfertigung solch widerrechtlichen Tuns durch das Gericht gleich? Welche Vorstellung von ärztlichem Berufsethos und ärztlicher Kunst steht hinter einer solchen Entscheidung, wenn eine Vollzeittätigkeit des Tötens letztlich der Heilkunst zugeordnet wird?

Man kann den drei Richtern, die sich mit ihrem Minderheitsvotum gegen die Mehrheit des Senats gestellt haben, nicht genug danken, dass sie die Dinge klar beim Namen genannt und aufgezeigt haben, wie das Urteil hätte lauten müssen. Das ergangene Urteil hat dem sittlichen Bewusstsein unseres Volkes Schaden zugefügt.

Die hier eingeschlagene Richtung ist ein Irrweg. Auf diesem Weg geht unser Volk nicht in eine lebendige, sondern in eine todbringende Zukunft. Gott stellt sein Volk vor die Entscheidung: „Leben und Tod lege ich dir vor, Segen und Fluch. Wähle also das Leben, damit du lebst, du und deine Nachkommen" (Dtn 30,19). So spricht Gott durch den Mund des Mose. Das gilt auch heute. Wählen auch wir das Leben, damit wir leben, wir und die nach uns kommen.

Damit Leben wachsen und gedeihen kann, braucht es einen angemessenen Lebensraum. Ein solcher Lebensraum ist die Familie, die aus der Ehe hervorwächst.

Im Koalitionsvertrag der neu gewählten Bundesregierung steht die seltsam anmutende Formulierung „Familie ist, wo Kinder sind".[6] Hinter einer solchen Formulierung kann man eine bedenkliche Akzentverschiebung vermuten. Gerüttelt wird ja seit langem von mehreren Seiten an den Institutionen von Ehe und Familie.

Tatsache ist, dass Ehe und Familie heute größeren Belastungen ausgesetzt sind, die auch durch strukturelle Rücksichtslosigkeiten verursacht werden. Wir Bischöfe haben im November zur Situation von Ehe und Familie Stellung genommen. Uns geht es darum, Ehe und Familie wieder zu stärken zum Segen der Menschen und unseres Volkes.

Die zunehmende Zahl der so genannten Singlehaushalte müsste die Verantwortlichen in Politik und Gesellschaft eigentlich alarmieren. Wenn diese Entwicklung weitergeht, stirbt in unserem Land nicht nur die Familie aus, dann stirbt auch das Gemeinwesen, das auf den Institutionen von Ehe und Familie aufbaut und auf sie angewiesen ist. Vor diesem Hintergrund ist es eigentlich nicht verständlich, wenn einige Gruppen in der Politik auch noch eine Gleichbehandlung anderer Formen des Zusammenlebens mit Ehe und Familie anstreben. In einem ökologischen Vergleich würde man von gezielter Vernichtung eines Biotops sprechen.

Die Ehe ist nicht, wie die Propagandisten eines schrankenlosen Individualismus verkünden, eine von der gesellschaftlichen Entwicklung überholte Lebensform. Sie ist die tragende Institution, die die Fähigkeit des Menschen zu lebenslanger Bindung, zu lebenslanger Liebe und Treue herausfordert und wach hält und damit seine besten gemeinschaftsbildenden und gemeinschaftsfördernden Qualitäten entwickelt, mit denen man erst einen Staat machen kann. Ein neues Bewusstsein für Ehe und Familie ist notwendig, nicht nur eine bessere Politik für Ehe und Familie. Das ist nicht nur Sache der Politiker, sondern Sache von uns allen. Statt Familienvergessenheit brauchen wir wieder Familienbewusstsein. Familienbewusstsein aber kann sich nur bilden, wenn die Fähigkeit zur Liebe nicht ausstirbt. Die Unfähigkeit zu wahrer Liebe scheint mir die eigentliche große geistige Not unserer Gesellschaft geworden zu sein.

Die vor einem Jahr verstorbene Mutter Teresa[7] hat die westliche Zivilisation immer wieder mit einem mahnenden Wort provoziert. Man zollte ihr Beifall, weil sie Menschen buchstäblich von der Straße aufhob, die dort im äußersten Elend vegetierten. Sie beantwortete den Beifall oft mit dem Hinweis, dass es in den westlich orientierten Gesellschaften noch eine ganz andere Armut gebe, nämlich die Armut an Liebe. Und sie fügte hinzu, dies sei die noch schlimmere Armut.

Das ist ein provozierender Hinweis, der uns auf die tieferen Ursachen der Krise von Ehe und Familie in unserem Land aufmerksam machen könnte. Der Mangel an Liebe kommt vor allem aus einem Mangel an Ehrfurcht vor dem Leben, aus einem Mangel an Ehrfurcht vor dem Kind. Wo das Kind nicht mehr die hoffnungsvollste menschliche Verkörperung von Leben und Zukunft ist, da wird es am Ende auch für alle anderen kein menschenwürdiges Leben und keine humane Zukunft mehr geben.

Vor einigen Tagen wurde über eine Lehrerin aus Oberbayern berichtet, die sich vorgenommen hat, gegen die Verrohung der Sprache unter Kindern und Jugendlichen zu kämpfen. „Unsere Schüler giften sich regelrecht an", sagte sie. Ihr Sprachschatz sei bestimmt von einer Fäkalsprache. Vor allem für die Sexualität haben Kinder und Jugend-

liche offensichtlich nur noch ein ordinäres Vokabular parat, enthemmte Wortkürzel, in denen sie mehr oder weniger hilflos Funktionen zum Ausdruck bringen. Da wächst eine Generation heran, die keine Liebesbriefe mehr schreiben kann und nichts mehr von Zärtlichkeit weiß. Sie holt sich und nimmt sich, was ihr gefällt.
Nicht mehr die menschliche Begegnung ist das Ziel, sondern eine leistungsbestimmte aufdringliche Lust, die keine Tiefe, letztlich auch keine personale Rücksicht mehr kennt. Hier wachsen einsame Menschen auf, unfähig zur Begegnung. Hier werden schon Kinder und Jugendliche um das Glück ihres Lebens gebracht und um die Freude ihres Lebens betrogen. Hier werden bereits die zerstörerischen Voraussetzungen für später scheiternde oder gestörte Beziehungen angelegt. Die Unfähigkeit für tragende menschliche Beziehungen, für Liebe und Treue, ist geradezu vorprogrammiert.
Wenn man bedenkt, welchen äußeren Reizen unsere Jugendlichen und schon unsere Kinder in der erotisierten Atmosphäre ausgesetzt sind, braucht man sich nicht zu wundern. Umso größer ist die Herausforderung, den jungen Menschen zu helfen, die humane Ordnung menschlicher Geschlechtlichkeit zu entdecken und zu unterscheiden zwischen dem, was heute alles als Liebe ausgegeben wird, und dem, was Liebe in Wahrheit ist. Diese Einsichten sind entscheidend für ein gelingendes Leben.
Hier abzuhelfen, dazu braucht es die konzertierte Aktion vieler: der Eltern, Lehrer, auch der kirchlichen Jugendarbeit und besonders derer, die in den Medien für das öffentliche Empfinden Verantwortung tragen.

Mit erstaunlich großer Aufmerksamkeit wurde in der Öffentlichkeit registriert, dass beim Amtsantritt der neuen Bundesregierung die Hälfte der in die Verantwortung genommenen Männer und Frauen bei der Eidesleistung auf die Anrufung Gottes verzichtet hat. Es steht uns nicht zu, daraus ein moralisches Urteil abzuleiten. Aber ein Signal ist dieser Vorgang doch. Er signalisiert nämlich eine Realität in unserem Land: Fast jeder zweite Deutsche hält sich nach einer jüngeren Umfrage für areligiös oder religiös uninteressiert. Das heißt doch, dass Gott bei vielen höchstens noch am Rande steht bzw. aus dem Gesichtskreis entschwunden ist. Der Säkularismus, der ohne Gott auszukommen meint, ist schon weit vorangeschritten.
Das müssen wir nüchtern zur Kenntnis nehmen, aber auch die darin liegende Herausforderung annehmen, in der Öffentlichkeit unbefangen über unseren Glauben zu reden und ihn zu bezeugen. Unsere Gesellschaft ist religiös sprachlos geworden. In ihr muss wieder Gott zur Sprache gebracht werden, auch dann, wenn wir auf Unverständnis oder Widerspruch stoßen.

Es geht dabei nicht darum, den Staat zum Anwalt der Religion zu machen. „Der Staat kann und darf nicht selbst Religion auferlegen. Aber er darf ebenso wenig die Abwesenheit Gottes zur Norm seines Handelns machen" (Kardinal Ratzinger). Staat und Gesellschaft sind nämlich auf Voraussetzungen angewiesen, die sie selbst nicht schaffen können: Grundwerte, Grundrechte und Normen der Sittlichkeit. Diese Voraussetzungen wurzeln in der Transzendenz, in Religion, und haben mit Gott zu tun. Wir müssen darum die Gottesfrage wach halten, Gott auch wieder in der Öffentlichkeit zur Sprache bringen, nicht zuletzt um des Menschen willen; denn Gott hat den Menschen als sein Abbild erschaffen. Wenn das Urbild entschwindet, verblasst das Abbild und löst sich auf zum Schaden des Menschen. An der Gottesfrage entscheidet sich das Gelingen unseres Menschseins.

Vor kurzem tauchte ein Brief auf, den die hl. Edith Stein[8] an eine Münchener Lehrerin geschrieben hat. Der Brief stammt vom 7. September 1937, also aus einer Zeit, in der man die Pläne der nationalsozialistischen Machthaber bereits durchschauen konnte. Jene Lehrerin hatte die Marienkongregation katholischer Lehrerinnen verlassen, um beruflichem Ärger mit den Nationalsozialisten aus dem Weg zu gehen. Edith Stein schreibt ihr:

> „Mußten Sie wirklich aus dem Verein und der Kongregation austreten? Vieles wäre nicht geschehen, was heute beklagt wird, wenn man den Mut gehabt hätte, Gott mehr zu gehorchen als den Menschen, und sich ganz ihm anzuvertrauen."

Wir brauchen Mut für Zukunft, zumal der geistige Unterbau, auf dem sich unser Leben in die Zukunft hinein entfaltet, Schadstellen aufweist. Doch bleiben wir zuversichtlich und nehmen wir das Motto unserer neuen Heiligen Edith Stein mit ins neue Jahr: „An der Hand Gottes leben!"

Ich wünsche Ihnen allen ein gesegnetes Jahr 1999, ein Jahr an Gottes Hand.

Amen.

1 Am 10. Dezember 1948 nahm die Vollversammlung der Vereinten Nationen die Allgemeine Erklärung der Menschenrechte an.

2 Johannes XXIII. (1881-1963), Papst (1958-1963).

3 Beim ICE-Unglück von Eschede am 3. Juni 1998 kamen 101 Menschen ums Leben.

4 Im Nordosten Deutschlands wurden von Erpressern im Dezember 1998 mehrere Anschläge auf Gleisanlagen der Deutschen Bahn AG verübt.

5 Das Urteil des Bundesverfassungsgerichts vom 27. Oktober 1998 findet sich unter folgender Internetadresse: http://www.bundesverfassungsgericht.de/entscheidungen/rs19981027_1bvr230696.html.

6 Der vollständige Text des Koalitionsvertrags der neu gewählten Bundesregierung aus SPD und Bündnis 90/Die Grünen ist unter folgender Internetadresse zu finden: http://archiv.gruene-partei.de/gremien/rot-gruen/vertrag/vertrag-i.htm#iii.

7 Mutter Teresa (1910-1997), Gründerin des Ordens „Missionarinnen der Nächstenliebe", Selige.

8 Edith Stein (1891-1942), deutsche Philosophin, Karmelitin jüdischer Herkunft, Heilige.

Silvesterpredigt 1999

Gründe für Hoffnung und Zuversicht

Gottes Verheißung trügt nicht[1]

Brüder und Schwestern im Herrn!

„Was für eine Enttäuschung ist das 20. Jahrhundert gewesen!" So urteilte Winston Churchill[2] bereits im Jahre 1920 über das erste Fünftel unseres Jahrhunderts. Der Erste Weltkrieg war gerade vergangen.
Es sollte noch schlimmer kommen. Lenins[3] und Stalins[4] Sowjetunion, Mussolinis[5] Italien und Hitlers[6] Deutschland stehen dafür. Der blutigste aller Kriege, KZs und Gulags[7] haben einen Strom von Blut und Tränen durch unser Jahrhundert fließen lassen wie noch in keinem Jahrhundert zuvor. Man kann sagen: Das 20. Jahrhundert ist in Europa in seiner ersten Hälfte entgleist.
Das ist aber nur die eine Seite. Das 20. Jahrhundert hat noch eine andere Seite. Es kann hervorragende wissenschaftliche Entdeckungen und deren technische Anwendung vorweisen wie kein Jahrhundert zuvor. Wir alle sind Nutznießer des Fortschrittes der Medizin und der Elektronik, um nur zwei Bereiche zu nennen.
Nicht vergessen dürfen wir den Sieg der Demokratie über die totalitären Systeme. Die nationalsozialistische und die faschistische Ideologie sind nach dem Krieg zusammengebrochen. Und vor zehn Jahren haben wir den Einsturz des Kommunismus erlebt. Mit dem Sieg der Demokratie hat das Bewusstsein der Menschenrechte weiter Fuß gefasst. Dieser Entwicklung verdankt unser Land in der 2. Hälfte des Jahrhunderts eine anhaltende Periode der Freiheit, des Friedens und des wachsenden Wohlstandes. Dafür danken wir heute Abend, am Ende des Jahrhunderts, unserem Gott.

Das Leben der Kirche weist in diesem Jahrhundert auch zwei Seiten auf. Wir erlebten in den letzten Jahrzehnten eine Minderung der Vitalität des Christentums. Säkularistisches Denken wächst in gleicher Weise wie eine vage, vagabundierende Religiosität, die sich nicht bindet, sondern jedem belässt, was er für gut hält. Dies gilt nicht weltweit, aber betrifft die Mentalität vieler in Mitteleuropa. Allzu viele leben, als ob es Gott nicht gäbe, und werden von der christlichen Botschaft nur schwer erreicht.

Andererseits hat sich die katholische Kirche im II. Vatikanischen Konzil dieser Aufgabe gestellt, um sich selbst zu erneuern und ihrer Sendung in der Welt von heute gerecht zu werden. Doch ist vieles von der Reform, die das Konzil in Gang gebracht hat, bislang Stückwerk geblieben und muss konsequent weitergeführt werden.
Oder schauen wir auf die Ökumene. Zu Beginn des Jahrhunderts hätte sich niemand träumen können, dass an dessen Ende ein evangelischer Landesbischof[8] und ein orthodoxer Bischof[9] mit dem katholischen Erzbischof hier in der Frauenkirche gemeinsam mit den Gläubigen ihrer Kirchen den Jahresschlussgottesdienst feiern. Wir haben gelernt, nicht mehr nur auf das zu schauen, was uns trennt, sondern auch das zu sehen und ernst zu nehmen, was uns verbindet. Auch dafür haben wir heute Gott zu danken – und wir müssen ihn gleichzeitig bitten, er möge unser anfanghaftes Bemühen segnen und zum Erfolg führen.

Heute Nacht überschreiten wir die Schwelle eines neuen Jahres und Jahrhunderts, ja eines neuen Jahrtausends. Um die Zukunft zu meistern, brauchen wir einen nüchternen Blick und festen Halt.
Die ersten Jahre des vergangenen Jahrhunderts gelten als goldene Jahre, aber die Gesellschaft und die staatlichen Gebilde standen auf schwachen, morschen Füßen.
Deshalb konnten nach dem Ersten Weltkrieg Großtyrannen und Ruinierer ganzer Völker wie Lenin, Stalin und Hitler aus dunklen Abgründen auftauchen und ihr menschenverachtendes, zerstörerisches Werk vollbringen.
Prognosen schaffen keine Zuversicht, auch Planungen schaffen das nicht. Noch nie wurde soviel geplant, aber auch verplant wie in unserer Zeit. Zuversicht in die Zukunft fließt aus einer anderen Quelle. Auf diese Quelle weist uns das Evangelium, das wir gehört haben.

Die Jünger fahren in der Nacht über den See. Ein heftiger Sturm bricht los. Die Wellen schlagen ins Boot und werfen es hin und her. Angst erfasst sie unterzugehen. So ergeht es auch uns: in der Kirche, in der Christenheit und oft auch im persönlichen Leben. So war es in der Vergangenheit, so wird es auch im neuen Jahrhundert sein.
Die Initiative zu dieser stürmischen Überfahrt der Jünger ging von Jesus aus. Er sendet auch uns in das neue Jahrhundert hinein. Da werden ebenfalls Wogen hochgehen und Stürme aufkommen, und wohl auch Ängste wie damals bei den Jüngern.
Aber Jesus Christus ist bei uns. Er schickt uns nicht nur in das neue Jahrhundert, er selbst begleitet uns. Und wenn Stürme uns schütteln, sagt er auch zu uns: „Warum habt ihr solche Angst? Habt ihr noch keinen Glauben?“ (Mk 4,40).

Jesus Christus lässt uns auch heute nicht allein, selbst wenn es manchmal so aussieht, als schliefe er wie damals im Schiff. Er ist da, und weil er da ist, können wir nicht untergehen. Wir müssen nur an seiner Seite bleiben und uns an ihm festhalten.

Das Leitmotiv, nach dem die hl. Edith Stein[10] ihr Leben gestaltete und das sie durch alle Stürme ihres Lebens hindurch trug – sogar noch durch die Gaskammer in Auschwitz –, lautete: an der Hand des Herrn leben. Jesus Christus ist die ausgestreckte Hand Gottes, an der wir leben dürfen.

Halten wir darum stets Kontakt mit Jesus Christus und leben wir nicht, als ob es Gott nicht gäbe, sondern schauen wir auf ihn, hören wir sein Wort und befolgen wir es, wohl wissend, dass wir alle uns vor Gott zu verantworten haben.

Mit Jesus erreichen wir das Ufer der Ewigkeit, wo Gott uns aufnimmt in den neuen Himmel und die neue Erde, in seinen Frieden und seine Freude ohne Ende. Vor 2000 Jahren wurde Gottes Sohn Mensch. Damals hat Gott uns in ihm seine Hand entgegengestreckt. Das ist der Grund unserer Hoffnung und Zuversicht, mit der wir ins neue Jahrhundert gehen.

Diese Hoffnung trügt nicht, weil sie in Gottes Verheißung gründet. Sie ist lebensnotwendig. Denn sie ermöglicht Leben und Überleben, wenn wir in Ausweglosigkeit geraten und es menschlich gesehen nur Grund zum Zweifeln oder gar Verzweifeln gibt.

Ergreifen wir die Hand des Herrn und besteigen wir mit großer Zuversicht das Schiff des 21. Jahrhunderts und stellen wir unsere Segel auf volle Fahrt.

Alfred Delp[11] schrieb vier Wochen vor seiner Hinrichtung in Plötzensee: „Man muss die Segel in den unendlichen Wind stellen, dann erst werden wir spüren, zu welcher Fahrt wir fähig sind."

Stellen wir die Segel unseres Lebensschiffes voll in den unendlichen Wind der Liebe und Treue Gottes. Wir werden spüren, zu welcher Fahrt wir fähig sind, zur Fahrt in die Fülle des Lebens mit Gott.

Amen.

1 Die Silvesterpredigt 1999 hielt Erzbischof Friedrich Kardinal Wetter beim ökumenischen Jahresschlussgottesdienst mit dem Evangelisch-Lutherischen Landesbischof Johannes Friedrich und dem Griechisch-Orthoxen Bischof von Thermai Dimitrios im Dom Zu Unserer Lieben Frau in München. In der Silvesternacht von 1999 auf 2000 predigte Kardinal Wetter ein zweites Mal im Dom Zu Unserer Lieben Frau.

2 Winston Churchill (1874-1965), britischer Politiker.

3 Wladimir Iljitsch Uljanow, genannt Lenin (1870-1924).

4 Josef Stalin (1878-1953).

5 Benito Mussolini (1883-1945).

6 Adolf Hitler (1889-1945).

7 Gulag steht als Synonym für das Repressionssystem der Sowjetunion, bestehend aus Zwangsarbeitslagern, Straflagern, Gefängnissen und Verbannungsorten.

8 Johannes Friedrich (geb. 1948), Landesbischof der Evangelisch-Lutherischen Kirche in Bayern.

9 Dimitrios, Bischof von Thermai, Vikarbischof für Bayern der Griechisch-Orthodoxen Metropolie von Deutschland.

10 Edith Stein (1891-1942), deutsche Philosophin, Karmelitin jüdischer Herkunft, Heilige.

11 P. Alfred Delp SJ (1907-1945), deutscher Jesuit.

Silvesterpredigt 2000

Übt die Liebe – Hütet den Frieden

Brüder und Schwestern im Herrn!

Die Älteren unter uns erinnern sich wohl noch an den Silvesterabend vor 40 Jahren. Kardinal Joseph Wendel[1] sprach in seiner Predigt über drei Ereignisse des Jahres 1960: die Münchener Stadtmission[2], den Eucharistischen Weltkongress[3] und das schwere Flugzeugunglück an der Paulskirche am 17. Dezember, bei dem 49 Menschen ums Leben kamen.[4] Gegen Ende der Predigt mahnte er eindringlich: „Seid wachsam ... übet die Liebe und hütet den Frieden!“ Es war seine letzte Predigt. Die Gläubigen waren noch nicht zuhause, war der Kardinal tot.
Sein bischöflicher Wahlspruch lautete: Veritati et Caritati – Der Wahrheit und der Liebe. Der Wahrheit und der Liebe zu dienen, ist nicht nur ein Programm für den Bischof, es ist ein Lebensprogramm für uns alle. Mit der Wahrheit ohne Liebe kann man einen Menschen erschlagen. Und die Liebe ohne Wahrheit löst sich auf in ein Gefühl, das schnell verdunstet. Wahrheit und Liebe gehören zusammen. Von der Wahrheit erhält die Liebe ihre gestaltende Kraft.
Der Rückblick auf Ereignisse des vergangenen Jahres zeigt uns, dass beides, Wahrheit und Liebe, gefordert ist, wenn Leben gelingen soll.

Ehe und Familie gehören zu den tragenden Elementen der Gesellschaft, des Staates und auch der Kirche. Der Staat ist durch das Grundgesetz in die Pflicht genommen, Ehe und Familie in besonderer Weise zu schützen und zu fördern. Eine seiner vornehmsten Aufgaben ist es, möglichst gute Voraussetzungen zu schaffen, damit Ehepaare sich in Freiheit entscheiden können, Kindern das Leben zu schenken und sie auch nach ihren moralischen und religiösen Vorstellungen zu erziehen.
Es geht hier nicht um die Pflege einer Idylle, sondern um die Grundlagen unseres Gemeinwesens und schließlich vor allem um das Gelingen des Lebens. Erst kürzlich haben Wissenschaftler Alarm geschlagen und darauf hingewiesen, dass immer mehr Kinder zu sozialen Analphabeten mit Fehlentwicklungen und Fehlhaltungen werden. Hinzu kommt, dass 40 Prozent der Eltern sich mit der Erziehung ihrer Kinder überfordert füh-

len. Jugendämter bestätigen, dass sie sich vermehrt um vernachlässigte Kinder kümmern müssen. In Deutschland versuchen im Jahr etwa 30 000 Kinder und Jugendliche, sich das Leben zu nehmen. Etwa 1 000 Versuche enden tödlich.
Die Alarmsignale drängen die Frage auf, wie es um Ehe und Familie bei uns bestellt ist. Die Zahl der geschiedenen Ehen ist beträchtlich. Immer mehr Menschen leben ohne rechtliche Form der Ehe zusammen.
Aus Umfragen wissen wir, dass die junge Generation mit erstaunlich ungebrochenen Erwartungen auf eine gelingende menschliche Beziehung hofft und dabei auf so scheinbar altmodische Tugenden wie Verlässlichkeit und Treue bauen möchte.
Andererseits stellt das Münchener Staatsinstitut für Frühpädagogik fest: „Niemand regt sich mehr darüber auf, dass derzeit nur 38 % der Frauen und 30 % der Männer die Ehe als Voraussetzung für das Zusammenleben ansehen."
Vor diesem Hintergrund war es eine für Ehe und Familie fatale Entscheidung, homosexuelle Lebenspartnerschaften gesetzlich in vielen Punkten einer Ehe gleichzustellen.[5] Dadurch werden Ehe und Familie nivelliert, auch wenn das von politischer Seite bestritten wird. Unwidersprochen wird überall von „Homo-Ehen" geredet.
Diese Beobachtung lässt erkennen, welche Signale die Politik tatsächlich gesendet hat. Ich möchte hier noch einmal in aller Deutlichkeit wiederholen, was ich schon mehrfach gesagt habe: Homosexuelle Partnerschaften sind ihrem Wesen nach weder eine Ehe, noch sind sie eheähnlich, noch sind sie eine Familie. Mit dieser Feststellung wird niemand, der eine solche Veranlagung in sich verspürt, diskriminiert.
Aber mit der Einführung der so genannten Homo-Ehe verabschieden wir uns aus der Kultur- und Sittengeschichte der Menschheit. In den verschiedenen Kulturen gibt es vielfältige Formen der Ehe. Aber immer wird unter Ehe eine Gemeinschaft zwischen Mann und Frau verstanden. Bei der Ehe geht es um die grundlegende Frage nach dem Menschen, der Mann oder Frau ist und durch seine Geschlechtlichkeit auf das je andere Geschlecht bezogen ist.
Es geht hier um nichts Geringeres als um die Wahrheit vom Menschen. Im menschlichen Miteinander darf die Liebe an dieser Wahrheit nicht vorübergehen, ohne sich selbst und damit den Menschen zu beschädigen.

In den sieben bayerischen Diözesen wird es vom 1. Januar an eine neu formierte offizielle katholische Schwangerenberatung geben. In der bewährten Trägerschaft des Sozialdienstes katholischer Frauen und des Caritasverbandes werden in unseren Diözesen insgesamt 21 Beratungsstellen unter dem einheitlichen Namen „Katholische Beratungsstellen für Schwangerschaftsfragen" die bisher geleistete und als qualifiziert anerkannte Beratungsarbeit in der ganzen Breite des Beratungsangebotes für schwangere Frauen weiterführen. Unsere Beratungsstellen werden zusätzlich noch eine Reihe von Außenstellen unterhalten.

Sie stehen wie bisher im Dienst von Frauen in allen Fragen rund um die Schwangerschaft, das heißt auch in allen Konfliktfällen, die sich mit einer Schwangerschaft verbinden können. Die einzige Unterscheidung zur bisherigen Praxis besteht darin, dass sie vom 1. Januar an keine Beratungsbestätigung mehr ausstellen.

Indem die ganze Bandbreite der Schwangerenberatung angeboten wird, setzen wir Bischöfe ein Signal, dass die Kirche auch weiterhin einen Beitrag zum Schutz des ungeborenen Kindes leisten und die Frauen wie auch ihr Umfeld in die Lage versetzen will, sich für das Kind zu entscheiden.

Die Beratung erfolgt uneigennützig und für die Rat suchende Frau kostenlos. Sie wird allein im Interesse der Frauen und ihrer Kinder als Dienst für das Leben geleistet. Die Beraterinnen in den Katholischen Beratungsstellen für Schwangerschaftsfragen handeln aus christlicher Grundüberzeugung und beraten eindeutig für das Leben. Sie stehen damit auch in Übereinstimmung mit den Werten unserer Verfassung und der Gesetzgebung unseres Landes.

Es gehört zu unserer Beratung, sich auch um Frauen zu sorgen, die nach einem Schwangerschaftsabbruch Rat brauchen und darauf angewiesen sind, menschliche Begleitung zu finden. Unsere Beraterinnen bemühen sich ebenfalls darum, Väter von Kindern in die Beratung mit einzubeziehen, auch wenn dies sehr schwierig ist. Ich hoffe, dass dies ein guter und Erfolg versprechender Weg im Dienst am Leben, im Dienst an Frauen und ihren Kindern sein wird. Dies ist ein offenes und ehrliches Angebot. Wer die Rat suchende schwangere Frau nicht von vornherein als eine auf den Beratungsschein fixierte Person in den Blick nimmt, kann es nur begrüßen, dass die katholische Kirche diesen nicht an ein staatliches System gebundenen Freiraum der Schwangerenberatung wahrnimmt.

Ich bitte alle, die in diesen Fragen Hilfe suchen, unserem kirchlichen Angebot Vertrauen zu schenken.

In den letzten Monaten gab es innerkirchliche Auseinandersetzungen um neu errichtete Beratungsstellen, in denen katholische Christen tätig werden und die gesetzliche Beratungsbescheinigung ausstellen. Der Streit ging darum: Fallen diese neuen Beratungsstellen unter die päpstliche Weisung oder nicht.

Worum ging es dem Papst[6], als er uns Bischöfen die Weisung gab, keine Beratungsbescheinigung mehr auszustellen? Sein Anliegen war und ist es, dass das Zeugnis der

Kirche für das Leben nicht beschädigt wird, sondern eindeutig bleibt. Der Papst will keine Mitwirkung der Kirche an einer Bescheinigung, die bei uns landauf landab verstanden wird als Berechtigung für eine straffreie Abtreibung.
Das hat zur Folge, dass jene Beratungsstellen, die mit der Kirche verbunden sind, die Beratungsbescheinigung nicht mehr ausstellen dürfen. Die Verbindung mit der Kirche kann verschiedene Rechtsformen haben: Beratungsstellen können in der Trägerschaft der Kirche stehen oder der Kirche zugeordnet sein oder im Namen oder Auftrag der Kirche handeln. Bei solchen Beratungsstellen ist die Kirche als Kirche einbezogen. Sie sind also von der Weisung des Papstes betroffen.
Davon ist die Beratung ohne kirchenamtlichen Auftrag zu unterscheiden, die außerhalb der kirchlichen Rechtsordnung stattfindet. Eine solche kirchenunabhängige Einrichtung, welche eine Organisationsform weltlichen Rechts hat, ist von der Entscheidung des Papstes nicht betroffen. Für solche Einrichtungen kann folglich nicht der Anspruch erhoben werden, eine „kirchliche" oder „katholische Beratungsstelle" zu sein, auch wenn darin katholische Christen die Beratung durchführen.
Ich hoffe, dass mit dieser Klarstellung und mit der Neuordnung der Beratung die Auseinandersetzungen zu Ende gehen und mit vereinten Kräften für den Schutz des Lebens der ungeborenen Kinder gearbeitet wird, und wir die Wahrheit in Liebe tun.
Über diesen Zusammenhang hinaus ist es bedrückend, dass ein nicht geringer Teil der Bevölkerung unvermindert die Auffassung vertritt, dass unter bestimmten Umständen menschliches Leben getötet werden dürfe. Die Unantastbarkeit des menschlichen Lebens wird nicht mehr allgemein anerkannt.
Dies zeigt sich auch bei der Beurteilung des therapeutischen Klonens[7], das in Großbritannien vor kurzem gesetzlich erlaubt wurde. Dass hier etwas Therapeutisches, also etwas, das der Heilung eines Menschen dient, geschieht, klingt gut. Wir alle sind den Wissenschaftlern dankbar, wenn sie neue Mittel und Wege finden, Kranken zu helfen. Dass aber zu diesem Zweck Menschenleben getötet wird, ist nicht hinnehmbar.
Es ist sittlich nicht erlaubt, einen Menschen zu klonen, um sich dadurch ein biologisches Ersatzteillager zu schaffen. Der Zweck heiligt die Mittel nicht. Man darf nicht den einen töten, um den anderen zu heilen. Übrigens vertreten ernst zu nehmende Forscher, dass man auch ohne therapeutisches Klonen Wege der Heilung finden könne. Wer auf dieser ethischen Grenzmarkierung menschlichen Tuns besteht, trägt keine ideologischen Scheuklappen, sondern verteidigt die Wahrheit und das Recht des Menschen auf Leben.
Der Rückblick auf Vorgänge und Probleme des vergangenen Jahres ist zugleich auch ein Ausblick auf das neue Jahr. Der Rückblick zeigt uns nämlich Aufgaben, die vor uns lie-

gen. An uns liegt es, ob alles bleibt, wie es ist. An uns liegt es, ob sich etwas verändert. Sorgen wir dafür, dass es sich zum Guten verändert!

Für uns katholische Christen war dieses Jahr ein besonderes Jahr, ein Heiliges Jahr.[8] Wir haben die Geburt Jesu Christi vor 2000 Jahren gefeiert. Es ist erstaunlich, was dieses Jahr in der Weltkirche in Bewegung gebracht hat. Den entscheidenden Beitrag hat der Papst geleistet. Trotz aller Gebrechlichkeit war er der Motor des Heiligen Jahres 2000.
Rom, das an Pilgerscharen gewöhnt ist, hat noch in keinem Jahr so viele Pilger gesehen. Die größte Kirche der Christenheit, St. Peter, reichte nicht aus, die Pilgerscharen aufzunehmen. So mussten die Gottesdienste, auch bei schlechter Witterung, auf dem Petersplatz gefeiert werden.
Im Laufe des Jahres wurden für die verschiedenen Berufs- und Altersgruppen Heilig-Jahr-Feiern begangen, für die Kinder, die Kranken, für die alten Menschen, für die Bauern und Handwerker, für die Künstler, die Ordensleute und für die Priester, für die Frauen, für die Familien, die Wissenschaftler, die Katecheten und Religionslehrer, die Polizisten und die Modeschöpfer, für die Politiker und die Pizzabäcker, um nur eine Auswahl zu nennen.
Unvergesslich sind die Höhepunkte dieses Heiligen Jahres, von denen ich auch nur einige nennen kann.
Im Januar öffnete der Papst in einem ökumenischen Gottesdienst gemeinsam mit einem Vertreter des Patriarchen von Konstantinopel und dem Oberhaupt der Anglikanischen Kirche die Heilige Pforte in St. Paul vor den Mauern. Damit zeigte der Papst, der Weg der Kirche in die Zukunft muss ein Weg der Ökumene sein.
Als im Sommer die römische Erklärung „Dominus Jesus“ erschien, meinten viele, Rom nehme es mit der Ökumene nicht ernst.[9] Diese Meinung ist irrig. Wer die Erklärung ernst nimmt und sie im Zusammenhang der geschichtlichen Entwicklung liest, stellt fest: Diese Erklärung erinnert an Wahrheiten des Glaubens, die wir nicht aus dem Blick verlieren dürfen. Damit bewahrt sie uns vor einer oberflächlichen Ökumene, die nicht zum Ziel führen kann, weil sie Wahrheiten des Glaubens überspielt und sich mit dem kleinsten gemeinsamen Nenner zufrieden gibt. Demgegenüber weist „Dominus Jesus“ den Weg einer realistischen Ökumene, die immer ein Weg der Wahrheit und der Liebe sein muss. Eine zukunftsträchtige Ökumene ist beiden verpflichtet: der Wahrheit und der Liebe.
Ein Höhepunkt des Heiligen Jahres war auch das Schuldbekenntnis am 12. März.[10] Dies war ein persönliches Anliegen des Papstes. Um das Gedächtnis der Kirche zu reinigen, bekannte er, dass in der Vergangenheit Männer der Kirche und in ihrem Namen Fehler

begangen und Unrecht getan haben. Dafür bat der Papst um Vergebung, um die Vergangenheit aufzuarbeiten und den Weg der Kirche in die Zukunft zu ebnen.

Zu den Höhepunkten des letzten Jahres gehört zweifellos die historische Reise des Heiligen Vaters ins Heilige Land.[11] Das war eine Pilgerfahrt an die Quellen, an den Ursprung der Kirche, zu Jesus Christus, der in diesem Land geboren wurde, gelebt und der Welt das Heil gebracht hat.

Diese Reise führte ihn auch zu den Juden, „unseren älteren Brüdern", wie der Papst sie nennt. Aus diesem Volk stammt Jesus Christus. Durch die Heilsgeschichte, die die Geschichte Gottes mit der Menschheit ist, sind Juden und Christen unlösbar miteinander verbunden. Unvergesslich ist das Bild des an der Klagemauer einsam betenden Papstes, der um Vergebung dessen bittet, was Juden von Christen zugefügt wurde, und den Gebetszettel nach jüdischem Brauch in die Mauerritze schiebt.

Gern hätte der Papst auf dem Sinai mit Juden und Muslimen gebetet. Es war nicht, noch nicht möglich.

Ein außergewöhnlicher Höhepunkt des Heiligen Jahres war das Weltjugendtreffen im August.[12] Zwei Millionen Jugendliche waren aus aller Welt gekommen, weit mehr als man erwartet hatte. Diese jungen Christen haben sich vom Papst nicht nur begeistern, sondern auch zum Nachdenken anregen lassen. Das Treffen war für sie kein Happening, sondern ein geistliches Ereignis. Das wurde augenfällig an der lebendigen Mitfeier der Gottesdienste und an der Tatsache, dass Zehntausende zur Beichte gingen.

Dieser Weltjugendtag des Heiligen Jahres hat gezeigt, dass die Weltkirche jung und voll Hoffnung ist, so jung und voll Hoffnung, dass manche es gar nicht glauben können.

Mit diesem Heiligen Jahr hat der Papst die Kirche ins neue Jahrtausend geführt. Ich meine dies nicht in dem Sinn, dass mit diesem Jahr im Kalender das dritte Jahrtausend begonnen hat. Der Papst hat mit prophetischem Wort und prophetischen Gesten der Kirche den Weg in die Zukunft gezeigt.

Wie er die Zukunft sieht, möchte ich Ihnen mit zwei seiner Aussagen darlegen. Zu dem französischen Schriftsteller Frossard[13] sagte er: „Wir haben Gründe, die uns befürchten lassen, dass die Welt, auf die wir zugehen, schrecklicher sein wird als alles Bisherige." Und in seiner Enzyklika „Redemptoris Missio" von 1991[14] schreibt er ganz anders: „Unmittelbar vor Anbruch des dritten Jahrtausends der Erlösung ist Gott dabei, einen großen christlichen Frühling zu bereiten, dessen Morgenröte man schon ahnend erkennen kann."

Die beiden Aussagen widersprechen einander nicht. Sie zeigen uns vielmehr, vor welcher Entscheidung wir stehen, die wir für die Zukunft zu treffen haben: Lassen wir die

Welt in eine schreckliche Zukunft treiben, oder öffnen wir uns dem großen christlichen Frühling, den Gott uns bereitet.
Mit der Feier des Heiligen Jahres wollte der Papst die Kirche und durch sie die Menschheit jenem großen Frühling entgegenführen.
Der diesen Frühling der Kirche bringt, ist schon da. Er ist da seit 2000 Jahren: Jesus Christus.
Hören wir auf sein Wort, auf ihn, der die Wahrheit und Liebe ist! Ergreifen wir seine Hand und lassen wir uns von ihm führen! Dann wird das neue Jahr ein gutes Jahr, ein Jahr, in dem man die Morgenröte eines neuen, von Gott geschenkten Frühlings erkennen kann.
Ein solches von Gott gesegnetes Jahr wünsche ich Ihnen allen.
Amen.

1 Joseph Kardinal Wendel (1901-1960), Erzbischof von München und Freising (1952-1960).

2 Durch die Münchener Stadtmission vom Frühjahr 1960 sollte das Leben aus dem Glauben erneuert werden.

3 37. Eucharistischer Weltkongress in München vom 31. Juli bis 7. August 1960.

4 Am 17. Dezember 1960 war ein Flugzeug der US Air Force mit 20 Personen an Bord im Bereich Bayerstraße/Martin-Greif-Straße in der Nähe der Münchener St. Pauls-Kirche auf eine Trambahn gestürzt. Die Zahl der Opfer differiert in verschiedenen Quellen zwischen 49 und 53.

5 Das Gesetz über die Eingetragene Lebenspartnerschaft wurde im Bundesgesetzblatt vom 16. Februar 2001 verkündet.

6 Johannes Paul II. (1920-2005), Papst (1978-2005).

7 Beim therapeutischen Klonen (Forschungsklonen) wird der Embryo nach wenigen Zellteilungen zerstört.

8 Das Jahr 2000 war das so genannte Große Jubeljahr unter dem Motto „Christus heri, hodie, semper". Es dauerte vom 25. Dezember 1999 bis zum 6. Januar 2001.

9 Die Erklärung „Dominus Jesus" der Kongregation für die Glaubenslehre vom 6. August 2000 erläutert und bekräftigt das römisch-katholische Verständnis von der Kirche. Deutscher Text: Kongregation für die Glaubenslehre. Erklärung Dominus Iesus. Über die Einzigkeit und die Heilsuniversalität Jesu Christi und der Kirche. 6. August 2000 (= Verlautbarungen des Apostolischen Stuhls 148), Bonn 2000; Internetadresse: http://www.vatican.va/roman_curia/congregations/cfaith/documents/rc_con_cfaith_doc_20000806_dominus-iesus_ge.html.

10 Am 12. März 2000 entschuldigte sich Papst Johannes Paul II. für Vergehen, die Menschen im Namen der Kirche begangen haben. Deutscher Text: http://www.theology.de/mea%20culpa.html.

11 Die Jubiläumspilgerreise Johannes Pauls II. ins Heilige Land fand vom 20. bis 26. März 2000 statt.

12 Der XV. Weltjugendtag fand vom 14. bis 20. August 2000 in Rom statt.

13 André Frossard (1915-1995), französischer Schriftsteller.

14 „Redemptoris Missio" vom 7. Dezember 1990 ist die achte Enzyklika von Papst Johannes Paul II. Deutscher Text: Enzyklika Redemptoris Missio Seiner Heiligkeit Papst Johannes Paul II. über die fortdauernde Gültigkeit des missionarischen Auftrages. 7. Dezember 1990 (= Verlautbarungen des Apostolischen Stuhls 100), Bonn 1990; Internetadresse: http://www.vatican.va/edocs/DEU0129/_INDEX.HTM.

Silvesterpredigt 2001

Die Würde des Menschen ist unantastbar

Artikel 1 des Grundgesetzes

Brüder und Schwestern im Herrn!

Duc in altum – Fahr hinaus auf die hohe See! Mit diesem Wort hat Jesus einst Petrus aufgefordert, zum Fischfang auszufahren, obwohl sich Petrus die ganz Nacht zuvor abgemüht und nichts gefangen hatte. Am Beginn des Jahres hat der Heilige Vater[1] an dieses Wort Jesu erinnert und es auf uns bezogen, die wir am Anfang eines neuen Jahrtausends stehen. Duc in altum – Fahr hinaus auf die hohe See! „Gehen wir voll Hoffnung voran! Ein neues Jahrtausend liegt vor der Kirche wie ein weiter Ozean, auf den es hinauszufahren gilt", schreibt der Papst in Novo Millenio Ineunte (Nr. 58).[2]
Wir sind hinausgefahren ins neue Jahrhundert und neue Jahrtausend, wir, d. h. die Kirche zusammen mit der Weltgemeinschaft. Auch wenn uns erst ein oder zwei Jahre von der Abfahrt trennen, wir sind bereits auf hoher See. Als wir losfuhren, erwarteten wir ein friedliches Jahrhundert. Aber sehr schnell ist unser Schiff in Stürme geraten, wie das der Jünger auf dem See Genesaret. Wir müssen auf der Hut sein, dass wir nicht auflaufen, und Klippen Löcher in unser gemeinsames Lebensschiff reißen. „Das neue Jahrtausend, das mit großen Hoffnungen begonnen hat, ist von dunklen Wolken der Gewalt und des Krieges bedroht", sagte der Papst vor wenigen Tagen in seiner Weihnachtsbotschaft.

Am 11. September sind wir alle vom Sturm des Terrorismus erschüttert worden.[3] Dass es Terroristen gibt, war nichts Neues. Aber dass Terroristen so zuschlagen, war neu. Noch nie hat es einen Terroranschlag solchen Ausmaßes gegeben. Und dahinter steht ein international agierendes Terrorismusnetz, das es mit der Großmacht USA aufnimmt und kaum zu fassen ist. Sogar in Deutschland haben Attentäter wie friedliche Menschen gelebt. Erst am 11. September kam ans Licht, was in ihnen steckte.
Wie ein Schock ging der 11. September durch die Welt, so dass dieses Datum zum „Wort des Jahres" wurde. Dieser Tag hat uns zum Bewusstsein gebracht, wie verletzlich unsere Welt ist und die Ordnung, die wir zum Leben brauchen.
Der Anschlag von New York und Washington hatte den Krieg in Afghanistan zur Folge.[4]

Dabei wurde die Bevölkerung von einer Diktatur befreit. Aber wurde damit der Terrorismus ausgerottet? Das wird niemand zu behaupten wagen. Wie friedlos das Land ist, sehen wir daran, dass Soldaten, auch deutsche, nach Afghanistan müssen, um Ruhe und Ordnung zu sichern. Von Frieden kann man dort noch nicht reden.
Im Heiligen Land, wo Gott vor 2000 Jahren von Engeln „Friede den Menschen auf Erden" verkünden ließ, wird ein erbitterter, hasserfüllter Kampf geführt, und das seit vielen Jahren. Während wir darauf warteten, dass Vernunft und Friede einkehren, haben sich die Auseinandersetzungen in diesem Jahr verschärft wie nie zuvor. Kaum ein Tag ohne Tote und Verwundete. Im Heiligen Land Frieden zu schaffen, ist nicht leicht. Die Verwundungen sind zu tief. Das geht uns auch an, nicht nur, weil das Heilige Land die Heimat Jesu ist, das Land, in dem Jesus geboren wurde, wo er gelebt und gewirkt hat, wo er für uns am Kreuz gestorben ist, wo er auferstanden ist und die Kirche, zu der wir gehören, durch die Sendung des Heiligen Geistes ins Leben gerufen hat. Die Menschen, die dort aufeinander losgehen, gehören mit uns zur großen Menschheitsfamilie, tragen Menschenantlitz wie wir, sind unsere Brüder und Schwestern, auf welcher Seite sie auch stehen. Wo immer ein Mensch geschändet wird, sind wir mitbetroffen.
Wie kann Friede geschaffen werden? Morgen ist Weltfriedenstag. Der Heilige Vater hat zu diesem Tag eine Botschaft veröffentlicht, in der er den Weg zeigt, der zu beschreiten ist. Das Thema seiner Botschaft lautet: „Kein Friede ohne Gerechtigkeit, keine Gerechtigkeit ohne Vergebung."

„Der Friede ist das Werk der Gerechtigkeit", so heißt es schon beim Propheten Jesaja. Zuerst muss also eine gerechte Ordnung geschaffen und von beiden Seiten anerkannt werden. Dazu sind politische Bemühungen notwendig und viel guter Wille auf beiden Seiten. Denn jeder muss die berechtigten Anliegen des anderen anerkennen. Wir müssen den Männern und Frauen danken, die sich trotz aussichtsloser Lage immer wieder um den Frieden mühen und dabei nicht müde und mutlos werden.
Zur Gerechtigkeit muss aber noch etwas hinzukommen, wie der Papst sagt: Keine Gerechtigkeit ohne Vergebung. Der Hass muss aus den Herzen getilgt werden. Denn der Hass macht blind. Er lässt uns das Recht des anderen nicht einsehen.
Noch aus einem anderen Grund ist Vergebung nötig. Um einen wahren, dauerhaften Frieden zu erreichen, müssen die Wunden, die geschlagen wurden, heilen. Solche Heilung geschieht nur, wo Menschen einander vergeben. Die Wunden, die sich beide Seiten im Heiligen Land geschlagen haben, sind sehr tief. Und mit jeder Gewalttat werden sie noch tiefer. Ist da Vergebung überhaupt noch möglich?

Wir wissen alle aus Erfahrung, wie schwer es uns fällt zu vergeben. Das kommt daher, dass wir meinen, wir würden uns dabei etwas vergeben und den Kürzeren ziehen. Das ist falsch; genau das Gegenteil trifft zu. In seiner Botschaft zum morgigen Weltfriedenstag sagt der Papst: „Tatsächlich schließt die Vergebung immer kurzfristig einen scheinbaren Verlust ein, während sie langfristig einen tatsächlichen Gewinn sicherstellt. Die Gewalt ist genau das Gegenteil; sie entscheidet sich für einen kurzfristigen Gewinn, bereitet aber auf lange Sicht einen tatsächlichen, anhaltenden Verlust vor."

In die gleiche Richtung weist das Wort des großen Friedenskämpfers Martin Luther King[5]: „Die größte Schwäche der Gewalt liegt darin, dass sie gerade das erzeugt, was sie vernichten will. Statt das Böse zu verringern, vermehrt sie es. Die Gewalt macht eine Nacht, die schon sternenlos ist, noch dunkler. Dunkelheit kann die Dunkelheit nicht vertreiben; das kann nur das Licht. Hass kann den Hass nicht vertreiben; das kann nur die Liebe."

Gewalt ist nicht Zeichen der Stärke, sondern der Schwäche. Stark ist die Liebe, auch wenn sie schwach erscheint und so verwundbar ist.

Der Papst hat zum 24. Januar die Vertreter der christlichen Kirchen und kirchlichen Gemeinschaften sowie die Vertreter der verschiedenen Religionen nach Assisi zum Gebet eingeladen.[6] Alle wollen für den Frieden beten. Auch wir sollen für den Frieden in der Welt beten. Denn im Gebet öffnen sich die Herzen der Menschen, dass die Kraft der Liebe in sie einströmt, die das menschliche Herz und mit ihm die Welt erneuert und Frieden bringt.

Verfeindete Parteiungen können durch Gerechtigkeit und Vergebung Frieden schaffen. Ist das auch ein Weg, um mit Terroristen zum Frieden zu kommen?

Seit dem 11. September wird immer wieder betont, wie notwendig der Dialog mit dem Islam ist. Mit den Terroristen wird man diesen Dialog kaum führen können; sie leben im Untergrund, lauern im Hinterhalt, von Fanatismus erfüllt. Aber mit Menschen reden, die ihnen nahe stehen und auf sie einwirken können, ist sinnvoll und nötig.

Was ist das Ziel, was soll erreicht werden? Zunächst müssen wir einander besser kennen und verstehen lernen. Im letzten geht es dabei um die Achtung des Menschen, darum, dass jeder den anderen respektiert und ihm keine Gewalt antut.

Der Mensch, und zwar jeder Mensch, muss in seiner Würde geachtet werden. Das bedeutet, keiner darf dem anderen Gewalt antun. Darum haben wir in unserer Verfassung das Gewaltmonopol des Staates. Nur er hat Gewalt, und er hat sie nur anzuwenden, um für die Menschen Ordnung, Sicherheit und Freiheit zu gewährleisten; er muss mit der ihm anvertrauten Gewalt die Würde und die Rechte des Menschen schützen.

Der Terrorismus wird erst dann ausgetilgt sein, wenn der Mensch in seinem Menschsein geachtet wird. Der Weg dorthin mag mühsam sein, aber er muss gegangen werden um des Menschen willen. Dabei wird die Vergebung, von der der Papst in seiner Friedensbotschaft spricht, eine große Rolle spielen. Der Papst hat es vorgemacht. Er hat den Terroristen[7], der ihn töten wollte und tatsächlich an den Rand des Todes gebracht hat, im Gefängnis besucht und hat ihm verziehen.

Friede, Gerechtigkeit, Vergebung, all das setzt die Achtung des Menschen, seiner Würde und seiner Rechte voraus.

Immer wieder wird der 3000 Toten gedacht, die am 11. September in New York beim Attentat ums Leben kamen. Wer aber denkt an die 30 000, die täglich auf der Welt an Hunger sterben, davon sind 20 000 Kinder? Das hat auch mit Gewalt und Terrorismus zu tun. Denn extreme soziale Ungerechtigkeit ist ein Nährboden für Gewalt. Nicht nur Gewalt und Terrorismus sind ein Skandal, der größte Skandal unserer Zeit ist der Hunger, dem mehr Menschen zum Opfer fallen als in allen Kriegen und Attentaten zusammen genommen.

Auf der Weltbischofssynode im vergangenen Oktober[8] haben wir Bischöfe wieder auf diese blutende Wunde der Menschheit aufmerksam gemacht: „Gemäß ausgewiesenen Experten der Weltwirtschaft leben 80 Prozent der Weltbevölkerung mit 20 Prozent aller Güter und 1 200 000 000 Menschen müssen mit weniger als einem Dollar pro Tag leben" (Nuntius 10).

Vergleichen wir damit, was wir uns alle leisten können und leisten. Experten weisen darauf hin, dass es technisch möglich ist, den Hunger zu überwinden, aber der politische Wille fehlt.

Es ist höchste Zeit zum Handeln. Wenn sich die Spannung zwischen Arm und Reich einmal in einen Sturm der Gewalt entlädt, werden wir unsere Erde nicht mehr wiedererkennen. Dann wird wirklich alles anders sein als zuvor, wie man es vom 11. September gesagt hat.

Es ist höchste Zeit, auch den vielen Hungernden und Armen in der Welt Achtung entgegenzubringen und sie in ihrer Menschenwürde ernst zu nehmen. Die Welternährungskonferenz von 1974 hat erklärt, „dass jeder Mann und jede Frau und jedes Kind das unantastbare Recht haben, frei von Hunger und Unterernährung zu sein." Es geht also um ein Menschenrecht.

Die ungerechte Verteilung der Güter, die daraus resultierende Not von mehr als einer Milliarde Menschen, die Missachtung der menschlichen Würde und der Menschenrechte sind die wohl schwerste globale Gefährdung auf unserer Fahrt ins neue Jahrtausend.

Um die Achtung des Menschen geht es auch in der Frage der Zuwanderung, welche die Gemüter bewegt und eine unausweichliche Aufgabe der deutschen wie der europäischen Politik darstellt. Hier muss mit Weitblick eine Regelung gefunden werden, die von breiter gesellschaftlicher und parlamentarischer Zustimmung getragen wird.

Dabei dürfen wir den Fremden nicht von vornherein als Gefährdung oder gar als Feind ansehen. Er ist ein Mensch wie wir. Andererseits müssen wir um die Grenzen unserer Integrationskraft wissen und die wirtschaftlichen wie finanziellen Möglichkeiten beachten. Das ist wichtig. Vom Ausgleich berechtigter Interessen hängt bekanntlich der Erhalt des inneren Friedens ab.

Die Integration stellt beide Seiten vor hohe Anforderungen. Die Zuwanderer müssen sich auf den Boden unserer Verfassung und Rechtsordnung stellen und diese ebenso wie wir anerkennen. Auf dieser Grundlage muss ihnen dann – auf einem wohl länger dauernden Weg – die gleichberechtigte Teilnahme am politischen, wirtschaftlichen und kulturellen Leben ermöglicht werden.

In diesem Zusammenhang danke ich den kirchlichen Vereinigungen und Pfarreien, die seit langem die Integration ausländischer Mitbürger fördern. Dieser Dienst ist weniger mit finanziellem Aufwand, aber mit nicht geringer Investition an Zeit, Kraft und persönlicher Hinwendung verbunden und manchmal auch mit Missverständnissen und Anfragen aus den eigenen Reihen.

Von der Frage der Zuwanderung getrennt ist der Umgang mit Asylsuchenden und Flüchtlingen zu sehen. In ihnen begegnen uns oft Menschen, die große Not durchgestanden haben. Es ist nicht immer leicht, ihre wirkliche Lage zu erkennen. Deshalb ist jede Verfahrensverbesserung zu begrüßen, die dazu dient, die Wahrheit zu finden. Gerade um dieser Menschen willen ist aber auch dem unbestreitbaren Missbrauch des Asyl- und Flüchtlingsrechts konsequent zu begegnen.

In diesem Bereich sind Härtefälle nicht auszuschließen. Deshalb wurde in Bayern vorgeschlagen, den Kirchen im Rahmen eines so genannten „Kirchenkontingents" unter bestimmten Voraussetzungen die Befugnis zu geben, Menschen in einer solchen Lage ein Bleiberecht zuzuerkennen.

Die humane Intention in diesem Vorschlag ist anzuerkennen. Trotzdem ist dieser Weg nicht geeignet, das Problem zu lösen. Der Staat würde eine hoheitliche Funktion abgeben, die er unter dem Gesichtspunkt der Gleichbehandlung auch anderen gesellschaftlichen Gruppen gewähren müsste. Es käme zu Folgen, die kaum mehr rückholbar wären.

Zukunft haben wir nur, wenn wir vor dem Menschen Achtung haben. Um die Achtung des Menschen geht es auch in der zur Zeit umstrittenen Frage, ob man Stammzellen einführen darf. Da diese Stammzellen durch Tötung von Embryonen gewonnen werden, ist damit auch die Frage gestellt: Darf man einen Embryo töten?

Das hängt davon ab, was der Embryo ist. Er ist von Anfang an menschliches Leben. So klein haben wir alle angefangen. Es geht also um einen Menschen in der allerersten Phase seines Lebens, die im Verlaufe seiner Entwicklung die zugleich schwächste ist. Das hat zur Folge: Wenn es nicht erlaubt ist, mit dem Menschen zu experimentieren und ihn zu töten, dann ist es auch nicht erlaubt, wenn der Mensch als Embryo lebt.

Aber das geschieht – so sagt man –, um Forschung zu ermöglichen und Krankheiten zu heilen, die wir heute nicht heilen können. Kein noch so intensiver Kinderwunsch, kein noch so engagierter Forscherdrang, kein noch so mitfühlendes Empfinden mit dem Leiden eines zu Ende gehenden Lebens und auch kein noch so verständliches Verlangen nach Heilung und Gesundheit darf um den Preis der Vernichtung menschlichen Lebens angezielt werden. Das ist die durchgehende Perspektive und zugleich die entscheidende Grenzmarkierung, die sich an der Würde jedes menschlichen Lebens orientiert und die nicht überschritten werden darf.

Gerade an der schwächsten Stelle des menschlichen Lebens darf die Unantastbarkeit und damit die Würde des Menschen nicht unter dem Druck wissenschaftlichen Wettbewerbs und wirtschaftlicher Interessen beschädigt werden.

Das ist keine Absage an die Forschung. Sie gehört zum Schöpfungsauftrag. Darum ist sie zu begrüßen und zu fördern. Das heißt aber nicht, dass nicht auch der Forschung ethische Grenzen gesetzt sind und dass der Forscher keine ethischen Grenzmarkierungen einhalten müsse.

Wir wissen, dass in unserer pluralistischen Gesellschaft auch in dieser Frage verschiedene Meinungen vertreten werden und nicht alle unserer kirchlichen Position zustimmen. Deswegen tragen wir noch lange keine ideologischen Scheuklappen noch huldigen wir einem ethischen Fundamentalismus. Wir beziehen vielmehr in einer so wichtigen Frage eindeutig Position, weil nach unserer festen Überzeugung nur so die Würde des Menschen gewahrt bleibt und damit die Grundlage unserer Humanität nicht angetastet wird.

Es geht uns um die Wahrheit vom Menschen. Es stehen nicht nur einzelne, so genannte überzählige Embryonen auf dem Spiel, es geht um viel mehr: um die Gattung Mensch. Politische Mehrheiten können Gesetze beschließen, aber die Wahrheit können sie nicht festlegen; sie bleibt davon unberührt.

Bei den verschiedenartigsten Gefährdungen geht es immer um den Menschen. Das Menschsein ist in Frage gestellt. Darum brauchen wir einen Humanismus, der allen Bedrohungen und allem Infragestellen standhält.
Diesen Humanismus finden wir bei unserem Herrn Jesus Christus. In ihm leuchtet auf, was der Mensch im tiefsten ist. „Tatsächlich klärt sich nur im Geheimnis des fleischgewordenen Wortes das Geheimnis des Menschen wahrhaft auf. … Der ‚das Bild des unsichtbaren Gottes' (Kol 1, 15) ist, er ist zugleich der vollkommene Mensch" (GS 22).
Wenn wir also wissen wollen, was der Mensch ist und folglich was Humanität und Humanismus sind, müssen wir auf Jesus Christus schauen.
Er lebte als Mensch jeden Atemzug nach dem Willen des Vaters. Die Verbindung mit dem Vater im Himmel war die Grundlage seines Menschseins. Dadurch ist er der vollkommene Mensch, der humanste aller Menschen.
In seinem Licht sehen wir, was der Mensch ist, was wir sind: Jeder ist auf Gott bezogen, einmalig, unauswechselbar, von Gott geliebt und berufen, seine Liebe zu erwidern und darin auf ewig unbeschreiblich glücklich zu werden.
Dieser Bezug zu Gott gibt einem jeden von uns seine Würde, die niemand antasten darf. In Art. 1 GG heißt es: „Die Würde des Menschen ist unantastbar." Diese Erkenntnis verdankt die Menschheit dem Christentum. Erst im Licht Jesu Christi ist in der Menschheitsgeschichte deutlich geworden, dass jeder Mensch eine unantastbare Würde besitzt. Sie ist die Grundlage nicht nur der Verfassung und unseres Zusammenlebens. In ihr gründen auch die Menschenrechte sowie die Ideale der Moderne: Freiheit, Gleichheit, Brüderlichkeit. In der Französischen Revolution, die diese Ideale auf ihr Banner geschrieben hat, waren zwar auch Gottlosigkeit und Kirchenfeindschaft am Werk. Aber die Ideale, die sie verkündet hat, sind letztlich christlichen Ursprungs.
Hugo Rahner[9], der große Kenner der antiken Kultur und der Geschichte, sagte: „Es gibt einen Humanismus, der wesentlich christlich ist. Ja, wir erkühnen uns zu sagen: Es gibt nur einen christlichen Humanismus." Diesen Humanismus, der durch das Christentum in die Welt gekommen ist, braucht die Menschheit auf der Fahrt ins neue Jahrtausend, damit der Mensch menschlich bleibt oder es wird.
Dazu müssen wir alle beitragen, indem wir das Bild vom Menschen, das wir im Lichte Christi erkennen, in den Auseinandersetzungen der Gegenwart und auch der Zukunft hochhalten. Wir können der Menschheit keinen besseren Dienst erweisen. Dadurch bringen wir Hoffnung für eine gute, friedliche Zukunft in die Welt.
Dazu aber ist es nötig, wie die Jünger im sturmgeschüttelten Boot, auf Jesus zu schauen und uns an ihm festzuhalten, ja festzuklammern, indem wir auf ihn hören und ihm

folgen. Verlieren wir Christus nie aus den Augen! Er ist bei uns im Boot. Wir meinen manchmal, er schlafe. Aber er schläft nicht. Wir schlafen und merken nicht, dass er bei uns ist. Er verlässt uns nicht. „Ich bin bei euch alle Tage bis zum Ende der Welt" (Mt 28,20). Diese seine Zusage gilt auch uns heute. Er ist der Grund unserer Hoffnung, einer Hoffnung, die nicht zuschanden wird. Erfüllt von dieser Hoffnung gehen wir ins neue Jahr, für das ich Ihnen allen Gottes Segen wünsche.
Amen.

1 Johannes Paul II. (1920-2005), Papst (1978-2005).

2 Das Apostolische Schreiben „Novo Millennio Ineunte" von Papst Johannes Paul II. vom 6. Januar 2001 wurde zum Ende des Großen Jubiläumsjahres 2000 publiziert. Deutscher Text: Apostolisches Schreiben Novo Millenio Ineunte Seiner Heiligkeit Papst Johannes Paul II. an die Bischöfe, den Klerus, die Ordensleute und an die Gläubigen zum Abschluss des Großen Jubiläums des Jahres 2000. 6. Januar 2001 (= Verlautbarungen des Apostolischen Stuhls 150), Bonn 2001; Internetadresse: http://www.vatican.va/holy_father/john_paul_ii/apost_letters/documents/hf_jp-ii_apl_20010106_novo-millennio-ineunte_ge.html.

3 Am 11. September 2001 verübten islamistische Terroristen mit vier Passagiermaschinen Anschläge auf das World Trade Center in New York und auf das US-amerikanische Verteidigungsministerium in Washington, D.C.

4 Nach den Terroranschlägen vom 11. September 2001 besetzte eine Allianz unter US-amerikanischer Führung Afghanistan, da man dort den Terroristen Osama bin Laden und Teile des Terrornetzwerks Al Quaida vermutete. Die in Afghanistan herrschenden Taliban wurden gestürzt.

5 Martin Luther King (1929-1968), US-amerikanischer Bürgerrechtler.

6 Auf Einladung von Papst Johannes Paul II. fand zwei Mal (1986 und 2002) ein Weltgebetstreffen für den Frieden in Assisi statt, an dem hohe Geistliche verschiedener Religionen teilnahmen.

7 Mehmet Ali Ağca (geb. 1958).

8 Die Bischofssynode fand vom 30. September bis 27. Oktober 2001 statt und stand unter dem Thema: „Der Bischof als Diener des Evangeliums Jesu Christi für die Hoffnung der Welt".

9 P. Hugo Rahner SJ (1900-1968), deutscher Jesuit.

Silvesterpredigt 2002

Gottesfrage – Schicksalsfrage

Brüder und Schwestern im Herrn!

In wenigen Stunden beginnt ein neues Jahr. Was wird da neu? Der Kalender. Wir schreiben eine neue Jahreszahl, 2003. Aber die Welt ändert sich damit nicht. Die öffentlichen Kassen nehmen ihre Haushaltslöcher mit. Die über vier Millionen Arbeitslosen gehen mit uns ins neue Jahr. Die wirtschaftliche Lage wird morgen so sein wie heute. Die Sorge um den Frieden in der Welt wird nicht geringer sein. Die Aufgabe, den Terrorismus zu beseitigen, bleibt erhalten. Und wir bleiben auch dieselben.
Trotzdem ist es gut, ja nötig, beim Jahreswechsel inne zu halten, um uns auf die kommende Zeit zu orientieren. Denn unsere gesellschaftliche Entwicklung wird von Umständen geprägt, die uns – ob wir es wollen oder nicht – viel abverlangen.
Ein Kennzeichen unserer Zeit besteht in der Beschleunigung der alltäglichen Lebensvorgänge, die in immer kürzeren Zeitabständen vielerlei Erfahrungen und Herausforderungen an uns herantragen, die wir manchmal nur schwer verarbeiten können. Die stete Zunahme der Unübersichtlichkeit einer kompliziert gewordenen Welt nötigt den Menschen, sich immer wieder neu zu orientieren, damit er nicht hilflos durch das Leben tappt.
In diesem Zusammenhang müssen wir auch die Vielfalt der weltanschaulichen Meinungen sehen, aus der sich unterschiedliche, ja widersprüchliche Bilder vom Menschen und in der Folge verschiedenartige Auffassungen vom Leben ergeben. Dabei geht es nicht um vordergründige Probleme, sondern um letzte Fragen: Was ist das Ziel meines Lebens? Was ist der Sinn meines Daseins? Wofür lebe ich?
Das betrifft auch unser Christsein. Früher war das anders. In einer vom Christentum geprägten Gesellschaft gab der christliche Glaube den Menschen einheitlich Antwort auf ihre letzten Fragen. Heute leben wir nicht mehr in einer christlichen, sondern in einer pluralistischen Gesellschaft. Wir Christen bilden zwar immer noch eine beachtliche Gruppe, sind aber doch nur eine Gruppe unter vielen. In unserem Land leben Christen mit Muslimen zusammen, mit Buddhisten, Sektenangehörigen und Atheisten.
Dazu wird der christliche Glaube unter dem Einfluss der Säkularisierung immer mehr an den Rand gedrängt. Im Zuge der Aufklärung im 19. und 20. Jahrhundert entwickelte sich

eine Entfremdung zwischen Kirche und gesellschaftlicher Wirklichkeit, zwischen Kirche und öffentlicher Meinung. Religion wurde Privatsache. Wie weit der Prozess der Entchristlichung gediehen ist, erkennen wir daran, dass man heute kämpfen muss, damit in der Europäischen Verfassung Gott auch nur genannt wird. Und dies in Europa, das sein Entstehen wesentlich dem Christentum verdankt. Ist die Gottesfrage keine Schicksalsfrage mehr für unseren Kontinent? Ist die Vergesslichkeit so groß, dass die Verantwortlichen nicht mehr wissen, welches Unglück zwei gottlose Ideologien im letzten Jahrhundert über Europa und die Welt gebracht haben?

Die Menschen brauchen Gott zum Leben. Die Religionsgeschichte kennt kein Volk, das nicht eine Gottheit verehrt hätte. Alle haben sie Gottheiten als letzte Bindung, die Halt gibt. Ohne Gott, und das heißt ohne letzte Bindung droht Entwurzelung. Kardinal König[1], der frühere Erzbischof von Wien, beschreibt den entwurzelten Menschen: „In unserer säkularisierten Welt und Zeit tritt bereits allenthalben die Angst in Erscheinung, dass – vor allem in der Anonymität der Großstadt – sich jener entwurzelte Typus ausbreitet, dem wir heute bereits immer wieder begegnen: Der sinnlose Mensch, der in seinem Leben kaum noch Sinn sieht; der gewissenlose Mensch, der keine innere Verpflichtung mehr spürt; der wertfeindliche Mensch, der über Werte und Ideale nur mehr müde lächelt; der besinnungslose Mensch, der um Stille und Besinnung nicht mehr weiß; der apathische Mensch, dem das geistliche Rückgrat gebrochen wurde; der aggressive Mensch, der seine innere Spannung und geistige Not an anderen abreagiert; der wahrheitsunfähige Mensch ohne Überzeugungen. Menschen ohne persönliche Überzeugung können sich nur mehr anpassen."

Was heißt das für uns Christen? Es geht um zwei Aufgaben, oder richtiger um eine Aufgabe, die zwei Stoßrichtungen hat: einmal darum, dass wir uns selber nicht der Gleichgültigkeit anpassen und uns Gott entfremden, und zweitens darum, anderen Menschen die Freude an Gott und am Glauben zu vermitteln.

Was also ist zu tun? Johannes Chrysostomus, gegen Ende des 4. Jahrhunderts Patriarch von Konstantinopel,[2] lebte in einer Zeit, die der unsrigen gleicht: Christen lebten bereits als beachtliche Gruppe in einer noch weithin heidnischen Gesellschaft. Johannes Chrysostomus war ein bekannter Prediger und ließ es an Klarheit nicht fehlen. So auch in einem Text, in dem er sagt, was Not tut: „Leuchtet wie Licht in der dunklen Welt ... Man braucht so etwas nicht zu sagen, wenn unser Leben wirklich leuchtete. Es braucht keine Belehrung, wenn wir Taten sprechen ließen. Es gäbe keine Heiden, wenn wir wahre Christen wären, wenn wir die Gebote Christi hielten ... aber: dem Geld huldigen wir genauso wie sie, ja, noch mehr als sie. Vor dem Tod haben wir Angst wie sie. Armut fürchten wir wie sie. Krankheit ertragen wir schwerer als sie … wie sollen sie vom Glauben überzeugt werden? Durch Wunderzeichen? Wunder geschehen nicht mehr. Durch unser Verhalten? Das aber ist schlecht. Durch Liebe? Keine Spur ist davon zu sehen. Darum werden wir auch einst nicht nur über unsere Sünden, sondern auch über den Schaden Rechenschaft ablegen müssen, den wir angerichtet haben." Das sind deutliche Worte. Was Johannes Chrysostomus sagte, als sich Europa unter dem Einfluss des Christentums zu bilden begann, gilt unverändert für uns heute.

Was ist zu tun? Wir können die Geschichte nicht zurückdrehen und wollen es auch nicht. Selbst wenn wir es könnten, würde es uns nicht weiterhelfen. Wir müssen die Herausforderung annehmen und ganze Christen werden. Salz der Erde und Licht der Welt müssen wir sein, wie Jesus es uns in der Bergpredigt sagt. Ein „Christentum light" ist schal gewordenes Salz und nicht zu gebrauchen.
„Leuchtet wie Licht in der dunklen Welt!" sagt Johannes Chrysostomus. Selbst Licht sein und anderen leuchten sind nur zwei Seiten der einen Wirklichkeit. Das gilt auch vom Salz. Salz sein und Geschmack verleihen gehören zusammen. Wir müssen überzeugt unseren Glauben leben und den Mut haben, auch gegen den Strom zu schwimmen, wo immer das nötig sein wird.
Wir müssen als Christen und als Kirche mit unserem Profil stärker erfahrbar werden. Sonst marginalisieren wir uns selbst. Unser Profil ist unser Glaube an Jesus Christus und die Glaubenspraxis in der Gemeinschaft der Kirche. Wir müssen uns auf Jesus Christus besinnen, der in der Kirche bei uns ist und durch die Kirche mit uns lebt. Zu Christus zu gehören, zu Gott zu gehören, Gott zum Vater zu haben, ist unser großes Glück. Und es ist eine Freude, dass uns dies durch den Glauben in der Gemeinschaft der Kirche geschenkt ist.
Was uns im Glauben geschenkt ist, sollen wir wie ein Licht in unsere pluralistische Gesellschaft hineinleuchten lassen. Und wie das Salz die Speise würzt, sollen wir wie Salz den Menschen den Glauben und die Freude an Gott schmackhaft machen. Das ist Jesu Auftrag an uns. Diesen Auftrag können wir freilich nur erfüllen, wenn wir die Freiheit des Menschen achten. Die Kirche bejaht die Freiheit eines jeden Menschen, die Wahrheit gemäß den eigenen Möglichkeiten zu suchen und zu finden. Ohne Freiheit kann sich der Mensch die Wahrheit und das Gute nicht innerlich aneignen, um daraus Folgerungen für ein verantwortlich geführtes Leben zu ziehen.
Dazu braucht er die Freiheit und die achtsame Pflege des Gewissens. Auch Jesus hat die Freiheit der Menschen geachtet, auch wenn sie sich seiner Botschaft verschlossen ha-

ben. Die Pluralität der Gesellschaft fordert uns heraus, auch unsere eigene Freiheit viel stärker in die Gestaltung unseres Lebens einzubringen.
Der Herr hat uns aufgetragen, Zeugnis für ihn zu geben. „Ihr sollt meine Zeugen sein" (Apg 1, 8), so fasst er die Sendung an die Apostel zusammen. Die Kirche legt durch ihre Verkündigung Zeugnis für Christus ab, und wir alle geben durch unser Leben Zeugnis für ihn. In unserem Leben muss etwas von Jesus Christus sichtbar werden. In seinem Schreiben Novo Millennio Ineunte[3] zum Beginn des neuen Jahrtausends sagt der Papst[4]: „Wir alle, die Gläubigen, dürfen nicht nur von Christus reden, wir müssen den Menschen unserer Zeit auch Christus zeigen, ihn gleichsam sehen lassen" (Nr. 17). Unser Glaube muss hörbar und sichtbar werden, und zwar so, dass darin Jesus hörbar und sichtbar wird. Seine Stimme muss durch uns vernehmbar und sein Antlitz durch uns sichtbar werden.

Das ist das Zeugnis, das Jesus von uns erwartet. Dadurch werden wir Salz der Erde und Licht für die Welt.
Das setzt voraus, dass wir selbst mit Christus in enger Verbindung leben. Erst dann wird er in unserem Leben sichtbar. Niemand werde mutlos angesichts einer so großen Aufgabe: Wie kann ich kleiner Mensch Jesus sichtbar werden lassen? Es kommt nicht auf große, außergewöhnliche Taten an. Blaise Pascal[5] sagt: „Die Tugend eines Menschen darf man nicht an seinen außergewöhnlichen Anstrengungen ermessen, sondern an seinen alltäglichen Handlungen." Das heißt, auch kleine Zeichen können Großes zeigen.
Ein paar Beispiele mögen das verdeutlichen. In der treuen Erfüllung unserer täglichen Pflichten wird etwas von der Treue Jesu sichtbar; im gläubigen Hören auf sein Wort tritt der lehrende Jesus der Bergpredigt in Erscheinung; im kreuztragenden Menschen zeigt sich Jesus, der selbst das Kreuz trägt und die Kraft zum Kreuztragen gibt; in der Armut, die verschiedene Facetten hat, wird der arme Jesus erkennbar; wenn wir um Jesu willen verhöhnt oder verfolgt werden, zeigt sich darin der verhöhnte und verfolgte Jesus; in den Sterbenden und besonders in den Märtyrern wird der am Kreuz sterbende Jesus sichtbar. Der Auferstandene leuchtet auf in der Freude des Glaubens, die uns keine Macht der Welt geben und keine Macht der Welt nehmen kann. So sprechen wir von Jesus Christus mit der Sprache unseres Lebens, lassen ihn hörbar werden und zeigen ihn den Menschen.
Wenn wir so als Glaubende, als lebendige Kirche der Welt Christus zeigen, dann bestehen wir auch in unserer pluralistischen Gesellschaft. Dann sind wir keine Randerscheinung, der man keine Zukunft mehr gibt. Im Gegenteil, wir sind dann Hoffnungsträger für eine Welt, in der die Menschen einen Weg in die Zukunft finden. Denn wenn es

jemanden gibt, der Hoffnung und Zukunft geben kann, dann ist das Gott. Er hat uns in seinem Sohn Jesus Christus die Tür geöffnet. Jesus selbst ist die Tür, die offen steht für alle und uns in die Zukunft führt, für die es sich lohnt, zu leben und zu sterben. Denn diese Zukunft ist der dreifaltige Gott, der uns in seine Lebensgemeinschaft aufnimmt.

Die christliche Botschaft, die erfüllt ist von Licht und Hoffnung, müssen wir unserer pluralistischen Gesellschaft nahe bringen durch die Art, wie wir leben. Wir Christen leben in unserer Gesellschaft, aber wir tun nicht alles, was alle tun. Wir leben anders.

Vielfach wird die Kirche und werden mit ihr wir Christen in der Rolle von Bremsern gesehen. Weil wir nicht alles mitmachen oder gutheißen, meint man, wir würden den Fortschritt aufhalten. Wir wollen den Fortschritt nicht hemmen. Wenn ein Auto vom rechten Weg abkommt, an eine abschüssige Stelle gerät oder gar einem Abgrund entgegensteuert, dann ist es höchste Zeit, auf die Bremse zu treten. Nicht alles, was als Fortschritt ausgegeben wird, bringt uns wirklich voran.

Ein positiver Fortschritt z. B. ist die Entwicklung im Zueinander von Mann und Frau in der Gesellschaft und auch in der Ehe. Diese Entwicklung nötigte zu einer Neuorientierung. Das patriarchalische Modell ist dem partnerschaftlichen Modell gewichen. Dies entspricht der Gleichheit der Würde von Mann und Frau, wie sie uns im Schöpfungsbericht der Bibel gezeigt wird. „Gott schuf den Menschen als sein Abbild; als Abbild Gottes schuf er ihn. Als Mann und Frau schuf er sie" (Gen 1,27). Als Abbild Gottes sind sie einander völlig gleich. Doch als Geschlechtswesen sind sie unterschieden; der Mann ist nicht Frau, und die Frau ist nicht Mann; ebenbürtig sind sie einander zugeordnet.

Negativ freilich ist eine Entwicklung im Verständnis der Ehe, die als Fortschritt ausgegeben und als größere Freiheit angepriesen wird. Das ist die Ehe auf Zeit, nicht mehr auf Lebenszeit, bis der Tod sie scheidet; sondern auf Zeit, bis die Partner sich selbst scheiden. Damit werden Treue und Liebe eingegrenzt, dadurch aber in ihrer inneren Qualität verändert, und zwar zu ihrem Schaden. Liebe und Treue bis zum Tod sind etwas anderes als Liebe und Treue, bis man sich nicht mehr versteht. Diese Entwicklung ist ein Irrweg, der die Grundlage der Ehe erschüttert und zu korrigieren ist.

Erfreulich ist die Entwicklung, dass zur Erziehung der Kinder beide Elternteile zusammenwirken müssen. Das ist nicht so neu. Im Grundgesetz (Art. 6 Abs. 2) heißt es: „Pflege und Erziehung der Kinder sind das natürliche Recht der Eltern und die zuvorderst ihnen obliegende Pflicht." Durch die Erziehung vermitteln die Eltern den Kindern das Gespür für eine Ordnung der Werte; in der Familie werden für das Leben wichtige Tugenden gelernt und eingeübt wie Wahrhaftigkeit, Fleiß, Bescheidenheit, Hilfsbereitschaft. Ohne diese Grundhaltungen kann kein Leben gelingen.

Darum darf die Erziehung der Kinder durch Vater und Mutter nicht geschwächt oder gar ersetzt werden durch ein „flächendeckendes Kinderbetreuungssystem", wie dies heute von staatlicher Seite propagiert wird. Kinder betreuen und Kinder erziehen sind nicht dasselbe. Um der Zukunft der Kinder willen müssen wir hier auf der Hut sein.
Derzeit bewegt die Rentenfrage die Gemüter. Wie kann die Zukunft der älteren Menschen wirtschaftlich gesichert werden? Wer ein Leben lang gearbeitet hat, soll im Alter versorgt sein. Aber an die entscheidende Frage geht kaum jemand heran, an die demographische Katastrophe, die bereits im Gange ist: Die Kinder, die heute nicht geboren werden, sind in 30 und 40 Jahren nicht da, um die alten Menschen, die immer älter und damit auch zahlreicher werden, zu versorgen. Die Kinder werden immer weniger, die alten Menschen immer mehr. Wir sind auf dem Weg in eine Sackgasse. Über das Geld wird viel geredet, aber nicht über den Mangel an Lebensmut und Lebensfreude, ohne die es keinen Mut zum Kind gibt und somit keinen Mut zur Zukunft.
Es wird der Kirche immer wieder unterstellt, dass sie die Frauen am liebsten am Herd und bei den Kindern sehen wolle. Das ist nicht unsere Auffassung. Aber es gibt Phasen im Leben eines Kindes, in denen es wichtig ist, dass sich sowohl die Mutter als auch der Vater intensiv um das Kind kümmern. Kinder brauchen die Nähe der Eltern.
Es gibt Zeiten, in denen Kinder und Karriere nicht ohne weiteres vereinbar sind. Darüber müssen sich die Eheleute verständigen. Und wir müssen der Mutter eine neue Wertschätzung entgegenbringen. Andernfalls werden wir ein sterbendes Volk. Auf diesem Weg sind wir schon.

Unser Glaube gibt uns Mut zum Leben und Mut zur Zukunft, weil wir uns von Gott geführt wissen. Durch unseren Glauben sind wir reicher als wir meinen. Darum haben wir in unsere plurale Gesellschaft Wichtiges einzubringen.
Das betrifft auch unser Verständnis vom Menschen und vom Umgang mit menschlichem Leben. Zu Beginn des Jahres erlebten wir eine Debatte um den Import embryonaler Stammzellen, die durch die Tötung von Embryonen, also vom Menschen im allerersten Lebensstadium, gewonnen werden.[6] Vor wenigen Tagen wurde berichtet, dass der Import solcher Zellen in Deutschland nunmehr beginnt. Das Töten von Embryonen ist in Deutschland zwar nicht erlaubt, aber mit dem Import der embryonalen Stammzellen, die durch die Tötung gewonnen wurden, wird doch die Tötung bejaht.
Prompt zu Weihnachen hörten wir eine neue Botschaft: uns ist ein Klon-Kind geboren.[7] Was sich hinter dieser Nachricht zu Weihnachten tatsächlich verbirgt, ist noch ungewiss. Aber die Platzierung dieser Nachricht zu Weihnachten zeigt, dass hier eine neue

Heilslehre verkündet wird. Das Heil wird nicht mehr von Gott erwartet, der uns im Kind von Bethlehem Heil und Leben schenkt, sondern von der Wissenschaft. Dem Schöpfer, der den Menschen als sein Abbild erschaffen hat, stellen sich Menschen gegenüber, die Schöpfer spielen und den Menschen nach ihrem Bild schaffen wollen. Solch einem Treiben muss entschieden Einhalt geboten werden.

In unserer Gesellschaft wird immer noch diskutiert, ob die Präimplantationsdiagnostik (PID) erlaubt oder verboten werden solle. Bei diesem Verfahren wird der Embryo vor der Einpflanzung in den Mutterschoß untersucht, um festzustellen, ob der Mensch später mit einer Behinderung behaftet sein werde. Wenn die Diagnose zu diesem Ergebnis gelangt, wird der Embryo, also das Menschenkind in seiner allerersten Lebensphase, getötet. Die PID selektiert, sie macht sich zum Richter darüber, ob ein Leben lebenswert oder nicht lebenswert ist. Diese Unterscheidung ist sittenwidrig. Jeder Mensch, ob behindert oder nicht behindert, hat ein Recht auf Leben, das niemand antasten darf. Das kommende Jahr wurde von der UNO zum Jahr des Menschen mit Behinderung ausgerufen. Hoffentlich führt es zu einer Besinnung auf die Würde eines jeden Menschen, gerade auch des Behinderten.

Wenn wir manche Entwicklungen in unserer pluralen Gesellschaft kritisch beurteilen oder ablehnen, stellen wir uns damit nicht gegen den Fortschritt, sondern stellen uns gegen Irrwege, die uns nicht voranbringen.

Unser christlicher Glaube engt nicht ein, sondern führt uns ins Weite. Er zeigt uns den Menschen in seiner einzigartigen Würde und lässt nicht zu, dass er zum Objekt degradiert und über sein Leben verfügt wird, weder am Beginn noch am Ende, wenn es zum Sterben kommt. Der Mensch ist mit seiner Würde und seinen Rechten nirgends so gut aufgehoben wie im christlichen Glauben. Dieses Plus unseres Glaubens gilt es, vor der pluralistischen Welt deutlich werden zu lassen.

Wir erfüllen unseren missionarischen Auftrag, wenn wir durch unsere Art zu leben die Menschen diesen Reichtum und die Weite spüren lassen, die uns der Glaube in der Gemeinschaft der Kirche schenkt. „Es gibt auch eine Unterlassungslüge, die darin besteht, nicht zu bezeugen, dass wir unsere Freude, Kind Gottes zu sein, durch sie, unsere Mutter, die Kirche, erhalten haben“, sagte Madeleine Delbrêl[8], die als Christin inmitten einer kommunistischen Hochburg bei Paris lebte.

Stellen wir darum unser Licht nicht unter den Scheffel, sondern lassen wir es leuchten. Um das Jahr 180, als die Christen im Römischen Reich noch als Minderheit unter den Heiden lebten, schrieb ein christlicher Autor das stolze Wort: „Was im Leib die Seele ist, das sind in der Welt die Christen!“ Und weil sie für die Welt so wichtig sind, sagt er: „Auf

einen so wichtigen Platz hat Gott sie gestellt, dem sich zu entziehen ihnen nicht erlaubt ist" (an Diognet 6, 1.10).
Solch ein christliches Selbstbewusstsein brauchen wir heute, um den Menschen etwas vom Licht, von der Schönheit und Weite unseres Glaubens zu zeigen, dass sie kommen und den Weg des Glaubens mit uns gehen.
In der Bibel heißt es im Buch des Propheten Sacharja: „In jenen Tagen werden zehn Männer aus Völkern aller Sprachen einen Mann aus Juda an seinem Gewand fassen, ihn festhalten und sagen: Wir wollen mit euch gehen; denn wir haben gehört: Gott ist mit euch" (Sach 8, 23). Das gilt auch für heute, das soll auch im neuen Jahr bei uns immer mehr Wirklichkeit werden. Die Menschen sollen an uns spüren: Gott ist mit uns und geht mit uns durch das neue Jahr. Dies möge vielen Menschen in unserer pluralen Gesellschaft Orientierung und Hoffnung geben, dass sie kommen und mit uns in eine gute, von Gott eröffnete Zukunft gehen, die in die Fülle des Lebens bei Gott führt.
Amen.

1 Franz Kardinal König (1905-2004), Erzbischof von Wien (1956-1985).

2 Johannes Chrysostomus (349 oder 344 - 407), Kirchenlehrer, Heiliger.

3 Das Apostolische Schreiben „Novo Millennio Ineunte" von Papst Johannes Paul II. vom 6. Januar 2001 wurde zum Ende des Großen Jubiläumsjahres 2000 publiziert. Deutscher Text: Apostolisches Schreiben Novo Millenio Ineunte Seiner Heiligkeit Papst Johannes Paul II. an die Bischöfe, den Klerus, die Ordensleute und an die Gläubigen zum Abschluss des Großen Jubiläums des Jahres 2000. 6. Januar 2001 (= Verlautbarungen des Apostolischen Stuhls 150), Bonn 2001; Internetadresse: http://www.vatican.va/holy_father/john_paul_ii/apost_letters/documents/hf_jp-ii_apl_20010106_novo-millennio-ineunte_ge.html.

4 Johannes Paul II. (1920-2005), Papst (1978-2005).

5 Blaise Pascal (1623-1662), französischer Mathematiker und Philosoph.

6 Nach Deutschland dürfen nur embryonale Stammzellen importiert werden, die vor dem 1. Januar 2002 gewonnen wurden.

7 Die Sekte der Raelianer verkündete zu Weihnachten 2002 die Geburt des ersten Klon-Kindes.

8 Madeleine Delbrêl (1904-1964), französische Schriftstellerin und katholische Mystikerin.

Silvesterpredigt 2003

Menschenbild und Gottesbild

Brüder und Schwestern im Herrn!

„Die Zeit vergeht, und wir bemerken's nicht", heißt es in Dantes Göttlicher Komödie. Dieses Wort kommt mir in den Sinn, wenn ich bedenke, dass seit Beginn des neuen Jahrtausends bereits vier Jahre vergangen sind.

Mit Zuversicht und Hoffnung haben wir damals das neue Jahrhundert und neue Jahrtausend begonnen, zumal ein Jahrhundert zu Ende war, das mit zwei Weltkriegen und den Diktaturen des Nationalsozialismus und des Kommunismus unsägliches Leid über die Menschen gebracht hatte, wie kein Jahrhundert zuvor.

Wir waren froh, diese Epoche der Geschichte hinter uns zu lassen, um in einer neuen Zeit eine Welt aufzubauen, in der die Völker in Frieden miteinander leben.

Wir sind in diesen vier Jahren eines anderen belehrt worden. Unsere Hoffnungen wurden gedämpft. Der 11. September 2001 hat eine neue Ära eingeläutet, die Ära eines Kontinente übergreifenden Terrorismus.[1] Eine schreckliche Vision, wenn in der Zukunft Machtkämpfe auf diese Weise ausgetragen werden! Ein paar Terroristen, die ihr Leben aufs Spiel setzen, genügen schon. Ein Beispiel liefert der Irak. Der Krieg, der dort schon lange für beendet erklärt ist, ist nicht zu Ende.[2]

Zur Sorge um den Frieden auf der Welt gehört auch die unbeschreibliche Hungersnot eines Großteils der Menschheit. Die Hälfte der Weltbevölkerung muss von weniger als 2 Dollar pro Tag leben. Das ist unerträglich und unverantwortbar. Vor unseren gefüllten Tellern kommt uns schwerlich zum Bewusstsein, vor welche Herausforderung der Hunger die ganze Menschheitsfamilie stellt.

Wir Europäer sind dabei, ein gemeinsames Haus zu bauen. Damit wird ein notwendiger, zukunftsträchtiger Schritt getan. Aber auf welches Fundament wird dieses Europa zu stehen kommen? Auf Fels oder auf Sand? Diese Entscheidung ist noch offen.

Im eigenen Land stehen wir vor großen Herausforderungen. Die Versorgung der alten und kranken Menschen muss gesichert werden. Die Wirtschaft muss Auftrieb bekommen, die Arbeitslosigkeit abgebaut werden. Und die Armen dürfen nicht durch das soziale Netz fallen.

Reformen stehen an, um die Zukunftsfähigkeit unserer Gesellschaft zu festigen. Das geht nicht ohne Einsparungen, die sozial verträglich sein müssen. Wir haben lange, zu lange über unsere Verhältnisse gelebt und dürfen nun die Schuldenberge nicht auf die kommenden Generationen abwälzen. Hier ist Augenmaß gefordert: was und in welchem Zeitraum kann eingespart werden, damit nicht zukunftswichtige Bereiche totgespart werden.

Bei all den großen Aufgaben, die ich genannt habe, sind viele kleine Schritte nötig. Um ein Ziel zu erreichen, das einen Kilometer entfernt ist, muss ich über 1000 Schritte tun. Aber ich muss bei jedem Schritt wissen, auf welches Ziel ich zugehe. Wir dürfen darum bei den vielen einzelnen Schritten in die Zukunft nie das Ziel aus den Augen verlieren.

Für unsere Fahrt auf dem Meer des neuen Jahrhunderts in eine menschenwürdige Zukunft, in der alle in Frieden und Würde leben können, brauchen wir einen Kompass. Dieser Kompass liegt in uns Menschen selbst. Wir brauchen ein klares, auf Gott hin orientiertes Menschenbild, damit unser Menschsein nicht Schaden nimmt.

Nehmen wir nur als Beispiel die letzten Wochen von Advent und Weihnachten.

Christliche Bräuche und Traditionen werden immer stärker ihres Inhalts beraubt und zu wirtschaftlichen Zwecken umgedeutet. Die Idee, selbst die Adventssonntage für den Verkauf zu öffnen, macht das deutlich. Advent und Weihnachten werden zu „Konjunkturbelebungsfeiern" des Marktes, dem zunehmend ganze Bereiche des menschlichen Lebens geopfert werden.

Man will nicht auf Weihnachten verzichten, aber das Fest wird seines Inhalts entleert. Die Religion des Marktes beherrscht die Szene. Aus dem Advent, der Zeit der Vorbereitung auf das Fest der Geburt Christi, ist weithin eine Ankurbelung der Wirtschaft geworden.

Wir dürfen nicht zulassen, dass unser ganzes Leben unter die Übermacht der Ökonomie gerät, so dass unverzichtbare Lebensbereiche wie Familie, Ehe, Erziehung, Bildung zunehmend an den Rand gedrängt oder nur noch wirtschaftlich gesehen werden. Natürlich brauchen wir eine gesunde Wirtschaft. Davon hängt unser tägliches Brot ab. Dafür zu beten, lehrt uns Jesus. Aber er sagt auch: Der Mensch lebt nicht vom Brot allein.

Die Gefährdung des Menschenbildes reicht noch tiefer. Der Mensch wird zunehmend verfügbar, nicht als Person, sondern als Objekt behandelt.

Schauen Sie nur, wie nicht selten in Werbung, Zeitschriften, Filmen mit dem Bild der Frau umgegangen wird. Wir sind nicht prüde. Prüderie hat mit dem christlichen Verständnis

vom Menschen nichts zu tun. Mann und Frau sind auch in ihrer geschlechtlichen Eigenart Gottes Geschöpfe und darum gut. Aber viele Darstellungen der Frau in der Öffentlichkeit sind schamlos und würdelos. Scham ist eine Schutzmauer der menschlichen Würde. Schamhaftigkeit und Keuschheit sind in unserer Sprache zu Fremdwörtern geworden. Das wirft kein gutes Licht auf unser Menschenbild. Es ist an der Zeit, Schamhaftigkeit und Keuschheit wieder in ihrem Wert zu sehen und zu schätzen.
Zunehmend wird der Mensch am Anfang und am Ende seines Lebens als Objekt gesehen, also dort, wo er am schwächsten ist und sich noch nicht oder nicht mehr zu Wort melden kann. In dieser Phase gibt es keine Rentabilität, im Gegenteil, das Menschenleben kostet im umfassenden Sinn, nämlich finanziellen und menschlichen Einsatz.
Vor wenigen Tagen haben bei dem schrecklichen Erdbeben im Iran viele Menschen ihre Angehörigen und ihr Hab und Gut verloren.[3] Es ist bewegend, wie von überall her Hilfe kommt durch Spenden und vor allem durch persönlichen Einsatz, um Verschüttete zu retten und den Obdachlosen, Frierenden und Hungernden in ihrer Not zu helfen. In dieser weltweiten Hilfsbereitschaft zeigen sich Wertschätzung und Anerkennung der Würde des Menschen, gleich welcher Rasse, Kultur und Religion er angehört.
Diese Anerkennung seiner Würde schulden wir auch dem Menschen am Anfang und am Ende seines Lebens. Hier geht es nicht um Randprobleme, hier geht es um die Mitte, um den Kern unseres Menschseins. Derzeit wird versucht, den im Grundgesetz von den Verfassungsvätern als Grundlage unserer Rechtsordnung in Artikel 1 formulierten Satz: „Die Würde des Menschen ist unantastbar" umzuinterpretieren und so die Menschenwürde abzustufen.
Wenn heute gesagt wird, einem im Reagenzglas hergestellten Embryo komme keine Menschenwürde zu, dann stellt sich doch die Frage: Ist der ethische Grundkonsens noch vorhanden, von dem unsere Verfassung ausgegangen ist?
Die Äußerungen von Bundesjustizministerin Zypries[4], die offensichtlich die Meinung des Bundeskanzlers[5] vertreten hat, sind dafür ebenso ein Beleg wie Auseinandersetzungen um Fördergelder für die Forschung mit embryonalen Stammzellen auf europäischer Ebene oder auch die jüngst bekannt gewordene Stellungnahme der Bioethikkommission der Bayerischen Staatsregierung zur Präimplantationsdiagnostik.[6]
Hier stellt sich die Frage nach den allgemein verbindlichen ethischen Grundsätzen, die im Menschsein des Menschen begründet sind und nicht ausgetauscht oder auch nur verletzt werden dürfen.
Die Neuinterpretation des grundlegenden Artikels 1 des Grundgesetzes ist kein marginaler Vorgang, sondern bezeugt einen alarmierenden Meinungswandel. Professor Ernst-

Wolfgang Böckenförde[7] hat im September in einem Beitrag für die Frankfurter Allgemeine Zeitung (Nr. 204) den Finger in die Wunde gelegt. Sein Beitrag erschien unter der Überschrift: „Die Würde des Menschen war unantastbar". Darin wies er auf den fundamentalen Meinungswandel hin. Was vor 54 Jahren als unerschütterliche Grundlage für das Zusammenleben formuliert wurde: „Die Würde des Menschen ist unantastbar", ist nun der Abwägung ausgeliefert wie andere Rechtsgüter auch, so dass man formulieren muss: „Die Würde des Menschen war unantastbar."

Die Kirche vertritt ein anderes Menschenbild. Wir müssen das künftig noch mehr als bisher im klaren Gegensatz zu anderen weltanschaulichen Positionen und politischen Entscheidungen deutlich machen. Die Kirche hält eindeutig und unmissverständlich an der Unantastbarkeit der Würde des Menschen und seines Lebens fest. Die menschliche Würde ist auch zeitlich unteilbar; sie gilt immer, auch am Anfang und am Ende des Lebens.

Ich erinnere daran, dass die Diskussion, in der wir jetzt stehen, zu Beginn der 70er Jahre mit dem Zugriff auf das ungeborene menschliche Leben durch Abtreibung begonnen hat. Kardinal Döpfner[8] warnte damals: „Es werden Dämme brechen." Jährlich werden in Deutschland rund 135 000 gemeldete vorgeburtliche Kindstötungen vorgenommen, von der Dunkelziffer ganz abgesehen. Diese Zahl zeigt, dass Dämme gebrochen sind. Viele Zeitgenossen sehen offenbar in der Abtreibung nur noch eine Form der Geburtenkontrolle.

Die Kirche sieht auch in der In-Vitro-Fertilisation, also in der künstlichen Vereinigung von Ei und Samenzelle im Reagenzglas, einen Missbrauch der Natur. So hat es Papst Johannes Paul II.[9] in seiner Enzyklika „Evangelium vitae"[10] 1995 über den Wert und die Unantastbarkeit menschlichen Lebens dargelegt. Andere sehen in dieser Anwendung eine annehmbare Methode, neues Leben zu „schaffen", wie es verräterisch heißt. Der Mensch ist kein Produkt, das man in der Petrischale herstellen darf. Der Mensch ist Person, Frucht der Liebe von Vater und Mutter. Er wird gezeugt, aber nicht erzeugt. Das entspricht seiner Würde.

Die Kirche dringt darauf, dass ethische Maßstäbe eingehalten werden. Ohne diese Maßstäbe gibt es keinen humanen Fortschritt, den die Kirche ausdrücklich bejaht. Ethische Maßstäbe sind keine Fesseln des Fortschritts, sondern Schutzmauern für das Menschsein des Menschen. Ohne die ethischen Maßstäbe wird der Mensch zum Objekt entwürdigt und damit auch in seiner Freiheit gefesselt. Deswegen lehnt sie auch Forschungsmethoden ab, für die Embryonen „verbraucht" werden, wie verschleiernd gesagt wird.

Gegensätzliche Auffassungen gibt es auch in der Bewertung der Euthanasie. Manche fordern aktive Sterbehilfe und sehen darin ein Recht menschlicher Freiheit. Wir sehen darin einen Missbrauch menschlicher Freiheit.

Der Streit, bei dem es in all diesen Fragen geht, ist ein Streit um den Menschen, näherhin, um den Bezug des Menschen zu Gott. Haben wir uns an das zu halten, was Gott dem Menschen durch Schöpfung und biblische Offenbarung mitteilt, oder können wir über den Menschen verfügen, als ob es Gott nicht gäbe? Denn hinter den ethischen Maßstäben steht Gott. Mit ihnen schützt er uns Menschen. Mit ihnen verbietet er unsere Würde anzutasten, mit ihnen schützt er unsere Rechte, die er uns mit unserem Menschsein gegeben hat, nämlich die Menschenrechte. Das Recht, das von Gott kommt, kann durch kein Recht ausgehebelt werden, das von Menschen kommt, also auch nicht von einem Parlament, auch nicht von einer Verfassung.

Der Bezug zu Gott gehört zum Wesen des Menschen. Wenn dieser Bezug so unaufgebbar mit dem Menschen verbunden ist, dann gehört er auch zur Gemeinschaft von Menschen, auch zu einem Staat und zu einer Gemeinschaft von Staaten, wie sie das im Aufbau befindliche Vereinte Europa darstellt. Darum ist es richtig und sachgemäß, dass im Grundgesetz wie in der Bayerischen Verfassung dieser Bezug ausgesprochen wird. Und wir verlangen, dass dieser Gottesbezug auch in die Präambel der europäischen Verfassung aufgenommen wird. Lassen Sie mich kurz näher darlegen, worum es dabei geht.

Es geht nicht um eine „Anrufung" Gottes, wie dies in den vergangenen Auseinandersetzungen missverständlich angenommen wurde. Eine ausdrückliche Anrufung Gottes würde einen religiösen Akt darstellen, der als solcher verfassungsrechtlich fragwürdig sein könnte. Vielmehr geht es um einen Bezug des Menschen zu Gott, der als ethische Selbstbindung des Menschen hinsichtlich seiner politischen Verantwortung zu verstehen ist.

Ein Gottesbezug zielt darum auch nicht auf die Präsenz der katholischen Kirche oder christlicher Kirchen in der Präambel, sondern weist weit über kirchenpolitische Interessenlagen hinaus.

Unser Gottesbild weist darauf hin, dass wir Menschen Gott als letzter und unverfügbarer Instanz verantwortlich sind. Gott ist Garant dafür, dass wir Menschen uns nicht verabsolutieren und als letzten Maßstab des Handelns und der Sittlichkeit verstehen. Gott, der den Menschen aus Liebe erschaffen hat und sich für ihn in die Geschichtlichkeit der Welt hineingab, ist damit auch ein Garant gegen totalitäre Versuchungen des einzelnen Menschen, gesellschaftlicher Gruppen und insbesondere auch des Staates.

Gott ist die letzte, unverfügbare Instanz, vor der jeder Mensch verantwortlich ist; er ist das „Jenseits der Politik", der auch sie zur Verantwortung zieht. Somit wird der Mensch

vor sich selbst geschützt. Durch das Ausblenden des Gottesbezugs wird der Mensch nicht aus religiöser Bevormundung befreit, sondern der Macht des Stärkeren unterworfen. Der Gottesbezug sichert eine wesentliche Grundbedingung für eine humane Gesellschaft.
Für ihren Gottesglauben haben die Religionen unterschiedliche Zeichen, die einzelne Gläubige oder Glaubensgemeinschaften öffentlich tragen und sich dadurch zu erkennen geben. Diese Zeichen stellen legitime Symbole dar, sofern sie eine religiöse Einstellung ausdrücken, die das Menschenbild und das Gesellschafts- und Staatsverständnis unserer freiheitlichen-demokratischen Verfassung anerkennt. Das ist zum Beispiel beim Schleier unserer Ordensfrauen der Fall.
Unsere Forderung nach einem Gottesbezug in der Verfassung zielt nicht auf einen inhaltlich von der Heiligen Schrift gefüllten umfassenden christlichen Gottesbegriff, sondern begnügt sich mit Gott als einer letzten, allgemein verbindlichen unverfügbaren Instanz, die einen jeden zur Verantwortung zieht.
Darum ist der Gottesbezug in der Präambel der europäischen Verfassung unverzichtbar. Gott gehört in die Verfassung um des Menschen willen. Lassen Sie mich diesen Gedanken noch ein wenig vertiefen und aufzeigen, was Europa und überhaupt das menschliche Zusammenleben im Staat dem Christentum mit seiner Lehre vom Menschen verdankt.

Die Grundaussage über den Menschen besteht für das Christentum darin, dass ihm Gottebenbildlichkeit zukommt. „Gott schuf den Menschen als sein Abbild; als Abbild Gottes schuf er ihn. Als Mann und Frau schuf er sie“, heißt es im biblischen Schöpfungsbericht (Gn 1,27). Diese Lehre „enthält den radikalsten Freiheits- und Gleichheitssatz der Rechtsgeschichte“ (P. Kirchhof). Vor Gott sind alle Menschen gleich.
Als Ebenbild Gottes haben sie alle die gleiche Würde. In dieser Gleichheit der Würde aller Individuen vor Gott liegt letztendlich die Begründung für die gleichen Rechte der Menschen vor dem Gesetz. Es gibt keine andere Gleichheit der Menschen untereinander als die vor Gott und vor dem Gesetz.
In seinem Gottesbezug – biblisch gesprochen in seiner Gottebenbildlichkeit – gründet die unantastbare Würde des Menschen. Würde diese Unantastbarkeit auf dem Beschluss einer irdischen Instanz beruhen, könnte eine irdische Instanz sie auch wieder aufheben. Ohne Gottesbezug fiele die unantastbare Würde des Menschen weg, die zu achten und zu schützen Pflicht aller staatlichen Gewalt ist, wie es in Art. 1 GG heißt. Die Europäische Verfassung baut die Würde des Menschen auf Sand, wenn sie den Gottesbezug und damit deren Begründung bewusst ausblendet.

Der Gottesbezug gehört in die Verfassung um des Menschen willen, aber auch um des Staates bzw. der europäischen Staatengemeinschaft willen. Denn er weist den Staat in seine Grenzen. Indem der christliche Glaube den Staat und seinen Herrscher „entgöttlichte" – und viele Christen erlitten hierfür den Tod –, schuf er die Unterscheidung von Staat und Religion, von menschlicher Macht und geistlicher Verantwortung und legte hiermit die geistigen Grundlagen für den freiheitlichen Verfassungsstaat.
Der Anspruch der Wahrheit, dass Politik und Kirche, dass Herrscher und Gott nicht identisch sind, war es, der den Staat in seine eigenen Grenzen verwies und den Artikel 1 des Grundgesetzes geistesgeschichtlich ermöglichte: „Die Würde des Menschen ist unantastbar. Sie zu achten und zu schützen ist Pflicht aller staatlichen Gewalt." Die Gleichheit aller Menschen in ihrer grundsätzlichen Würde, die Einmaligkeit und Unantastbarkeit der Würde jeder einzelnen Person und die Einheit des Menschengeschlechtes stellen die geistigen Grundlagen dafür dar, dass in unserem Kulturkreis die Menschenrechte in der uns vorliegenden Form in die meisten Verfassungen Eingang gefunden haben.
Dieses Menschenbild weist den Staat nicht nur in seine Schranken, es zeigt ihm auch, welche Aufgaben er für die Menschen wahrzunehmen hat. Es legt auch wesentliche Grundlagen für das sozialstaatliche Denken. Die Prinzipien der Personalität, Subsidiarität, Solidarität, die sich aus unserem Menschenbild ergeben, gewannen prägenden Einfluss auf die Gestaltung der Wirtschafts- und Sozialordnung in europäischen Staaten. Dass der Staat nicht nur Rechtsstaat, sondern auch Sozialstaat zu sein hat, dass er nicht nur für Recht und Sicherheit, sondern auch für menschenwürdige Lebens- und Arbeitsbedingungen zu sorgen hat, dass die Bürger gegen Existenzrisiken zu schützen sind, die aus Krankheit, Invalidität, Alter und Arbeitslosigkeit erwachsen können, dass er soziale Sicherheit, soziale Gerechtigkeit zu gewährleisten und gesellschaftliche Integration zu ermöglichen hat, all dies ist ein unmittelbar christliches Erbe.
Dieses Erbe muss erhalten bleiben. Die unantastbare Würde des Menschen, seine Freiheit, die Menschenrechte überhaupt, diese unverzichtbaren Grundlagen eines freiheitlichen Staatswesens haben aber nur Bestand durch ihren Bezug auf ein Welt- und Menschenbild, das von einem personalen Gott herrührt. Diese Voraussetzung darf um des Menschen und um der Zukunft Europas willen nicht verschwiegen werden. Und sie darf nicht vergessen werden. Wenn wir vergessen, warum wir unantastbare Würde, Freiheit, Menschenrechte haben, werden wir bald vergessen, dass wir sie haben.
Gott gehört in die Definition des Menschen. Als Abbild ist er auf Gott als sein Urbild bezogen. Das ist keine Randerscheinung menschlicher Wesensbestimmung, sondern die Mitte seines Wesens, das Herzstück des menschlichen Daseins.

Darum ist der Kampf um den Platz Gottes im Leben des Menschen und in der Welt auch ein Kampf um die personale Würde des Menschen und sein unantastbares Lebensrecht. Wir können viel und sind stolz darauf. Was wir können, ist schwindelerregend. Der Taumel des Fast-Alles-Könnens lässt uns schnell Gott vergessen. Aber wo Gott vergessen, beiseite gelassen wird, wird das Ganze des Lebens verkehrt, auch wenn uns noch so viel an Einzelnem gelingen mag.

Nur wo Gott geehrt wird, erhält und behält auch der Mensch seine Ehre. Gott ehren heißt: ihm den ersten Platz einräumen, seinen Willen tun, ihn anbeten.

Er ist der Schöpfer. Er hat nicht nur am Anfang die Welt aus nichts erschaffen. Er erhält sie auch durch seine Schöpferkraft im Dasein. Er ist uns nicht fern. Als Mose am brennenden Dornbusch Gott nach seinem Namen fragte, erhielt er zur Antwort: „Ich bin der Ich-bin-da" (Ex 3,14). Gott ist uns allen nahe. Paulus sagt das den Athenern auf dem Areopag: „Keinem von uns ist er fern. Denn in ihm leben wir, bewegen wir uns und sind wir" (Apg 17,28).

In dieser Nacht überschreiten wir die Grenze, die das Jahr 2003 vom Jahr 2004 trennt. Eine solche Grenze überschreiten wir nur einmal im Jahr. Aber jeden Tag leben wir an einer anderen Grenze, die mitten durch unser Leben geht. Es ist die Grenze zwischen dem, was wir sehen, hören, ergreifen und tun und dem unsichtbaren Gott, der unser Leben mit uns lebt. Viele von Ihnen kennen das Wort von P. Alfred Delp[11]: „Lasst uns dem Leben trauen, weil Gott es mit uns lebt." Gott ist uns ganz nahe. Er lebt unser Leben mit uns. Jede Stunde stellt uns vor das Geheimnis seiner Gegenwart. Dieses Geheimnis rührt uns an, dass wir es wahrnehmen und uns darauf einlassen.

Rose Ausländer[12] hat dies in einem dichten Wort so ausgedrückt:

> „Ich höre das Herz des Himmels
> pochen
> in meinem Herzen."

Hören wir das Herz des Himmels in unseren Herzen pochen und öffnen wir uns dem unsichtbar gegenwärtigen Gott. Dann erfahren wir: wir sind geborgen in seiner Hand. Trotz alles Rätselhaften, trotz aller Unsicherheiten und Unwägbarkeiten, denen wir auch in Zukunft ausgesetzt sein werden, können wir voll Zuversicht ins neue Jahr gehen. Denn die Hand, die uns trägt und führt, ist Gottes Hand, die Hand unseres Gottes, der Liebe ist. Sie möge uns sicher durch das Jahr des Herrn 2004 geleiten.

Amen.

1 Am 11. September 2001 verübten islamistische Terroristen mit vier Passagiermaschinen Anschläge auf das World Trade Center in New York und auf das US-amerikanische Verteidigungsministerium in Washington, D.C.

2 Der Irakkrieg begann am 20. März 2003 und wurde vom US-amerikanischen Verteidigungsministerium bereits am 14. April 2003 für beendet erklärt. Seitdem herrschen jedoch in Teilen des Landes bürgerkriegsähnliche Zustände. Aufständische bekämpfen die Besatzungsmächte und die irakischen Sicherheitskräfte, zugleich bekämpfen sich verschiedene Gruppierungen der Aufständischen gegenseitig und töten auch Zivilisten anderer Konfession oder ethnischer Zugehörigkeit.

3 Am 26. Dezember 2003 erschütterte ein Erdbeben den Südosten des Iran. Ca. 21 000 Menschen kamen dabei ums Leben.

4 Brigitte Zypries (geb. 1953), deutsche Politikerin.

5 Gerhard Schröder (geb. 1944), Bundeskanzler der Bundesrepublik Deutschland (1998-2005).

6 Text der Stellungnahme: http://www.bioethik-kommission.bayern.de/seiten/stell_pid.pdf.

7 Ernst-Wolfgang Böckenförde (geb. 1930), deutscher Staats- und Verwaltungsrechtler und Rechtsphilosoph.

8 Julius Kardinal Döpfner (1913-1976), Erzbischof von München und Freising (1961-1976).

9 Johannes Paul II. (1920-2005), Papst (1978-2005).

10 „Evangelium vitae" vom 25. März 1995 ist die elfte Enzyklika von Papst Johannes Paul II. Deutscher Text: Enzyklika Evangelium vitae von Papst Johannes Paul II. an die Bischöfe, Priester und Diakone, die Ordensleute und Laien sowie an alle Menschen guten Willens über den Wert und die Unantastbarkeit des menschlichen Lebens. 25. März 1995 (= Verlautbarungen des Apostolischen Stuhls 120), Bonn 1995; Internetadresse: http://www.vatican.va/edocs/DEU0073/_INDEX.HTM.

11 P. Alfred Delp SJ (1907-1945), deutscher Jesuit.

12 Rose Ausländer (1901-1988), deutschsprachige, jüdische Dichterin.

Silvesterpredigt 2004

Hoffnung auf Zukunft

Gegen die Entsolidarisierung der Gesellschaft

Brüder und Schwestern im Herrn!

In wenigen Stunden überschreiten wir die Schwelle des neuen Jahres. Was ist das für eine Schwelle? Sie wird markiert durch den Wechsel des Datums. Ab morgen heißt es nicht mehr 2004, sondern 2005. Ist das alles? Das Datum ändert sich doch mit jedem Tag.
Mit dem Überschreiten dieser Schwelle verbindet sich freilich mehr. Wir wünschen einander ein gutes, gesegnetes neues Jahr. In unseren Wünschen drückt sich die Hoffnung aus, dass das neue Jahr für uns gut werde. Wir überschreiten heute Nacht nicht nur die Schwelle eines Datums, wir überschreiten die Schwelle der Hoffnung. So überschrieb vor zehn Jahren der Heilige Vater[1] eines seiner Bücher: „Die Schwelle der Hoffnung überschreiten“.

Am Beginn eines Jahres erwacht immer neue Hoffnung auf eine gute Zukunft. Doch können wir dessen so sicher sein? Die verheerende Naturkatastrophe in 12 Ländern Südostasiens hat die Lebenshoffnung unzähliger Menschen jäh zerstört.[2] Ist dabei nicht auch unsere Hoffnung auf eine sichere Zukunft ins Wanken geraten?
Die größte Naturkatastrophe der jüngsten Geschichte hat in wenigen Minuten 160 000 Menschen in den Tod gerissen, Millionen obdachlos gemacht und ganze Regionen zerstört. Unsägliches Leid kam über Bewohner und Touristen. Familien wurden auseinandergerissen. Kinder suchen verzweifelt nach ihren Eltern und Eltern nach ihren Kindern. Eine „Katastrophe ohne Beispiel“ nannte die UNO das schreckliche Geschehen.
Was dort geschah, betrifft auch uns. Die vom Unglück Heimgesuchten sind unsere Nächsten. Wir fühlen mit ihnen, beten für sie und helfen ihnen mit Spenden und geistlichem Beistand. Wir werden am 10. Januar in einem ökumenischen Gebet hier im Dom der Opfer und aller Betroffenen gedenken. Notfallseelsorger aus unserem Erzbistum sind bereits in einer Krisenregion Thailands. Ich bitte Sie in diesen Tagen um Ihre hochherzige Gabe, um die Not zu lindern. Auf die Welle, die so viel zerstört hat, müssen wir mit einer Welle der Hilfe antworten, die aufbaut und heilt.

Aber auch wir schleppen aus dem alten Jahr einiges mit, was die Hoffnung nicht beflügelt, sondern ihr die Flügel stutzt. In wenigen Stunden ist das Jahr 2004 unwiederbringlich verflossen; nicht verflossen sind die Sorgen und Aufgaben. Sie lassen sich nicht abschütteln, sie begleiten uns über die Schwelle des neuen Jahres.
Anfang Dezember haben uns Zeitungsmeldungen aufhorchen lassen, die von einer weiter gewachsenen Kluft zwischen Reichen und Armen in unserem Land sprechen. Armut in Deutschland, dieser Begriff ist nicht unumstritten. Armut bei uns ist nicht vergleichbar mit der Armut in vielen Ländern Afrikas, Asiens oder Lateinamerikas.
800 Millionen Menschen leiden dort an Hunger und Unterernährung. Täglich sterben 24 000 Menschen an Hunger. Bei uns braucht niemand zu verhungern. Bei uns können alle ein Dach über dem Kopf erhalten. Armut in Deutschland, das meint: auch bei uns entfernen sich immer mehr Menschen von dem, was man den „guten Durchschnitt" nennt, dem durchschnittlichen Einkommen, dem durchschnittlichen Wohnstandard, den vergleichbaren Bildungschancen für die Kinder. Über diese „relative Armut" sprechen wir, wenn wir von Armut in Deutschland reden. In diesem Sinn berichten auch die Medien über den neuen Armutsbericht der Bundesregierung, der im kommenden Jahr vorgelegt werden soll. Die heute schon bekannten Zahlen zeigen: Die Reichen sind offenbar noch reicher geworden, die Zahl der Armen nimmt weiter zu.
Es wird berichtet, dass über drei Millionen Haushalte zum Teil hoffnungslos überschuldet sind. Ursachen sind oft geringes Einkommen, Arbeitslosigkeit, Kinderreichtum, Krankheit, aber immer wieder auch die Unfähigkeit, mit Geld umzugehen.
Reiche und Arme hat es immer gegeben, nicht nur bei uns, sondern überall in der Welt. Arme und Reiche wird es auch in der Zukunft geben. Aber die Armen dürfen nicht so arm werden, dass sie nicht mehr menschenwürdig leben können.
Ein menschenwürdiges Leben hängt nicht vom Geld ab. Es gibt Arme, die in Würde leben, und es gibt Reiche, die ein würdeloses Leben führen. Trotzdem braucht der Mensch auch einen Grundbestand an materiellen Gütern, um in Anstand und Würde leben zu können. Darum beten wir im Vaterunser: Unser tägliches Brot gib uns heute.
Eine weitere Sorge, die uns ins neue Jahr begleitet, ist die große Arbeitslosigkeit. Sie ist der Skandal unserer Gesellschaft. Wir dürfen uns nicht damit abfinden, dass Millionen Menschen keinen dauerhaften Arbeitsplatz finden, der sie und ihre Familien ernährt.
Arbeitslos sein zu müssen, das heißt nicht nur, keine Arbeit zu haben, nicht gebraucht zu werden. Arbeitslos sein zu müssen, das heißt auch, keine Perspektive für sich und seine Familie zu haben. Es heißt, soziale Kontakte zu verlieren. Wir wissen heute, dass länger andauernde Arbeitslosigkeit dazu führen kann, an Leib und Seele krank zu werden.

Gehen wir darum sorgsam mit den Worten um, mit denen man Arbeitslose bezeichnet. Sie haben ihre Arbeitslosigkeit meist nicht selbst verschuldet. Sie sind deshalb keine Faulenzer und keine Menschen, die es sich auf Kosten anderer bequem machen. Das gibt es gewiss auch.

Doch die meisten wollen nur eine Chance auf Arbeit, eine Anstellung, die ihren Fähigkeiten entspricht, sich selbst ernähren, einen anerkannten Platz in unserer Gesellschaft. Dazu müssen Wirtschaft und Staat genug Arbeitsplätze schaffen. Ich appelliere deshalb an die Politik und an die Wirtschaft, nachhaltig wirksame Maßnahmen zu ergreifen, die Arbeitslosigkeit zu verringern. Ich frage: Hat die Politik die notwendigen Rahmenbedingungen geschaffen? Haben Arbeitgeber wirklich alle Alternativen geprüft, bevor sie Menschen in die Arbeitslosigkeit entlassen? Muss es sein, dass man Arbeitsplätze in Firmen abbaut oder ins Ausland verlagert, wenn schwarze Zahlen geschrieben werden? Muss es in jedem Fall sein, dass man die Mitarbeitenden mit Überstunden belastet, statt neue Mitarbeiter einzustellen? Muss es sein, dass man jungen Menschen die Chancen auf Ausbildung vorenthält? Ich frage weiter: Sind die, die einen Arbeitsplatz haben, in ihren Ansprüchen flexibel genug, damit niemand wegen ihrer Forderungen in die Arbeitslosigkeit entlassen werden muss, sondern vielleicht sogar neue Arbeitsplätze geschaffen werden können?

All diese Fragen markieren Sorgen und Aufgaben, die wir in das neue Jahr mitnehmen. Laut Grundgesetz ist die Bundesrepublik ein „demokratischer und sozialer Bundesstaat" (GG Art. 20 Abs. 1). Das heißt, der Staat muss die Existenzgrundlagen seiner Bürgerinnen und Bürger sichern, ihnen ein eigenverantwortliches Leben ermöglichen, und er muss für Ausgleich zwischen sozial schwachen und starken Gruppen und Personen sorgen. Er ist nach dem Sozialstaatsgebot verpflichtet, in der Ausgestaltung der Sozialversicherungen und Transferleistungen nicht nur marktwirtschaftliche, sondern auch soziale Aspekte zu berücksichtigen.

Auf dieser Basis hatte die Solidargemeinschaft im letzten Jahrhundert einen tragfähigen Konsens gefunden, um die Einzelnen wie die Familien angesichts der unwägbaren Grundrisiken des Lebens – Krankheit, Alter, Pflegebedürftigkeit, Arbeitslosigkeit, Armut – vor dem Sturz ins soziale Abseits zu sichern. Nun besteht in Deutschland die Gefahr, diesen solidarischen Ausgleich immer mehr abzubauen. Die Absicherung dieser Risiken wird dem Einzelnen und den Familien weitgehend selbst überantwortet, ohne jedoch die materiellen Voraussetzungen zu schaffen, dass sie diesen Systemwechsel auch bewältigen können. Lebensrisiken und gesellschaftliche Probleme wie Arbeitslosigkeit oder Krankheit werden somit vorrangig als persönliches Versagen gedeutet. Dann ist es kon-

sequent, dass man ihre Absicherung immer mehr der privaten Vorsorge überlässt. Wir müssen fragen, ob die Menschen dies auch leisten können.
Der Staat darf benachteiligte Personengruppen weder alleine lassen noch seine Sozialpflichten an die Mildtätigkeit und Barmherzigkeit anderer Menschen abgeben. Der Sozialstaat darf nicht zum Almosenstaat werden. Menschen haben soziale Rechte, sie sind keine Almosenempfänger.
In letzter Zeit rufen Politikerinnen und Politiker die Bevölkerung verstärkt zu bürgerschaftlichem Engagement auf. Eine Antwort geben unsere Pfarreien, unsere Räte und Verbände, nicht erst heute.
Über 110 000 Frauen und Männer leisten einen ehrenamtlichen sozialen Dienst in unseren Pfarrgemeinden in Bayern. Sie organisieren Jugendgruppen und Altenclubs, Hausaufgabenhilfen und Hospizgruppen. Sie besuchen alte und kranke Menschen zuhause, im Pflegeheim oder im Krankenhaus. Sie geben Migranten Deutschunterricht, engagieren sich im Kindergarten oder für Sozialprojekte in anderen Ländern.
Was wäre unser Land ohne diese vielen ehrenamtlichen Dienste unserer Pfarrgemeinden? Wir sind den Zehntausenden Menschen, die kein Aufhebens um sich machen, zu größtem Dank verpflichtet. Sie geben unserer Gesellschaft menschliche Wärme. Sie geben Zeugnis von der Menschenfreundlichkeit und Liebe unseres Herrn Jesus Christus, der sich mit den Armen so identifiziert hat, dass er sagen konnte: „Was ihr für einen meiner geringsten Brüder getan habt, das habt ihr mir getan" (Mt 25, 40).
Das ehrenamtliche Engagement im Sozialbereich ist notwendig, ja unaufgebbar; es ist der Kitt in unserer Gesellschaft. Aber es kann professionelle Hilfe und verlässliche soziale Leistungen des Staates nicht ersetzen, sondern nur ergänzen. Ein radikaler Abbau und die völlige Privatisierung sozialer Absicherungen würde die Gesellschaft auseinanderreißen und den sozialen Frieden stören. Davon wären dann auch die betroffen, die auf der Sonnenseite leben.
Die Menschen, auch sozial eher Schwache, sind bereit, soziale und finanzielle Einschnitte in erträglichem Maß in Kauf zu nehmen. Sie sind dazu aber nur dann bereit, wenn sie wissen, dass alle Bevölkerungsschichten Opfer bringen müssen. Das ist bei manchen derzeitigen Reformansätzen nicht der Fall. Ob bei der Agenda 2010[3], Hartz IV[4] oder der Gesundheitsreform[5]: die Familien mit mehreren Kindern, die Alleinerziehenden, die chronisch Kranken und Behinderten werden überproportional belastet, die Besserverdienenden und Vermögenden werden geschont.
Die einen können die Kürzungen von sozialen Leistungen ohne Probleme wegstecken, die anderen eben nicht und geraten deshalb in weitere Notlagen.

Darum sollte man keine Leistungen kürzen, die die Schwächsten der Gesellschaft noch schwächer machen. Ferner sind soziale Reformen danach zu beurteilen, ob sie die Gründung und den Zusammenhalt der Familien stützen oder gefährden. Wirksame Reformen richten sich nicht allein an aktuellen finanziellen Engpässen aus, sondern haben auch die Zukunft im Auge. Wir dürfen nicht weiter auf Kosten der nachfolgenden Generationen leben. Wir dürfen ihnen keinen hoffnungslos verschuldeten Staat hinterlassen. Aber wir dürfen ihnen auch keinen unsolidarischen Staat und keine menschlich kalte Gesellschaft übergeben.

Ein ganzes Bündel schwieriger Aufgaben nehmen wir mit über die Schwelle des neuen Jahres. Kann dann angesichts dieser Last die Schwelle, die wir heute Nacht überschreiten, noch eine Schwelle der Hoffnung sein?
Ja, denn Hoffnung schenken uns unser Glaube und unser christliches Erbe, das wir in die Gestaltung der Zukunft einbringen müssen. Die Lage, in der wir uns befinden, fordert uns nicht nur als Staatsbürger, sondern auch als Christen heraus.
Unser christliches Erbe ist die unerlässliche Voraussetzung für eine menschenwürdige Daseinsgestaltung. Das mag in machen Ohren anmaßend klingen. Hören wir einmal, was der Schriftsteller Heinrich Böll[6] über das große christliche Erbe gesagt hat: „Ich überlasse es jedem, sich den Alptraum einer Welt vorzustellen, in der Gottlosigkeit konsequent praktiziert würde: den Menschen in die Hände des Menschen fallen zu lassen. Selbst die allerschlechteste christliche Welt würde ich der besten heidnischen vorziehen, weil es in der christlichen Welt Raum gibt für die, denen keine heidnische Welt je Raum gab: für Krüppel und Kranke, Alte und Schwache und mehr noch als Raum gab es für sie: Liebe für die, die der heidnischen wie der gottlosen Welt nutzlos erschienen und erscheinen.“ (Heinrich Böll, „Eine Welt ohne Christus“, in: Die Welt, 12. Jahrgang, Nr. 797, 21. Dezember 1957, S. 19).
Der Herr Bundespräsident[7] hat vor kurzem dieses christliche Erbe wieder nachdrücklich angemahnt, als er am 1. Dezember in seiner Tübinger Rede zum Weltethos[8] sagte: „Mit dem Eintritt des Christentums in die antike Welt bekam die moralische Pflicht zur Hilfe und Fürsorge für den anderen eine Dringlichkeit, die es vorher und anderswo so nicht gegeben hatte. Das Gebot der Nächstenliebe wurde direkt mit dem Verhältnis zu Gott verknüpft. Und der Nächste, das war potentiell jeder andere, gerade der Ärmste. Wie es im Neuen Testament heißt: Was ihr dem Geringsten meiner Brüder getan habt, das habt ihr mir getan. … Diese gelebte Solidarität und der Geist, aus dem sie stammt, haben Europa tief geprägt, zivilisiert und zu dem gemacht, was es ist.“

Und in einer Münchener Zeitung war in diesem Monat zur Bedeutung des Christentums für unsere Gesellschaft zu lesen: „Eine entgleiste Moderne (Habermas), die die Verzweckung des Menschen perfektioniert hat, ist gewiss nicht der Weisheit letzter Schluss. Klar scheint nach den Erfahrungen des 20. Jahrhunderts: Die Entchristlichung der Gesellschaft und die Entwürdigung des einzelnen verliefen parallel." Das sind Stimmen nicht von Kirchenleuten, sondern Stimmen aus unserer Gesellschaft, die nach dem kulturstiftenden, humanisierenden Einfluss des Christentums rufen. Wir brauchen uns mit unserem christlichen Erbe nicht zu verstecken. Die Welt braucht uns, auch wenn das nicht alle einsehen und wahrhaben wollen.
Das gilt nicht nur für Deutschland, das gilt ebenso auch für Europa, das im vergangenen Jahr gleich zwei Schwellen überschritten hat: die große Erweiterung in den europäischen Osten[9] und die Unterzeichnung des europäischen Verfassungsvertrags[10].
Dabei ist es nicht gelungen, die christlichen Wurzeln, aus denen Europa hervorgewachsen ist, auch nur zu nennen. Es ist nicht einmal gelungen, einen allgemein gehaltenen Gottesbezug in die Präambel aufzunehmen. Die Gegenkräfte haben dies nicht zugelassen.
Das ist kein gutes Vorzeichen für die Zukunft des geeinten Europas. Gewiss waren verschiedene Faktoren im Spiel, aus denen Europa hervorgegangen ist. Aber entscheidend für die geistige Einheit der europäischen Völker war der christliche Glaube. Dem christlichen Glauben verdanken die Völker Europas eine Werteordnung, die ein solidarisches Miteinander begründet. Er hat den Menschen mit seiner einzigartigen Würde als Abbild Gottes in die Mitte gestellt.

Der Begriff der menschlichen Person ist eine Gabe des christlichen Glaubens an die Menschheit. Auf diesem Menschenbild gründet zutiefst unsere staatliche und gesellschaftliche Ordnung. Vergessen wir nicht: Der grundlegende Artikel 1 unseres Grundgesetzes: „Die Würde des Menschen ist unantastbar", ist eine Wahrheit, die aus dem Christentum stammt.
Wir können stolz sein auf unser christliches Menschenbild. In diesem Verständnis des Menschen als Person gründen die Menschenrechte, die einem jeden Menschen eigen sind.
Darum wissen wir uns füreinander verantwortlich; darum achten wir die Rechte und damit die Freiheit des anderen; das heißt, wir üben Toleranz, was nicht heißt, seine eigene Identität aufzugeben oder auch nur in Frage zu stellen. Darum treten wir ein für das Lebensrecht aller, auch der Ungeborenen und Behinderten. Jeder hat das Recht auf Leben, und dies von Anfang an. Niemand darf ihm dieses Recht streitig machen.

Im Januar wird der Diözesanrat zu einer Unterschriftenaktion aufrufen, die deutschlandweit gegen die Spätabtreibungen durchgeführt wird. Nach geltendem deutschen Recht ist es nämlich möglich, ein behindertes Kind bis kurz vor der Geburt straffrei abzutreiben. Dieser Skandal muss beseitigt werden. Denn er ist ein Unrecht. Er verstößt gegen das Gebot Gottes „Du sollst nicht töten" und ist ein Schlag ins Gesicht aller Behinderten und ihrer Angehörigen.

Wir müssen auch in die Zukunft schauen und der heranwachsenden Generation unsere Werteordnung vermitteln. Das ist eine Aufgabe, die alle angeht, in erster Linie diejenigen, die mit der Jugend unmittelbar zu tun haben, Elternhaus und Schule.

Wir bemühen uns in unserem Erzbistum, mit unseren 19 kirchlichen Schulen dazu einen Beitrag zu leisten. Unsere Schulen sind ein tragendes Element für die Vermittlung christlicher Werte in unserem Land und zugleich ein wichtiger Beitrag der Kirche für die Bildung und Erziehung junger Menschen.

Das Konzept unserer Schulen ist auf die Bildungs- und Erziehungsgemeinschaft von Lehrern und Eltern ausgerichtet. Unsere Schulen sind wegen ihres religiösen und sozialen Engagements gefragt, vor allem wegen der persönlichen Zuwendung, die den einzelnen Schülern zuteil wird. Dabei spielt das eindeutige christliche Profil eine entscheidende Rolle.

Der Dienst an den einzelnen Schülern, den unsere Schulen beispielhaft leisten, ist ein konkreter Beitrag zur Werteerziehung, die wichtig ist für die Entwicklung einer humanen und solidarischen Gesellschaft. Unsere Schulen sind ferner ein gutes Beispiel dafür, dass Werteerziehung und schulische Leistungen harmonieren. In der Diskussion um die ländervergleichenden PISA-Studien[11] zeigt sich, dass kirchliche Schulen bei den Leistungen in den Hauptfächern über dem Durchschnitt der staatlichen Schulen liegen.

Wir bemühen uns, in unseren Schulen und in der Jugendseelsorge den Jugendlichen ein Menschenbild zu vermitteln, das ihnen ihren eigenen Wert und ihre Personenwürde bewusst und sie so gegen alle möglichen Verführungen immun macht. Ich nenne als Beispiel nur den gegenwärtigen Schönheitswahn. „Es darf einfach nicht sein, dass unsere Kinder sich in ihrem Selbstwertgefühl vor allem durch suggerierte Defizite gegenüber Stars und Sternchen definieren und die so genannte Schönheitschirurgie zum Jugendkult hochstilisiert wird" sagte vor kurzem der Präsident der Bundesärztekammer Professor Hoppe[12]. Menschliche Schönheit hat mit einem chirurgisch korrigierten Gesicht und Körper nichts zu tun. Sie liegt auf einer anderen Ebene und ist nicht altersabhängig. Die Schönheit eines menschlichen Antlitzes zeigt sich nicht in ausgewogenen Proportionen, sondern im Aufleuchten der Seele.

Die kurzen Beobachtungen unserer Zeit zeigen, was wir aus unserem christlichen Erbe einzubringen haben in die Zukunft unseres Volkes und in die Zukunft des geeinten Europas. Wir Christen brauchen uns nicht zaghaft oder verschämt zurückzuhalten. Wir tragen Entscheidendes bei, auf das die Menschen nicht verzichten können, wenn sie hoffnungsvoll an die Arbeit gehen wollen, ihre Zukunft zu bauen.
Humanität ist keine starre Größe, die ein für allemal festliegt, sie muss immer neu lebendig gehalten werden. Dazu wollen wir Christen unseren Beitrag leisten. Darum überschreiten wir heute Nacht voll Zuversicht die Schwelle der Hoffnung ins neue Jahr.
Wir tun dies im Wissen, dass es in dieser Welt trotz aller Verunsicherungen keine letzte Absicherung gibt. Tief betroffen denken wir in diesen Tagen an die furchtbare Katastrophe in Südostasien, mit der das alte Jahr 2004 zu Ende gegangen ist.
Diese Katastrophe wirft Fragen auf, so auch die Frage nach dem Warum? Wer könnte sie beantworten? Aber eines führt sie uns mit aller Deutlichkeit vor Augen: In dieser Welt gibt es keine letzte Absicherung. Die gibt es nur an der Hand Gottes. Wenn wir voll Zuversicht die Schwelle der Hoffnung überschreiten wollen, müssen wir uns an Gott wenden und uns an ihn halten.

In einem Monat werden es 60 Jahre, dass der Münchener Jesuitenpater Alfred Delp[13] von den nationalsozialistischen Machthabern ermordet wurde. Am 2. Februar 1945 haben sie ihn in Berlin-Plötzensee erhängt. Im Angesicht des Todes schrieb er in seiner Kerkerzelle mit gefesselten Händen nieder: „Brot ist wichtig, die Freiheit ist wichtiger, am wichtigsten aber die ungebrochene Treue und die unverratene Anbetung."
Mit diesem Wort weist uns Pater Delp den Weg, wie wir Ordnung in unser Leben und unsere Zukunft bringen. Mit unserer Beziehung zu Gott steht und fällt alles. Die Treue und die Anbetung des einen, lebendigen Gottes sind das Wichtigste. Daran hängt alles andere. In der Anbetung erkennen wir Gott als unseren Schöpfer an; wir übergeben uns ihm, indem wir unser ganzes Leben in seine Hand legen und bekennen: In ihm allein vollendet sich unser Dasein; in ihm allein finden wir das Heil und die Fülle des Lebens.
„Wir sind gekommen, ihn anzubeten." Dieses Wort der Weisen aus dem Morgenland steht als Leitwort über dem 20. Weltjugendtag, der im August des kommenden Jahres in Deutschland stattfinden wird.[14] 800 000 junge Christen aus aller Welt werden erwartet. Sie sind zuerst für eine Woche in den einzelnen Diözesen zu Gast und kommen dann in Köln zu einem gemeinsamen Fest des Glaubens zusammen, das auch der Heilige Vater gemeinsam mit den Jugendlichen feiern möchte. Wir rechnen in unserem Erzbistum mit etwa 20 000 jugendlichen Gästen.

Es ist ein hoffnungsvolles Zeichen, dass die jungen Christen kommen um anzubeten. Gehen auch wir anbetend durch das neue Jahr und stellen wir Gott in die Mitte unseres Lebens. Dann wird die Schwelle, die wir heute Nacht überschreiten, zur Schwelle der Hoffnung.
Amen.

1 Johannes Paul II. (1920-2005), Papst (1978-2005).

2 Am 26. Dezember 2004 löste ein Seebeben vor der Insel Sumatra einen Tsunami aus, dem mindestens 231 000 Menschen zum Opfer gefallen sind.

3 Als Agenda 2010 wird ein Konzept der aus der SPD und Bündnis 90/Die Grünen gebildeten Bundesregierung bezeichnet, mit dem das Sozialsystem und der Arbeitsmarkt in Deutschland reformiert werden sollten.

4 Durch das so genannte „Hartz IV-Gesetz" wurde zum 1. Januar 2005 das Arbeitslosengeld II als Grundsicherungsleistung für erwerbsfähige Hilfebedürftige eingeführt.

5 Mit dem „Gesetz zur Modernisierung der Gesetzlichen Krankenversicherung" traten zum 1. Januar 2004 einige Veränderungen wie z.B. die Erhebung einer Praxisgebühr oder der Wegfall des Entbindungs- und Sterbegeldes in Kraft.

6 Heinrich Böll (1917-1985), deutscher Schriftsteller.

7 Horst Köhler (geb. 1943), Bundespräsident der Bundesrepublik Deutschland (seit 2004).

8 Auf Einladung der Stiftung Weltethos referieren seit dem Jahr 2000 Politiker zum Thema Weltethos an der Universität Tübingen. Köhler war der vierte Redner in dieser Reihe.

9 Am 1. Mai 2004 traten der EU Estland, Lettland, Litauen, Malta, Polen, Slowakei, Slowenien, Tschechien, Ungarn und Zypern bei.

10 Der EU-Verfassungsvertrag wurde am 29. Oktober 2004 in Rom unterzeichnet.

11 Die PISA-Studien (Programme for International Student Assessment) der Organisation für wirtschaftliche Zusammenarbeit und Entwicklung (OECD) wollen alltagsrelevante Kenntnisse 15-jähriger Schüler messen.

12 Jörg-Dietrich Hoppe (geb. 1940), Präsident der Bundesärztekammer und des Deutschen Ärztetages.

13 P. Alfred Delp SJ (1907-1945), deutscher Jesuit.

14 Der XX. Weltjugendtag fand vom 16. bis 21. August 2005 in Köln statt.

Silvesterpredigt 2005

Sternstunden und Herausforderungen

Brüder und Schwestern im Herrn!

Was für ein Wort! Ein Mensch, der unter Schmerzen mit dem Tod ringt,[1] hat den Umstehenden nichts Wichtigeres zu sagen als: „Ich bin froh. Seid ihr es auch!" Was für eine Freude, die auch ein schmerzhafter Todeskampf nicht auslöschen konnte!
Seid ihr es auch! Dieses Wort trifft auch uns, in unserer Gier nach Events, Lust und Spaß, aber auch in unserer Selbstbemitleidung in Zeiten wirtschaftlicher Rezession. Ich will niemandem den Spaß verderben. Doch wir müssen Spaß und Freude gut unterscheiden. Ich sage Jugendlichen immer wieder: Spaß oder Vergnügen könnt ihr euch mit Geld verschaffen; Freude ist unbezahlbar. Sie kommt aus einer anderen Quelle. Woher sie kommt, hat Papst Johannes Paul II. ganz am Anfang seines Petrusdienstes gesagt, als er in seiner ersten Predigt rief: „Reißt weit auf die Tore für Christus!"
Die Freude, die uns keine Macht der Welt geben und keine Macht der Welt, nicht einmal der Tod nehmen kann, kommt aus der Gemeinschaft mit Jesus Christus. Das letzte Wort des sterbenden Papstes ist Wegweisung für unser Leben, damit es bei aller Last und allem Leid zutiefst von dieser unauslöschlichen Freude getragen wird. Mit seinem letzten Wort ruft Papst Johannes Paul II. auf, uns dem Wesentlichen zuzuwenden und von dort her unser Leben zu gestalten.
Nur wenige Tage danach erlebten wir eine zweite Sternstunde. Am 19. April wurde der neue Papst gewählt. Als der Kardinaldiakon[2] auf der Loggia von St. Peter seinen Namen bekannt gab: Joseph Kardinal Ratzinger[3], war die Freude und Überraschung groß, zumal bei uns: ein Papst aus Deutschland, aus unserer bayerischen Heimat, aus München. Viele haben sich einen Papst aus Deutschland nicht so recht vorstellen können. Nun kommt er sogar aus unserer Erzdiözese. Hier ist er groß geworden, hier ist er zum Priester geweiht worden, hier hat er seine Laufbahn als Lehrer der Theologie begonnen; hier in der Frauenkirche wurde er 1977 zum Bischof geweiht. Bis 1982 leitete er als Erzbischof die Kirche von München und Freising. Es erfüllt uns mit Freude, dass einer aus unserer Mitte in das Petrusamt berufen wurde und nun die Weltkirche leitet und nach so kurzer Amtszeit schon so viel Anerkennung findet.

Als Kardinal Ratzinger 1982 Abschied als Erzbischof von München und Freising nahm und sein Amt als Präfekt der Römischen Glaubenskongregation antrat, da sagte er: „Ich werde, so gut ich es kann, versuchen, den in unserer Heimat gewachsenen Glauben und insofern Kirche, die aus Bayern kommt, in Rom präsent zu machen."
Er ist in den 23 Jahren seines Wirkens an der Seite von Papst Johannes Paul II. Land, Leuten und Geschichte von Bayern zutiefst verbunden geblieben, wie auch umgekehrt die Verbindung von Bayern zu ihm ein lebendiger Austausch war. So konnte er in seiner ersten Audienz als Papst für Pilger aus Deutschland den Bayern sagen, wie viel ihm ihre treue Verbundenheit bedeute und wie sehr er sich bewusst sei, dass Bayern und Rom nicht nur in geographischer Hinsicht nahe beieinander liegen.
Die Verbundenheit des Heiligen Vaters mit seiner Heimat wollen wir beantworten mit unserer Treue zu ihm und unserem Gebet für ihn. Wir freuen uns schon heute auf seinen Besuch im September des neuen Jahres.[4] Papst Benedikt XVI. führt uns auf dem Weg weiter, den sein Vorgänger uns gewiesen hat. In der Predigt zu seiner Amtseinführung griff er ausdrücklich auf, was Johannes Paul II. bei seiner Amtseinführung gesagt hatte: „Habt keine Angst! Öffnet, ja reißt weit auf die Tore für Christus!" Papst Benedikt sagte: „Wer Christus einlässt, dem geht nichts, nichts – gar nichts verloren von dem, was das Leben frei, schön und groß macht. Nein, erst in dieser Freundschaft öffnen sich die Türen des Lebens. Erst in dieser Freundschaft gehen überhaupt die großen Möglichkeiten des Menschseins auf. Erst in dieser Freundschaft erfahren wir, was schön und was befreiend ist."

Das ist Wegweisung auch für das neue Jahr. Lassen wir uns auf Jesus Christus ein, lassen wir ihn unser Leben bestimmen. Am Kreuz hat er mit seinen ausgebreiteten Armen uns den Raum des Lebens eröffnet, des wahren Lebens, das diesen Namen verdient. In der Gemeinschaft mit ihm stehen uns alle Möglichkeiten wahren Menschseins offen. „Er nimmt nichts, er gibt alles", sagte der Papst besonders an die Jugendlichen gewandt. Und damit bin ich bei der dritten Sternstunde dieses Jahres, dem Weltjugendtag in Köln.[5]
Er hat gezeigt, was geschieht, wenn Jugendliche Christus in ihrem Leben Raum geben. In der Mitte des Weltjugendtages stand Jesus Christus. „Nach dem Beispiel der Heiligen Drei Könige haben sich die jungen Menschen aufgemacht, um Christus zu begegnen". Mit diesen Worten kennzeichnete der Papst vor seinem Abflug, was der Kern des Weltjugendtages war: die Begegnung mit Jesus Christus.
Von dieser Mitte ist das große Treffen der Jugend zu verstehen. „Die Jugendlichen aller Kontinente und Kulturen haben, indem sie sich voller Glauben um ihre Hirten und um den Nachfolger Petri scharten, eine junge Kirche sichtbar gemacht, die mit Phantasie und

Mut das Gesicht einer gerechteren und solidarischeren Menschheit entwerfen will." So zog der Heilige Vater am Ende des Weltjugendtages Bilanz.
Als der Herr Bundespräsident[6] den Papst verabschiedete, nahm auch er eine sehr schöne inhaltliche Wertung dieses großen Treffens vor und sagte: „Was mich besonders bewegt hat: wir haben Hunderttausende junger Menschen erlebt, die diskutiert, gesungen und gebetet haben. Ohne die Augen vor den Problemen unserer Welt zu verschließen, haben sie mit ihrem Optimismus, mit ihrem Enthusiasmus und mit ihrem Glauben ein großes Zeichen der Zuversicht gegeben – so ist es jedenfalls mir gegangen.
Es ist nicht so sehr die große Zahl der Teilnehmer, die uns in Erstaunen versetzt hat. Es ist vielmehr die Freude, die uns angesteckt hat. Es ist der Geist der Verständigung und des Friedens – der Geist, der über alles Materielle hinaus nach Zielen sucht, der diese Tage geprägt und der die Teilnehmer beseelt hat. Das ist es, was wir vom Weltjugendtag mitnehmen können. Für dieses große und beeindruckende Zeichen der Hoffnung bin ich den jungen Menschen dankbar."
Der Weltjugendtag war nicht irgendein Event, sondern ein Ereignis, das auf alle Schichten unserer Gesellschaft eingewirkt hat. Die aus dem Herzen kommende Begeisterung junger Menschen wirkte ansteckend, weit über die Teilnehmer hinaus, und dies ohne Alkohol, ohne Drogen, ohne aufpeitschende Musik.
Viele haben Gastfreundschaft als Wert entdeckt. Ich danke allen, die in unserem Erzbistum die Jugendlichen, die auf dem Weg nach Köln während der Tage der Begegnung bei uns Station machten, gastlich aufgenommen haben. Ich selbst habe im Rahmen des Weltjugendtages zwei Katechesen gehalten. Dabei konnte ich spüren, wie dankbar die Jugendlichen für die Darlegung unseres Glaubens waren. Das Lebensgefühl junger Menschen und der christliche Glaube sind keine Gegensätze; im Gegenteil, unser Glaube verleiht erst jugendlichem Lebensgefühl Tiefe und Sinnhaftigkeit.
Bei diesen Begegnungen zeigten die Jugendlichen, dass sie die Kirche nicht als ein Gegenüber ansehen, das ständig kritisch hinterfragt werden muss. Sie erlebten Kirche vielmehr als eine Gemeinschaft, in der die verschiedenen Glieder in ihren unterschiedlichen Fähigkeiten und Aufgaben aufeinander verwiesen sind und sich alle in Jesus Christus eins wissen. Diese Jugendlichen haben spüren lassen, sie sind froh, zu dieser Kirche zu gehören.
Ich bin mir darüber im Klaren, dass dies nicht die ganze Jugend ist; aber die Jugendlichen, die wir erlebt haben, und das waren viele, sind ein Zeichen der Hoffnung für die Kirche und die ganze Gesellschaft. Mit solchen jungen Leuten kann man Zukunft gestalten. Lassen wir sie nicht allein! Helfen wir ihnen, ihre vielfältigen Fähigkeiten zu

entfalten, vor allem auch die Fähigkeit, einzutreten in die Freundschaft mit Christus, die ihnen die Türen des Lebens mit Tiefgang öffnet.
Vor dem Rückflug nach Rom traf sich der Papst mit den deutschen Bischöfen. Bei dieser Begegnung sagte er uns: Wir müssen „das Unsere tun, damit diese Zündung weitergeht und Kraft wird für das Leben der Kirche in unserem Land." Auch in unserem Erzbistum muss diese Zündung weitergehen. Ich nenne ein konkretes Anliegen, wo wir diese Zündung brauchen. Das ist die Sorge um Priester- und Ordensberufe. In vielen Pfarreien ist der Rückgang der Priesterberufe schmerzlich spürbar. Wir müssen Pfarreien zu Pfarrverbänden zusammenschließen, was zur Folge hat, das ein Priester für zwei, drei oder noch mehr Pfarreien priesterliche Dienste zu leisten hat.
Ich würde gern, wie das früher der Fall war, in jede Gemeinde, auch in die kleinen, einen eigenen Priester schicken. Das ist heute nicht mehr möglich. Ich kann nur so viele Priester weihen und aussenden, wie Priesteramtskandidaten aus unseren Familien und Pfarrgemeinden ins Priesterseminar kommen.
Ich habe darum ein Jahr der Priester- und Ordensberufe ausgerufen, wie ich Ihnen in meinem Hirtenbrief vom 6. November mitgeteilt habe.[7] Wir haben dieses Jahr am Christkönigstag hier in der Frauenkirche begonnen. Es dauert bis zum Fest des heiligen Korbinian am 25. November des kommenden Jahres. Erfreulich, wie viele Gläubige aus dem ganzen Erzbistum gekommen waren, um sich dieses Anliegen zu eigen zu machen. Allen Pfarreien und Ordensgemeinschaften wurde eine Berufungskerze mitgegeben. Sie soll in den Kirchen beim Gottesdienst brennen als Sinnbild unseres Gebetes um geistliche Berufe. Das Gebet um Priester- und Ordensberufe soll im ganzen Erzbistum neu entzündet werden. Die anderen Seelsorgeberufe sind dadurch nicht hintangesetzt. Aber das Gebot der Stunde heißt: wir brauchen Priester, Ordensfrauen und Ordensmänner. Eine solche Berufung ist zwar ein sehr persönlicher Vorgang. Trotzdem sind wir alle gefordert, den Trend zu stoppen, der zu weniger Priestern und Ordensleuten geführt hat. Einen solchen Trend können wir nur stoppen, wenn wir alle mitmachen.
Wir müssen ein Klima schaffen, in dem Berufungen wachsen und gedeihen können. Das ist nur gemeinsam möglich. Hier sind wir alle gefordert, damit geistliche Berufe nicht im Keim erstickt werden. Ermutigen Sie junge Menschen, auf den Ruf Gottes zu hören und ihm zu folgen. Die Berufenen sollen spüren, dass sie von unserem Gebet begleitet und von unserer Liebe getragen sind. Ich bitte Sie alle sehr herzlich, sich das Anliegen des Jahres der geistlichen Berufe zu eigen zu machen und mitzuhelfen, dass bald wieder genügend Priester, Ordensfrauen und Ordensmänner in unserem Erzbistum ihren apostolischen Dienst ausüben werden.

Ich bitte Sie aber auch, das Leben und Wirken der Kirche in den vielen ehrenamtlichen Diensten mitzugestalten. Ich danke allen, die dies tun. In den kommenden Jahren werden wir die ehrenamtliche Mitarbeit noch nötiger haben.
Zu diesen ehrenamtlichen Tätigkeiten gehört auch die Mitarbeit im Diözesanrat und in den Katholikenräten auf Pfarrei- und Dekanatsebene. In letzter Zeit wurde und wird gefragt, ob und wie die Mitarbeit der Laien gebraucht oder erwünscht ist. Dazu möchte ich Ihnen sagen: Die Bedeutung der Mitarbeit der Laien in den Gremien, wie sie in der Erzdiözese München und Freising und in anderen deutschen Bistümern existiert, steht außer Zweifel. Hier wird für die Kirche wichtige Arbeit geleistet. Diese bei uns bestehende Form der Räte ist – um mit den Worten der römischen Kleruskongregation zu sprechen – unter vielen legitimen Varianten, eine Form „innerhalb derer die Möglichkeit besteht, den Bereich der Zusammenarbeit zwischen Laien und geistlichen Amtsträgern auf eine für die Kirche segensreiche Art und Weise zu regeln."
Ich kann diese Feststellung der römischen Kongregation nur bestätigen. Denn ich habe in den 23 Jahren meiner Amtszeit als Erzbischof von München und Freising und auch zuvor in den über 14 Jahren als Bischof von Speyer immer ein positives Verhältnis zu den ehrenamtlich tätigen Gremien gesucht und gepflegt. Der Seelsorge und dem für die Seelsorge notwendigen Vertrauen zwischen Bischof, Priestern und Gläubigen hat das gut getan. Ich habe mit den in den Gremien tätigen Frauen, Männern und Jugendlichen immer offen geredet. Es gab nicht immer Übereinstimmung. Aber ich habe nie einen ernsthaften Konflikt gehabt oder Meinungsverschiedenheit als Einschränkung meines Bischofsamtes oder als Beschneidung meiner persönlichen Autorität erlebt. Ich habe keinen Grund zur Klage, ich habe vielmehr Grund zum Danken.
Ich ermutige deshalb alle Gläubigen, in ihrer ehrenamtlichen Mitarbeit nicht nachzulassen. Beteiligen Sie sich auch an den Pfarrgemeinderatswahlen im kommenden Frühjahr und stellen Sie sich auch für eine Kandidatur zur Verfügung.[8]
Mit dem Jahr der Berufung und ehrenamtlichen Mitarbeit haben wir uns bereits dem neuen Jahr zugewandt. Das Jahr 2006 wird einen Höhepunkt mit dem Besuch unseres Heiligen Vaters erfahren. Darauf freuen wir uns alle und wollen ihm einen würdigen Empfang bereiten. Sein Besuch in seiner Heimat und an Orten, die im Erzbistum München und Freising sowie in den Bistümern Regensburg und Passau liegen und mit seinem Lebensweg besonders verbunden sind, soll ein Fest des Glaubens werden. Auch wenn er aus unserer Mitte stammt: Jetzt kommt er als Nachfolger Petri; als Nachfolger dessen, zu dem Jesus gesagt hat: „Du bist der Fels, und auf diesen Felsen werde ich meine Kirche bauen und die Mächte der Unterwelt werden sie nicht überwältigen" (Mt 16,18);

und „Weide meine Lämmer, weide meine Schafe" (Job 21, 15-17). Durch die Begegnung mit dem Papst, vor allem im Gottesdienst, den wir mit ihm feiern, soll der Glaube in unserem Land gestärkt und die Einheit der Kirche gefestigt werden.

Mit dem Beginn des neuen Jahres werden die Vorbereitungen des Besuches aufgenommen, vor allem die pastorale Vorbereitung, in die auch die geistlichen Erfahrungen des Weltjugendtages einfließen sollen. Die Zündung des Weltjugendtages soll auch beim Besuch des Heiligen Vaters weitergehen und zu einer Kraft werden für die Kirche in unserem Land.

Und noch ein großes Ereignis wird im neuen Jahr bei uns stattfinden, aber ganz anderer Art. Deutschland wird Gastgeber der Fußballweltmeisterschaft sein.[9] Die Austragungsorte, darunter auch die bayerische Landeshauptstadt, sind bemüht und tun alles, um sich von ihrer besten Seite zu zeigen und darzustellen.

Vonseiten der Kirche wird ein entsprechendes Angebot für Besucher aus aller Welt vorbereitet, die am Rande der Weltmeisterschaft auch Gottesdienste besuchen wollen und nach seelsorglichen Diensten fragen.

Es gibt aber auch Ankündigungen mit einer dunklen Seite, die nicht einfach nur gleichgültig als „Phänomen" registriert und nach der Devise, das gehöre nun einmal zum Leben, abgehakt werden dürfen.

So droht nach Erkenntnissen der Sicherheitsbehörden eine Flut von Prostituierten vor allem aus Osteuropa. Die Vorsitzende des Ausschusses für Frauen und Gleichstellung im Deutschen Städtetag[10] teilte in diesem Zusammenhang unter Berufung auf das Bundeskriminalamt mit, schon jetzt werde organisiert, wie die Prostituierten in die Austragungsorte der Weltmeisterschaft eingeschleust werden könnten. Das ist ein deutlicher Hinweis auf Menschenhandel und Zwangsprostitution.

Solche dunklen Geschäfte, welche die Würde der Frau in den Schmutz ziehen, dürfen wir bei uns nicht dulden. Die Fußballweltmeisterschaft in unserem Land darf nicht zum Einfallstor für Menschenhandel und Zwangsprostitution werden. Wir erwarten von den Verantwortlichen, dass sie den anrückenden Betreibern dieser dunklen Geschäfte rechtzeitig die Rote Karte zeigen.

Im neuen Jahr bleiben weiterhin eine ganze Reihe ethischer Fragen auf der Tagesordnung. Ich greife nur wenige Beispiele kurz heraus.

Das ist einmal die skandalöse Praxis der Spätabtreibungen. Was ist das für ein Umgang mit einem Menschenkind, das lebensfähig ist und getötet wird, nur weil es behindert ist! Das ist bitteres Unrecht am ungeborenen Kind und ein Schlag ins Gesicht all unserer Behinderten.

Unsere Sorge gilt aber auch den geborenen Kindern. Die zunehmende Zahl vernachlässigter und misshandelter Kinder ist eine Herausforderung an uns alle. Schenken wir den Kindern Zuwendung und Liebe, die ihnen eine lebenswerte Zukunft eröffnet.
Weiter nenne ich den Abbau von Arbeitsplätzen. Es kann sehr wohl vorkommen, dass die Zahl der Arbeitsplätze verringert werden muss, um den Betrieb und damit möglichst viele Arbeitsplätze zu erhalten. Doch es ist unverantwortlich, Arbeitsplätze in billigere Ostländer zu verlegen und so Menschen in die Arbeitslosigkeit zu schicken, nur um eine höhere Rendite zu erreichen. Hier wird die sittliche Ordnung auf den Kopf gestellt und der Mensch dem materiellen Gewinn untergeordnet. Es ist nicht hinnehmbar, dass das Schicksal von Arbeitnehmern weniger wert ist als Aktienpakete und Börsenkurse. Nicht das Geld, der Mensch steht in der Mitte des ökonomischen Handelns.
An der Jahreswende fragen wir unwillkürlich, was wohl das neue Jahr bringen wird. Was es bringen wird, hängt nicht von uns ab. Aber von uns hängt ab, was wir aus diesem Jahr machen. Lassen wir Christus in unser Leben herein. Dann stehen uns alle Möglichkeiten offen, im neuen Jahr aus unserem Leben etwas Gutes zu machen. Die Freundschaft mit Christus eröffnet uns große Möglichkeiten des Menschseins. Gemeint ist damit nicht Reichtum, Auftritte in der Öffentlichkeit oder Medienpräsenz. Das Große geschieht nicht auf dem Markt der Möglichkeiten dieser Welt, sondern in den Herzen der Menschen, in unseren Herzen.
Lassen wir darum Christus eintreten in unser Herz. Das ist der beste Start ins neue Jahr. Was auch kommen mag, mit ihm wird das neue Jahr ein gutes Jahr. Denn unser Herr Jesus Christus geht mit uns.
An Weihnachten haben wir sein Kommen gefeiert. Er hat uns nicht wieder verlassen. Er bleibt. Die Bibel nennt seinen Namen Immanuel, d.h. Gott ist mit uns (Mt 1,23); er ist mit uns auch im neuen Jahr.
Heute Nacht öffnet sich das Tor der Zeit zum neuen Jahr. Wenn wir mit Jesus Christus gehen, öffnen sich uns auch die Türen des Lebens, die vielen Möglichkeiten des Menschseins. Mit Christus sind wir den Dingen, die über uns kommen, nicht hilflos ausgeliefert. Nein, ganz im Gegenteil, wir machen etwas aus der Zeit, die uns das neue Jahr bringt, und gestalten unser Leben. Mit Jesus Christus leben wir keinen Tag, keine Stunde, keine Minute umsonst. Wir müssen ihn nur in unser Leben hereinlassen und die große Liebe, die er uns schenkt, in die kleinen Münzen der Tage, der Stunden und Minuten umwechseln. Dann wird unsere Lebensgeschichte zu einer Liebesgeschichte mit Gott und den Menschen; dann bleiben unsere Herzen nicht leer, sondern werden reich und immer reicher an Liebe und Leben.

Ich schließe mit einem Gebet des heimgegangenen Heiligen Vaters Johannes Paul II.:

> „Herr des Lebens,
> lass uns jeden Abschnitt unseres Lebens
> als Geschenk auskosten,
> das voll weiterer Verheißungen ist.
> Lass deinen Willen mit Liebe an uns geschehen,
> in dem du uns jeden Tag
> in deine barmherzigen Arme nimmst.
> Und wenn der Augenblick
> des endgültigen Übergangs gekommen ist,
> lass uns ihn mit heiterem Herzen antreten,
> ohne dem nachzutrauern, was wir zurück lassen.
> Denn wenn wir nach langer Suche
> dir begegnen,
> werden wir jeden echten Wert wieder finden,
> den wir hier auf Erden erfahren haben."

In diesem Sinne Ihnen ein gutes neues Jahr. Dazu erbitte ich für Sie alle Gottes reichen Segen.
Amen.

1 Johannes Paul II. (1920-2005), Papst (1978-2005).

2 Jorge Arturo Kardinal Medina Estévez (geb. 1926), Kardinalprotodiakon (2005-2007).

3 Joseph Ratzinger (geb. 1927), Erzbischof von München und Freising (1977-1982), Papst Benedikt XVI. (seit 2005).

4 Papst Benedikt XVI. besuchte München, Altötting, Marktl, Regensburg und Freising vom 9. bis 14. September 2006.

5 Der XX. Weltjugendtag fand vom 16. bis 21. August 2005 in Köln statt.

6 Horst Köhler (geb. 1943), Bundespräsident der Bundesrepublik Deutschland (seit 2004).

7 Der Hirtenbrief ist veröffentlicht im Amtsblatt für das Erzbistum München und Freising, Jg. 2005, Nr. 21, 30. November, S. 541-543; Internetadresse: http://www.erzbistum-muenchen.de/archiv/iMA014/iMA01486220.PDF.

8 Die Pfarrgemeinderatswahl fand am 12. März 2006 in den 750 Pfarrgemeinden des Erzbistums München und Freising statt.

9 Vom 9. Juni bis 9. Juli 2006 fand die 18. Fußballweltmeisterschaft der Männer in Deutschland statt.

10 Ulrike Hauffe (geb. 1951), Landesbeauftragte für Frauen des Landes Bremen, Vorsitzende des Fachausschusses Frauen- und Gleichstellungsangelegenheiten im Deutschen Städtetag.

Silvesterpredigt 2006

Gottes menschliches Gesicht

Brüder und Schwestern im Herrn!

Die Medien halten in diesen Tagen Rückschau auf das verflossene Jahr 2006 und führen uns das Jahr nochmals vor Augen. Es ist erstaunlich, was in diesen zwölf Monaten alles geschehen ist. Dabei machen wir wohl alle die Erfahrung: In der Rückschau verliert vieles seine Wichtigkeit. Das gilt auch für unser persönliches Leben.
Jeder blickt heute Abend zurück auf das, was er geschaffen hat, was er erleben durfte oder auch erleben musste. Vieles verblasst, anderes bleibt. Denken wir nur an die tiefen Wunden, die zum Jahresbeginn der Einsturz des Eisstadions in Bad Reichenhall mit dem Tod von 15 Menschen, zumeist Kindern, geschlagen hat.[1] Solche Wunden heilen nicht in einem Jahr. Gewiss hat jeder auch Schönes erleben dürfen, was ihn lange, vielleicht für immer begleitet. Die Einweihung der Hauptsynagoge im November in München hat uns gezeigt, dass auch tiefe Wunden heilen können.[2]
Ich erinnere nur an zwei große Ereignisse in unserem Land: im Sommer die Fußballweltmeisterschaft[3] und im September der Besuch des Heiligen Vaters[4] in seiner bayerischen Heimat.[5]
Beides waren Feste großer Freude. Bei der Fußballweltmeisterschaft war die Welt erstaunt, zu welcher Begeisterung wir Deutsche fähig sind. Dies hatten wir uns vorher selbst nicht zugetraut.
Der Besuch des Heiligen Vaters war ein Fest besonderer herzlicher Freude: es war ein Fest des Glaubens, ein Fest der Freude an der Kirche, auch der Freude an unserer vom Christentum tief geprägten bayerischen Heimat.
Ich danke allen, die zum Gelingen dieses Besuches beigetragen haben. Das waren sehr viele. Sie alle haben schließlich beigetragen durch Ihre Mitfeier der Gottesdienste, durch Ihre Teilnahme an den Begegnungen mit dem Papst.
Der Besuch des Heiligen Vaters 2006 war ein Geschenk für uns, ein Geschenk, das weiterwirken muss. Papst Benedikt wollte nicht nur seine Heimat wieder sehen, Orte besuchen, an denen er gelebt hat, die Menschen seiner Heimat, der er sich sehr verbunden weiß, wieder sehen. Das wollte er auch, aber er wollte mehr; er wollte uns etwas geben.

Das sagte er beim Abschied auf dem Münchener Flughafen: „Ich bin nach Deutschland, nach Bayern gekommen, um meinen Landsleuten die immerwährenden Wahrheiten des Evangeliums als gegenwärtige Wahrheit und Kraft nahezubringen und die Gläubigen zu stärken in der Treue zu Christus, dem Sohn Gottes, der Mensch geworden ist zu unserem Heil."

In all seinen Predigten und Ansprachen ging es um das eine große Anliegen, uns durch die Wahrheit des Evangeliums im Glauben und in unserer Treue zu Jesus Christus zu stärken.

Aus der Fülle seiner wegweisenden Worte will ich nur einige wenige herausgreifen.

Ein erstes betrifft die Familie. Das Thema Familie hat in Deutschland Hochkonjunktur. Politik, Wirtschaft und andere Verantwortliche in der Gesellschaft wetteifern, die Familie hochzuhalten und hochzupreisen. Die Motive für dieses Engagement, das gutzuheißen ist, sind freilich unterschiedlich. Neben finanziellen Problemen geht es meist darum, wie man Familie und Beruf miteinander verbinden kann. Nicht selten wird dabei das nach wie vor entscheidende Fundament der Familie, die Ehe zwischen Mann und Frau, ausgeblendet.

Unser Grundgesetz sagt: „Ehe und Familie stehen unter dem besonderen Schutz der staatlichen Gemeinschaft" (Art. 6). Dass auch die Ehe zu schützen ist, scheint weithin vergessen zu sein. Doch von stabilen Ehen hängt die Stabilität der Familie ab. Die Ehe von Mann und Frau, aus der die Familie hervorwächst, ist das Grundmodell menschlicher Gemeinschaft. Daran darf nicht gerüttelt werden um unserer Zukunft willen.

Papst Benedikt zeigte bei der Vesper hier in der Frauenkirche einen besonderen, vielfach aus den Augen geratenen Weg, unsere Familien zu stärken. Hier an dieser Stelle wandte er sich in der Predigt an die Eltern. Es ging ihm dabei um die christliche Erziehung der Kinder. In diesem Zusammenhang stellte er uns ein Bild der Familie vor Augen, die Gott in ihrer Mitte weiß und daraus ihr Leben gestaltet.

Ich möchte Ihnen nochmals die Kernsätze unseres Papstes in Erinnerung rufen: „Bitte, geht mit Euren Kindern in die Kirche zur sonntäglichen Eucharistiefeier. Ihr werdet sehen: Das ist keine verlorene Zeit, das hält die Familie richtig zusammen und gibt ihr ihren Mittelpunkt. Der Sonntag wird schöner, die ganze Woche wird schöner, wenn Ihr gemeinsam den Gottesdienst besucht. Und bitte, betet auch zu Hause miteinander: beim Essen, vor dem Schlafengehen. Das Beten führt uns nicht nur zu Gott, sondern auch zueinander. Es ist eine Kraft des Friedens und der Freude. Das Leben in der Familie wird festlicher und größer, wenn Gott dabei ist und seine Nähe im Gebet erlebt wird."

Die sozialpolitischen Bemühungen sind gut und notwendig. In den Worten des Papstes

aber geht es um etwas, das nicht durch menschliche Maßnahmen bewirkt werden kann und unbezahlbar ist: eine von Gott geschenkte Zusammengehörigkeit der Familie.
Ich bitte alle Eltern, sich diese Worte des Heiligen Vaters zu Herzen zu nehmen. Sie werden erfahren: Der gemeinsame Gottesdienst am Sonntag, das gemeinsame Beten hält Ihre Familie zusammen, gibt ihr eine Mitte, macht das Familienleben schöner und festlicher, weil Gott dabei ist und seine Nähe im Gebet erlebt wird.
Welch ein Segen könnte dadurch auf unsere Familien herabkommen, auf Eltern und Kinder! Das wäre ein Segen für unser ganzes Volk.
Ein weiteres Anliegen des Papstes war die Zusammengehörigkeit von Evangelium und Weltgestaltung. Bei der Heiligen Messe in München-Riem sagte er: „Das Soziale und das Evangelium sind einfach nicht zu trennen." Und „Mit dem Thema Gott ist das soziale Thema, unsere Verantwortung füreinander, für die Herrschaft von Gerechtigkeit und Liebe in der Welt verbunden."
Gerechtigkeit und Liebe, das sind die Maßstäbe, auf die alles ankommt. Das Soziale wird in dem Maß vorankommen, in dem wir der Gerechtigkeit und Liebe unsere Herzen öffnen. Auch der wirtschaftliche Erfolg ist in den Dienst der Gerechtigkeit und Liebe, in den Dienst am Menschen zu stellen.
Beim Abschied auf dem Flughafen griff der Papst dieses Thema nochmals auf. Er erinnerte an den 25. Jahrestag der Veröffentlichung der Enzyklika „Laborem exercens"[6], der großen Sozialenzyklika seines Vorgängers Papst Johannes Pauls II.[7] Papst Benedikt wies auf wichtige Grundintentionen dieser Sozialenzyklika hin. Es sind Orientierungen, die bis heute aktuell sind und, wie er ausdrücklich sagte, „prophetischen Wert" haben. In der Sozialenzyklika werde die Arbeit als „fundamentale Dimension menschlicher Existenz auf Erden" (Nr. 4) bezeichnet und gesagt, dass „die erste Grundlage für den Wert der Arbeit der Mensch selbst ist" (Nr. 6). Die Arbeit ist ein Gut für den Menschen, weil er durch sie „auch sich selbst als Mensch verwirklicht, ja gewissermaßen ‚mehr Mensch wird'".

Seit Jahren ist in unserem Land die Arbeitslosigkeit das große soziale Problem. Begnügen wir uns nicht mit optimistischen Prognosen, es gehe ja jetzt wieder bergauf, weil die Konjunktur angesprungen ist und die Zahl der Arbeitslosen sich um einige Punkte abgesenkt hat. Es sind immer noch nach offizieller Statistik vier Millionen Menschen, die in unserem Land ohne Arbeit sind. Die Aussagen des Papstes waren für mich Anstoß, in diesem Jahr meinen traditionellen vorweihnachtlichen Besuch den Menschen im zentralen Arbeitslosentreff unseres Erzbistums[8] zu widmen und ihnen so die Solidarität der Kirche zu bekunden.

Wenn man arbeitslosen Menschen zuhört, bleiben bohrende Fragen zurück: Was geschieht menschlich mit denen, die nach mehr als hundert Bewerbungsschreiben und Vorstellungsgesprächen immer wieder die gleichen abweisenden Sätze zu hören bekommen, vor allem diese: „Sie sind zu alt!" oder „Sie sind überqualifiziert!" Ganz zu schweigen von jenen allein erziehenden Müttern, die wegen ihrer besonderen Lebenssituation von vornherein kaum eine Chance bekommen. Muss es uns nicht bedrücken, wenn auch solche Menschen, deren Begabung und Ausbildung begrenzt ist, etwa weil sie behindert oder psychisch belastet sind, wie selbstverständlich „außen vor" bleiben, wie es so drastisch heißt?

Besonders dramatisch und gefährlich ist die große Zahl arbeitsloser Jugendlicher. Tausende verlassen ohne Abschluss die Schule und sind so chancenlos für einen Ausbildungsplatz. Andere finden trotz eines ordentlichen Zeugnisses keine Lehrstelle oder nach der Lehre keinen Arbeitsplatz.

Wer den Lebensalltag von Arbeitslosen an sich heranlässt, der spürt auf einmal die Distanz, ja den Abgrund, der sich für diese Menschen zum normalen bürgerlichen Leben hin auftut.

Im Gefolge der materiellen Verarmung, die gemessen an den hiesigen Standards entsprechend empfunden wird, werden Demütigung und Vereinsamung spürbar. Das kann Aggressivität, Krankheit, nicht selten auch den Griff zur Flasche nach sich ziehen. Das bekommen dann leider oft auch die Kinder solcher betroffener Familien zu spüren.

Bei meinem Besuch im Münchener Arbeitslosentreff habe ich vor allem zugehört. Von den Frauen und Männern, die mir ihre Lebensgeschichte erzählten, konnte ich nicht den Eindruck gewinnen, dass sie sich eigentlich nur zu waschen oder zu rasieren brauchten, um sofort wieder in eine Arbeit vermittelt werden zu können, wie unlängst ein Politiker meinte.[9]

Bei jedem geht es um eine Lebensgeschichte, um Hoffnungen und Sehnsüchte, um Wünsche und Erwartungen an ein sinnvolles und gelingendes Leben, wie wir sie alle haben. Wer in die Arbeitslosigkeit gerät, hat seine Arbeit verloren, aber nicht seine Würde.

Das Soziale und das Evangelium gehören zusammen. „Wenn wir alle von Gott her denken und leben, ... dann entsteht die wahre Geschwisterlichkeit", dann werden Gerechtigkeit und Liebe die Ordnung dieser Welt bestimmen; dann wird jeder in Würde leben können.

Ich möchte ein weiteres Thema ansprechen, das nach der Regensburger Vorlesung[10] des Papstes die Gemüter bewegt hat und noch heute bewegt. In seiner Vorlesung hat der

Heilige Vater das Verhältnis von Glaube und Vernunft behandelt. Durch die Missdeutung eines Zitates kam es zu heftigen Protesten in mehreren islamischen Ländern. Doch die gelungene Reise des Papstes in die Türkei im vergangenen Monat[11] hat den Dialog mit dem Islam auf höchster Ebene in Gang gebracht und uns aufgegeben als Aufgabe für die Zukunft. Denn die Menschheit kann sich dem Dialog der Religionen und Kulturen nicht entziehen. Es geht um das weltweite friedliche Miteinander, das übrigens auch Voraussetzung ist, die Not der Armen zu beheben.

Christentum und Islam sind hier wegen ihrer Größenordnung in erster Linie gefordert. Wir spüren diese Notwendigkeit bei der Integration von Muslimen im eigenen Land. Doch das Problem ist weltweit.

Christentum und Islam bekennen sich beide zum Monotheismus. Sie verehren nur einen Gott. Doch der Unterschied zwischen Christentum und Islam ist tiefgreifend. Das beginnt schon beim Gottesbild, das nicht nur die Religion prägt, sondern auch die Lebenskultur.

Unser christlicher Glaube sagt uns, dass Gott uns in sein Innerstes schauen lässt. Er zeigt uns, dass er kein einsamer Gott ist; dass es in ihm Vater und Sohn gibt; beide sind in der Liebe, im Heiligen Geist, so miteinander verbunden, dass sie keine drei Götter, sondern der eine Gott sind. Weiter zeigt uns unser Glaube, dass Gott aus sich heraus geht und mit uns Menschen eine Gemeinschaft eingeht. Der Sohn Gottes wird sogar Mensch, einer von uns.

Wie grundverschieden ist davon das Gottesbild des Islam. Allah ist allein, einsam, unzugänglich. Eine Menschwerdung Gottes, wie sie in der Mitte unseres christlichen Glaubens steht, und eine Gemeinschaft mit uns Menschen sind völlig undenkbar.

Der Unterschied im Gottesbild findet seinen Niederschlag in der jeweiligen Kultur mit ihrer Rechtsordnung. Die Gegenüberstellung unseres Grundgesetzes, das auf Errungenschaften des christlichen Glaubens aufbaut, und der Scharia, dem Gesetz des Islam, macht dies deutlich.

Was wir in unserer abendländischen Kultur dem christlichen Glauben, insbesondere dem Glauben an die Menschwerdung des Sohnes Gottes, verdanken, hat Marcello Pera[12], kein Theologe, kein Kirchenmann, sondern liberaler Philosoph und Präsident des italienischen Senats so zusammengefasst:

> „Es ist wahr, dass es unter den empfehlenswerten Errungenschaften kaum eine gibt, die nicht davon herrührt oder ausgeht: von der Botschaft, dass Gott Mensch geworden ist.

> Es ist wahr, dass ohne diese Botschaft, die alle Menschen zu Ebenbildern Gottes gemacht hat, diese keine Würde hätten.
> Es ist wahr, dass unsere Werte, Rechte und Pflichten von Gleichheit, Toleranz, Respekt, Solidarität und Mitleiden aus jenem Opfer Gottes erwachsen.
> Es ist wahr, dass unser Verhalten gegenüber anderen, allen anderen, unabhängig von Status, Herkunft, Aussehen oder Kultur, von der christlichen Revolution abhängt."

Diese Errungenschaften – es geht um unsere unantastbare Menschenwürde, um unsere Freiheit, um die Gleichheit aller Menschen, Toleranz, Solidarität – diese Errungenschaften wollen wir nicht aufgeben, und schon gar nicht ihre Grundlage, unseren christlichen Glauben, dem wir das alles verdanken.
Trotz aller Unterschiede ist in unserer globalen Welt der Dialog der Kulturen und Religionen ohne Alternative.
Das heißt freilich nicht, dass man seine Position aufgibt. Im Gegenteil, wer einen echten Dialog führen will, braucht einen klaren Standpunkt. Sonst erntet er Verachtung. Toleranz wird heute gefordert, mit Recht. Das heißt aber nicht, die eigene Meinung aufzugeben, sondern den andern in seinem Anderssein zu respektieren. Doch scheint heute vielen die Kraft zu fehlen, diese Spannung auszuhalten. Wer Toleranz beansprucht, muss sie auch gewähren. Dazu gehören Kraft und Respekt, auf beiden Seiten und vor allem der gute Wille!
Es gibt zur Zeit pädagogisch gut gemeinte Versuche, nicht-christliche Kinder durch gemeinsames Beten im gemeinsamen Religionsunterricht mit christlichen Kindern zu integrieren oder gar gemeinsame Gottesdienste zu feiern. Diese Versuche helfen nicht weiter. Denn die Kinder müssen zuerst in ihrer eigenen Religion beheimatet werden und darin Toleranz lernen. Diese Beheimatung, die sie für die Gestaltung ihres Lebens brauchen, finden sie nicht in einer Vermischung der Religionen, die notgedrungen nivelliert, sondern allein in der Vertiefung des eigenen Glaubens.

Liebe Schwestern und Brüder, lassen wir uns von einem verbreiteten Relativismus nicht anstecken, damit wir nicht Wanderdünen gleichen, die vom Wind unmerklich weitergetrieben werden, und dabei unsere christliche Identität verlieren, ohne es wahrzunehmen. Der feste unnachgiebige Glaube der Muslime ist eine positive Herausforderung an uns, in unserem christlichen Glauben nicht wankend zu werden oder uns irre machen zu lassen.

Halten wir fest an der Wahrheit, dass der Sohn Gottes Mensch geworden ist. Das ist weder Fundamentalismus noch Fanatismus, sondern dankbare Annahme der Wahrheit, die Gott uns geoffenbart hat. Halten wir fest an Gott, der Liebe ist, und in Jesus Christus zu uns gekommen ist, sein Zelt unter uns aufgeschlagen und uns sein menschliches Antlitz gezeigt hat.

Diesen Gott mit dem menschlichen Gesicht brauchen wir. Dieser Gott lehrt uns, glaubwürdig und menschlich miteinander umzugehen.

Auf seiner Reise in die Türkei hat uns Papst Benedikt gezeigt, wie man den Dialog führt: bescheiden und vornehm, klar und fest in der eigenen Lehre, ohne die geringste Spur von Fanatismus, stets glaubwürdig und offen.

Der Rückblick auf den Besuch des Heiligen Vaters macht uns Mut und gibt uns Vertrauen, die Schwelle des neuen Jahres zuversichtlich zu überschreiten und uns den Aufgaben zu stellen, die uns das nächste Jahr bringt.

Wir beschließen gemeinsam vor Gott das Jahr 2006 und gehen miteinander in das Jahr 2007. Als Glaubende gehen wir unseren Weg nicht allein; denn wer glaubt, ist nie allein, vor allem deshalb nicht, weil der Herr immer bei uns ist und alle Wege mit uns geht.

Mit ihm taumeln wir nicht blind durch unser Leben; er zeigt uns den Weg, damit unser Leben gut und schön wird. Bei ihm spüren wir, dass er uns an der Hand nimmt und wir nie ins Leere fallen. Über alle Trümmerhaufen der Welt und unseres Lebens führt er uns in eine Zukunft, die uns in Gott unsere tiefste Erfüllung schenkt. In aller Not und scheinbaren Ausweglosigkeit sind wir gehalten und getragen von der heilenden Güte unseres Gottes.

Eine solche Zuversicht hat uns der Münchener Jesuitenpater Alfred Delp[13] bezeugt und vorgelebt. Im neuen Jahr jährt sich sein Geburtstag zum 100. Mal. Am 2. Februar 1945 haben ihn die nationalsozialistischen Machthaber in Berlin-Plötzensee erhängt. Im Gestapogefängnis schrieb er im Angesicht des Todes mit gefesselten Händen: „Lasst uns dem Leben trauen, weil Gott es mit uns lebt!“

Liebe Schwestern und Brüder, mit solcher Zuversicht wollen wir in das neue Jahr gehen. Lasst uns dem Leben trauen, nicht weil die Konjunktur steigt, sondern weil Gott es mit uns lebt.

Amen.

1 Am 2. Januar 2006 stürzte das Dach der Eislaufhalle in Bad Reichenhall ein und begrub 15 Menschen unter sich, viele weitere wurden verletzt.

2 Die neue Münchener Hauptsynagoge Ohel Jakob (Zelt Jakobs) am Jakobsplatz wurde am 9. November 2006 feierlich eröffnet.

3 Vom 9. Juni bis 9. Juli 2006 fand die 18. Fußballweltmeisterschaft der Männer in Deutschland statt.

4 Benedikt XVI. (geb. 1927), Papst (seit 2005).

5 Papst Benedikt XVI. besuchte München, Altötting, Marktl, Regensburg und Freising vom 9. bis 14. September 2006.

6 „Laborem exercens" vom 14. September 1981 ist die dritte Enzyklika von Papst Johannes Paul II. Deutscher Text: Enzyklika Laborem exercens Seiner Heiligkeit Papst Johannes Paul II. an die verehrten Mitbrüder im Bischofsamt, die Priester und Ordensleute, die Söhne und Töchter der Kirche und an alle Menschen guten Willens „Über die menschliche Arbeit" zum neunzigsten Jahrestag der Enzyklika Rerum novarum. 14. September 1981 (= Verlautbarungen des Apostolischen Stuhls 32), Bonn 1981; Internetadresse: http://www.vatican.va/edocs/DEU0075/_INDEX.HTM.

7 Johannes Paul II. (1920-2005), Papst (1978-2005).

8 Der zentrale Arbeitslosentreff des Erzbistums München und Freising befindet sich in der Pfarrei München-St. Rupert.

9 Kurt Beck (geb. 1949), deutscher Politiker.

10 Am Nachmittag des 12. September 2006 hielt Papst Benedikt XVI. im Auditorium Maximum der Regensburger Universität eine Vorlesung zum Thema „Glaube, Vernunft und Universität". In der Vorlesung zitierte er den spätmittelalterlichen byzantinischen Kaiser Manuel II. Palaiologos zur Rolle der Gewalt im Islam.

11 Papst Benedikt XVI. besuchte vom 28. November bis 1. Dezember 2006 die Türkei.

12 Marcello Pera (geb. 1943), italienischer Philosoph und Politiker.

13 P. Alfred Delp SJ (1907-1945), deutscher Jesuit.

Chronik
der Erzdiözese München und Freising

8. Dezember 1982 – 2. Februar 2007

Vereidigung von Erzbischof Friedrich Wetter auf die Bayerische Verfassung, 8. Dezember 1982; links Ministerpräsident Franz Josef Strauß.

Franz Xaver Kronberger

Chronik der Erzdiözese München und Freising 8. Dezember 1982 – 1995

1982

08.12. Der neue Erzbischof Friedrich Wetter zieht nach feierlicher Begrüßung an der Bistumsgrenze in München ein und leistet vor dem Bayerischen Ministerpräsidenten Franz Josef Strauß den vorgeschriebenen Treueeid.

12.12. Friedrich Wetter hält im Münchener Dom ein festliches Pontifikalamt und übernimmt mit der Übergabe der päpstlichen Ernennungsurkunde durch den Apostolischen Nuntius Guido del Mestri die Leitung des Bistums von München und Freising. Sein Vorgänger Joseph Kardinal Ratzinger überreicht ihm den Bischofsstab des heiligen Korbinian.

14.12. Erzbischof Friedrich Wetter ernennt Dr. Gerhard Gruber zu seinem Generalvikar. Dieser war bereits unter den beiden Vorgängern, Kardinal Döpfner und Kardinal Ratzinger, mit diesem Amt betraut. Domdekan Dr. Heinrich Eisenhofer wird als Erzbischöflicher Offizial und Dr. Friedrich Fahr als Finanzdirektor, ebenso Prälat Bernhard Egger als Stellvertretender Generalvikar, bestätigt.

18.12. Das Priestererholungsheim St. Josef in Partenkirchen feiert sein 25-jähriges Bestehen. Das Haus wird seelsorglich betreut von Prälat Dr. Adolf W. Ziegler, der am 9. März 1983 80 Lebensjahre vollenden wird. Im Jahr 1972 hatte Professor Dr. Ziegler von Prälat Martin Danner die Stelle eines Hausvaters und Kuratoriumsvorstandes im Josefsheim übernommen.

23.12. Prälat Dr. Audomar Scheuermann erhält aus der Hand des Ministerpräsidenten das Große Verdienstkreuz der Bundesrepublik. Der ehemalige Professor für Kirchenrecht an der Universität München ist Mitglied des Bayerischen Senats, dessen Vizepräsident sowie Vizeoffizial am kirchlichen Gericht in München.

27.12. Der Münchener Erzbischof nimmt in Mainz am Abschiedsgottesdienst des dortigen Bischofs teil. Hermann Kardinal Volk war einer der Konsekratoren, aus deren Hand Friedrich Wetter im Jahr 1968 die Weihe als Bischof von Speyer erhalten hatte.

1983

07.01. Der neue Erzbischof Friedrich Wetter trifft sich zu ökumenischen Gesprächen mit dem evangelischen Landesbischof Dr. Johannes Hanselmann und dem griechisch-orthodoxen Metropoliten in Deutschland, Agostinos Lambardakis.

19.01. Für den am 14. Januar verstorbenen Münchener Stadtpfarrer Max Zistl hält Weihbischof Defregger das Requiem und würdigt dessen Verdienste um den Wiederaufbau der nach dem Zweiten Weltkrieg fast völlig zerstörten Pfarrkirche St. Peter, ebenso dessen Bestreben, auch nach der Liturgiereform festlich-barocke Gottesdienstgestaltung zu erhalten.
Nachfolger als Pfarrer von St. Peter wird Oberstudienrat Herbert Kuglstatter.

24.01. Im Alter von fast 70 Jahren stirbt Msgr. Michael Kell und findet seine letzte Ruhestätte in seiner Heimat Gaißach. Als Sanitäter im Zweiten Weltkrieg hat er seinen rechten Arm verloren. Als Direktor der „Liga Spar- und Kreditgenossenschaft" und der Priesterkrankenkasse blieb er sein Leben lang vielen ein guter Freund und Helfer.

25.01. Der Dom zu Ehren der Geburt Mariens in Freising, bis 1803 Mittelpunkt des Bistums, wird zur Konkathedrale der Erzdiözese erhoben.

28.01. Anlässlich des „ad limina"-Besuches der bayerischen Bischöfe bei Johannes Paul II. bittet der Münchener Erzbischof den Papst um die Seligsprechung von Schwester Maria Theresia Gerhardinger, Gründerin der Schulschwestern in München, der Karmelitin und Philosophin Edith Stein, des Münchener Jesuitenpaters Rupert Mayer und des aus Niederbayern stammenden Kapuzinerpaters Victricius Weiß.

30.01. Zum 50. Jahrestag der Machtergreifung durch Adolf Hitler wird eine Dokumentation des Widerstandes katholischer Priester und Laien gegen das Gewaltregime vorgelegt. Ein besonderes Gedenken gilt den Geschwistern Scholl und anderen Mitgliedern der Gruppe „Die Weiße Rose" an der Münchener Universität. Vor 40 Jahren, am 22. Februar 1943, wurden sie für ihren Widerstand aus christlicher Haltung hingerichtet.

01.02. Der Münchener Erzbischof erteilt in Schloss Fürstenried an 18 Gymnasial- und 21 Volksschullehrer die missio canonica zur Erteilung des Religionsunterrichts.

06.03. Zur Bundestagswahl, aufgrund derer die CDU/CSU mit der FDP unter Kanzler Helmut Kohl die neue Regierung bilden, haben die deutschen Bischöfe auf die Not schwerer Arbeitslosigkeit und auf die Sorge um die Friedenssicherung hingewiesen.

Erzbischof Friedrich Wetter mit dem evangelischen Landesbischof Dr. Johannes Hanselmann und dem griechisch-orthodoxen Metropoliten in Deutschland, Agostinos Lambardakis.

25.03. Im Gedenken an den Kreuzestod Christi vor 1950 Jahren eröffnet Erzbischof Friedrich Wetter im Münchener Dom das außerordentliche Heilige Jahr 1983 für unser Bistum.

In Stockholm wird die Domkirche St. Erik nach großen Erweiterungsbauten neu geweiht. Um die Mitte des 19. Jahrhunderts hatte dort die schwedische Königin Josephina, Tochter einer bayerischen Prinzessin, die erste katholische Kirche nach der Reformation erbaut. 1923 wurde der Münchener Domkapitular Johannes Erik Müller Apostolischer Vikar in Schweden und 1953 erster katholischer Bischof von Stockholm nach der Reformation.

17.04. Nach jahrelangen Renovierungsarbeiten erstrahlt die St.-Michaels-Kirche in der Münchener Fußgängerzone zum 400-jährigen Jubiläum ihrer Grundsteinlegung im neuen Glanz. Regionalbischof Ernst Tewes weiht den neuen Altar und die neue Orgel.

28.04. Zur IGA – Internationale-Gartenbau-Ausstellung – in München-West hält Erzbischof Friedrich Wetter einen Eröffnungsgottesdienst.

01.05. Die 136. Ausgabe des Schematismus mit dem Stand von Jahresanfang kommt zur Auslieferung. Danach umfasst die Erzdiözese München und Freising 46 Dekanate mit 752 Seelsorgestellen. Im Bistum wohnen 2 140 000 Katholiken. Von den 1 047 Priestern stehen 729 im aktiven Seelsorgedienst, 318 leben im Ruhestand oder außerhalb der Diözese. 63 Ständige Diakone sind tätig, außerdem an Laienkräften 195 Mitarbeiter in der Pastoral sowie 891 Religionslehrer und -lehrerinnen an höheren Schulen, Berufs- und Volksschulen.

04.05. Zum 1 200. Todestag des Freisinger Bischofs Arbeo wird die von ihm verfasste Vita Corbiniani in einer reich bebilderten lateinisch-deutschen Ausgabe vorgelegt. Arbeo hat durch die Übertragung der Reliquien des heiligen Korbinian nach Freising dem Bistum einen festen Mittelpunkt gegeben.

11.05. In Bad Reichenhall wird aus den Mitteln der Pensionskasse katholischer Geistlicher ein Haus für drei emeritierte Priester und für neun Pfarrhaushälterinnen i.R. von Prälat Dr. Friedrich Fahr eingeweiht.

16.05. Caritasdirektor Franz Ertl eröffnet und weiht das neue Caritaszentrum in München-Laim.

27.05. Auf Einladung des Deutschen Botschafters besucht Erzbischof Friedrich Wetter die Deutsche Kolonie in Moskau und spendet katholischen Kindern das Sakrament der Firmung.

09.06. In Ebersberg, das am Rande eines der größten Waldgebiete Deutschlands liegt, ruft die Katholische Landvolkbewegung angesichts der immer größer werdenden Umweltverschmutzung und des katastrophalen Waldsterbens zur „Aktion Waldhilfe" auf.

15.06. Auf Beschluss des Münchener Domkapitels wird das Hochaltarbild von Peter Candid nach einer probeweisen Anbringung im Mittelschiff wieder über dem Eingang zur Münchener Domsakristei aufgehängt. Die Dimensionen des Bildes würden dem jetzigen Zustand des gotischen Raumes nicht mehr gerecht.

10.07. Das ehemalige Benediktinerkloster Rott am Inn wurde vor 900 Jahren gegründet. Eine wissenschaftliche Festschrift erscheint.

30.07. Der Deutsche Katholikentag 1984 in München mit dem Thema „Lasst uns dem Leben trauen, weil Gott es mit uns lebt", wird intensiv vorbereitet.

17.08. Die neue Friedenheimer Brücke, westlich des Münchener Hauptbahnhofes, erhält durch Prälat Bernhard Egger und Vertreter der evangelischen Kirche Weihe und Segen.

04.09. Weihbischof Heinrich Graf von Soden-Fraunhofen nimmt in Fulda an der Inthronisation des Bischofs, Erzbischof Dr. Johannes Dyba, teil.

05.09. Kirchenchöre der Erzdiözese machen unter Leitung des Kirchenmusikdirektors Msgr. Kirchberger und des Diözesanmusikdirektors Thomas eine Wallfahrt nach Rom und werden vom Papst im Besonderen begrüßt. Kurienkardinal Ratzinger, der ehemalige Münchener Erzbischof, hält mit den Sängerinnen und Sängern einen festlichen Gottesdienst in S. Maria Maggiore.

15.09. Der fünfte Priesterrat der Erzdiözese tritt zur ersten Sitzung zusammen. Stadtpfarrer Anton Hangl wird zu seinem Sprecher gewählt. Der für vier Jahre gewählte Priesterrat soll dem Erzbistum in Fragen der Seelsorge und der geistlichen Berufe zur Seite stehen.

26.09. Das von den sieben Diözesen getragene „Katholische Schulwerk in Bayern" wird als Körperschaft des öffentlichen Rechts errichtet. Bereits am 7. März waren die vertraglichen Grundlagen zwischen Kultusminister Dr. Hans Maier und Erzbischof Friedrich Wetter in München unterzeichnet worden. Zum Direktor des Schulwerkes wird Dr. Richard Fackler vom Schulreferat des Münchener Ordinariates ernannt. Die im Schulwerk zusammengefassten 247 katholischen Schulen in Bayern gliedern sich in 49 Gymnasien, 73 Realschulen, 41 Volks- und Sonderschulen und 84 berufliche Schulen. Sie werden von ca. 62 000 Schülern und Schülerinnen besucht. 2 602 weltliche Lehrkräfte und 915 Ordensangehörige geben den Unterricht.

02.10. Erzbischof Friedrich Wetter und Weihbischof Ernst Tewes nehmen in Mainz an der Weihe des neuen Bischofs Dr. Karl Lehmann teil. Am 27. Dezember vollendet dessen Vorgänger, Hermann Kardinal Volk, das 80. Lebensjahr.

15.10. Vor 150 Jahren ist auf Veranlassung König Ludwig I. der erste Kindergarten in München gegründet worden. In Erinnerung daran hält Abt Dr. Odilo Lechner eine Gedenkfeier am Grab des Königs in der Kirche St. Bonifaz.

16.10. Der Münchener Erzbischof erteilt im Dom zu Speyer an seinen dortigen Nachfolger Dr. Anton Schlembach die Bischofsweihe.

Vor 850 Jahren wurde das Augustinerchorherrenstift Weyarn gegründet. Zum Abschluss der Renovierungsarbeiten hält Weihbischof Franz Schwarzenböck in der Kirche St. Peter und Paul den Gottesdienst und weiht die neue Orgel.

20.10. Das katholische Bildungshaus Rupertusheim in Traunstein ist durch mehrere Vortragsräume erweitert worden und kommt dem Chiemgau und dem Rupertiwinkel durch die Möglichkeit von Schulungen, Exerzitien und Einkehrtagen zugute.

23.10. Die Kirche St. Stephanus in Hohenbrunn begeht das 1 200-jährige Jubiläum.

26.10. Die 40 000 orthodoxen Christen in München, die überwiegend der Griechisch-Orthodoxen, der Serbisch-Orthodoxen und der Rumänisch-Orthodoxen Kirche angehören, feiern eine „Orthodoxe Woche" und weisen die evangelischen und die katholischen Glaubensbrüder auf ihre kirchlichen Aufgaben und ihre kulturelle Vielfalt hin.

06.11. Drei geistliche und neun weltliche Vertreter werden als Mitglieder des Diözesansteuerausschusses für die Jahre 1984-1989 neu gewählt.

Das neue Diözesanpriesterseminar an der Georgenstraße 14 in München wird mit der Weihe des Hauses und der Kapelle St. Johannes der Täufer seiner Bestimmung übergeben. Seit der Verlegung des Seminars von Freising nach München im Jahr 1968 hatte es Gastrecht zuerst im Pius-Kolleg, dann im Herzoglichen Georgianum. 80 Studenten können im neuen Seminar Aufnahme finden.

12.11. Dr. Klaus Mörsdorf und Dr. Michael Schmaus, Universitätsprofessoren i. R. in München, erhalten die päpstliche Auszeichnung eines Apostolischen Protonotars.

27.11. Zum 1. Adventssonntag tritt das neue Kirchenrecht Codex Iuris Canonici in Kraft. Es löst den Codex vom Jahr 1917 ab. Einführungskurse sind in Freising, München und Rosenheim gehalten worden. Der Erzbischof hat eine Verordnung zur Anpassung des Diözesanrechts an das neue kirchliche Gesetzbuch erlassen.

11.12. Der Erzbischof erteilt an acht Bewerber die Weihe zum Ständigen Diakon.

17.12. Der Erzbischof erteilt an 13 Priesteramtskandidaten die Diakonatsweihe.

31.12. 15 Jahre war Frau Theresia Hauser verantwortliche Leiterin in der Frauenseelsorge der Erzdiözese. Diese Aufgabe übernimmt zum Jahreswechsel Frau Gertrud Gnau. Frau Hauser war von 1956 bis 1964 Bundesführerin der katholischen Frauenjugend, gehörte zu den sieben aus unserem Bistum gewählten Synodalen der Würzburger Synode und war Leiterin der „Pastoralen Impulsstelle für Frauen in Bayern".

1984

01.01. Am Anfang des Jahres ruft Erzbischof Friedrich Wetter zur Mitarbeit beim 88. Deutschen Katholikentag auf, der vom 4. bis 8. Juli in München stattfindet. „In einer Welt, die reich an Angst und arm an Hoffnung ist, soll der Katholikentag ein strahlendes Zeugnis christlicher Zuversicht und Lebensfreude werden".

Das vom Heiligen Vater für 1983 ausgerufene Heilige Jahr dauert noch bis zum Osterfest. In unserer Erzdiözese sind neben dem Münchener Liebfrauendom und der Konkathedrale in Freising 14 weitere Wallfahrtskirchen zur Gewinnung des Ablasses ausgewählt worden: München-Ramersdorf, Maria Thalkirchen, Aufkirchen-Starnberg, Birkenstein, Ettal, Hohenpeißenberg, Maria Dorfen, Maria Eck, Maria Eich, Maria Heimsuchung Kirchwald-Nußdorf, Maria Thalheim, Scheyern, Tuntenhausen, Weihenlinden.

Anlässlich seines 80. Geburtstages ist der Apostolische Protonotar Dr. Michael Höck als Geistlicher Beirat der Mesner im Erzbistum München und Freising zurückgetreten. Sein Nachfolger wird zum Jahresbeginn Pfarrer und Dekan Konrad Huber aus Prien. Diözesanleiter des Verbandes ist seit Jahren Mesner Wilhelm Reichart.

16.01. Nach 30-jähriger Tätigkeit übergibt Domvikar Franz X. Kronberger die geistliche Leitung im Diözesanverband der Pfarrhaushälterinnen an Pfarrer und Dekan Ludwig Penger aus Bad Feilnbach und für die Region München an Stadtpfarrer Herbert Jung. 1. Vorsitzende der Pfarrhaushälterinnen ist seit Jahren Frau Maria Brandstetter.

20.01. Im Alter von fast 75 Jahren stirbt in München der Dichter und Publizist Georg Thurmair. Mit dem Münchener Priester Ludwig Wolker hat er über Jahre hin die katholische Jugendarbeit in Deutschland entscheidend geprägt. Er war Redakteur der in der Hitlerzeit viel gelesenen Zeitschriften „Wacht", „Scheideweg" und „Michael". Zum Eucharistischen Weltkongress 1960 schuf er den preisgekrönten Film „Pro mundi vita". 1969 wurde er Schriftleiter der Münchener Katholischen Kirchenzeitung. Ein Gedichtband trägt den Titel eines seiner Lieder: „Mein Gott, wie schön ist deine Welt".

22.01. Der Diözesanrat der Katholiken und der Priesterrat der Erzdiözese laden zum traditionellen Neujahrsempfang im Münchener Kardinal-Wendel-Haus ein. In der Sorge um den Priesternachwuchs wird eine positive Entwicklung auch vom neuen Priesterseminar erhofft. Die Zahl der Priesteramtskandidaten ist im vorausgegangenen Jahr von 130 auf 170 angestiegen.

27.01. Das neue Kreiskrankenhaus in Pfaffenhofen an der Ilm erhält durch Weihbischof Heinrich Graf von Soden-Fraunhofen die kirchliche Weihe.

07.02. Der Münchener Erzbischof spricht in Mainz im Rahmen der „Vortragsreihe im Dom" zum Thema: „Edith Stein, zur Wahrheit berufen und vom Kreuz gesegnet". Vor 40 Jahren hat sie im Lager Auschwitz den Tod gefunden.

15.02. Der von der Caritas und der Münchener Katholischen Kirchenzeitung organisierte „Sonnenzug" kann das 20-jährige Jubiläum feiern. Das Ziel für die 250 Kranken und Behinderten ist in diesem Jahr Rom. Papst Johannes Paul II. gewährt eine Sonderaudienz.

16.02. Weihbischof Dr. h.c. Ernst Tewes, der vor 50 Jahren im Kölner Dom aus der Hand des damaligen Erzbischofs Kardinal Schulte die Priesterweihe empfangen hat, feiert mit einem Dankgottesdienst sein Goldenes Priesterjubiläum. Der Mainzer Bischof Karl Lehmann nennt in seiner Laudatio den Jubilar einen fruchtbaren Grenzgänger zwischen theologischer Theorie und seelsorgerlicher Praxis.

01.03. Im St. Birgitta-Kloster in Altomünster wird nach langwierigen Umbauten ein Tagungs- und Exerzitienhaus seiner Bestimmung übergeben. Neben den Gästezimmern mit 30 Betten sind Tagungs- und Gruppenräume sowie eine eigene Kapelle geschaffen worden.

01.04. Der Katholikenrat der Region München hat für die Kommunalwahlen Entscheidungshilfen im Sinne einer religiösen Orientierung angeboten. In München tritt aufgrund einer Stichwahl Georg Kronawitter die Nachfolge von Erich Kiesl als Oberbürgermeister an.

04.04. In Innsbruck, wohin er 1981 von München aus umgesiedelt war, stirbt der Jesuitenpater Karl Rahner und wird in der dortigen Jesuitenkirche beigesetzt. Erst wenige Wochen vorher waren dem Verstorbenen zum 80. Geburtstag viele Ehrungen zuteil geworden. „Grundkurs des Glaubens" nennt sich eine der letzten Schriften aus dem umfangreichen Werk des Theologen und Seelsorgers Karl Rahner.

12.04. Zur Eröffnung des neuen Krankenhauses in München-Bogenhausen halten Weihbischof Ernst Tewes und der evangelische Dekan Ernst Borger in der dortigen Kapelle einen ökumenischen Gottesdienst.

01.05. Für die bayerischen Diözesen (ausgenommen Speyer) wird eine Kommission zur Ordnung des diözesanen Arbeitsvertragsrechtes (Regional-KODA) für vier Jahre gebildet. Diese Ordnung mit der dazugehörigen Wahlordnung wird für das Bistum München und Freising vom Erzbischof unter Außerkraftsetzung einer früheren Regelung zum 1. Mai in Kraft gesetzt.

05.05. Anlässlich eines Europatages im Kardinal-Wendel-Haus ruft der Münchener Erzbischof Friedrich Wetter die Christen auf, „in dem müden und farblosen Europa von heute die Idee der europäischen Einigung aus christlicher Sicht hochzuhalten und das Salz Europas zu werden". Joseph Kardinal Ratzinger, sein Vorgänger als Münchener Erzbischof, hält die Eröffnungsrede.

09.05. Erstmals können Männer und Frauen aus der Erzdiözese unter Leitung von Abt Odilo Lechner zu einer Wallfahrt nach Russland aufbrechen. Im Namen der internationalen Friedensbewegung Pax Christi beten sie in Moskau, Kiew und dem ehemaligen Stalingrad um Frieden und Versöhnung unter den Völkern.

12.05. Zum 500-jährigen Bestehen der Pfarrkirche St. Andreas in Wolfratshausen hält Weihbischof Matthias Defregger mit den Priestern und Ordensleuten aus der Pfarrei einen Gedenkgottesdienst.

14.05. Der langjährige Rektor der Münchener Universität, Dr. Nikolaus Lobkowicz, übernimmt das Amt eines Präsidenten an der Katholischen Universität Eichstätt. Der Münchener Erzbischof hält die Einführungsrede.

16.05. Weihbischof Ernst Tewes gibt dem neuen Caritasaltenheim „Maria Eich" die kirchliche Weihe und konsekriert den Altar der Hauskapelle.

20.05. In Erinnerung an die erste Aufführung der Passionsspiele vor 350 Jahren werden in Oberammergau die heurigen Jubiläumsspiele eröffnet.

24.05. In der Münchener Theatinerkirche wird der neue bayerische Polizeipfarrer Heinrich Wachter in sein Amt eingeführt.

27.05. Der Romano-Guardini-Preis der Katholischen Akademie in Bayern wird 1984 dem in Köln lebenden Maler Professor Georg Meistermann zugesprochen.

16.06. Der Münchener Erzbischof nimmt an der Weihe des neuen Bischofs von Eichstätt teil, des bisherigen Augsburger Domkapitulars Dr. Karl-Heinz Braun.

23.06. 18 Pastoralassistenten und -assistentinnen erhalten bei einem Gottesdienst in der Münchener Pfarrkirche Verklärung Christi ihre Aussendung.

28.06. Die Bauunternehmung Brannekämper feiert das 50-jährige Bestehen. Neben der Errichtung weltlicher Bauten hat sich Dombaumeister Dr. Theodor Brannekämper nach den Kriegswirren um den Wiederaufbau des Münchener Domes, der Theatiner- und der St.-Michaels-Kirche sowie der Sanierung der Landshuter St.-Martins-Kirche und anderer kirchlicher Gebäude verdient gemacht.

30.06. Für Marianne Strauß, die Frau des Bayerischen Ministerpräsidenten, die durch einen tragischen Unglücksfall aus dem Leben geschieden ist, hält Erzbischof Friedrich Wetter im Liebfrauendom ein Pontifikalrequiem. Als tief im Glauben verwurzelte Persönlichkeit hat sie sich besonders für eine gerechte Familienpolitik, für Frauen in Not und für Behinderte eingesetzt.

30.06. Zum 88. Deutschen Katholikentag erscheint im Auftrag des Erzbischöflichen Ordinariates ein Kirchenführer für alle katholischen Kirchen der Stadt München und seiner Umgebung sowie der Stadt Freising.

04.07. Auf dem Odeonsplatz in München eröffnet Erzbischof Friedrich Wetter in Anwesenheit vieler Persönlichkeiten des öffentlichen und kirchlichen Lebens den 88. Deutschen Katholikentag mit dem von Pater Delp übernommenen Motto: „Dem Leben trauen, weil Gott es mit uns lebt".
In zahlreichen Kundgebungen, in vielen Kirchen der Stadt und zu allen Stunden diskutieren und beten die Teilnehmer des Katholikentages. Junge Christen sind in besonders starkem Maße vertreten.

08.07. Bei der Schlusskundgebung des Katholikentages im Münchener Olympiastadion verabschiedet der Erzbischof die mehr als 100 000 Besucher aus allen Diözesen Deutschlands.

Bei der Hauptkundgebung „Wähle das Leben" während des 88. Deutschen Katholikentags im Münchener Olympiastadion, 8. Juli 1984; v. l. Vincens M. Lissek (ZdK), Bischof Klaus Hemmerle (Aachen), Erzbischof Friedrich Wetter, Kultusminister Hans Maier, Erzbischof Joseph Kardinal Höffner (Köln), Apostolischer Nuntius Guido del Mestri.

Für den päpstlichen Nuntius Guido Del Mestri bedeutet die Teilnahme am Katholikentag eine seiner letzten Amtshandlungen. In Kürze wird der aus Kroatien stammende Erzbischof Josip Uhac seine Nachfolge als Apostolischer Nuntius in Bonn antreten.

19.07. Das vom Münchener Universitätsprofessor Prälat Dr. Georg Schwaiger herausgegebene zweibändige Werk: „Das Erzbistum München und Freising in der Zeit der nationalsozialistischen Herrschaft" wird im Pfarrsaal von St. Ludwig der Öffentlichkeit vorgestellt.

30.07. Zum 1 200-jährigen Bestehen der Gemeinde Hohenkammer hält Weihbischof Heinrich Graf von Soden-Fraunhofen den Festgottesdienst.

31.07. Der von Weihbischof Dr. h.c. Ernst Tewes mit Vollendung des 75. Lebensjahres angebotene Amtsverzicht wird vom Heiligen Vater angenommen. Dr. Tewes bleibt aber weiterhin mit dem Amt des Regionalbischofs für die Region München sowie des Dompropstes und des Referatsleiters für Liturgie und Kirchenmusik betraut.

19.08. Vor 20 Jahren hat die Erzdiözese München und Freising die Patenschaft über die Diözesen des südamerikanischen Landes Ecuador übernommen. Jedes Jahr hat das Erzbistum München bedeutende Mittel für die seelsorglichen, sozialen und wirtschaftlichen Aufgaben in Ecuador zur Verfügung gestellt, die von dem aus der Münchener Diözese stammenden Priester und Bischofsvikar Johannes Wiesneth in bester Weise verwaltet und verteilt wurden. Erzbischof Friedrich Wetter bricht zu einer 18 Tage dauernden Besuchsreise nach Ecuador auf und weiht dort eine neu erbaute Marienwallfahrtskirche.

01.09. Msgr. Johann Faltlhauser und Pfarrer Dr. Robert Simon vom Seelsorgereferat werden zu Ordinariatsräten ernannt. Sie sind damit als stimmberechtigte Mitglieder in der Ordinariatssitzung vertreten.

Die Wallfahrtskirche St. Anton in Partenkirchen erhält in Franziskanerpater Eckhard Steinlein, bisher Pfarrer in München-St. Anna, nach dem Tod seines Vorgängers Klemens Käßer OFM wieder einen Seelsorger.

15.09. Eine vierwöchige Radfahr-Stafette quer durch die ganze Bundesrepublik, mit der die Katholische Landjugendbewegung auf das Problem des Waldsterbens aufmerksam machen will, hat am 18. August in Oesede, Diözese Paderborn, begonnen und endet in der Landvolkshochschule Haus Petersberg bei Dachau, wo Weihbischof Ernst Tewes, Schirmherr der Aktion, die Teilnehmer begrüßt und mit ihnen Gottesdienst hält.

23.09. Die Pfarrei St. Stephanus in Moosen a. d. Vils feiert das 1 200-jährige Bestehen.

Die Wallfahrtskirche St. Bartholomä am Königsee gedenkt der Weihe vor 850 Jahren.

03.10. Msgr. Helmut Holzapfel, ein gebürtiger Münchener, Priester der Diözese Würzburg und promovierter Historiker, ist im Alter von 69 Jahren überraschend gestorben. Als besonderer Förderer des St. Ansgarwerkes und als Schriftleiter des bayerischen Klerusblattes war er auch in unserem Bistum wohlbekannt. Bei dem ihm persönlich verbundenen Kardinal Döpfner hatte er ein breites Gehör für sein großes Anliegen der Aussöhnung zwischen Polen und Deutschen gefunden.

14.10. Vor 25 Jahren war in München die Apostolische Exarchie der mit Rom unierten Ukrainer des byzantinischen Ritus in Deutschland errichtet worden. Platon Kornyliak hat als erster Bischof dieser Exarchie mit dieser Festfeier das silberne Bischofsjubiläum in seiner Münchener Kathedralkirche „Maria Schutz-St. Andreas" verbinden können.

18.10. Wolfgang Lanzinger wird durch Generalvikar Dr. Gerhard Gruber in sein Amt als Landjugendpfarrer für das Erzbistum München und Freising eingeführt.

19.10. Eine der bedeutendsten geisteswissenschaftlichen Bibliotheken Münchens, die Stiftsbibliothek der Benediktinerabtei St. Bonifaz, ist in den letzten Jahren saniert und erweitert worden und erhält durch den Erzbischof die kirchliche Segnung.

14.11. Die Vorstandschaft des St. Michaelsbundes, Landesverband Bayern für das katholische Büchereiwesen, wird neu gewählt. Erster Vorsitzender bleibt Prälat Bernhard Egger, Stellvertretender Generalvikar. Ministerialrat a. D. Dr. Hans Merkt wird als Stellvertreter ebenfalls wiedergewählt. Die Stelle des Geschäftsführenden Direktors übernimmt nach dem Tod von Msgr. Hans Schachtner Dr. Erich Jooß.

15.11. Die neue Hauskapelle des Studienkollegs St. Matthias in Waldram erhält durch Erzbischof Friedrich Wetter die kirchliche Weihe.

Den im Alter von 76 Jahren verstorbenen evangelischen Altlandesbischof Dr. Hermann Dietzfelbinger würdigt der Münchener Erzbischof als einen „hochverdienten Mann der Ökumene".

18.11. Mit einem Festgottesdienst beschließt das Kloster Au am Inn das 1 200-jährige Jubiläum seiner Geschichte. 784 hatte Herzog Tassilo III. eine dort befindliche Zelle dem Salzburger Erzbischof Virgil übergeben. Über 1 000 Jahre gehörte das Kloster, später Augustinerchorherrenstift, zum Bistum Salzburg. Seit 130 Jahren haben dort Franziskanerinnen ihr Mutterhaus.

21.11. Das von Direktor Dr. Peter Steiner geleitete Diözesanmuseum in Freising, das größte kirchliche Museum Deutschlands, kann anlässlich des Korbiniansfestes sein zehnjähriges Bestehen festlich begehen. Bereits 1857 hatte Domkapitular Joachim Sighart als Kunstforscher und Sammler dazu den Grundstein gelegt.

24.11. Der neue Bischof von Passau, Franz Xaver Eder, wird im dortigen Dom von Erzbischof Friedrich Wetter in sein Amt eingeführt.

Sein Vorgänger auf dem Passauer Bischofsstuhl, Dr. Antonius Hofmann, konnte wenige Wochen vorher seinen 75. Geburtstag festlich begehen.

28.11. In Landshut spricht anlässlich der Landessynode der Evangelisch-Lutherischen Kirche in Bayern Ordinariatsrat Dr. Robert Simon zum Thema: Ökumene zwischen Stagnation und Ungeduld.

29.11. Die neue Fachoberschule in Freising erhält durch Regionalbischof Heinrich Graf von Soden-Fraunhofen die kirchliche Weihe.

04.12. Jesuitenpater Ludwig Volk stirbt im Münchener Haus „Stimmen der Zeit" im Alter von 58 Jahren nach langer und schwerer Krankheit. Mit dem Thema „Der Bayerische Episkopat und der Nationalsozialismus" hatte er an der Münchener Universität bei Dr. Karl Bosl promoviert. Besonders bekannt wurde P. Volk durch das Lebensbild, das er über Kardinal Faulhaber geschrieben hat.

05.12. Der Verein für Diözesangeschichte des Erzbistums München und Freising begeht mit einem Festvortrag seines Vorsitzenden, Professor Dr. Peter Stockmeier, das 60-jährige Gründungsjubiläum. Erzbischof Friedrich Wetter äußert dabei seinen Wunsch nach einer umfassenden Darstellung der Geschichte des Erzbistums von den Anfängen bis zur Gegenwart.

09.12. Als einziger Kirchenneubau des Jahres wird die Pfarrkirche St. Lantpert im Freisinger Stadtteil Lerchenfeld vom Münchener Erzbischof geweiht.

15.12. Wegen Nachwuchssorgen müssen die Kapuziner nach 130 Jahren die Seelsorge an der Wallfahrtskirche Maria Birnbaum bei Altomünster aufgeben. Pfarrer Michael Zach von der zuständigen Pfarrei Sielenbach übernimmt die zusätzlichen Seelsorgsaufgaben.

21.12. Im Alter von beinahe 80 Jahren ist in München der Religionspädagoge Dr. Klemens Tilmann gestorben. Er war Mitglied der Oratorianer und hat durch sein Wirken und seine Schriften eine Generation von Religionslehrern geprägt.

30.12. Die neue Hauskapelle des Kolping-Ferienheimes für Familien in Teisendorf erhält durch Regionalbischof Franz Xaver Schwarzenböck die kirchliche Weihe.

1985

08.01. In Bad Reichenhall, nahe seiner Heimat Bayerisch Gmain, stirbt Msgr. Alfred Berchtold im 81. Lebensjahr. Nach Priesterweihe, Kaplansjahren und intensiver Tätigkeit in den katholischen Arbeitervereinen der Salzburger Diözese wird er 1938 bei der Beerdigung seines Vaters verhaftet und geht bis 1945 den schweren Leidensweg durch Polizeigefängnisse, KZ Dachau und Buchenwald und nochmals Dachau. Aus kleinsten Anfängen baut er nach dem Kriege das Katholische Sozialinstitut in Freising auf und leitet es durch 30 Jahre. Die katholische Arbeiterbewegung verliert in ihm einen großen Freund und Helfer.

11.01. Nach urkundlicher Belegung feiern die Knappen des Salzbergwerkes Berchtesgaden heuer zum 450. Mal die so genannte Bergweihe, die mit ergreifenden alten Segensgebeten verbunden ist. Der Münchener Erzbischof nimmt an diesem 3 km langen Prozessionsweg durch die Bergwerksstollen teil.

13.01. Dombenefiziat Dr. Johannes Fellerer vollendet 80 Lebensjahre. Seine Aufgabe als bisheriger Künstlerseelsorger teilen sich in Zukunft Studiendirektor a.D. Dr. Alfred Kaiser für die bildende Kunst, Kirchenmusikdirektor Alois Kirchberger für die Musiker und Studiendirektor Gerhard Ott für die Bereiche Literatur, Theater und Medien.

02.02. Vor 40 Jahren, am Fest Maria Lichtmess ist in Berlin-Plötzensee der Münchener Jesuitenpater Alfred Delp durch die nationalsozialistische Terrorjustiz hingerichtet worden. Nach Wochen einer grausamen Haft ist eines seiner letzten Worte: „So will ich zum Schluss tun, was ich so oft tat mit meinen gefesselten Händen und was ich tun werde immer lieber und immer mehr, solange ich atmen darf: segnen".

04.02. Im Alter von 60 Jahren stirbt Benno Hubensteiner während einer Abendveranstaltung im neuen Münchener Kulturzentrum am Gasteig. Mit seinen Büchern „Bayerische Geschichte", „Die geistliche Stadt" (Freising), „Vom Geist des Barock" ist der Münchener Universitätsprofessor für bayerische Kirchengeschichte weit über sein Heimatland hinaus bekannt geworden.

Msgr. Heinrich Haug, bisher Leiter des Liturgischen Instituts in Trier, wird Nachfolger von Msgr. Jakob Aigner, Präsident des Internationalen Katholischen Missionswerkes Missio in München. Unter Msgr. Jakob Aigner war der ehemalige Ludwig-Missionsverein in Missio umbenannt und die Zeitschrift „Mission aktuell" begründet worden.

17.02. Zum 100. Geburtstag von Romano Guardini gibt die Deutsche Bundespost eine Sondermarke heraus. Die Katholische Akademie in Bayern hat die Autobiographie des Verstorbenen „Berichte über mein Leben" herausgegeben und verleiht den heurigen Romano-Guardini-Preis an den Dirigenten Professor Eugen Jochum. Guardinis Grab im Priesterfriedhof des Oratoriums bei St. Laurentius in München trägt den von ihm selbst gewählten Text: Romano Guardini, geboren am 17. Februar 1885 in Verona, gestorben am 1. Oktober 1968 in München. Im Glauben an Jesus Christus und seine Kirche, im Vertrauen auf sein gnädiges Gericht.

27.02. Dr. iur. can. Richard Strigl stirbt vor Erreichung des 60. Lebensjahres nach kurzer Krankheit in München. Er war Professor für Kirchenrecht an der Universität München, Vorstand des Kanonistischen Instituts und Seelsorger im St. Josefsheim in der Pfarrei Johann Baptist.

08.03. Generalvikar Dr. Gerhard Gruber erteilt dem neuen Senioren- und Pflegeheim des Bayerischen Roten Kreuzes in Pasing-Westkreuz die kirchliche Weihe.

14.03. Zum Ersten Vorsitzenden des Vereins für christliche Kunst in München ist Ordinariatsrat Dr. Ramisch, der Leiter des Kunstreferats im Erzbischöflichen Ordinariat, gewählt worden.

15.03. Fast ein Jahrhundert waren die Mallersdorfer Schwestern, den Priestern der Erzdiözese aus ihrer Studienzeit wohlbekannt, auf dem Freisinger Domberg in Küche und Haushalt tätig. Direktor Dr. Sebastian Anneser vom Bildungszentrum Freising und Prälat Dr. Höck, Rektor der dortigen Domkirche, sagen den scheidenden Schwestern herzlichen Dank.

09.04. 1 000 Ministranten aus unserer Erzdiözese nehmen in der Osterwoche an der internationalen Romwallfahrt der Ministranten teil. Die Begegnung mit dem Papst und mit dem früheren Münchener Erzbischof Joseph Kardinal Ratzinger gehörte zu den Höhepunkten der Reise.

16.04. Mit Schreiben von Papst Johannes Paul II. erhält Erzbischof Friedrich Wetter die Mitteilung, dass er im Konsistorium am 25. Mai in das Kardinalskollegium aufgenommen wird. Seit Ernennung des Erzbischofs Franziskus von Bettinger zum Kardinal im Jahr 1914 sind alle seine Nachfolger mit dieser Würde ausgezeichnet worden.

20.04. Weihbischof Ernst Tewes gibt dem Benedikt-Labre-Haus für kranke Obdachlose des Männerfürsorgevereins den kirchlichen Segen.

25.04. In der Arbeitsgemeinschaft für Erwachsenenbildung sind 14 Kreisbildungswerke und 19 weitere Einrichtungen in unserer Erzdiözese zusammengefasst. Dr. Sebastian Anneser, als Vorsitzender der Arbeitsgemeinschaft, und Dr. Robert Simon, als bischöflicher Beauftragter für die Erwachsenenbildung, weisen bei der Mitgliederversammlung auf die Herausforderungen wie auch die neuen Möglichkeiten hin, die in den Medien durch das bayerische Gesetz für die Erwachsenenbildung gegeben sind.

02.05. Im Münchener Gloria-Palast gelangt der Film „Maria Ward – Zwischen Galgen und Glorie" über die Gründerin des Ordens der Englischen Fräulein zur Welturaufführung. Anschließend lädt die Bayerische Staatsregierung zu einem Empfang im Antiquarium der Residenz ein. Der Orden feiert in diesem Jahr den 400. Geburtstag seiner Gründerin.

05.05. Zum 40. Jahrestag des Kriegsendes feiert der Erzbischof in der Todesangst-Christi-Kapelle auf dem ehemaligen KZ-Gelände Dachau einen Gedenkgottesdienst.

Am gleichen Tag abends vertritt der Erzbischof in Brühl-Schloss Augustusburg den Vorsitzenden der Deutschen Bischofskonferenz bei einem Empfang von Bundespräsident Richard von Weizsäcker für den amerikanischen Präsidenten Ronald Reagan.

13.05. Dr. Heinrich Eisenhofer, Offizial des Erzbischöflichen Konsistoriums und Metropolitangerichts München und Dekan des Metropolitankapitels, stirbt nach schwerer Krankheit im 68. Lebensjahr und findet in seiner Heimatstadt Bad Tölz die letzte Ruhestätte.

14.05. Herzog Albrecht von Bayern vollendet 80 Lebensjahre. Der Erzbischof nimmt an der Festfeier im Schloss Nymphenburg teil.

22.05. Der neue Katholische Erwachsenenkatechismus wird in Köln von Joseph Kardinal Höffner und dem Münchener Erzbischof als Vorsitzendem der Katechismus-Kommission vorgestellt. Dieses Glaubensbekenntnis der Kirche vereine in sich „Kirchlichkeit, theologische Wissenschaftlichkeit und Offenheit für die Fragen unserer Zeit".

25.05. Der Papst überreicht in Rom an die 28 neuen Kardinäle das rote Kardinalsbirett. Zwei Tage später, am Pfingstmontag, erfolgt durch Friedrich Kardinal Wetter die Besitzergreifung seiner Titelkirche S. Stefano Rotondo. Nach der Restaurierung soll dieser frühchristliche Sakralbau „wieder ein Schmuckstück im Reigen der römischen Kirchen" werden.

02.06. Nach seiner Aufnahme in das Kardinalskollegium feiert der Erzbischof unter Teilnahme vieler Würdenträger der Kirche und des Staates einen festlichen Gottesdienst in seiner Kathedralkirche in München. Die Grüße der Stadt München überbringt Oberbürgermeister Georg Kronawitter.

05.06. Domkapitular Prälat Fritz Bauer wird zum Domdekan des Münchener Metropolitankapitels gewählt. Der Leiter des Schulreferates für die höheren Schulen tritt damit die Nachfolge des am 13. Mai verstorbenen Domdekans Dr. Heinrich Eisenhofer an. Der Domdekan vertritt das Domkapitel in allen rechtlichen Fragen. Ihm ist auch die Sorge für die Erfüllung der gottesdienstlichen Verpflichtungen des Kapitels und seiner Mitglieder übertragen.

16.06. Unter dem Motto „1 200 Jahre Christentum in Percha" hält Pfarrer Alfred Kolbe den Festgottesdienst für seine Pfarrei am Starnberger See. 785 hatte der Grundbesitzer Baganza seinen gesamten Besitz dem damaligen Kloster Schäftlarn als Schenkung übergeben.

22.06. In der Pfarrkirche St. Josef in Puchheim erteilt der Erzbischof neun Laientheologen, darunter drei Frauen, die kirchliche Segnung als Pastoralassistenten.

30.06. Das Kloster Altenhohenau, zwischen Attel und Rott am Inn gelegen, die älteste Niederlassung der Dominikanerinnen auf dem Lande in Bayern, begeht den 750. Jahrestag seines Bestehens. Nach der Chronik hat Graf Konrad von Wasserburg, da er sein Gelöbnis an einem Kreuzzug teilzunehmen nicht erfüllen konnte, das Kloster im Jahr 1235 gegründet und es den Dominikanerinnen übergeben. Nach der Auflösung des Klosters im Jahr 1803 wurde es 1921 von Dominikanerinnen aus USA wiederbegründet, die aber ihren Ursprung in Deutschland hatten. Die 23 Ordensfrauen unterhalten eine Volksschule für Buben und Mädchen mit Internat.

10.07. Friedrich Kardinal Wetter hält in Freising einen Gottesdienst mit den Missionaren der Erzdiözese, die sich auf Heimaturlaub befinden.

17.07. Nur wenige Schritte vom Münchener Hauptbahnhof entfernt erhält das neue Caritaszentrum der Erzdiözese in der Hirtenstraße, benannt nach dem Münchener Jesuiten-

S. Stefano Rotondo, die Titelkirche des neu ernannten Kardinals.

pater Rupert Mayer SJ, die kirchliche Weihe. In die bisherige Caritaszentrale in der Adlzreiterstraße zieht die Katholische Jugendfürsorge ein.

11.08. Weihbischof Franz Schwarzenböck nimmt am Eucharistischen Weltkongress in Nairobi, Kenia, teil und besucht die dortige deutschsprachige Gemeinde. Es ist der erste Eucharistische Weltkongress in Afrika.
Im Rückblick auf den 37. Eucharistischen Weltkongress in München vor 25 Jahren nennt Friedrich Kardinal Wetter diesen Kongress „Pro mundi vita" einen Meilenstein auf dem Weg zum Zweiten Vatikanischen Konzil.

12.08. Vor 40 Jahren starb im Waldsanatorium Planegg der aus Kleve am Niederrhein stammende Neupriester Karl Leisner nach seiner Befreiung aus dem KZ Dachau. Es war in diesem Lager die einzige Priesterweihe; sie wurde dem bereits schwer Kranken von einem französischen Bischof und Mithäftling heimlich gespendet. Das Grab von Karl Leisner befindet sich jetzt in der Krypta des Xantener Domes. Zum Seligsprechungsverfahren, das 1980 von der Diözese Münster eingeleitet wurde, sind auch im Münchener Bistum Informationen eingeholt worden.

15.08. Weihbischof Heinrich Graf von Soden-Fraunhofen hält anlässlich der traditionellen Schiffswallfahrt auf dem Wörthersee in der Diözese Klagenfurt für die Teilnehmer der Wallfahrt einen Gottesdienst in Maria Wörth.

01.09. Engelbert Siebler, Geistlicher Direktor des Erzbischöflichen Studienseminars in Traunstein, wird zum neuen Leiter des Schulreferates für Grund- und Hauptschulen im Münchener Erzbischöflichen Ordinariat ernannt. Er löst damit den Münchener Domkapitular Dr. Hubert Fischer ab, der dieses Referat seit 1953 geleitet hat. Zum neuen Seminardirektor in Traunstein wird Pfarrer Werner Eichinger von Aufkirchen bei Erding bestellt.

02.09. Das Bayerische Pilgerbüro feiert sein 60-jähriges Bestehen. Es wurde vom damaligen Präsidenten des Ludwig-Missionsvereins und späteren Weihbischof Johannes Neuhäusler begründet. Die geistliche Leitung einer Jubiläumswallfahrt nach Rom übernimmt der gegenwärtige Präsident des Pilgerbüros Weihbischof Franz Schwarzenböck, die organisatorische Leitung liegt in den Händen von Direktor Georg Black.

06.09. Ludwig Lillig, als Vorsitzender des Landeskomitees der Katholiken in Bayern, gratuliert dem Bayerischen Ministerpräsidenten Franz Josef Strauß zu seinem 70. Geburtstag. Dessen Wirken und Denken sei „im christlichen Glauben verankert, im humanistischen Geiste verwurzelt und dem christlichen Menschenbild verpflichtet".

Auch der 80. Geburtstag des Ministerpräsidenten a.D. Alfons Goppel am 1. Oktober wird mit Gottesdienst und Festakt gefeiert.

26.09. Anlässlich des 175. Münchener Oktoberfestes hält der als Zirkuspater bekannte Pallottiner Heinzpeter Schönig zum 30. Mal den traditionellen Schausteller-Gottesdienst ab, bei dem im Besonderen aller verstorbenen Schausteller, Marktkaufleute und Wiesenwirte gedacht wird, ebenso der Opfer des Attentats beim Oktoberfest im Jahr 1980.

15.10. Das Katholische Jugendsozialwerk München wird 100 Jahre alt. 1885 als Lehrlingsschutz begründet, ist es eine der ältesten sozialen Einrichtungen der Stadt und eng mit der Stadtpfarrei St. Peter verbunden. Kardinal Wetter ruft dazu auf, der Berufsnot junger Menschen, besonders auch der Arbeitslosen, nach Kräften zu begegnen.

24.10. Die Franziskanerinnen in Reutberg feiern mit dem Ordensreferenten Weihbischof Matthias Defregger das 250-jährige Jubiläum ihrer Klosterkirche.

28.10. Nach zweijähriger Renovierungsarbeit wird die Münchener Dreifaltigkeitskirche vom Erzbischof wieder eröffnet und die neue Orgel geweiht. Der barocke Bau nach den Plänen von Viscardi wurde 1711-1717 errichtet. Die Entstehung der Kirche geht auf eine Vision der Mystikerin Maria Anna Lindmayr zurück. Sie ist eine Votivgabe für die Verschonung Münchens im Spanischen Erbfolgekrieg.

31.10. Im 88. Lebensjahr stirbt Prälat Heinrich Wismeyer, Domorganist in München. Er hat die kirchenmusikalische Ausrichtung des Eucharistischen Weltkongresses in München im Jahr 1960 geprägt, wirkte mit an der Gestaltung des „Gotteslob" und hat als besinnlicher Stegreifdichter und liebevoller Verseschmied seine heiter-barocke Art sprechen lassen. Seine Freunde wandten auf ihn das Psalmwort an: „Mein Herz ist bereit, o Gott, dir will ich singen und spielen".

01.11. Weihbischof Ernst Tewes hält auf dem Dachauer KZ-Gelände einen Gedenkgottesdienst für den holländischen Karmelitenpater Titus Brandsma, der dort im Jahr 1942 getötet wurde. Am 3. November ist P. Brandsma von Papst Johannes Paul II. in Rom selig gesprochen worden. Er ist der Erste aus der Schar der Dachauer Häftlinge, dem die Ehre der Seligsprechung zuteil geworden ist.

07.11. Das neue Kulturzentrum am Gasteig erhält die kirchliche Weihe.

17.11. Karolina Theresia Gerhardinger, Tochter eines Regensburger Schiffsmeisters und Gründerin der Kongregation der Armen Schulschwestern, wird in Rom selig gesprochen. Das erste Mutterhaus der Schulschwestern hat Mutter Gerhardinger im Jahr 1834 in Neunburg vorm Wald eingerichtet. Neun Jahre später wurde es nach München verlegt, wo König Ludwig I. den Schwestern das aufgelassene Kloster der Klarissinnen am Anger übertrug. Wegen der vielen Niederlassungen des Ordens in Amerika wurde 1957 das Mutterhaus von München nach Rom verlegt. In verschiedenen Festlichkeiten wird in München das Wirken der Seligen dargestellt.

17.12. In München stirbt Dr. Franz Schreibmayr, der 1934 in Berlin zum Priester geweiht worden ist. Zusammen mit Klemens Tilmann hat er im Auftrag der Deutschen Bischofskonferenz vor dem Zweiten Vatikanischen Konzil den so genannten „Grünen Katechismus" erarbeitet, der als wichtiger Schritt auf dem Wege zum Konzil gilt. Als Mitglied der Priestergemeinschaft der Oratorianer, deren Niederlassung 1954 bei der Pfarrei St. Laurentius gegründet worden war, findet er auf dem dortigen Priesterfriedhof seine letzte Ruhestätte.

25.12. Die Sammlung des kirchlichen Hilfswerks Adveniat der deutschen Katholiken für Lateinamerika wird am Weihnachtsfest zum 25. Mal durchgeführt. Unsere Erzdiözese hat zusätzlich die Patenschaft für die Bistümer in Ecuador übernommen.

31.12. Vor 25 Jahren, unmittelbar nach Rückkehr von seiner Jahresschlusspredigt im Liebfrauendom, ist Joseph Kardinal Wendel durch Herzinfarkt gestorben. Sein bischöfliches Wirken ist im Besonderen verbunden mit dem 27. Eucharistischen Weltkongress in München im Jahr 1960.

1986

01.01. Prälat Franz Sales Müller wird auf seinen Wunsch vom Amt des Vorsitzenden des Caritasverbandes entbunden. Sein Nachfolger wird Ludwig Penger, bisher Pfarrer von Bad Feilnbach, mit dem Titel Ordinariatsrat.

29.01. Im Anschluss an das Motto des Münchener Katholikentages 1984 „Dem Leben trauen, weil Gott es mit uns lebt" hat der Diözesanrat der Katholiken mit dem Caritasverband in Schwabing ein „Haus der Hoffnung" eingerichtet. Es soll jungen Frauen, die noch in Ausbildung stehen, die Möglichkeit geben, zum Kinde Ja zu sagen und es im Heim zu erziehen.

04.02. Die Katholische Militärseelsorge besteht 30 Jahre. Papst Pius XII. hatte 1956 Joseph Kardinal Wendel von München zum ersten katholischen Militärbischof für die Deutsche Bundeswehr ernannt. Der jetzige Inhaber des Amtes, der Bamberger Erzbischof Elmar Maria Kredel, hält mit dem Essener Bischof Franz Hengsbach, dem unmittelbaren Nachfolger Kardinal Wendels, und mit dem Apostolischen Nuntius Erzbischof Josef Uhac einen festlichen Gottesdienst im Münchener Dom.

06.02. Vor 200 Jahren wurde Lorenz von Westenrieder mit der goldenen Medaille der Bayerischen Akademie der Wissenschaften ausgezeichnet. Sein ehernes Standbild am Promenadeplatz trägt die Aufschrift: „Die Bayern ihrem Geschichtsschreiber".
Als 1821 Lothar Anselm von Gebsattel die neu gegründete Erzdiözese München und Freising übernahm, war Westenrieder einer der 12 Domkapitulare. In dieser Stellung wurde er auch zum Historiograph des Metropolitankapitels und machte sich durch Stiftungen um das neue Diözesanseminar in Freising und die Bildung der Jugend verdient.

27.02. Friedrich Kardinal Wetter nimmt an einer Einladung teil, die Ministerpräsident Franz Josef Strauß für den spanischen König Juan Carlos I. und seine Frau Sophia gibt.

01.03. Als Nachfolger des im Jahr 1985 verstorbenen Dr. Heinrich Eisenhofer ist Dr. iur. can. Heinz Maritz zum neuen Offizial des Erzbistums München und Freising ernannt worden. Als Ordinariatsrat hat er auch Sitz und Stimme in der Diözesanverwaltung. Der aus der Schweiz gebürtige Priester hatte seine kirchlichen Rechtsstudien in München gemacht und war seit 1979 Vizeoffizial der Erzdiözese Freiburg i.Br.

05.04. Weihbischof Matthias Defregger segnet im Ruhpoldinger Altenheim St. Adelheid die neu erbaute Kapelle und weiht den Altar und die Kreuzwegstationen.

Im Haus St. Adelheid der Barmherzigen Schwestern hat seit November 1985 Domvikar i. R. Dr. Josef Hogger Aufnahme gefunden.

06.04. In der Nähe seiner oberfränkischen Heimat ist der ehemalige Professor für bayerische Geschichte an der Münchener Universität Professor Max Spindler gestorben. Einen Großteil seines Lebens hat er in der bayerischen Landeshauptstadt gewirkt. Die Krönung seines Lebenswerkes ist das sechsteilige Handbuch der bayerischen Geschichte. Aus seiner religiösen Grundhaltung heraus hat er für den Unterricht an höheren Schulen gefordert: „Ziel des Geschichtsunterrichtes ist die Erziehung zum echten Menschentum. Dies kann nur auf religiöser Grundlage gedeihen".

13.04. In den annähernd 4000 Pfarrgemeinden und Seelsorgsstellen der sieben bayerischen Bistümer, in denen 7,8 Millionen Katholiken leben, werden etwa 50000 Mitglieder der Pfarrgemeinderäte neu gewählt. In der Erzdiözese München und Freising mit 2 Millionen Katholiken stehen etwa 25000 Bewerber, darunter viele Frauen und Jugendliche, zur Wahl. Wählen und gewählt werden kann jeder Katholik, der das 16. Lebensjahr vollendet hat, und zwar in der Pfarrei, wo er wohnt. 12000 aus der Zahl dieser Bewerber werden in unserem Bistum als Gewählte hervorgehen. Die Vorsitzende des Diözesanrates der Katholiken, Frau Hanna Stützle, nennt die Pfarrgemeinderäte „ein Rückgrat des katholischen Lebens und Denkens im Land".

20.04. Ordinariatsrat Engelbert Siebler erhält von Friedrich Kardinal Wetter die Bischofsweihe und wird zum Bischofsvikar für die Seelsorgsregion München bestellt. Er löst damit Weihbischof Ernst Tewes ab, der diese Aufgabe seit 1968 inne hatte. Mit Wirkung vom 30. April spricht Weihbischof Tewes seinen Verzicht auf das Amt des Dompropstes aus, das am Feste der Apostelfürsten Petrus und Paulus dem Weihbischof Franz Schwarzenböck übertragen wird.

30.04. Weihbischof Matthias Defregger wird auf sein Ersuchen von der Leitung des Ordensreferates entbunden, hat sich aber bereit erklärt, den Verpflichtungen eines Domkapitulars weiterhin nachzukommen.

01.05. Dr. Joseph Pfab aus dem Redemptoristenkloster Gars wird mit der Leitung des Ordensreferates betraut und erhält als Ordinariatsrat Sitz und Stimme in der Diözesanverwaltung. Vorher war der neue Ordensreferent zwölf Jahre Generalsuperior der Redemptoristen in Rom.

Weihbischof Engelbert Siebler übernimmt, nachdem Domkapitular Fritz Bauer zum Domdekan ernannt worden ist, ein Kanonikat im Metropolitankapitel München.

09.05. Schwester Maria Theresia von Jesu Gerhardinger, am 17. November 1985 durch Papst Johannes Paul II. in Rom selig gesprochen, ist in das Diözesanproprium des Kirchenjahres aufgenommen worden. Ihr Gedenktag ist der 9. Mai.

16.05. Die Katholische Landjugendbewegung veranstaltet auch heuer ein Pfingsttreffen auf dem Petersberg bei Dachau. Infolge des Reaktorunglücks von Tschernobyl im April dieses Jahres können die 800 Jugendlichen wegen des verseuchten Bodens nicht im Freien zelten, sondern werden kurzfristig in umliegenden Turnhallen und anderen Gebäuden einquartiert.

17.05. Dr. Johannes Fellerer, Dombenefiziat und Künstlerseelsorger i. R., ist in München im Alter von 81 Jahren gestorben. Er hat die Deutsche Gesellschaft für christliche Kunst mitbegründet, wirkte in verschiedenen Gremien als Vermittler zwischen Kirche und Kunst und hat auch den „Aschermittwoch der Künstler" angeregt und begründet.

18.05. Zum Pfingstfest wallfahrten an die 1 500 Münchener zu Fuß nach Altötting. Vor 30 Jahren war im Vorfeld des Eucharistischen Weltkongresses zu einer ersten Wallfahrt dieser Art unter dem Motto „Für ein neues München" aufgerufen worden. In drei Tagesabschnitten legen die Pilger an die 90 km zurück, machen unter anderem in Forstern, Gars, Haag, Kraiburg, Wasserburg, Garching/Alz oder in Mühldorf Zwischenstation

Bischofsweihe von Weihbischof Engelbert Siebler im Münchener Dom, 20. April 1986; v. l. Weihbischof Heinrich Graf von Soden-Fraunhofen, Weihbischof Ernst Tewes, Erzbischof Friedrich Kardinal Wetter, Weihbischof Matthias Defregger, Weihbischof Franz Schwarzenböck (halb verdeckt).

und werden zum großen Teil in Privatquartieren aufgenommen. Die Wallfahrtsidee als eine Möglichkeit der Besinnung, des Gebetes und der Umkehr hat gerade unter jungen Menschen eine große Anhängerschaft gefunden.

11.06. Klarissen-Kapuzinerinnen von der Ewigen Anbetung, die aus Südafrika in die deutsche Heimat zurückgekehrt sind, übernehmen in Rosenheim das bisherige Kapuzinerkloster St. Sebastian. Friedrich Kardinal Wetter weiht den neuen Altar und das gründlich erneuerte Kloster und eröffnet die Ewige Anbetung für die Klausurschwestern. Außer den Klöstern der Karmelitinnen in Aufkirchen bei Starnberg und auf dem KZ-Gelände in Dachau, der Servitinnen in München, der Birgittinnen in Altomünster und der Franziskanerinnen in Reutberg ist dies das sechste Frauenkloster mit strenger Klausur in der Erzdiözese.

13.06. Zur Erinnerung an König Ludwig II., der vor 100 Jahren im Starnberger See den Tod fand, werden weithin im Lande weltliche und kirchliche Gedenkfeiern gehalten.

15.06. Die Katholische Akademie in Bayern vergibt den Romano-Guardini-Preis 1986 an den 81-jährigen Erzbischof von Wien Franz Kardinal König „für seine Bereitschaft zum Dialog und seine Fähigkeit zum Brückenbauen zwischen dem Christentum und den großen Weltreligionen".

21.06. 15 Pastoralassistenten erhalten die kirchliche Sendung für den Dienst in der Erzdiözese. Gegenwärtig arbeiten 105 Pastoralassistenten in unserem Bistum. Etwa ein Viertel davon sind Frauen.

29.06. Die Pflegeanstalt Ecksberg bei Mühldorf feiert mit Weihbischof Heinrich Graf von Soden-Fraunhofen das 300-jährige Jubiläum ihrer Kirche.

01.07. Als Nachfolger von Prälat Franz Xaver Ertl, der die Leitung der Landescaritas übernimmt, wird Pfarrer Peter Neuhauser zum Direktor des Caritasverbandes der Erzdiözese berufen.

23.07 In seiner Heimat Steinbach bei Wackersberg stirbt im Alter von 85 Jahren Pfarrer Anton Bauer, langjähriger Seelsorger in Hochstätt und fruchtbarer Erforscher der heimatlichen Kirchen- und Wallfahrtsgeschichte.

27.07. Das 1 000-jährige Jubiläum feiern die Gemeinde und die Pfarrei Flintsbach unter ihrem Pfarrer Rosenegger, der auch eine umfangreiche Heimatgeschichte von Flintsbach geschrieben hat.

01.08. Im Anschluss an das neue kirchliche Gesetzbuch CIC von 1983 werden von der Deutschen Bischofskonferenz Partikularnormen beschlossen, die nach Bestätigung durch Rom mit dem heutigen Tag Rechtskraft erlangen.

Wegen Nachwuchsmangel muss in Berchtesgaden das seit 1695 bestehende Franziskanerkloster von den Patres der Bayerischen Franziskanerprovinz aufgegeben werden. Aus demselben Grund übernehmen kroatische Franziskaner die Münchener Stadtpfarrei St. Gabriel und polnische Franziskaner das Kloster in Landshut.

01.09. Studiendirektor Geistlicher Rat Ernst Blöckl wird mit der Leitung des Schulreferates für die Grund-, Haupt-, Sonder- und Berufsschulen beauftragt und zum Ordinariatsrat ernannt.

18.09. Die Anstalt für Behinderte in Schönbrunn bei Dachau feiert das 125-jährige Bestehen. Im Jahr 1861 hatte Gräfin Viktorine von Butler das heruntergekommene Schlossgut samt landwirtschaftlichem Grund erworben, um pflegebedürftigen Menschen neben einem Zuhause auch Bildungsmöglichkeiten in verschiedenen Berufen zu geben. Vor 75 Jahren wurde das Werk von den „Dienerinnen der göttlichen Vorsehung" übernommen. Heute gehören dieser Kongregation 250 Schwestern an. Sie betreuen 900 Heimbewohner. Mit Wohngebäuden, Werkstätten, Dienstleistungsbetrieben und einer Sonderschule ist Schönbrunn wie ein eigenes kleines Dorf organisiert.

27.09. Mit einer Wallfahrt nach Altötting feiert der bayerische Landesverband des Katholischen Deutschen Frauenbundes das 75-jährige Bestehen. 1911 hatten sich die vielen Zweigvereine in den bayerischen Diözesen unter der Landtagsabgeordneten Ellen Ammann zum Landesverband zusammengeschlossen. Frau Ammann, als gebürtige Schwedin zur katholischen Kirche konvertiert, war auch die erste Vorsitzende.

01.10. In Anpassung an die Normen des neuen kirchlichen Gesetzbuches erlassen die bayerischen Bischöfe ein Gesetz für die Neuordnung des Pfründewesens, das in der Erzdiözese München und Freising mit dem 1. Oktober 1986 in Kraft tritt.

05.10. Regionalbischof Engelbert Siebler legt in Neukeferloh, Pfarrei Vaterstetten, den Grundstein für die neue Kirche und das Subzentrum St. Christophorus.

15.10. Anlässlich des Deutschen Archivtages, der in München abgehalten wird, gibt die Erzdiözese für die kirchlichen Archivare einen Empfang. Prälat Bernhard Egger begrüßt die Teilnehmer.

16.10. Im Blick auf das Jahr 1989, in dem neben Regensburg, Passau und Salzburg auch unser Bistum das 1250. Jubiläum seiner Gründung durch Bonifatius feiern kann, hat Friedrich Kardinal Wetter angeregt, eine Diözesangeschichte zu schreiben. Von Stadtpfarrer Dr. Josef Maß liegt nun der erste Teil dieses dreibändigen Werkes „Das Bistum Freising im Mittelalter“ vor. Es umfasst die Bistumsgeschichte von den Anfängen bis zur Schwelle der Neuzeit. Die zwei weiteren Bände werden vom Münchener Universitätsprofessor Dr. Georg Schwaiger herausgegeben.

19.10. Die Kirche St. Zeno in Bad Reichenhall kann das 850-jährige Jubiläum feiern.

31.10. Der Vizepräsident des Bayerischen Senats und frühere Professor für Kirchenrecht an der Universität München, Prälat Dr. Audomar Scheuermann, der auch als Vizeoffizial im Diözesangericht tätig ist, erhält den Ehrentitel eines Apostolischen Protonotars verliehen.
In unserem Bistum sind neben Prälat Dr. Michael Höck noch die Münchener Theologieprofessoren und Konzilstheologen Dr. Michael Schmaus und Dr. Klaus Mörsdorf mit diesem Titel ausgezeichnet worden.

01.11. Der Freisinger Jugendpfarrer Alois Ebersberger wird zum Diözesanjugendpfarrer gewählt und von Friedrich Kardinal Wetter zum Leiter des Erzbischöflichen Jugendamtes ernannt.

19.11. Im 73. Lebensjahr stirbt Pater Oskar Simmel SJ. Geboren in Haar, nahe der Landeshauptstadt, wurde er von seinem Orden als Seelsorger zu den deutschen Kriegsgefangenen in Frankreich geschickt, war viele Jahre in München Mitarbeiter der Ordenszeitschrift „Stimmen der Zeit“ und „Erbauer des Alfred Delp-Hauses“ in Nymphenburg, übernahm 1965 in Rom die Leitung der deutschen Abteilung des Vatikansenders und kehrte als Mitarbeiter in der Pressestelle des Erzbischöflichen Ordinariates wieder in seine Heimat zurück.

09.12. Weihbischof Engelbert Siebler besucht in einem ehemaligen Münchener Hotel 120 Asylbewerber und ermuntert die katholischen Pfarrgemeinden zu aktiver Mithilfe. Der Zustrom asylsuchender Menschen aus aller Welt wird für Städte und Gemeinden zu einem immer größeren Problem. Nach Mitteilung des katholischen Caritasverbandes leben allein in München mehr als 5000 Asylbewerber.

14.12. Im Münchener Dom wird die Diakonweihe für den Ständigen Diakonat an fünf Bewerber erteilt.

1987

01.01. Rudolf Thomas tritt als Diözesanmusikdirektor und Leiter des Amtes für Kirchenmusik in den Ruhestand. Sein Nachfolger wird Bernward Beyerle, Chorregent der Pfarrei Mariahilf und Leiter des Lassus-Musik-Kreises.

02.01. Der Verlag J. Pfeiffer, Herzog-Spital-Straße, München, geht in das Eigentum der G. J. Manz AG über. Das Gebetbuch „Gotteslob", Ausgabe für unsere Erzdiözese, wird weiterhin vom Verlag Pfeiffer verlegt und ausgeliefert.

19.01. Der aus Sigmaringen stammende Bildhauer Professor Josef Henselmann stirbt in München im Alter von 89 Jahren. Er hat die Hochaltäre des Passauer und des Augsburger Domes gestaltet. In Freising schuf er den Adlerbrunnen im Kardinal-Döpfner-Haus und ein Portraitrelief von Kardinal Wendel. In München zeugen der Rinder-Brunnen vor St. Peter, der heilige Christophorus gegenüber dem Haus der Kunst, der Moses-Brunnen in der Maxburg, der St. Benno-Brunnen auf dem Frauenplatz und das riesige Chorbogenkruzifix im Dom von seiner eigenwilligen künstlerischen Gestaltungskraft.

22.01. Friedrich Kardinal Wetter nimmt in der Villa Hammerschmidt in Bonn an einem Empfang teil, den Bundespräsident Richard von Weizsäcker anlässlich des 80. Geburtstages von Josef Kardinal Höffner, des Kölner Erzbischofs und Vorsitzenden der Deutschen Bischofskonferenz, gibt.

23.01. Weihbischof Franz Schwarzenböck führt Heribert Hallermann aus der Diözese Eichstätt in sein neues Amt als Landespräses des Bundes der Deutschen Katholischen Jugend mit Sitz in München ein.

31.01. Anlässlich des 100-jährigen Todestages von Don Bosco halten die Weihbischöfe Ernst Tewes in Buxheim bei Memmingen, Franz Schwarzenböck in Benediktbeuern und Engelbert Siebler im Salesianum in München festliche Gottesdienste.

01.02. Der Priesterrat der Erzdiözese gibt sich gemäß c. 498/499 CIC eine neue Wahlordnung, die nach Genehmigung durch den Erzbischof heute in Kraft tritt.

07.02. Zum weltweiten Problem der Aids-Erkrankungen bietet die Kirche aktive Hilfestellung an. Der Münchener Erzbischof betont aber auch im Bayerischen Rundfunk, dass zu viele schützende Dämme eingerissen worden seien. Verantwortliche Partnerschaft und eheliche Treue blieben auch heute noch unverzichtbare Werte und die menschliche Sexualität sollte wieder in ihrer leibgeistigen Dimension und ihrer von Gott gewollten Würde gesehen werden.

20.02. Friedrich Kardinal Wetter hält in Eichstätt das Requiem für den verstorbenen ehemaligen Bischof Dr. Alois Brems.

06.03. Frauen aller christlichen Konfessionen begehen zum 100. Mal den Weltgebetstag der Frauen. Im Jahr 1887 hatte Mary Ellen James, die Frau eines presbyterianischen Pfarrers und Mutter von sieben Kindern, erstmals zu einem Gebetstag aufgerufen. Die Einheit der Kirchen und das Gebet um Frieden sind heute die besonderen Anliegen.

13.03. Weihbischof Matthias Defregger weiht in Erding die St. Nikolaus-Schule für geistig Behinderte ein.

02.04. Das neue Arbeitsamt in der Münchener Kapuzinerstraße erhält durch Regionalbischof Engelbert Siebler die kirchliche Weihe.

09.04. Im Rahmen der zahlreichen Vorbereitungen zur Seligsprechung von Pater Rupert Mayer SJ wird in der Münchener Bürgersaalkirche erstmals das Bühnenstück „Ich schweige nicht" aufgeführt.

16.04. Zum 60. Geburtstag und zum zehnjährigen Bischofsjubiläum werden dem ehemaligen Münchener Erzbischof und jetzigen Präfekten der römischen Glaubenskongregation

Joseph Kardinal Ratzinger in seiner römischen Titelkirche S. Maria Consolatrice und in seiner bayerischen Heimat viele Ehrungen zuteil. Eine Festschrift würdigt das wissenschaftliche Werk des Jubilars, der als Theologieprofessor in Bonn, Münster, Tübingen und Regensburg tätig gewesen war, bis er vor zehn Jahren als Nachfolger Kardinal Döpfners nach München gerufen wurde.

30.04. bis 04.05. Johannes Paul II. unternimmt als Papst seine zweite Reise nach Deutschland. Hauptorte seines Besuches sind Köln, Essen, Münster, München, Augsburg und Speyer. Neben täglichen Gottesdiensten und Ansprachen und Besuchen des Grabes von Kardinal von Galen in Münster, des Marienwallfahrtsortes Kevelaer, der Kaisergräber in Speyer sowie der Weihe des neuen Priesterseminars in Augsburg bilden die Seligsprechung von Edith Stein OCD in Köln und von Pater Rupert Mayer SJ in München die Hauptereignisse der Papstreise.

03.05. Im Olympiastadion verkündet der Papst im Rahmen eines festlichen Gottesdienstes die Seligsprechung des Münchener Männerapostels Pater Rupert Mayer und besucht dessen Grab in der Unterkirche des Bürgersaales.

05.05. Zwei Tage nach der Seligsprechung weiht Friedrich Kardinal Wetter den erneuerten Altar in der Kreuzkapelle von St. Michael. Dort hatte Pater Rupert Mayer am 1. November 1945 seinen letzten Gottesdienst gefeiert, bei dem ihn der tödliche Schlaganfall ereilte. Der Münchener Erzbischof versenkt Reliquien des heiligen Ignatius, des heiligen Petrus Canisius und des neuen Seligen in die Altarplatte.

21.05. Das Diözesanmuseum in Freising zeigt in einer von Direktor Dr. Peter Steiner gestalteten Ausstellung 242 Bilder mit Christusdarlegungen aus dem Raum zwischen Alpen und Donau und von der Zeit der Bajuwaren und Karolinger bis in die Gegenwart.

Seligsprechung von Pater Rupert Mayer im Münchener Olympiastadion, 3. Mai 1987.

30.05. Vor 60 Jahren hatte Michael Kardinal Faulhaber das Spätberufenenseminar Fürstenried gegründet, das dann vor 30 Jahren nach Waldram verlegt worden ist. Ein altsprachliches Gymnasium oder das seit 1968 angegliederte Kolleg als zweiter Bildungsweg führt heute junge Menschen, die meist eine Berufsausbildung hinter sich haben, in fünf bis sechs Jahren zum Abitur. Mehr als 600 Priester und Ordensleute sind in den vergangenen 60 Jahren aus dem Seminar hervorgegangen.

06.06. Papst Johannes Paul II. eröffnet am Pfingstsamstag das zweite Marianische Jahr in der Geschichte der katholischen Kirche, das Friedrich Kardinal Wetter für die Erzdiözese am Pfingstfest feierlich im Münchener Liebfrauendom verkündet. Es dauert bis zum Fest Maria Himmelfahrt 1988. Papst Pius XII. hatte 1954 das erste Marianische Jahr anlässlich des 100 Jahre vorher verkündeten Mariendogmas ausgerufen.

08.06. An die 3 000 Religionspädagogen und Religionslehrer werden zum Internationalen Katechetischen Kongress aus ganz Europa in München erwartet. Zugleich feiert der 1887 in München gegründete Deutsche Katechetenverein sein 100-jähriges Jubiläum.

27.06. 18 Diakonen spendet der Münchener Erzbischof im Freisinger Mariendom das Sakrament der Priesterweihe. Seit 19 Jahren ist dies die höchste Zahl von Diakonen, die für das Erzbistum zu Priestern geweiht werden.

03.07. In Aschau im Chiemgau hält Weihbischof Franz Schwarzenböck zum 70-jährigen Bestehen der orthopädischen Kinderklinik einen festlichen Gottesdienst und gibt dem Erweiterungsbau von Schule und Heim die kirchliche Weihe.

09.07. Anlässlich des 30-jährigen Bestehens der katholischen Dorfhelferinnenschule für Bayern dankt Kardinal Wetter den Frauen, die durch ihre Dienstbereitschaft in oft schwierigen sozialen und menschlichen Situationen Hoffnung und Lebensmut vermitteln. Landvolkseelsorger Dr. Emmeran Scharl hatte sich seinerzeit besonders um den neben der Wieskirche bei Freising errichteten Schulbau verdient gemacht.

17.07. Das neue Landratsamt in Freising erhält von Bischofsvikar Heinrich Graf von Soden-Fraunhofen die kirchliche Weihe.

10.08. Den Christen in Ecuador, die noch immer unter den Folgen eines schweren Erdbebens im März dieses Jahres leiden, hat die Patendiözese München erhebliche Hilfsmittel zur Verfügung gestellt. Friedrich Kardinal Wetter bereist die Diözesen des südamerikanischen Landes und erhält anlässlich der seit 25 Jahren bestehenden Partnerschaft zwischen München und den Diözesen des Andenstaates die höchste Auszeichnung der Kirche von Ecuador.

27.08. Rudolf Thomas, langjähriger Chorregent von St. Ludwig und Diözesanmusikdirektor, stirbt im Alter von 63 Jahren.

01.09. Nachdem Prälat Bernhard Egger wegen Erreichen der Altersgrenze um Entpflichtung vom Amt als Stellvertretender Generalvikar gebeten hat, wird Domkapitular Dr. Robert Simon mit diesem Amt betraut und übernimmt zugleich die Aufgaben des Personalreferats II für Laien. Dieses Amt hatte der bisherige Inhaber Dr. Curt Genewein aus gesundheitlichen Gründen zur Verfügung gestellt. Als Nachfolger von Dr. Simon übernimmt Dr. Sebastian Anneser, bisher Direktor des Bildungszentrums Freising, als Ordinariatsrat die Abteilung III für Bildung und Beratung im Seelsorgereferat. Dessen Nachfolger in Freising wird Dr. Bernhard Haßlberger, bisher Subregens des Münchener Priesterseminars.

Vor 25 Jahren ist Pfarrer Konrad Egger von Kardinal Döpfner mit dem Aufbau der SOS-Telefonseelsorge betraut worden. In einem Rückblick weist Domkapitular Dr. Robert Simon daraufhin, dass hinter den jetzt etwa 20 000 Anrufern pro Jahr die seelische Not vieler Menschen stehe, die sich hilflos und allein gelassen fühlen, die keinen Ausweg aus ihrer Notlage sehen, die nach dem Sinn ihres Lebens fragen.

14.09. Zum Sechsten Internationalen Kongress für katholisches Kirchenrecht versammeln sich Theologen und Juristen aus 25 Ländern in der Münchener Ludwig-Maximilians-Universität, eingeladen von Professor Dr. Winfried Aymans, Direktor des Münchener Kanonistischen Instituts. Die Kirchenrechtler haben sich zur Aufgabe gestellt, neben den klassischen Formen des gemeinschaftlichen Glaubenslebens wie Orden, Bruderschaften und Vereine im besonderen neue Aufbrüche und Bewegungen in der Kirche zu untersuchen, die nach den Worten des Papstes als Geschenk und als besonderes Charisma im Leben der Kirche eine unverzichtbare Rolle spielen. In den Ländern der Dritten Welt zeigen sich diese neuen Aufbrüche und Bewegungen in den so genannten Basisgemeinden, im Münchener Erzbistum ist etwa die seit Jahren bestehende Cursillo-Bewegung auf 2 500 Männer und Frauen und besonders auch junge Menschen angewachsen. Als Gast eines dieser Cursillos (= kleiner Glaubenskurs), sagt Weihbischof Engelbert Siebler: „Wir dürfen froh darüber sein, dass sich in unseren Pfarrgemeinden immer mehr Gläubige in kleineren Gruppen zum Gebet, zum Bibellesen und zum Glaubensgespräch zusammenfinden. Aus solchen kleinen Zellen kommt die Kraft für die lebendige Pfarrgemeinde."

27.09. Beim Bayerischen Landwirtschaftstag im Rahmen des Münchener Oktoberfestes weist der Eichstätter Bischof Dr. Karl Braun auf den tiefgreifenden Wandel und die Sorgen der bäuerlichen Welt hin. Der Bischof spricht im Rahmen eines Gottesdienstes auf der Theresienwiese zugleich den Dank an das Landvolk aus und die Hoffnung, dass das religiöse Leben auf dem Lande weiterhin in der bäuerlichen Bevölkerung die entscheidende Kraft und Stütze finde.

12.10. Beim Requiem für den am 6. Oktober verstorbenen Prälat Joachim Delagera teilt Generalvikar Dr. Gerhard Gruber mit, dass der langjährige Bau- und Kunstreferent im Münchener Ordinariat nicht nur ein Begründer und Förderer des Freisinger Diözesanmuseums gewesen sei, sondern ihm auch seine Kunstsammlung laut Testament übergeben habe.

Das Freisinger Diözesanmuseum und frühere Knabenseminar ist wegen ernster Absturzgefahr in langwierigen Stützungsmaßnahmen gesichert worden. Zugleich sind drei schwerbeschädigte Gebäude des ehemaligen Andreas-Stiftes, die bis in das 14. Jahrhundert zurückreichenden „Chorherrenhäuser", in ähnlicher Form wieder aufgebaut worden. Sie werden dem Diözesanmuseum als Depot und als Restaurierungswerkstätte sowie mit einer Dienstwohnung zur Verfügung stehen.

16.-18.10. Am Jubiläum der Kärntner Diözese Gurk und der heiligen Hemma nimmt unter Leitung von Weihbischof Ernst Tewes eine Abordnung unseres Bistums teil, nachdem besonders über das ehemals zum Freisinger Hochstift gehörige Kollegiatstift Maria Wörth missionarische Beziehungen zu Kärnten bestanden. Wenige Tage darauf stirbt am 21. Oktober in München Pfarrer i.R. Matthias Mayer, der als Organisator an dieser Kärntner Fahrt teilgenommen hatte. Pfarrer Mayers große Liebe zur Geschichte, Kunst und Kultur im kirchlichen Raum hat sich besonders auch erwiesen in seiner Erforschung unbekannter bayerischer Barockmusik, vor allem der Werke des Freisinger Domkapellmeisters Placidus von Camerloher, zu dessen Erinnerung er auch die Camerloher-Chorvereinigung begründet hat.

18.10. In der diesjährigen Kirchweihbilanz des Baureferates nennt Ordinariatsrat Carl Theodor Horn die im heurigen Jahr gebaute Münchener Pfarrkirche St. Rita mit ihren Nebengebäuden ein „Kirchendorf" in der Großstadt. Ohne mit den gegenüberliegenden Gebäudegiganten, dem Arabella-, dem Hypo- und dem Sheratonhochbau konkurrieren zu wollen, vermittle die vom Architektenehepaar Schnierle geschaffene Anlage gleichermaßen Festlichkeit wie Stille und Andacht. Pfarrer Josef Hurler überreicht dem Weihbischof der Pfarrkirche die von Max Faller gestaltete St.-Rita-Medaille.

03.11. Die Internationale Gesellschaft christlicher Künstler – SIAC – eröffnet in der bayerischen Landeshauptstadt eine Arbeitstagung. Frau Helma Lill betont als deren Generalsekretärin, durch ihr Zusammenwirken sollten christliche Künstler mehr Einfluss im öffentlichen Leben gewinnen und diese ermutigt werden, ihr Leben und ihr Schaffen in einem christlichen Geist zu verwirklichen.

06.11. Die Katholische Akademie in Bayern begeht den 30. Jahrestag ihrer Gründung durch Kardinal Wendel.

Die Akademie verleiht den Romano-Guardini-Preis 1987 an Bundespräsident Richard von Weizsäcker, „der in sein politisches Wirken bewusst seine Persönlichkeit, seine moralischen Maßstäbe und seinen Glauben einbringe“.

07.11. Der Bamberger Dom feiert sein 750-jähriges Jubiläum. Weihbischof Franz Schwarzenböck nimmt als Vertreter der Erzdiözese an den abschließenden Feierlichkeiten teil.

15.11. Im Blick auf das Jubiläum des Münchener Domes, der im Jahr 1988 das 500-jährige Jubiläum seiner Fertigstellung begeht und zur Erinnerung an die 1 250-jährige Geschichte des Bistums werden in der Münchener Herder-Buchhandlung zwei neue Bücher vorgestellt, das von Dr. Peter Pfister und Dr. Hans Ramisch verfasste Buch „Der Dom zu unserer Lieben Frau in München“ sowie das zweibändige Werk von Professor Georg Schwaiger „Christenleben im Wandel der Zeit“.

21.11. In Anwesenheit von Dr. Alois Sustar, dem Erzbischof der slowenischen Hauptstadt Ljubljana, wird von Friedrich Kardinal Wetter das Haus der neu errichteten slowenischen Mission in München, Liebigstraße 10, eingeweiht. Die Gemeinde der katholischen Slowenen in unserer Erzdiözese umfasst 6 000 Mitglieder. Die Beziehungen des Münchener Bistums zu der Erzdiözese Laibach reichen bis in das 10. Jahrhundert zurück, als die Freisinger Bischöfe sogar Gerichtsherren in Oberkrain waren.

02.12. Zum 25-jährigen Priesterjubiläum von Joachim Kardinal Meisner hält der Münchener Erzbischof die Festpredigt in Berlin.

04.12. Der Bayerische Senat feiert sein 40-jähriges Bestehen. Anlässlich der Neuwahl eines Teils der Senatoren tritt Vizeoffizial Dr. Audomar Scheuermann aus Altersgründen von seinem Posten als stellvertretender Senatspräsident zurück.

07.12. Dompropst Franz Schwarzenböck bedankt sich bei der offiziellen Übergabe des renovierten Hauptportals am Münchener Dom für „tätigen und frommen Bürgersinn“. Die aufwändige Renovierung und Konservierung dieses größten, zwischen den beiden Türmen gelegenen Portals mit den wertvollen Eichentüren von Ignaz Günther konnte durch das Vermächtnis der 1985 verstorbenen Münchenerin Maria Hofbauer durchgeführt werden.

08.12. Ordinariatsrat Ernst Blöckl wird als Nachfolger von Schulreferent Dr. Hubert Fischer zum Domkapitular ernannt.

Zu Beginn des Festgottesdienstes zu Ehren der Gottesmutter empfiehlt der Münchener Erzbischof den Vertrag der beiden Weltmächte USA und Sowjetunion ausdrücklich dem fürbittenden Gebet der Gläubigen. Diese Vereinbarung wird am gleichen Tag in Washington von Präsident Ronald Reagan und Generalsekretär Michail Gorbatschow unterzeichnet und soll nach langjähriger Aufrüstung durch Beseitigung atomarer Mittelstreckenraketen der Anfang weltweit geforderter Abrüstung werden.

11.12. Nachdem im Seligsprechungsprozess des Redemptoristenpaters Kaspar Stanggassinger ein Ärzte- und ein Theologengremium die Heilung der Schwester M. Theophilus als Wunder anerkannt haben, bestätigt der Heilige Vater diese wunderbare Heilung. Die Seligsprechung des im Jahr 1871 in Berchtesgaden geborenen und 1899 in Gars verstorbenen Paters ist für den 24. April 1988 in Rom vorgesehen.

17.12. Dem neu gewählten sechsten Priesterrat der Erzdiözese gehören 31 Geistliche an. Der seit dem Zweiten Vatikanum rechtsverbindlich für jede Diözese vorgeschriebene Rat soll den Diözesanbischof mit beratender Funktion unterstützen. Stadtpfarrer Dr. Rupert Berger von Bad Tölz ist wiederum zum Sprecher des Rates gewählt worden, Stellvertreter wurde Pfarrer Dr. Wolfgang Schwab von der Münchener Pfarrei Erscheinung des Herrn und Otto Steinberger von der Pfarrei und dem Pfarrverband Buchbach.

Die Diakonenweihe für den Ständigen Diakonat wurde an einen Bewerber in Schlehdorf am 19. September erteilt.

1988

07.01. Die russische Kirche feiert in diesem Jahr ihr 1 000-jähriges Bestehen. Mit der Taufe des Kiewer Großfürsten Wladimir im Jahr 988 wurde die Christianisierung des Landes eingeleitet.
Bischof Dr. Platon Kornyliak, Exarch der katholischen Ukrainer in Deutschland, eröffnet in seiner Münchener Kathedralkirche die 1 000-Jahr-Feier.
Eine Delegation der Russisch-Orthodoxen Kirche kommt nach Besuchen in Altötting und im KZ-Lager Dachau auch nach Puch zum Grab der seligen Edigna, die nach der Überlieferung dem Kiewer Adel entstammt.
Kardinal Wetter, der als Mitglied einer vom Papst bestimmten Delegation der katholischen Kirche zu der offiziellen 1 000-Jahr-Feier nach Moskau reisen wird, zitiert vor seiner Abreise den sowjetischen Generalsekretär Michail Gorbatschow, der im Kreml bei einer Begegnung mit dem russischen Patriarchen erklärt: „Die Gläubigen haben das uneingeschränkte Recht, ihren Glauben mit Würde zu vertreten."

27.01. In verschiedenen Feiern wird des 100. Geburtstages von Weihbischof Dr. Johannes Neuhäusler gedacht, der durch die Errichtung des Sühneklosters „Hl. Blut" in Dachau und der Landvolkshochschule auf dem Petersberg sichtbare Zeichen seiner nimmermüden Tätigkeit gesetzt hat. In der Hl. Blut-Kirche im Dachauer Karmel hat der am 14. Dezember 1973 verstorbene Weihbischof seine letzte Ruhestätte erhalten.

04.02. In Gars am Inn werden die Gebeine des Redemptoristenpaters Kaspar Stanggassinger in Anwesenheit des Erzbischofs, des Erzbischöflichen Offizials Dr. Heinz Maritz und der Patres aus dem bisherigen Grab geborgen und von fachmännischer medizinischer Hand neu registriert, um nach der Seligsprechung am 24. April in einem von Künstlerhand gefertigten Schrein in der dortigen Kloster- und Pfarrkirche einen neuen Platz für die öffentliche Verehrung zu finden.

20.02. Friedrich Kardinal Wetter vollendet 60 Lebensjahre. Bereits im Jahr 1965 weilte der Priester und Doktor der Theologie Friedrich Wetter anlässlich seiner Habilitation bei Professor Dr. Michael Schmaus für längere Zeit in München. Nach einigen Jahren der Lehrtätigkeit ist der Jubilar 1968 zum Bischof von Speyer und 1982 zum Erzbischof unseres Bistums ernannt worden.
Bei einem festlichen Empfang in den Räumen der Katholischen Akademie überreicht Weihbischof Schwarzenböck dem Jubilar als Geschenk der Erzdiözese einen Bergkristall, „einen kleinen Traum aus der Ewigkeit".

28.02. Im Orthodoxen Rat sind die griechischen, bulgarischen, rumänischen, russischen und serbischen Kirchen der bayerischen Landeshauptstadt zusammengeschlossen. In deren Namen überreicht der griechisch-orthodoxe Bischof von München, Dimitrios von Thermai, Friedrich Kardinal Wetter eine Muttergottes-Ikone zum Zeichen der gemeinsamen Marienverehrung. Das einer frühen Kiewer Ikone nachempfundene Bild hat im linken Seitenschiff des Münchener Mariendomes einen ständigen Platz gefunden. Der für 60000 orthodoxe Christen in der Region München sprechende Orthodoxe Rat hatte in der ihnen zur Verfügung gestellten Münchener Domkirche die schon zur Tradition gewordene „Orthodoxe Woche" eröffnet.

02.03. Zur Misereor-Fastenaktion, die heuer zum 30. Mal durchgeführt wird, kommt Bischof Antonius Ntalou aus Kamerun nach München. In der Franziskanerklosterkirche St. Anna besucht er den Antoniusaltar, in dem eine Reliquie seines Namenspatrons Antonius von Padua in einer kostbaren Monstranz aufbewahrt wird. Kaiser Ludwig der Bayer hatte die Reliquie den Münchener Franziskanern als Heiligtum geschenkt.

24.03. In seiner Münchener Wohnung stirbt im Alter von 82 Jahren Prälat Oskar Jandl, der „Caritasmann der ersten Stunde", der Sachwalter praktischer Nächstenliebe.

24.04. Der Garser Redemptoristenpater Kaspar Stanggassinger wird in Rom von Papst Johannes Paul II. selig gesprochen. Der 1871 in der Pfarrei Berchtesgaden Geborene wird nach mehreren Freisinger Studienjahren Ordensmann, wirkt in den wenigen Jahren seines Priestertums als schlichter, aber begabter Erzieher der Ordensjugend auf dem Dürrnberg bei Hallein und stirbt 1899 als soeben ernannter Direktor des neuen Juvenats in Gars.
Als schöpferisches Vorbild feiert einen Tag später der Münchener Erzbischof in Maria Maggiore in Rom den neuen seligen Pater Stanggassinger, der durch seine Treue im Kleinen zu den wahrhaft Großen gehöre.
Vor mehr als 250 Jahren hatte Alfons von Liguori den Redemptoristenorden gegründet. 1841 entstand die erste bayerische Niederlassung in Altötting. Von dort erfolgte 1858

Papst Johannes Paul II. und Friedrich Kardinal Wetter bei der Seligsprechung von Kaspar Stanggassinger in Rom, 24. April 1988.

die Übernahme des ehemaligen Augustinerchorherrenstiftes in Gars am Inn. Heute unterhalten die Redemptoristen in Gars ein Institut für Lehrerfortbildung, Lehrwerkstätten für verschiedene Berufe, sowie ein Schüler- und Tagesheim für die Besucher des Gymnasiums Gars. Von den Patres wird die Pfarrei Gars betreut und wertvolle seelsorgliche Mithilfe in den umliegenden Pfarrverbänden geleistet.

05.05. Einen Förderpreis für die wissenschaftliche Forschung an der Theologischen Fakultät der Universität München hat der emeritierte Weihbischof Ernst Tewes gestiftet. Die Stiftung soll den Namen des großen Theologen Johann Michael Sailer tragen, der Erzieher des späteren bayerischen Königs Ludwig I. war, an den Landesuniversitäten Ingolstadt und Landshut lehrte und 1829 zum Bischof von Regensburg ernannt wurde.

18.05. In Rosenheim wird durch Weihbischof Franz Schwarzenböck die Ausstellung eröffnet: „Die Bajuwaren, von Severin bis Tassilo 488-788".

13.06. An seinem Namenstag und zu Ehren des heiligen Antonius von Padua wird in München-Forstenried ein neues Altenheim mit 48 Appartements und 79 Plätzen für Pflegebedürftige von Weihbischof Engelbert Siebler und Caritasdirektor Peter Neuhauser seiner Bestimmung übergeben. Es ist das 18. katholische Altenheim in München und das 93. im Erzbistum München und Freising.

17.06. 13 Pastoralassistenten, darunter fünf Frauen, erhalten die kirchliche Sendung für den Dienst in der Erzdiözese.

30.06. Mit der nach dem Kirchenrecht unerlaubten Weihe von vier Priestern zu Bischöfen hat der suspendierte und nunmehr exkommunizierte Alterzbischof Marcel Lefebvre „eine tiefe Wunde in den Leib der Kirche geschlagen". Dies erklärt Friedrich Kardinal Wetter gegenüber dem Bayerischen Fernsehen.

01.07. Eine Ordnung für kirchliche Stiftungen und Satzungen für kirchliche Steuerverbände mit entsprechenden Wahlordnungen werden für unsere Erzdiözese in neuer Fassung erlassen.

03.07. Im Güterverzeichnis des Bischofs Arn von Salzburg vom Jahr 788 sind erstmals auch Orte und Pfarreien unserer Heimat beurkundet. Mit den Seelsorgsstellen Buchbach, Ranoldsberg, Walkersaich und Grüntegernbach, heute im Pfarrverband Buchbach zusammengeschlossen, feiert Regionalbischof Heinrich Graf von Soden-Fraunhofen das 1200-jährige Bestehen.

14.07. Erzbischof Friedrich Kardinal Wetter hat für besondere Verdienste um das kirchliche Leben im Erzbistum die von Bildhauer Klaus Backmund geschaffene „Korbiniansmedaille" gestiftet. Sie wird erstmals anlässlich seines 80. Geburtstages an Professor Dr. Audomar Scheuermann überreicht, der als Vizeoffizial immer noch aktiv im Erzbischöflichen Konsistorium tätig ist.

Dr. Richard Fackler, Direktor des von allen bayerischen Diözesen getragenen Katholischen Schulwerks, erhält für seine langjährige Arbeit im kirchlichen Schulwesen das Komturkreuz des Gregoriusordens.

31.07. Pater Karl Wagner SJ nimmt Abschied als Rector ecclesiae von der St.-Michaels-Kirche in München, die sozusagen als Filialkirche der Dompfarrei doch ein ausgeprägtes Eigenleben führt, im Besonderen durch die festlichen Gottesdienste, die Kirchenmusik, die tägliche Meditation „fünf nach fünf" oder auch durch die Beichtgespräche in der „Kirche ohne Vorzimmer".
Nachfolger des Kirchenrektors wird P. Vitus Seibel SJ, während P. Karl Wagner in Fürstenried P. Johannes Hegyi SJ als Direktor des Exerzitienhauses ablöst.

01.08. In seinem Heimatkloster St. Anna in München stirbt der Franziskanerbruder Friedbald Schön im 83. Lebensjahr. 60 Jahre hatte er den Münchener Erzbischöfen und Kardinälen Faulhaber, Wendel, Döpfner, Ratzinger und Wetter als Pförtner und Chauffeur gedient.

01.09. Polizeipräsident a. D. Gustav Häring wird als Nachfolger von Dr. Hugo Winckler zum Datenschutzbeauftragten der Erzdiözese und der Freisinger Bischofskonferenz bestellt.

16.09. Pfarrer Herbert Jung wird von Weihbischof Heinrich Graf von Soden-Fraunhofen in sein neues Amt als Direktor des Spätberufenenseminars in Waldram eingeführt. Dessen Vorgänger Hermann Fink kehrt in seine Heimatdiözese Augsburg zurück.

03.10. Der Bayerische Ministerpräsident Franz Josef Strauß stirbt unerwartet im Alter von 73 Jahren. Als außergewöhnliche Persönlichkeit hat er seinen politischen Einfluss über Bayern und die Bundesrepublik hinaus zur Geltung gebracht.
In Anwesenheit hoher Vertreter der Kirche und des Staates feiert Friedrich Kardinal Wetter das Requiem im Münchener Liebfrauendom, Kurienkardinal Joseph Ratzinger hält die Beerdigung in Rott am Inn, Weihbischof Matthias Defregger gedenkt mit den Angehörigen und der Bevölkerung auf dem Marienplatz des Verstorbenen. In den Ansprachen wird dessen Bemühen betont, dem hohen Anspruch einer Politik aus christlicher Verantwortung gerecht zu werden.

06.10. Jörg von Halspach, der Baumeister der Münchener Liebfrauenkirche, ist vor 500 Jahren gestorben, wie sein Grabstein im Dom bekundet. Er habe „den ersten, den mittleren und den letzten Stein vollführt". Aufgrund dieser Angabe feiert die Erzdiözese mit festlichen Gottesdiensten das 500-jährige Gedenken zur Vollendung der Frauenkirche im Jahr 1488.

17.-21.10. Als Beauftragter der Deutschen Bischofskonferenz für die Auslandsseelsorge leitet Weihbischof Franz Schwarzenböck in Rio de Janeiro eine Pastoraltagung für die deutschsprachigen katholischen Auslandsseelsorger und besucht verschiedene Diözesen in Ecuador, dem Patenland unseres Bistums.

25.10. Der neue Bayerische Ministerpräsident Max Streibl macht seinen Antrittsbesuch bei Kardinal Wetter, dem Erzbischof des Bistums und dem Vorsitzenden der Bayerischen Bischofskonferenz.

01.11. Rainer Boeck, bisher Sekretär des Erzbischofs, wird Regens des Erzbischöflichen Priesterseminars in München als Nachfolger von Msgr. Georg Mangold.

Universitätsprofessor Dr. Karl-Theodor Geringer wird zum Vizeoffizial im Erzbischöflichen Konsistorium und Metropolitangericht ernannt.

07.11. Vor 350 Jahren hat der Freisinger Fürstbischof Veit Adam von Gepeckh die Mariensäule auf dem damaligen Schrannenplatz in München eingeweiht. Kurfürst Maximilian hatte sie in den Nöten des Dreißigjährigen Krieges errichten lassen.
Kardinal Döpfner hatte seinerzeit daran erinnert, dass die Marienstatue im Zweiten Weltkrieg im Nordturm der Frauenkirche geborgen wurde, um am 18. November 1945 unter Kardinal Faulhaber ein zweites Mal Aufstellung auf dem Marienplatz zu finden, und dass sie nun am 8. Dezember 1970 ein drittes Mal ihren Platz im Mittelpunkt der Stadt finde, nachdem sie im Zuge der Umbauten und der Errichtung der U-Bahn für drei Jahre wiederum in den Dom zurückgekehrt war.

18.11. Der Münchener Universitätsprofessor und langjährige Kultusminister Dr. Hans Maier tritt nach zwölf Jahren als Präsident des Zentralkomitees der deutschen Katholiken zurück. Erstmals übernimmt in Rita Waschbüsch eine Frau dieses Präsidentenamt.

19.11. In der Christkönigskirche in Rosenheim erhalten 15 neue Gemeindereferenten, zehn Frauen und fünf Männer, ihre Aussendung durch Ordinariatsrat Dr. Sebastian Anneser.

Vor Vollendung seines 63. Lebensjahres stirbt Prälat Dr. Peter Stockmeier und findet seine letzte Ruhestätte in seiner Heimat Stephanskirchen bei Bad Endorf. Mit dem

Ordinarius für Kirchengeschichte des Altertums und der Patrologie an der Universität München hat auch der Diözesangeschichtsverein seinen Vorsitzenden verloren.

20.12. Generalvikar und Domdekan Dr. Gerhard Gruber beginnt seine Reise in das Bistum Owerri im afrikanischen Nigeria, um den ersten Trakt eines Priesterseminars an die dortige Diözese zu übergeben.

Anlässlich der Seligsprechung von Pater Rupert Mayer SJ am 3. Mai 1987 in München hatte Papst Johannes Paul II. die Finanzierung dieses Priesterseminars durch die Münchener Erzdiözese angeregt.

31.12. Für 50 Jahre treue Dienste im Schwabinger Krankenhaus wird Schwester Gabina Felber von Chefarzt Dr. Mehnert geehrt. Die Landeshauptstadt München würdigt sie mit der Medaille „300 Jahre Mariensäule". Die heute 86-jährige Schwester war 1925 in den Orden der Barmherzigen Schwestern eingetreten und nach erstem Einsatz in Amberg bereits 1938 an das Schwabinger Krankenhaus versetzt worden. Nach dem Rückruf aller anderen Schwestern in das Mutterhaus im Jahr 1964 ist die immerfrohe Schwester allein dort geblieben, um die Kirche und ihr geliebtes Blumengärtlein zu versorgen.

1989

05.01. Im Alter von 88 Jahren stirbt in München Dombaumeister Dr. Theo Brannekämper, „eine originale, altbayerisch geprägte Persönlichkeit, Architekt und Baumeister von Geblüt, barock in äußerer Gestalt und Sprache". Zu seinen besonderen Leistungen zählen der Wiederaufbau der Liebfrauenkirche, des Alten Peter, des Maximilianeums und des Nationaltheaters nach dem Zweiten Weltkrieg. Brannekämper hat auch die Baumaßnahmen zum Eucharistischen Weltkongress 1960 und zur Errichtung der großen Altarinsel beim Papstbesuch auf der Theresienwiese in München im Jahr 1980 geleitet.

18.01. Dem neu ernannten Erzbischof von Salzburg, Dr. Georg Eder, übermittelt Friedrich Kardinal Wetter Glück- und Segenswünsche und erinnert an die guten, auch in der Geschichte begründeten nachbarlichen Beziehungen zwischen den beiden Erzbistümern.

30.01. Im südlichen Turm des Münchener Domes wird mit dem Einbau eines neuen feuersicheren Fahrstuhls begonnen, damit das Turmzimmer, einer der beliebtesten Aussichtspunkte der bayerischen Landeshauptstadt, wieder für die Öffentlichkeit zugänglich werde.

08.02. Weihbischof Engelbert Siebler will in seinen Fastenpredigten in der Pfarrei St. Rupert in München und in anschließenden Diskussionen bewusst Menschen ansprechen, die der Kirche kritisch oder ablehnend gegenüber stehen. Damit sollen auch neue Wege der Seelsorge versucht werden.

12.02. Zur Amtseinführung des neuen Erzbischofs von Köln, Joachim Kardinal Meisner, nimmt der Münchener Erzbischof an einem Gottesdienst im Kölner Dom teil.

13.02. Entsprechend der Empfehlung der Deutschen Bischofskonferenz vom 19. September 1988 wird für die Erzdiözese eine Anordnung über die Sicherung und Nutzung der Archive sowie eine Archivordnung für die Seelsorgsstellen erlassen.

17.02. Der von der Erzbischöflichen Finanzkammer für das Jahr 1989 aufgestellte Haushalt des Bistums in Höhe von DM 590 153 000 wird vom Diözesansteuerausschuss genehmigt.

26.02. Puch mit seinen 500 Einwohnern wagt sich wiederum an die Aufführung der Edigna-Festspiele. Zum 850. Todestag der seligen Edigna ging das Spiel erstmals im Februar

1959 über die Bühne. Seitdem wird es alle 10 Jahre wiederholt. Nach der Überlieferung floh Edigna, Tochter des französischen Königs Heinrich I. und der russischen Prinzessin Anna von Kiew, mit 20 Jahren aus ihrer Heimat, um einer Heirat zu entgehen, die man ihr aufzwingen wollte. 35 Jahre lebte sie als Einsiedlerin in Puch, in der heute noch gezeigten uralten Linde in höchster Armut und Heiligkeit.

01.03. Einführungstage für Laienkommunionspender, Erstkommunionhelfer und Firmhelfer und -helferinnen werden vom Seelsorgereferat, Fachbereich „Gemeindekatechese/ehrenamtliche Laiendienste" regelmäßig angeboten.

14.03. Im Alter von fast 97 Jahren ist Zita, die Kaiserin von Österreich, gestorben. In München hält Weihbischof Defregger in Anwesenheit ihres Sohnes, des Erzherzogs Otto von Habsburg, und vieler hoher Persönlichkeiten ein Requiem für die Verstorbene.
Im Kloster der Salesianerinnen in Zangberg bei Mühldorf hatte Zita, geb. Prinzessin von Bourbon-Parma, glückliche Jugendjahre erlebt und ihre tiefe geistige und religiöse Bildung erhalten. Die glücklichen Jahre an der Seite ihres Mannes, des späteren österreichischen Kaisers Karl I. (seit 1916) wurden durch dessen erzwungene Abdankung 1918 und seinen Tod im Jahr 1922 beendet. Nur durch eine abenteuerliche Flucht konnte Kaiserin Zita sich mit ihren acht Kindern der Gestapo in der Zeit des heraufziehenden Nationalsozialismus entziehen und erst nach 63-jähriger Verbannung durfte sie „in ihr geliebtes Österreich" zurückkehren.

01.04. Die im öffentlichen Dienst vereinbarte Kürzung der wöchentlichen Arbeitszeit ab 1. April 1989 auf 39 Stunden und ab 1. April 1990 auf 38 1/2 Stunden wird für den Bereich der Erzdiözese übernommen.

09.04. Volksschulen im Landkreis Ebersberg erforschen unter Anleitung von Schulamtsdirektor Hans Obermayr an die 500 Feldkreuze und ihre Entstehungsgeschichte. Ein neues Gefühl von Wertschätzung für die Heimat ist den mehr als tausend daran beteiligten Schulkindern bescheinigt worden. Ein Jahresprogramm des Kultusministers Hans Zehetmair „Heimat bewusst erleben" hatte die Anregung gegeben.

02.05. Der emeritierte Weihbischof Ernst Tewes nimmt im Münchener Prinzregententheater an der Verabschiedung des Präsidenten des Goetheinstituts Dr. Klaus von Bismarck teil sowie an der Einführung des neuen Präsidenten Dr. Hans Heigert.

08.05. Nach der Wahl von Domkapitular Dr. Gerhard Gruber zum Domdekan wird Ordinariatsrat Dr. theol. habil. Lothar Waldmüller neuer Domkapitular.

21.05. Die Münchener Katholische Kirchenzeitung beginnt mit Nr. 21 „eine ungewöhnliche und durchaus spannende Reise durch das Erzbistum in Vergangenheit und Gegenwart". Je einmal im Monat wird eines der 46 Dekanate der Erzdiözese auf mindestens acht zusätzlichen Seiten vorgestellt und den Anfang dazu macht das Dekanat Erding.

09.06. Im Namen der bayerischen Bischöfe ruft Friedrich Kardinal Wetter die Katholiken in Bayern zur aktiven Teilnahme bei der Europawahl am 18. Juni auf, um bei der Gestaltung Europas auch „jene Werte einzubringen, ohne die es auf Sand gebaut würde".

10.06. Mit der Ausstellung „Freising, 1250 Jahre geistliche Stadt" unter Leitung von Museumsdirektor Dr. Peter Steiner wird eine große Jubiläumsfestwoche auf dem Freisinger Domberg eröffnet. Im Jahr 739 hatte Papst Gregor III. an seinen Legaten in Germanien, den angelsächsischen Bischof Bonifatius geschrieben, er habe gut getan, dem Land Bayern eine kirchliche Ordnung zu geben und vier Bistümer zu errichten. Damit billigte der Papst die kanonische Errichtung der vier altbayerischen Bistümer Freising, Passau, Regensburg und Salzburg.
Der in Regensburg residierende Bayernherzog Theodo aus dem Geschlecht der Agilolfinger hatte um 700 sein Land unter sich und seine „Söhne" aufgeteilt. Die vier Teilher-

zogtümer mit den Hauptstädten Freising, Passau, Regensburg und Salzburg sind zur geographischen Grundlage der bayerischen Kirchenprovinz geworden.
Der Katalog der Ausstellung, herausgegeben von Friedrich Fahr, Hans Ramisch und Peter B. Steiner unter Mitwirkung zahlreicher Autoren, ist ein Kompendium der Bistumsgeschichte und über die Denkmäler des Dombergs.
Zum 1250-jährigen Jubiläum erscheinen die restlichen zwei Bände der Diözesangeschichte „Das Bistum Freising in der Neuzeit" sowie „Das Erzbistum München und Freising im 19. und 20. Jahrhundert", herausgegeben von Professor Georg Schwaiger, nachdem der erste Band von Stadtpfarrer Dr. Josef Maß „Das Bistum Freising im Mittelalter" bereits 1986 erschienen war.

17.06. Friedrich Kardinal Wetter nimmt in Rottenburg an der Weihe des neuen Bischofs der Diözese Rottenburg-Stuttgart, Professor Walter Kasper, teil.

21.06. Zum 50-jährigen Gedenken des Überfalls von Hitlerdeutschland auf Polen und damit zum Gedenken des Ausbruchs des Zweiten Weltkrieges, jedoch im Geiste der Versöhnung, kommt eine polnische Pilgergruppe unter Führung des Krakauer Erzbischofs Macharski nach München und Dachau. Im dortigen KZ-Lager waren mehr als 35000 Polen, darunter 1777 polnische Priester, in Haft gehalten worden; an die 10000 Polen kamen ums Leben, davon 858 Priester.

29.06. Heinrich Graf von Soden-Fraunhofen, Bischofsvikar der Region Nord, weiht in Ecksberg bei Mühldorf Werkstatt und Wohnheim für Behinderte.

03.07. Im Zeichen der Völkerverständigung und der ökumenischen Bewegung kommen 3000 Ungarn nach München. Sie kommen auf Einladung der von Dr. Hans Merkt begründeten Aktion „Silbermöwe", die seit dem Eucharistischen Weltkongress 1960 in München internationale Begegnungen organisiert. Die vornehmlich jugendlichen Ungarn werden von Bischöfen und Priestern begleitet und in katholischen sowie auch evangelischen Pfarrgemeinden in Bayern untergebracht und versorgt.

15.07. Vor 60 Jahren hat Kardinal Faulhaber in Traunstein das Erzbischöfliche Studienseminar „zur Förderung des Priesternachwuchses" gegründet. Diese „Berufsbezogenheit" kann nach Aussage des Geistlichen Direktors Werner Eichinger heute nicht mehr streng durchgehalten werden. Ein Tag der offenen Tür will den Eltern und allen Interessierten die ganzheitliche Erziehung der Jugendlichen im Studienseminar bewusst machen, wonach neben dem Studium und dem Gebet besonders auch Musik, Sport und Spiel gepflegt werden.

01.08. Lorenz Wolf, Subregens im Herzoglichen Georgianum in München, wird zum Vizeoffizial im Erzbischöflichen Konsistorium und Metropolitangericht ernannt.

17.08. In Planegg bei München stirbt im Alter von 80 Jahren Professor Dr. Klaus Mörsdorf. In der Erzdiözese Trier geboren und 1936 in Berlin zum Priester geweiht, war er nach seinem Kriegsdienst als Militärpfarrer 1946 nach München gekommen, war Professor für katholisches Kirchenrecht an der Münchener Universität und gründete hier das Kanonistische Institut mit der Vollmacht, akademische Grade im kanonischen Recht zu verleihen.

30.08. Dr. Adolf Wilhelm Ziegler, Universitätsprofessor in München für Kirchengeschichte des Altertums, stirbt im Alter von 86 Jahren im Vinzentinum. Besondere Verdienste hatte sich Dr. Ziegler als Vorsitzender des Diözesanvereins erworben. Nach seiner Emeritierung im Jahr 1968 zog er nach Partenkirchen, wo er im Erholungsheim St. Josef allen Gästen ein guter Hausvater war, und kehrte einige Zeit vor seinem Tod wieder nach München zurück.

17.09. Zur Einweihung des neuen Erholungs- und Altenheimes St. Hildegard der Barmherzigen Schwestern kommt der Münchener Erzbischof nach Adelholzen-Alzing.

20.09. Zur Erinnerung an die Bistumsgründung vor 1 250 Jahren wird am Ordinariatsgebäude in der Maxburgstraße die Figur des heiligen Korbinian mit dem Bären aufgestellt, von Klaus Backmund in Bronze kraftvoll gestaltet.

05.10. Das Bayerische Landesamt für Statistik gibt das Ergebnis der im Jahr 1987 durchgeführten Volkszählung bekannt, wonach von den 10,9 Millionen Einwohnern in Bayern 91,3 % Christen sind. Davon gehören 7,3 Millionen (67,2 %) der katholischen Kirche an, 2,6 Millionen (23,9 %) sind evangelisch. Der Anteil der Konfessionslosen ist auf 4,5 % gestiegen.

08.10. In Altötting hatte der Kurienkardinal Joseph Ratzinger am 15. Januar 1989 die Feierlichkeiten zum 500-jährigen Bestehen der Marienwallfahrt eröffnet. In Fortführung dieses Jubiläums und zum Abschluss der 1 250-Jahr-Feier sammeln sich dort Pilger aus den vier altbayerischen Bistümern Freising, Passau, Regensburg und Salzburg. Deren Oberhirten Friedrich Wetter, Franz Xaver Eder, Manfred Müller und Georg Eder halten den Festgottesdienst und enthüllen auf dem Tillyplatz vor der großen Wallfahrtsbasilika den von ihnen gestifteten Brunnen mit den Figuren und Wappen der Diözesanpatrone St. Korbinian, St. Maximilian, St. Emmeram und St. Rupertus von Bildhauer Leopold Hafner.

15.10. Die Münchener Bildhauerin Christine Stadler erhält aus der Hand des Bayerischen Ministerpräsidenten Max Streibl den Oberbayerischen Kulturpreis. Von den zahlreichen Werken der Künstlerin gehören das Kreuz und der Wandteppich zum festen Bestand der Katholischen Akademie in München. Die Laudatio hält Joseph Kardinal Ratzinger.

16.10. Der 15. Weltkongress der Katholischen Presse findet in dem oberbayerischen Kurort Ruhpolding statt.

17.10. Regelmäßig finden sich die Generalvikare der bayerischen und der deutschen Diözesen zu Konferenzen zusammen. Zur Konferenz der deutschen Diözesen in diesem Jahr nimmt Generalvikar Dr. Gerhard Gruber für das Erzbistum München und Freising in Würzburg teil.

22.10. Seit 25 Jahren besteht die Partnerschaft und Bruderhilfe zwischen den Diözesen im Lande Ecuador und dem Erzbistum München und Freising. Bischöfe aus allen Diözesen des südamerikanischen Landes kommen nach München und Kardinal Wetter spricht von einer geschwisterlichen Begegnung, die mehr sei als Geld geben und Geld nehmen, die in Achtung und Anerkennung immer auch den menschlichen Gesichtspunkt gehabt habe.

28.10. Regionalbischof Engelbert Siebler spricht mit dem Vertreter der evangelischen Kirche das Weihegebet für die neueröffnete U-Bahnstrecke nach Fürstenried.

10.11. Der von der Katholischen Akademie gestiftete Romano-Guardini-Preis wird in diesem Jahr an Weihbischof Ernst Tewes verliehen. Nach den Worten des Bayerischen Ministerpräsidenten Max Streibl wird damit eine Persönlichkeit ausgezeichnet, die sich um die Begegnung von Kirche und Welt, um die Begegnung junger Menschen im Zeichen Christi viele Verdienste erworben habe.

15.11. Partikularnormen zur Ehevorbereitung, Eheschließung und Registrierung von Eheschließungen, von der Deutschen Bischofskonferenz am 1. April 1989 beschlossen, werden vom Erzbischof mit zusätzlichen Bestimmungen für die Erzdiözese München und Freising versehen und treten am 1. Januar 1990 in Kraft.

19.11. Bei der Vorstellung des Dekanates Weihenstephan zieht die Münchener Katholische Kirchenzeitung einen großen Bogen „von Hügelgräbern zum Großflughafen", von den jungsteinzeitlichen Funden im Bereich des Dekanates um 6 000 vor Christus bis zur Riesenbaustelle des neuen Flughafens München II, der 1991 eröffnet werden soll.

29.11. Friedrich Kardinal Wetter legt in München den Grundstein für das neue Zentrum der Katholischen Hochschulseelsorge. Das Zentrum wird nach der in Auschwitz ermordeten jüdischen Konvertitin, Karmelitin und Wissenschaftlerin Edith Stein benannt, die 1987 selig gesprochen worden ist.

01.12. Nach dem Zusammentreffen von Papst Johannes Paul II. mit dem russischen Staats- und Parteichef Michail Gorbatschow im Vatikan begrüßt der in München residierende Oberhirte der katholischen Ukrainer in Deutschland, Bischof Platon Kornyliak die Bekanntgabe der Gleichstellung der katholischen Kirche des byzantinischen Ritus mit der orthodoxen Kirche. Jetzt würden sich die Fesseln lösen, die dieser katholischen Teilkirche vor 43 Jahren durch Stalin mit blutigem Befehl angelegt worden seien.

03.12. In diesem Jahr findet sich in der Chronik keine Fertigstellung oder Einweihung einer Kirche, sondern nur die Grundsteinlegung zur Kirche St. Katharina von Siena in einem großen Siedlungsgebiet im Dekanat München-Freimann.

07.12. Im Diözesanmuseum wird die Ausstellung „Barock in der Slowakei" von Ordinariatsrat Dr. Hans Ramisch eröffnet.

17.12. In Bad Reichenhall gibt Regionalbischof Franz Schwarzenböck dem neuen Caritaszentrum die kirchliche Weihe.

20.12. Das neue Wohngebäude „Verena" in Rosenheim für Pfarrhaushälterinnen und Ruhestandspriester erhält in Anwesenheit von Finanzdirektor Dr. Friedrich Fahr die kirchliche Weihe.

25.12. Nach dem Zusammenbruch der Mauer mitten durch Berlin und den stürmischen Begrüßungsszenen der Menschen von Westdeutschland und der so genannten DDR sowie nach dem überraschend schnellen Verschwinden kommunistischer Herrschaft in Ungarn, in der Tschechoslowakei und anderen Ländern, nennt der Münchener Erzbischof in der Weihnachtspredigt die Vorgänge in Osteuropa „Die größte Revolution der Geschichte", von der die ganze östliche Hälfte Europas erfasst sei. Sie sei nicht nur der Zusammenbruch eines politischen und wirtschaftlichen Systems, sondern die Bankrotterklärung der Gottlosigkeit und ihrer ganzen Unmenschlichkeit.

31.12. In seiner Silvesterpredigt spricht Kardinal Wetter mit Bezug auf die Französische Revolution vor 200 Jahren und auf die Oktoberrevolution in Russland im Jahr 1917 mit ihren blutigen und grausamen Auswüchsen von den gegenwärtigen Ereignissen im Osten Europas als einer sanften Revolution. Einer Revolution der Gewaltlosigkeit, der Freiheit und der Menschenrechte und einem Beitrag zum Frieden in Europa und zur Verständigung der Völker.

1990

05.01. Friedrich Kardinal Wetter weiht in Owerri/Nigeria das mit Hilfe der Münchener Erzdiözese errichtete neue Priesterseminar. Am Tage darauf erteilt er dort die Diakonweihe an zwölf Priesteramtskandidaten. Anlässlich der Seligsprechung von Pater Rupert Mayer im Mai 1987 hatte die Erzdiözese diese finanzielle Hilfe von etwa 6 Millionen DM dem Papst als Gastgeschenk zugesagt. Nach seiner Rückkehr berichtete Kardinal Wetter, dass Nigeria mit seinen 100 Millionen Einwohnern der volkreichste Staat Afrikas sei. Mehr als die Hälfte davon seien Christen. Dennoch gebe es dort die Befürchtung, dass wie in anderen afrikanischen Ländern versucht werde, einen islamischen Staat zu errichten.

12.01. Prälat Hubert Fischer, ehemaliger Schulreferent im Erzbischöflichen Ordinariat und langjähriger Vorsitzender des Deutschen Katechetenvereins, stirbt im Alter von 77 Jahren.

17.01. Im Bayerischen Umweltministerium wird eine von den bayerischen Diözesen in Auftrag gegebene Umweltfibel mit dem Titel „Schöpfungsverantwortung in der Gemeinde" vorgestellt. Wenn nach den Worten von Weihbischof Engelbert Siebler die Kirche zwar nicht zur Lehrerin des Umweltschutzes bestellt sei, so müssen gerade Christen aus ihrem Glauben an den Schöpfer diese Welt achten und den heute so dringend notwendigen Umweltschutz mittragen und vertiefen.

28.01. Nach dem Ende der kommunistischen Herrschaft wird in Budapest eine deutschsprachige Gemeinde errichtet. Als Vertreter der Deutschen Bischofskonferenz nimmt Weihbischof Franz Schwarzenböck an einem festlichen Eröffnungsgottesdienst teil, den der Primas von Ungarn, Laszlo Kardinal Paskai, in der Kirche St. Ferenc-Sebei hält.

Prälat Max Eham dirigiert zum letzten Mal den Münchener Domchor zu der von ihm komponierten Orchestermesse „Haec dies". Bei einer festlichen Abschiedsfeier dankt der Erzbischof „dem bayerischen Kirchenmusiker von Geblüt", dem Komponisten und vor allem dem Domkapellmeister für seinen 20-jährigen Dienst an der Münchener Liebfrauenkirche.
Nachfolger als Münchener Domkapellmeister wird Karl-Ludwig Nies, bisher Kantor an der Jesuitenkirche in Heidelberg.

01.02. Zum ersten Mal in unserer Erzdiözese hat mit Sebastian Lenz ein Diakon eine Pfarrei verantwortlich übernommen. Er leitet den Pfarrverband Aufkirchen im Dekanat Erding, dem die Pfarreien Niederding und Schwaig angegliedert sind.

03.02. Der langjährige Direktor des Bayerischen Pilgerbüros, Georg Black, wird im Rahmen eines festlichen Gottesdienstes in der Münchener Abteikirche St. Bonifaz vom Präsidenten des Pilgerbüros, Weihbischof Franz Schwarzenböck, verabschiedet. Sein Nachfolger wird Diplomvolkswirt Joachim Müller.

04.02. Die Münchener Stadtpfarrei St. Albert/Freimann wird in Zukunft von polnischen Dominikanerpatres betreut. Der neue Pfarrer Lucian Puzon OP wird von Bischofsvikar Engelbert Siebler in sein Amt eingeführt.

09.02. Schwester Eufreda Heidner hat in 37 Jahren vier Münchener Erzbischöfen, den Kardinälen Joseph Wendel, Julius Döpfner, Joseph Ratzinger und Friedrich Wetter als Sekretärin und Archivarin gedient. Nach Vollendung von 75 Lebensjahren kehrt die Barmherzige Schwester vom Hl. Vinzenz von Paul in das Münchener Mutterhaus zurück, um sich dort im besonderen der Chronik der Münchener Kongregation zu widmen.

01.03. Nach Vollendung seines 75. Lebensjahres verzichtet Weihbischof Matthias Defregger auf sein Kanonikat im Metropolitankapitel München und erhält durch den Erzbischof hohe Anerkennung und Dank für seinen Dienst im Bistum.
Ordinariatsrat Dr. Sebastian Anneser erhält als neu ernannter Domkapitular das frei gewordene Kanonikat.

05.-30.03. Im Kardinal-Döpfner-Haus auf dem Freisinger Domberg findet der 25. Grundkurs der überdiözesanen Mesnerschule statt.

08.03. Der Münchener Liebfrauendom wird bis zur 500-Jahr-Feier seiner Einweihung im Jahr 1494 einer grundlegenden Renovierung unterzogen. Nach der weitgehenden Zerstörung im Zweiten Weltkrieg in gotischer Strenge wieder aufgebaut, soll sein Innenraum nach dem Willen des zuständigen Münchener Domkapitels wieder farbiger, einladender und freundlicher werden.

15.03. Nach den Feststellungen von Forstdirektor Schönmüller in der Forstverwaltung der Erzbischöflichen Finanzkammer hat ein schwerer Orkan auch in den Wäldern der Kirchenstiftungen des Erzbistums große Schäden angerichtet.

20.03. Die in Fürstenried versammelten bayerischen Bischöfe wollen nach der Einführung rechtsstaatlicher Verhältnisse in der bisherigen DDR mit den dortigen Bistümern neue

Kontakte aufnehmen und auch auf der Ebene von Pfarrgemeinden und kirchlichen Verbänden großzügige Unterstützung leisten.

25.03. In Aschau am Inn konsekriert Weihbischof Heinrich Graf von Soden-Fraunhofen den neuen Altar in der Pfarrkirche Mariä Himmelfahrt.

31.03. Weihbischof Dr. Ernst Tewes ist in Budweis/Tschechoslowakei Mitkonsekrator bei der Bischofsweihe des neu ernannten Bischofs P. Miloslav Vlk.

01.04. Entsprechend einem Wunsch des Zweiten Vatikanischen Konzils wurde die liturgische Ordnung für die Feier der Jungfrauenweihe neu überarbeitet. Die für ein Leben in Ordensgemeinschaften und Säkularinstituten übliche Jungfrauenweihe wurde vom Münchener Erzbischof erstmals auch wieder für Frauen in der Welt erteilt, die neben ihrem Beruf sich berufen wissen, „Christus in besonders enger Weise nachzufolgen".

04.04. Der Münchener Erzbischof und Vorsitzende der Bayerischen Bischofskonferenz hat dem scheidenden Intendanten des Bayerischen Rundfunks, Reinhold Vöth, gedankt und dem neu gewählten Intendanten Professor Albert Scharf Glückwünsche übermittelt.

Erneut wurde Akademiedirektor Dr. Franz Henrich als Vertreter der katholischen Kirche in den Bayerischen Rundfunkrat gewählt. Auf seine Initiative wurde z. B. das Rundfunkprogramm „Bayern 4" eingeführt, das ausschließlich klassische Musik sendet und bei Liebhabern großen Anklang findet.

02.05. An der Eröffnungssitzung des neuen Münchener Stadtrates mit der Mehrheit des so genannten rot-grünen Bündnisses unter dem wiedergewählten Oberbürgermeister Georg Kronawitter nimmt Bischofsvikar Weihbischof Engelbert Siebler teil und hält aus diesem Anlass mit weiteren Vertretern christlicher Kirchen einen ökumenischen Gottesdienst in der Münchener Stadtpfarrkirche St. Peter.

03.05. In Erinnerung an die gemeinsame Leidenszeit im Konzentrationslager Dachau treffen sich zum letzten Mal die noch lebenden Mitglieder der „Dachauer Priestergemeinschaft", der auch protestantische Geistliche angehören. Mit den teilweise schon hochbetagten Priestern und ihrem Sprecher Msgr. Heinz Römer aus dem Bistum Speyer hält der Münchener Erzbischof den Gottesdienst in der Kirche des Karmelitinnenklosters „Hl. Blut" auf dem ehemaligen Lagergelände.

13.05. Vor 150 Jahren wurde unter König Ludwig I. von Bayern die Benediktinerabtei Metten von Patres aus Weltenburg und Scheyern wieder begründet. Der spätere Münchener Erzbischof Gregor von Scherr wurde ihr erster Abt nach der Wiederbegründung.

18.05. In der Pfarrei Pfaffenhofen am Inn weiht Regionalbischof Franz Schwarzenböck den neuen Altar in der Filialkirche Marienberg.

19.05. Zum Beginn der Oberammergauer Passionsspiele hält Friedrich Kardinal Wetter einen Gottesdienst und besucht die Eröffnungsaufführung am Sonntag, den 20. Mai.

23.-27.05. Zum 90. Deutschen Katholikentag in Berlin mit dem Motto „Wie im Himmel so auf Erden" können nach dem Wegfall der Berliner Mauer erstmals auch wieder seit 1958 Christen aus der ehemaligen DDR teilnehmen. Zur Rede des Bundeskanzlers Helmut Kohl mit dem Thema „Christen in Ost und West arbeiten am gemeinsamen Haus Europa" war neben Bundespräsident Richard von Weizsäcker auch der Münchener Erzbischof anwesend.

05.06. Nach einem ersten Renovierungsabschnitt in seiner Titelkirche S. Stefano Rotondo in Rom konsekriert der Münchener Kardinal und Erzbischof Friedrich Wetter den wieder errichteten Renaissancealtar von Rossellino. Für das Gotteshaus neugestaltet wurden Kathedra, Ambo, Vortragskreuz und Leuchter, Bronzearbeiten der Münchener Bildhauerin Christine Stadler sowie ein Hostienkelch und ein Evangeliar vom Münchener Bildhauer Michael Veit.

23.06. Für 15 Pastoralassistenten hält Friedrich Kardinal Wetter die Aussendungsfeier in der Pfarrkirche St. Andreas in Eching bei Freising.
Inzwischen sind in unserer Erzdiözese 44 Frauen und an die 100 Männer in diesem Beruf eines Laientheologen mit Universitätsstudium tätig. Sie werden in der Jugend- und Frauenarbeit und in der so genannten außerordentlichen Seelsorge wie etwa in Krankenhäusern und Gefängnissen oder auch zu spezieller kirchlicher Bildungsarbeit eingesetzt.

24.06. In Feldkirchen-Westerham konsekriert Weihbischof Dr. Ernst Tewes den neuen Altar in der Pfarrkirche St. Laurentius.

29.07. Von den 31 Diplompädagogen und -pädagoginnen, die nach acht Semestern ihr Fachhochschulstudium im kirchlichen Zentrum München Preysingstraße, Abteilung der Katholischen Universität Eichstätt, abgeschlossen haben, werden 24 in unserer Erzdiözese als Religionslehrer und -lehrerinnen oder als Gemeindeassistenten tätig sein, die übrigen in den Diözesen Augsburg, Bamberg, Regensburg, Hildesheim und Wien.

19.08. In Fortführung des 1 250-jährigen Bistumsjubiläums im vergangenen Jahr werden gerade in der Urlaubszeit die Freisinger Dombergführungen gerne besucht: Vom Residenzhof über die Hauskapelle, den Fürstengang und die gotische Johanneskirche zum Dom mit seiner barocken Ausstattung durch die Gebrüder Asam, der romanischen Krypta und dem Kreuzgang bis in die Dombibliothek.

20.09. Anlässlich eines ökumenischen Gottesdienstes in der Münchener St.-Michaels-Kirche zum 58. Deutschen Juristentag weist Friedrich Kardinal Wetter auf die Verpflichtung des Staates hin, bezüglich der anstehenden Neufassung des § 218 im vereinigten Deutschland das Lebensrecht des ungeborenen Kindes ungeschmälert zu schützen.

Altarweihe in der Titelkirche S. Stefano Rotondo, 5. Juni 1990.

22.-27.09. Die Nordische Bischofskonferenz mit den Bischöfen aus Dänemark, Finnland, Island, Norwegen und Schweden hält ihre diesjährige Vollversammlung in der bayerischen Landeshauptstadt ab. Durch das Ansgarwerk und besonders durch Johann Erik Müller aus unserem Bistum, der von 1923 bis 1957 erster katholischer Bischof in der schwedischen Hauptstadt Stockholm nach der Reformation war, wie auch durch das Birgittinnenkloster in Altomünster weiß sich unsere Erzdiözese mit der nordischen katholischen Kirche eng verbunden.

23.09. In Stephanskirchen bei Bad Endorf weiht Regionalbischof Franz Schwarzenböck den neuen Altar in der Kuratiekirche St. Rupert.

29.09. In der Pfarrei Münsing bei Wolfratshausen weiht Regionalbischof Schwarzenböck die wieder errichtete Filialkirche Weipertshausen zu Ehren des heiligen Koloman und den neuen Altar.

30.09. In Pullach konsekriert der Münchener Regionalbischof Engelbert Siebler den neuen Altar in der Pfarrkirche Hl. Geist.

03.10. Nach dem Zusammenschluss der bisherigen fünf Länder der DDR mit den elf westdeutschen Ländern ist der 3. Oktober zum neuen Nationalfeiertag erklärt worden. Nach den Worten des Münchener Erzbischofs soll festliches Glockengeläute von allen Kirchen und Kapellen Ausdruck der Freude und des Dankes sein, zugleich aber in Gottesdiensten die Chance und die Verantwortung für einen geistlichen Neubeginn aufgezeigt werden.

07.10. Anlässlich des 2 000-jährigen Stadtjubiläums von Speyer hält Friedrich Kardinal Wetter in seiner Heimatdiözese einen Gottesdienst. Von 1968 bis 1982 war er Bischof von Speyer.

28.10. In der renovierten Filialkirche Tiefenbach, Pfarrei Ast bei Landshut, weiht Regionalbischof Heinrich Graf von Soden-Fraunhofen den Altar und die Orgel.

01.11. Domkapitular Dr. Robert Simon wird zum neuen Generalvikar ernannt, nachdem Domdekan Gerhard Gruber auf eigenen Wunsch nach 22-jähriger Tätigkeit von diesem Amt entpflichtet wurde und vom Erzbischof zum Leiter des Personalreferates für Priester, Ständige Diakone und Pastoralreferenten ernannt wurde.
Nachdem zum gleichen Termin Weihbischof und Dompropst Franz Schwarzenböck die Leitung des Ökumenereferats im Erzbischöflichen Ordinariat abgegeben hat, wird dieses Amt von Domkapitular Dr. Lothar Waldmüller übernommen.

10.11. Mit einer Delegation von Mitarbeitern besucht der Münchener Erzbischof das sächsische Bistum Dresden-Meißen. Die beiden Diözesen stehen durch den heiligen Meißner Bischof Benno in enger Verbindung, dessen Reliquien in den Wirren der Reformation nach München gebracht wurden und der zum Stadtpatron von München wurde.

20.11. Patriarch Schenouda von Alexandrien, Papst der Koptisch-Orthodoxen Kirche, wird nach Besuchen in Bonn, Frankfurt und Berlin vom Münchener Erzbischof empfangen und hält in der Münchener St.-Ludwigs-Kirche eine feierliche Basilius-Liturgie in koptischer Sprache.

08.12. In Traunstein übergibt Heinrich Graf von Soden-Fraunhofen, Referent für Studienseminare, den Erweiterungsbau des dortigen Seminars seiner Bestimmung.

13.12. Das Landeskomitee der Katholiken appelliert an Staat und Kirche und an die Schulbehörden in Bayern, in den neuen Bundesländern zur Überwindung des bisherigen sozialistischen Bildungs- und Erziehungssystems tatkräftig beizusteuern.

19.12. Im neu erbauten Seniorenheim des Landkreises Traunstein gibt Regionalbischof Franz Schwarzenböck in Grabenstätt der Hauskapelle und dem Altar die kirchliche Weihe.

23.12. Zum Abschluss der Renovierung der von den Kapuzinern betreuten Münchener Stadtpfarrkirche St. Josef, die um die Jahrhundertwende erbaut und im Zweiten Weltkrieg zerstört worden war, gibt Regionalbischof Engelbert Siebler im Rahmen eines festlichen Gottesdienstes dem neuen Altar die kirchliche Weihe.

25.12. Nachdem der Münchener Dom während der großen Renovierungsarbeiten bis 1994 geschlossen bleibt, hält Friedrich Kardinal Wetter seine weihnachtlichen Gottesdienste in München St. Kajetan. Unter Hinweis auf die Kriegslage in der Golfregion und auf dramatische Entwicklungen im Moskauer Kreml ruft er zum Gebet für den Weltfrieden auf.

1991

02.01. Dr. Vinzenz Hamp, 1934 in Augsburg zum Priester geweiht, Professor für alttestamentliche Exegese an der Philosophisch-Theologischen Hochschule in Freising und an der Universität München, starb in Tutzing im 84. Lebensjahr. Bekannt wurde er durch die Übertragung des Alten Testaments, die er mit Meinrad Stenzel erarbeitete.

06.01. Zum Weihnachtsfest der Ostkirche rufen Platon Kornyliak, in München residierender Bischof der katholischen Ukrainer des slawisch-byzantinischen Ritus in Deutschland, sowie German, Erzbischof der Russisch-Orthodoxen Kirche, zur Hilfe für notleidende Menschen in der Ukraine und Russland auf. Nach dem Zusammenbruch des kommunistischen Systems in der Sowjetunion und in Osteuropa drohen gegenwärtig Hunger und materielle Not, den leuchtenden Stern der Freiheit und der Hoffnung zu ersticken.

01.02. Albert Haringer, 30 Jahre Pfarrer in Pfaffing, wird zum Stellvertretenden Generalvikar ernannt, nachdem der bisherige Inhaber dieses Amtes, Domkapitular Dr. Robert Simon, am 1. November 1990 Generalvikar geworden war.
Hans Hollerith übernimmt die Leitung des Personalreferates für Laien und wird vom Erzbischof zum Ordinariatsrat ernannt.

15.02. Das Internationale Katholische Missionswerk Missio München, im Jahr 1838 als Ludwig-Missionsverein von König Ludwig I. genehmigt und 1923 als bayerischer Zweig dem Päpstlichen Missionswerk zugeordnet, erhält im Augsburger Diözesanpriester Dr. Konrad Lachenmayr einen neuen Präsidenten, nachdem Prälat Heinrich Haug aus der Diözese Passau zurückgetreten ist.
Als ältestes deutsches Missionswerk ist Missio München (200 000 Mitglieder) mit mehr als 900 Diözesen in Afrika, Asien und Ozeanien durch personelle und materielle Hilfe wie auch durch eine Brücke des Gebetes verbunden.

01.03. Im 70. Lebensjahr stirbt in München Domkapitular Dr. Curt Genewein. Zunächst als Arzt ausgebildet, hat er als Priester für den kranken Menschen und seine Betreuung gesorgt.

08.03. Bei der Feier des 75-jährigen Bestehens des Krankenhauses der Barmherzigen Brüder in der Münchener Romanstraße und anlässlich des Festes des heiligen Ordensgründers Johannes von Gott erinnert Friedrich Kardinal Wetter an den ehemaligen Münchener Erzbischof Franz von Bettinger, der im Jahr 1916 die Barmherzigen Brüder nach München gerufen hatte, um die Pflege der Schwerbehinderten aus dem Ersten Weltkrieg zu übernehmen.
Im Anschluss an den Festgottesdienst legt der Bayerische Staatsminister Dr. Gebhard Glück den Grundstein für ein Hospizgebäude, in dem Barmherzige Brüder und Barmherzige Schwestern Schwerkranke und Sterbende pflegen.

15.03. Der Münchener Erzbischof weiht den Erweiterungsbau des Studienseminars Albertinum in der Münchener Westendstraße.

22.04. Aus Anlass des 500. Geburtstages des heiligen Ignatius von Loyola und des 450. Jahrestages der Gründung des Jesuitenordens erinnert der Münchener Erzbischof bei einem Festgottesdienst in St. Michael daran, dass die Jesuiten in Bayern an der Landesuniversität in Ingolstadt und an den Gymnasien lehrten und Petrus Canisius in München die Oberdeutsche Provinz des Ordens begründete.

12.05. Die erste Maiandacht auf deutschem Boden wurde vor 150 Jahren von französischen Ordensfrauen in München gehalten, nachdem König Ludwig I. im Jahr 1839 eine Niederlassung der aus Frankreich stammenden Kongregation der Guten Hirtinnen genehmigt hatte. Eine Lichterprozession führt zu dem Marienbild in der ehemaligen Klosterkirche der Kongregation im heutigen kirchlichen Zentrum an der Preysingstraße.

21.-25.05 Die Ordensoberinnen Deutschlands beraten in Freising das Thema „Frau im Orden heute – Schritte eines Umwandlungsweges".

18.06. Der Schematismus 1991 der Erzdiözese München und Freising erscheint in 140. Ausgabe und umfasst 950 Seiten. Der erste Schematismus erschien 1809 in lateinischer Sprache mit dem Titel: Conspectus seu Status Ecclesiasticus Dioecesis Frisingensis. Im Jahr 1819 brachte Martin Deutinger den Schematismus in die bis heute wirkende Form.

21.06. 15 Laientheologen, darunter fünf Frauen, erhalten die Aussendung im Beruf eines Pastoralassistenten.

07.07. Monatelang wurden von Gegnern und von Befürwortern scharfe Diskussionen geführt über die von Bildhauer Anton Ferstl geschaffene und an der neuen Wolfratshauser Isarbrücke aufgestellte Bronzeplastik der Madonna. Bei der Eröffnung der Brücke war die vom Staat finanzierte Marienfigur vom Ortspfarrer gesegnet worden. Von Unbekannten wurde die Brückenmadonna jetzt in die Isar gestürzt und schwer beschädigt.

Kundgebung während der „Woche für das Leben" auf dem Münchener Odeonsplatz, 10. Juni 1991.

08.07. Im Einzugsbereich des neuen Flughafens München II, der im Mai 1992 eröffnet wird, stellt die Erzdiözese zahlreiche Grundstücke für die Errichtung von Wohnungen, von Kindergärten, von Gewerbebetrieben u. a. zur Verfügung, besonders aus dem Besitz der Kirchenstiftungen von Eching bei Freising, Kranzberg, Aufkirchen bei Erding und Hallbergmoos.

26.07. Neben dem Jugendhaus Josefstal am Schliersee, nach dem Zweiten Weltkrieg von Kardinal Faulhaber eröffnet, erfolgt die Einweihung eines weiteren Jugendhauses in Thalhausen bei Freising. Durch den Umbau des dortigen Schlosses werden die notwendigen Wohn- und Veranstaltungsräume neben der schon im Jahr 1701 errichteten Schlosskapelle St. Anna geschaffen.

01.09. Dr. Walter Friedberger, langjähriger Leiter der Theologischen Fortbildung in Freising, tritt in den Ruhestand.

07.09. Das Ettaler Gnadenbild der Madonna mit Kind, vor einem halben Jahr in erpresserischer Absicht gestohlen und auf einem Hotelgrundstück in Oberammergau vergraben, ist wieder gefunden worden. In einer feierlichen Prozession wird die Plastik aus Marmor, die Kaiser Ludwig der Bayer im Jahr 1330 in das von ihm gegründete Benediktinerkloster gebracht haben soll, dort auf dem Hochaltar wieder inthronisiert.

15.09. In der Vorstellung der 46 Dekanate des Erzbistums hat die Münchener Katholische Kirchenzeitung mit Waldkraiburg bisher 24 Dekanate behandelt und damit die Hälfte der Dekanate beschrieben.
Geschichtliche Vergangenheit und Neuzeit kommen im Dekanat Waldkraiburg lebendig zum Ausdruck, dort die alten Klöster Gars und Au am Inn sowie die weltliche Herrschaft der Kraiburger Gaugrafen, der Meglinger und Törringer und der Reichsgrafen von Haag, hier die moderne Industriestadt Waldkraiburg, nach dem Zweiten Weltkrieg auf den Ruinen eines Rüstungsbetriebes von Heimatvertriebenen aus dem Sudetenland und dem weiteren Osten errichtet. In die Gegenwart weisen auch die Tätigkeit der Garser Redemptoristen mit Gymnasium und Berufsbildungseinrichtungen, der Missionsschwestern in Wang, der Franziskanerinnen in Au am Inn und Ramsau sowie der Salesianer in Waldwinkl im Bereich der Pfarrei Aschau am Inn, in der auch der Verfasser dieser Chronik beheimatet ist.

28.09. 14 Gemeindereferenten und -referentinnen erhalten in einer feierlichen Aussendungsfeier in Prien ihren Auftrag in der Erzdiözese.

30.09. Der Münchener Erzbischof erlässt einen Aufruf zum Gebet und zur Hilfe für Kroatien und andere Teile des jugoslawischen Vielvölkerstaates, wo in einem blutigen und barbarischen Krieg Hunderte Menschen getötet oder verletzt werden und Tausende fluchtartig ihre Heimat verlassen müssen.

01.10. Als Nachfolger des am 1. März 1991 verstorbenen Domkapitulars Dr. Curt Genewein übernimmt Domkapitular Dr. Sebastian Anneser das Referat „Presse und Öffentlichkeitsarbeit, Katholische Verbände".
Dessen bisherige Aufgabe im Seelsorgereferat Abteilung „Bildung und Beratung" übernimmt der zum Ordinariatsrat ernannte Josef Obermaier, bisher Pfarrer in München St. Johann Baptist. Zugleich wird er vom Erzbischof zum Bischöflichen Beauftragten für Erwachsenenbildung und zum Referenten für kirchliche Jugendarbeit ernannt.

04.10. Das neue Gebäude des Bundes der Deutschen Katholischen Jugend, Landesstelle Bayern, wird von Weihbischof Franz Schwarzenböck in der Münchener Landwehrstraße nahe der Pfarrkirche St. Paul eingeweiht.

06.10. In jahrelanger Arbeit ist das im 15. Jahrhundert errichtete St.-Martins-Münster in Landshut renoviert und saniert worden. Die schwierigste Arbeit und zugleich eine technisch großartige Leistung war nach Stiftspropst Heinrich Fischer die Stabilisierung des 130 m hohen und damit höchsten Backsteinturmes der Welt, der ursprünglich auf zahlreichen Tannenholzpfählen erbaut war, die aber inzwischen durch Absenkung des Grundwassers weitgehend zerstört waren.

07.10. Mutter Teresa, Ordensfrau und Friedensnobelpreisträgerin, hat in der bayerischen Landeshauptstadt eine Niederlassung der „Missionarinnen der Nächstenliebe" gegründet und schickt vier Schwestern in die zunächst provisorisch gerichtete Unterkunft in der Kidlerstraße 26. Auf der „Suche nach den Ärmsten der Armen" wollen die Schwestern sich um Menschen kümmern, „die am Wege liegen".

12.10. Zum 100-jährigen Bestehen der Katholischen Arbeitnehmerbewegung Süddeutschlands verliest der Münchener Erzbischof eine Grußbotschaft des Heiligen Vaters bei einem Gottesdienst in der Münchener Theatinerkirche.
Die KAB mit ihren 80 000 Mitgliedern sei ein lebendiger Ausdruck für die Umsetzung der Soziallehre der Kirche in eine Bewegung von Männern und Frauen aus der Arbeitswelt.

22.10. Als Nachfolger von Patriarch Dimitrios ist Metropolit Bartholomaios zum neuen Ökumenischen Patriarchen von Konstantinopel gewählt worden. Dem Doktor des kanonischen Rechts, der auch an der Gregoriana in Rom und an der Universität in München seine Studien gemacht hatte, übermittelt der Münchener Erzbischof brüderliche Glück- und Segenswünsche.

06.11. Anlässlich der Tagung des Katholischen Schulwerkes in Bayern sieht der Münchener Erzbischof in der steigenden Zahl jugendlicher Drogenabhängiger und Drogentoter ein alarmierendes Zeichen der inneren Leere und Orientierungslosigkeit trotz äußeren Wohlstands.
Die 300 katholischen Schulen in Bayern, die 65 000 Schüler und Schülerinnen unterrichten, müssten die Herausforderung der schwierigen Erziehungssituation bewusst annehmen, aber es sei auch die Mitwirkung der Eltern gefordert.

20.11. Beim Pastoralen Forum in Freising werden von den über hundert gewählten oder berufenen Mitgliedern „das geschwisterliche Miteinander in der Kirche", „die Kirche in Welt und Gesellschaft" sowie „Glauben erfahren und lernen" als wichtigste Themen zur näheren Beratung angenommen. Generalvikar Dr. Robert Simon bezeichnet die Weitergabe des Glaubens in heutiger Zeit als „Situation des Übergangs" mit krisenhaften Erscheinungen, aber auch mit positiven Ansätzen.

30.11. Anlässlich seiner Seligsprechung am 27. November gedenkt München des Gesellenvaters Adolf Kolping mit einem Gottesdienst in der Bürgersaalkirche.
Vor 150 Jahren, am 3. Mai 1841, war Adolf Kolping, nachdem er mit 28 Jahren in Köln die Reifeprüfung bestanden hatte, nach München gekommen, weil er hier seine theologischen Studien beginnen wollte. Bereits 1851 war dann der Münchener Gesellenverein gegründet und schon 1855 hier ein Gesellenhaus gebaut worden.

11.12. Der neue Apostolische Nuntius in Deutschland, der ungarische Erzbischof Lajos Kada, macht seinen ersten Besuch beim Münchener Erzbischof als dem Vorsitzenden der Bayerischen Bischofskonferenz, beim Ministerpräsidenten Max Streibl und bei Kultusminister Hans Zehetmair.
Der Doktor des Kirchenrechts war bereits von 1964 bis 1971 an der Nuntiatur in Bad Godesberg als Sekretär von Erzbischof Corrado Bafile tätig gewesen.

30.12. Den am 24. Dezember verstorbenen Altministerpräsidenten Alfons Goppel nennt der Münchener Erzbischof einen Mann des Glaubens. Die Bindung an Gott habe ihm einen festen Standpunkt und zugleich eine sympathische Souveränität und Freiheit gegeben.

1992

17.01. Beim Neujahrsempfang der Erzdiözese kann Generalvikar Dr. Robert Simon über 500 Gäste aus Kirche, Politik und öffentlichem Leben begrüßen. Durch den ehrenamtlichen Dienst so vieler Männer und Frauen in den Pfarreien und kirchlichen Verbänden sei die Kirche nicht in Gefahr eine große Institution mit großem Aufwand, aber ohne Kontakt zur Basis zu sein.

20.01. Für die musikalische Gestaltung der Gottesdienste und deren liturgische Vertiefung ist von Diözesanmusikdirektor Bernward Beyerle und dem Theologen Markus Eham der erste Band des „Münchener Kantorale“ herausgegeben worden. Dadurch soll der Beruf eines Kantors in der Kirche wiederbelebt und gefördert werden.
Den Beruf eines Organisten und Chorleiters üben in der Erzdiözese 126 Männer und Frauen hauptamtlich und über 700 nebenamtlich aus. Der Münchener Kaplan Hans Leitner ist als Domorganist nach Passau berufen worden. Die Passauer Domorgel gilt als die größte Kirchenorgel der Welt.

02.02. Der Münchener Erzbischof nimmt in Essen an der Amtseinführung des neuen Bischofs Dr. Hubert Luthe, bisher Weihbischof in Köln, teil. Nach dem Tod von Franz Kardinal Hengsbach wird Dr. Luthe zweiter Bischof des im Jahr 1958 gegründeten Bistums Essen.

20.02. Unter der Trägerschaft der Metropolitankirchenstiftung wird in der Frauenkirche in München eine Domsingschule mit zwei Chören „Münchener Domsingknaben“ und „Münchener Domkantorei für Mädchen“ gegründet. Die Singschule unter Leitung von Domkapellmeister Karl-Ludwig Nies ist im Studienseminar Albertinum – einer Wittelsbacher-Stiftung – untergebracht. Das Albertinum war 1574 auch zu dem Zweck gegründet worden, junge Kirchensänger auszubilden.

09.-12.03. Die Frühjahrsvollversammlung der Deutschen Bischofskonferenz findet diesmal im Kardinal-Döpfner-Haus auf dem Freisinger Domberg statt. Die 76 Mitglieder der Deutschen Bischofskonferenz wollen im Besonderen das kirchliche Dienst- und Arbeitsrecht sowie die Neuordnung der Jurisdiktionsbezirke in den neuen Bundesländern beraten.

19.03. Friedrich Kardinal Wetter eröffnet im katholischen Bildungszentrum in Rosenheim die Ausstellung „Jahr mit der Bibel 1992“. Mit dem Titel „Vom Nomadenzelt zum Mikrochip“ will die Ausstellung, die durch ganz Deutschland wandert, einen lebendigen Weg durch die Geschichte der Bibel aufzeigen.

02.04. Im Alter von 81 Jahren stirbt in München Dombaumeister Georg Berlinger. Gemeinsam mit dem am 5. Januar 1989 verstorbenen Dombaumeister Theodor Brannekämper hat er die im Zweiten Weltkrieg weithin zerstörte Münchener Frauenkirche wieder aufgebaut und auch eine Reihe von Kirchen im ganzen Erzbistum errichtet.

11.05. Bei der Eröffnung des neuen Münchener Flughafens „Franz Josef Strauß“ haben der Münchener Erzbischof und der evangelische Landesbischof Johannes Hanselmann mit einem Segensgebet mitgewirkt. In einer Ansprache sagte Friedrich Kardinal Wetter, wirtschaftliche Erfordernisse, das größer werdende Europa, die immer mehr zu einer Einheit zusammenwachsende Welt und schließlich die nicht mehr vertretbaren Belastungen der Mitbürger im Umfeld des alten Flughafens von Riem hätten den neuen Flughafen notwendig gemacht. Aber es werde immer schwieriger, Vorteile und Belastungen eines solchen Riesenprojekts angemessen auf alle Bürger zu verteilen.
Die Christophorus-Kapelle und die Räume für den kirchlichen Sozialdienst am neuen Flughafen werden von Weihbischof Heinrich Graf von Soden-Fraunhofen und dem evangelischen Kreisdekan Gottfried Preiser ihrer Bestimmung übergeben.

19.05. Das Spätberufenenseminar Waldram erhält mit Pfarrer Josef Riedl, dem bisherigen Leiter der Diözesanstelle „Berufe der Kirche“, einen neuen Direktor. Das 1920 gegründete

Seminar war bis 1957 im heutigen Exerzitienhaus Fürstenried untergebracht und dann nach Waldram bei Wolfratshausen verlegt worden.

06.06. Das Amtsblatt der Erzdiözese veröffentlicht ein Dekret der römischen Glaubenskongregation, worin deren Präfekt, Joseph Kardinal Ratzinger, neue Anweisungen bezüglich des auch in der Erzdiözese tätigen so genannten Engelwerkes gibt.
Nachdem bereits 1983 die Kongregation für die Glaubenslehre dem Engelwerk, dessen Lehren und Praktiken ihren Ursprung in vorgeblichen Privatoffenbarungen einer Frau Gabriele Bitterlich haben, einschränkende Anweisungen gegeben hatte, werden nun zusätzliche Anweisungen erteilt, wonach die Theorien über die Welt der Engel nicht mehr gelehrt und verbreitet werden dürfen. Verboten werden u.a. der Gebrauch und die Verbreitung diesbezüglicher Bücher, die verschiedene Formen der „Engelweihen“ und die „Fernspendung“ von Sakramenten.

20.06. 16 Laientheologen, darunter acht Frauen, erhalten von Weihbischof Franz Schwarzenböck den Sendungsauftrag als Pastoralassistenten. Seit 1970 sind hiermit in der Erzdiözese 198 Frauen und Männer in der Pfarrseelsorge und in der so genannten außerordentlichen Seelsorge, wie Jugendarbeit und Erwachsenenbildung, tätig. Auch für den Dienst in Krankenhäusern und in der kirchlichen Verwaltung werden sie beauftragt.

24.06. Nach der Statistik der Pastoralen Planungsstelle im Münchener Ordinariat gab es zum Jahresende 1991 im Erzbistum 1 354 Priester, die entweder zur Erzdiözese gehören, d. h. inkardiniert oder hier in der Seelsorge tätig sind. Von diesen standen 937 im aktiven Dienst, 356 sind Ruhestandspriester, aber weitgehend in der Seelsorge einsatzbereit. Im Bistum sind auch Priester aus dem Ausland tätig.
In der Erzdiözese gibt es 755 Seelsorgsstellen, 266 davon sind ohne eigenen Priester und meist einem Pfarrverband zugeordnet.

05.07. Als einziger Kirchenneubau des Jahres erhält die Franziskuskirche auf dem Obersalzberg die kirchliche Weihe. Im Jahre 1937 war die im Bereich von Hitlers Feriendomizil liegende Kirche Maria Hilf zerstört worden. Die neue, der Pfarrei Au bei Berchtesgaden unterstellte und bestens in die Landschaft eingepasste Kirche soll statt des bisherigen Betsaales zum religiösen Mittelpunkt für die Orte Buchenhöhe, Klaushöhe und Resten sowie für das dortige Jugend-Asthmazentrum werden.

Zur Eröffnung der Münchener Opernfestspiele halten die Künstlerseelsorger Alois Kirchberger und Gerhard Ott in St. Michael zusammen mit dessen Kirchenrektor P. Vitus Seibel einen Gottesdienst. Der Chor der Bayerischen Staatsoper und das Bayerische Staatsorchester unter der Leitung von Wolfgang Sawallisch und Organist Elmar Schloter bringen die Schubertmesse in G zur Aufführung.

06.-08.07. Anlässlich des in München stattfindenden Weltwirtschaftsgipfels halten in der evangelischen Matthäuskirche Landesbischof Johannes Hanselmann und Weihbischof Engelbert Siebler einen ökumenischen Gottesdienst.

19.07. Einem neuen Pfarrzentrum für kroatische und polnische Mission in Rosenheim erteilt Regionalbischof Franz Schwarzenböck zusammen mit dem anwesenden kroatischen Bischof Cyrill Kos und dem polnischen Bischof Janusz Zimniak die kirchliche Weihe.

26.07. 26 Studentinnen und Studenten der Münchener Abteilung Kirchliche Bildungsarbeit der Katholischen Universität Eichstätt beenden ihr achtsemestriges Studium mit dem Diplom als Religionspädagoge. Im September werden 18 von ihnen im Bereich der Erzdiözese München und Freising ihren Dienst in Schulen und Gemeinden beginnen.

16.08. Missionare auf Heimaturlaub feiern in Freising mit Erzbischof Kardinal Wetter. Erstmals waren vor 20 Jahren vom Aubinger Pfarrer Alois Brem Missionare und Schwestern zu einem Treffen mit dem Heimatbischof eingeladen worden.

23.08. Mit Vollendung des 70. Lebensjahres tritt Dompfarrer Johann Hillreiner in den Ruhestand. Domvikar Lorenz Kastenhofer wird sein Nachfolger als 51. Pfarrer in der Geschichte der Münchener Liebfrauenkirche, seit 1821 auch Kathedrale der Erzbischöfe von München und Freising.

13.09. Zur Wiedereröffnung der renovierten St. Notburga-Wallfahrtskirche in Eben in Tirol, hält der Münchener Weihbischof Matthias Defregger die so genannte „Söllerpredigt" nach alter Tradition vom Balkon des Pfarrhauses aus.
In der Blüte der Notburgaverehrung hatte im Jahre 1753 der Freisinger Fürstbischof Kardinal Johann Theodor der Münchener St. Isidor-Bruderschaft erlaubt, die heilige Notburga als weitere Patronin zu verehren. Seitdem trägt diese Bruderschaft der einfachen Leute den Namen St. Isidor- und Notburga-Bruderschaft. Diese Bruderschaft und auch die Münchener Erzdiözese haben sich an der dringend notwendigen Generalsanierung der 1738 fertiggestellten Rokokokirche in Eben beteiligt. Der Münchener Domkapitular Dr. Friedrich Fahr erhält vom Tiroler Landeshauptmann als Ausdruck von Freundschaft und Dank den Tiroler Adlerorden.

16.09. Nach Verlagerung aus der Münchener Innenstadt wird der neue Umschlagbahnhof München-Riem, nunmehr Europas modernster Container-Terminal, in Betrieb genommen und erhält durch Weihbischof Engelbert Siebler und den evangelischen Dekan Heimo Liebl die kirchliche Segnung.

23.10. Die Erzdiözese hat die in den historischen Räumen des Klosters Indersdorf neu errichtete Realschule für Knaben übernommen, nachdem dort bereits 1952 von den Barmherzigen Schwestern eine Mädchenrealschule gegründet worden war.

26.10. Der siebte Priesterrat der Erzdiözese, dem 29 Geistliche angehören, tritt im Münchener Priesterseminar erstmals zusammen. Als gewählter Sprecher des Priesterrats löst der Münchener Stadtpfarrer Dr. Wolfgang Schwab den Tölzer Stadtpfarrer Dr. Rupert Berger ab, der nicht mehr kandidierte.

28.10. Der Neubau des Krankenhauses des Dritten Ordens in München-Nymphenburg (zweiter Bauabschnitt) wird von Kardinal Wetter benediziert und seiner Bestimmung übergeben. Seit 80 Jahren wirken dort die Schwestern des Dritten Ordens im Dienst der kranken Menschen.

01.11. Der bisherige Jugendpfarrer für den Landkreis Rosenheim, Sebastian Heindl, tritt sein neues Amt als Diözesanjugendseelsorger an.

Pfarrer Albert Zott übernimmt in Nachfolge von Pfarrer Johann List die Aufgabe eines Diözesangehörlosenseelsorgers. Gleichzeitig kann die neue Arbeitsstelle für die Gehörlosenseelsorge im Herz-Jesu-Kloster in der Buttermelcherstraße gesegnet und eröffnet werden.

In Nachfolge von Walter Friedberger wird Msgr. Helmut Huber, bisher Pfarrer der Regensburger Pfarrei St. Wolfgang, in sein neues Amt als Leiter der Theologischen Fortbildung im Freisinger Kardinal-Döpfner-Haus eingeführt.
Das Institut für Theologische Fortbildung wird von der Bayerischen Bischofskonferenz getragen und bemüht sich um die qualifizierte Fortbildung von Priestern aus allen bayerischen Diözesen.

15.11. Zum 50. Mal ziehen an die 10 000 zur Korbinianswallfahrt der Jugend auf den Freisinger Domberg.

18.-21.11. Das „Pastorale Forum" legt anlässlich der zweiten Zusammenkunft in Freising seine Arbeitsergebnisse aus der ersten Zusammenkunft vor. Nach Bernhard Haßlberger, dem Sekretär des Forums, ist die dort angeregte Einrichtung von „runden Tischen" auf pfarrlicher oder regionaler Ebene bereits erfolgreich erprobt worden. Ökumene, Frauenfragen, Dorferneuerung und Betriebsseelsorge werden im Besonderen beraten.

Generalvikar Dr. Robert Simon betont, dass das Pastorale Forum sein Grundanliegen nicht erreiche, wenn es nicht gelänge, die Menschen im Glauben zu bestärken.

24.11. Ordinariatsrat Josef Obermaier wird vom Metropolitankapitel zum Domkapitular gewählt und vom Erzbischof bestätigt.

17.12. Domkapitular Johann Strasser tritt aus Altersgründen in den Ruhestand. Dessen Referat „Weltkirchliche Aufgaben" wird von Domkapitular Dr. Lothar Waldmüller übernommen, der bereits das Ökumenereferat leitet.

18.12. Das Gedenken des am 27. Oktober 1992 selig gesprochenen Adolf Kolping wird am 4. Dezember gefeiert und vom Erzbischof in den Diözesankalender aufgenommen.

31.12. In seiner Silvesterpredigt in der Münchener St.-Michaels-Kirche weist Friedrich Kardinal Wetter auf den schrecklichen Krieg im ehemaligen Jugoslawien hin, der sich nun auf das Land Bosnien-Herzegowina verlagert hat. UNO und europäische Völkergemeinschaft hätten ihre Unentschlossenheit und ihre Hilflosigkeit vor aller Welt demonstriert und damit den Kriegstreibern Mut gemacht.

1993

09.01. Stadtpfarrer Michael Hölzl von Grünwald stirbt nach langer schwerer Krankheit im Alter von 71 Jahren. Seit 1959 hatte er das Diözesansiedlungswerk geleitet, das vor allem im Wohnungsbau für Familien mit Kindern, sowie für Behinderte und alte Menschen tätig ist.

Kardinal Wetter und Generalvikar Robert Simon beim Pastoralen Forum.

30.01. Dem neu ernannten Bischof der Diözese Augsburg, Viktor Josef Dammertz OSB, erteilt der Münchener Erzbischof im Augsburger Dom die Bischofsweihe. Vor seiner Ernennung zum Bischof war Dammertz Erzabt des Klosters St. Ottilien und Abtprimas der Benediktiner mit dem Sitz in Rom.

31.01. Regionalbischof Franz Schwarzenböck verabschiedet in Laufen die Patres des Kapuzinerklosters, die wegen Nachwuchsmangels nach mehr als 300 Jahren die Stadt verlassen müssen. 1647 waren Kapuziner aus Salzburg zur Seelsorgsaushilfe nach Laufen gerufen worden und der Salzburger Fürstbischof errichtete schließlich auf Bitten der Laufener Bürger dort ein eigenes Kloster, das 1659 eingeweiht werden konnte.

Kaplan Gerhard Beham wird als Nachfolger von Pfarrer Josef Riedl im Münchener Priesterseminar in sein neues Amt als Leiter der Diözesanstelle „Berufe der Kirche" eingeführt.

06.02. Mit einer Festakademie wird das neue Hochschulgebäude der von den Jesuiten geleiteten Hochschule für Philosophie in der Münchener Kaulbachstraße eröffnet. Den Festvortrag hält Professor Dr. Hans Zwiefelhofer SJ, Sekretär der Gesellschaft Jesu in Rom, in Anwesenheit des Münchener Erzbischofs und des Staatssekretärs Otto Wiesheu vom Bayerischen Kultusministerium.
1971 war die einstige Ordenshochschule von Pullach nach München verlegt und als staatlich anerkannte Hochschule für alle Studenten fortgeführt worden, wenn auch in unzulänglichen Raumverhältnissen.

08.02. Fritz Straßner, allseits bekannter Volksschauspieler und Rundfunksprecher stirbt im Alter von 73 Jahren in Ottobrunn. Vielen unvergessen ist seine besinnliche Stimme, wenn er die „Heilige Nacht" von Ludwig Thoma vorgetragen hat. 742-mal ist er im bayerischen Glanzstück „Der Brandner Kaspar und das ewig' Leben" in die Rolle des Brandner Kaspar geschlüpft, wobei Gustl Bayrhammer, der ihm bereits am 24. April im Tode nachfolgte, als Petrus die Tür zum Paradies geöffnet hat. Den Herrgott aber, so der Priester bei der Beerdigung, hat Fritz Straßner tief, tief in seinem Herzen gewusst.

17.02. Gegenüber dem Haushalt der Erzdiözese im Jahre 1992 mit 775 Millionen DM hat der Diözesansteuerausschuss für das Jahr 1993 noch einmal eine Ausweitung auf 815 Millionen DM beschlossen. Begründet werden die Mehrausgaben vor allem durch die Steigerung der direkten und der indirekten (= Zuschüsse an Kirchenstiftungen und Verbände) Lohnkosten, die beinahe die Hälfte der Ausgaben erreichen.

01.04. Der langjährige Ordinarius für Kirchengeschichte an der Ludwig-Maximilians-Universität München, Professor Dr. Georg Schwaiger, Priester der Diözese Regensburg, wird emeritiert.
Auf unser Bistum sind unter seinen wissenschaftlichen Arbeiten besonders „Das Bistum Freising in der Neuzeit" und „Das Erzbistum München und Freising im 19. und 20. Jahrhundert" bezogen, sowie die Abschlussarbeiten für die große Domfestschrift, die 1994 zum 500-jährigen Jubiläum der Münchener Frauenkirche erscheinen wird.

02.05. Erstmals findet die Sammlung der deutschen Katholiken für „Renovabis" statt zum Wiederaufbau der katholischen Kirche in Mittel- und Osteuropa und zur Hilfe für deren Menschen. Bischof Josef Werth SJ, Apostolischer Administrator von Novosibirsk, schätzt eine Million Menschen mit katholischer Abstammung in den Gebieten östlich des Urals. Er spricht von einer mühsamen Aufbauarbeit, um das „geistige Elend" in seiner Heimat zu beenden. P. Eugen Hillengaß SJ, lange Jahre Generalökonom der Jesuiten, übernimmt als erster Schriftführer das Büro von Renovabis auf dem Freisinger Domberg.

04.05. Im Blick auf die 500-Jahr-Feier des Münchener Domes im Jahre 1994 wird im Münchener Rathaus die Ausstellung „Restaurierung und Rückkehr der Bildwerke der Münchener Frauenkirche" eröffnet. Dazu wurden in der Werkstatt des Domberg-Museums in Freising auch 88 spätgotische Figuren restauriert, die in den Jahren 1495 bis 1502 von Erasmus Grasser, „dem größten Bildhauer der Münchener Gotik", für das Chorgestühl der Münchener Frauenkirche geschnitzt worden waren. Darunter befindet sich auch die Figur des in Altbayern verehrten Quirinus vom Tegernsee, die bei der neugotischen Umgestaltung der Frauenkirche im letzten Jahrhundert veräußert worden war und jetzt aus Irland wieder in den Münchener Heiligenhimmel zurückgeholt werden konnte.

06.05. Zur Eröffnung des Neubaus der Bayerischen Staatskanzlei, in ihrer baulichen und künstlerischen Gestaltung lange umstritten, nehmen im Rahmen einer Feierstunde Friedrich Kardinal Wetter und der evangelische Landesbischof Johannes Hanselmann die kirchliche Segenshandlung vor.

08.05. Ein vorsätzlich gelegter Brand in der Kuppel des Nordturms der Münchener Frauenkirche versetzt die Stadt in Aufregung. Durch die schnelle Meldung eines Taxifahrers und den mutigen, aber gefährlichen Einsatz der Münchener Feuerwehr über die Außenmauern zum 80 Meter hoch gelegenen Brandherd konnte großes Unheil verhütet werden.

09.05. Als Nachfolger von Johannes Beck SJ wird P. Karl Borst vom Redemptoristenorden Diözesanpräses der Katholischen Arbeitnehmerbewegung (KAB) und Betriebsseelsorger der Erzdiözese. Seinen Primizspruch von 2 Kor 1,24 will er auch seiner neuen Aufgabe voranstellen: „Nicht Herren sind wir Eures Glaubens, sondern Diener Eurer Freude."

13.-15.05. Der Europäische Katechetische Kongress tagt im Kardinal-Döpfner-Haus auf dem Freisinger Domberg.

20.05. Im Münchener Kardinal-Wendel-Haus stellt der Wiener Weihbischof Christoph Schönborn als Sekretär der Katechismus-Kommission in Anwesenheit des Münchener Erzbischofs den neuen Weltkatechismus vor.

27.05. Dem zurückgetretenen Bayerischen Ministerpräsident Max Streibl dankt der Erzbischof für sein loyales und entgegenkommendes Verhältnis zur katholischen Kirche.

Nach 38 Jahren seines Wirkens wird Dr. Richard Fackler, der Leiter des Katholischen Schulwerkes in Bayern, verabschiedet. Der mit dem Bundesverdienstkreuz Erster Klasse ausgezeichnete Jurist habe den entscheidenden Beitrag zur Gründung des Schulwerkes geleistet, das die Existenz der klösterlichen und kirchlichen Schulen in freier Trägerschaft finanziell und personell sichere.

06.06. Vor zwei Jahren war als erste klinische Einrichtung in Bayern für sterbenskranke und sterbende Menschen das Johannes-Hospiz im Bereich des Münchener Krankenhauses der Barmherzigen Brüder errichtet worden. Wegen des großen Bedarfs ist jetzt das bisherige Haus mit zehn Betten durch einen großzügigen Neubau für 25 Patienten, unter Einbeziehung des Gartens am Nymphenburger Park, erweitert und in Anwesenheit von Sozialminister Gebhard Glück, Provinzial Donatus Wiedenmann und dem ärztlichen Leiter Thomas Binsack durch den Münchener Erzbischof eingeweiht worden.

19.06. Aussendung von 20 akademisch ausgebildeten Laientheologen, darunter sieben Frauen. Damit erhöht sich die Zahl der in der Erzdiözese tätigen Pastoralassistenten auf 200. Zunehmend werden nach Auskunft des Fachbereichsleiters Hans Fellner die Theologinnen und Theologen auch in der außerpfarrlichen Seelsorge, in Hochschulen, in Krankenhäusern und in Gefängnissen eingesetzt.

20.06. Für die noch junge Diözese Evry bei Paris wird eine neue Kathedrale gebaut. Patron der Kirche wird der heilige Korbinian sein, der im Bereich dieser Diözese geboren wurde und erster Bischof von Freising war. Dringend notwendige Spenden werden auch von der Erzdiözese München und Freising geleistet.

02.07. Anlässlich ihrer 125-Jahr-Feier ehrt die Technische Universität München im Rahmen der Ausstellung „Äpfel und Birnen, gemalt von Korbinian Aigner“ im Freisinger Diözesanmuseum den bayerischen Apfelpfarrer (1885-1966), der in aquarellierten Karten 600 Apfelsorten festgehalten und als Pfarrer von Hohenbercha bei Freising durch eigene Züchtung wohlschmeckende alte Obstsorten wieder entdeckt hat.

04.07. Das Bistum Augsburg feiert in der Basilika St. Ulrich und Afra die Heiligsprechung seines Patrons, des heiligen Ulrich, vor 1 000 Jahren. Der Münchener Erzbischof nimmt am Festgottesdienst vor dem Augsburger Dom teil.

13.07. Das Rücktrittsgesuch des Weihbischofs Heinrich Graf von Soden-Fraunhofen als Bischofsvikar der Region Nord im Erzbistum München und Freising aus gesundheitlichen Gründen wird vom Heiligen Vater angenommen und in Rom bekannt gegeben. Der Weihbischof wird Wohnung in der durch keinen Priester mehr besetzten Pfarrei Engelsberg nehmen und die Pfarrei betreuen.

25.07. Prälat Dr. Ernst Borchert, 1910 in Danzig geboren und ehemals Subregens in Freising, stirbt in München im Alter von 83 Jahren. Neben seiner wissenschaftlichen Arbeit als Hochschulprofessor hat er sich im Besonderen für die in München lebenden Katholiken der ehemaligen Freien Stadt Danzig gesorgt.

11.08. Die Bischof-Arbeo-Stiftung für kirchliche Schulen und Bildungshäuser in der Erzdiözese München und Freising wird als kirchliche Stiftung des öffentlichen Rechts errichtet und tritt mit der Genehmigung durch das Bayerische Kultusministerium in Kraft.

12.09. Für die Teilnehmer des Europäischen Senioren-Kongresses hält Friedrich Kardinal Wetter im Kurpark von Garmisch-Partenkirchen den Gottesdienst.

13.09. Der Erzbischof von München und Freising gratuliert dem neuen Münchener Oberbürgermeister Christian Ude mit der Bitte um ein gutes Miteinander von Kirche und Stadt.

16.09. Anlässlich des 600. Jahrestages des Martyriums des böhmisch-bayerischen Landespatrons Johannes Nepomuk wird im Bayerischen Nationalmuseum in München unter der Schirmherrschaft der Staatsoberhäupter von Deutschland und Tschechien Richard von Weizsäcker und Václav Havel eine Ausstellung eröffnet. Miloslav Vlk, der Erzbischof von Prag, würdigt im Münchener Dom den Brückenheiligen Johann von Nepomuk als Zeichen der Verbundenheit zwischen Deutschen und Tschechen und erinnert an die gemeinsamen Wurzeln des Christentums für ein neues Europa.

17.09. Anlässlich des Besuches des japanischen Kaiserpaares in München nimmt der Erzbischof an einem Empfang und Konzert im Cuvillies-Theater teil, eingeladen von Ministerpräsident Edmund Stoiber.

20.09. Dr. Michael Höck, Apostolischer Protonotar, vollendet 90 Lebensjahre. Als langjähriger Regens des Freisinger Priesterseminars sowie als ehemaliger Direktor des Kardinal-Döpfner-Hauses und Rektor der Freisinger Domkirche darf er eine der markantesten Priestergestalten der Erzdiözese genannt werden.

30.09. Der Bundesfinanzhof, das oberste deutsche Finanzgericht mit Sitz in München, besteht seit 75 Jahren. Der Münchener Erzbischof nimmt am Festakt im Cuvillies-Theater teil.

01.10. Dem Empfänger des diesjährigen Romano-Guardini-Preises der Katholischen Akademie, dem französischen Historiker Professor Joseph Rovan, dankt der Münchener Erzbischof für seine Bemühungen zwischen Deutschen und Juden, zwischen Deutschen und Franzosen. Rovan, gebürtiger Münchener und Sohn einer vor den Nationalsozialisten geflohenen jüdischen Familie, habe nicht nur mit Worten, sondern auch mit seinem Leben, so als Häftling des KZ-Lagers Dachau, und in gläubiger Haltung Mut und Kraft gefunden, den Weg der Versöhnung zu gehen und zu künden.

03.10. Nach vierjähriger Renovierungsarbeit wird der Münchener Liebfrauendom mit einem Pontifikalgottesdienst wieder eröffnet. Friedrich Kardinal Wetter weiht dabei den neuen Altar und fügt in den Altarstein eine Reliquie des heilige Korbinian ein. Das alte Gnadenbild der Frauenkirche, die Mutter Gottes der 1579 errichteten „Erzbruderschaft von Unserer Lieben Frau zu Altötting" wird in feierlicher Prozession in die zentrale Chorkapelle geleitet.

10.10. Friedrich Kardinal Wetter weiht in der römischen Jesuitenkirche S. Ignazio 17 Diakone des Collegium Germanicum zu Priestern, darunter zwei seiner Erzdiözese München und Freising. Kardinal Wetter hatte selbst vor genau 40 Jahren in dieser Kirche S. Ignazio zusammen mit dem Münchener Domdekan Dr. Gerhard Gruber die Priesterweihe erhalten.

15.10. Wolfgang Huber, bisher Präfekt im Studienseminar Traunstein, wird als Nachfolger des zum Dompfarrer ernannten Lorenz Kastenhofer Regionalpfarrer für die Seelsorgsregion München und zum Domvikar ernannt.

Zum 750. Todestag der heiligen Hedwig ruft Abt Odilo Lechner von St. Bonifaz im Einvernehmen mit dem Münchener Erzbischof und dem Augsburger Bischof Viktor Dammertz zur Wallfahrt auf den „Heiligen Berg" in Andechs auf.
1174 auf Schloss Andechs geboren, wird die Grafentochter Hedwig im Alter von 13 Jahren mit dem aus der polnischen Jagellonenfamilie stammenden Herzog Heinrich I. von Schlesien vermählt. In dem von ihr gegründeten Kloster der Zisterzienserinnen in Trebnitz liegt Hedwig begraben und bildet als allseits verehrte Heilige ein wertvolles Bindeglied zwischen Deutschland und Polen.

Altarweihe im Dom zu München, 3. Oktober 1993; v.l. Diakon Anton Nilges, Erzbischof Friedrich Kardinal Wetter, Diakon Fr. Palmatius Bösen FMMA, Domzeremoniar Diakon Anton Häckler.

17.10. Friedrich Kardinal Wetter und die emeritierten Weihbischöfe Matthias Defregger und Ernst Tewes feiern im Münchener Dom ihr 25-jähriges Bischofsjubiläum.

20.10. Das Studienseminar Albertinum, eine Wittelsbacher-Stiftung aus dem Jahre 1574, wurde vor 30 Jahren von Schloss Tegernsee nach München verlegt. Prinz Franz von Bayern, großer Gönner des Hauses, begeht seinen 60. Geburtstag. Beide Anlässe nützt Seminardirektor Dieter Olbrich, Priester der Diözese Paderborn, zu einem festlichen Tag. Zum eigentlichen Seminar in der Münchener Westendstraße ist noch ein Tagesheim hinzugekommen und auch die Münchener Domsingschule hat dort Aufnahme gefunden.

27.10. Regionalbischof Franz Schwarzenböck weiht auf dem Zugspitzgipfel die neue Gletscherbahn auf Deutschlands höchstem Berg.

31.10. In Seeon, dem bereits im 10. Jahrhundert gegründeten und 1803 säkularisierten Benediktinerkloster, wird das neue Kultur- und Bildungszentrum des Bezirks Oberbayern eröffnet. Der Erzbischöfliche Finanzdirektor, Dr. Friedrich Fahr, nennt das Bildungshaus ein Beispiel für das partnerschaftliche Verhältnis zwischen Staat und Kirche, nachdem durch finanzielle Kompromisse beider Seiten die stark heruntergekommenen Klosteranlagen wieder einer würdigen Bestimmung zugeführt werden konnten.

14.11. P. Johannes Wiesneth SVD stirbt einen Tag vor seinem 85. Geburtstag im Altersheim St. Adelheid in Ruhpolding. Seine priesterliche Laufbahn hat der in Teisendorf Geborene als Seminarpräfekt in Freising und als Mitarbeiter des Ludwig-Missionsvereins begonnen, um dann als Mitglied der Steyler Missionare zehn Jahre auf den Philippinen tätig zu sein. Zwischenzeitlich holte der Orden P. Wiesneth nach München zurück, um die Pfarrei St. Hedwig aufzubauen und zu führen. Anschließend geht P. Wiesneth noch einmal für 23 Jahre in die Mission nach Ecuador. Sein dortiges Wirken als Seelsorger, als Bischofsvikar und als Treuhänder der Ecuadorhilfe im Auftrag seiner Heimatdiözese lässt den „Mann leiser Töne und großer Taten" zum „leuchtenden Pfad" für die Kirche in Ecuador werden.

Zur dritten Sitzungsperiode des Pastoralen Forums standen für die 127 Delegierten acht verschiedene Themenbereiche zur Beratung an. Bei dieser Fülle sahen sich die Moderatoren Walter Bayerlein und Johann Fellner gedrängt, mit gelben und roten Karten zu mahnen, wenn die Redezeit von drei Minuten überzogen wurde.
Spiritualität und das Problem der Gemeindeleitung wurden an die erste Stelle gesetzt. Da 30 % der Priester in der Erzdiözese über 70 Jahre alt seien und viele Pfarreien nicht mehr besetzt werden können, wurde die dringende Bitte an den Erzbischof ausgesprochen, in Rom auf die Zulassung von viri probati als Gemeindeleiter zu drängen. Fragen der Sakramentenpastoral und der Ehescheidung sollen zum Abschluss des pastoralen Forums im Jahre 1994 behandelt werden.

26.11. Die Freisinger Bischofskonferenz hat den Domkapitular im Erzbistum Bamberg, Prälat Valentin Doering, zum Leiter des neu gebildeten Katholischen Büros in Bayern berufen. Entsprechend den Einrichtungen in anderen Bundesländern soll das Katholische Büro in Bayern, mit dem Sitz in München, die Kontaktstelle der bayerischen Bischöfe und Diözesen zu öffentlichen und privaten Partnern der Kirche bilden, vor allem zur Bayerischen Staatsregierung, zum Landtag, zum Senat und zu anderen Institutionen.

01.12. Die neue Satzung für den Pfarrgemeinderat im Sinne des Konzilsdekrets über das Apostolat der Laien wird für die Erzdiözese in Kraft gesetzt.

08.12. Michael Schmaus, international bekannter Theologe und emeritierter Professor für Dogmatik der Universität München, stirbt in seiner Gautinger Wohnung im Alter von 96 Jahren. Schüler von Professor Martin Grabmann, wirkte er zunächst an der Theologischen Fakultät in Freising, dann an den Universitäten in Prag und Münster, bis er ab 1945 entscheidend am Wiederaufbau der Katholisch-Theologischen Fakultät der Universität München tätig wurde. Kardinal Wetter beim Requiem: „Mit der Güte des Herzens hat sich bei Professor Schmaus die Weite des Herzens verbunden."

09.-12.12. Bischöfe und Sachberater aus 17 europäischen Ländern weilen im Münchener Kardinal-Wendel-Haus anlässlich des Europakongresses zu Fragen der Ausländerpastoral.

28.12. Die ökumenische Gemeinschaft von Taizé kommt heuer zum Europäischen Jugendtreffen nach München. In der während des Zweiten Weltkrieges gegründeten Gemeinschaft unter dem Prior Roger Schutz pflegen Jugendliche aller christlichen Bekenntnisse in einer besonderen, aber lebendigen Weise den Geist des Gebetes und der Solidarität.

31.12. Im Rückblick auf das Jahr 1993 fordert der Münchener Erzbischof in seiner Silvesterpredigt angesichts des Werteverfalls freiheitlicher Demokratie eine neue Hinwendung zu geistigen Werten: „Wird Gott beiseite geschoben, kommen die Tyrannen."

1994

01.01 Die Erzdiözese übernimmt die Trägerschaft des Katholischen Familienwerkes, das 1950 von der Münchener Pädagogin Marga Müller als Schule christlicher Bildung und Erziehung vom Kleinkind bis zur Hochschulreife gegründet worden war. Unter dem neuen Namen „Tagesheimschulen Pullach" ist das Schulwerk mit Kindergarten, Volksschule, Realschule und Gymnasium und insgesamt 1 100 Schülern und Schülerinnen im ehemaligen Berchmanskolleg der Jesuiten untergebracht und will eine lebendige Schulfamilie der Kinder mit den Lehrern, Erziehern und Eltern in christlichem Geist aufbauen.

19.01. Der Erzbischof von München und Freising dankt dem aus dem Amt scheidenden Landesbischof der Evangelisch-Lutherischen Kirche, Johannes Hanselmann, und betont „das wohltuende Klima der Zusammenarbeit und des gegenseitigen Verständnisses".

18.02. In München stirbt im Alter von 86 Jahren der Heilpraktiker Josef Angerer. Schon als Kaplan in seiner Heimatdiözese Passau beschäftigt er sich mit der Tradition und Praxis der Naturheilkunde. Er gehört zu den ersten Lehrern der im Jahre 1951 wieder eröffneten Heilpraktiker-Fachschule in München, die heute seinen Namen trägt. 15 Jahre war Josef Angerer Präsident des Bundesverbandes deutscher Heilpraktiker und wurde bekannt durch sein Standardwerk „Handbuch der Augendiagnose".

19.02. Unter Teilnahme von Friedrich Kardinal Wetter tagen auf dem Freisinger Domberg Bischöfe und Fachleute zu dem Thema „Die Bibel in der Kirche Europas heute und morgen".

25.02. Weihbischof Ernst Tewes eröffnet das neue Altenheim in Oberaudorf-Mühlbach und konsekriert den Altar der Hauskapelle.

17.04. Festwoche zum 500-jährigen Jubiläum der Münchener Frauenkirche.
Am 14. April 1494 war sie geweiht worden, wie eine handschriftliche Chronik belegt. Sie war als Kirche der Münchener Bürgerschaft gebaut worden, mit Unterstützung des Herzogs Sigismund aus dem Hause Wittelsbach. Durch die Verlegung der Kollegiatstifte von Schliersee und Ilmmünster war sie zugleich Stiftskirche mit einem Propst, einem Dekan und 14 Chorherren. Seit 1821 ist sie auch Bischofskirche und Haupt- und Mutterkirche der Erzdiözese.
Mit einem Pontifikalgottesdienst eröffnet der Münchener Erzbischof die Festwoche und weiht die neue Domorgel. Am 11. April überreicht der Bundespostminister Wolf-

gang Bötsch eine Sonderbriefmarke an den Kardinal und den Oberbürgermeister Christian Ude im Münchener Rathaus. Am 12. April wird von Universitätsprofessor Dr. Georg Schwaiger an Herrn Kardinal die zweibändige Festschrift „Monachium Sacrum" überreicht.

Mit einer festlich gestalteten Marienvesper von Claudio Monteverdi im Chorraum des Domes unter Leitung von Domkapellmeister Karl-Ludwig Nies kommt die Festwoche am 17. April zum Abschluss.

19.04. Dem neuen Landesbischof der Evangelisch-Lutherischen Kirche in Bayern, Hermann von Loewenich, gratuliert der Münchener Erzbischof und Vorsitzende der Freisinger Bischofskonferenz zu seiner Wahl „in ökumenischer Verbundenheit".

30.04. An einem feierlichen Gottesdienst anlässlich der Erhebung des Bistums Prag zum Erzbistum nimmt der emeritierte Münchener Weihbischof Dr. h.c. Ernst Tewes im Prager Dom teil.

01.05. Nach Abzug der amerikanischen Armee aus der US-Siedlung am Perlacher Forst im Südosten von München übernimmt die Russisch-Orthodoxe Kirche das Gotteshaus, das dort an der Lincolnstraße von den Amerikanern erbaut worden war. Die russisch-orthodoxe Gemeinde war 1867 in München gegründet worden und umfasst heute an die 3 000 Gläubige in München und Umgebung. Die neue Kirche beendet die Raumnot in der kleinen St.-Nikolaus-Kirche am Salvatorplatz und wird zugleich Bischofskirche für Dr. Mark Arndt, den Bischof der Russisch-Orthodoxen Kirche in Deutschland.

17.05. St. Peter, die älteste Stadtpfarrkirche Münchens, feiert mit einer Festwoche das 700-jährige Jubiläum. Der Münchener Erzbischof erwähnt beim festlichen Gottesdienst den früheren Stadtpfarrer Max Zistl, der nach der Zerstörung des Gotteshauses durch Bomben im Zweiten Weltkrieg die Sprengung der Kirchenruine verhindert und den Wiederaufbau entscheidend bewirkt habe.

17.05. Die Dombibliothek in Freising hat durch die Initiative des Diözesanarchivars und Bibliotheksdirektors Dr. Sigmund Benker neue Räume und eine zeitgemäße Gestaltung im ehemaligen fürstbischöflichen Marstall und späteren Gymnasium erhalten und wird mit einem Festakt durch den Münchener Erzbischof seiner Bestimmung übergeben. Bereits im Jahre 739 war die Bibliothek auf dem Freisinger Domberg angesiedelt worden und zählt zu den ältesten Bibliotheken der Welt. Bei der Erweiterung und Neugestaltung der Bibliothek hat auch die von Fürstbischof Albert Sigmund im 17. Jahrhundert eingerichtete Barockgalerie eine Belebung erfahren durch die Aufnahme von großformatigen Gemälden aus dem Freisinger Diözesanmuseum. Die Dombibliothek umfasst nunmehr 190 000 Bände und hat auch die Bibliothek des Metropolitankapitels mit 55 000 Bänden aufgenommen.

14.06. Vor 400 Jahren ist in München der Komponist Orlando di Lasso gestorben. Im belgischen Städtchen Mons als Roland di Lassus geboren, kommt der Wallone über Mailand, Mantua und Rom, wo er einige Jahre Kirchenmusiker am Lateran ist und seinen Namen italienisiert, schließlich auf Vermittlung der Familie Fugger nach München und wird Kapellmeister an der Hofkapelle der bayerischen Herzöge. 1570 wird er in den Adelsstand erhoben, unternimmt viele Reisen und verkehrt an kaiserlichen und königlichen Höfen.

18.06. Zehn Frauen und sieben Männer werden vom Münchener Erzbischof als Pastoralassistenten und -assistentinnen ausgesandt. Nach Abschluss des Theologiestudiums werden sie vor allem im Religionsunterricht, in der Jugendarbeit und im Predigtdienst sowie in der pfarrlichen Mitarbeit eingesetzt.

19.-21.06. Mit einer Festversammlung im Innenhof des Freisinger Kardinal-Döpfner-Hauses geht das Pastorale Forum zu Ende. Drei Jahre haben sich Priester und Laien, Seelsorger und

Jugendvertreter, ehrenamtliche Erstkommunionmütter und Vertreter charismatischer Bewegungen, kirchliche Schulexperten und Mitglieder des Diözesanrates mit den verschiedenen Themen beschäftigt. Abschließend wird das neue Modell zum Einsatz von Laien als „Pfarrbeauftragte" behandelt und verschiedene Themen wie „wiederverheiratete Geschiedene", Homosexualität u. a. verabschiedet. Trotz vieler gegensätzlicher Standpunkte wird die freie Rede und Gegenrede und das gegenseitige Verstehen und das Zugehen aufeinander als wertvolles Erlebnis des Pastoralen Forums herausgestellt.

29.06. Dr. Bernhard Haßlberger, bisher Direktor des Bildungszentrums in Freising, wird von Friedrich Kardinal Wetter zum Bischof geweiht. Dieser hat ihn in Nachfolge des emeritierten Weihbischofs Heinrich Graf von Soden-Frauenhofen zum Bischofsvikar für die Seelsorgsregion Nord des Erzbistums München und Freising und zum Domkapitular ernannt. Ebenso übernimmt Dr. Haßlberger das Referat für Liturgie und Kirchenmusik, das Bischof Tewes nach seiner Emeritierung noch weitergeführt hatte.

30.06. In Oberaudorf segnet Regionalbischof Franz Schwarzenböck die Kapelle und den Erweiterungsbau des Krankenhauses und weiht den neuen Altar.

01.07. Vor 60 Jahren ist der Journalist Fritz Gerlich im Konzentrationslager Dachau ermordet worden. Fritz Gerlich war 1883 in Stettin geboren und war von 1920 bis 1928 Chefredakteur der Münchener Neuesten Nachrichten. Durch die Begegnung mit der stigmatisierten Therese Neumann in Konnersreuth konvertiert der im calvinistisch-reformierten Glauben Erzogene zum katholischen Glauben und wird besonders durch die Herausgabe der Zeitschrift „Der gerade Weg" zum unerbittlichen Kämpfer gegen den Nationalsozialismus, gegen Materialismus und Atheismus.

Bei der Bischofsweihe von Weihbischof Bernhard Haßlberger, 29. Juni 1994; v.l. Weihbischof Haßlberger, Weihbischof Ernst Tewes, Weihbischof Heinrich Graf von Soden-Frauenhofen.

05.07. Frau Gertrud Peuschel, seit 32 Jahren im kirchlichen Dienst der Erzdiözese tätig, im besonderen als Referentin für alleinstehende Mütter und Väter, wird als erste Frau in Bayern mit dem päpstlichen Silvesterorden ausgezeichnet. Im Dezember 1993 hatte der Papst entschieden, dass dieser Orden auch an Frauen vergeben wird.

24.07. In Haspelmoor, Pfarrei Hattenhofen, weiht der Münchener Erzbischof die neu errichtete Pater-Rupert-Mayer-Kapelle und den Altar.

04.09. Mit Ministerpräsident Edmund Stoiber und Kardinal Friedrich Wetter feiert das Werdenfelser Land sein 700-jähriges Jubiläum. 1294 konnte der Freisinger Fürstbischof Enicho Wildgraf die „Grafschaft zu Partenkirchen und zu Mittenwald" mit der Festung Werdenfels für das Hochstift Freising erwerben.

21.09. Den Behinderten gilt die Sorge der Kirche.

In Ecksberg war 1852 der Mühldorfer Seelsorger Joseph Propst mit neun behinderten Kindern in das halb verfallene Benefiziatenhaus eingezogen. Heute bieten die Ecksberger Anstalten mit dem betonten Prinzip der Beschäftigungstherapie 200 Männern und Frauen Heimat und Fürsorge.

In Algasing bei Dorfen haben die Barmherzigen Brüder mit einem neuen Werkstattbau in diesem Jahr das Angebot für 220 Behinderte modernisiert. Bereits im Jahre 836 ist der Ort Allkysinga urkundlich erwähnt. 1860 hatte der Pfarrer von Dorfen eine „Anstalt für verwahrloste Knaben" gegründet.

In der Kurzstraße in München-Harlaching ist in den vergangenen drei Jahren mit einem Aufwand von 80 Millionen DM, vom Freistaat Bayern finanziert, der Altbau der Landesschule für Körperbehinderte saniert worden. Pfarrer Reiner Schmidt, seit 20 Jahren als Religionslehrer an der dortigen Volksschule und der Berufsschule tätig, bescheinigt den mehr als 200 behinderten Schülern und Schülerinnen eine ungemeine Erlebnisfähigkeit.

In der Anstalt Schönbrunn bei Dachau, seit 1861 durch Gräfin Victorine von Butler-Haimhausen eine Heimat für behinderte Menschen, haben die Ordensschwestern, deren Zahl auf 200 zurückgegangen ist, die Leitung in diesem Jahr in weltliche Hände gelegt. Unter dem neuen Namen „Franziskuswerk Schönbrunn" leben dort in 58 Wohngruppen 800 behinderte Kinder, Frauen und Männer. Mit den modernen Wohnanlagen und den Werkstätten wie Buchbinderei, Druckerei, Schreinerei und Malerei, Landwirtschaft und Gärtnerei bilden ein Kindergarten, die Johannes-Neuhäusler-Schule für geistig Behinderte und die Fachschule für Heilerziehung sowie eine eigene Post und das Gasthaus „Zur Linde" ein Dorf für sich.

01.10. Im Haus „Innocentia" der Dillinger Franziskanerinnen in Bad Reichenhall weiht Regionalbischof Franz Schwarzenböck den Altar und die neue Kapelle des Schwestern-Erholungsheimes.

08.10. Zum Abschluss der Renovierung der Pfarrkirche Hl. Dreifaltigkeit in Kolbermoor weiht Bischof Franz Schwarzenböck den neuen Altar.

16.10. Im Münchener Liebfrauendom hält Friedrich Kardinal Wetter zum Tag der Nationen Gottesdienst mit 25 Priestern aus verschiedenen Nationen in Konzelebration. Im Erzbistum gibt es 26 katholische Ausländer-Missionen für 18 Sprachgruppen und Nationen mit ca. 150000 Katholiken.

16.10. Weihbischof Engelbert Siebler weiht in der Münchener Pfarrkirche St. Agnes den neuen Altar.

20.10. Statt getrennter Gottesdienste findet erstmals im Münchener Dom ein ökumenischer Wortgottesdienst statt zur Eröffnung des neu gewählten Bayerischen Landtags. Der

Erzbischof von München, Kardinal Wetter, und der Landesbischof der Evangelisch-Lutherischen Kirche, Hermann von Loewenich, halten die Ansprachen.

31.10. Anlässlich des 1000. Todestages des heiligen Wolfgang hält Kardinal Wetter einen Gottesdienst in St. Wolfgang bei Dorfen, ebenso Weihbischof Engelbert Siebler einen Gottesdienst in der Filialkirche St. Wolfgang in Pipping im Dekanat München-Menzing.

01.11. Dr. Wolfgang Schwab, bisher Pfarrer von München-Erscheinung des Herrn, wird zum Leiter des Personalreferates für Priester und Diakone im Erzbischöflichen Ordinariat ernannt und erhält als Ordinariatsrat Sitz und Stimme in der Ordinariatssitzung. Dr. Gerhard Gruber war von diesen Ämtern entpflichtet worden, bleibt aber Domdekan und übernimmt zusätzlich das Referat für Studienseminare.

08.11. Im Alter von 79 Jahren stirbt in München Toni Böck. 35 Jahre gehörte der volksverbundene Kommunalpolitiker dem Münchener Stadtrat an, im Besonderen aber war der engagierte Katholik 25 Jahre als Geschäftsführer des Diözesanrats der Katholiken im Erzbistum und im Landeskomitee der Katholiken in Bayern tätig.

20.11. Mit der jetzt begonnen Dachsanierung des säkularisierten Inseldomes eröffnet die Vereinigung der Freunde von Herrenchiemsee die seit langem geforderte Restaurierung der Kathedrale des ehemaligen Bistums Chiemsee.

23.11. Wegen der rückläufigen Einnahmen aus der Kirchenlohn- und Kircheneinkommensteuer kündigt die Erzdiözese einen strikten Sparkurs an, besonders auf dem Bausektor.

27.11. Einen Gottesdienst mit Altarweihe hält Regionalbischof Franz Schwarzenböck in der Pfarrkirche Maria Sieben Schmerzen in Unterwössen.

04.12. Anlässlich der Ernennung von 30 neuen Kardinälen gratuliert der Münchener Erzbischof im Besonderen dem emeritierten Erzbischof Bernardino Ruiz im südamerikanischen Ecuador. Seit vielen Jahren ist Ecuador das Patenland der Erzdiözese München und Freising.
Mit dem ebenfalls zum Kardinal ernannten Jesuitenpater Alois Grillmeier feiert der Erzbischof einen Gottesdienst im Münchener Dom.

15.12. Das Münchener Priesterseminar Georgianum feiert 500-jähriges Jubiläum. Herzog Georg der Reiche von Bayern-Landshut hatte am 15. Dezember 1494 an der von seinem Vater Ludwig dem Reichen gegründeten Universität in Ingolstadt das Collegium Georgianum für Theologiestudenten gegründet. Im Jahre 1800 war dieses Georgianum zusammen mit der Universität nach Landshut und 1826 mit der Universität nach München verlegt worden. Zum festlich begangenen Jubiläum erscheinen die wissenschaftlichen Werke: „Das herzogliche Georgianum in Ingolstadt, Landshut, München 1494-1994" und „Kirche, Kunstsammlung und Bibliothek des herzoglichen Georgianums".

17.12. Vor 50 Jahren ist der Diakon Karl Leisner aus der Diözese Münster im KZ Dachau heimlich zum Priester geweiht worden. Nach der Befreiung aus dem KZ starb Karl Leisner im Lungensanatorium Planegg bei München am 12. August 1945. Die Diözese Münster hat den Seligsprechungsprozess eingeleitet.

1995

07.01. Zur Errichtung der neuen Erzdiözese Hamburg nimmt Friedrich Kardinal Wetter an den Feierlichkeiten in der Hamburger Domkirche St. Marien teil. Seit dem Jahre 845 gab es dort keinen katholischen Bischof mehr, nachdem der heilige Ansgar auf der Flucht vor den Wikingern die Stadt verlassen hatte.

14.01. Der Münchener Erzbischof führt im Kardinal-Döpfner-Haus auf dem Freisinger Domberg den neuen Direktor des Bildungshauses, Pfarrer Guido Anneser in sein Amt ein und verabschiedet den bisherigen Direktor, Weihbischof Bernhard Haßlberger.

17.01. 25 Jahre hat Architekt Carl Theodor Horn das Erzbischöfliche Baureferat geleitet. In einer festlichen Stunde nimmt er Abschied. Sein Nachfolger wird Dipl.-Ing. George Resenberg, bisher im Bauamt der Bayerischen Schlösserverwaltung tätig.

02.02. In Berlin-Plötzensee hat vor 50 Jahren das Leben des Jesuitenpaters Alfred Delp am Galgen geendet. In München hatte er am 24. Juni 1937 durch Kardinal Faulhaber die Priesterweihe erhalten und die entscheidenden Jahre seines Lebens dort verbracht, bis ihn die Schergen des Nationalsozialismus als Mann des Widerstandes dem Tode überlieferten.

09.02. Otto Steinberger, Pfarrer in Buchbach und Leiter des dortigen Pfarrverbandes, ist zum Sprecher des siebten Priesterrates der Erzdiözese gewählt worden. Er löst damit Wolfgang Schwab ab, der jetzt als Ordinariatsrat das Personalreferat für Priester und Diakone leitet.

10.03. Im Kreuzgang der Benediktinerabtei Ettal wird ein Marmormonument zur Erinnerung an zwei Männer des christlichen Widerstandes enthüllt.
Der 1987 selig gesprochene P. Rupert Mayer war von Juli 1940 bis 6. Mai 1945 als „gefährlicher Staatsfeind" im Kloster Ettal interniert.
Der evangelische Theologe Dietrich Bonhoeffer wohnte von November 1940 bis Februar 1941 im Klosterhotel von Ettal und arbeitete dort trotz Rede- und Schreibverbot an seinem Hauptwerk „Ethik". Bonhoeffer hatte gute Beziehungen zu den Benediktiner-

Fahrt im Leitstand des ICE 896 München-Mannheim, 13. Februar 1995, ein besonderes Erlebnis für den Eisenbahnersohn Friedrich Kardinal Wetter.

äbten Korbinian Hofmeister von Metten und Willibald Wolfsteiner von Ettal. Wenige Wochen vor Kriegsende wurde er im KZ Flossenbürg gehängt.

16.03. In München-Fürstenried beginnt ein viertägiger Kurs des Berufsverbandes der Pfarrsekretärinnen und -sekretäre in Deutschland. Er dient der Weiterbildung, der Förderung von Gemeinschaft und der Zusammenarbeit mit zentralen kirchlichen Gremien.

22.03. Auf ihrer Frühjahrsversammlung in Freising beschließen die bayerischen Bischöfe zum 1. Juni 1995, in ihren Diözesen ein einheitliches eigenes kirchliches Arbeitsvertragswerk einzuführen, das die bisherige freiwillige Regelung entsprechend den Bestimmungen des Bundesangestelltentarifvertrags (BAT) durch die Kommission zur Ordnung des Diözesanen Arbeitsvertragsrechts (KODA) weiterentwickelt und das für die 50 000 Frauen und Männer im kirchlichen Dienst der bayerischen Diözesen eine solide arbeitsrechtliche Grundlage bedeutet.

25.03. Friedrich Kardinal Wetter erteilt in seiner Heimatdiözese Speyer dem neu ernannten Weihbischof Otto Georgens die Bischofsweihe.

01.04. Der Jugendpfarrer Martin Cambensy, in München geboren und in Rom 1984 zum Priester geweiht, wird zum Diözesanjugendpfarrer und Leiter des Erzbischöflichen Jugendamtes ernannt.

03.04. Mit dem Diplomtheologen Nikola Capin, Diakon in Taufkirchen bei München, ist erstmals in der Erzdiözese ein hauptamtlicher Seelsorger für die ca. 5 000 Sinti und Roma und andere Sippenverbände im Bistum ernannt worden. Diakon Capin wirbt um Verständnis für die Kultur der verschiedenen Stämme, die unter dem Sammelbegriff „Zigeuner" immer schon leidvollen Verfolgungen in vielen europäischen Ländern ausgesetzt gewesen seien.

04.04. Im 93. Lebensjahr stirbt in Ettal Dr. Johannes Maria Höck, Altabt von Scheyern und vorher schon Abt von Ettal. In Ettal hatte P. Johannes Höck das Byzantinische Institut begründet und sich um die gestörten Beziehungen zwischen dem christlichen Osten und Westen verdient gemacht, besonders durch die Herausgabe der Schriften des Kirchenlehrers Johannes Damascenus.

07./08.05. Mit einem Gottesdienst im Münchener Dom und einem ökumenischen Friedensgebet in der St.-Michaels-Kirche gedenken Kardinal Wetter und der evangelische Landesbischof Hermann von Loewenich in Anwesenheit staatlicher und städtischer Vertreter sowie von Abgesandten der Partnerstädte der bayerischen Landeshauptstadt von Kiew, Edinburgh, St. Gallen und Verona des Kriegsendes vor 50 Jahren.

Am 10. Mai 1945 hatte Kardinal Faulhaber in einem Hirtenwort auf zwei dringliche Aufgaben hingewiesen: Den wilden Plünderungen wieder eine öffentliche Ordnung entgegenzusetzen und die Hungersnot von Stadt und Land abzuwenden.

28.05. An der Amtseinführung des neuen Erzbischofs von Bamberg, des bisherigen Bischofs Karl Braun von Eichstätt, nimmt Friedrich Kardinal Wetter im Bamberger Dom teil.

29.05. Die Kinderklinik in der Münchener Lachnerstraße wird nach entsprechenden Vorbereitungen in das Krankenhaus des Dritten Ordens in Nymphenburg umziehen und mit der dortigen Geburtshilfeabteilung eine große Einheit bilden, der auch alle technischen Einrichtungen eines großen Krankenhauses zur Verfügung stehen. Die bisherige Trägerschaft der „Stiftung Katholische Kinderklinik St. Benedikt" wurde dazu von der Schwesternschaft des Dritten Ordens übernommen.

18.06. Nach Mitteilung des Dekans der Katholisch-Theologischen Fakultät, Professor Dr. Johannes Gründel, wird erstmals zum Wintersemester 1995/96 ein neuer Studiengang Orthodoxe Theologie an der Ludwigs-Maximilians-Universität in München aufgenommen.

25.06. Der Guardini-Preis 1995 der Katholischen Akademie wird 50 Jahre nach Kriegsende dem polnischen Außenminister Wladyslaw Bartoszewski zuerkannt, der sich durch sein Eintreten für Versöhnung und Bewältigung der Vergangenheit verdient gemacht hat.

29.06. Wegen der Einführung eines zweiten pastoralen Jahres für die Priesteramtskandidaten wird in diesem Jahre keine Priesterweihe in Freising sein. In Rom jedoch wird Friedrich Kardinal Wetter an zwei an der Päpstlichen Universität Gregoriana studierende Diakone unserer Erzdiözese das Sakrament der Priesterweihe erteilen.

11.07. Für die im November 1994 durch ein Großfeuer zerstörte Münchener Herz-Jesu-Kirche wird nach Angabe des Erzbischöflichen Baureferenten George Resenberg ein Architektenwettbewerb ausgeschrieben, der etwa 200 eingereichte Arbeiten erwarten lässt. In das Preisgericht soll auch die Pfarrei Herz Jesu, der diesbezügliche Förderkreis und die Stadt München einbezogen werden.

20.07. Im Zusammenhang der Ausstellung „Alte Liturgiebücher des Bistums Freising" in der Freisinger Dombibliothek wird auch eine kürzlich erworbene Pergamenthandschrift mit 387 Blättern gezeigt, das um 1380 entstandene Freisinger Missale der adeligen Familien Haidlfinger und Sulzemoos.

23.07. Matthias Defregger, der volksnahe Münchener Weihbischof stirbt im Alter von 80 Jahren und findet in der Heimat seiner Vorväter, in Amlach bei Lienz/Osttirol, seine letzte Ruhestätte.

27.08. Theologen aus ganz Europa versammeln sich auf dem Freisinger Domberg zum Kongress der „Europäischen Gesellschaft für Katholische Theologie" und stellen neu die Frage nach Gott, heute in Europa „keine Selbstverständlichkeit des Lebens" mehr.

01.09. Ludwig Scheiel, Pfarrer von Oberneukirchen und Leiter des Pfarrverbandes Flossing wird zum Ordinariatsrat mit Sitz und Stimme in der Diözesanverwaltung ernannt. Er wird Nachfolger von Prälat Johann Faltlhauser, der sich besonders im Aufbau von Pfarrverbänden verdient gemacht hat. Im Erzbistum wurden bisher 110 Pfarrverbände gebildet, in die 329 Pfarreien integriert worden sind. Nach gegenwärtiger Planung sollen noch 76 weitere Pfarrverbände entstehen.

15.09. Der Umweltbeauftragte der Erzdiözese, Gotthard Dobmeier, lädt Damen und Herren von Presse, Rundfunk und Fernsehen zum Besuch der größten Fledermauskolonie in Bayern ein. Im Kirchturm von St. Martin in Au bei Bad Aibling ist bei Renovierungsarbeiten besondere Rücksicht auf diese Art des „Großen Mausohrs" genommen worden.

23.09. Gegen die Entscheidung des Bundesgerichtshofes, das Kreuz aus Bayerns Schulen zu entfernen, erhebt sich in München und im ganzen Lande ein Aufschrei der Entrüstung mit der Forderung: „Das Kreuz muss bleiben."

29.09. Das Rupertushaus in Traunstein, eines der fünf in der Erzdiözese geführten Bildungshäuser, ist modernisiert und durch einen Neubau erweitert worden und erhält durch den Münchener Erzbischof die kirchliche Weihe. Das Haus wird von Schwestern vom Hl. Kreuz geleitet.

01.10. In der Mitte des Freisinger Domhofs weist die in Stein gefertigte Figur auf den Zisterziensermönch Otto hin, der von 1138 bis 1158 als Bischof von Freising die dortige Domschule zu neuer Blüte führte. Der als Seliger verehrte Bischof Otto gilt als bedeutender Geschichtsschreiber und Geschichtsphilosoph im damaligen Europa. Im burgundischen Zisterzienserkloster Morimond war er vorher zum Abt gewählt worden und ist dort auch begraben. Das Gelände des Klosters, das in der Französischen Revolution säkularisiert worden war und dann zur Ruine verfiel, wurde jetzt durch französische und deutsche Freunde der Abtei wieder in kirchlichen Besitz zurückgeführt. Zur feierlichen Eröffnung eines Gedenksteines für Bischof Otto von Freising ist auch eine deutsche Delegation unter Führung des Münchener Domkapitulars Friedrich Fahr und des Kirchenhistorikers Peter Pfister nach Morimond gekommen.

15.10. In der Münchener Ungererstraße ist die neue griechisch-orthodoxe Allerheiligenkirche geweiht worden.
„Im Geist der Gemeinschaft von Schwesternkirchen" hat die Erzdiözese München und Freising das Grundstück mit der ehemals katholischen Pfarrkirche den in München und Umgebung lebenden 25 000 orthodoxen Christen überlassen.

17.10. In Nachfolge von Prälat Ludwig Penger wird die promovierte Theologin Frau Elke Hümmeler zur Leiterin des Referats Caritas und Diakonie im Erzbischöflichen Ordinariat ernannt.

Als Ordinariatsrätin mit Sitz und Stimme ist sie damit die erste Frau in der Leitungsfunktion eines bayerischen Bistums.

09.11. Das Kaisergrab für Ludwig den Bayern im Münchener Dom, vom Bildhauer und Architekten Hans Krumper entworfen und 1622 aus schwarzem Marmor und Bronze fertig gestellt, ist im Rahmen der großen Renovierung der Frauenkirche von mechanischen und chemischen Schäden befreit worden. Eine dort im Rahmen einer Feierstunde angebrachte Gedenktafel erinnert an die Messerschmitt-Stiftung für Erhaltung von Denkmälern im deutschen Kulturraum, die für die erheblichen Kosten aufgekommen ist.

Mit einem Festgottesdienst in der Münchener Bürgersaalkirche feiern die Mesnerinnen und Mesner des Erzbistums ihren zehnten Diözesantag und 90 Jahre Mesnergemeinschaft. Zugleich wird Mesner Wilhelm Reichart verabschiedet, der 30 Jahre Diözesanleiter gewesen ist und entscheidend zur Gründung der überdiözesanen Mesnerschule beigetragen hat.

19.11. Patriarch Aleksij aus Moskau kommt nach München und wird von Kardinal Wetter als Bote des Friedens und der Versöhnung begrüßt. Der Patriarch weist auf frühere geistige Beziehungen zwischen der katholischen Kirche Bayerns und der Russisch-Orthodoxen Kirche hin, auch auf die von den Orthodoxen und Katholiken gemeinsam verehrte selige Edigna, die eine Enkelin des Großfürsten Jaroslav des Weisen von Kiew gewesen sei. 35 Jahre hatte sie als Einsiedlerin in Puch bei Fürstenfeldbruck gelebt, dort sei sie 1109 „in höchster Armut und Heiligkeit" gestorben.

22.11. Die ersten fünf Ständigen Diakone sind vor 25 Jahren durch Julius Kardinal Döpfner für das Erzbistum geweiht worden. Das Zweite Vatikanische Konzil hatte den Diakonat als eigenständigen geistlichen Beruf wiedererweckt und ausdrücklich auch verheiratete Männer zur Diakonenweihe zugelassen. In der Erzdiözese München und Freising sind z.Zt. 143 Ständige Diakone tätig. Sie verstehen sich besonders als Anwalt der Armen, der Schwachen oder der an den Rand Gedrängten, wie ihr Sprecher Johannes Lackermair im Rahmen eines Festaktes anlässlich des Freisinger Korbiniansfestes erklärte.

01.12. Dr. iur. can. Joseph Pfab CSsR wird in Nachfolge des am 1. September ausgeschiedenen Schweizer Priesters Prälat Dr. Heinz Maritz zum Offizial des Erzbischöflichen Konsistoriums und Metropolitangerichts ernannt.

31.12. In seiner Silvesterpredigt weist Friedrich Kardinal Wetter auf die Ereignisse vor 50 Jahren hin, als der Zweite Weltkrieg zu Ende ging. Nie mehr dürften die Warnzeichen übersehen werden, die seinerzeit zu der Katastrophe dieses Krieges mit seinem bitteren Ende geführt hätten. In Anspielung auf die heftigen Auseinandersetzungen über das Kreuz in den Schulen, bekräftigte der Erzbischof: Das Kreuz ist und bleibt das heilige Zeichen unseres Glaubens, es ist und bleibt das Zeichen unserer Erlösung.

Peter Pfister

Chronik der Erzdiözese München und Freising 1996 – 2. Februar 2007

1996

01.01. Das bisherige Referat „Caritas und fremdsprachige Seelsorge" im Erzbischöflichen Ordinariat München wird in zwei selbstständige Referate geteilt: in das Referat Caritas (wie bisher Referat 9) und in das Referat „Fremdsprachige Seelsorge" (künftig Referat 11). Zum selben Zeitpunkt wurde Ordinariatsrat i. R. Ehrendomherr Prälat Ludwig Penger als Leiter des Referats „Caritas und fremdsprachige Seelsorge" entpflichtet (zuletzt ab 1. Juni 1994 hierfür noch teilzeitlich beauftragt). Frau Dr. Elke Hümmeler wird von Herrn Erzbischof Friedrich Kardinal Wetter zum selben Zeitpunkt zur Leiterin des Referats „Caritas" im Erzbischöflichen Ordinariat München und zur Ordinariatsrätin mit Sitz und Stimme in der Ordinariatssitzung ernannt. Der Bischofsvikar der Seelsorgsregion München, Weihbischof Engelbert Siebler, wird zum (nebenamtlichen) Leiter des Referats „Fremdsprachige Seelsorge" im Erzbischöflichen Ordinariat ernannt.

16.01. Die zweitälteste Glocke der Frauenkirche muss repariert werden: die „Winklerin" verlässt nach 545 Jahren erstmals die Glockenstube der Frauenkirche.

18.01. Dr. Johann Baptist Huber, Priester der Erzdiözese München und Freising, wird zum Direktor des Instituts für Fort- und Weiterbildung der pastoralen Berufe ernannt. Der stellvertretende Direktor, Pastoralreferent Walter Biechele, hatte das Institut seit 1993 aufgebaut.

21.01. Erzbischof Friedrich Kardinal Wetter betont bei der Veröffentlichung des neuen Statuts für Dekane, er wolle starke Dekane, die für eine zeitgemäße Seelsorge mitverantwortlich sind und die sachliche Zusammenarbeit der Mitarbeiter und Mitarbeiterinnen in der Seelsorge eines Dekanats stärken. Ein äußeres Zeichen dieser „Aufwertung" des Dekanats wird künftig die Amtseinführung der neuen Dekane durch ein Mitglied der Diözesanleitung sein. Erstmals wird dies am 21. Januar im Dekanat Ramersdorf/Perlach im Münchener Süden geschehen. Dort wird Weihbischof Engelbert Siebler den Pfarrer der Stadtpfarrei München-Verklärung Christi, Otto Wiegele, bei einer Eucharistiefeier offiziell in sein Amt einführen.

25.01. Dr. theol. habil. Anton Landersdorfer, Priester der Erzdiözese München und Freising, wird zum Professor für Kirchengeschichte an der Katholisch-Theologischen-Fakultät der Universität Passau ernannt.

06.02. Erzbischof Friedrich Kardinal Wetter kondoliert zum Tode des Psychologen, Arztes und Philosophen Albert Görres, der seit 1967 dem Allgemeinen Rat der Katholischen Akademie in Bayern angehörte. Im Alter vom 77 Jahren starb Albert Görres am 3. Februar in München.

08.02. Der Erzbischöfliche Finanzdirektor Prälat Dr. Friedrich Fahr charakterisiert den Haushalt 1996. Dabei werden zwei Haupteinflüsse deutlich:
a) der Konjunktureinbruch des Jahres 1993 mit seinen sinkenden Beschäftigungszahlen wird sichtbar und

b) das Jahressteuergesetz 1996 mit der vom Bundesverfassungsgericht vorgeschriebenen Entlastung des „Existenzminimums" von der Einkommensteuer, verbunden mit der Neuregelung des „Familienleistungsausgleichs".

09.02. Der offene Architektenwettbewerb für den Neubau der im November 1994 durch ein Großfeuer zerstörten Herz-Jesu-Kirche in Münchener Stadtteil Neuhausen hat sehr großes Echo gefunden. Für den in den Regierungsbezirken Oberbayern und Niederbayern ausgeschriebenen Wettbewerb haben sich insgesamt mehr als 320 Interessenten gemeldet. 158 von ihnen haben Arbeiten zur Teilnahme am Wettbewerb eingereicht, die im Monat März im Freisinger Diözesanmuseum ausgestellt wurden.

22.02. Mit einem gemeinsamen offenen Brief haben sich der Vorsitzende der Freisinger Bischofskonferenz, Erzbischof Friedrich Kardinal Wetter, und der Landesbischof der Evangelisch-Lutherischen Kirche in Bayern, Hermann von Loewenich, an die Eltern von Schulanfängern im Freistaat Bayern gewandt. Sie bitten die Eltern, den Erziehungsauftrag des schulischen Religionsunterrichts zu unterstützen. Beide erklären, der Religionsunterricht sei auch für Kinder offen, die mit dem christlichen Glauben noch nicht viel anfangen könnten. In einer unsicher gewordenen Welt wolle das Fach „Religion" den Kindern Orientierungshilfen geben und ihnen Mut zum Leben machen.

09.03. In Anwesenheit von Erzbischof Friedrich Kardinal Wetter begeht der Katholische Sportverband Deutsche Jugendkraft DJK im Erzbistum München und Freising sein 40-jähriges Jubiläum.

11.03. Im Architektenwettbewerb für die neue Herz-Jesu-Kirche werden fünf Preisträger und sechs Ankäufe ermittelt. Der erste Preis wird dem Entwurf der Münchener Architekten Markus Allmann, Amandus Sattler und Ludwig Wappner zugesprochen.

23.03. Erzbischof Friedrich Kardinal Wetter nimmt an der Bischofsweihe des neu ernannten Bischofs von Eichstätt Dr. Walter Mixa teil.

16.04. Der einsturzgefährdete Vierungsturm der Hl.-Kreuz-Kirche im Münchener Stadtteil Giesing wird mit einem Kran abgehoben. Für die originalgetreue Rekonstruktion des Vierungsturmes arbeiteten nach den vorhanden Originalplänen schon seit Herbst 1995 Steinmetze in einer kleinen Bauhütte direkt an der Hl.-Kreuz-Kirche.

29.04. Der neue Apostolische Nuntius in Deutschland, Erzbischof Giovanni Lajolo, besucht vom 26. bis 29. April 1996 die Erzdiözese München und Freising. Er führt Gespräche mit Erzbischof Friedrich Kardinal Wetter und macht seinen Antrittsbesuch beim Bayerischen Ministerpräsidenten Edmund Stoiber wie auch bei Kultusminister Hans Zehetmair.

Unter dem Namen „Dombuchhandlung" wird in der Münchener Adolf-Kolping-Str. 4 ein neuer Buchladen mit einem reichhaltigen spezifischen Angebot an theologischer Literatur und Zeitschriften eröffnet.

09.05. An dem Haus Kaulbachstraße 31a im Münchener Stadtteil Schwabing, unter der Gewaltherrschaft des Nationalsozialismus ein Zentrum des katholischen Widerstands in Deutschland, wird eine Tafel angebracht: „Dieses Haus war unter der Gewaltherrschaft des Nationalsozialismus ein Zentrum des katholischen Widerstands. Hier trafen sich mit dem Jesuitenprovinzial Augustinus Rösch die Patres Rupert Mayer, Lothar König und Alfred Delp. Hier fanden mit Helmuth J. Graf Moltke 1942-1943 geheime Treffen des Kreisauer Kreises statt. Alle riskierten ihr Leben, viele verloren es."

10.05. Erzbischof Friedrich Kardinal Wetter segnet das neue St. Benno-Haus für obdachlose Männer des Katholischen Männerfürsorgevereins München.

18.05. Erzbischof Friedrich Kardinal Wetter nimmt am Papstbesuch in Ljubljana/Slowenien teil.

19.05. Erzbischof Friedrich Kardinal Wetter feiert einen Pontifikalgottesdienst zum 1 000-jährigen Jubiläum Österreichs.

01.06. Der Münchener Dompfarrer Lorenz Kastenhofer gehört mit Wirkung vom 1. Juni 1996 als Domkapitular dem Metropolitankapitel München an. Neben seiner Aufgabe als Dompfarrer übernimmt der neue Domkapitular Kastenhofer vom 1. September 1996 an im Münchener Erzbischöflichen Ordinariat auch die Aufgabe des Stellvertretenden Generalvikars. Zu diesem Zeitpunkt geht der bisherige Amtsinhaber, Monsignore Albert Haringer, aus gesundheitlichen Gründen in den Ruhestand.

07.06. Unter großer Anteilnahme des Klerus der Erzdiözese München und Freising und Menschen aus allen Teilen des Erzbistums wird der am 31. Mai im Alter von 92 Jahren verstorbene Apostolische Protonotar Michael Höck am 7. Juni im Garten des Kreuzgangs des Freisinger Mariendoms beerdigt.

13.06. Die Katholische Stiftungsfachhochschule München mit ihren beiden Abteilungen in Benediktbeuern und München begeht im Sommersemester 1996 ihr 25-jähriges Gründungsjubiläum.

16.06. Erzbischof Friedrich Kardinal Wetter hält anlässlich der 1250-Jahr-Feier der Gründung der Benediktinerabtei Tegernsee, die zu den ersten Gründungen der Benediktiner in Altbayern zählt, in der ehemaligen Klosterkirche St. Quirinus in Tegernsee einen Gottesdienst. Er konzelebriert mit den Äbten bayerischer Benediktinerklöster.

22./23.06. Erzbischof Friedrich Kardinal Wetter nimmt am Papstbesuch in Paderborn und Berlin teil.

08.07. Zum Tode des Herzogs Albrecht von Bayern, der am 8. Juli im Alter von 91 Jahren im Schloss Berg am Starnberger See gestorben ist, hat Erzbischof Friedrich Kardinal Wetter kondoliert. Das feierliche Pontifikalrequiem für Herzog Albrecht findet am 13. Juli in der Theatinerkirche St. Kajetan statt.

09.07. Anlässlich des 20. Todestages von Erzbischof Kardinal Julius Döpfner (24. Juli 1996) veranstaltet die Katholische Akademie in Bayern ein Gedenkforum für Döpfner. Erzbischof Friedrich Kardinal Wetter betont dabei, Döpfner habe eine zukunftsorientierte „lebendige Kirche" gewollt, wie sie der Vision des Zweiten Vatikanischen Konzils entspreche.

15.07. Bundespräsident Roman Herzog hat Domdekan Prälat Dr. Gerhard Gruber mit dem Verdienstkreuz Erster Klasse des Verdienstordens der Bundesrepublik Deutschland ausgezeichnet.

18.07. Der Generalabt des Zisterzienserordens, Mauro Esteva, Rom, hat dem Münchener Domkapitular Dr. Friedrich Fahr und dem Kirchenhistoriker Dr. Peter Pfister die höchste Auszeichnung des im 11. Jahrhundert gegründeten benediktinischen Reformordens verliehen. Beide werden am Donnerstag, 18. Juli, zu Familiaren des Zisterzienserordens ernannt. Die Auszeichnung wird in Anerkennung umfangreicher Unterstützung und Hilfe bei der Rückführung der ehemaligen Zisterzienserabtei Morimond in Burgund in kirchliche Hände vergeben.

31.08. Erzbischof Friedrich Kardinal Wetter mahnt anlässlich der Einweihung des neuen St. Benno-Gymnasiums in Dresden die Vermittlung sittlicher Maßstäbe in der Erziehung junger Menschen an. Das neue Schulgebäude für das St. Benno-Gymnasium in Dresden zeigt die enge Verbindung zwischen den Bistümern München und Freising und Dresden-Meißen auf.

07.09. Erzbischof Friedrich Kardinal Wetter nimmt am Papstbesuch in Győr/Ungarn teil.

16.09. Erzbischof Friedrich Kardinal Wetter weiht in München-Pasing eines der modernsten Behindertenzentren Bayerns, das Monsignore-Bleyer-Haus, das in der Trägerschaft des Katholischen Jugendsozialwerks München steht. Es beinhaltet 260 Plätze für behinderte Menschen. Neben einem Wohnheim und einem Wohnpflegeheim sind an der

Pasinger Avenarius-Straße auch Werk- und Förderstätten entstanden, in denen die Bewohner der Anlage ihrer täglichen Arbeit nachgehen.

25.09. Wegen eines Defizits von 13,6 Millionen DM im Wirtschaftsplan 1996 müssen beim Caritasverband der Erzdiözese München und Freising Konsolidierungsmaßnahmen eingeleitet werden, wie Caritasreferentin Ordinariatsrätin Dr. Elke Hümmeler mitteilt.

02.10. Seit 25 Jahren gibt es in der Erzdiözese München und Freising Pastoralassistenten und -referenten, die als hauptamtliche Mitarbeiter gemeinsam mit den anderen seelsorglichen Berufsgruppen einen wesentlichen Beitrag zum Aufbau christlicher Gemeinden leisten.

31.10. Erzbischof Friedrich Kardinal Wetter ernennt zwei neue Ehrendomkapitulare: Ordinariatsrat i. R. Prälat Johann Faltlhauser und Dompfarrer i. R. Prälat Johann Hillreiner.

01.11. Vor 175 Jahren wurde der gebürtige Würzburger Lothar Anselm Freiherr von Gebsattel zum Bischof geweiht und am 5. November 1821 feierlich als erster Erzbischof von München und Freising in der zur Kathedralkirche erhobenen Münchener Frauenkirche inthronisiert. Auch das Münchener Metropolitankapitel besteht seit 175 Jahren.

09.11. Erzbischof Friedrich Kardinal Wetter nimmt am goldenen Priesterjubiläum des Heiligen Vaters teil.

28.11. Für den verstorbenen Vizepräsidenten des Deutschen Bundestages, Hans Klein, zelebriert Erzbischof Friedrich Kardinal Wetter am 6. Dezember in der Münchener Frauenkirche das Requiem.

29.11. Nach einer umfangreichen Restaurierung wird die größte Sonnenuhr Deutschlands an der Münchener Frauenkirche zum 1. Advent 1996 der Öffentlichkeit wieder übergeben.

17.12. Die zweitälteste Glocke der Frauenkirche, die „Winklerin", kehrt in ihre Glockenstube auf dem Nordturm zurück.

1997

16.01. Papst Johannes Paul II. hat den aus Altersgründen eingereichten Rücktritt des Bischofs und Apostolischen Exarchen der katholischen Ukrainer des slawisch-byzantinischen Ritus in Deutschland und Skandinavien, Platon Kornyljak, angenommen.

17.01. Seit 25 Jahren organisiert das Seelsorgereferat der Erzdiözese Tage der Lebensorientierung für Paare und Familien und leistet damit einen wichtigen Beitrag, damit Eheleute auch nach der Hochzeit Impulse für gelingende Partnerschaft erhalten.

19.01. Mit einem Pontifikalgottesdienst in der barocken Klosterkirche von Altomünster eröffnet Erzbischof Friedrich Kardinal Wetter das Jubiläumsjahr im Gedenken an die Gründung des Birgittenklosters in Altomünster vor 500 Jahren.

29.01. Papst Johannes Paul II. ernennt den Regens des Münchener Priesterseminars, Rainer Boeck, zum Päpstlichen Hauskaplan mit dem Titel Monsignore.

02.02. Der neue Oberhirte der 30 000 katholischen Ukrainer des slawisch-byzantinischen Ritus in Deutschland, der zum Apostolischen Administrator ernannte Bischof Michael Hrynchyshyn, wird in der ukrainischen Bischofskirche Maria Schutz/St. Andreas in sein Amt eingeführt.

07.02. Erzbischof Friedrich Kardinal Wetter hat den Domkapitular und Leiter des Referats für Presse und Öffentlichkeitsarbeit im Münchener Erzbischöflichen Ordinariat, Prälat Dr. Sebastian Anneser, zum neuen Erzbischöflichen Finanzdirektor ernannt. Dr. Anneser ist Nachfolger von Domkapitular Dr. Friedrich Fahr, der Ende Dezember 1996 unerwartet aus gesundheitlichen Gründen seinen Rücktritt zum 1. März 1997 angekündigt hatte.

08.02. Das neue Pfarrheim in der Pfarrei Maria Heimsuchung in Forstinning, Landkreis Ebersberg, das 250. der Erzdiözese, übergibt Weihbischof Heinrich Graf von Soden-Fraunhofen seiner Bestimmung.

10.02. Der größte Sozialverband in München und Oberbayern, der Caritasverband der Erzdiözese München und Freising, existiert seit 75 Jahren. Am 23. Februar wird das Jubiläum mit einem Festgottesdienst, den Erzbischof Friedrich Kardinal Wetter zelebriert und zu dem fast 3 000 Sammlerinnen und Sammler der Caritas geladen wurden, gefeiert.

21.02. Erstmals ist in München in einer katholischen und evangelischen Pfarrei eine zusätzliche Wohnviertelseelsorge eingerichtet worden. Für die katholische Gemeinde München-St. Gertrud steht Diakon Gilbert Kutscher im Wohnviertel des Münchener Stadtteils Harthof zur Verfügung.

24.02. Bundespräsident Roman Herzog hat den Generalvikar des Erzbischofs von München und Freising, Domkapitular Prälat Dr. Robert Simon, mit dem Verdienstkreuz am Bande des Verdienstordens der Bundesrepublik Deutschland ausgezeichnet.

05.03. Domkapitular Prälat Dr. Friedrich Fahr wird neuer Leiter des Ordensreferats im Münchener Erzbischöflichen Ordinariat mit Wirkung vom 1. März 1997.

13.03. Im Oktober 1994 wurde offiziell der Auftrag zu einer Strukturuntersuchung der Erzdiözese München und Freising erteilt. Er wurde an das Österreichische Studienzentrum für internationale Analysen STUDIA Schlierbach vergeben. Die umfangreichen Untersuchungen, bei denen die Mitarbeiter und Mitarbeiterinnen in den Pfarrgemeinden, im überpfarrlichen Dienst und die Mitarbeiter und Mitarbeiterinnen des Erzbischöflichen Ordinariats befragt wurden, dauerten zwei Jahre. Ihre in vielen Arbeitsstunden analysierten und diskutierten Ergebnisse legt nun Generalvikar Dr. Robert Simon im Rahmen einer Pressekonferenz der Öffentlichkeit vor. Die Anregung und der entscheidende Anstoß für diese Studie kamen aus dem von Erzbischof Friedrich Kardinal Wetter zur Stärkung und Erneuerung des Glaubens in der Erzdiözese einberufenen Pastoralen Forum, das sich in vier Sitzungsperioden von 1991 bis 1994 mit wichtigen Fragen des kirchlichen Lebens und der Pastoral in unserer Erzdiözese befasste. Generalvikar Dr. Robert Simon kündigt eine Verbesserung des Informationsmanagements an. Die Untersuchung habe gezeigt, dass Entscheidungswege zu lang und getroffene Entscheidungen vielfach zu undurchsichtig seien. Auch über eine stärkere Dezentralisierung müsse nachgedacht werden. Die Untersuchung hatte ergeben, dass an der Basis eine stärkere Mitsprache in Bauangelegenheiten und in Personalfragen gewünscht wird. Nachgehen müsse man auch der Feststellung, dass zwei Drittel der im Beruf des Pastoralreferenten in der Pfarrseelsorge tätigen Theologen kritisch zum kirchlichen Amt stünden. Als erfreulich wertet Dr. Simon die außerordentlich hohe Zahl von Frauen und Männern, die im religiösen, kulturellen und sozialen Bereich an der Gestaltung des kirchlichen Lebens ehrenamtlich mitwirken.

16.03. Die Weihbischöfe Heinrich Graf von Soden-Fraunhofen und Franz Schwarzenböck feiern das 25-jährige Jubiläum ihrer Bischofsweihe im Freisinger Mariendom mit einem Festgottesdienst, den Erzbischof Friedrich Kardinal Wetter mit ihnen konzelebriert.

08.04. Die gotische Stadtpfarrkirche St. Jodok in Landshut wird nach fast elfjähriger Bauzeit wieder für den Gottesdienst geöffnet und als Pfarrkirche zur Verfügung stehen.

10.04. 100 Jahre leisten Schwestern der Kongregation vom Göttlichen Erlöser in der im Münchener Stadtteil Schwabing gelegenen Privatklinik Dr. Decker Dienste am Krankenbett.

11.04. In der Erzdiözese München und Freising gibt es seit einem Vierteljahrhundert eine kirchenamtlich und staatlich legitimierte eigenständige Organisation für die Erwachsenenbildung in kirchlicher Trägerschaft.

27.04. Einer der großen katholischen Reformtheologen des 16. Jahrhunderts, der erste deutsche Jesuit Petrus Canisius (1521-1597), steht im Mittelpunkt des ihm gewidmeten Gedenkjahres zu seinem 400. Todestag. Erzbischof Friedrich Kardinal Wetter zelebriert am 27. April, dem Gedenktag des Petrus Canisius, einen festlichen Gottesdienst in der Münchener St.-Michaels-Kirche. Zum selben Anlass findet im Bayerischen Nationalmuseum eine Sonderausstellung „Rom in Bayern, Kunst und Spiritualität der ersten Jesuiten" statt.

01.05. Erzbischof Friedrich Kardinal Wetter weiht am 1. Mai die neue Pfarrkirche, das Pfarrzentrum und das Sozialzentrum in der Kath. Pfarrgemeinde St. Maximilian Kolbe im Münchener Stadtteil Südperlach.

Zwei führende Mitarbeiter des Erzbischofs von München und Freising, die in wichtigen Funktionen an der Spitze des Erzbischöflichen Ordinariats stehen, können ihr 25-jähriges Dienstjubiläum in diesen Aufgaben feiern: Generalvikar Dr. Robert Simon und Seelsorgereferent Domkapitular Georg Schneider.

08.05. Am Fest Christi Himmelfahrt feiert der Präfekt der römischen Glaubenskongregation, Kardinal Joseph Ratzinger, im Münchener Dom den 20. Jahrestag seiner Bischofsweihe.

09.05. Der schulische Religionsunterricht hat sich nach den Worten von Erzbischof Friedrich Kardinal Wetter positiv bewährt. Er gehöre zu den Feldern, wo sich das partnerschaftliche Zusammenwirken von Staat und Kirche bewährt habe, erklärt Erzbischof Friedrich Kardinal Wetter zum Auftakt des Bundeskongresses der Katholischen Elternschaft Deutschlands KED, der vom 9. bis 11. Mai im Freisinger Kardinal-Döpfner-Haus stattfindet.

10./11.05. Erzbischof Friedrich Kardinal Wetter reist in die ehemalige Zisterzienserabtei Morimond im französischen Nordburgund. Dort benediziert er eine der heiligen Ursula geweihte Pfortenkapelle und übergibt sie wieder in geistliche Hände. Die mit Unterstützung der Erzdiözese München und Freising wieder hergestellte Kapelle ist einer der baulichen Reste der 1115 begründeten Zisterzienserabtei. Von Morimond aus wurden mehr als 260 Klöster des in ganz Europa religiös, sozial und kulturell wirkenden Reformordens der Zisterzienser gegründet, darunter sämtliche Zisterzienserklöster in Bayern und Österreich. Das Treffen in Morimond steht ganz im Zeichen der geistigen und geistlichen Wiederbelebung eines einzigartigen europäischen Kulturerbes. Der zuständige Diözesanbischof von Langres-Chaumont, Leon Taverdet, hat Erzbischof Friedrich Kardinal Wetter ausdrücklich als Nachfolger des seligen Bischofs Otto von Freising (1138-1158) eingeladen. Otto war zugleich auch Abt von Morimond und gilt als einer der bedeutendsten europäischen Bischöfe, Politiker und Geschichtsschreiber des Mittelalters.

14.05. Der Freisinger Mariendom muss innen restauriert werden. Die von den Brüdern Asam 1723/24 in weniger als einer Jahresfrist gestalteten fünf Deckenkompositionen sollen in ihrem ursprünglichen Zustand wieder erstehen. Im Presbyterium des Freisinger Doms wurde ein Gerüst errichtet. Dort wird eine so genannte Musterachse angelegt. Ein Münchener Restaurator untersucht in dieser Musterachse die Fresken, Wandfassungen, den Stuckmarmor und andere Teile der Architektur. Die freigelegten Muster dienen dann der Erarbeitung eines Konzepts für die Gesamtrestaurierung.

15.05. In München gibt es wieder ein reichhaltiges und aktuelles Angebot an religiöser und theologischer Literatur in einem speziellen Buchladen: die Dombuchhandlung. Erzbischof Friedrich Kardinal Wetter segnet die theologische Fachbuchhandlung und übergibt sie offiziell ihrer Bestimmung.

31.05. bis 03.06. Erzbischof Friedrich Kardinal Wetter nimmt am Pastoralbesuch des Heiligen Vaters in Polen (Eucharistischer Weltkongress in Breslau und Gnesen) teil.

10.06. Die Ehe-, Partnerschafts- und Familienberatung München e.V., eine der größten Einrichtungen dieser Art in Bayern, und das ihr nahe stehende Institut für Forschung und Ausbildung in Kommunikationstherapie e.V. stehen unter neuer Leitung. Neuer Leiter der Beratung wird der Diplompsychologe Volker Eckert, bisher Leiter des Instituts. An dessen Spitze tritt der promovierte Diplompsychologe Franz Thurmaier. Der bisherige langjährige Leiter der Beratung, Diplompsychologe Hans Rosenthal, tritt in den Ruhestand.

Nach mehrmonatiger Reparatur ist die mit 555 Jahren älteste Glocke Münchens, die Frühmessglocke, zusammen mit ihrer nur 50 Jahren jüngeren Glockenschwester, der Präsenzglocke, wieder auf den Südturm der Frauenkirche zurückgekehrt.

12.06. Zum 100. Geburtstag der Bahnhofsmission am Gleis 11 auf dem Münchener Hauptbahnhof würdigen Repräsentanten aus Kirche und Gesellschaft die soziale Arbeit der Kirchen.

19.06. Papst Johannes Paul II. ernennt Caritasdirektor Peter Neuhauser zum Päpstlichen Ehrenprälaten.

Neueröffnung der Dombuchhandlung in der Münchener Löwengrube, 15. Mai 1997; Kardinal Wetter mit den beiden Geschäftsführern Rudolf Kiendl (l.) und P. Alfons Friedrich SDB (r.).

20.06. Domkapitular Dr. Friedrich Fahr, der Leiter des Ordensreferats im Erzbischöflichen Ordinariat, wird von Bundespräsident Roman Herzog mit dem Bundesverdienstkreuz Erster Klasse ausgezeichnet.

Die Wiedereröffnung der von Leo von Klenze gebauten, 1837 geweihten, im Zweiten Weltkrieg zerstörten und danach in ihrer architektonischen Gestalt wieder errichteten Allerheiligen-Hofkirche in München ist in der kulturell interessierten Öffentlichkeit weit über die Grenzen Münchens hinaus beachtet und begrüßt worden. Erzbischof Friedrich Kardinal Wetter eröffnet eine von der Künstlerseelsorge in der Allerheiligen-Hofkirche veranstaltete Reihe unter dem Motto „Kunst in der Apsis".

30.06. Die in den 80er Jahren begonnene Inventarisierung des riesigen kirchlichen Kunstgutes im Erzbistum München und Freising wird abgeschlossen. An die 300 000 Werke des kirchlichen Kunstgutes sind fotografisch erfasst, gemessen, beschrieben und dargestellt. Entstanden ist dadurch eine kirchliche Kunsttopographie des Erzbistums München und Freising. Sie steht im Archiv des Erzbistums, das in der ehemaligen Münchener Karmeliterkirche untergebracht ist, der Öffentlichkeit für Forschungszwecke zur Verfügung.

11.07. Das Bestehen der Heimvolksschule Niedernfels ist für die nächsten zwei Jahre gesichert. Die Katholische Jugendfürsorge der Erzdiözese München und Freising ist bereit, Niedernfels zu übernehmen.

16.07. Die Münchener Pfarr- und Universitätskirche St. Ludwig verfügt über eine erneuerte Werktagskapelle, die nach den Plänen der Münchener Architekten Ludwig und Martin Spaenle und in Zusammenarbeit mit den Künstlern Jochem Poensgen, Soest, und Max Faller, München, entstanden ist. Ein besonderer Akzent in dieser neuen Kapelle ist das Grab des mit der Universität München verbundenen bedeutenden Theologen und Philosophen Romano Guardini (1885-1968). Guardini war von 1948-1963 Universitätsprediger in St. Ludwig. Seine auf dem Priesterfriedhof des Oratoriums in St. Laurentius, München, beerdigten Gebeine wurden in aller Stille in die Kapelle von St. Ludwig überführt.

17.07. Bei einem feierlichen Promotionsakt im Senatssaal der Ludwig-Maximilians-Universität München wird dem Erzbischof von München und Freising, Friedrich Kardinal Wetter, die Ehrendoktorwürde der Katholisch-Theologischen Fakultät München verliehen. Die Ehrung wurde aus Anlass des 525. Stiftungsfestes der Universität und ausdrücklich auch am 100. Geburtstag des Münchener Dogmatikers Michael Schmaus vorgenommen, bei dem sich Erzbischof Friedrich Kardinal Wetter mit einer Arbeit über den großen Denker des Mittelalters, Duns Scotus, 1965 habilitiert hatte.

18.07. Die Landesstelle für Katholische Jugendarbeit in Bayern und der Bund der Deutschen Katholischen Jugend BDKJ Bayern begehen in diesem Jahr ihr 50-jähriges Bestehen. Aus diesem Anlass feiert im Münchener Kardinal-Wendel-Haus der Jugendbeauftragte der Freisinger Bischofskonferenz, Weihbischof Dr. Bernhard Haßlberger, einen Festgottesdienst.

22.07. Erzbischof Friedrich Kardinal Wetter ernennt den promovierten Kirchenrechtler Lorenz Martin Wolf mit Wirkung vom 1. August 1997 zum neuen Offizial. Wolf löst in dieser Aufgabe P. Joseph Pfab ab, der dem Redemptoristenorden angehört und im Offizialat weiterhin als einer der Vizeoffiziale zur Verfügung stehen wird.

23.07. Das „Haus Anna" des Sozialdienstes Katholischer Frauen im Münchener Stadtteil Pasing feiert sein 20-jähriges Bestehen. Dort finden Frauen, die durch Schwangerschaft oder Geburt eines Kindes in soziale Schwierigkeiten geraten sind, Aufnahme und qualifizierte Begleitung.

25.07. Nach mehr als 150 Jahren ist im Münchener Stadtteil Berg am Laim das Wirken des traditionsreichen Schulordens der Maria-Ward-Schwestern beendet worden.

26.07. Für die seit 1962 geleistete Partnerschaftshilfe zu Gunsten religiöser, sozialer und kultureller Einrichtungen der katholischen Kirche in Ecuador ist die Erzdiözese München und Freising von staatlicher Seite geehrt worden. Erzbischof Friedrich Kardinal Wetter, der sich zurzeit auf Einladung der ecuadorianischen Bischofskonferenz zu einem einwöchigen Arbeitsbesuch in dem lateinamerikanischen Andenstaat aufhält, wird mit dem Großkreuz des Verdienstordens der Republik Ecuador ausgezeichnet.

12.08. Für den einzigen in einem nationalsozialistischen Konzentrationslager geweihten katholischen Priester, den Deutschen Karl Leisner, wird in Planegg ein von dem Künstler Alexander Henselmann geschaffenes Denkmal geweiht. Leisner war am 17. Dezember 1944 im Konzentrationslager Dachau von einem Mitgefangenen, dem französischen Bischof Gabriel Piguet von Clermont-Ferrand, heimlich zum Priester geweiht worden.

03.09. Im Kardinal-Döpfner-Haus in Freising findet für drei Tage zum ersten Mal der „Internationale Kongress Renovabis“ statt.

21.09. Erzbischof Friedrich Kardinal Wetter nimmt an der Bischofsweihe von Titularbischof und Nuntius Msgr. Hans Schwemmer in Regensburg teil.

24.09. Prälat Dr. Robert Simon, seit 1990 Generalvikar des Erzbischofs von München und Freising, vollendet sein 60. Lebensjahr.

01.10. Erzbischof Friedrich Kardinal Wetter besucht die größte Baustelle des Erzbistums: Die Renovierung der Hl.-Kreuz-Kirche in München-Giesing.

Norbert Mohr, der katholische Leiter der ökumenisch geführten Informations- und Beratungsstelle „Münchner Insel“, tritt aus Altersgründen in den Ruhestand. Zur Nachfolgerin Mohrs wird mit Wirkung vom 1. Oktober die katholische Theologin und Kunsttherapeutin Sybille Loew ernannt.

05.10. Mit einem feierlichen Gottesdienst und einem anschließenden Kirchweihfest für die Gemeinde wird die Holzkirche „Königin der Märtyrer“ im Münchener Stadtteil Giesing ihrer Bestimmung übergeben.

09.10. Weihbischof Franz Schwarzenböck hat zur Vollendung seines 75. Lebensjahrs am 24. Juli 1998 auf eigenen Wunsch um die Entpflichtung von seinen Aufgaben gebeten. Papst Johannes Paul II. hat ein entsprechendes Gesuch Schwarzenböcks bereits angenommen und bestimmt, dass er bis zur Ernennung eines neuen Weihbischofs im Amt bleiben kann.

19.10. In der Münchener Frauenkirche wurde rechtzeitig zum Papstsonntag 1997 eine von dem Münchener Künstler Klaus Backmund geschaffene Bronzetafel angebracht, die an den Besuch von Papst Johannes Paul II. in der Münchener Kathedrale am 19. November 1980 erinnert.

24.10. Seit 25 Jahren unterhält die Erzdiözese München und Freising und die Evangelisch-Lutherische Landeskirche die „Pädagogisch-psychologische Informations- und Beratungsstelle für Schüler/innen“ (P.I.B.), die im Bereich der Stadtpfarrei München-St. Bonifaz ihre Räume hat.

01.11. Der Meisterfotograf des bayerischen Barock, Wolf-Christian von der Mülbe, ist im Alter von 56 Jahren verstorben.

06.11. Erzbischof Friedrich Kardinal Wetter gratuliert der Münchener Pädagogin Mathilde Eller, die als Gründerin einer systematischen schulischen Ausbildung für die geistig Behinderten in Deutschland gilt, zum 95. Geburtstag.

13.11. Die „Instruktion zu einigen Fragen über die Mitarbeit der Laien am Dienst der Priester“ wird veröffentlicht.

25.11. Prälat Johann Strasser, ehemaliger Finanzdirektor und Referent für weltkirchliche Aufgaben im Münchener Erzbischöflichen Ordinariat, ist in München nach langjährigem Leiden gestorben.

26.11. Auf Einladung der Freisinger Bischofskonferenz kommt es zu einem Spitzengespräch zwischen katholischer Kirche und Wirtschaftsvertretern in Bayern. Der Meinungsaustausch hat die Arbeitslosigkeit und die Globalisierung zum Thema.

28.11. Mit dem Bau der neuen Pfarrkirche Herz Jesu/Neuhausen, die am 26. November 1994 abbrannte, wird nach alter Tradition des Bauhandwerks durch den ersten Spatenstich begonnen.

15.12. Papst Johannes Paul II. zeichnet den Vorsitzenden des Bayerischen Klerusverbandes, den Münchner Pfarrer Herbert Jung, mit der Ernennung zum Monsignore aus.

1998

08.01. Monsignore Josef Hillreiner, von 1936 bis 1982 Domzeremoniar an der Münchener Frauenkirche, ist im Alter von 93 Jahren gestorben.

13.01. Der Katholische Männerfürsorgeverein München, der sich um obdachlose Männer und ihre Integration in die Gesellschaft kümmert, gedenkt seines Gründers, des vor 25 Jahren verstorbenen Landescaritasdirektors und bayerischen Senators Monsignore Adolf Mathes. Mathes, 1908 in München-Au geboren und 1932 zum Priester geweiht, war über die Grenzen der Landeshauptstadt hinaus als „Bunkerpfarrer" oder auch als „Lumpensammler" von München bekannt geworden.

15.01. Das Seelsorgereferat, Fachbereich Ehevorbereitung, nimmt am 17. und 18. Januar 1998 mit einem Stand an den „Hochzeitstagen 1998" im „Munich Order Center" teil. Immer mehr Frauen und Männer, die heiraten wollen, legen nicht nur Wert auf festliche Kleidung und ein rauschendes Hochzeitsfest, sie investieren auch in das Gelingen ihrer Partnerschaft.

16.01. Eine der profiliertesten Persönlichkeiten des bayerischen Episkopats, Weihbischof Dr. Ernst Tewes, ist im 90. Lebensjahr an den Folgen eines Krebsleidens in München gestorben. Das feierliche Requiem für den verstorbenen Weihbischof feiert Erzbischof Friedrich Kardinal Wetter am Donnerstag, 22. Januar, um 10.00 Uhr in der Münchener Frauenkirche.

26.01. Prälat Anton Maier, ein führender Mann der katholischen Sozialarbeit und der gesellschaftspolitischen Präsenz der katholischen Kirche in Bayern, ist in München im 92. Lebensjahr an den Folgen eines Schlaganfalls gestorben.

27.01. Die Sanierung des Freisinger Domberges ist abgeschlossen. Die schon 1993 eingeleitete, ein Jahr später genehmigte und begonnene Sanierung konnte in Dezember 1997 abgeschlossen werden. Mit der offiziellen Übergabe der in diese Sanierung integrierten Tiefgarage werden der Platz vor dem Dom und die Nordseite des Domberges künftig autofrei sein. Die sanierte und neu gestaltete Anlage wird mit der neu erbauten Tiefgarage des Kardinal-Döpfner-Hauses am 27. Januar offiziell übergeben. Weihbischof Dr. Bernhard Haßlberger nimmt die kirchliche Segnung vor. Das gesamte Projekt war im Einvernehmen mit der Stadt Freising und dem Landesdenkmalrat realisiert worden.

27.01. Erzbischof Friedrich Kardinal Wetter nimmt Stellung zum Schreiben von Papst Johannes Paul II. an die deutschen Bischöfe vom 11. Januar 1998, den Schutz des ungeborenen Lebens betreffend. Er sieht in diesem Schreiben eine Ermutigung zum Schutz des ungeborenen Lebens.

28.01. Das mit seinen Dokumenten bis an den Anfang des 12. Jahrhunderts zurückreichende und 3 km Akten umfassende historisch bedeutsame Archiv des Erzbistums München und Freising steht unter neuer Amtsführung. Erzbischof Friedrich Kardinal Wetter verabschiedet im Lesesaal des Archivs des Erzbistums den scheidenden Archivdirektor Prälat Dr. Sigmund Benker und führt als neuen Amtschef den Diplomtheologen und Diplomarchivar Dr. Peter Pfister ein.

12.02. Bei der kirchlichen Segnung der Neuen Messe München während des offiziellen Festaktes zur Eröffnung des 140000 m^2 großen Komplexes mahnt Erzbischof Friedrich Kardinal Wetter eine gerechtere Wirtschaftsordnung an, die nicht die Ware, sondern den Menschen in den Mittelpunkt stelle.

03.03. Eine positive Bilanz des Engagements der katholischen Kirche beim Messe-Opening der Neuen Messe München hat der Sprecher der bischöflichen Umweltbeauftragten der bayerischen Bistümer, Gotthard Dobmeier, gezogen. Mehrere tausend Menschen hätten beim Messestand der bayerischen Diözesen in der Halle „Umwelt und Gesundheit" Station gemacht.

07.03. Anhaltende Kritik an der bereits im November vergangenen Jahres veröffentlichten römischen „Instruktion zu einigen Fragen der Mitarbeit der Laien am Dienst der Priester", aber weitgehende Zustimmung zum Grundanliegen des Papstbriefes an die deutschen Bischöfe zur Schwangerenberatung bestimmen die Diskussion der Vollversammlung des Diözesanrates der Katholiken der Erzdiözese München und Freising.

10.03. Erzbischof Friedrich Kardinal Wetter hat die durch den bayerischen Staat vorgenommene Ehrung der selig gesprochenen Ordensfrau und Begründerin der Kongregation der Armen Schulschwestern, Maria Theresia Karolina Gerhardinger, mit großer Freude und Genugtuung begrüßt. Als erste Frau wurde Theresia Gerhardinger in die den großen Deutschen gewidmete und von König Ludwig I. bei Kelheim als Ruhmeshalle errichtete Walhalla aufgenommen.

11.03. Die Beteiligung an den Pfarrgemeinderatswahlen im Erzbistum München und Freising ist gegenüber der letzten Wahl im Jahre 1994 konstant geblieben. Rund 11 % der insgesamt 1,2 Millionen wahlberechtigten Katholiken des Erzbistums haben über die Zusammensetzung der für die Seelsorge und für die sozialen, kulturellen und gesellschaftspolitischen Initiativen mitverantwortlichen Gremien in den 755 Pfarreien der Erzdiözese entschieden.

12.03. Vor Priestern der Erzdiözese hat sich Erzbischof Friedrich Kardinal Wetter eingehend zur Identität des priesterlichen Dienstes geäußert: Die Laienpredigt bei der sonntäglichen Messfeier kann nicht die Regel sein.

01.04. Herr Johannes Schießl wird neuer Chefredakteur der Münchner Kirchenzeitung.

10.04. Nach fast 200 Jahren gibt es in der bayerischen Landeshauptstadt München erstmals wieder eine Karfreitagsprozession. Die Prozession wird als „Kreuzweg der Völker" mit den klassischen 14 Stationen der Passion Christi gestaltet.

15.04. Erzbischof Friedrich Kardinal Wetter wird vom 15. bis 22. April christliche Kirchen in Syrien besuchen. Er ist Gast des maronitischen Bischofs Antoine Torbey von Laodicea, der seinen Sitz in der syrischen Hafenstadt Tartous hat.

28.04. Mit zahlreichen und vielfältigen religiösen Angeboten, speziell für Jugendliche, und mit einem neuen Konzept „Jugend – City – Pastoral" begegnet die Kirche in der Erzdiözese München und Freising dem wachsenden Wunsch nach jugendgemäßen Gottesdienstformen. Immer mehr Jugendliche setzen sich nach Beobachtung des Erzbischöflichen Jugendamtes mit religiösen Fragen auseinander und suchen nach neuen Formen, gemeinsam Gottesdienst zu feiern.

07.05. „Geistes-Gegenwart" ist eine Ausstellung zeitgenössischer Kunst an historischen Orten in München, Freising und Landshut. Sie wird veranstaltet vom Diözesanmuseum Freising aus Anlass des Milleniums im Jahr des Heiligen Geistes 1998. Sie fragt nach dem Geistigen in der Kunst heute.

10.05. Zu einer Neubesinnung auf die christlichen Grundlagen Europas und zu einem entsprechenden Engagement von Christen in Politik und Gesellschaft bei der Einigung des Kontinents hat Erzbischof Friedrich Kardinal Wetter bei einem internationalen Kongress zum 900-jährigen Jubiläum der Gründung des für die Kultivierung ganz Europas im Mittelalter bedeutsamen benediktinischen Reformordens der Zisterzienser, aufgerufen. Der Kongress findet in der ehemaligen norditalienischen Zisterzienserabtei Morimondo, südlich von Mailand, statt.

12.05. Mit einem „Tag der Offenen Tür" feiert das Erzbischöfliche Jugendamt München sein 60-jähriges Bestehen.

17.05. Erzbischof Friedrich Kardinal Wetter nimmt in der weißrussischen Hauptstadt Minsk an den theologischen Gesprächen zwischen Vertretern der Deutschen Bischofskonferenz und der Russisch-Orthodoxen Kirche teil. Die in zweijährigem Turnus stattfindende Begegnung beschäftigt sich mit den Grundthemen „Einheit und Vielfalt der Kirche" und „Die Grenzen der Kirche".

18.05. Die traditionelle Stadt-Maiandacht an der vor 360 Jahren durch Kurfürst Maximilian I. errichteten Mariensäule findet zum 25. Mal statt.

19.05. Der schulische Religionsunterricht genießt bei den katholischen Schülern in Bayern eine große Akzeptanz. 98 % aller katholischen Schüler im Freistaat besuchen nach einer Ermittlung des Katholischen Schulkommissariats in Bayern den Religionsunterricht.

Die Erzdiözese präsentiert sich mit einem umfangreichen Informations- und Beratungsangebot im Internet. Erzbischof Friedrich Kardinal Wetter startet den Internet-Einstieg pünktlich um 12.00 Uhr mit einem symbolischen Mausklick in der Pressestelle des Erzbischöflichen Ordinariats München.

21.05. Dr. Ludwig Lillig, der die katholische Laienarbeit in Bayern vor und nach dem Zweiten Vatikanischen Konzil entscheidend geprägt hat, ist am Fest Christi Himmelfahrt, 21. Mai, in München nach langer und schwerer Krankheit im Alter von 77 Jahren gestorben. 20 Jahre lang war er Vorsitzender des Landeskomitees der Katholiken in Bayern, 14 Jahre lang Vorsitzender des Diözesanrates der Katholiken im Erzbistum München und Freising und des Vorgängergremiums Katholische Aktion.

29.05. In einer Vereinbarung mit der für insgesamt zehn Altenheime zuständigen MÜNCHENSTIFT hat die Erzdiözese München und Freising geordnete Grundlagen für eine Seelsorge in diesen Heimen geschaffen. Dort leben nach Angaben des Generalvikars der Erzdiözese, Prälat Dr. Robert Simon, ca. 3 000 Menschen. Im Dienst der Seelsorge für sie stehen insgesamt zehn Priester und Pastoralreferenten.

01.06. Der deutsche Zweig der internationalen katholischen Friedensbewegung Pax Christi feiert mit Weihbischof Engelbert Siebler in der Münchener Frauenkirche sein 50-jähriges Bestehen.

05.06. Erzbischof Friedrich Kardinal Wetter hat allen Betroffenen des tragischen Zugunglücks von Eschede seine aufrichtige Teilnahme ausgesprochen.

17.06. Für die Opfer des Zugunglücks von Eschede, unter denen 55 Tote aus Bayern zu beklagen sind, findet in der Münchener St.-Michaels-Kirche, im Zentrum der bayerischen Landeshauptstadt, ein Gedenkgottesdienst mit Erzbischof Friedrich Kardinal Wetter und dem Landesbischof der Evangelisch-Lutherischen Kirche in Bayern, Hermann von Loewenich, statt.

19.06. Für den Neubau der Herz-Jesu-Kirche im Münchener Stadtteil Neuhausen wird der Grundstein gelegt. Der Bau der neuen Kirche, die bereits bei der Vorstellung der Entwürfe eine erhebliche Resonanz ausgelöst hat, wird für den Stadtteil Neuhausen wie auch für ganz München einen bedeutenden architektonischen Akzent setzen. Die alte Kirche, ein Holzbau, der zuvor als Kino für die Wachmannschaften Adolf Hitlers auf dem Obersalzberg gedient hatte, war am 26. November 1994 bis auf die Grundmauern abgebrannt.

Unter großer Anteilnahme der Einwohner des Stadtteils Neuhausen segnet der Bischofsvikar der Seelsorgsregion München, Weihbischof Engelbert Siebler, den Bauplatz und legt den Grundstein für die Herz-Jesu-Pfarrkirche.

24.06. Die in der Trägerschaft der Erzdiözese München und Freising sich befindende Mädchenrealschule Hl. Blut feiert auf der Baustelle das Richtfest für die neue Doppelturnhalle und die Pausenhalle. Die Erzdiözese München und Freising ist Träger von 15 Schulen, an denen über 6300 Schülerinnen und Schüler von mehr als 550 Lehrkräften unterrichtet werden. Alle Schulen sind staatlich anerkannt und unterrichten nach den Lehrplänen für öffentliche Schulen.

25.06. Erzbischof Friedrich Kardinal Wetter gratuliert dem in München lebenden Journalisten und Publizisten Wilhelm Sandfuchs, der am 25. Juni sein 85. Lebensjahr vollendete. Sandfuchs hat in der Zeit nach dem Zweiten Weltkrieg im deutschsprachigen Raum wie auch auf internationaler Ebene den Aufbau einer modernen kirchlichen Rundfunkarbeit entscheidend mitgestaltet.

Der Leiter des Katholischen Schulkommissariats in Bayern, Domkapitular Ernst Blöckl, ist zum Präsidenten des Europäischen Forums der Verantwortlichen für den katholischen Religionsunterricht gewählt worden.

26.06. Die Priestergemeinschaft des Deutschen Ordens, mit offiziellem Namen „Brüder vom Deutschen Haus St. Mariens in Jerusalem", übernimmt mit einem Gottesdienst in der Pfarrkirche St. Peter und Paul in Weyarn und einem anschließenden Festakt das ehemalige Kloster der Augustinerchorherren, als künftigen Sitz der deutschen Provinz des Ordens, offiziell. Der für 94 Krankenhäuser und soziale Einrichtungen mit bundesweit ca. 6000 Mitarbeiterinnen und Mitarbeitern verantwortliche Orden verlegt das Provinzialat und auch sein Hospitalwerk von Frankfurt-Sachsenhausen nach Weyarn.

Ein Altenheim nach neuestem Standard und eine angeschlossene Altenpflegeschule wurde in dreijähriger Bauzeit von der Erzdiözese München und Freising in Baldham, Landkreis Ebersberg, errichtet und ihrer Bestimmung übergeben. Die Einrichtung trägt den Namen des Diözesanpatrons der Erzdiözese, St. Korbinian.

28.06. Der Erzbischof von München und Freising, Friedrich Kardinal Wetter, wurde vor 30 Jahren, am 29. Juni 1968, im Dom zu Speyer zum Bischof geweiht. Am 20. Februar 1998 hat er sein 70. Lebensjahr vollendet. Anlässlich dieser beiden Gedenktage findet am Sonntag, 28. Juni, ein Pontifikalgottesdienst um 9.30 Uhr und um 16.30 Uhr ein Vespergottesdienst in der Münchener Frauenkirche statt.

Die Festpredigt beim Festgottesdienst hält der Präfekt der römischen Glaubenskongregation, Kardinal Joseph Ratzinger. Im Anschluss daran findet eine mittägliche Feierstunde in der Katholischen Akademie statt, wobei Ministerpräsident Edmund Stoiber und Bürgermeisterin Gertraud Burkert, München, eine Rede halten. Der Vorsitzende der Deutschen Bischofskonferenz und Bischof von Mainz, Karl Lehmann, der Erzbischof von Bamberg, Karl Braun, und die Vorsitzende des Diözesanrates der Katholiken der Erzdiözese, Hanna Stützle, gratulieren ebenfalls jeweils mit einer Ansprache.

01.07. Der Domdekan des Münchener Metropolitankapitels, Dr. Gerhard Gruber, vollendet sein 70. Lebensjahr. Dr. Gruber hat als Generalvikar unter drei Erzbischöfen und als Personalreferent für die Priester, Diakone und Pastoralreferenten gewirkt.

Das Haus Dorothee im Münchener Stadtteil Au besteht zehn Jahre. Es handelt sich dabei um eine qualifiziert geführte Anlaufstelle für allein erziehende Mütter und Väter. Das Haus ist als Begegnungs- und Bildungsstätte gewachsen und unterstützt Alleinerziehende, um Krisensituationen zu bewältigen und neue Lebensperspektiven zu gewinnen. Das Haus trägt den Namen der Frau des heiligen Mystikers Nikolaus von der Flüe (1417-1487), Dorothee, die ihre fünf Söhne und fünf Töchter allein erziehen musste.

03.07. Apostolischer Protonotar Audomar Scheuermann, Theologe und Kirchenrechtler, wegweisender Hochschullehrer und bayerischer Vollblutpolitiker, zuletzt auch Vizepräsident des Bayerischen Senats, vollendet sein 90. Lebensjahr.

05.07. Erzbischof Friedrich Kardinal Wetter feiert in der Münchener Universitäts- und Stadtpfarrkirche St. Ludwig einen Festgottesdienst anlässlich des 25-jährigen Bestehens der Aktion für das Leben. Diese Aktion ist Bayerns älteste Bürgerinitiative zum Schutz des Lebens, die vor 25 Jahren in München unter dem Titel „Aktion für das Leben e.V." gegründet wurde.

06.07. Das Katholische Schulkommissariat in Bayern veranstaltet im Münchener Kardinal-Wendel-Haus ein Forum „Religion in der Schule", an dem mehr als 500 Personen teilnehmen.

12.07. Erzbischof Friedrich Kardinal Wetter weiht in Wolfratshausen-Waldram eine neue Kirche. Der in vierjähriger Bauzeit errichtete quadratische Zentralbau, mit einem Zeltdach, ist zusammen mit einem bereits bestehenden Pfarrheim, einem Wohnhaus für kirchliche Mitarbeiter, einem neuen Pfarrhaus und mit dem für das kommende Frühjahr geplanten Bau eines dreigruppigen Kindergartens der Kern eines neuen Pfarrzentrums für die 2 300 Katholiken zählende Pfarrgemeinde, die sich erst in den 50er Jahren als katholische Arbeiterpfarrei gebildet hatte. Der Kirchenbau wurde von den Architekten Wilfried Claus und Günter Forster errichtet und von dem Bildhauer Robert Weber künstlerisch ausgestaltet.

16.07. Erzbischof Friedrich Kardinal Wetter hat den Studiendirektor Erich Pfanzelt mit Wirkung zum 1. September 1998 zum neuen Stellvertretenden Generalvikar im Erzbischöflichen Ordinariat München ernannt. Pfanzelt löst den vorübergehend in dieser Aufgabe wirkenden Münchener Dompfarrer, Domkapitular Lorenz Kastenhofer, ab.

20.07. Zur Finanzierung der von ihr getragenen fünfzehn Schulen (zehn Realschulen, drei Gymnasien, eine Volksschule und ein Spätberufenenseminar) geht die Erzdiözese München und Freising unkonventionelle Wege. 1993 war eine nach dem Freisinger Bischof und Gelehrten Arbeo (um 723-763) benannte Stiftung für kirchliche Schulen und Bildungshäuser in der Erzdiözese gegründet worden, um den Bestand kirchlicher Schulen und Bildungseinrichtungen nachhaltig zu sichern. Diese Bischof Arbeo-Stiftung hat jetzt am Münchener Stiglmaierplatz in der Innenstadt ein Büro- und Geschäftshaus errichtet, das an einem Verkehrsknotenpunkt der bayerischen Landeshauptstadt auch einen neuen städtebaulichen Akzent setzt. Das Haus gehört zum Grundstockvermögen der Stiftung. Der Reinertrag aus der Vermietung wird entsprechend den Grundsätzen des bayerischen Stiftungsgesetzes für die Finanzierung kirchlicher Schulen und Bildungshäuser verwendet.

Papst Johannes Paul II. hat drei Persönlichkeiten aus der Erzdiözese München und Freising mit hohen päpstlichen Auszeichnungen geehrt. Die Münchener Bildhauerin Christine Stadler wurde zur Komturdame des St. Silvesterordens ernannt. Das geschäftsführende Vorstandsmitglied des Katholischen Männerfürsorgevereins München, Alfred Heinle, wurde Komtur des St. Silvesterordens. Dem Publizisten und Musikwissenschaftler Robert Münster wurde die Auszeichnung Komtur des St. Gregoriusordens verliehen.

23.07. Der Münchener Domorganist, Professor Franz Lehrndorfer, wurde von Papst Johannes Paul II. zum Komtur des St. Gregoriusordens ernannt.

06.09. Zur Feier des Korbiniansfestes, das die französische Diözese Evry zum Todestag des Heiligen am 8. September begeht, besucht Erzbischof Friedrich Kardinal Wetter die Partnerdiözese.

13.09. Der in München lebende Kardinal Alois Grillmeier SJ ist an den Folgen eines Herzversagens gestorben. Der international renommierte Wissenschaftler, der sich besonders auch um die Ökumene mit den altorientalischen Kirchen bemüht hat, war in Anerkennung seines theologischen Lebenswerkes im November 1994 von Papst Johannes Paul II. in das Kardinalskollegium aufgenommen worden. Grillmeier stand im 89. Lebensjahr und im 70. Jahr seines Ordenslebens in der Gesellschaft Jesu.

26.09. In einem Schreiben an alle Pfarrgemeinden des Erzbistums bekräftigt Erzbischof Friedrich Kardinal Wetter die Verpflichtung der Priester, in der sonntäglichen Eucharistiefeier auch zu predigen. Unter Hinweis auf die Liturgiekonstitution des Zweiten Vatikanischen Konzils erklärt der Kardinal, die Zuweisung der Predigt in der Eucharistiefeier an den Priester beruhe auf theologischen Gründen und sei in der Kirche von Anfang an so praktiziert worden.

30.09. Zum 30. Todestag des international renommierten Münchener Philosophen und Theologen Romano Guardini hält Erzbischof Friedrich Kardinal Wetter in der Münchener Universitätskirche St. Ludwig einen Gedenkgottesdienst.

01.10. Das Metropolitankapitel München wählt Domkapitular Ernst Blöckl zum neuen Domdekan. Erzbischof Friedrich Kardinal Wetter hat diese Wahl bestätigt. Blöckl löst Prälat Dr. Gerhard Gruber ab, der nach Erreichen der Altersgrenze um seine Entpflichtung gebeten hat. Für das durch die Wahl Blöckls freigewordene Kanonikat wurde der Offizial der Erzdiözese, der promovierte Kirchenrechtler Lorenz Martin Wolf, von Herrn Erzbischof Friedrich Kardinal Wetter zum neuen Domkapitular ernannt.

07.10. Papst Johannes Paul II. hat den langjährigen Pfarrer der Pfarrei Berchtesgaden-St. Andreas, Otto Schüller, mit der Auszeichnung eines Päpstlichen Ehrenprälaten geehrt.

09.10. Professor Dr. Alois Baumgartner, Inhaber des Lehrstuhls für christliche Sozialethik an der Katholisch-Theologischen Fakultät der Universität München, wird von der Vollversammlung des Diözesanrates der Katholiken der Erzdiözese zum Nachfolger von Frau Hanna Stützle an der Spitze des Diözesanrates der Katholiken gewählt. Frau Hanna Stützle hatte 16 Jahre lang als Vorsitzende des Gremiums gewirkt.

18.10. Erzbischof Friedrich Kardinal Wetter feiert einen Festgottesdienst zum 50-jährigen Bestehen der kroatischen katholischen Mission in München.

28.10. Der Nachlass von Kardinal Michael Faulhaber (1869-1952) wird neu geordnet und verzeichnet. Erzbischof Friedrich Kardinal Wetter hat dem Diözesanarchivar Dr. Peter Pfister einen entsprechenden Auftrag erteilt.

03.11. An die Seligsprechung von drei Personen, die in der Erzdiözese München und Freising gelebt und gewirkt haben, werden von dem Münchener Bildhauer Josef Alexander Henselmann geschaffene Bildwerke erinnern, die in der Münchener Frauenkirche aufgestellt werden. In der Antoniuskapelle im südlichen Seitenschiff der Frauenkirche wird Erzbischof Friedrich Kardinal Wetter drei lebensgroße Bronzereliefs der im Ablauf weniger Jahre von Papst Johannes Paul II. selig gesprochenen Ordensleute Theresia Gerhardinger, Kaspar Stanggassinger und Rupert Mayer segnen.

11.11. Vor 60 Jahren stürmten Nationalsozialisten gegen den Münchener Bischofshof. Es sollte damit ein Zeichen „Gegen das Weltjudentum und seine schwarzen und roten Bundesgenossen“ gesetzt werden.

14.11. Die länderübergreifende bayerische Institution, das zur Unterstützung der katholischen Kirche in Skandinavien gegründete St. Ansgarwerk, begeht in München sein 75-jähriges Jubiläum. Der bayerische Zweig des auch in Köln, Osnabrück und Münster aktiven St. Ansgarwerkes war von dem ersten katholischen Bischof in Schweden nach der Reformation, Johannes Erik Müller (1877-1965), angestoßen worden. Müller gehörte dem Metropolitankapitel München an und war 1923 zum Apostolischen Vikar für die ca. 5 000 Katholiken in Schweden ernannt worden.

17.11. Papst Johannes Paul II. ernennt die langjährige frühere Leiterin des Referats Frauenseelsorge im Erzbischöflichen Ordinariat, Frau Theresia Hauser, zur Komturdame des Gregoriusordens.

19.11. Der Fundamentaltheologe und Ökumeniker, Professor Dr. Heinrich Fries, stirbt im Alter von 87 Jahren. Er war von 1958 bis 1979 Professor an der Münchener Universität. Zusammen mit Karl Rahner sah er in der Einigung der Kirchen eine „reale Möglichkeit" und warb für eine „versöhnte Verschiedenheit" unter den christlichen Konfessionen.

22.11. Erzbischof Friedrich Kardinal Wetter erteilt in der Pfarrkirche St. Ludwig die Priesterweihe an Professor Dr. Manfred Heim.

05.12. Die russischsprachige Seelsorge in der Erzdiözese München und Freising feiert ihr 50-jähriges Bestehen. Erzbischof Friedrich Kardinal Wetter nimmt an einem Vespergottesdienst in deutscher und kirchenslawischer Sprache in der Nikolauskapelle, Rumfordstraße 21 a, in München teil.

Verabschiedung von Hanna Stützle, der langjährigen Vorsitzenden des Diözesanrates der Katholiken, 9. Oktober 1998; rechts der neue Vorsitzende, Prof. Dr. Alois Baumgartner.

16.12. Erzbischof Friedrich Kardinal Wetter hält das Requiem für den verstorbenen ehemaligen Bayerischen Ministerpräsidenten Max Streibl in Oberammergau. Dabei betont er dessen christliche Grundhaltung und weist darauf hin, Streibl sei sich bewusst gewesen, dass Politik nicht nur vom Recht, sondern auch von der Weltanschauung geprägt werde.

22.12. Papst Johannes Paul II. hat den Pfarrer der Pfarrei Oberammergau St. Peter und Paul, Dr. Franz Dietl, zum Titularbischof von Sebarga und zum Weihbischof des Erzbischofs von München und Freising, Friedrich Kardinal Wetter, ernannt.

1999

01.01. Erzbischof Friedrich Kardinal Wetter hat den Bischofsvikar der Seelsorgsregion München, Weihbischof Engelbert Siebler, am 1. Januar 1999 zum neuen Dompropst ernannt. Siebler löst in diesem Amt Weihbischof Franz Schwarzenböck ab, der aus Altersgründen um seine Entpflichtung gebeten hatte. Mit der Amtsübernahme des neu ernannten Weihbischofs Dr. Franz Dietl Anfang Februar 1999 tritt Schwarzenböck auch als Weihbischof in den Ruhestand.

12.01. Das Katholische Schulkommissariat in Bayern nimmt zu Vorschlägen Stellung, einen islamischen Religionsunterricht als ordentliches Schulfach einzuführen. Es wird grundsätzlich die Möglichkeit eines Religionsunterrichts für Schülerinnen und Schüler muslimischen Glaubens als ordentliches Schulfach bejaht, allerdings müssen einige Probleme noch geklärt werden: Eine von allen islamischen Gruppierungen anerkannte Instanz, die verbindlich die Inhalte eines islamischen Religionsunterrichts bestimmt, ist festzulegen. Auch das Problem der Lehrerbildung ist zu klären. Grundvoraussetzung für einen islamischen Religionsunterricht als ordentliches Lehrfach in den Schulen liegt in der Anerkennung der Wertentscheidungen des Grundgesetzes und der Länderverfassungen.

17.01. Für einen entschiedenen Schutz für Ehe und Familie setzen sich in einem gemeinsamen Wort alle katholischen Bischöfe Deutschlands ein, das an diesem Sonntag verlesen wird.

21.01. Münchens erste Asamkirche, die Dreifaltigkeitskirche in der Pacellistraße 6, erhält eine neue Außenhaut. Die Renovierungsarbeiten beginnen.

04.02. Erzbischof Friedrich Kardinal Wetter hat im Rahmen eines Requiems für das künstlerische Lebenswerk und für das persönliche Glaubenszeugnis des am 26. Januar verstorbenen bayerischen Staatsintendanten und bekennenden Katholiken Professor August Everding gedankt.

05.02. Die Arbeitsgemeinschaft christlicher Kirchen (AcK) in Bayern hat ihr 25-jähriges Bestehen mit einem ökumenischen Gottesdienst, einem Festakt und einer Standortbestimmung durch hohe kirchliche Repräsentanten begangen.

07.02. Erzbischof Friedrich Kardinal Wetter weiht in der Münchener Frauenkirche den bisherigen Pfarrer der Pfarrei St. Peter und Paul in Oberammergau, Dr. Franz Dietl, zum neuen Weihbischof. Dietl war am 22. Dezember 1998 von Papst Johannes Paul II. zum neuen Weihbischof des Erzbischofs von München und Freising und zum Titularbischof von Sebarga, einem erloschenen frühchristlichen Bistum in Nordafrika, ernannt worden. Mit dem Weihetag ernannte Kardinal Wetter den neuen Weihbischof auch zum Bischofsvikar der Seelsorgsregion Süd. Bei der Feier waren zwei Erzbischöfe und elf weitere Bischöfe aus bayerischen und österreichischen Diözesen in München anwesend.

17.02. Seit 30 Jahren engagiert sich die katholische Kirche in Bayern für Männer und Frauen, die getrennt oder in Scheidung leben und ein Schicksal als Alleinerziehende bewältigen müssen. So lange besteht die Fachstelle für Alleinerziehende im Erzbischöflichen Ordinariat in München.

19.02. Bei der Anfang des Jahres begonnenen grundlegenden Sanierung der Sakristeien der Münchener Frauenkirche wurde bei Ausgrabungen ein sensationeller Fund gemacht: Es wurde ein außergewöhnlich großer und gut erhaltener Kalkbrennofen gefunden. Er stammt aus der Mitte des 13. Jahrhunderts, also aus der Zeit des Vorgängerbaus der heutigen Frauenkirche.

24.02. Prälat Dr. Sebastian Anneser, Domkapitular und Erzbischöflicher Finanzdirektor, feiert seinen 60. Geburtstag.

26.02. Erzbischof Friedrich Kardinal Wetter nimmt bei den Beratungen der Frühjahrsvollversammlung der Deutschen Bischofskonferenz vom 22. bis 25. Februar in Lingen zur kirchlichen Schwangerenkonfliktberatung Stellung. Er verdeutlicht den Willen der Bischöfe, der Bitte des Heiligen Vaters zu entsprechen. Mit ihm wollen die Bischöfe an seiner klaren und eindeutigen Haltung zum Schutz des ungeborenen Lebens und an der von ihm ausdrücklich gewünschten Zuwendung zu schwangeren Frauen festhalten.

28.02. Erzbischof Friedrich Kardinal Wetter plädiert in seinem Fastenhirtenbrief für konsequenten Schutz des Sonntags und eine neue Kultur der Ruhe.

05.03. Die Frauen aus allen christlichen Konfessionen begehen weltweit den Weltgebetstag. Zu dieser größten internationalen und multikulturellen ökumenischen Gebetsgemein-

Bischofsweihe von Franz Dietl, 7. Februar 1999.

schaft treffen sich Christinnen in 170 Ländern zum Gottesdienst. Vor 50 Jahren hatten sich zum ersten Mal auch Frauen aus Deutschland dieser Initiative angeschlossen.

06.03. Der Diözesanrat der Katholiken im Erzbistum München und Freising diskutiert leidenschaftlich über Methoden der öffentlichen Auseinandersetzung um die Staatsbürgerschaft.

10.03. Papst Johannes Paul II. hat zwei Priester der Erzdiözese zu Päpstlichen Ehrenprälaten ernannt: den Leiter der Abteilung Bildung und Beratung im Münchener Erzbischöflichen Ordinariat, Domkapitular Josef Obermaier, und den Leiter des Personalreferats für Priester, Diakone und pastorale Laiendienste, Ordinariatsrat Dr. Wolfgang Schwab.

Das Metropolitankapitel München wählt den neuen Weihbischof Dr. Franz Dietl zum Domkapitular. Die Wahl wurde von Erzbischof Friedrich Kardinal Wetter bestätigt.

19.03. Dank und Anerkennung für 27 Jahre bischöflichen Dienst hat Erzbischof Friedrich Kardinal Wetter dem ehemaligen Bischofsvikar der Region Süd, Weihbischof Franz Schwarzenböck, im Rahmen eines festlichen Vespergottesdienstes in der Münchener Frauenkirche ausgesprochen.

21.03. Als aktuelles Zeichen der Verbindung von tätiger Hilfe und christlichem Glauben würdigt Erzbischof Friedrich Kardinal Wetter die Bedeutung des Malteser- und Johanniterordens anlässlich eines Festaktes zum 900-jährigen Jubiläum der Hilfsorganisationen im Kaisersaal der Münchener Residenz.

16.04. Prälat Dr. Sigmund Benker (71) ist seit 40 Jahren Leiter der Freisinger Dombibliothek.

Neuer Pfarrer im Pfarrverband Oberammergau wird in der Nachfolge von Weihbischof Dr. Franz Dietl der 38-jährige Peter Lederer, bisher Pfarrer in Peiting.

30.04. Im Zeichen des Gedenkens und des Gebetes für die Opfer von Vertreibung und Krieg im Kosovo und in ganz Jugoslawien treffen sich Christen aller Konfessionen, unter ihnen auch die serbisch-orthodoxe Gemeinde, die Gemeinde der katholischen Albaner, zu einem ökumenischen Friedensgottesdienst mit Erzbischof Friedrich Kardinal Wetter und Landesbischof Hermann von Loewenich auf dem Münchener Odeonsplatz.

08.05. Das Institut für theologische und pastorale Fortbildung in Freising wird am 8. Mai 1999 30 Jahre alt. Es ist somit die älteste überdiözesane Fortbildungseinrichtung für Seelsorger in Deutschland.

11.05. Mit einer neuen Form des direkten Kontaktes zu Pfarrgemeinden und Dekanaten sorgen die Mitarbeiter des Seelsorgereferats im Münchener Erzbischöflichen Ordinariat für ein besseres Verständnis ihrer Arbeit an der Basis. Die Initiative steht unter dem Motto „Seelsorgereferat on Tour".

13.05. Erzbischof Friedrich Kardinal Wetter gratuliert dem international renommierten Münchener Moraltheologen Professor Dr. Johannes Gründel zur Vollendung des 70. Lebensjahrs.

29.05. Mit einer Wallfahrt zum ehemaligen Dom auf der Herreninsel im Chiemsee begehen die Slowenen das 1 250-jährige Jubiläum der Zugehörigkeit ihres Volkes zum christlichen Glauben. Im Kloster auf der Herreninsel waren im 8. Jahrhundert die beiden slowenischen Fürsten Gorazd und Hotimer im christlichen Glauben unterrichtet, erzogen und schließlich getauft worden.

10.06. Das Katholische Siedlungswerk München feiert mit einem Gottesdienst und einem Festakt das 50-jährige Jubiläum seiner Gründung. Kardinal Michael Faulhaber hatte für die Erzdiözese München und Freising das Siedlungswerk am 10. Juni 1949 als Verein gegründet. Der Verein sollte nach seiner Satzung „für sozial-bedürftige Familien und Personen zweckmäßig gestaltete Eigenheime und Kleinwohnungen schaffen".

1996 war der Verein auf Grund der geänderten gesetzlichen Voraussetzungen in eine GmbH umgewandelt worden.

11.06. Zum Tode des im Alter von 73 Jahren am 10. Juni verstorbenen Münchener Journalisten Fritz Woock hat Erzbischof Friedrich Kardinal Wetter dem „Münchener Merkur" seine Anteilnahme ausgesprochen.

20.06. Mehrere tausend Pilger aus Oberbayern, Schwaben, Niederbayern und der Oberpfalz wallfahrten zur Alten Kapelle in Regensburg, einem der ältesten und ehrwürdigsten Marienheiligtümer in Altbayern, das schon zu Beginn des 8. Jahrhunderts bezeugt ist. Die Erzdiözese München und Freising sowie die Bistümer Augsburg, Passau und Regensburg, die zur Kirchenprovinz München und Freising gehören, hatten zu dieser Wallfahrt aufgerufen.

24.06. Wilhelm Sandfuchs, einer der Pioniere des Kirchenfunks in Deutschland nach dem Zweiten Weltkrieg, ist einen Tag vor Vollendung seines 86. Lebensjahrs gestorben.

29.06. Der langjährige Caritasdirektor der Erzdiözese München und Freising und Leiter des Caritasreferats im Münchener Erzbischöflichen Ordinariat, Prälat Franz Sales Müller, und der langjährige Domkapellmeister am Freisinger Mariendom und der Münchener Frauenkirche, Prälat Max Eham, sind 60 Jahre Priester.

30.06. Eine der ältesten und immer noch lebendigen kulturellen Einrichtungen Münchens, das Studienseminar Albertinum, feiert sein 425-jähriges Jubiläum. Das Albertinum ist eine der ältesten Kultureinrichtungen Münchens. Vor drei Jahren hat die Erzdiözese München und Freising die Trägerschaft des Studienseminars vom Freistaat Bayern übernommen. Seither ist auch die Domsingschule München in das Albertinum eingegliedert.

10.07. Das Studienseminar St. Michael in Traunstein feiert den festlichen Abschluss des Jubiläums seines 70-jährigen Bestehens. 1929 hatte der damalige Münchener Erzbischof Michael Kardinal von Faulhaber das Haus mit der Weihe der Seminarkapelle St. Michael offiziell seiner Bestimmung übergeben.

11.07. Bei einem Festgottesdienst anlässlich des 250-jährigen Jubiläums der barocken Oberammergauer Pfarrkirche St. Peter und Paul übergibt Erzbischof Friedrich Kardinal Wetter der Oberammergauer Pfarrei die so genannte „Pestmatrikel" von 1633, in der u. a. die 80 von einer Seuche hinweg gerafften Toten dieses Jahres verzeichnet sind. Das im Auftrag des Archivs des Erzbistums völlig restaurierte Dokument gilt als „Gründungsurkunde" der Oberammergauer Passionsspiele und des Gelübdes, alle zehn Jahre die Passion darzustellen.

14.07. Freiin Huberta von Gumppenberg, eine Zeugin des katholischen Widerstands gegen den Nationalsozialismus und eine Pionierin der „katholischen" Caritas in Bayern, ist im Alter von 89 Jahren gestorben. Erzbischof Friedrich Kardinal Wetter würdigt ihr Leben als ein „mutiges, zielstrebiges, vom Glauben geprägtes soziales Engagement".

22.07. Der Rohbau der Herz-Jesu-Kirche in München ist fertig. Das Richtfest wird auf der Baustelle an der Lachnerstraße gefeiert.

25.07. Erzbischof Friedrich Kardinal Wetter feiert einen Festgottesdienst anlässlich der 1 250-Jahr-Feier der Gemeinde Oberhaching und des 100-jährigen Bestehens des „Oberlandler-Gauverbandes".

10.08. Bayerns höchster Archivhüter, Professor Dr. Hermann Rumschöttel, besucht das Archiv des Erzbistums und besichtigt die 3,7 km Archivgut in der ehemaligen Karmeliterkirche.

11.08. Zum Jahrhundertereignis einer totalen Sonnenfinsternis erhält das tägliche Mittagsgebet in der Münchener Frauenkirche eine besondere Gestalt. Dabei geht es in Gebeten und Meditationen darum, die Dimension des Schöpfungsglaubens spirituell deutlich zu machen.

15.08. Erzbischof Friedrich Kardinal Wetter feiert mit ehrenamtlichen Mitarbeiterinnen und Mitarbeitern aus der Erzdiözese München und Freising in dem portugiesischen Marienwallfahrtsort Fatima einen Festgottesdienst zum Hochfest der Aufnahme Mariens in den Himmel.

15.09. Erzbischof Friedrich Kardinal Wetter feiert in der berühmten Wieskirche bei Steingaden anlässlich des 250-jährigen Wallfahrtsjubiläums und des Kirchweihfestes der Wieskirche, das an die Übertragung des Gnadenbildes des „gegeißelten Heilandes" von der kleinen Feldkapelle in die neu erbaute Kirche im Jahr 1749 erinnert, einen Festgottesdienst.

19.09. Bei einem Gottesdienst zum 400-jährigen Bestehen der Marianischen Männerkongregation Altötting im Wallfahrtsort Altötting ruft Erzbischof Friedrich Kardinal Wetter dazu auf, dafür zu sorgen, dass das Christentum auch weiterhin eine prägende Kraft in Bayern bleibt.

26.09. Im von Grund auf renovierten Passionsspielhaus in Oberammergau hält Weihbischof Franz Schwarzenböck den Gelübdegottesdienst mit den 2100 Darstellerinnen und Darstellern der Passion auf der Bühne des Passionsspielhauses. Damit wird die Passionsspielzeit 2000 in Oberammergau eingeleitet. Im Anschluss daran erfolgt eine ökumenische Begegnung im neuen Passionsspielhaus.

29.09. Die katholische Kirche in Bayern sucht nach neuen Wegen und Möglichkeiten für die kirchliche Schwangerenberatung. Auch wenn keine Bescheinigungen mehr ausgestellt werden, sei die Kirche entschlossen, in Zukunft weiterhin schwangere Frauen in Konfliktsituationen zu beraten, sagte Erzbischof Friedrich Kardinal Wetter bei einer Pressekonferenz.

01.10. In wichtigen Stellen des Münchener Erzbischöflichen Ordinariats hat es zum 1. Oktober einen Wechsel gegeben. So ging nach 18 Jahren der Stellvertretende Finanzdirektor der Erzbischöflichen Finanzkammer, Dr. Josef Vieregg, in den Ruhestand. Sein Nachfolger wurde Dr. Ludwig Summer. Einen Wechsel gab es auch in der Leitung eines der beiden für den Ständigen Diakonat in der Erzdiözese zuständigen Fachbereiche: Diakon Hans Gremler, seit 1993 zuständig für die Betreuung aller ständiger Diakone wie für Werbung und Begleitung von Interessenten und Berufsanfängern, trat in den Ruhestand. Sein Nachfolger wurde Diakon Ingo Werner Mehlich.

02.10. Als einen Brückenbauer zwischen katholischer und lutherischer Kirche hat Erzbischof Friedrich Kardinal Wetter den am 2. Oktober verstorbenen Altlandesbischof der Evangelisch-Lutherischen Kirche in Bayern, Johannes Hanselmann, gewürdigt.

05.10. Der bayerische Sportpfarrer Karlheinz Summerer, Pfarrer in München-Frieden Christi im ehemaligen Olympiadorf, wurde von Papst Johannes Paul II. zum Päpstlichen Ehrenprälaten ernannt. Auch der Stellvertretende Generalvikar im Münchener Erzbischöflichen Ordinariat, Erich Pfanzelt, der lange Jahre als Religionspädagoge wirkte, wurde zum Päpstlichen Ehrenprälaten ernannt. Geistlicher Rat Karl Büchl, seit fast 20 Jahren nebenamtlicher Geistlicher Beirat der 1926 gegründeten Hotel- und Gaststättenseelsorge, der über den Beruf des Kellners den Weg zum Priestertum fand, wurde zum Päpstlichen Kaplan mit dem Titel „Monsignore" ernannt.

07.10. Der Innenraum der mittelalterlichen Stadtpfarrkirche St. Georg in Freising wird grundlegend saniert und renoviert.

Erzbischof Friedrich Kardinal Wetter begrüßt die Proklamation, die Papst Johannes Paul II. am 1. Oktober vorgenommen hatte: Die mittelalterlichen Mystikerinnen Birgitta von Schweden und Katharina von Siena sowie die in Auschwitz ermordete Karmelitin Edith Stein werden zu Mitpatroninnen Europas ernannt.

08.10. Die staatlich anerkannte Beratungsstelle für Schwangerschaftsfragen im Sozialdienst katholischer Frauen (SkF) in München besteht seit 25 Jahren.

14.10. Guido Anneser, Leiter des Kardinal-Döpfner-Hauses und Direktor des Bildungszentrums der Erzdiözese, feiert sein silbernes Priesterjubiläum.

15.10. Das Freisinger Diözesanmuseum, eines der größten kirchlichen Museen der Welt, besteht seit 25 Jahren. Beim traditionellen, dem geistlichen Vater des Freisinger Dombergs gewidmeten Korbiniansfest des Jahres 1974 hatte der damalige Erzbischof von München und Freising, Kardinal Julius Döpfner, das Museum feierlich eröffnet.

25.10. In den drei Seelsorgsregionen der Erzdiözese soll künftig zur Unterstützung der als Bischofsvikare amtierenden Weihbischöfe ein Regionalteam zur Verfügung stehen.

26.10. An Stelle des Finanzdirektors der Erzdiözese, Domkapitular Dr. Sebastian Anneser, wurde der Stellvertretende Generalvikar des Münchener Erzbischöflichen Ordinariats, Prälat Erich Pfanzelt, zum Vorsitzenden des Landesverbandes des St. Michaelsbundes gewählt.

03.11. In feierlicher Form gedenkt die Erzdiözese München und Freising bei einem Gottesdienst in der Münchener Bürgersaalkirche der 20 Blutzeugen aus ihrem Bereich während der Zeit der nationalsozialistischen Herrschaft. Die Märtyrer aus dem Erzbistum, zwei Frauen und achtzehn Männer unterschiedlicher Berufe, verschieden nach Herkunft und Alter, zeigten, dass Widerstand und Verweigerung gegen das NS-Regime stärker in der Bevölkerung verwurzelt gewesen seien, als manche dies annehmen würden, sagte Erzbischof Friedrich Kardinal Wetter bei der Vorstellung der Namen und Personen. Das Glaubens- und Lebenszeugnis der 20 Märtyrer der Erzdiözese gehört zu einem für alle deutschen Bistümer zusammengestellten „Martyrologium Germanicum", das im Auftrag der Deutschen Bischofskonferenz in mehrjähriger Recherche erarbeitet worden ist und bald als Sammelwerk präsentiert werden wird.

18.11. Gerhard Schäfer, seit 1986 Beauftragter der Bruder- und Partnerschaftshilfe der Erzdiözese München und Freising für die Bistümer des lateinamerikanischen Andenstaates Ecuador, wird von der katholischen Bischofskonferenz des Landes mit dem höchsten Orden der ecuadorianischen Kirche geehrt.

20.11. In neuer Form und mit neuen Impulsen feiert die Erzdiözese München und Freising das traditionelle Korbiniansfest in der alten Bischofs- und Herzogsstadt Freising. Vor allem der Diözesanrat der Katholiken und sein Vorsitzender, Professor Dr. Alois Baumgartner, hatten in einer groß angelegten Kampagne mit Plakaten und Prospekten die 755 Pfarreien der Erzdiözese und die kirchlichen Verbände dazu aufgerufen, nach Freising zu kommen. Zum letzten Korbiniansfest vor der Jahrtausendwende erscheint im Verlag St. Michaelsbund in München ein der Person und der Wirkungsgeschichte des heiligen Korbinian gewidmetes Buch (Herausgeber Dr. Peter Pfister).

26.11. Msgr. Hans Stadler, seit 19 Jahren Landespräses der Kolpingfamilie Bayern, Präses der katholischen Zentralgesellenhausstiftung in München und in Personalunion auch Diözesanpräses der Kolpingsfamilie der Erzdiözese München und Freising, wird auf eigenen Wunsch zum 28. November von diesen Aufgaben entpflichtet. Zur Kandidatur für diese Ämter hat sich der Regens des Münchener Priesterseminars, Msgr. Rainer Boeck, bereit erklärt.

28.11. Mit dem neuen Kirchenjahr wird es in der Erzdiözese München und Freising wieder offiziell die Andachtsform der so genannten „ewigen Anbetung" geben. Die Erzdiözese will damit das von Johannes Paul II. als Heiliges Jahr und Jubiläum der Geburt Christi ausgerufene Jahr 2000 betend begehen und so deutlich machen, dass Christus in der Kirche gegenwärtig ist.

01.12. Der Diplomsozialpädagoge Norbert Siebert scheidet als Geschäftsführer des Fachbereichs Erwachsenenbildung im Seelsorgereferat des Münchener Erzbischöflichen Ordinariats aus. Sein Nachfolger wird der Pädagoge Markus Tolksdorf.

04.12. Der Verein für Diözesangeschichte feiert sein 75-jähriges Jubiläum in der ehemaligen Münchener Karmeliterkirche, Karmeliterstraße 1. Erzbischof Friedrich Kardinal Wetter spricht ein Grußwort. Den Festvortrag hält der Direktor des Bayerischen Hauptstaatsarchivs, Professor Dr. Joachim Wild, über die Geschichtsschreibung des Bistums Freising im 12. Jahrhundert. Aus diesem Anlass zeigt das Archiv des Erzbistums eine Ausstellung mit dem Thema „Von Arbeo zum Internet".

13.12. Die Erzdiözese eröffnet das 500. Pfarrheim im Westen der Stadt Fürstenfeldbruck, in der Pfarrei Fürstenfeldbruck-St. Bernhard.

22.12. Mit der originalgetreuen Restaurierung der Fassaden des Asamhauses und der St.-Johann-Nepomuk-Kirche sind zwei Münchener Baudenkmäler von großer bau- und kunstgeschichtlicher Bedeutung und europäischem Rang in erneuertem altem Glanz wieder sichtbar. Die Erzdiözese sieht darin einen Beitrag zum 250. Todestag von Egid Quirin Asam.

24.12. Erzbischof Friedrich Kardinal Wetter eröffnet zum Weihnachtsfest für die Erzdiözese München und Freising das Heilige Jahr in der Münchener Frauenkirche. 13 „Ablasskirchen" im Erzbistum laden zur Lebenserneuerung ein: Frauenkirche München, Mariendom Freising, München-Maria Ramersdorf, München-Maria Thalkirchen und Planegg-Maria Eich, Scheyern, Gars, Tuntenhausen, Landshut-Ursulinenkirche, Ettal, Birkenstein, Maria Gern und Maria Eck.

31.12. Erzbischof Friedrich Kardinal Wetter zelebriert eine Mitternachtsmesse im Dom. Er sieht dies als ein Angebot für alle, die die Jahrtausendwende nicht als bloßes Spektakel sehen. Vorab hatte an Stelle der traditionellen Silvesterpredigt Erzbischof Friedrich Kardinal Wetter gemeinsam mit dem neuen Landesbischof der Evangelisch-Lutherischen Kirche in Bayern, Johannes Friedrich, und dem Münchener griechisch-orthodoxen Bischof Dimitrios von Thermai um 17.00 Uhr in der Münchener Frauenkirche einen ökumenischen Wortgottesdienst gefeiert.

2000

31.12./1.1. Erzbischof Friedrich Kardinal Wetter und der neue evangelisch-lutherische Landesbischof in Bayern, Johannes Friedrich, haben den Verlauf des vergangenen Jahrhunderts gewertet und eine Prognose aus christlicher Sicht für die Zukunft abgegeben. Sie haben sich in ihren traditionellen Silvesterpredigten bei einem gemeinsamen ökumenischen Wortgottesdienst in der Frauenkirche dazu geäußert. Der Kardinal hatte zu dem gemeinsamen Gottesdienst anlässlich der Jahres-, Jahrhundert- und Jahrtausendwende die Repräsentanten und Mitglieder aller in der Arbeitsgemeinschaft christlicher Kirchen in Bayern mitwirkenden Kirchen und kirchlichen Gemeinschaften eingeladen. Im Anschluss an den ökumenischen Gottesdienst fanden Lichterprozessionen aus dem Dom und aus allen umliegenden katholischen und evangelischen Kirchen Münchens zur Mariensäule auf dem Marienplatz statt.

01.01. Erzbischof Friedrich Kardinal Wetter feiert im Münchener Dom mit mehr als 1 500 Kindern, Jugendlichen und jungen Erwachsenen einen festlichen Gottesdienst zum Auftakt des neuen Jahrhunderts unter dem Motto „CU 2000 – Träume leben, Zukunft gestalten!" Erzbischof Friedrich Kardinal Wetter fordert die jungen Menschen auf, Verantwortung für die Zukunft zu übernehmen und das neue Jahrhundert menschlich zu gestalten.

12.01. Die langjährige Geschäftsführerin des Verbandes katholischer Mädchensozialarbeit auf bayerischer Landesebene und im Erzbistum München und Freising, Brigitte Kokoschka, ist am 10. Januar, kurz vor Vollendung ihres 79. Lebensjahres gestorben. Die 1921 in Breslau geborene Philologin hatte in den Jahren vor und nach dem Zweiten Weltkrieg in der bayerischen Landeshauptstadt eine wirkungsvolle soziale Tätigkeit für Mädchen und junge Frauen entfaltet. Dabei war sie dem Fachverband In Via Katholischer Mädchensozialarbeit verbunden, der in München seit 1895 tätig ist.

14.01. Seit Januar 2000 hat die Erzdiözese München und Freising die Trägerschaft des traditionsreichen, bislang von Dominikanerinnen geführten Edith-Stein-Gymnasiums im Münchener Stadtteil Haidhausen übernommen. Das Erzbistum hat damit 16 katholische Schulen in seiner Trägerschaft.

17.01. Erzbischof Friedrich Kardinal Wetter führt den neuen Landescaritasdirektor für Bayern, Msgr. Karl-Heinz Zerrle, offiziell in sein Amt ein. Gleichzeitig verabschiedet er Prälat Walter Siegert, der diese Aufgabe seit 1994 innegehabt hat. Der neue Landescaritasdirektor (aus der Diözese Augsburg stammend) ist von den bayerischen Diözesancaritasverbänden gewählt und von der Freisinger Bischofskonferenz bestätigt worden.

09.02. Mit der Restaurierung der Fassaden des Asam-Hauses und der weltberühmten St.-Johann-Nepomuk-Kirche sind zwei Münchener Baudenkmäler von großer bau- und kunstgeschichtlicher Bedeutung und europäischem Rang in einem erneuerten alten Glanz wieder sichtbar geworden. Das restaurierte Haus des berühmten bayerischen Barockbaumeisters wird vom Erzbischöflichen Baureferenten George Resenberg vorgestellt.

12.02. Msgr. Friedrich Frei, einer der ältesten Priester im Erzbistum München und Freising und dienstältester Domvikar am Münchener Dom, vollendet sein 90. Lebensjahr.

16.02. Der langjährige Domkapellmeister an der Münchener Frauenkirche und am Freisinger Mariendom, Prälat Max Eham, vollendet sein 85. Lebensjahr.

17.02. Das seit den frühchristlichen Jahrhunderten übliche Morgen- und Abendgebet der Kirche soll in möglichst vielen katholischen Pfarrgemeinden wieder heimisch werden, wo es im Laufe der Jahrhunderte verloren gegangen ist. Das gegenwärtig fast ausschließlich in den Klöstern der Frauen- und Männerorden gepflegte Morgen- und Abendlob der Kirche ist in Zusammenarbeit des Kirchenmusikamtes der Erzdiözese und der Katholischen Universität Eichstätt jetzt in einer eigenen Fassung für den gottesdienstlichen Gebrauch in den katholischen Pfarrgemeinden des deutschsprachigen Raumes erarbeitet und zusammengestellt worden.

21.02. Prälat Leo Scheffczyk, emeritierter Professor für Dogmatik und Dogmengeschichte an der Katholisch-Theologischen-Fakultät der Ludwig-Maximilians-Universität in München, vollendet sein 80. Lebensjahr.

24.02. Msgr. Rainer Boeck, seit 1988 Regens des Erzbischöflichen Priesterseminars in München, wird durch Erzbischof Friedrich Kardinal Wetter offiziell aus diesem Amt verabschiedet.

25.02. Erzbischof Friedrich Kardinal Wetter feiert in Altomünster einen Gottesdienst anlässlich der von Papst Johannes Paul II. am 1. Oktober 1999 proklamierten Erhebung der heiligen Birgitta von Schweden (1302-1372) zur Mitpatronin Europas. Der Papst hatte am 1. Oktober vergangenen Jahres die mittelalterlichen Mystikerinnen Birgitta von Schweden und Katharina von Siena und die in Auschwitz ermordete Karmelitin

Edith Stein zu Mitpatroninnen des Kontinents erhoben. Erzbischof Friedrich Kardinal Wetter hat bei diesem Gottesdienst eine Neuordnung Europas auf der Grundlage der christlichen Werte gefordert. Das Christentum habe den Kontinent geformt und ihm entscheidende Werte eingeprägt.

Die neue Münchener Messe übergibt offiziell in der Halle B 6 des Messegeländes einen dort eingerichteten Raum der Stille, der in drei Abteilungen für Mitglieder der großen Weltreligionen anlässlich von Messen und Ausstellungen zur Verfügung steht.

01.03. Im südöstlichen Teil der Erzdiözese, dem Berchtesgadener Land, wird der 114. Pfarrverband Bischofswiesen errichtet. Er umfasst die Pfarreien Herz Jesu in Bischofswiesen, St. Michael in Strub und St. Johann Nepomuk in Winkl. Seit 1990 wurden insgesamt 340 Pfarreien in Pfarrverbände zusammengeführt. Weitere 72 Pfarrverbände sind noch geplant. Sie werden dann errichtet, wenn Pfarreien nicht mehr mit einem hauptamtlichen Pfarrer besetzt oder nicht mehr von einer benachbarten Pfarrei mit betreut werden können.

09.03. Erzbischof Friedrich Kardinal Wetter eröffnet eine Fotoausstellung über das Wirken der Zisterzienser in Europa. Dem 1098 gegründeten benediktinischen Reformorden der Zisterzienser, der im Mittelalter in einer beispiellosen Aufbauarbeit mit Spaten und Kreuz, religiöse und vor allem kulturelle und soziale Grundstrukturen des heutigen Europa schuf, ist diese Ausstellung in der ehemaligen Karmeliterkirche gewidmet. Das Archiv des Erzbistums hat die Ausstellung durch Archivalien und Bücher aus altbayerischen Zisterzienserklöstern und vom Wirken des Freisinger Bischofs Otto I. von Freising, des früheren Zisterzienserabtes in Morimond, erweitert.

26.03. Erzbischof Friedrich Kardinal Wetter führt den neuen Landespräses des Kolpingwerkes in Bayern, Msgr. Rainer Boeck, in sein Amt ein. Zugleich verabschiedet er Msgr. Hans Stadler, der seit 1981 dem Kolpingwerk in Bayern, mit mehr als 60000 Mitgliedern einer der größten Sozialverbände im Freistaat, als Präses gedient hat.

10.04. Bernhard Sutor, emeritierter Professor für Politikwissenschaft an der Katholischen Universität Eichstätt und seit 1993 Vorsitzender des Landeskomitees der Katholiken in Bayern, vollendet sein 70. Lebensjahr.

20.04. Rechtzeitig zum Karfreitag und zum Osterfest dieses Jahres kehrt der restaurierte „silberne Jesus von Landshut" wieder an den Ort seiner Bestimmung, das Landshuter St. Martins-Münster, zurück.

01.05. Erzbischof Friedrich Kardinal Wetter ernennt den promovierten Diözesanpriester Franz Joseph Baur zum neuen Regens für das Münchener Priesterseminar.

Wilhelm Heck, seit 1980 Stellvertretender Erzbischöflicher Finanzdirektor, wird in den Ruhestand verabschiedet. Als Nachfolger Hecks wurde der bisherige Abteilungsleiter für den Finanzhaushalt in der Erzbischöflichen Finanzkammer, Klaus Weißbach, ernannt. Bereits im Oktober vergangenen Jahres war für den Bereich Vermögensverwaltung der promovierte Betriebswirt und Diplomkaufmann Ludwig Summer zum Stellvertretenden Finanzdirektor ernannt worden.

Anlässlich des Heiligen Jahres kamen aus allen bayerischen Diözesen am 1. Mai mehrere tausend Pilger in den altbayerischen Marienwallfahrtsort Altötting. Erzbischof Friedrich Kardinal Wetter betont dabei, dass eine Neubesinnung auf eine am christlichen Evangelium orientierte lebensbejahende Grundhaltung dringend notwendig sei.

06.05. Der international renommierte Münchener Kirchenrechtler Professor Dr. Audomar Scheuermann stirbt nach längerer Krankheit. Er stand kurz vor Vollendung seines 92. Lebensjahres und im 69. Jahr seines priesterlichen Dienstes.

11.05. Mit einem Gottesdienst und einem Festakt begeht eine der renommiertesten sozial-caritativen Einrichtungen für Obdachlose, Suchtkranke und strafentlassene Menschen in Bayern, der Katholische Männerfürsorgeverein München, das 50-jährige Bestehen.

13.05. Bei einem Pontifikalamt zum 100-jährigen Bestehen der Handwerkskammer für München und Oberbayern spricht sich Erzbischof Friedrich Kardinal Wetter für ein von christlichen Werten bestimmtes Verhältnis zur menschlichen Arbeit aus.

17.05. Im Alter von 72 Jahren stirbt der Münchener Pastoraltheologe Professor Dr. Hans Schilling.

20.05. Erstmals in ihrer jetzt 366-jährigen Geschichte werden die Oberammergauer Passionsspiele am Vorabend ihrer ersten Aufführung im renovierten Passionsspielhaus mit einem ökumenischen Wortgottesdienst eröffnet. Erzbischof Friedrich Kardinal Wetter, der auch das Patronat für die Spiele übernommen hat, und der Landesbischof der Evangelisch-Lutherischen Kirche in Bayern, Johannes Friedrich, feiern diesen Gottesdienst. Am Eröffnungstag mit der Aufführung des ersten Passionsspieles im Heiligen Jahr 2000 feiert Erzbischof Friedrich Kardinal Wetter mit der katholischen Pfarrgemeinde von Oberammergau in der Pfarrkirche ein Pontifikalamt. Erstmals wird während der Passionsspiele die so genannte Pestmatrikel von 1633, die „Gründungsurkunde" der Oberammergauer Passionsspiele, im Foyer des Passionsspielhauses gezeigt. Das Archiv des Erzbistums München und Freising hat dazu eine Ausstellung zusammengestellt, die während der gesamten Aufführungszeit im Foyer des Passionsspielhauses zu sehen ist. Zugleich wurde eine Transkription der Gründungsurkunde der Passionsspiele gefertigt. Die Matrikel wurde unter der fachlichen Betreuung des Archivs des Erzbistums renoviert und kann nun einem breiteren Publikum präsentiert werden.

Landesbischof Johannes Friedrich, Kardinal Wetter, Ministerpräsident Edmund Stoiber und Gattin Karin, 1. Bürgermeister Klement Fend und Prof. Dr. Ludwig Mödl in Oberammergau vor der Eröffnung des Passionsspiels 2000.

25.05. Der langjährige Leiter der Altenseelsorge in der Erzdiözese München und Freising, Professor Franz Josef Hungs, wird bei der Frühjahrstagung der Altenheimseelsorger des Erzbistums verabschiedet.

16.06. Bis auf die Sanierung des Sockels und des in alpinem Rotmarmor gestalteten Portals ist die Erneuerung der Fassade der Münchener Dreifaltigkeitskirche abgeschlossen. Der Turm und die Laterne wie auch das gesamte anschließende Ensemble des ehemaligen Karmelitinnenklosters sollen saniert und in dem jetzt gefundenen originalen Farbton gefasst werden.

25.06. Erzbischof Friedrich Kardinal Wetter weiht das neu errichtete Tagungs- und Gästehaus der Katholischen Landvolkshochschule Haus Petersberg in Erdweg bei Dachau.

29.06. Die barocke Raumgestalt der Münchener Pfarrkirche St. Peter ist meisterlich rekonstruiert worden. Das Deckengemälde, der Himmel in Münchens ältester Stadtpfarrkirche, von dem berühmten Barockmaler Johann Baptist Zimmermann im 18. Jahrhundert geschaffen, im Bombenhagel des Weltkriegs zerstört, ist in fast zweijähriger künstlerischer und technischer Arbeit wieder rekonstruiert worden. Hermenegild Peiker, Freskant in Augsburg, hat das Deckenfresko mit der Darstellung des Martyriums des Apostels Petrus neu geschaffen. 55 Jahre nach Kriegsende wird damit der Wiederaufbau der Peterskirche abgeschlossen.

30.06. Die traditionsreiche Benediktinerabtei Ettal feiert das 100-jährige Jubiläum ihrer Errichtung. Die 1330 von Kaiser Ludwig dem Bayern aufgrund eines Gelübdes gegründete Abtei war nach der Säkularisation fast 100 Jahre lang ausgestorben und nicht mehr mit Benediktinermönchen besiedelt. Im Heiligen Jahr 1900 hatte der damalige Abt des Benediktinerklosters Scheyern, Rupert Metzenleitner, der Initiative ergriffen. Er schickte die ersten Ordensleute nach Ettal. Einer der Höhepunkte der Feiern im Jubiläumsjahr ist der Festgottesdienst, den Erzbischof Friedrich Kardinal Wetter zusammen mit dem Ettaler Konvent und den Gymnasiasten feiert.

17.07. Nach fünfjährigen Bau- und Renovierungsarbeiten zieht die Behinderteneinrichtung „Stiftung Attl“ in die neuen Räume ein. Weihbischof Dr. Franz Dietl feiert aus diesem Anlass einen Festgottesdienst in der ehemaligen Klosterkirche St. Michael. Die Stiftung Attl existiert seit 1873. Sie wurde von der traditionell in der Behinderten- und Krankenfürsorge tätigen Ordensgemeinschaft der Barmherzigen Brüder fast 100 Jahre lang bis 1970 geführt. Dann übernahm der Caritasverband mit seinen Organen die Einrichtung. Seit 1994 ist sie eine eigenständige Stiftung.

20.07. Nach der Sichtung und Verzeichnung des gesamten Nachlasses von Kardinal Michael von Faulhaber (1869-1952) wird nun auch der Nachlass von Kardinal Julius Döpfner (1913-1976) unter wissenschaftlichen Kriterien geordnet. Erzbischof Friedrich Kardinal Wetter hat dazu Archivdirektor Dr. Peter Pfister einen Auftrag erteilt. Die Verzeichnung und das Anlegen eines Findbuches führt Pfister zusammen mit dem Historiker Guido Treffler durch.

22.07. Das Landshuter St. Martins-Münster wurde vor 500 Jahren vollendet. Schon das 30 Meter hohe Langhaus des imposanten Backsteinbaus überragt weithin sichtbar die Dächer der Altstadt, erst recht der 130 Meter schlanke Turm, der höchste Kirchturm Bayerns und der höchste aus Ziegeln gebaute Turm der Welt. Im Heiligen Jahr 1500 wurde ihm das goldene Kreuz aufgesetzt und damit der 1380 begonnene Kirchenbau vollendet.

23.07. Heinrich Graf von Soden-Fraunhofen, emeritierter Weihbischof und von 1972 bis 1994 Bischofsvikar der Seelsorgsregion Nord des Erzbistums München und Freising, stirbt in Engelsberg, Landkreis Traunstein.

17.08. Der Jesuitenpater und Pädagogikprofessor Dr. Roman Bleistein stirbt im Alter von 72 Jahren.

01.09. Das mit Abstand größte und personalintensivste Referat des Münchener Erzbischöflichen Ordinariats, das Seelsorgereferat, führt zum 1. September neu strukturiert und unter neuer Leitung seine Aufgaben fort. Die insgesamt dreizehn Fachbereiche, sechs Sachgebiete und achtzehn nachgeordneten Einrichtungen mit ihren 342 Mitarbeiterinnen und Mitarbeitern werden künftig in zwei neu gegliederten Referaten von Domkapitular Josef Obermaier und der neu ernannten Ordinariatsrätin und promovierten Pädagogin, Anneliese Mayer, in enger Kooperation geleitet. Diese Änderung wurde erforderlich, da der bisherige Leiter, Prälat Georg Schneider, nach 28-jähriger Dienstzeit die Leitung des Seelsorgereferates infolge des Erreichens der Altersgrenze abgegeben hat.

Erzbischof Friedrich Kardinal Wetter ernennt Dr. Anneliese Mayer zur Ordinariatsrätin. Sie wird mit der Leitung eines im Münchener Erzbischöflichen Ordinariat für den Bereich Bildung und Beratung neu geschaffenen zweiten Seelsorgereferates beauftragt.

03.09. Die seit dem Mittelalter dokumentierte Wallfahrt der Zunft der Flößer auf der Isar von Lenggries und Wolfratshausen nach Maria Thalkirchen in München wird wieder belebt.

14.09. Papst Johannes Paul II. hat den Münchener Domkapitular Dr. Friedrich Fahr mit der höchsten Prälatenwürde ausgezeichnet und zum Apostolischen Protonotar ernannt.

15.09. Der seit Jahrhunderten traditionell mit Bayern besonders eng verbundene Kapuzinerorden begeht das 400-jährige Jubiläum seiner bayerischen Niederlassung. Aus diesem Anlass feiert Erzbischof Friedrich Kardinal Wetter in der Münchner Klosterkirche der Kapuziner St. Anton mit den zurzeit 98 Patres und Brüdern der bayerischen Provinz und zahlreichen Gästen einen Pontifikalgottesdienst.

20.09. Die Verbindungen zwischen dem Erzbistum München und Freising und der französischen Diözese Evry-Corbeil-Essonnes im Südosten von Paris werden weiter gefestigt. Die Kontakte zu dem erst 1966 gegründeten, etwa 1,8 Millionen Katholiken umfassenden Bistum führen auf den heiligen Korbinian zurück. Zur Festigung der Verbindungen hält sich der neue Bischof des französischen Bistums Michel Dubost zusammen mit seinem Generalvikar Alan Bobiere und weiteren Seelsorgern seiner Diözesanverwaltung zu einem Informationsbesuch in München auf.

24.09. Erzbischof Friedrich Kardinal Wetter feiert ein Fest der Ehrenamtlichen in der Münchener Frauenkirche. Dabei fordert der Kardinal mehr Beachtung für die 500000 Ehrenamtlichen. Allein für die Senioren in Bayern wirken 20000 freiwillige Helfer in den einzelnen Pfarreien.

03.10. Erzbischof Friedrich Kardinal Wetter hat sich dafür ausgesprochen, in die Grundrechts-Charta der Europäischen Union, ähnlich wie im Grundgesetz der Bundesrepublik Deutschland, die Anrufung Gottes aufzunehmen.

13.10. Vor dem Hintergrund der blutigen Auseinandersetzungen in Israel und in den autonomen Palästinensergebieten hat Erzbischof Friedrich Kardinal Wetter zum Gebet für die Menschen und den bedrohten Frieden im Heiligen Land aufgerufen. Der Kardinal nimmt an einem Rosenkranzgebet auf dem Münchener Marienplatz teil.

Einer der für die Barockzeit in Bayern repräsentativen Pfarrhöfe, der Pfarrhof von St. Nikola in Haimhausen im Landkreis Dachau, ist nach einer vierjährigen Renovierung fertig gestellt worden.

16.10. Bei einem Gottesdienst zum Hedwigsfest erinnert Erzbischof Friedrich Kardinal Wetter an die geistige Grundlegung der deutsch-polnischen Versöhnung und in diesem Zusammenhang an eine Predigt zum Hedwigsfest, die der damalige Bischof von Berlin, Julius Kardinal Döpfner, vor 40 Jahren gehalten hatte. Dies sei ein geistiger Auftakt für den Prozess der deutsch-polnischen Versöhnung gewesen.

18.10. Erzbischof Friedrich Kardinal Wetter setzt eine hochkarätige Kommission ein, die die Tätigkeit von Zwangsarbeitern in kirchlichen Einrichtungen des Erzbistums während der Zeit des nationalsozialistischen Regimes wissenschaftlich erforschen wird. Der Ständige Rat der Deutschen Bischofskonferenz hatte im August dieses Jahres beschlossen, auf der Ebene der einzelnen Bistümer Forschungsarbeiten zu diesem Thema durchzuführen und dabei alle in Frage kommenden kirchlichen Träger mit einzubeziehen. Unter der Leitung des Archivdirektors der Erzdiözese Dr. Peter Pfister hat sich die Kommission in München konstituiert. Beim Archiv des Erzbistums wurde dazu eine zeitlich befristete Stelle für einen wissenschaftlichen Mitarbeiter eingerichtet, der die örtlichen und regionalen Quellen zu erfassen hat.

01.11. Prälat Dr. Robert Simon feiert sein zehnjähriges Dienstjubiläum als Generalvikar des Erzbischofs von München und Freising. Erzbischof Friedrich Kardinal Wetter dankt ihm für seinen treuen Dienst.

Der langjährige Oberhirte der katholischen Ukrainer in Deutschland und Skandinavien, Bischof Platon Kornyljak, ist im Alter von 81 Jahren in München verstorben. Bischof Kornyljak war von 1959 bis 1997 der erste Oberhirte der von Papst Johannes XXIII. 1959 errichteten Apostolischen Exarchie der griechisch-katholischen Ukrainer in Deutschland und Skandinavien.

03.11. Am Gedenktag des seligen P. Rupert Mayer weiht Erzbischof Friedrich Kardinal Wetter in einem feierlichen Gottesdienst den neuen Altar in der Bürgersaalkirche und segnet den neuen Ambo.

17.11. Erzbischof Friedrich Kardinal Wetter hat eine Festschrift über ein bis heute für Staat und Kirche bedeutendes Rechtsdokument, das bayerische Konkordat von 1817, im Lesesaal des Archivs des Erzbistums vorgestellt. Die rechtliche Vereinbarung zwischen dem Heiligen Stuhl und dem Königreich Bayern, 1817 ratifiziert und 1821 umgesetzt, war die Grundlage zur Neuorganisation der kirchlichen Verhältnisse im Königreich Bayern.

24.11. Im Alter von 78 Jahren ist eine der führenden Persönlichkeiten der Kongregation der Redemptoristen, der Kirchenrechtler und Hochschullehrer Pater Joseph Pfab, verstorben. Pater Pfab war von 1986 bis 1997 im Münchener Erzbischöflichen Ordinariat in den Aufgaben eines Referenten für die Orden und geistlichen Gemeinschaften und auch als Erzbischöflicher Offizial tätig. Zuvor war er zwölf Jahre lang Generalsuperior der Kongregation der Redemptoristen in Rom.

Ein Ort des Gottesdienstes und der Seelsorge, ein Zentrum der geistigen Auseinandersetzung zwischen Kirche und Gesellschaft und eine viel besuchte Begegnungsstätte für Menschen aus allen Lebensbereichen ist die Benediktinerabtei St. Bonifaz in München. Vor 150 Jahren, am 24. November 1850, waren das Kloster und die Kirche der Benediktiner durch den damaligen Erzbischof von München und Freising und späteren Kurienkardinal Karl August Grafen von Reisach geweiht worden. 1835 hatte König Ludwig I. persönlich den Grundstein für das Kloster gelegt. Des historischen Datums und seiner aktuellen Bedeutung gedenkt die Abtei mit festlichen Gottesdiensten und einer Reihe von Jubiläumsveranstaltungen. Im Bayerischen Hauptstaatsarchiv dokumentiert eine Ausstellung die 150-jährige wechselvolle Geschichte und die bis heute ungebrochene Wirksamkeit der Abtei St. Bonifaz und Andechs. „Lebendige Steine" lautet dementsprechend der Titel der Ausstellung, die am 16. November durch den Bayerischen Staatsminister Hans Zehetmair und den Abt des Klosters, Odilo Lechner, eröffnet und durch den Generaldirektor der Staatlichen Archive Bayerns, Professor Hermann Rumschöttel, präsentiert worden ist. Erzbischof Friedrich Kardinal Wetter spricht dabei ein Grußwort, er hält auch den Festgottesdienst am Weihetag der Basilika St. Bonifaz am 24. November.

26.11. Auf den Tag genau sechs Jahre, nachdem die Herz-Jesu-Kirche im Münchener Stadtteil Neuhausen bis auf die Grundmauern abgebrannt war, weiht Erzbischof Friedrich Kardinal Wetter die in dreijähriger Bauzeit errichtete neue Kirche. Damit wird Münchens modernster Kirchenbau, ein in transparenter Glaskonstruktion an alter Stelle mitten in einem Wohngebiet errichtetes Gotteshaus, wieder seiner Bestimmung übergeben.

01.12. Erzbischof Friedrich Kardinal Wetter ernennt Prälat Erich Pfanzelt, Stellvertretender Generalvikar im Erzbischöflichen Ordinariat München, zum Domkapitular. Pfanzelt leitet im Ordinariat unter anderem die diözesane Protokollabteilung und ist in enger Kooperation mit dem Katholischen Büro Bayern für die Kontakte der Erzdiözese mit Personen und Einrichtungen des politischen und gesellschaftlichen Lebens verantwortlich. Außerdem sind ihm die Pressestelle, die Pastorale Planungsstelle und die Abteilung für Organisation und Datenverarbeitung sowie die Innenrevision als Stabsstellen des Generalvikariats zugeordnet. Er ist auch der zuständige Referent für das Archiv des Erzbistums und die Dombibliothek Freising.

03.12. Weihbischof Dr. Bernhard Haßlberger gedenkt in Hohenlinden, Landkreis Ebersberg, der Schlacht von Hohenlinden, die dort vor 200 Jahren in den ersten Dezembertagen des Jahres 1800 stattfand. Die Schlacht zählt zu den französischen Revolutionskriegen, den sogenannten Koalitionskriegen. Die napoleonischen Truppen kämpften und siegten in der Nacht vom 3. auf den 4. Dezember 1800 in und bei Hohenlinden gegen die verbündeten bayerischen und österreichischen Soldaten.

19.12. Papst Johannes Paul II. hat den 55-jährigen Priestermönch Piotr Kryk zum Bischof der 1959 für die katholischen Ukrainer des slawisch-byzantinischen Ritus in Deutschland und Skandinavien errichteten Exarchie ernannt, in der Nachfolge des verstorbenen Bischofs Platon Kornyljak.

2001

12.01. Mit einer Gedenktafel für Wilhelm Freiherrn von Pechmann ehrt die Evangelisch-Lutherische Kirche in Bayern einen Mann des christlichen Widerstandes und Protestes gegen den nationalsozialistischen Unrechtsstaat und vor allem gegen die Verfolgung der Juden. Der evangelische Christ von Pechmann, der von 1919 bis 1922 erster gewählter Präsident der Evangelisch-Lutherischen bayerischen Generalsynode, Vorläuferin der heutigen Landessynode, gewesen ist, ist bereits während der Zeit des Nationalsozialismus auch in einem engen Kontakt zum damaligen Münchener Erzbischof Michael Kardinal von Faulhaber gestanden, mit dem er korrespondierte und in Freundschaft verbunden war. Kurz nach dem Ende des Zweiten Weltkriegs, im Frühjahr 1946, ist von Pechmann im Alter von 87 Jahren zur katholischen Kirche konvertiert. Kardinal Faulhaber hat ihm das Sakrament der Firmung gespendet. Faulhaber hat den engagierten evangelischen Christen schon 1940 als „Herold und Vorarbeiter der Una-sancta-Bewegung“ bezeichnet.

14.01. Der Philosoph, Theologe und Kunstexperte Aloys Goergen feiert seinen 90. Geburtstag. Der ehemalige Geschäftsführende Präsident der Akademie der Bildenden Künste in München hat sein vielseitiges Wirken dem Ziel einer geistig-geistlichen Gemeinschaft, die Liturgie und christliches Engagement nicht nur als Tradition, sondern als Lebensaufgabe zu akzeptieren, zugerechnet. So ist er durch das von ihm mitbegründete

Modell der „Integrierten Gemeinde" bekannt geworden, das auf die Basis urchristlicher Vorbilder verweist, von dem sich Goergen jedoch 1968 getrennt hat.

20.01. Papst Johannes Paul II. ernennt den in München lebenden Theologen, Professor Dr. Leo Scheffczyk, zum Kardinal. In einem Glückwunschschreiben würdigt Erzbischof Friedrich Kardinal Wetter Kardinal Scheffczyk, der von 1965 bis 1985 als Professor für Systematische Theologie (Dogmatik) an der Katholisch-Theologischen Fakultät der Universität München lehrte, als einen großen Theologen. Seine Klarheit und seine Treue zur Kirche haben ihn ausgezeichnet. Als Wissenschaftler habe er in der theologischen Landschaft ein bedeutendes Gewicht. Professor Scheffczyk habe auch in der Glaubenskommission der Deutschen Bischofskonferenz lange Zeit als gewissenhafter und zuverlässiger Berater gewirkt. Professor Scheffczyk hat sich erfreut über die Ernennung gezeigt, die vor allem eine Auszeichnung und Würdigung seiner Verdienste in der theologischen Forschung und Lehre bedeute. An einem Konklave zur Wahl eines Papstes kann er nicht mehr teilnehmen, da er bereits das 80. Lebensjahr vollendet hat. Er ist am 21. Februar 1920 im oberschlesischen Beuthen geboren. Er ist Priester des Erzbistums Breslau. Nach der Vertreibung ist er 1947 in Freising zum Priester geweiht worden und hat in der Erzdiözese München und Freising als Kaplan in Grafing und Pfarrvikar in Traunwalchen gewirkt. 1948 ist er Subregens im Priesterseminar Königstein im Taunus geworden, wo Seminaristen aus den ehemaligen deutschen Ostgebieten studierten. Der international renommierte Theologe, dessen Bücher in mehrere Sprachen übersetzt worden sind, hat als Professor an der Philosophisch-Theologischen Hochschule in Königstein und an der Universität Tübingen gelehrt. Als Nachfolger von Professor Michael Schmaus ist er 1965 als Ordinarius auf den Lehrstuhl für Dogmatik der Universität München berufen worden. Bei Schmaus hat er sich 1957 mit einer Arbeit über das „Mariengeheimnis in Frömmigkeit und Lehre der Karolinger Zeit" ha-

Aufnahme von Professor Dr. Leo Scheffczyk in das Kardinalskollegium, 21. Februar 2001.

bilitiert. Der 1985 emeritierte Wissenschaftler gilt als ein Bewahrer der geistigen Autonomie der Theologie. 1978 ist er zum Päpstlichen Ehrenprälaten ernannt worden. Er arbeitet nebenamtlich in der Seelsorge eines städtischen Münchener Bürgerheims und entfaltet eine reiche Vortragstätigkeit.

23.01. Erzbischof Friedrich Kardinal Wetter äußert sich bei einem zentralen ökumenischen Gottesdienst anlässlich der weltweit begangenen Gebetswoche für die „Einheit der Christen" in der Münchener evangelischen Bischofskirche St. Matthäus zuversichtlich über die Entwicklung der Ökumene und das Ziel einer „vollen Kirchengemeinschaft". In diesem Zusammenhang erinnert er an die gemeinsame Passion von verfolgten Christen unterschiedlicher Konfession in der Zeit des Nationalsozialismus.

25.01. Abt Odilo Lechner, Benediktinerabtei St. Bonifaz in München, feiert seinen 70. Geburtstag. Er leitet seit 1964 die beiden traditionsreichen bayerischen Klöster St. Bonifaz in München und in Andechs.

26.01. Thea Schroff, maßgebliche Vordenkerin und Begründerin einer Beratung schwangerer Frauen in Bayern, vollendet ihr 75. Lebensjahr. Sie hat nicht nur die Schwangerenberatung in der Trägerschaft des Sozialdienstes katholischer Frauen mit einem anerkannt hohen Qualitätsstand aufgebaut, sondern darüber hinaus auch maßgeblichen Einfluss auf die entsprechende Gesetzgebung im Land Bayern und den Standard von außerkirchlichen Einrichtungen der Schwangerenberatung ausgeübt. Den Aufbau eines flächendeckenden Netzes der Frauenhäuser in Bayern hat sie auch vorangetrieben.

28.01. Die orthodoxen Christen aus Rumänien feiern das 25-jährige Jubiläum des Bestehens ihrer Gemeinde „Geburt des Herrn" in der bayerischen Landeshauptstadt München.

29.01. Erzbischof Friedrich Kardinal Wetter gratuliert dem Bischof von Mainz und Vorsitzenden der Deutschen Bischofskonferenz, Karl Lehmann, dem Erzbischof von Paderborn, Johannes Joachim Degenhardt, und Bischof Walter Kasper, dem Sekretär des Päpstlichen Rates für die Einheit der Christen, zu ihrer Berufung in das Kardinalskollegium.

01.02. Prälat Dr. Willibald Leierseder, ein Pionier der katholischen Rundfunkarbeit in Deutschland, tritt in den Ruhestand. In über 30-jähriger Tätigkeit ist er der erste hauptamtliche Medienbeauftragte der Bayerischen Bischofskonferenz für den Hörfunk und das Fernsehen des Bayerischen Rundfunks gewesen. Zu seinem Nachfolger haben die bayerischen Bischöfe den Leiter des Zentrum für Berufungspastoral „Offene Tür St. Willibald" im Bistum Eichstätt, Pfarrer Erwin Albrecht, bestellt.

Die Werbung für geistliche Berufe im Erzbistum München und Freising wird in neue Hände gelegt. Nach achtjähriger Tätigkeit übergibt der Spiritual im Münchener Priesterseminar, Gerhard Beham, diese Aufgabe an Martin Guggenbiller, der dieses Amt zugleich neben seiner Tätigkeit als Subregens des Münchener Priesterseminars übernimmt.

03.02. Ranghohe Bischöfe aus der Ukraine, Polen und Frankreich weihen den in Polen geborenen Priestermönch Piotr Kryk, der dem Basilianerorden angehört, bei einer feierlichen Liturgie in der ukrainischen Bischofskirche Maria Schutz-St. Andreas zum neuen Bischof für die katholischen Ukrainer in Deutschland. Bischof Kryk tritt die Nachfolge des am 1. November 2000 verstorbenen Bischofs Platon Kornyljak an, der die Apostolische Exarchie der katholischen Ukrainer des slawisch-byzantinischen Ritus in Deutschland und Skandinavien mit Bischofssitz in München leitet.

04.02. Monsignore Dr. Walter Friedberger, langjähriger Leiter des von der Bayerischen Bischofskonferenz 1969 eingerichteten „Instituts für theologische und pastorale Fortbildung" in Freising, ist verstorben.

14.02. Erzbischof Friedrich Kardinal Wetter informiert zur Eröffnung eines Kolloquiums zum Thema „Fremdarbeiter in kirchlichen Einrichtungen in der NS-Zeit", das vom Archiv des Erzbistums München und Freising veranstaltet wird, über den aktuellen Stand der Ermittlungen über die in der Zeit des Nationalsozialismus in kirchlichen Einrichtungen des Erzbistums beschäftigten Fremdarbeiter. In München sind zu diesem Zeitpunkt 157 Fremdarbeiter recherchiert, von denen 98 namentlich identifiziert werden konnten. Außerdem sei von ca. 150 Kriegsgefangenen bekannt, dass sie bei kirchlichen Einrichtungen zur Arbeit abgeordnet waren. Das Kolloquium zum Stand und den Perspektiven der Forschung über das Thema „Kirche und Zwangsarbeit“ ist nach Ansicht von Erzbischof Friedrich Kardinal Wetter nicht nur der Auftrag einer Forschungsarbeit, sondern ein wichtiger Beitrag der Kirche zur Versöhnung. Erzbischof Friedrich Kardinal Wetter kündigt an, er wolle diese wissenschaftliche Arbeit auch durch Stipendien fördern. Die Geschichtswissenschaft, die die dunklen Seiten der Vergangenheit aufarbeitet und mit denen versöhne, denen Unrecht angetan worden sei, reinige das eigene Gedächtnis und versöhne mit der eigenen Geschichte. Sie bringe Licht in die Vergangenheit und damit auch in die Gegenwart. Erzbischof Friedrich Kardinal Wetter begründet, warum die katholische Kirche sich nicht an einem Entschädigungsfonds für Zwangsarbeiter in der NS-Zeit beteilige, sondern einen eigenen Weg gehe. Sie lehne jede Kollektivschuld ab, trage aber mit an der geschichtlichen Last, die sich das deutsche Volk aufgeladen habe. Er spricht bewusst von Fremdarbeitern in kirchlichen Einrichtungen, nicht von Zwangsarbeitern. Zwang habe der Staat ausgeübt, als er die Menschen aus ihrer Heimat abtransportierte. Von kirchlicher Seite aus sei auf sie kein Zwang ausgeübt worden. Sie seien in kirchlichen Betrieben nicht ausgebeutet, sondern wie deutsche Arbeiter entlohnt und wie diese auch krankenversichert worden. Der Leiter der Kommission „Zwangsarbeiter im Erzbistum“, Diözesanarchivar Dr. Peter Pfister, bezeichnet bei dem Kolloquium die wissenschaftliche Aufarbeitung und Bewusstseinsbildung als notwendigen Beitrag zur Versöhnungsarbeit, wie sie die deutschen Bischöfe anstrebten. Dieser Versöhnungsarbeit liege die Einsicht zugrunde, dass es notwendig sei, sich um eine Aufklärung der Ursachen, Voraussetzungen und Auswirkungen der Gewaltherrschaft des Nationalsozialismus zu bemühen. Nach Angaben des für die Ermittlung der Zwangsarbeiter in kirchlichen Einrichtungen des Erzbistums zuständigen wissenschaftlichen Mitarbeiters, Volker Laube, gibt es keinerlei Hinweise, dass Fremdarbeiter dort mit Gewalt zur Arbeit gezwungen oder ausgebeutet worden seien.

26.02. Theresia Hauser vollendet ihr 80. Lebensjahr. Die langjährige frühere Leiterin des Referats Frauenseelsorge im Erzbischöflichen Ordinariat München hat über Jahrzehnte die katholische Mädchen- und Frauenbildung geprägt und wegweisende Impulse gegeben. Von der Freisinger Bischofskonferenz hatte Theresia Hauser 1967 den Auftrag erhalten, landesweit für die Frauenseelsorge zu wirken.

04.03. Der von Papst Johannes Paul II. am 21. Februar in das Kardinalskollegium aufgenommene international renommierte Münchener Theologe Leo Scheffczyk feiert mit Repräsentanten aus Öffentlichkeit und Kirche im Münchener Dom in Konzelebration mit Erzbischof Friedrich Kardinal Wetter einen Gottesdienst. Der neue Kardinal hat als Wahlspruch ein Wort aus dem Epheser-Brief des Apostels Paulus „Den unergründlichen Reichtum Christi verkündigen“ (Eph 3,8) gewählt. Als römische Titelkirche hat Kardinal Scheffczyk die Pfarrkirche San Francesco Saverio alla Garbadella in einem südlichen Stadtbezirk Roms zugewiesen erhalten.

05.03. Mehr als 2 500 Senioren in der Erzdiözese München und Freising beteiligen sich erstmals in der Fastenzeit an einer Initiative, die sie zu mehr persönlicher Spiritualität führen will. Mehr als 150 Seniorengruppen in Pfarrgemeinden und Altenheimen werden in der alten christlichen Tradition geistlicher Übungen an „Exerzitien im Alltag“ teilnehmen, wozu die Diözesanaltenseelsorgerin Dr. Marianne Habersetzer eingeladen hat.

08.03. Dr. Walter Flemmer, stellvertretender Fernsehdirektor des Bayerischen Rundfunks, ist von Papst Johannes Paul II. mit dem Orden Komtur mit Stern des St.-Silvesterordens ausgezeichnet worden.

05.04. Ein im Feuer geschmiedetes zehn Meter breites und fünf Meter hohes Eisengitter ist als architektonischer Abschluss des Vorraums der Münchener Frauenkirche gegenüber dem Hauptportal angebracht worden. Es markiert den Raum zwischen dem Hauptportal und dem Übertritt in das Kirchenschiff.

11.04. Das Diözesanmuseum Freising eröffnet den neu gestalteten „Salzburger Saal". Dabei wird auch die Neuerwerbung einer kostbaren Elfenbein-Pyxis für konsekrierte Hostien (um das Jahr 1320 in Paris entstanden) gezeigt.

19.04. Die Erzdiözese würdigt den verstorbenen Architekten Josef Wiedemann als herausragenden Künstler. Er hat auch den Karmel und die Todesangst-Christi-Kapelle in Dachau erbaut.

01.05. Weihbischof Engelbert Siebler löst als Präsident des traditionsreichen Bayerischen Pilgerbüros den emeritierten Münchener Weihbischof Franz Schwarzenböck ab, der seit 1974 Präsident des Pilgerbüros war. Bereits 1925 war das Pilgerbüro auf Empfehlung des Münchener Weihbischofs Johannes Neuhäusler als eine von allen bayerischen Diözesen getragene Einrichtung zur Organisation von Pilgerfahrten und zur seelsorglichen Betreuung der Pilger gegründet worden.

04.05. Prälat Valentin Doering vollendet sein 60. Lebensjahr. Seit sieben Jahren ist er der erste Leiter des 1993 von der Freisinger Bischofskonferenz beschlossenen und am 1. Februar 1994 eingerichteten Katholischen Büros in Bayern. Die Einrichtung nimmt nach dem Willen der Bischöfe die gemeinsamen Interessen der bayerischen Diözesen im Verhältnis zu Politik, Gesellschaft, Wirtschaft und Wissenschaft wahr.

07.05. Die von der Erzdiözese München und Freising getragene Maria-Ward-Mädchenrealschule im Münchener Stadtteil Berg am Laim erhält die größte Fotovoltaikanlage, die je auf einem kirchlichen Gebäude des Erzbistums installiert worden ist.

11.05. Im Rahmen eines Festakts im Freisinger Kardinal-Döpfner-Haus feiern die Leiterin des Seelsorgereferats für den Bereich Bildung und Beratung im Erzbischöflichen Ordinariat München, Ordinariatsrätin Frau Dr. Anneliese Mayer, und die Vorsitzende der Arbeitsgemeinschaft katholischer Erwachsenenbildung im Erzbistum München und Freising, Frau Erika Vögl, „25 Jahre Erwachsenenbildungsplan" im Erzbistum München und Freising. Diesen hatte Erzbischof Julius Kardinal Döpfner vor 25 Jahren als ersten kirchlichen Erwachsenenbildungsplan in Kraft gesetzt.

19.05. Das Archiv des Erzbistums München und Freising beteiligt sich am „Tag der Archive" und stellt unter dem Motto „Familienforschung für alle" die Tauf-, Trau- und Sterbebücher, also die Pfarrmatrikeln, als historische Quellen einer großen Zahl von Besuchern vor.

20.05. „Der heilige Georg" ist das zentrale Motiv einer großen Ausstellung, die das Freisinger Diözesanmuseum vom 20. Mai bis 21. Oktober 2001 zeigt. Der Ritter mit dem Drachen, ein frühchristlicher Märtyrer, ist von Legenden umrankt und eine der populären Heiligengestalten. Seine Wirkungsgeschichte reicht über Jahrhunderte hinweg bis in die Gegenwart. Sein symbolträchtiger Kampf mit dem Drachen hat ihn nicht allein in allen Ländern Europas, sondern auch in Afrika und Asien, sogar religionsübergreifend nicht nur im Christentum, sondern auch im Islam zu einer wirkungsvollen Figur werden lassen.

23.05. Bei der ersten Jahrestagung der ökumenischen „Societas Birgitta Europa" sprechen sich Weihbischof Dr. Bernhard Haßlberger und der evangelisch-lutherische Landesbischof Johannes Friedrich für ein friedliches Miteinanderleben von Menschen unterschiedlicher christlicher Konfession und verschiedener Religion in einem geeinten Europa aus. Dieses erste Jahrestreffen der vor einem Jahr im schwedischen Vadstena gegründeten internationalen ökumenischen „Societas Birgitta Europa" in Altomünster diente auch als Vorbereitung auf die Feier des 700. Geburtstags der heiligen Birgitta von Schweden im Jahre 2003.

27.05. Erzbischof Friedrich Kardinal Wetter gedenkt anlässlich eines Gottesdienstes im Münchener Dom des 100. Geburtstages von Kardinal Joseph Wendel, der von 1943 bis 1952 Bischof von Speyer und von 1952 bis 1960 Erzbischof von München und Freising war. Bereits am 19. Mai fand anlässlich dieses 100. Geburtstags von Kardinal Joseph Wendel eine Festakademie im Kardinal-Wendel-Haus München statt.

02.06. Für die in München lebenden chinesischsprachigen Katholiken hat die Erzdiözese München und Freising eine Seelsorgsstelle eingerichtet.

26.06. Prälat Franz Sales Müller, der 40 Jahre lang in führenden Positionen im Dienst des Caritasverbandes der Erzdiözese München und Freising stand, ist im Alter von 86 Jahren nach langer und schwerer Krankheit gestorben.

01.07. Eine der ältesten Bruderschaften in Altbayern, die Sebastiani-Bruderschaft in Ebersberg, feiert mit einem festlichen Gottesdienst und einer Reliquienprozession ihr Titularfest. Hauptzelebrant ist der Stellvertretende Generalvikar Prälat Erich Pfanzelt.

02.07. Winfried Aymans, Professor für Kirchenrecht an der Katholisch-Theologischen Fakultät der Universität München, vollendet sein 65. Lebensjahr.

08.07. Der Präfekt der römischen Glaubenskongregation, Kardinal Joseph Ratzinger, feiert mit einem Pontifikalamt im Münchener Dom sein goldenes Priesterjubiläum. Ebenso wie die Konzelebranten Weihbischof Franz Xaver Schwarzenböck, Apostolischer Protonotar Georg Ratzinger, Prälat Johann Faltlhauser und Pfarrer Dr. Rupert Berger wurde er von Kardinal Michael von Faulhaber am 29. Juni 1951 zum Priester geweiht.

11.07. Der älteste Büchereiverband Bayerns und zugleich größte freie Träger von Büchereien im Freistaat, der Landesverband Bayern des Sankt Michaelsbundes, feiert mit einem Festgottesdienst in München-St. Sylvester und einem Festakt in der Katholischen Akademie seinen 100. Geburtstag.

24.07. Zum 25. Mal jährt sich der Todestag von Julius Kardinal Döpfner. Er war von 1961 bis 1976 Erzbischof von München und Freising. Erzbischof Friedrich Kardinal Wetter feiert einen Gedenkgottesdienst zusammen mit den Konzelebranten, dem Bischof von Würzburg, Paul-Werner Scheele, dem Altbischof von Passau, Franz Xaver Eder, dem Augsburger Weihbischof Josef Grünwald sowie Domkapitularen aus Bamberg, Regensburg und Berlin. Erzbischof Friedrich Kardinal Wetter postuliert beim Gedenkgottesdienst, Kardinal Döpfner möge ein Vorbild für die Christen bleiben. Sein geistliches Erbe soll lebendig gehalten werden. Bereits am 14. Juli fand in der Katholischen Akademie in Bayern eine eintägige Kolloquiumsveranstaltung anlässlich des 25. Todestags von Julius Kardinal Döpfner statt.

01.09. Aus Gründen des Alters und der Gesundheit hat der Leiter des Ordensreferats, Domkapitular Apostolischer Protonotar Dr. Friedrich Fahr, um Entpflichtung von seiner Aufgabe und von seinem Amt als Mitglied des Metropolitankapitels München gebeten. Zum 1. September wird Domkapitular Lorenz Kastenhofer zum neuen Ordensreferenten bestellt. Er wird das Ordensreferat zusätzlich zu seinen bisherigen Aufgaben als Referent für die Studienseminare und die Werbung für geistliche Berufe im Münchener Ordinariat übernehmen. Das Amt des Dompfarrers, das er seit 1993 innehat, gibt er jedoch ab.

11.09. Erzbischof Friedrich Kardinal Wetter und der evangelisch-lutherische Landesbischof Johannes Friedrich rufen gemeinsam zu einem Gebet für den Frieden und die Opfer der schweren Terroranschläge in mehreren Städten der USA auf dem Münchener Marienplatz auf.

14.09. Erzbischof Friedrich Kardinal Wetter nimmt die Benediktion des neuen Abts der Benediktinerabtei Scheyern, Pater Engelbert Baumeister OSB, in der Klosterkirche Scheyern vor. Die 17 Mönche des Konvents haben Baumeister zum 56. Abt der Abtei gewählt.

19.09. Wolfgang Huber wird neuer Dompfarrer in München. Erzbischof Friedrich Kardinal Wetter wird ihn für diese Aufgabe zu Beginn des kommenden Jahres ernennen.

01.10. Nach fast 20-jähriger Tätigkeit als Kunstreferent im Erzbischöflichen Ordinariat München beendet Ordinariatsrat Dr. Hans Ramisch altersbedingt seinen Dienst. Zum neuen Kunstreferenten wird Dr. Norbert Jocher, der bisherige Fachbereichsleiter für die Erfassung, Erhaltung und Pflege des beweglichen kirchlichen Kunstgutes im Kunstreferat des Erzbischöflichen Ordinariats München, ernannt.

05.10. Die Erzdiözese nimmt sich verstärkt der Senioren an. Im Erzbischöflichen Ordinariat wird eine neue Abteilung für kirchliche Altenarbeit eingerichtet. Die für caritative und soziale Aufgaben zuständige Ordinariatsrätin Dr. Elke Hümmeler stellt bei der Übergabe der neuen Räume für die Abteilung in der Münchener Rumfordstraße fest, die Kirche reagiere damit auf einen drängenden und steigenden Bedarf in der Gesellschaft. Die neue Abteilung wird von der Pastoralreferentin Dr. Marianne Habersetzer geführt.

02.11. Erzbischof Friedrich Kardinal Wetter empfängt anlässlich eines offiziellen Deutschlandbesuchs den hohen Repräsentanten der arabischen Christen in den Ländern des Nahen Ostens, den neu gewählten griechisch-katholischen Patriarchen von Antiochien, Gregor III. Laham, im Erzbischöflichen Palais.

03.11. Auf dem Gelände der Benediktinerabtei München-St. Bonifaz sind ein großzügiges neues Jugendhaus und ein nach dem ersten Abt des Klosters Daniel Bonifatius Haneberg (1816-1876) benanntes „Haneberg-Haus" für die Betreuung von Nichtsesshaften errichtet worden. Erzbischof Friedrich Kardinal Wetter übergibt zusammen mit dem Abt von St. Bonifaz, Odilo Lechner OSB, die von dem Architekten Alexander von Branca errichtete Anlage in einem feierlichen Festgottesdienst und einer anschließenden Segnung offiziell ihrer Bestimmung.

16.11. 25 Jahre nach dem Tod von Erzbischof Julius Kardinal Döpfner steht sein Konzilsarchiv für Wissenschaft und Forschung zur Verfügung. Zum Auftakt eines wissenschaftlichen Kolloquiums über das Zweite Vatikanische Konzil (1962-1965) und die Rolle, die Kardinal Döpfner dabei als einer der maßgeblichen Moderatoren spielte, hat Erzbischof Friedrich Kardinal Wetter das Archiv für die Forschung freigegeben. Ohne Döpfner und sein Konzilsarchiv kann die Geschichte des Zweiten Vatikanums nicht vollständig geschrieben werden. Von der Auswertung des Archivs werden auch Aufschlüsse über die als Zeit des geistigen Umbruchs gewerteten 60er Jahre des vorigen Jahrhunderts erwartet. Erzbischof Friedrich Kardinal Wetter regte für die Katholisch-Theologische Fakultät der Universität München an, sich auf der Basis der neuen Grundlagen verstärkt mit der Konzilsgeschichte und mit der Annahme und Umsetzung des Zweiten Vatikanums zu beschäftigen. Die Umsetzung des Zweiten Vatikanums und der Anteil Kardinal Döpfners daran im katholischen Deutschland und darüber hinaus im staatlichen und gesellschaftlichen Umfeld könnten jetzt gebührend eingeordnet werden. Seit dem Jahr 2000 wird das gesamte Kardinal-Döpfner-Archiv unter archivwissenschaftlichen Kriterien geordnet. Dazu hat Erzbischof Friedrich Kardinal Wetter den Leiter des Archivs des Erzbistums, Herrn Dr. Peter Pfister, beauftragt. Die Verzeichnung und das

Anlegen eines Findbuches sind dem Historiker Guido Treffler M.A. übertragen worden. Während das Konzilsarchiv als Teil des gesamten Archivs vorab gesichtet worden ist und dafür jetzt bereits ein Findbuch vorliegt, werden die Ordnungs- und Verzeichnungsarbeiten für das Gesamtarchiv Döpfners noch bis zum Jahr 2005 andauern.

21.11. Mit einem Mausklick hat Erzbischof Friedrich Kardinal Wetter den neuen Internet-Auftritt seines Erzbistums in der Pressestelle des Ordinariats online gestellt.

26.11. Erzbischof Friedrich Kardinal Wetter ruft bei einem Festgottesdienst in der römischen Lateranbasilika dazu auf, das Leben der von Papst Johannes Paul II. am 25. November im Petersdom in Rom heilig gesprochenen Ordensfrau Anna Crescentia Höß (1682-1744) aus dem Kaufbeurer Franziskanerinnenkloster nachzuahmen.

01.12. Der Verwaltungsfachmann Hans Hollerith, von 1974 an im Personalreferat und seit 1991 als Ordinariatsrat Leiter des Referats, scheidet mit Vollendung seines 63. Lebensjahres aus dem Dienst. Der bisherige Leiter des Fachbereichs Dienstrecht im Personalreferat, der Jurist Martin Floß, wird zum selben Zeitpunkt zum Ordinariatsrat und Nachfolger Holleriths als Referatsleiter ernannt.

02.12. Erzbischof Friedrich Kardinal Wetter kondoliert zum Tode des Präsidenten des Landesverbandes der Israelitischen Kultusgemeinden in Bayern, Simon Snopkowski.

06.12. Zum 90-jährigen Bestehen des Landesverbandes des Katholischen Deutschen Frauenbundes (KDFB) hat der für die katholischen Verbände zuständige Öffentlichkeitsreferent im Erzbischöflichen Ordinariat München, Prälat Erich Pfanzelt, das Wirken des mit mehr als 200000 Mitgliedern größten gesellschaftlichen Frauenverbandes im Freistaat gewürdigt.

11.12. Prälat Dr. Wolfgang Schwab wird bei einem Gottesdienst im Münchener Dom zum Domkapitular aufgeschworen und in das Metropolitankapitel München aufgenommen.

21.12. Erzbischof Friedrich Kardinal Wetter würdigt den verstorbenen langjährigen Präsidenten des Bayerischen Landtags, Herrn Franz Heubl, als einen profilierten christlichen Politiker.

2002

18.01. Der Münchener Kommunikationswissenschaftler Professor Hans Wagner vollendet sein 65. Lebensjahr. Er hat die Pressestelle des Münchener Ordinariats in den 60er Jahren und zusammen mit dem damaligen Sekretär der Deutschen Bischofskonferenz, Dr. Karl Forster, die Pressestelle der Bischofskonferenz sowie der Würzburger Synode in den 70er Jahren aufgebaut.

Das jüngste Kruzifix-Urteil des Bayerischen Verwaltungsgerichtshof hat Erzbischof Friedrich Kardinal Wetter als „weitere Herausforderung" an den christlichen Bevölkerungsteil charakterisiert. Das Gericht habe „die völlig abwegige Interpretation des Klägers", wonach das Kreuz ein Zeichen für Judenfeindlichkeit, Antisemitismus und Holocaust sei, als anerkennenswerte Gewissensbelastung gewertet.

Josef Mayer, Geistlicher Direktor des für die Bildungsarbeit im ländlichen Raum bekannten Hauses Petersberg im Landkreis Dachau, ist neuer Landvolkpfarrer im Erzbistum München und Freising. Mayer löst Pfarrer Ludwig Scheiel ab, der von 1995 bis 2000 als Ordinariatsrat für die Seelsorge im ländlichen Raum im Seelsorgereferat des Erzbischöflichen Ordinariats arbeitete und seit 2000 wieder in der Pfarrseelsorge als Pfarrer in Gaißach und Reichersbeuern tätig ist.

21.01. Margarete Richardi, Vorsitzende des Landesverbandes Bayern des Sozialdienstes katholischer Frauen (SkF), ist von Papst Johannes Paul II. zur Komturdame des St.-Silvesterordens ernannt worden.

23.01. Papst Johannes Paul II. hat drei im Erzbistum München und Freising wirkende Priester zu Päpstlichen Kaplänen mit dem Titel „Monsignore" ernannt: Wolfgang Oberröder, Professor für Theorie und Praxis der kirchlichen Gemeindearbeit und zugleich Dekan der Fakultät für Religionspädagogik und kirchliche Bildungsarbeit im Fachhochschulstudiengang der Katholischen Universität Eichstätt mit Sitz in München; Studiendirektor Dieter Olbrich, Seminarlehrer für katholische Religionslehre in der Ausbildung für Religionslehrer an Gymnasien und Direktor des renommierten Münchener Studienseminars Albertinum sowie Ludwig Scheiel, ehemaliger Ordinariatsrat für die Seelsorge auf dem Lande im Erzbischöflichen Ordinariat München, Landvolkpfarrer und jetzt Pfarrer in den Pfarreien St. Michael in Gaißach und St. Korbinian in Reichersbeuern.

28.01. Erzbischof Friedrich Kardinal Wetter betont die Bedeutung der wissenschaftlichen Theologie für das Leben der Kirche im Rahmen eines Gottesdienstes anlässlich der Jahresversammlung des Katholisch-Theologischen-Fakultätentages in Freising. Die Kirche brauche die Theologie und sei auf ihren Dienst angewiesen, um in der jeweiligen Zeit ihre Aufgabe zu erfüllen.

31.01. Ihre gemeinsame große Besorgnis über die von einer Mehrheit des Deutschen Bundestages getroffene Entscheidung für den Import und die Forschung an embryonalen Stammzellen unter engen Auflagen haben Erzbischof Friedrich Kardinal Wetter und der Landesbischof der Evangelisch-Lutherischen Kirche in Bayern, Johannes Friedrich, zum Ausdruck gebracht.

17.02. Mit dem Aufruf, tatkräftig für Frieden und Versöhnung einzutreten, eröffnet Erzbischof Friedrich Kardinal Wetter im Münchener Dom die Misereor-Fastenaktion 2002 für alle katholischen Bistümer Deutschlands. Die Fastenaktion steht unter dem Motto „Frieden ist TATsache, Mut zur Versöhnung".

18.02. Der illustren Pastoralreise des Freisinger Fürstbischofs Ludwig Joseph Freiherr von Welden ins bayerische Oberland ist mit 100 Archivalien und Kunstwerken eine Ausstellung im Miesbacher Kulturzentrum „Waitzinger Keller" gewidmet. Das Archiv des Erzbistums München und Freising (Konzept und Texte: Dr. Roland Götz) und der Landkreis Miesbach zeigen unter archivpädagogischem Blickwinkel Exponate aus eigenen Beständen, aus pfarrlichen, kommunalen und staatlichen Archiven. Mittelpunkt ist das Reisetagebuch des fürstbischöflichen Hofkavaliers Ferdinand Wilhelm Freiherr von Bugniet des Croisettes, der mit dem Fürstbischof vom 26. Juli bis zum 12. August des Jahres 1786 in Gemeinden des heutigen Landkreises Miesbach unterwegs gewesen ist. Die Ausstellung steht unter der Schirmherrschaft von Erzbischof Friedrich Kardinal Wetter und des Miesbacher Landrats Norbert Kerkel. Weihbischof Dr. Franz Dietl nimmt mit Landrat Kerkel und Bürgermeister Dr. Maier die Eröffnung der Ausstellung vor. Unterstützt wird das vor allem auch für Schulen gedachte Ausstellungsprojekt von der Kreissparkasse Miesbach-Tegernsee. Das Ausstellungsmotto lehnt sich an die anschauliche Reisebeschreibung des Hofkavaliers an: „Kirschgeist und Trompetenschall. Der Freisinger Fürstbischof auf Firm- und Kirchweihreise im Oberland 1786".

20.02. Erzbischof Friedrich Kardinal Wetter, der zurzeit an der Vollversammlung der Deutschen Bischofskonferenz in Stuttgart-Hohenheim teilnimmt, ruft anlässlich der Tat eines Amokläufers in Eching und Freising zum Gebet für die Opfer und den Täter auf. Im Freisinger Mariendom findet am 22. Februar ein ökumenischer Wortgottesdienst zum Gedenken an die Getöteten, ihre Angehörigen und alle von der Tat betroffenen Menschen statt, den Weihbischof Dr. Bernhard Haßlberger von katholischer Seite aus mitfeiert.

05.03. Prälat Georg Schneider, von 1972 bis 2000 Seelsorgereferent im Erzbischöflichen Ordinariat München, ist von Bundespräsident Johannes Rau mit dem Verdienstkreuz am Bande des Verdienstordens der Bundesrepublik Deutschland ausgezeichnet worden. Der Staat hat damit den emeritierten Domkapitular für sein herausragendes soziales und denkmalpflegerisches Wirken im Dienst des Allgemeinwohls geehrt.

07.03. Mit einer Reihe von Konzerten begeht die Domsingschule am Münchener Dom in diesem Jahr ihr zehnjähriges Bestehen. 1992 gründete Domkapellmeister Karl-Ludwig Nies die beiden Jugendchöre der Domsingknaben und der Mädchenkantorei. Die neue Domsingschule ist eine moderne pädagogische Einrichtung, in der Kinder und Jugendliche eine umfassende musikalische Ausbildung erhalten. Während die jüngeren Buben und Mädchen bei den Domsingknaben oder der Mädchenkantorei singen, bilden die älteren Jugendlichen die Junge Domkantorei.

21.03. Erzbischof Friedrich Kardinal Wetter kündigt an, er werde zum 50. Todestag seines Amtsvorgängers Kardinal Michael von Faulhaber am 12. Juni 2002 dessen Archiv für die Wissenschaft öffnen. Dieses Vorhaben korrespondiere gut mit der vor kurzem bekannt gewordenen Ankündigung des Vatikans, die Deutschlandarchive im Päpstlichen Geheimarchiv aus dem Zeitraum von 1922 bis 1939 vorzeitig zu öffnen. An die Stelle bisheriger Mutmaßungen und Polemik könne künftig Erkenntnis treten, sagte der Kardinal.

Das Diözesanmuseum Freising kann eine besonders kostbare Mariendarstellung erwerben: ein einzigartiges Elfenbeinrelief mit der Darstellung der Muttergottes mit Kind, entstanden um das Jahr 1000 in Byzanz.

28.03. In der ehemaligen Augustinerchorherrenklosterkirche in Beyharting sind nicht nur die Grundmauern der romanischen Apsis des ursprünglichen Gotteshauses, sondern auch ein Holzsarg mit den Gebeinen der Stifterin Judith von Beyharting und eine kostbare, aus rotem Marmor gefertigte Grabplatte von 1479 gefunden worden.

07.04. Für die in Bayern lebenden chaldäischen Christen hat die Freisinger Bischofskonferenz eine eigene „Mission für die chaldäische Kirche“ mit Sitz in München eingerichtet. Der Leiter der fremdsprachigen Seelsorge im Erzbistum München und Freising, Weihbischof Engelbert Siebler, führt den Leiter P. Peter Patto in sein Amt sein. Die chaldäische Gemeinde wird in der Münchener Stadtpfarrkirche Maria Sieben Schmerzen angesiedelt.

11.04. Die „Münchener Insel“ feiert im Zentrum der Stadt München ihr 30-jähriges Bestehen. Die 1972 anlässlich der XX. Olympischen Spiele in München durch das Erzbischöfliche Ordinariat München und das evangelisch-lutherische Dekanat München eingerichtete Anlaufstelle an einem Knotenpunkt für U-Bahn und S-Bahn besuchen jedes Jahr Tausende und suchen dort Information und Rat. Die Kirchen gewährleisten dadurch unter dem Marienplatz ein Stück Stadtkultur.

16.04. Kardinal Joseph Ratzinger, Präfekt der römischen Glaubenskongregation, vollendet sein 75. Lebensjahr.

15.05. Die älteste Einrichtung einer planmäßigen Hilfe für geistig behinderte Menschen in Bayern, die renommierte „Stiftung Ecksberg“ im Landkreis Mühldorf, feiert ihr 150-jähriges Jubiläum mit einem Pontifikalgottesdienst, den Erzbischof Friedrich Kardinal Wetter zelebriert. Beim anschließenden Festakt ist die Bayerische Sozialministerin Christa Stewens anwesend und hält den Festvortrag.

19.05. Das Hochfest Pfingsten steht im Zeichen des 25-jährigen Bischofsjubiläums des Präfekten der römischen Glaubenskongregation, Kardinal Joseph Ratzinger. Er war am 24. März 1977 von Papst Paul VI. in der Nachfolge des am 24. Juli 1976 verstorbenen Kardinals Julius Döpfner zum Erzbischof von München und Freising ernannt worden.

Am 28. Juli 1977, einem Samstag vor dem Pfingstfest, war er im Münchener Dom zum Bischof geweiht worden. Drei Kardinäle (Hauptzelebrant Kardinal Ratzinger, Konzelebranten Kardinal Wetter und Kardinal Scheffczyk) feiern mit drei Weihbischöfen und dem Bruder Kardinal Ratzingers, Georg Ratzinger, den Festgottesdienst im Münchener Dom.

29.05. Weihbischof Engelbert Siebler vollendet sein 65. Lebensjahr. Seit 16 Jahren leitet und koordiniert er im Auftrag des Erzbischofs Friedrich Kardinal Wetter als verantwortlicher Bischofsvikar das kirchliche Leben in der Seelsorgsregion München.

03.06. Die von Erzbischof Friedrich Kardinal Wetter vor acht Jahren eingerichtete Frauenkommission des Erzbistums München und Freising wird jetzt erstmals von einer Frau geleitet. Für die dritte Amtsperiode dieser bischöflichen Kommission wurde Ordinariatsrätin Frau Dr. Anneliese Mayer von Erzbischof Friedrich Kardinal Wetter zur neuen Vorsitzenden ernannt. Die konstituierende Sitzung findet an diesem Montag, 3. Juni 2002, statt.

05.06. Das von der Erzdiözese München und Freising geführte Jugendhaus Josefstal in Schliersee wurde vor einem halben Jahrhundert seiner Bestimmung übergeben. Das erste Jugendhaus der Erzdiözese, zugleich eine der ersten zentralen Einrichtungen der Jugendarbeit in Bayern überhaupt, war am Pfingstmontag des Jahres 1952 durch den damaligen Erzbischof von München und Freising, Kardinal Michael von Faulhaber, geweiht worden. Die Übergabe dieser Einrichtung für die religiöse, geistige und kulturelle Bildung junger Menschen war eine der letzten Amtshandlungen des 83-jährigen Oberhirten.

08.06. In einem Festgottesdienst in der Mühldorfer Stadtpfarrkirche St. Nikolaus gedenken Erzbischof Friedrich Kardinal Wetter und der Salzburger Erzbischof Georg Eder der 200-jährigen Zugehörigkeit der Stadt Mühldorf am Inn zu Bayern. Erzbischof Friedrich Kardinal Wetter sagt in seiner Predigt, dies sei mehr als ein Zeichen nachbarschaftlicher Verbundenheit. Im gemeinschaftlich gefeierten Gottesdienst komme zum Ausdruck, dass der christliche Glaube das Fundament des gemeinsamen Hauses mitten in der großen europäischen und weltweiten Umgestaltung sei und auch künftig sein solle. Salzburger Land und Bayern seien vom christlichen Glauben geprägt. Vom 8. Juni bis 27. Oktober 2002 wird im Mühldorfer „Haberkasten" zugleich eine Ausstellung zum Thema „Salzburg in Bayern" gezeigt.

12.06. Vor 50 Jahren, als die Fronleichnamsprozession durch die Straßen Münchens zog, starb im Erzbischöflichen Palais Kardinal Michael von Faulhaber; 35 Jahre lang, von 1917 bis 1952, war der 1869 geborene Faulhaber Erzbischof von München und Freising. Er gilt als eine der markantesten Persönlichkeiten im deutschen Episkopat des 20. Jahrhunderts. Seine Amtsführung, vor allem während der Jahre des nationalsozialistischen Regimes, wird im Widerstreit gegensätzlicher Meinungen unterschiedlich gesehen und gewertet. Im Gedenken an Kardinal Faulhaber sind eine große Ausstellung in den Räumen des Hauptstaatsarchivs in München (Eröffnung am 5. Juni 2002), ein wissenschaftliches Kolloquium in der Katholischen Akademie in Bayern mit der Präsentation des dritten Bandes der Faulhaber-Akten (7. Juni 2002) und ein von Erzbischof Friedrich Kardinal Wetter zelebrierter Gedenkgottesdienst im Münchener Dom (12. Juni 2002) geplant.

14.06. Papst Johannes Paul II. hat drei Priester der Erzdiözese München und Freising mit hohen päpstlichen Auszeichnungen geehrt: Generalvikar Dr. Robert Simon wurde mit der höchsten Prälatenwürde eines Apostolischen Protonotars ausgezeichnet; der Offizial des Erzbistums, Domkapitular Dr. Lorenz Wolf, wurde Päpstlicher Ehrenkaplan mit dem Titel „Monsignore"; der Referent für die Ordensgemeinschaften, Studienseminare und die Werbung für geistliche Berufe, Domkapitular Lorenz Kastenhofer, wurde ebenfalls Päpstlicher Ehrenkaplan mit dem Titel „Monsignore".

29.06. 91 Priester im Erzbistum feiern ihr rundes Jubiläum, darunter Weihbischof Dr. Bernhard Haßlberger sein 25-jähriges Jubiläum und Generalvikar Dr. Robert Simon sein 40-jähriges Priesterjubiläum.

30.06. Erzbischof Friedrich Kardinal Wetter feiert einen Festgottesdienst zur Wiedereröffnung der nunmehr renovierten ehemaligen Klosterkirche in Rott am Inn, einer der schönsten Kirchen der Welt. Damit findet eine achtjährige Innenrenovierung ihren Abschluss. Zugleich weiht Erzbischof Friedrich Kardinal Wetter den von dem Bildhauer Professor Alf Lechner aus Edelstahl geschaffenen neuen Altar.

24.07. Papst Johannes Paul II. hat Walburga Freifrau von Aretin zur Dame des St.-Silvesterordens ernannt. Frau von Aretin ist eine Pionierin der kirchlich-sozialen Frauenarbeit. Sie wird für eine mehr als 30-jährige ehrenamtliche Tätigkeit zu Gunsten von Frauen in schwierigen Lebenssituationen geehrt.

25.07. Eines der größten und berühmtesten gotischen Chorbogenkreuze Europas, von dem Ulmer Meister Michel Erhard 1494 für das Landshuter St.-Martins-Münster geschaffen, wird in einer komplizierten technischen Aktion abgehängt. Das wertvolle Kunstwerk soll auf seinen Erhaltungszustand geprüft, wissenschaftlich untersucht und restauriert werden. Über den Zustand des Kunstwerks, seine künstlerische Bedeutung und seine Restaurierung informiert ein wissenschaftliches Kolloquium.

26.07. Der Neubau der Kinderklinik im Krankenhaus des III. Ordens in München-Nymphenburg wird mit der kirchlichen Segnung durch Erzbischof Friedrich Kardinal Wetter seiner Bestimmung übergeben. Die ehemalige Lachner-Klinik zieht damit in das Krankenhaus des III. Ordens um.

27.07. In das Kloster der Unbeschuhten Karmeliten in Reisach bei Niederaudorf zieht erneut klösterliches Leben ein: Nach Abschluss des ersten Renovierungsabschnitts wird das Kloster wieder vom Orden der Unbeschuhten Karmeliten besiedelt, die das Noviziat in Reisach einrichten.

09.08. Zum Gedenken an den 60. Todestag der heiligen Karmelitin und Patronin Europas, Edith Stein, feiert Erzbischof Friedrich Kardinal Wetter in der Kapelle des Karmelitinnenklosters in Auschwitz ein feierliches Hochamt. In seiner Ansprache bringt er das Leitwort von Edith Stein zum Ausdruck: „An der Hand des Herrn" könne auch den Völkern Europas helfen, nicht weiter in den Säkularismus mit seiner Gottvergessenheit hineinzugeraten.

19.08. Mit einer außerordentlichen Hilfsaktion will die Erzdiözese München und Freising ihre Solidarität mit den Opfern der Hochwasserkatastrophe zum Ausdruck bringen. Als Soforthilfe stellt das Erzbistum eine Million Euro zur Verfügung. Erzbischof Friedrich Kardinal Wetter ruft alle Gläubigen zu großzügigen Spenden auf und appelliert besonders an die Solidarität mit dem Bistum Dresden-Meißen, dem sich die Erzdiözese München und Freising durch den gemeinsamen Diözesanpatron St. Benno verbunden fühlt.

01.09. Dompfarrer Wolfgang Huber wird künftig auch für die ca. 150 000 in der Erzdiözese München und Freising lebenden Katholiken aus vielen Ländern der Erde verantwortlich zeichnen. Erzbischof Friedrich Kardinal Wetter beauftragt ihn mit der Leitung des Referats für fremdsprachige Seelsorge im Münchener Erzbischöflichen Ordinariat und ernennt Huber zum Ordinariatsrat. Das Amt des Regionalpfarrers, das Huber noch innehatte, übernimmt zum 1. September 2002 Engelbert Dirnberger, bis dahin Kaplan in der Pfarrei Gilching-St. Sebastian.

04.09. Eine der bedeutendsten monumentalen mittelalterlichen Kreuzigungsgruppen in Bayern kehrt an den Ort ihrer Entstehung und ursprünglichen Aufstellung zurück: in die

Kirche des ehemaligen Benediktinerklosters Seeon. Die Darstellung des Gekreuzigten, flankiert von Maria und dem Apostel und Evangelisten Johannes, ist gegen Ende des 14. Jahrhunderts entstanden und das Werk eines anonymen, unter böhmischem Einfluss stehenden Meisters. Die Gruppe stammt mit großer Wahrscheinlichkeit aus dem ehemaligen Benediktinerkloster Seeon und war dort über dem einstigen Lettner als Triumphkreuzgruppe angebracht.

11.09. Mit einem eindrucksvollen meditativen ökumenischen Gottesdienst gedenken mehrere hundert Menschen im Münchener Dom der Opfer des Terroranschlags vom 11. September vergangenen Jahres.

14.09. Erzbischof Friedrich Kardinal Wetter und der Landesbischof der Evangelisch-Lutherischen Kirche in Bayern, Johannes Friedrich, erteilen der „Pinakothek der Moderne" in München den kirchlichen Segen.

17.09. Domkapitular Erich Pfanzelt, Stellvertretender Generalvikar im Erzbischöflichen Ordinariat München, Öffentlichkeitsreferent, vollendet sein 60. Lebensjahr.

18.09. Die Kongregation der Armen Schulschwestern von Unserer Lieben Frau hält ihr vierwöchiges Generalkapitel auf dem Freisinger Domberg ab. Zum Generalkapitel, dem kollegialen Leitungsorgan der Kongregation, werden 87 delegierte Ordensfrauen aus

Kardinal Wetter und Landesbischof Johannes Friedrich bei der Segnung der „Pinakothek der Moderne", 14. September 2002.

Ländern Europas, aus Nord-, Mittel- und Südamerika sowie aus Afrika, Asien und Ozeanien erwartet. Sie vertreten ca. 4500 Schulschwestern, die in 35 Ländern der Erde in der Motivation des christlichen Glaubens ihren Beitrag zu einer kulturellen und sozialen Entwicklung von Mädchen und jungen Frauen leisten und dabei die Ordensgründerin, die selige Maria Theresia von Gerhardinger, als Leitfigur im Blick haben.

03.10. Die während des Zweiten Vatikanischen Konzils gegründete Partnerschaft zwischen der Erzdiözese München und Freising und den Bistümern des lateinamerikanischen Andenstaates Ecuador besteht in diesem Jahr seit vier Jahrzehnten. Sie ist in Gesprächen zwischen dem damaligen Erzbischof Julius Kardinal Döpfner und dem ecuadorianischen Konzilsbischof und späteren Kardinal Bernardino Echeverria begründet worden.

04.10. Einer der ältesten Münchener Sozialvereine, der Katholische Verein zur Betreuung gefährdeter Jugend e.V., feiert sein 150-jähriges Bestehen. Er wurde 1852 unter dem Namen „Katholischer Verein zur Rettung verwahrloster Jugend" in der damaligen Vorstadt Au, einem sozialen Brennpunkt im München des 19. Jahrhunderts, gegründet.

12.10. Für das katholische Pfarrzentrum St. Florian und das Gemeindezentrum der evangelisch-lutherischen Kirche in der Messestadt Riem erfolgt feierlich der erste Spatenstich.

13.10. Mit einem festlichen Gottesdienst schließt Erzbischof Friedrich Kardinal Wetter die zweieinhalbjährige Generalsanierung des ältesten weitgehend unveränderten spätgotischen Kirchenbaus in Schaftlach ab und eröffnet die dortige Heilig-Kreuz-Kirche für die Gläubigen. Geistliche Mitte der Kirche ist ein großes romanisches Kreuz. Es entstand mit großer Wahrscheinlichkeit Ende des 10. Jahrhunderts und zählt zu den ältesten monumentalen Kruzifixen der Kunstgeschichte.

29.10. Kardinal Friedrich Wetter ist seit 20 Jahren Erzbischof von München und Freising. Am 29. Oktober 1982 war in Rom, Speyer und München die Ernennung des damaligen Bischofs von Speyer und Professors der Fundamentaltheologie und Dogmatik zum Erzbischof von München und Freising bekannt gegeben worden. Die von Papst Johannes Paul II. unterzeichnete Ernennungsurkunde trägt das Datum des 28. Oktober 1982.

30.10. Im Rahmen eines Festakts wird Erzbischof Friedrich Kardinal Wetter in der griechisch-orthodoxen Allerheiligenkirche mit der Ehrenmedaille 2002 der hauptsächlich in Bayern tätigen griechischen Kulturstiftung „Palladion" ausgezeichnet.

08.11. Das „Haus Dorothee", die Begegnungsstätte für allein erziehende Frauen und Männer, ist in neue Räume umgezogen. Das neue Domizil im Münchener Stadtteil Berg am Laim wird von Generalvikar Dr. Robert Simon im Rahmen einer Einweihungsfeier gesegnet.

10.11. Prälat Johann Faltlhauser, engagierter Seelsorger und Besucher alter, kranker und pflegebedürftiger Ruhestandspriester im Erzbistum München und Freising, vollendet sein 80. Lebensjahr. Er war von 1977 bis 1995 im Seelsorgereferat des Erzbischöflichen Ordinariats München für die Grundlegung, den Aufbau und die Organisation von mehr als 100 Pfarrverbänden des Erzbistums verantwortlich.

13.11. Professor Franz Lehrndorfer ist nach 33-jährigem Wirken als Domorganist im Münchener Dom offiziell verabschiedet worden. Erzbischof Friedrich Kardinal Wetter bezeichnet ihn als einen „Garanten für eine Orgelmusik auf höchstem Niveau im Dom".

14.11. Ältere und vorzeitig gealterte obdachlose Frauen finden jetzt in München eine neue Heimat im „Haus Bethanien". Die Erzdiözese München und Freising schenkt ihnen ein neues Haus, in dem sie sozialpädagogisch betreut und therapeutisch behandelt werden können. Das „Haus Bethanien" liegt im Münchener Stadtteil Obermenzing. Es wird fachlich vom Sozialdienst katholischer Frauen geleitet.

Erzbischof Friedrich Kardinal Wetter und der Landesbischof der Evangelisch-Lutherischen Kirche in Bayern, Johannes Friedrich, segnen das neue Fakultätsgebäude für Mathematik und Informatik der Technischen Universität München im Standort Garching. Erzbischof Friedrich Kardinal Wetter erwartet neue Impulse für Forschung und Wissenschaft und postuliert, nicht nur Kenntnisse zu vermitteln, sondern auch den Forschergeist zu entfachen.

18.11. Erzbischof Friedrich Kardinal Wetter verabschiedet den langjährigen Künstlerseelsorger des Erzbistums, Monsignore Gerhard Ott, offiziell. Zugleich führt er den bereits seit dem 1. September 2002 in dieser Aufgabe tätigen neuen Künstlerseelsorger, den Münchener Jesuitenpater Georg Maria Roers, in sein Amt ein.

19.11. Erzbischof Friedrich Kardinal Wetter feiert im Rahmen eines Gottesdienstes das 100-jährige Bestehen der Schwesternschaft der Krankenfürsorge des III. Ordens in der Krankenhauskirche der Schwesterngemeinschaft in Nymphenburg.

22.11. Dem Ende des alten Fürstbistums Freising vor 200 Jahren in der Säkularisation von 1802/03 ist im Diözesanmuseum auf dem Freisinger Domberg eine Ausstellung gewidmet unter dem Titel „Der Mohr kann gehen".

27.11. Der Münchener Architekt Friedrich F. Haindl ist kurz vor Vollendung seines 92. Lebensjahres gestorben. Er hat allein im Gebiet der Erzdiözese in München und Freising 15 Kirchen gebaut oder historische Kirchenbauten erweitert.

29.11. Hans Leitner, seit 1992 Domorganist in Passau, wird Nachfolger des Domorganisten Professor Franz Lehrndorfer am Münchener Dom. Er ist Priester der Erzdiözese München und Freising.

Erzbischof Friedrich Kardinal Wetter gratuliert seinem Amtsvorgänger in München, Kurienkardinal Joseph Ratzinger, zu der neuen Würde des Dekans des Kardinalskollegiums.

08.12. Prälat Dr. Sigmund Benker, Direktor der Freisinger Dombibliothek (seit 1959) und von 1980 bis 1997 Diözesanarchivar der Erzdiözese München und Freising, vollendet sein 75. Lebensjahr.

15.12. Apostolischer Protonotar Dr. Friedrich Fahr, langjähriger Erzbischöflicher Finanzdirektor im Erzbistum München und Freising, zuletzt Ordensreferent im Erzbischöflichen Ordinariat München, vollendet sein 70. Lebensjahr.

2003

10.01. Die katholische Kirche wünscht nach den Worten von Erzbischof Friedrich Kardinal Wetter einen Gottesbezug in einer künftigen Verfassung für Europa. Einen entsprechenden Appell richtet der Kardinal an die Staaten der Europäischen Union.

13.01. Die in der Benediktinerinnenabtei Frauenwörth auf Frauenchiemsee über einen Zeitraum von mehr als 1 000 Jahren aufbewahrten Reliquien der im ganzen Chiemgau verehrten seligen Irmengard können der Zeit ihres Todes im Jahr 866 zugeordnet werden. Die Gebeine der Seligen und das ihnen zugeschriebene Haupt, die bisher getrennt aufgebahrt wurden, weil ihre Zusammengehörigkeit nicht sicher war, gehören mit hoher Wahrscheinlichkeit zu einer Person. Dies ist das Ergebnis einer vergleichenden Untersuchung durch das Institut für Pathologie am Krankenhaus München-Bogenhausen. Erzbischof Friedrich Kardinal Wetter hat die Untersuchung im Mai 2001 verfügt. Die Anregung dazu gab Prälat Dr. Walter Brugger, den Auftrag die Äbtissin der Abtei Frauenwörth, Domitilla Veith OSB. Das wissenschaftliche Gutachten erstellte der Leiter des Instituts für Pathologie und Chefarzt am Krankenhaus München-Bogenhausen,

Professor Andreas Nierlich. Für die Entnahme der notwendigen Proben ernannte Erzbischof Friedrich Kardinal Wetter Offizial Dr. Lorenz Wolf als seinen Delegaten, Domkapitular Dr. Lothar Waldmüller als Promotor iustitiae und Dr. Peter Pfister als Notar.

15.01. Prälat Friedrich Bauer, langjähriger ehemaliger Domdekan des Münchener Metropolitankapitels und Leiter des ehemaligen Referats für Realschulen und Gymnasien im Erzbischöflichen Ordinariat München ist am Mittwoch, 15. Januar, nach längerer altersbedingter Krankheit in einem Münchener Krankenhaus im Alter von 84 Jahren verstorben. Prälat Bauer war einer der maßgeblichen Kämpfer der Konzeption für einen zeitgemäßen Religionsunterricht an den weiterführenden Schulen in Bayern. Im Auftrag der Freisinger Bischofskonferenz war er auch Leiter des Katholischen Schulkommissariats für die weiterführenden Schulen in Bayern.

17.01. Beim Neujahrsempfang des Erzbistums im Münchener Kardinal-Wendel-Haus ruft Erzbischof Friedrich Kardinal Wetter erneut gegen einen Krieg in der Golfregion auf, gleichzeitig zum Gebet für den Frieden.

31.01. Der Jugendreferent des Münchener Ordinariats, Domkapitular Josef Obermaier, eröffnet nach der Renovierung mit einem neuen Jugendcafé das kirchliche Jugendzentrum Neuperlach wieder, das schon seit mehr als 20 Jahren ein Treffpunkt für Jugendliche in dem von vielen Nationalitäten und Kulturen geprägten Stadtteil ist.

01.02. Unter den insgesamt 117 katholischen Pfarrgemeinden der bayerischen Landeshauptstadt München gibt es einen vierten Pfarrverband. Die drei Stadtpfarreien St. Johann von Capistran mit 2000 Katholiken, St. Rita mit 2350 Katholiken und St. Klara mit 2630 Gläubigen im Stadtteil Bogenhausen bilden den Pfarrverband „Bogenhausen-Süd".

06.02. Monsignore Ludwig Röhrl, der Leiter des Matrikelamts im Erzbischöflichen Ordinariat München, ist unerwartet gestorben. Auf dem Weg zu seiner Arbeitsstätte in München rutschte er nach Angaben des Polizeiberichts in der Nähe seiner Wohnung in Icking/Isartal auf schneeglatter Fahrbahn aus und stürzte auf den Hinterkopf. Von 1969 bis 1976 arbeitete er als Sekretär des Generalvikars, seit 1969 war er Domvikar beim Metropolitankapitel München. 1984 übernahm er die Leitung des Matrikelamts im Münchener Ordinariat.

08.02. Bei der von einem breiten gesellschaftlichen Bündnis getragenen zentralen Friedenskundgebung in der bayerischen Landeshauptstadt fordert der Münchener Weihbischof Engelbert Siebler ein verstärktes Engagement in der Entwicklung der Zusammenarbeit. In einem parteiübergreifenden Aufruf hatte das vom Deutschen Gewerkschaftsbund Bayern und vom Münchener Oberbürgermeister Christian Ude angeführte Bündnis ein „Nein zum Krieg gegen den Irak" und ein „Ja zu Frieden und Abrüstung" formuliert. Siebler hatte sich in seiner Ansprache auf das von Papst Johannes Paul II. formulierte „Nein zum Krieg" in der Golfregion und auf einen Appell von Erzbischof Friedrich Kardinal Wetter zu einer „Mobilmachung für den Frieden" berufen.

11.02. Friedrich Kardinal Wetter bleibt „bis auf Weiteres" Erzbischof von München und Freising. Dies hat Papst Johannes Paul II. bestimmt und durch den Apostolischen Nuntius in Deutschland, Erzbischof Giovanni Lajolo, mitgeteilt.

13.02. Der Münchener Architekt Andreas Meck ist erster Preisträger eines beschränkten Realisierungswettbewerbes für ein neues kirchliches Zentrum im Münchener Norden. Dort soll auf einem für insgesamt 5000 Einwohner geplanten Areal ein Subzentrum mit pfarrlichen Räumen, einer Jugendstelle, einem Caritaszentrum und einem dreizügigen kirchlichen Kindergarten entstehen. Der bisher für das Areal gebräuchliche Name „Panzerwiese" soll auf Vorschlag des Münchener Weihbischofs Engelbert Siebler künftig besser auch im amtlichen Sprachgebrauch „Nordheide" genannt werden.

20.02. Erzbischof Friedrich Kardinal Wetter vollendet sein 75. Lebensjahr. Offiziell wird der Geburtstag am Sonntag, 23. Februar 2003, gefeiert. Der Kardinal feiert in seiner Kathedrale im Dom zu Unserer Lieben Frau um 10.00 Uhr ein Pontifikalamt. Alle Diözesanbischöfe der bayerischen Bistümer werden konzelebrieren. Für diesen Gottesdienst, der auch direkt vom Bayerischen Fernsehen übertragen wird, sind Gäste aus der Ökumene sowie von Staat und Öffentlichkeit eingeladen. Namens der Bayerischen Bischofskonferenz hat ihn der Erzbischof von Bamberg, Ludwig Schick, als „menschenfreundliche und gesellschaftszugewandte Persönlichkeit" gewürdigt. Nicht Kalkül oder Politik bestimmten sein Reden und Handeln, sondern „Gott, Gottes Gebot, Jesus Christus, sein Evangelium und die Lehre der Kirche". Das gebe ihm Sicherheit und Gewissheit, Gelassenheit und Verletzlichkeit. „Kardinal Wetter lässt sich nicht vom jeweiligen Tagesgeschäft bestimmen, sondern hat immer das Bleibende im Blick." In der Frauenkirche bilden Fahnenabordnungen des Bundes der Bayerischen Gebirgsschützenkompanien, darunter vor allem die Kompanie Garmisch des Bataillons Werdenfels, einen Ehrenspalier. Am Sonntag Nachmittag feiert der Kardinal seinen Geburtstag mit Abordnungen aus dem ganzen Erzbistum bei einem diözesanen Familienfest. Aus allen Dekanaten kommen Priester und Gläubige zur festlichen Pontifikalvesper in die Frauenkirche. Anschließend findet ein großer Geburtstagsempfang des Erzbistums im Münchener Kardinal-Wendel-Haus statt. Dabei gratulieren der Sprecher des Priesterrats, Pfarrer Alois Ebersberger, und der Vorsitzende des Diözesanrats der Katholiken, Professor Dr. Alois Baumgartner. Am 7. März wird der Bayerische Ministerpräsident Edmund Stoiber im Prinz-Carl-Palais persönlich Erzbischof Friedrich Kardinal Wetter gratulieren.

Geburtstagsständchen des Unterstufenchors des Münchener Edith-Stein-Gymnasiums im Erzbischöflichen Palais, 20. Februar 2003.

23.02. Bei der Feier im Münchener Kardinal-Wendel-Haus überreichte Domdekan Prälat Ernst Blöckl seitens des Metropolitankapitels München ganz persönliche Geschenke: von 39 heiligen und seligen Frauen und Männern, die für das altbayerische Erzbistum besonders wichtig sind, handelt ein neues Buch, das Diözesanarchivar Dr. Peter Pfister im Auftrag des Metropolitankapitels herausgegeben hat. Es trägt in Anlehnung an ein den Heiligen gewidmetes altes Kirchenlied den Titel „Ihr Freunde Gottes allzu gleich" – unter den Heiligen der Neuzeit verehrt Kardinal Wetter vor allem die in Auschwitz ermordete jüdische Philosophin und Karmelitin Edith Stein. So hat ihm das Domkapitel eine Stele aus Stahl und Bronze, der den Lebensweg Edith Steins darstellt, geschenkt.

05.03. Zum Aschermittwoch der Künstler wird im Münchener Dom ein Symbol des jüdischen Kultus aufgestellt: Es ist eine große Menora, die der Theologe und Bildhauer Professor Franz Gutmann 2001 geschaffen hat. Die Menora ist der biblische siebenarmige Leuchter des jüdischen Kultus und zugleich eines der häufigsten jüdischen Symbole.

10.-13.03. Aktuelle Themen aus Ökumene, Politik und Gesellschaft stehen auf der Tagesordnung der diesjährigen Frühjahrs-Vollversammlung der Deutschen Bischofskonferenz in Freising.

20.03. Professor Dr. Ludwig Mödl, Ordinarius für Pastoraltheologie an der Katholisch-Theologischen Fakultät der Ludwig-Maximilians-Universität München, vollendet sein 65. Lebensjahr.

Nach dem Beginn der militärischen Aktionen im Irak haben Erzbischof Friedrich Kardinal Wetter und der Landesbischof der Evangelisch-Lutherischen Kirche in Bayern, Johannes Friedrich, zu einem ökumenischen Friedensgebet in die Münchener Frauenkirche eingeladen.

25.03. Eine international beachtete Installation zum Vaterunser-Gebet zeigt die Münchener Pfarrei St. Bonifaz in der Fastenzeit. Der Münchener Installationskünstler Wolfgang Z. Keller interpretiert dabei eines der Grundgebete der Christenheit in unkonventioneller Weise.

01.04. Erzbischof Friedrich Kardinal Wetter hat bei einem Gottesdienst zum 50-jährigen Bestehen der Katholischen Frauengemeinschaft Deutschlands (KFD) in der Erzdiözese in Rosenheim die christlichen Frauen dazu aufgerufen, in Ehe und Familie wie in Politik und öffentlichem Leben „die religiöse Rückbindung des Menschen und der menschlichen Gemeinschaft an Gott" zu erhalten.

03.04. Der Münchener Dom steht im Zeichen der Aufmerksamkeit für die Herz-Jesu-Verehrung: Aus dem burgundischen Paray-le-Monial wird der Schrein mit den Reliquien der heiligen Marguerite-Marie Alacoque (1642-1690) nach Bayern gebracht und durch Erzbischof Friedrich Kardinal Wetter in einer Prozession in die Frauenkirche geleitet. Die geistliche Gemeinschaft Emmanuel gestaltet den Gottesdienst.

06.04. Professor Dr. Erich Feifel, emeritierter Professor für Religionspädagogik an der Ludwig-Maximilians-Universität München, ist in einem Münchener Altenheim im Alter von 77 Jahren gestorben.

17.04. Erzbischof Friedrich Kardinal Wetter hat die Enzyklika „Ecclesia de Eucharistia" von Papst Johannes Paul II. begrüßt.

03.05. Grundsteinlegung anlässlich des Neubaus des Kirchenzentrums St. Florian in der Münchener Messestadt Riem durch Weihbischof Engelbert Siebler.

03.-05.05. Erzbischof Friedrich Kardinal Wetter nimmt an der Heiligsprechung des seligen Padre Pedro Povida Castroverde in Madrid teil.

08.05. Patriarch Teoctist I., geistliches Oberhaupt der Rumänisch-Orthodoxen Kirche (mit weltweit etwa 20 Millionen Mitgliedern), trifft im Rahmen eines Deutschlandbesuches in München ein.

10.05. Vor 150 Jahren ist in der Erzdiözese München und Freising der Katholische Gesellenverein gegründet worden, der heute den Namen seines Gründers Adolf Kolping trägt. Erzbischof Friedrich Kardinal Wetter feierte bei einem Festgottesdienst und einem Festakt in Erding dieses Jubiläum.

Maria, der Mutter Jesu, der Muttergottes, ist eine große Ausstellung im Dombergmuseum in Freising gewidmet. Mit dem Titel „Madonna, das Bild der Muttergottes" werden historische und zeitgenössische Marienbilder aus aller Welt in einer großen Zusammenschau unter der Leitung des Direktors des Dombergmuseums, Dr. Peter Steiner, gezeigt.

13.05. Vor den Mitgliedern des Zentralrats der Caritas, dem höchsten Gremium des Deutschen Caritasverbandes, betont Erzbischof Friedrich Kardinal Wetter die innere Zusammengehörigkeit von Kirche und Caritas.

22.05. Im traditionsreichen Angerkloster in München, wo auch das Mutterhaus und das Provinzialat des Ordens der Armen Schulschwestern von Unserer Lieben Frau seinen Sitz hat, wird ein so genannter Sendungsraum kirchlich gesegnet und damit seiner Bestimmung übergeben. In diesem Raum ist eine ständige Ausstellung untergebracht (archivische Beratung durch Diözesanarchivar Dr. Pfister), die in originalen Zeitdokumenten, Bildern und Schrifttafeln über Geschichte, Charisma und Auftrag des weltweit tätigen Ordens informiert.

Im Rahmen einer ökumenischen Aussendungsfeier in der Münchener St.-Jakobs-Kirche am Anger wird ein neu aufgezeichneter „Münchener Jakobusweg" offiziell eröffnet.

In Vertretung von Erzbischof Friedrich Kardinal Wetter überreicht der Münchener Weihbischof Engelbert Siebler zwei hohe päpstliche Auszeichnungen für bedeutende deutsche Historiker: die Professoren Rudolf Morsey und Konrad Repgen in der Katholischen Akademie.

Das Erzbischöfliche Ordinariat München präsentiert sein neues Logo: Es zeigt zwei für die Erzdiözese München und Freising bedeutsame Bildzeichen in Feldern auf blauem Grund: Zum einen sind das die Türme der Münchener Frauenkirche und zum anderen ist es der gekrönte Freisinger Mohr, das Herrschaftszeichen des alten Bistums Freising.

26.05. Weihbischof Engelbert Siebler und Weihbischof Dr. Bernhard Haßlberger werden von staatlicher Seite ausgezeichnet: Weihbischof Engelbert Siebler erhält das Verdienstkreuz Erster Klasse des Verdienstordens der Bundesrepublik Deutschland und Weihbischof Dr. Bernhard Haßlberger das Verdienstkreuz am Bande.

03.06. Erzbischof Friedrich Kardinal Wetter benediziert die Hauskapelle und den Altar des SkF-Hauses Bethanien in München.

15.06. Im Rahmen des Festgottesdienstes zum Bennofest im Münchener Dom feiert die „Aktion für das Leben e.V." ihr 30-jähriges Bestehen. Der Verein lässt schnelle persönliche und unbürokratische Hilfe den Frauen, die in Erwartung eines Kindes in Not geraten sind, zukommen.

16.06. Zwischen dem Vatikanischen Geheimarchiv und dem Archiv des Erzbistums München und Freising gibt es jetzt eine weit reichende fachliche Kooperation in wichtigen Forschungsgebieten der Kirchengeschichte vor und während der Zeit des Nationalsozialismus. Bei einem Arbeitstreffen in Rom tauschen der Präfekt des Vatikanischen Geheimarchivs, Pater Sergio Pagano, und der Archivdirektor des Erzbistums, Dr. Peter Pfister, Findbücher aus.

24.06. Ein wertvolles Chorbogenkreuz aus dem 15. Jahrhundert kehrt nach aufwändiger Restaurierung in die Pfarrkirche St. Georg in Freising zurück.

26.06. Das Archiv des Erzbistums München und Freising und die Dombibliothek Freising zeigten in den historischen Räumen auf dem Freisinger Domberg, im Barocksaal der Dombibliothek und im ehemaligen Archivsaal des Freisinger Domkapitels, eine Ausstellung anlässlich des 200-jährigen Gedenkens an die Säkularisation unter dem Thema: „Verlust und Gewinn: eine Bilanz der Säkularisation von 1802/1803".

27.06. Erzbischof Friedrich Kardinal Wetter und die evangelisch-lutherische Regionalbischöfin für den Kirchenkreis München und Oberbayern, Susanne Breit-Keßler, segnen das neue Terminal des Münchener Flughafens.

Zum Auftakt des dritten Bayerischen Archivtages in Straubing überreicht der Bayerische Staatsminister für Wissenschaft, Forschung und Kunst, Hans Zehetmair, an Erzbischof Friedrich Kardinal Wetter den „Bayerischen Janus 2003". Der Archivtag zeichnet damit jeweils eine Persönlichkeit oder Leistung aus, die in herausragender und vorbildlicher Weise das bayerische Archivwesen, den Auftrag und die Funktion archivischer Arbeit sowie das öffentliche Verständnis für diese Arbeit gefördert hat.

29.06. Mit einem feierlichen Pontifikalamt zelebriert Erzbischof Kardinal Wetter im Münchener Dom das Hochfest der Apostel Petrus und Paulus und begeht zugleich damit sein 35-jähriges Bischofsjubiläum.

01.07. Dr. Gerhard Gruber, langjähriger Generalvikar von drei Erzbischöfen in der Erzdiözese München und Freising und Domdekan des Münchener Metropolitankapitels, vollendet sein 75. Lebensjahr.

11.07. Der Konvent der Benediktinerinnen der Abtei Frauenwörth im Chiemsee hat die bisherige Priorin, Frau Benedikta Frick, zur Priorin-Administratorin gewählt. Nach 23 Jahren Amtszeit hatte die Äbtissin des Konvents, Frau Domitilla Veith OSB, im Mai 2003 ihr Amt aus Altersgründen niedergelegt.

17.07. Nach 17-jähriger Tätigkeit ist der Caritasdirektor der Erzdiözese München und Freising, Prälat Peter Neuhauser, aus seinem Amt verabschiedet worden.

23.07. Nach acht Jahren verabschiedet sich Diözesanjugendpfarrer Martin Cambensy als Leiter des Erzbischöflichen Jugendamts und übernimmt zum 1. September die Pfarrei München-St. Martin/Moosach. Zum Nachfolger hat Erzbischof Friedrich Kardinal Wetter Klaus Hofstetter ernannt, den bisherigen Jugendpfarrer im Dekanat München-Bogenhausen und Geistlichen Leiter der „Katholischen Jungen Gemeinde".

Erzbischof Friedrich Kardinal Wetter beglückwünscht den neu gewählten Abt der Benediktinerabtei St. Bonifaz München/Andechs, Johannes Eckert.

24.07. Emeritierter Weihbischof Franz Schwarzenböck vollendet sein 80. Lebensjahr.

05.08. Zum 60. Mal jährt sich der Tag, an dem der junge, erst 19 Jahre alte Münchener Katholik Walter Klingenbeck nach einem Urteil des nationalsozialistischen Volksgerichtshofs im Gefängnis München-Stadelheim mit dem Fallbeil hingerichtet worden war. Klingenbeck lebte in der Münchener Pfarrei St. Ludwig. 1978 hatte ihn die Stadt München mit dem Verbindungsweg zwischen der Ludwigstraße und der Kaulbachstraße in der Maxvorstadt mit dem Namen „Walter-Klingenbeck-Weg" geehrt. Walter Klingenbeck ist im Jahr 2000 in das Martyrologium Germanicum aufgenommen worden.

08.09. Joseph Goldbrunner, international renommierter Religionspädagoge und emeritierter Professor für Pastoraltheologie an der Katholisch-Theologischen Fakultät der Universität Regensburg, ist in einem Pflegeheim in Penzberg kurz vor Vollendung seines 93. Lebensjahres gestorben.

13.09. Seit 15 Jahren besteht in München das Haus Dorothee. Es ist die Bildungs- und Begegnungsstätte des Erzbistums München und Freising für Alleinerziehende im Münchener Stadtteil Berg am Laim.

26.09. Der neue Diözesanjugendpfarrer im Erzbistum München und Freising, Klaus Hofstetter, wird im Kapitelsaal des Erzbischöflichen Ordinariats München in sein Amt eingeführt.

28.09. Mit einem festlichen Gottesdienst begeht Erzbischof Friedrich Kardinal Wetter das „Europäische Jahr der Menschen mit Behinderung" in der Münchener Frauenkirche.

01.10. Erzbischof Friedrich Kardinal Wetter führt den neuen Caritasdirektor des Erzbistums, Hans Lindenberger, offiziell in sein neues Amt ein.

02.10. Erzbischof Friedrich Kardinal Wetter weiht den neu gewählten Abt der Benediktinerabtei St. Bonifaz München/Andechs, Johannes Eckert, und führt ihn so in sein Amt ein.

05.10. Mit einem Pontifikalgottesdienst im Münchener Dom feiert Erzbischof Friedrich Kardinal Wetter den 50. Jahrestag seiner Priesterweihe (am 10. Oktober 1953 im Germanicum in Rom). Im alten Rathaussaal in München gibt die Erzdiözese anschließend einen Empfang, bei dem der Vorsitzende des Priesterrats, Dekan Alois Ebersberger, und der Vorsitzende des Diözesanrats der Katholiken im Erzbistum, Professor Alois Baumgartner, Glückwünsche überbringen werden.

06.10. Papst Johannes Paul II. hat fünf Priester der Erzdiözese München und Freising mit hohen Auszeichnungen geehrt. Der Pfarrer der Pfarrei Christkönig im Münchener Stadtteil Nymphenburg, Monsignore Dr. Josef Maß, ist zum Päpstlichen Ehrenprälaten ernannt worden. Zum Monsignore wurden ernannt: Karl Ellmann, Pfarrer von St. Andreas in Teisendorf, Bernhard Schömann, Pfarrer von St. Martin in Landshut und Stiftspropst des Kollegiatkapitels zu den Hll. Martinus und Kastulus, Werner Eichinger, Pfarrer von St. Vitus in Stockdorf, Bischöflicher Beauftragter für die Fortbildung der ausländischen Priester im Dienst der Erzdiözese und Erster Vorsitzender des Klerusvereins der Erzdiözese, Ordinariatsrat Wolfgang Huber, Dompfarrer am Dom in München und Leiter des Referats Fremdsprachige Seelsorge im Erzbischöflichen Ordinariat München.

08.10. Die Konferenz der bayerischen Diözesanmusikdirektoren wählt Bernward Beyerle, Diözesanmusikdirektor des Erzbistums München und Freising, zu ihrem neuen Vorsitzenden.

13.10. Die Erzdiözese München und Freising und das Bistum Regensburg eröffnen gemeinsam ein „Schülerzentrum Landshut" im Zentrum der niederbayerischen Regierungshauptstadt.

14.-19.10. Erzbischof Friedrich Kardinal Wetter nimmt am 25-jährigen Pontifikatsjubiläum von Papst Johannes Paul II. und an der Seligsprechung von Mutter Teresa in Rom teil.

15.10. Prälat Karlheinz Summerer gibt seine ehrenamtliche Funktion als Bischöflicher Beauftragter für Kirche und Sport in Bayern nach 30 Jahren aus Altersgründen ab. Neuer Bischöflicher Beauftragter wird der Pfarrer der Pfarrei St. Martin in München/Moosach, Martin Cambensy.

Nach 36 Jahren verlassen die letzten Schwestern vom Orden der Dominikanerinnen aus dem Mutterhaus St. Maria an der Isar in Niederviehbach ihre Wirkungsstätte: das kirchliche Zentrum in der Preysingstraße im Stadtteil München-Haidhausen.

26.10. Erzbischof Friedrich Kardinal Wetter feiert zusammen mit Kardinal Estevez Jorge Arturo Medina, emeritierter Präfekt der römischen Liturgiekongregation, und dem in München lebenden Theologen Kardinal Leo Scheffczyk mit einem Gottesdienst die Seligsprechung der Ordensfrau Mutter Teresa, die Papst Johannes Paul II. am 19. Oktober in Rom selig gesprochen hatte.

27.10. Der maronitische Patriarch von Antiochien, Kardinal Nasrallah Boutros Sfeir, appelliert bei einem Besuch in München an Israelis und Palästinenser, die Feindseligkeiten zu beenden und so schnell wie möglich den Frieden zu suchen.

05.11. Bernward Beyerle, Diözesanmusikdirektor im Erzbistum München und Freising, ist von Papst Johannes Paul II. mit dem Komtur des Päpstlichen St. Silvesterordens geehrt worden.

24.11. Eines der größten und berühmtesten gotischen Kreuze Europas, 1494 von dem Ulmer Meister Michel Erhart geschaffen, kehrt an seinen angestammten Platz im Chorbogen des Landshuter St.-Martins-Münsters zurück.

12.12. Franz Xaver Kronberger, seit 2002 Domvikar i. R. in München, ist einer der dienstältesten Priester im Erzbistum München und Freising. Er vollendet am 12. Dezember sein 90. Lebensjahr.

19.12. Drei neue Domglocken werden in der Glockengießerei Rudolf gegossen.

2004

05.01. Richard Fackler, promovierter Oberrechtsdirektor und ehemaliger führender Schuljurist der katholischen Kirche in Bayern ist nach langer schwerer Krankheit am 1. Januar im Alter von 76 Jahren in seiner Wohnung in München verstorben. Er war Mitbegründer und ab 1983 erster Direktor des Katholischen Schulwerks in Bayern.

10.01. Die 1204 vom Bayernherzog Ludwig dem Kelheimer gegründete Stadt Landshut ist nach den Worten von Erzbischof Friedrich Kardinal Wetter von christlichem Geist geprägt. „In das Fundament Landshut wurde der christliche Glaube mit eingepflanzt", führt Erzbischof Friedrich Kardinal Wetter bei einem Pontifikalgottesdienst zum 800-jährigen Bestehen der heutigen Regierungshauptstadt von Niederbayern im Landshuter St.-Martins-Münster aus.

Grundsteinlegung für das Jüdische Zentrum am St.-Jakobs-Platz in München, 9. November 2003; v. l. Landesbischof Johannes Friedrich, Erzbischof Friedrich Kardinal Wetter, Ministerpräsident Edmund Stoiber, Paul Spiegel (Präsident des Zentralrats der Juden in Deutschland), Bundespräsident Johannes Rau, Oberbürgermeister Christian Ude, Charlotte Knobloch (Präsidentin der Israelitischen Kultusgemeinde München und Oberbayern).

21.01. Leo Mosses wird als neuer katholischer Pfarrer am Flughafen München von Domkapitular Josef Obermaier, dem Seelsorgereferenten im Erzbischöflichen Ordinariat München, in sein Amt eingeführt. Pfarrer Mosses löst Franz Gasteiger ab, der seit 1991 tätig war, die Flughafenseelsorge aufgebaut und maßgeblich geprägt hat.

26.01. Der neue Apostolische Nuntius in Deutschland, Erzbischof Josef Erwin Ender, kommt eine Woche nach seinem Amtsantritt zum Vorsitzenden der Freisinger Bischofskonferenz, Erzbischof Friedrich Kardinal Wetter, nach München.

02.02. Die Arbeitsgemeinschaft christlicher Kirchen (ACK) in Bayern, der 17 christliche Kirchen und kirchliche Gemeinschaften angehören, wird 30 Jahre alt.

Im Exerzitienhaus Schloss Fürstenried wird bei einer von der Diözesankommission für Liturgie und Kirchenmusik organisierten Tagung der Verabschiedung der Liturgiekonstitution des Zweiten Vatikanischen Konzils vor 40 Jahren gedacht. Erzbischof Friedrich Kardinal Wetter sieht eine geistliche Grundhaltung für eine würdige Feier des Gottesdienstes als unerlässlich.

10.02. Maria Imma Mack, Ordensfrau bei den Armen Schulschwestern von Unserer Lieben Frau in München, vollendet ihr 80. Lebensjahr. Sie gilt als Helferin von Häftlingen des Konzentrationslagers Dachau. Als 20-jährige junge Frau holte sie in der Plantage des Konzentrationslagers Pflanzen ab. Über diese Zeit von Mai 1944 bis April 1945 schwieg sie lange. Erst 1988 schrieb sie Erinnerungen nieder, die unter dem Titel „Warum ich Azaleen liebe" veröffentlicht wurden und eine breite Öffentlichkeit über ihre riskanten Kontakte zu KZ-Häftlingen und deren Schicksal informierten.

17.02. Papst Johannes Paul II. hat zwei im Erzbistum München und Freising lebende Priester geehrt, die über viele Jahre in überregionalen Aufgaben tätig sind: Er ernannte Konrad Huber und Johann Tasler zu Päpstlichen Kaplänen mit dem Titel „Monsignore". Huber wirkt seit fast 20 Jahren als Geistlicher Beirat des Mesnerverbandes im Erzbistum und hat auch die geistliche Leitung der überdiözesanen Mesnerschule in Freising. Tasler ist mehr als 20 Jahre lang Leiter der Arbeitsstelle für Heimatvertriebene der Deutschen Bischofskonferenz und auch im Vorstand der Ackermann-Gemeinde auf Bundes- und Diözesanebene tätig gewesen.

19.02. Papst Johannes Paul II. hat den Fernsehdirektor des Bayerischen Fernsehens, Professor Gerhard Fuchs, zum Komtur des Päpstlichen St. Silvesterordens ernannt.

26.02. Auf dem Wege zum 20. Weltjugendtag im Jahre 2005 in Köln wird auch die bayerische Landeshauptstadt München und das ganze Erzbistum München und Freising eine wichtige Station für junge Menschen aus vielen Ländern sein. Hierzu wird im Erzbischöflichen Jugendamt in München ein Weltjugendtagsbüro eingerichtet.

27.02. Für die wissenschaftliche Erforschung des Zweiten Vatikanischen Konzils hat das Archiv des Erzbistums München und Freising einen weiteren wichtigen Beitrag geleistet. Das Archiv legt ein Findbuch für die Konzilsakten vor, das die Grundlage für eine gezielte Forschungsarbeit ist. Für das 1 080 Seiten umfassende Findbuch hat der im Archiv tätige Historiker Guido Treffler M.A. die umfangreichen Konzilsakten Döpfners geordnet und verzeichnet. Das jetzt im Druck vorliegende Buch übergeben Diözesanarchivar Dr. Peter Pfister und der wissenschaftliche Mitarbeiter Guido Treffler dem Auftraggeber, Erzbischof Friedrich Kardinal Wetter.

Eines der bedeutendsten Werke des bayerischen Rokoko, die berühmte Schutzengelgruppe des Bildhauers Ignaz Günther (1725-1775), kehrt wieder an ihren Platz in der Münchener Bürgersaalkirche zurück.

13.03. Erzbischof Friedrich Kardinal Wetter bezeichnet den verstorbenen Kardinal Franz König als einen großen, bedeutenden Bischof. Als wahrer Brückenbauer habe er Wege des Glaubens, des gegenseitigen Verstehens und der Versöhnung für viele Menschen über politische und ideologische Grenzen hinweg geöffnet. Dem Zweiten Vatikanischen Konzil habe er viele nachhaltige Impulse gegeben.

19.03. Die für die Münchener Frauenkirche gestifteten drei neuen Glocken werden am Hochfest des heiligen Josef feierlich eingeholt. Am 21. März, dem 4. Fastensonntag (Laetare), wird Erzbischof Friedrich Kardinal Wetter bei einem Festgottesdienst im Dom den Ritus der Glockenweihe vornehmen. Die drei neuen Domglocken werden alte Glockennamen tragen: die größte heißt Cantabona, die zweite Glocke heißt Speziosa und die kleinste Glocke wird nach dem Erzengel Michael benannt.

20.03. Weihbischof Dr. Franz Dietl, Bischofsvikar der Seelsorgsregion Süd des Erzbistums München und Freising, vollendet sein 70. Lebensjahr.

30.03. Die drei neuen Domglocken werden im Südturm der Frauenkirche aufgehängt. Erstmals wird das volle Geläut am Ostersonntag zu hören sein.

07.04. Die bayerischen Bischöfe berufen die promovierte Theologin Anna Hennersperger aus Passau an die Spitze des im ganzen deutschsprachigen Raum renommierten Instituts für Theologische und Pastorale Fortbildung in Freising. Sie löst Prälat Helmut Huber ab, der das Institut zwölf Jahre lang geleitet hatte. Die neue Institutsleiterin wird am 1. September 2004 ihre Aufgabe übernehmen.

Weihe der drei neuen Glocken für die Münchener Frauenkirche, 21. März 2004; links Dompfarrer Domkapitular Wolfgang Huber.

22.04. Die Gemeinden der katholischen Pfarrkuratie St. Florian und der evangelisch-lutherischen Sophienkirche in der Münchener Messestadt Riem feiern Richtfest.

27.04. Anlässlich der „Woche für das Leben" in der bayerischen Landeshauptstadt segnen Erzbischof Friedrich Kardinal Wetter und der Landesbischof der Evangelisch-Lutherischen Kirche in Bayern, Johannes Friedrich, die neuen Räume einer Palliativstation im Klinikum Großhadern.

01.05. Am Tag der Aufnahme von zehn neuen Staaten in die Europäische Union sagt Erzbischof Friedrich Kardinal Wetter bei einem Gottesdienst in der Abteikirche der Benediktinerinnen in Frauenchiemsee: „Im Werden Europas spielte der christliche Glaube eine wesentliche Rolle, die nicht wegzuleugnen ist, auch wenn das manche verschweigen oder gar nicht wahrhaben wollen".

08.05. Der Männerseelsorger der Erzdiözese, Domkapitular Josef Obermaier, lädt zu einem ersten diözesanen Männertag nach Ebersberg ein.

Der Bezirksfeuerwehrverband Oberbayern feiert den Patron der Feuerwehrleute St. Florian. Abordnungen der Freiwilligen Feuerwehren, Werksfeuerwehren und Berufsfeuerwehren aus ganz Oberbayern feiern das Floriansfest in Erinnerung an den Martyrertod des Heiligen vor 1 700 Jahren im heutigen Enns in Oberösterreich im Rahmen eines Festgottesdienstes, den Erzbischof Friedrich Kardinal Wetter in der Traunsteiner Stadtpfarrkirche St. Oswald hält.

09.05. Vor 125 Jahren ist im Münchener Angerkloster die bedeutende Ordensgründerin und Pionierin eines modernen Schulwesens, Maria Theresia von Jesu Gerhardinger, gestorben. Erzbischof Friedrich Kardinal Wetter feiert in der Klosterkirche St. Jakob am Anger einen festlichen Gottesdienst. Am 17. November 1985 war Maria Theresia von Jesu Gerhardinger von Papst Johannes Paul II. selig gesprochen worden.

11.05. Im Rahmen einer Sitzung der Ordinariatsleitung wird festgelegt, dass die bisher 18 Dekanate, in denen die 176 katholischen Pfarreien der bayerischen Landeshauptstadt und der Region zusammengeführt sind, zum 1. Juli 2004 einer durchgreifenden Strukturreform unterzogen werden. Die Strukturreform ist intensiv in den Dekanaten diskutiert und vorbereitet worden. Statt bisher 18 soll es nur noch zwölf Dekanate in der Seelsorgsregion geben. Territorial unberührt bleiben nur die Dekanate Aubing-Pasing und Ramersdorf-Perlach. Bei ihnen wird lediglich der Name vereinfacht. Sie heißen künftig Dekanat Pasing bzw. Dekanat Perlach.

14.05. An der Spitze des Schulreferats des Erzbischöflichen Ordinariats wird es zum 1. September einen Wechsel geben. Wegen Erreichung der Altersgrenze hat Domdekan Ernst Blöckl, der im August sein 70. Lebensjahr vollendet, um Entpflichtung von seinen Aufgaben als Leiter des Schulreferats wie auch des Katholischen Schulkommissariats in Bayern und als Dekan des Metropolitankapitels München gebeten. Zum neuen Schulreferent hat Erzbischof Friedrich Kardinal Wetter Domkapitular Erich Pfanzelt ernannt. Das von Pfanzelt geleitete Referat für Öffentlichkeitsarbeit und katholische Verbände übernimmt zum 1. September der promovierte Theologe und Pastoralreferent Armin Wouters.

16.05. Das katholische Meditationsgebet des Rosenkranzes ist Gegenstand einer Ausstellung im Dombergmuseum Freising. Bis zum 24. Oktober werden dort unter dem Thema „Zeitinseln Ankerperlen" die schönsten Rosenkränze aus Vergangenheit und Gegenwart gezeigt.

17.05. An der Spitze des Internationalen Katholischen Missionswerkes „Missio München" wird ein Wechsel vollzogen. Erzbischof Friedrich Kardinal Wetter verabschiedet den bisherigen Präsidenten, Prälat Konrad Lachenmayr, der dieses Werk zwölf Jahre lang geleitet hatte, und jetzt aus Altersgründen sein Amt abgibt. Der Kardinal führt zugleich den neuen Präsidenten, den aus dem Bistum Würzburg stammenden Pater Erik Englert, dem Orden der Augustiner angehörig, in sein Amt ein.

20.05. Erzbischof Friedrich Kardinal Wetter feiert mit den Seminaristen das 75-jährige Bestehen des inzwischen einzigen klassischen bischöflichen Studienseminars in Bayern, des Studienseminars St. Michael in Traunstein. Das Seminar war am 1. September 1929 durch den damaligen Erzbischof von München und Freising, Kardinal Michael von Faulhaber, in engem Einvernehmen mit der Stadt Traunstein gegründet worden.

01.06. Pfarrer Andreas Simbeck übernimmt sein neues Amt als katholischer Polizeidekan in Bayern in der Nachfolge von Monsignore Erwin Wild, der seit 1991 Pfarrer bei der Bayerischen Bereitschaftspolizei und seit 1994 Polizeidekan war.

09.06. Bei der Eröffnung der neuen Forschungsneutronenquelle der Technischen Universität München in Garching appelliert Erzbischof Friedrich Kardinal Wetter an die ethische Verantwortung von Wissenschaftlern und Forschern.

20.06. Zum 1200-jährigen Jubiläum des Kirchenpatrons St. Quirinus wird die ehemalige Benediktinerklosterkirche St. Quirinus in Tegernsee nach mehrjähriger aufwändiger Restaurierung im Rahmen eines Festgottesdienstes (mit Altarweihe) durch Erzbischof Friedrich Kardinal Wetter wieder eröffnet.

28.06. Der Freisinger Mariendom wird mit Ausnahme der Domkrypta für mehr als zwei Jahre nicht mehr zugänglich sein. Der Dom, Konkathedrale der Erzdiözese München und Freising, wird einer Innenrestaurierung unterzogen, wobei die Wiederherstellung der Raumschale des 18. Jahrhunderts im Mittelpunkt steht.

29.06. Erwin Hausladen, seit 1964 Pfarrer der Münchener Stadtpfarrei St. Thomas Morus, die er auch aufgebaut hat, ist von Papst Johannes Paul II. zum Monsignore ernannt worden.

08.07. Ein für die Münchener Stadtgeschichte bedeutsames Ereignis jährt sich zum 300. Mal. In der Not des Spanischen Erbfolgekriegs hatte am 17. Juli 1704 die Münchener Bürgerschaft gelobt, eine Kirche zu Ehren der Heiligen Dreifaltigkeit zu errichten. Ziel dieses Gelübdes der drei Stände – Adel, Klerus und Bürger – war es, die Stadt vor der Zerstörung durch die mit England verbündeten kaiserlichen Truppen zu schützen, die während des Spanischen Erbfolgekrieges Bayern besetzt hatten. Tatsächlich wurde München 1705 kampflos eingenommen. Das Gelübde geht zurück auf die Vision der Ordensfrau Maria Anna Lindmayr. Sie gilt als größte Barockmystikerin Altbayerns. Maria Anna Lindmayr trat in das neben der Dreifaltigkeitskirche errichtete Kloster für Karmelitinnen ein. Anlässlich des 300. Gelöbnisjubiläums eröffnete Generalvikar Dr. Robert Simon eine Ausstellung, die vom Archiv des Erzbistums München und Freising in der Dreifaltigkeitskirche konzipiert und aufgerichtet wurde. Den festlichen Gottesdienst zum Jubiläum feiert Erzbischof Friedrich Kardinal Wetter am 16. Juli in der Dreifaltigkeitskirche.

16.07. Bei einem Festgottesdienst mit Erzbischof Friedrich Kardinal Wetter wird im Münchener Dom „100 Jahre Katholischer Deutscher Frauenbund (KDFB)" in Bayern gefeiert. Er ist mit 180000 Mitgliedern der größte gesellschaftspolitische Frauenverband im Freistaat. Die katholische Frauenrechtlerin und Sozialpolitikerin, Ellen Ammann, gründete 1904 mit 339 Frauen in der bayerischen Landeshauptstadt den ersten Zweigverband des Katholischen Frauenbundes in Bayern.

22.07. Erzbischof Friedrich Kardinal Wetter segnet das sanierte Alten- und Pflegeheim St. Michael der Barmherzigen Schwestern in München-Berg am Laim.

23.07. Zwischen dem Vatikanischen Geheimarchiv in Rom und dem Archiv der Erzdiözese München und Freising in München ist bei der Erforschung von Akten des Zweiten Vatikanischen Konzils (1962-1965) eine intensive Zusammenarbeit vereinbart worden. Vor wenigen Wochen war das Archiv des Zweiten Vatikanischen Konzils im Vatikanischen Geheimarchiv für Forschungsarbeiten zugänglich gemacht worden. Nachdem ein Dokumentenaustausch zwischen München und Rom im Blick auf die Archivalien von Kardinal Döpfner mit dem Präfekten des Vatikanischen Geheimarchivs, Pater Sergio Pagano, vereinbart worden ist, entwickelt sich das Münchener Archiv „immer mehr zu einem Kompetenzzentrum für die Erforschung des Zweiten Vatikanischen Konzils in Deutschland" (lt. Ordinariatskorrespondenz).

29.07. Erzbischof Friedrich Kardinal Wetter hat den im Alter von 86 Jahren verstorbenen französischen Historiker, Deutschlandexperten und Publizisten, Joseph Rovan, als „europäischen Patrioten" und als „Brückenbauer für Versöhnung" gewürdigt.

19.08. Domdekan Prälat Ernst Blöckl vollendet sein 70. Lebensjahr.

26.08. Im Barocksaal der Freisinger Dombibliothek ist eine kleine Ausstellung mit 48 kostbaren Einzelblättern und Büchern zu sehen, die „das Buch im Wandel der Zeiten und Kulturen" darstellen soll.

14.09. Hermann Joseph Wehrle, Priester des Erzbistums München und Freising und Kaplan in der Pfarrei Hl. Blut in Bogenhausen, wurde vor 60 Jahren von der nationalsozialistischen Willkürjustiz zum Tod durch den Strang verurteilt. Anlässlich dieses 60. Todestages feiert Erzbischof Friedrich Kardinal Wetter in der Pfarrei München-Hl. Blut/Bogenhausen einen Gottesdienst.

Vor 40 Jahren wurde der Karmel Hl. Blut auf dem Gelände des ehemaligen Konzentrationslagers Dachau gegründet. Der Karmel ist in den vier Jahrzehnten eine international bekannte Begegnungs- und Wallfahrtsstätte geworden. Heute leben im Karmel 21 Ordensfrauen unter der Leitung der Priorin Irmengard.

15.09. Erzbischof Friedrich Kardinal Wetter segnet und krönt eine Muttergottesstatue in Rosenheim im Kloster der Klarissen-Kapuzinerinnen.

20.09. Prälat Ernst Blöckl, Dekan des Metropolitankapitels München und langjähriger Leiter des Katholischen Schulkommissiariats in Bayern ist in seiner Münchener Wohnung nach langer schwerer Krankheit verstorben.

25.09. Zum „Tag der Archive", an dem sich 14 Archive der bayerischen Landeshauptstadt mit Ausstellungen und Führungen beteiligen, präsentiert das Archiv des Erzbistums München und Freising exemplarische Archivalien zum Thema „Die Kirche und das Bier".

29.09. Erzbischof Friedrich Kardinal Wetter segnet das Gebäude der neuen Vertretung des Freistaates Bayern bei der Europäischen Union.

30.09. Der Offizial der Erzdiözese München und Freising, Monsignore Dr. Lorenz Wolf, wird vom Metropolitankapitel zum neuen Dekan des Metropolitankapitels München gewählt.

03.10. Erzbischof Friedrich Kardinal Wetter würdigt den verstorbenen langjährigen stellvertretenden Hörfunkdirektor des Bayerischen Rundfunks, Josef Othmar Zöller, als bedeutenden Publizisten und bekennenden katholischen Christen.

05.10. Papst Johannes Paul II. hat den Caritasdirektor der Erzdiözese München und Freising, Hans-Georg Lindenberger, sowie den Pfarrer von München-St. Peter, Herbert Kuglstatter, der auch Erster Vorsitzender des „Katholischen Jugendsozialwerks München" ist, zu Päpstlichen Ehrenkaplänen mit dem Titel „Monsignore" ernannt.

14.10. Erzbischof Friedrich Kardinal Wetter ernennt nach Anhörung des Kapitels den Dompfarrer Monsignore Wolfgang Huber zum neuen Domkapitular.

15.10. Erzbischof Friedrich Kardinal Wetter segnet die neuen Räume des stationären Johannes-von-Gott-Hospizes der Barmherzigen Brüder in München-Nymphenburg.

19.10. Seit einem Vierteljahrhundert pflegt die Erzdiözese München und Freising intensive Kontakte und Begegnungen mit Menschen muslimischen Glaubens, die aus Ländern des islamischen Kulturkreises kommen und in der bayerischen Landeshauptstadt leben. Unter dem Namen „Ökumenische Kontaktstelle für Nichtchristen" (ÖKNI) war eine diesem Titel dienende Institution im Auftrag des damaligen Erzbischofs von München und Freising, Kardinal Joseph Ratzinger, im Februar 1979 gegründet worden. Im Rahmen einer Feier weist Weihbischof Siebler auf die Bedeutung des interreligiösen Dialogs hin.

07.11. Ein fast vier Meter hohes Holzkreuz – Symbol des Weltjugendtages, der im August 2005 in Köln stattfinden wird –, macht vom 7. bis 14. November Station in der Erzdiözese München und Freising. Unter dem Motto „Kreuz bewegt" werden aus diesem Anlass junge Christen in 22 Städten und Gemeinden im Erzbistum bei Gottesdiensten, Gebeten und Veranstaltungen das Kreuz als Zeichen der Versöhnung und Hoffnung bewusst machen.

08.11. Professor Dr. Heribert Schmitz, international renommierter Kirchenrechtler aus München, vollendet sein 75. Lebensjahr.

10.11. Der älteste Priester im Erzbistum München und Freising, Geistlicher Rat Johann Michael Gmeiner, vollendet sein 100. Lebensjahr.

Bei einem Festgottesdienst zum 50-jährigen Bestehen des Bayerischen Presseclubs empfiehlt Erzbischof Friedrich Kardinal Wetter den Mitgliedern des Bayerischen Presseclubs und darüber hinaus allen Journalisten, die auf dem Fundament des christlichen Menschenbildes und der christlichen Werteordnung arbeiten wollen, das Vorbild des Münchener Journalisten Fritz Gerlich, der als Herausgeber der politischen katholischen Wochenschrift „Der gerade Weg" von den Nationalsozialisten verfolgt und in der Nacht auf den 1. Juli 1934 im Konzentrationslager Dachau ermordet wurde.

16.11. Eines der renommiertesten kirchlichen Museen in Deutschland, das Diözesanmuseum in Freising, besteht seit 30 Jahren. Es wurde am 16. November 1974 durch den damaligen Erzbischof von München und Freising, Kardinal Julius Döpfner, feierlich eröffnet.

06.12. Das weltweit tätige Bischöfliche Hilfswerk Misereor unterhält seit 20 Jahren eine Arbeits- und Kontaktstelle zu den Pfarrgemeinden in den sieben bayerischen Bistümern.

19.12. Bei einem feierlichen Gottesdienst mit Bischöfen aus Deutschland, Frankreich, Polen und den Niederlanden gedenkt Erzbischof Friedrich Kardinal Wetter der einzigen Priesterweihe in einem nationalsozialistischen Konzentrationslager. Vor 60 Jahren, am 17. Dezember 1944, war in der Kapelle auf Block 26 des Konzentrationslagers Dachau, dem „Pfarrerblock", der dort inhaftierte Diakon Karl Leisner aus dem Bistum Münster von einem französischen Mithäftling, dem Bischof von Clermont Gabriel Piguet, heimlich zum Priester geweiht worden.

Die Republik Frankreich ehrt Schwester Josepha Maria Imma Mack, die seit 1944 der Kongregation der Armen Schulschwestern von Unserer Lieben Frau angehört. Sie erhält die höchste Auszeichnung, die von der Republik Frankreich vergeben wird. Sie wird in die Ehrenlegion aufgenommen und wird zur Ritterin im nationalen Orden der Ehrenlegion ernannt.

28.12. Zur Betreuung der von der Naturkatastrophe in Südostasien betroffenen Deutschen fordert das Auswärtige Amt zwei Notfallseelsorger aus der Erzdiözese München und Freising zum Einsatz in Thailand an.

Erzbischof Friedrich Kardinal Wetter ruft die Gläubigen der Erzdiözese zum Gebet und zur Hilfe für die Opfer der Naturkatastrophe in Südostasien auf.

2005

10.01. Erzbischof Friedrich Kardinal Wetter und Landesbischof Johannes Friedrich laden in den Münchener Dom zu einem ökumenischen Gebet für die von der Flutkatastrophe betroffenen Menschen ein.

12.01. Weihbischof Engelbert Siebler kündigt bei der Vorstellung „Orte der Weltreligionen" auf dem Gelände der Bundesgartenschau in Riem an: Die katholische Kirche will mit einer Vielfalt von Gottesdiensten und Initiativen bei der Bundesgartenschau, die vom 28. April bis 9. Oktober 2005 in München stattfindet, den Besuchern anregende Einsichten vermitteln.

14.01. Für die 1300 Freiwilligen Feuerwehren in Oberbayern steht ein Gemeindereferent der Erzdiözese München und Freising als eigener Seelsorger zur Verfügung: Matthias Holzbauer, in der Pfarrei St. Johannes der Täufer in Glonn tätig. Er hat auch die vom Bezirksfeuerwehrverband Oberbayern im Fachbereich Gesundheitswesen eingerichtete Abteilung „Seelsorge und Stressbewältigung" übernommen. Die Seelsorge für die Freiwilligen Feuerwehren wurde dem Fachbereich Notfallseelsorge im Erzbischöflichen Ordinariat München zugeordnet. Für die Seelsorge bei Berufsfeuerwehren in Oberbayern ist der Leiter des Fachbereichs Notfallseelsorge, Diakon Andreas Müller-Cyran, zuständig.

16.01. Vor 60 Jahren, am 15. Januar 1945, wurde im Zuchthaus Brandenburg-Görden der bayerische Widerstandskämpfer gegen den Nationalsozialismus, Josef Zott, hingerichtet. Der gläubige Katholik und bayerische Patriot spielte im bayerisch-monarchistischen Widerstandskreis des Rechtsanwalts Adolf Freiherr von Harnier, der von München aus operierte, eine wichtige Rolle. Am 16. Januar 2005 wird seiner am Urnengrab auf dem Westfriedhof in München gedacht.

18.01. Das Fest ihres Schutzpatrons St. Sebastian begeht die Bayerische Polizei in diesem Jahr wieder mit einem festlichen Gottesdienst. Der Beauftragte der Bayerischen Bischofskonferenz für die katholische Polizeiseelsorge, Weihbischof Dr. Bernhard Haßlberger, feiert im Münchener Dom mit Polizistinnen und Polizisten aus ganz Bayern einen festlichen Gottesdienst. Konzelebranten sind der bayerische Polizeidekan, Pfarrer Andreas Simbeck, und Domkapitular Josef Obermaier, Seelsorgereferent im Erzbischöflichen Ordinariat München.

23.01. Der Kirchenhistoriker Professor Dr. Georg Schwaiger, langjähriger Ordinarius für Kirchengeschichte des Mittelalters und der Neuzeit an der Katholisch-Theologischen Fakultät der Ludwig-Maximilians-Universität in München, vollendet sein 80. Lebensjahr.

Vor 60 Jahren wurde im Gefängnis Berlin-Plötzensee der Diplomat und letzte Bayerische Gesandte in Berlin, Franz Sperr, von der nationalsozialistischen Justiz hingerichtet. Der gläubige Katholik war von Anfang an ein Gegner Hitlers und des Nationalsozialismus und verfocht als erklärter bayerischer Patriot das politische Ziel der Wiedererrichtung einer Monarchie in Bayern. Seinem Kreis, der auch Kontakt zu Kronprinz Rupprecht hatte, gehörten zuverlässige Offiziere beider Garnisonen an.

02.02. Vor 60 Jahren starb Alfred Delp im Alter von 37 Jahren am Galgen der Hinrichtungsstätte Berlin-Plötzensee. Er war einer der maßgeblichen intellektuellen Köpfe im Kreisauer Kreis, der Widerstandsgruppe um den Grafen Helmuth James von Moltke.

03.02. Gottfried Simmerding, in der Münchener Pfarrei St. Sylvester lebender Priester der Erzdiözese München und Freising, vollendet sein 100. Lebensjahr. Er wurde vor 75 Jahren von Erzbischof Kardinal Michael von Faulhaber im Freisinger Dom zum Priester geweiht. Der erfahrene Religionslehrer und Pädagoge unterrichtete von 1946 bis 1968 am heutigen Gisela-Gymnasium in München und führte den damals gebräuchlichen Titel eines „Studienprofessors".

05.02. Erzbischof Friedrich Kardinal Wetter gedenkt im Rahmen eines Gottesdienstes in der Pfarrkirche Hl. Blut in München-Bogenhausen des 60. Todestages von acht Männern, die als Märtyrer starben: Josef Zott, Alfred Delp, Adolf Freiherr von Harnier, Wolfgang Meier, Franz Sperr, Josef Grimm, Harald Dohrn, Hans Quecke. Ihre Namen seien ein „lebendiges Vermächtnis" für die Zukunft. Wörtlich sagte der Kardinal: „Wir stellen Ihr Licht auf den Leuchter, damit es auch den kommenden Generationen leuchte."

09.02. Zum Aschermittwoch der Künstler hat Erzbischof Friedrich Kardinal Wetter im Münchener Dom an die Verfolgung von Künstlern und die Zerstörung von Kunstwerken durch die Nationalsozialisten erinnert. Der Aschermittwoch der Künstler ist in München nicht nur seit Jahrzehnten ein kirchliches Ereignis, sondern seit 1986 auch eine kulturelle Institution in der bayerischen Landeshauptstadt. Während der Gottesdienst für Frauen und Männer aus allen künstlerischen Berufen mit dem Erzbischof von München und Freising in den Jahren nach dem Zweiten Weltkrieg eingeführt und seither üblich ist, kam vor 19 Jahren die anschließende künstlerische Akademie hinzu. Dabei haben Persönlichkeiten aus allen Bereichen der Kunst in „Künstlerreden" zu Themen gesprochen, die Kirche und Kunst berühren. Der Künstlerseelsorger, P. Georg Maria Roers, legt hierzu ein Buch vor: Die ungleichen Brüder. Künstlerreden zum Aschermittwoch. Verlag St. Michaelsbund, München 2005.

Eufreda Heidner, Barmherzige Schwester und Sekretärin von vier Erzbischöfen und Kardinälen in München, vollendet ihr 90. Lebensjahr. Von 1953 bis 1990 diente sie fast 37 Jahre lang den Kardinälen Joseph Wendel, Julius Döpfner, Joseph Ratzinger und Friedrich Wetter als Sekretärin im Münchener Erzbischofshof.

12.02. Prälat Max Eham, langjähriger Domkapellmeister am Münchener Dom, Komponist und engagierter Erneuerer der katholischen Kirchenmusik nach dem Zweiten Vatikanischen Konzil, vollendet sein 90. Lebensjahr.

Msgr. Friedrich Frei, dienstältester Domvikar am Münchener Dom, vollendet sein 95. Lebensjahr. Frei, einer der ältesten Priester der Erzdiözese, wurde 1910 in Augsburg geboren. Er ist seit 1939 Domvikar.

13.02. Mit seinem diesjährigen Fastenhirtenbrief will Erzbischof Friedrich Kardinal Wetter auch für kirchenferne Menschen einen Anstoß geben, in ihrem Leben nach Gott zu fragen und Gott zu suchen.

20.02. Das Kreuz als zentrales Zeichen des christlichen Glaubens steht im Mittelpunkt einer großen kulturhistorischen Ausstellung, die vom 20. Februar bis zum 3. Oktober im Diözesanmuseum auf dem Freisinger Domberg gezeigt wird. Dabei wird auch eine Sensation aus der karolingischen Zeit gezeigt: Es handelt sich um ein Kreuz aus der Pfarrei Heilig Kreuz in Schaftlach, Landkreis Miesbach, und um ein Kreuz aus der Filiale Enghausen der Pfarrei St. Johann Baptist in Priel. Das Schaftlacher Kreuz stammt wahrscheinlich noch aus der Zeit der Sachsenkaiser (936-1034) und gilt als Werk der „Ottonischen Kunst". Noch älter scheint das Enghausener Kreuz zu sein. Wenn die bisherigen Untersuchungsergebnisse stimmen, ist dieses Kreuz die bisher einzige bekannte Großskulptur der Karolingerzeit (etwa 780-940).

21.02. Der in München lebende international renommierte Theologe Kardinal Leo Scheffczyk vollendet sein 85. Lebensjahr. An seinem Geburtstag vor vier Jahren war er von Papst Johannes Paul II. bei einem Konsistorium im Vatikan in Rom in das Kardinalskollegium aufgenommen worden.

24.02. Erzbischof Friedrich Kardinal Wetter hat die Priester und Gläubigen zum Gebet für den erneut ins Krankenhaus gebrachten Papst Johannes Paul II. aufgerufen. Vor den Dekanen der Erzdiözese sagte er, er bitte darum, den Papst in seiner Krankheit im Gebet zu begleiten und ihm so beizustehen.

07.03. Im Vorfeld des kommenden Weltjugendtags mit dem Papst in Köln ist in München die Kampagne für einen Tag des „sozialen Engagements" gestartet worden. Dabei sollen am 12. August die erwarteten 250 000 Gäste des Weltjugendtags aus 160 Ländern der Erde jeweils in karitativen und sozialen Einrichtungen oder anderen sozialen Diensten in den 27 deutschen Diözesen einen Tag lang kostenlos zur Verfügung stehen, um so ein Zeichen christlichen Engagements für eine menschenwürdige Gesellschaft zu geben.

09.03. Erzbischof Friedrich Kardinal Wetter hat den am 4. März im Alter von 91 Jahren verstorbenen Münchener Anwalt und besonders mit der jüngeren Zeitgeschichte vertrauten Publizisten Otto Gritschneder gewürdigt.

16.03. Der Anstoß zu einer Neustrukturierung der Seelsorge und Verwaltung im Erzbistum München und Freising, den Erzbischof Friedrich Kardinal Wetter im Februar bei der Frühjahrs-Dekanekonferenz gegeben hatte, zeigt bereits erste praktische Konsequenzen. Im Ordinariatsrat, dem obersten Beratungsgremium des Erzbischofs bei der Leitung des Erzbistums, wurden sowohl Modelle einer Neuorganisation der Seelsorge als auch der Verwaltung von Pfarreien und Pfarrverbänden diskutiert. Nach dem Willen des Kardinals hat die begonnene Neustrukturierung das Ziel, die Zusammenarbeit der Pfarreien in Seelsorge und Verwaltung zu fördern und dadurch das kirchliche Leben insgesamt zu stärken.

01.04. Die Neuordnung des kirchlichen Bauwesens wird in Kraft gesetzt. Ziel des diözesanen Bauwesens ist es, die baulichen Voraussetzungen für das liturgische, seelsorgliche und caritative Wirken der Kirche zu schaffen und auf Dauer zu gewährleisten. Eine der wesentlichen Änderungen bei der Neuordnung bezieht sich auf die Verantwortung der Kirchenverwaltungen, die erheblich gestärkt und vom Baureferat mit Fachkompetenz unterstützt werden soll. Zu diesem Zweck ist die Organisationsstruktur im Baureferat umgestaltet worden. Es gibt jetzt zwei Abteilungen, eine für Erstberatung und Baubetreuung und eine für Projektsteuerung und Fachplanung. Die bisher 14 Baubezirke der Erzdiözese wurden auf acht mit je einem Baubetreuer reduziert. Hinzu kommen zwei weitere Baubetreuer, die vor allem für diözesane Bildungshäuser, Schulen und Verwaltungsgebäude zur Verfügung stehen.

Der Münchener Dom ist bis Mitternacht zum Gebet für den sterbenden Papst Johannes Paul II. geöffnet worden.

02.04. Erzbischof Friedrich Kardinal Wetter, der zurzeit mit den Seminaristen des Münchener Priesterseminars das Heilige Land besucht, trauert um Papst Johannes Paul II. In ganz Bayern trauern die katholischen Christen um den verstorbenen Papst. Tausende hatten den Papst in seinen letzten Stunden beim Gottesdienst und im persönlichen Gebet Anteil nehmend begleitet. Sie hatten Kerzen angezündet und für den Leidenden gebetet, um so ihre Verbundenheit mit ihm zu bekunden. Unmittelbar nach Bekanntgabe der offiziellen Nachricht vom Tod des Papstes läuteten die Glocken des Münchener Doms. Noch wahrend des Geläuts strömten die Menschen in den Dom. Sie beteten den Sterberosenkranz für Johannes Paul II. An einem Bild des Papstes zündeten sie Kerzen an und legten Blumen nieder. Anschließend feierte Domdekan Dr. Lorenz Wolf mit etwa 2 000 Gläubigen für den verstorbenen Papst die Eucharistie.

06.04. Erzbischof Friedrich Kardinal Wetter feiert für den verstorbenen Papst Johannes Paul II. im Münchener Dom ein Pontifikalrequiem.

08.04. Erzbischof Friedrich Kardinal Wetter nimmt an den Beisetzungsfeierlichkeiten für Papst Johannes Paul II. in Rom teil.

18./19.04. Erzbischof Friedrich Kardinal Wetter nimmt am Konklave zur Wahl eines Nachfolgers für den verstorbenen Papst Johannes Paul II. teil. Joseph Kardinal Ratzinger wird zum neuen Papst gewählt und nimmt den Namen Benedikt XVI. an.

19.04. Nach der Bekanntgabe der Wahl von Joseph Kardinal Ratzinger zum Papst am Dienstagabend, dem 19. April, feiert Weihbischof Engelbert Siebler die Eucharistie im Münchener Dom für den aus dem Erzbistum stammenden Heiligen Vater, der von 1977 bis 1982 hier Erzbischof war. Er sehe eine gute Verbindung zwischen München, dem deutschen Rom, und dem Rom am Tiber, sagte der Weihbischof unter dem großen und anhaltenden Beifall der Gläubigen. Die Menschen aller Altersgruppen, die auch noch während des Gottesdienstes in den Dom kamen, zeigten sich überrascht von der Wahl und zugleich sehr erfreut, dass ein Bayer jetzt Oberhirte der katholischen Weltkirche ist.

24.04. Erzbischof Friedrich Kardinal Wetter nimmt an der Amtseinführung von Papst Benedikt XVI. in Rom teil. Der Papst hat seine altbayerische Heimat in das päpstliche Wappen aufgenommen. Alle Elemente des Bischofswappens, das er schon als Erzbischof von München und Freising und dann als Präfekt der römischen Glaubenskongregation führte, sind auch in das päpstliche Wappen eingegangen: der Freisinger Mohr, der Korbiniansbär und die Augustinusmuschel.

25.04. 60 Jahre nach dem Ende des Zweiten Weltkriegs kann die Erzdiözese München und Freising eine einzigartige Dokumentation vorlegen. Es sind dies Berichte der katholischen Pfarrer des Erzbistums über die letzten Tage des Krieges, den Zusammenbruch des Nationalsozialismus und den Einmarsch der amerikanischen Truppen. In den damals 671 Pfarreien folgten 562 Pfarrer der Aufforderung von Erzbischof Kardinal Michael von Faulhaber und verfassten sehr detaillierte Berichte. Damit liegt für den

Konklave in der Sixtinischen Kapelle, 18. April 2005.

größten Teil von Oberbayern eine flächendeckende Zustandsbeschreibung des Kriegsendes vor. Die Wahrnehmung des Krieges und des Kriegsendes durch die damals verantwortlichen katholischen Pfarrer ist nach Einschätzung des Diözesanarchivars Dr. Peter Pfister nicht nur für die kirchliche Zeitgeschichte, sondern als wichtige Quelle ebenso für die Landes- und Lokalgeschichte von hohem Interesse und großer Bedeutung. Die Dokumentation, die Pfister herausgibt, erscheint in der Reihe der „Schriften des Archivs des Erzbistums". In Vertretung des in Rom weilenden Erzbischofs von München und Freising, Kardinal Friedrich Wetter, verliest der Stellvertretende Generalvikar der Erzdiözese, Domkapitular Wolfgang Schwab, einen Bericht von Kardinal Michael von Faulhaber über das Kriegsende bei einer Gedenkveranstaltung in der ehemaligen Karmeliterkirche, den dieser auf der Grundlage der Einmarschberichte aus den Pfarreien an den damaligen Papst Pius XII. gesandt hatte. Seminaristen des Münchener Priesterseminars lesen exemplarische Berichte aus den verschiedenen Regionen der Erzdiözese vor.

Erzbischof Friedrich Kardinal Wetter hat Papst Benedikt XVI. offiziell zu einem Pastoralbesuch nach Bayern eingeladen. Kardinal Wetter sprach die Einladung bei einer Audienz für die Rompilger aus Deutschland am Montag, dem 25. April, in Rom aus. Kardinal Wetter überreichte dem Papst ein besonderes Geschenk. Er schenkte gemeinsam mit dem Metropolitankapitel München, das mit mehreren Vertretern, angeführt von Domdekan Dr. Lorenz Wolf, an der Audienz teilnahm, dem Papst ein goldenes Brustkreuz. Gefertigt hat es der Münchener Bildhauer Max Faller.

01.05. Menschen aus mehreren europäischen Völkern begehen im ehemaligen Konzentrationslager Dachau den 60. Jahrestag der Befreiung des Lagers durch amerikanische Truppen. Das Gedenken an die Befreiung wird mit Gottesdiensten dreier christlicher Konfessionen in ihren Gedenkstätten begonnen und mit einem Staatsakt am zentralen Mahnmal im Lagergelände abgeschlossen. Das Gedenken beginnt um 8.30 Uhr an der jüdischen Gedenkstätte. Erzbischof Friedrich Kardinal Wetter und der Ratsvorsitzende der Evangelischen Kirche in Deutschland, der evangelisch-lutherische Bischof von Berlin und Brandenburg, Wolfgang Huber, gehen gemeinsam zur jüdischen Gedenkstätte und beten dort still für die Millionen Opfer des Holocaust. Um 9.00 Uhr beginnen der katholische und der evangelische Gottesdienst. Wegen des jüdischen Pessachfestes und des dafür geltenden Feiertagsgebotes ist die Jüdische Gemeinde an diesem Tag nicht vertreten. Die katholische Eucharistie feiert Kardinal Wetter in Konzelebration mit Bischöfen und Priestern aus zehn europäischen Nationen, darunter der emeritierte polnische Bischof von Kozalin, Ignacy Jes, der in Dachau inhaftiert war. Der Gottesdienst findet in der ersten, auf dem Lagergelände errichteten Gedenkstätte, der „Todesangst-Christi-Kapelle" und auf dem Platz davor statt.

04.05. Die beiden modernsten, architektonisch richtungweisenden Kirchenbauten Münchens, die katholische St.-Florians-Kirche und die evangelische Sophienkirche in der neuen Messestadt München-Riem, sind vollendet. Nach zweieinhalbjähriger Bauzeit werden sie am 4. Mai bei feierlichen Gottesdiensten geweiht, die angeschlossenen Pfarrzentren mit der kirchlichen Segnung ihrer Bestimmung übergeben. Erzbischof Friedrich Kardinal Wetter weiht am Fest des frühchristlichen Märtyrers Florian die seinem Patronat zugestandene St.-Florians-Kirche.

05.05. Die bayerische Heimat betet für den bayerischen Papst Benedikt XVI. Einen großen feierlichen Dankgottesdienst für den aus dem Erzbistum München und Freising stammenden Heiligen Vater feiert Erzbischof Friedrich Kardinal Wetter am Hochfest Christi Himmelfahrt im Münchener Dom.

10.05. Zwei hohe päpstliche Auszeichnungen, die noch Papst Johannes Paul II. vorgenommen hat, gehen an den Politiker Professor Walter Eykmann und den Medienexperten und Schriftsteller Erich Jooß. Beide wurden zum Komtur des St.-Silvesterordens ernannt. Walter Eykmann ist Bundesvorsitzender der Katholischen Elternschaft Deutschlands, Erich Jooß Geschäftsführender Direktor des Sankt Michaelsbundes.

13.05. Dem Prior der ökumenischen Gemeinschaft von Taizé, Roger Schutz, hat Erzbischof Friedrich Kardinal Wetter in einem persönlichen Brief zur Vollendung des 90. Lebensjahres gratuliert.

14.05. Erzbischof Friedrich Kardinal Wetter gratuliert dem Abt der Benediktinerabtei Ettal, Edelbert Hörhammer, zur Vollendung seines 70. Lebensjahres. Er wurde vor 32 Jahren zum Abt gewählt und ist nach Angaben des Klosters Ettal damit der dienstälteste Benediktinerabt der Welt.

16.05. Domvikar Friedrich Frei feiert das seltene 70-jährige Priesterjubiläum mit einem festlichen Gottesdienst im Dom.

30.05. Weihbischof Dr. Franz Dietl und die evangelisch-lutherische Regionalbischöfin für den Kirchenkreis München und Oberbayern, Susanne Breit-Keßler, spenden den kirchlichen Segen für Münchens neues Fußballstadion, die Allianz-Arena.

06.06. Der persönliche Einsatz der Münchener Ordensfrau Josefa Maria Imma Mack für Häftlinge des Konzentrationslagers Dachau während der Zeit des Nationalsozialismus wird von der Bundesrepublik Deutschland geehrt. Bundespräsident Horst Köhler zeichnet die Ordensfrau, die seit 1944 der Kongregation der Armen Schulschwestern von unserer Lieben Frau angehört, mit dem Verdienstkreuz Erster Klasse des Verdienstordens der Bundesrepublik Deutschland aus, das der Bayerische Ministerpräsident Edmund Stoiber überreichen wird.

12.06. In der Klosterkirche von Andechs feiert Erzbischof Friedrich Kardinal Wetter das bis in das Mittelalter zurückreichende Andechser „Drei-Hostien-Fest" in der vor 250 Jahren im Stil des Rokoko umgebauten Kloster- und Wallfahrtskirche.

19.06. Zusammen mit dem renommierten Bezirkskrankenhaus Haar feiert die dort errichtete Kirche der katholischen Krankenhauspfarrei St. Raphael ihr 100-jähriges Bestehen. Es gibt also seit 100 Jahren eine Pfarrei für psychisch kranke Menschen. Erzbischof Friedrich Kardinal Wetter feiert einen Festgottesdienst zu diesem Kirchenjubiläum.

20.06. Die in Kreisbildungswerken vereinsmäßig strukturierte katholische Erwachsenenbildung im Erzbistum München und Freising wird auf eine neue finanzielle Grundlage gestellt. Bei der Unterzeichnung eines Vertrages mit der Arbeitsgemeinschaft katholischer Erwachsenenbildung im Erzbistum sagte Generalvikar Dr. Robert Simon, die Kreisbildungswerke hätten jetzt für die nächsten Jahre eine verlässliche finanzielle Grundlage. Das Ordinariat wolle mit diesem Vertrag die große Bedeutung der katholischen Erwachsenenbildung hervorheben. Auch die Seelsorgereferentin für Bildung und Beratung im Ordinariat, Dr. Anneliese Mayer, sagte, damit solle das kirchliche Profil der katholischen Erwachsenenbildung geschärft werden.

23.06. Bei einem Jubiläumsgottesdienst zum 150-jährigen Bestehen des St.-Joseph-Vereins im Münchener Stadtteil Haidhausen feiert Erzbischof Friedrich Kardinal Wetter eine der ältesten sozialen Bürgerinitiativen Münchens, die seit 150 Jahren besteht.

25.06. Erstmals findet die jährliche Priesterweihe im Erzbistum München und Freising nicht im Freisinger Mariendom, der zurzeit generalsaniert wird, statt, sondern in der Kathedrale der Erzdiözese München und Freising, dem Münchener Dom. Erzbischof Friedrich Kardinal Wetter weiht zwölf Diakone zu Priestern.

11.07. Der neu gewählte Abt der Benediktinerabtei Ettal, Barnabas Bögle, wurde durch Erzbischof Friedrich Kardinal Wetter mit dem Ritus der Abtweihe in sein Amt eingeführt.

11.08. Erzbischof Friedrich Kardinal Wetter übergibt in Altötting einen Wanderweg auf den Spuren der Kindheit und Jugend von Benedikt XVI. mit der kirchlichen Segnung seiner

Bestimmung. Der Benediktweg führt im Inn-Salzach-Dreieck auf 224 km Wanderer zu Fuß oder mit dem Fahrrad durch eine vom Geist der Mönche und Nonnen des Benediktinerordens maßgeblich geprägte altbayerische Kulturlandschaft und auf diesen Spuren auch zu Stätten der Kindheit und Jugend des bayerischen Papstes.

13.08. Ganz im Zeichen des Weltjugendtages mit Papst Benedikt XVI. in Köln steht die bayerische Landeshauptstadt. 1 000 junge Menschen aus 50 Ländern der Erde machen auf dem Weg nach Köln in der Erzdiözese München und Freising Station und treffen sich zu einem München-Tag. Auf Plätzen in der Innenstadt präsentierten sie mit Musik und Informationsprogrammen die Vielfalt des Engagements junger Menschen für den christlichen Glauben und für eine gerechte und friedliche Welt. Erzbischof Friedrich Kardinal Wetter feiert einen großen Jugendgottesdienst auf dem Münchener Odeonsplatz.

17.08. Als ein Vorbild und eine große Gestalt der Ökumene hat Erzbischof Friedrich Kardinal Wetter den Gründer der ökumenischen Gemeinschaft in Taizé, Roger Schutz, bezeichnet. Bei einer Katechese zum Weltjugendtag in der evangelischen Lutherkirche in Remscheid zeigte sich der Kardinal persönlich sehr bewegt vom gewaltsamen Tod des Priors von Taizé.

25.08. Prälat Ludwig Penger, langjähriger ehemaliger Caritasreferent im Erzbischöflichen Ordinariat München und Ehrendomherr des Münchener Metropolitankapitels, ist im Alter von 83 Jahren nach schwerer Krankheit im Krankenhaus Rosenheim verstorben.

30.08. Prälat Johann Faltlhauser, engagierter Seelsorger, ehemaliger Ordinariatsrat und Ehrendomherr des Münchener Metropolitankapitels, ist in München im Alter von 82 Jahren verstorben. Er war von 1975 bis 1995 im Seelsorgereferat des Erzbischöflichen Ordinariats München für die grundlegende Konzeption, den Aufbau und die Organisation von mehr als 100 Pfarrverbänden des Erzbistums verantwortlich.

17.09. Papst Benedikt XVI. empfängt Erzbischof Friedrich Kardinal Wetter in der päpstlichen Sommerresidenz Castel Gandolfo zu einer Audienz. Der Kardinal überreichte dem Papst bei dieser Gelegenheit eine schriftliche Einladung zum Besuch in seiner bayerischen Heimat. Kardinal Wetter hatte den Papst bereits unmittelbar nach seiner Wahl mündlich zum Besuch in Bayern eingeladen.

24./25.09. Eine bedeutende Institution des geistlichen Lebens in München, das Exerzitienhaus Schloss Fürstenried, feiert ihr 80-jähriges Jubiläum. Die Geschichte des Schlosses ist eng und auch auf tragische Weise mit dem Haus Wittelsbach verbunden. Bevor es 1925 durch den damaligen Erzbischof von München und Freising, Kardinal Michael von Faulhaber, zum Exerzitienhaus bestimmt wurde, lebte hier von 1883 bis zu seinem Tod im Jahre 1916 Prinz Otto, der geistig umnachtete Bruder von König Ludwig II. Als Exerzitienhaus hat das 1975 heutigem Standard entsprechend umgebaute Schloss in den zurückliegenden acht Jahrzehnten Tausenden Menschen gedient, aus ihrer Entfremdung, durch Leistungsdruck, Hektik und soziales Prestigedenken durch geistliche Übungen wieder zu sich selbst zu finden. Das Exerzitienhaus steht somit in einer langen kirchlichen Tradition von Meditation und Kontemplation des christlichen Glaubens.

28.09. Die Erzdiözese München und Freising ist in diesem Jahr zum ersten Mal Gastgeberin für den in allen 27 deutschen Diözesen durchgeführten „Monat der Weltmission".

01.10. Nach ausführlichen Beratungen hat die kirchliche Tarifkommission, die bayerische Regional-KODA (Kommission zur Ordnung des diözesanen Arbeitsvertragsrechtes für den Bereich der bayerischen Bistümer), am 26. September 2005 beschlossen, die neuen tariflichen Regelungen des öffentlichen Dienstes zu übernehmen. Das neue kirchliche Tarifrecht tritt zeitgleich mit dem Tarifvertrag öffentlicher Dienst (TVÖD) am 1. Oktober 2005 in Kraft.

Der Leiter des Katholischen Büros Bayern, Prälat Valentin Doering, hat den ehemaligen Bayerischen Ministerpräsidenten Alfons Goppel anlässlich dessen 100. Geburtstags als ein Vorbild für Politikerinnen und Politiker in ihrem persönlichen und öffentlichen Leben gewürdigt. Bei einem Gottesdienst am Jahrestag des 100. Geburtstags von Goppel sagte Doering in der Münchener Heilig-Geist-Pfarrkirche, der Mitbegründer der Christlich-Sozialen Union, CSU, sei sich bewusst gewesen, welche Herausforderungen mit dem Anspruch verbunden seien, Politik unter einem christlichen sozialen Vorzeichen zu gestalten.

11.10. Papst Benedikt XVI. hat den Leiter der Stiftung Attl bei Wasserburg am Inn, Alfred Eiblmaier, und damit eine der renommiertesten Behinderteneinrichtungen Bayerns mit einem hohen Orden geehrt. Eiblmaier wurde Komtur des St.-Silvesterordens.

16.10. Die großzügig ausgestattete neue Münchener Zentrale der katholischen Jugendarbeit im Erzbistum München und Freising wird offiziell ihrer Bestimmung übergeben. Erzbischof Friedrich Kardinal Wetter feiert aus diesem Anlass mit den Mitarbeitern des Erzbischöflichen Jugendamtes, Repräsentanten des Bundes der Deutschen Katholischen Jugend und Jugendlichen aus dem ganzen Erzbistum in der Kirche vom Guten Hirten auf dem Gelände des kirchlichen Zentrums in der Preysingstraße im Münchener Stadtteil Haidhausen einen festlichen Gottesdienst. Anschließend segnet er das in einem generalsanierten Gebäude eingerichtete und nach dem Patron des Erzbistums, St. Korbinian, benannte Korbinianshaus der kirchlichen Jugendarbeit und eröffnet es so offiziell. In einem Teil des umgebauten Hauses sind auch Räume für die Ausbildung und Fortbildung der Gemeindereferenten, Diakone und Religionspädagogen untergebracht.

19.10. Ein Denkmal bayerischer Geschichte von höchstem Rang ist für das Diözesanmuseum auf dem Freisinger Domberg erworben worden. Es ist ein fast zwei Meter hohes und eineinhalb Meter breites in Mischtechnik auf Holz ausgeführtes Gemäldeepitaph Herzog Wilhelms IV. von Bayern (1508-1550) und seiner Gemahlin Jakobäa von Baden.

22.10. Eine Mariensäule steht nicht nur im Zentrum der bayerischen Landeshauptstadt, sondern ebenso im Zentrum des Münchener Stadtteils Pasing. Sie erinnert auch an die wechselvolle Geschichte des 763 erstmals urkundlich erwähnten Ortes, der von 1905 bis zur Eingemeindung in die Landeshauptstadt im Jahr 1938 sogar eine eigenständige Stadt war. Die katholische Pfarrei Maria Schutz in Pasing feiert zusammen mit der Bürgerschaft des Stadtteils in diesem Jahr das Jubiläum der Wiedererrichtung der Mariensäule vor 25 Jahren. Die erstmals im Jahr 1880 auf einer Säule errichtete Marienstatue musste 1908 dem anwachsenden Verkehr weichen. 1980, genau 100 Jahre nach der Errichtung, wurde die Mariensäule auf Initiative von Pasinger Bürgern wieder aufgestellt.

Weihbischof Engelbert Siebler feiert einen Gottesdienst für die seit 25 Jahren bestehende Münchener Sektion der nach eigenen Angaben weltweit 700 000 Mitglieder zählenden Gebetsgemeinschaft „Rosenkranz-Sühne-Kreuzzug". Die Gemeinschaft war 1947 gegründet worden. Die Mitglieder beten täglich den Rosenkranz für den Frieden in der Welt.

24.10. Die in Germering bei München im Alter von 93 Jahren verstorbene Kirchenlied-Dichterin Maria Luise Thurmair hat Erzbischof Friedrich Kardinal Wetter als Erneuerin des Kirchenliedes gewürdigt. Zusammen mit ihrem 1984 verstorbenen Mann, dem Dichter Georg Thurmair, gehöre sie zu den bedeutenden Erneuerern des deutschsprachigen Kirchenliedes im 20. Jahrhundert.

28.10. Anlässlich des tschechischen Nationalfeiertags wird Franz Olbert, der langjährige ehemalige Generalsekretär der katholischen Ackermann-Gemeinde, in Prag vom tschechischen Präsidenten Vaclav Klaus mit der Verdienstmedaille der tschechischen Republik ausgezeichnet.

Schüler und Lehrer der von der Erzdiözese München und Freising getragenen Pater-Rupert-Mayer-Schulen in Pullach bei München begehen den 60. Todestag des Namenspatrons ihrer Schulen in diesem Jahr auf besondere Weise. Die Schüler der Realschule und des Gymnasiums ziehen mit ihren Lehrern in einer Sternwallfahrt durch die Münchener Innenstadt zum Grab des 1987 von Papst Johannes Paul II. selig gesprochenen Jesuitenpaters Rupert Mayer. Er erlitt am Allerheiligen-Tag des Jahres 1945 während der Feier der heiligen Messe einen Schlaganfall und starb wenig später. Auch die nach ihm benannte Volksschule in Pullach wird ein eigenes Gedenken an den Schulpatron halten.

03.11. Die Erzdiözese München und Freising, insbesondere deren Caritasverband, gedenkt des 60. Todestages von Pater Rupert Mayer SJ (1876-1945). Kardinal Friedrich Wetter feiert in der Münchener Bürgersaalkirche, in deren Krypta der selig gesprochene Jesuitenpater beigesetzt ist, einen festlichen Gottesdienst.

05.11. Bei der 150. Tölzer Leonhardi-Fahrt hat Erzbischof Friedrich Kardinal Wetter den religiösen Charakter dieses Brauchtums herausgestellt und dazu aufgerufen, daran festzuhalten.

07.11. Seit 20 Jahren unterstützt das für Familienbildung zuständige katholische Zentrum der Familie in Freising Eltern mit ihren Angeboten und Veranstaltungen bei der Erziehungsarbeit. Gerade junge zugezogene Paare, aber auch viele Alleinerziehende, die bei der Erziehung ihrer Kinder auf sich allein gestellt sind, nutzen die Kurs- und Beratungsangebote.

20.11. Erzbischof Friedrich Kardinal Wetter ruft für das neue Kirchenjahr ein Jahr der Priester- und Ordensberufe der Erzdiözese München und Freising aus. Durch Gebet, Gottesdienste und regionale Veranstaltungen wollen die Pfarreien, Ordensgemeinschaften und geistlichen Gemeinschaften wie auch der Priesterrat und der Diözesanrat der Katholiken intensiv daran mitwirken, dass wieder mehr junge Menschen die Berufe des Priesters, der Ordensfrau und des Ordensmannes in ihre Lebensplanung aufnehmen.

07.12. Orthodoxe und Katholiken feiern die Tilgung des Bannes von 1054. Anlässlich eines Symposiums in der Katholischen Akademie treffen sich hochrangige Repräsentanten und Theologen aus beiden Kirchen auch zu einer Pontifikalvesper im Münchener Dom, die zu einem Teil nach katholischen und zum anderen nach orthodoxem Ritus zelebriert wird.

08.12. Erzbischof Friedrich Kardinal Wetter informiert offiziell über den Besuch von Papst Benedikt XVI. im September 2006 in seiner bayerischen Heimat.

Der Münchener Theologieprofessor Kardinal Leo Scheffczyk ist kurz vor Vollendung seines 86. Lebensjahres in seiner Münchener Wohnung an den Folgen einer schweren Erkrankung gestorben. Erzbischof Friedrich Kardinal Wetter feiert am 14. Dezember für den Verstorbenen im Münchener Dom ein Pontifikalrequiem. Im Anschluss an ein Requiem am 15. Dezember 2005 mit Kardinal Joachim Meisner wird Kardinal Scheffczyk auf dem Friedhof der geistlichen Familie „Das Werk" im Kloster Thalbach bei Bregenz beigesetzt.

11.12. Walter Bayerlein, einer der maßgeblichen Wortführer des organisierten Laienapostolats der katholischen Kirche in Deutschland, feiert die Vollendung seines 70. Lebensjahres. Er gehörte von 1968 bis 2002 dem Vorstand des Diözesanrats der Katholiken im Erzbistum München und Freising an. Seit 1972 arbeitet er im Zentralkomitee der deutschen Katholiken mit und war bis April 2005 dessen Vizepräsident.

13.12. Erzbischof Friedrich Kardinal Wetter segnet den neu errichteten Plenarsaal des Bayerischen Landtags.

18.12. Mit einem feierlichen Gottesdienst in der Pfarrkirche St. Margaret im Münchener Stadtteil Sendling gedenkt Erzbischof Friedrich Kardinal Wetter der vor 300 Jahren dort getöteten tausend Bauern. Er feiert den Gottesdienst beim diesjährigen traditionellen Oberländer Gedenken, mit dem jedes Jahr an den 25. Dezember 1705 erinnert wird. Bei der so genannten „Sendlinger Mordweihnacht" waren aufständische Bauern aus dem Oberland während des Spanischen Erbfolgekrieges von kaiserlichen Truppen umzingelt und niedergemacht worden. In einer vom Archiv des Erzbistums München und Freising unter dem Titel „Die Pfarrei Sendling und die Mordweihnacht 1705" konzipierten Ausstellung werden Reproduktionen wertvoller Originale gezeigt, die das Ereignis und seine Wirkungsgeschichte dokumentieren. Darunter ist auch das Totenbuch der Münchener Pfarrei St. Peter, zu der Sendling damals gehörte. Es verzeichnet eine Bilanz von 976 Toten, die allein bis zum 31. Dezember 1705 registriert wurden.

22.12. Mit der Absicht, das Geburtshaus von Papst Benedikt XVI. in Marktl am Inn zu erwerben, hat der Bischof von Passau im Einvernehmen mit der Freisinger Bischofskonferenz eine kirchliche Stiftung öffentlichen Rechts errichtet. Am 20. Dezember wurde die Stiftung durch das Bayerische Kultusministerium anerkannt. Die Stiftung, die ihren Sitz in Marktl am Inn hat, will das Geburtshaus erwerben. Zweck der Stiftung ist es, an diesem Ort den persönlichen und geistlichen Lebensweg von Papst Benedikt XVI. darzustellen. Sie trägt den Namen „Stiftung Geburtshaus Papst Benedikt XVI.".

2006

03.01. Erzbischof Friedrich Kardinal Wetter hat mit Betroffenheit und Anteilnahme auf das Unglück in Bad Reichenhall – den Einsturz einer Eislaufbahn – reagiert, bei dem am 2. Januar 2006 mehrere Menschen, darunter auch Kinder und Jugendliche, getötet und viele verletzt wurden.

04.01. Papst Benedikt XVI. hat in einem Beileidstelegramm an den Münchener Erzbischof seine Betroffenheit über das Unglück ausgedrückt. Der Heilige Vater gedenke der bei diesem tragischen Unfall zu Tode gekommenen Menschen, vor allem der Kinder, in seinem Gebet und bittet Gott um rasche Hilfe und Rettung für die noch Verschütteten.

07.01. Für die 15 beim Einsturz der Eissporthalle in Bad Reichenhall getöteten Menschen wird in der Bad Reichenhaller Pfarrkirche St. Zeno bei einem ersten ökumenischen Wortgottesdienst gebetet. Das Gebet gilt ebenso den beiden bei einem Lawinenabgang am Schrecksattel an der Reiteralm im Landkreis Berchtesgadener Land Getöteten und den bei diesem Unglück immer noch Vermissten.

Wilhelm Heck, von 1980 bis 2000 Stellvertretender Finanzdirektor des Erzbischöflichen Ordinariats München, ist im Alter von 70 Jahren am 7. Januar in München an den Folgen einer schweren Erkrankung gestorben.

10.01. Erzbischof Friedrich Kardinal Wetter und die evangelisch-lutherische Regionalbischöfin für den Kirchenkreis München und Oberbayern, Oberkirchenrätin Susanne Breit-Keßler, feiern einen Wortgottesdienst in der Reichenhaller St.-Zeno-Kirche zum Gedenken an die Verstorbenen. Der Bayerische Ministerpräsident, Dr. Edmund Stoiber, und Vertreter der Staatsregierung nehmen daran teil.

Prälat Dr. Josef Maß, Pfarrer der Pfarrei Christkönig in Nymphenburg, ist nach langer schwerer Krankheit im Alter von 69 Jahren gestorben. Dr. Maß war weit über die Pfarrei hinaus im Erzbistum ein bekannter und beliebter Seelsorger, der sich als promovierter Kirchenhistoriker um die Erforschung der Geschichte des Bistums Freising – insbesondere der mittelalterlichen Geschichte – verdient gemacht hat. Von 1969 bis 1973 war Dr. Maß Sekretär von Erzbischof Julius Kardinal Döpfner, ab 1973 Pfarrer der Pfarrei Christkönig in Nymphenburg

13.01. Mit einer Ausstellung und der Veröffentlichung wichtiger Dokumente erinnert das Archiv des Erzbistums an Julius Kardinal Döpfner, eine der herausragenden Persönlichkeiten des Zweiten Vatikanischen Konzils. Die Ausstellung wird in dem von Kardinal Döpfner gegründeten und nach ihm benannten Bildungszentrum der Erzdiözese auf dem Freisinger Domberg von Erzbischof Friedrich Kardinal Wetter eröffnet. Gezeigt werden wichtige Konzilsdokumente, darunter die Konzilstagebücher Döpfners.

14.01. Erzbischof Friedrich Kardinal Wetter hält die Laudatio bei der Verleihung des Bayerischen Filmpreises an den Filmemacher Philip Gröning, der für seinen Dokumentarfilm „Die große Stille" ausgezeichnet wird.

15.01. Die Bayerische Franziskanerprovinz gibt bekannt, dass sie das traditionsreiche Kloster in Grafrath im Landkreis Fürstenfeldbruck zum 1. September 2006 aufgeben wird.

18.01. Die Seelsorge für Menschen mit Behinderung in der Erzdiözese wird künftig in die Pfarreien und Dekanate des Erzbistums integriert werden. Die Umorientierung dieser Seelsorge ist eine Antwort auf die neuen Entwicklungen in der Behindertenarbeit. Vor allem die neuen dezentralen Wohnformen für Menschen mit Behinderung, aber auch neue medizinische und technische Entwicklungen, die eine größere Selbstständigkeit und das Selbstbewusstsein Behinderter förderten, machten ein Umdenken in der Seelsorge erforderlich, meinte die Referentin für caritative und soziale Aufgaben im Erzbischöflichen Ordinariat München, Ordinariatsrätin Dr. Elke Hümmeler.

Das Zusammenwirken von Medizin, Psychologie, Sozialarbeit und Seelsorge für die im Kinderzentrum München behandelten Kinder und ihre Familien bezeichnet bei einem Besuch im Kinderzentrum München Erzbischof Friedrich Kardinal Wetter als beispielhaft und zukunftsweisend.

26.01. Eine der traditionsreichsten schulischen Einrichtungen für Mädchen und junge Frauen in München, die Maria-Ward-Schulen in Nymphenburg, sind zum Jahresbeginn aus der Trägerschaft der Englischen Fräulein in diejenige der Erzdiözese München und Freising übergegangen. Mit einem feierlichen Gottesdienst, den der Leiter des Katholischen Schulkommissariats in Bayern, Prälat Erich Pfanzelt, in der Ordens- und Schulkirche Nymphenburg hält, wird die Übergabe der Trägerschaft begangen.

27.01. Der 1996 vom damaligen Bundespräsidenten Roman Herzog für ganz Deutschland eingerichtete Gedenktag für die Opfer des Nationalsozialismus am 27. Januar wird künftig in der Erzdiözese München und Freising mit einem zentralen Gottesdienst begangen. Auf Initiative von Erzbischof Friedrich Kardinal Wetter wird dabei aller Opfer des nationalsozialistischen Unrechtsstaates und Rassenwahns, besonders auch der Frauen und Männer des katholischen Widerstands aus dem Erzbistum, gedacht und ihr Beispiel als Vorbild für kommende Generationen herausgestellt. Den ersten zentralen Gottesdienst feiert Weihbischof Engelbert Siebler in der Pfarrkirche Heilig Blut in Bogenhausen. Im Gedenken an die katholischen Martyrer aus der Erzdiözese ist zur selben Zeit im Innern der Münchener Frauenkirche eine vom Archiv des Erzbistums gestaltete Bilderwand aufgestellt. Es wird dabei an zwanzig Frauen und Männer aus den Widerstandsgruppen „Kreisauer Kreis" und „Weiße Rose" u. a. erinnert.

02.02. Erzbischof Friedrich Kardinal Wetter hat dem sozialdemokratischen Politiker und ehemaligen Münchener Oberbürgermeister und Bundesminister, Hans Jochen Vogel, zum 80. Geburtstag gratuliert.

09.02. Die katholische Zivildienstseelsorge im Erzbistum besteht seit 25 Jahren. Dies wird bei einem Festgottesdienst mit Weihbischof Dr. Bernhard Haßlberger im Kardinal-Döpfner-Haus gefeiert.

10.02. Wegen der Witterungsverhältnisse (große Schneelasten) sind in der Erzdiözese vier Kirchen und zwei Kindergärten gesperrt worden. Umfangreiche Untersuchungen werden bei mehr als 100 Gebäuden (insbesondere Gebäude mit Flachdächern oder flach geneigten Dächern) vorgenommen.

12.02. Erzbischof Friedrich Kardinal Wetter enthüllt nach einem Vespergottesdienst im Münchener Dom ein Relief des Papstes Benedikt XVI. Es zeigt ein lebensgroßes Brustbild des Papstes, der die in die Kirche eintretenden Menschen mit segnender Gebärde begrüßt. Das Bildnis stammt von Bildhauer Josef Alexander Henselmann.

01.03. Die im Dienst behinderter Menschen tätige Kongregation der Dienerinnen der Göttlichen Vorsehung (unter dem Namen Franziskanerinnen von Schönbrunn bekannt) öffnet ihr Ordensarchiv für die wissenschaftliche Forschung. Mit der Öffnung des Archivs nach der Anordnung über die Sicherung und Nutzung der Archive der katholischen Kirche (von 1989) wollen sich die Franziskanerinnen von Schönbrunn ihrer eigenen Geschichte stellen.

02.03. Mit einem umfangreichen Jubiläumsprogramm begeht die Pfarrei München-St. Paul das 100-jährige Bestehen der Pfarrkirche St. Paul an der Theresienwiese. Das Festprogramm wird mit der Kunstinstallation Via Cruce-Kreuzweg von Jannis Kounellis eröffnet, das der Leiter des Freisinger Diözesanmuseums, Dr. Peter Steiner, vorstellt.

Der größte Teil der zentralen Verwaltung des Erzbischöflichen Ordinariats München soll aus Kostengründen künftig in einem einzigen Gebäudetrakt – statt wie bisher über mehrere Einrichtungen im Stadtgebiet von München verteilt – untergebracht und zusammengeführt werden. Dazu hat die Erzdiözese an der Kapellenstraße 2 in der Münchener Innenstadt vom Bayerischen Staat ein Gebäude erworben, das bis 1802 das renommierte Jesuitenkolleg beherbergte. Die Kosten für den Erwerb in Höhe von 86 Millionen Euro werden zum größten Teil durch eine Umschichtung von Mitteln aus dem Immobilienbereich beglichen.

10.03. Erzbischof Friedrich Kardinal Wetter und der Landesbischof der Evangelisch-Lutherischen Landeskirche in Bayern, Johannes Friedrich, laden zu einem ökumenischen Kirchentag im Jahre 2010 in die bayerische Landeshauptstadt München ein.

13.03. Alberto Gasbarri, päpstlicher Reisemarschall, hält sich in Bayern auf, um die Reise von Papst Benedikt XVI. im September 2006 in seine bayerische Heimat organisatorisch vorzubereiten.

14.03. Msgr. Gerhard Ott, von 1984 bis 2002 profilierter Künstlerseelsorger in der Erzdiözese, vollendet sein 70. Lebensjahr.

22.03. Paula Linhart, Wegbereiterin einer professionellen katholischen Sozialarbeit und zugleich engagierte Filmsachverständige und Vorkämpferin einer wirkungsvollen Medienpädagogik, vollendet am 22. März ihr 100. Lebensjahr. Die gebürtige Münchenerin wirkte intensiv seit 1938 als profiliertes Mitglied auch im ökumenischen Una-Sancta-Kreis und von 1957 bis 1994 im Rat der Katholischen Akademie in Bayern mit.

Erzbischof Friedrich Kardinal Wetter stellt im Rahmen einer Pressekonferenz das gemeinsame Papstplakat der Diözesen Passau, Regensburg und München und Freising sowie die einzelnen Besuchsstationen während des Pastoralbesuches des Heiligen

Vaters im September 2006 in Bayern vor. Zusammen mit den Herren Bischöfen von Regensburg und Passau hat Erzbischof Friedrich Kardinal Wetter das Motiv für das gemeinsame Plakat und auch das gemeinsame Motto für den Papstbesuch ausgewählt: „Wer glaubt ist nie allein".

26.03. Zur geistlichen Vorbereitung auf den Besuch von Papst Benedikt XVI. in seiner bayerischen Heimat hält der Dekan des Münchener Metropolitankapitels, Dr. Lorenz Wolf, eine fünfteilige Predigtreihe jeweils bei einem Vespergottesdienst an den letzten Sonntagen der Monate März, April, Mai, Juni und Juli im Münchener Dom.

31.03. Das Geburtshaus von Papst Benedikt XVI. in Marktl ist von der eigens dafür errichteten Stiftung „Geburtshaus Papst Benedikt XVI." erworben worden. Die Stiftung wird vertreten durch den Vorstandsvorsitzenden und Finanzdirektor der Erzdiözese München und Freising, Domkapitular Dr. Sebastian Anneser, und den zweiten Vorsitzenden, den Finanzdirektor des Bistums Passau, Josef Sonnleitner.

11.04. Erzbischof Friedrich Kardinal Wetter kritisiert eine „den Kreuzestod Christi verhöhnende Werbung" für eine Cartoonserie „Popetown" des Fernsehsenders MTV scharf.

20.04. Weihbischof Engelbert Siebler begeht sein 20-jähriges Bischofsjubiläum. Papst Johannes Paul II. hatte ihn am 1. März 1986 zum Titularbischof von Tela und zum Weihbischof des Erzbischofs von München und Freising ernannt.

29.04. Die Titelkirche von Erzbischof Friedrich Kardinal Wetter – S. Stefano Rotondo – wird bei einem feierlichen Gottesdienst in Rom wieder eröffnet.

06.05. Aus Anlass des Tages der Archive, der bundesweit begangen wird, zeigt das Archiv des Erzbistums eine Ausstellung zum Thema „München und die Päpste".

17.05. Eine der größten sozial-caritativen Einrichtungen und einer der bedeutendsten Frauenfachverbände der bayerischen Landeshauptstadt, der Sozialdienst katholischer Frauen, begeht das 100-jährige Bestehen mit einem Festgottesdienst im Münchener Dom und einem anschließenden Festakt im Alten Rathaus in München. Der Sozialdienst katholischer Frauen war vor 100 Jahren als katholischer Fürsorgeverein für Mädchen, Frauen und Kinder gegründet worden.

20.05. Der Konvent der Benediktinerinnenabtei Frauenwörth im Chiemsee wählt Frau Johanna Mayer OSB, die seit 1991 dem Kloster angehört, zur neuen Äbtissin von Frauenwörth. Sie ist die 56. Nachfolgerin der Seligen Irmengard von Chiemsee.

22.05. Anlässlich des 60. Geburtstags von Dr. Erich Jooß, dem Geschäftsführenden Direktor des bayernweit im privaten Neuen Medien- und im Büchereiwesen tätigen Sankt Michaelsbundes, bezeichnet Erzbischof Friedrich Kardinal Wetter ihn als „einen von christlichen Werten geprägten und motivierten Medienfachmann".

27.05. Vom 27. bis 31. Mai 2006 besucht auf Einladung des Vorsitzenden der Deutschen Bischofskonferenz das Oberhaupt der griechisch-katholischen Ukrainer, Kardinal Ljubomir Husar die Bundesrepublik Deutschland und ist dabei am 31. Mai in München zu Gast.

01.06. Die Frauengemeinschaft der Missionarinnen der Nächstenliebe (Schwestern von der Mutter Teresa) in München-Sendling ziehen von ihren bisherigen Räumlichkeiten in ein neu renoviertes Gebäude am Margaretenplatz in München um.

07.06. Zu ihrer Wahl als neue Vorsitzende des Zentralrates der Juden in Deutschland gratuliert Erzbischof Friedrich Kardinal Wetter der Präsidentin der Israelitischen Kultusgemeinde München und Oberbayern, Frau Charlotte Knobloch.

09.06. Die Universität von Athen verleiht dem emeritierten Professor für Moraltheologie an der Katholisch-Theologischen Fakultät der Universität München, Dr. Johannes Gründel, die Ehrendoktorwürde.

Am Eröffnungstag der Fußballweltmeisterschaft feiern der Vorsitzende der Deutschen Bischofskonferenz, Kardinal Karl Lehmann, der Ratsvorsitzende der Evangelischen Kirche Deutschlands, Bischof Wolfgang Huber, der Erzbischof von München und Freising, Friedrich Kardinal Wetter, der evangelisch-lutherische Landesbischof in Bayern, Johannes Friedrich, und der Vorsitzende der Arbeitsgemeinschaft christlicher Kirchen in Deutschland, der emeritierte Bischof der Evangelisch-Methodistischen Kirche in Deutschland, Walter Klaiber, im Münchener Dom einen ökumenischen Gottesdienst. Auch Bundespräsident Horst Köhler, Bundesinnenminister Wolfgang Schäuble, und Ministerpräsident Edmund Stoiber nehmen genauso wie Repräsentanten des Sports daran teil.

10.06. Erzbischof Friedrich Kardinal Wetter und der Bischof von Dresden-Meißen, Joachim Reinelt, feiern anlässlich des 900-jährigen Jubiläums des heiligen Benno einen Festgottesdienst auf dem Marktplatz von Meißen, der einstigen Bischofsstadt Bennos. Dieses Jubiläum des heiligen Benno hat in Meißen auch eine bedeutsame ökumenische Dimension. Erstmals seit der Reformation nehmen katholische und evangelische Christen das Gedenken an den zehnten Bischof des früheren Bistums Meißen zum Anlass, um im heute evangelischen Dom zu Meißen einen ökumenischen Gottesdienst zu feiern. Der Liturgie stehen der gastgebende evangelisch-lutherische Landesbischof von Sachsen, Jochen Bohl, und der katholische Bischof des Bistums Dresden-Meißen, Joachim Reinelt vor. Auch Erzbischof Friedrich Kardinal Wetter nimmt an der Vesper teil.

16.06. Mit einer Festwoche vom 16. bis 24. Juni feiert das Erzbistum München und Freising den 900. Todestag des heiligen Benno: Am 16. Juni 2006 feiern zur Eröffnung der Festwoche der Münchener Erzbischof Friedrich Kardinal Wetter und der Bischof von Dresden-Meißen, Joachim Reinelt, um 17.30 Uhr im Münchener Dom einen Festgottesdienst. Am 18. Juni zelebriert Erzbischof Friedrich Kardinal Wetter einen Gottesdienst mit Altarweihe in der Stadtpfarrkirche St. Benno in München-Nymphenburg. Aus Anlass des Jubiläums des Pfarrpatrons wurde die langjährige Innenrenovierung der Kirche mit der Neugestaltung des Altarraums abgeschlossen. Die Künstler Anna Leonie, München, und Kurt Sigrist, Saanen/Schweiz, schufen mit dem neuen Altar einen markanten Ort als liturgischen Mittelpunkt der Kirche. Zum Festtag wird der Benno-Schrein mit den Reliquien des Heiligen vom Dom in die Pfarrkirche gebracht. Am 23. Juni wird im Rahmen einer Wallfahrt der Pfarrei und der Münchener Wallfahrt der Kinder der Schrein wieder in den Dom zurückgeleitet. Mehrere 100 Kinder aus Kindergärten und Grundschulen Münchens begleiten den von Ochsen gezogenen Wagen zum Dom – singend und betend.

17.06. Dem ehemaligen bayerischen Kultusminister und langjährigen Präsidenten des Zentralkomitees der deutschen Katholiken, Professor Dr. Hans Maier, gratuliert Erzbischof Friedrich Kardinal Wetter zur Vollendung seines 75. Lebensjahres.

21.06. Die wegen ihres persönlichen Einsatzes für Häftlinge des Konzentrationslagers Dachau von Deutschland und Frankreich geehrte Münchener Ordensfrau, Josepha Maria Imma Mack, starb im Kreise ihrer Mitschwestern der Kongregation der Armen Schulschwestern am Abend des 21. Juni in München nach längerer Krankheit im Alter von 82 Jahren.

10.07. Der Kartenversand (insgesamt werden 250000 Karten in elf Länder verschickt) für den Münchener Papstgottesdienst am 10. September auf dem Freigelände der Neuen Messe München beginnt. Den Auftrag für den Versand erhielt die seit 1963 in der bayerischen Landeshauptstadt eingerichtete Caritaswerkstatt für behinderte Menschen.

11.07. Die vierte Frauenkommission der Erzdiözese München und Freising hat sich unter Leitung der bisherigen und neuen Vorsitzenden, Ordinariatsrätin Dr. Anneliese Mayer, in München konstituiert. Die 14 von Erzbischof Friedrich Kardinal Wetter ernannten Mitglieder der Kommission beraten den Erzbischof und seine unmittelbaren Mitarbeiter in der Leitung des Erzbistums in allen kirchlichen, sozialen und gesellschaftspolitischen Fragen, die Anliegen von Frauen in den Mittelpunkt stellen.

14.07. Erzbischof Piero Marini, der päpstliche Zeremonienmeister und Leiter des Amtes für die Gottesdienste mit dem Papst, besucht zur Zeit Bayern. Er stimmt mit den Verantwortlichen für Liturgie in München, Altötting, Regensburg und Freising den Ablauf der Gottesdienste ab, die Papst Benedikt XVI. bei seinem Besuch in Bayern im September d. J. dort feiern wird. Am 14. Juli ist er um die Mittagszeit im Münchener Dom und vor der Mariensäule am Marienplatz zugegen.

20.07. Zum Besuch von Papst Benedikt XVI. in seiner bayerischen Heimat erhält die Kirche des Studienseminars St. Michael in Traunstein ein neues Geläut mit insgesamt sechs Glocken. Anlässlich der Verleihung der Ehrenbürgerwürde der Stadt Traunstein an den Papst hatte die Bürgerschaft zu Beginn des Jahres 2006 als Geschenk für Benedikt XVI. eine Benediktglocke gestiftet. Der Papst schenkte sie dem Traunsteiner Studienseminar. Bevor sie dort auf den Turm kommt, wird sie am Sonntag, 10. September, auf dem Freigelände der Münchener Neuen Messe die erwarteten 250 000 Gläubigen zur Eucharistiefeier mit dem Heiligen Vater rufen. Alle sechs Glocken werden am Donnerstag, 20. Juli, für die Kirche des Studienseminars mit einem Festzug im Zentrum von Traunstein auf dem Stadtplatz eingeholt. Erzbischof Friedrich Kardinal Wetter empfängt die Glocken zusammen mit dem Seminardirektor Thomas Frauenlob und den Seminaristen am Studienseminar. Die Glocken werden von Erzbischof Friedrich Kardinal Wetter mit einem feierlichen Ritus gesegnet.

Am selben Tag wird auch das Archiv des Studienseminars Traunstein für die Forschung geöffnet. Erzbischof Friedrich Kardinal Wetter hatte das Archiv des Erzbistums beauftragt, zur Darstellung der Geschichte des Studienseminars St. Michael dessen Archiv zu sichten, zu ordnen und zu verzeichnen. Das Ergebnis dieser umfangreichen Arbeit stellen der Diözesanarchivar Peter Pfister und Archivrat i.K. Volker Laube im Studienseminar vor. Die Arbeit ist in der Reihe „Schriften des Archivs des Erzbistums München und Freising", Band 11, erschienen. Dargestellt ist die Entwicklung der Einrichtung von ihrer Gründung an; die Publikation behandelt auch die entscheidenden Stationen im Ringen um das Weiterbestehen des Seminars unter dem nationalsozialistischen Regime.

24.07. Zum 30. Mal jährt sich der Todestag von Erzbischof Julius Kardinal Döpfner, der von 1961 bis 1976 Erzbischof von München und Freising war. Erzbischof Friedrich Kardinal Wetter hält den Gedenkgottesdienst im Münchener Dom.

Am 30. Todestag von Julius Kardinal Döpfner wird wenige Wochen, bevor Papst Benedikt XVI. vom 9. bis 14. September seine bayerische Heimat besuchen wird, eine große Ausstellung in der Münchener Karmeliterkirche eröffnet. In Wort, Bild und Film wird die besondere Beziehung des Heiligen Vaters zu seinem Heimatbistum, der Erzdiözese München und Freising gezeigt. Die vom Archiv des Erzbistums München und Freising zusammengestellte Ausstellung trägt den Titel „Lebendige Kirche – lebendige Heimat. Joseph Ratzinger und das Erzbistum München und Freising". Die Ausstellung, die bis zum 17. September geöffnet ist, besuchen 11 000 Gäste.

04.08. Für den großen Gottesdienst, den Papst Benedikt XVI. am 10. September auf dem Freigelände der Münchener Neuen Messe feiern wird, beginnen die erforderlichen Bauarbeiten vor Ort. Der trapezförmig ansteigende, in drei Terrassen angelegte Bau ist 6 Meter hoch und hat in Höhe des Papstaltars eine Fläche von 15 x 15 Metern. Auf dieser Fläche stehen der Altar, die Kathedra des Papstes und die Sitze der Konzelebranten. 22 Meter darüber wird ein Zeltdach – eine weiße Kunststoffmembran – gespannt. An der Rückwand über der Kathedra des Papstes wird das so genannte Enghausener

Kreuz von 890/900 angebracht, das erst im vergangenen Jahr als älteste lebensgroße Darstellung des Gekreuzigten anerkannt wurde.

05.08. Zur Vorbereitung seines Pastoralbesuchs in Bayern wählt Papst Benedikt XVI. die Form eines vorausgehenden großen Interviews, das vom Deutschen Fernsehen an diesem Tag in Castel Gandolfo aufgezeichnet und am 13. August gesendet wird.

19.08. Für den Besuch von Papst Benedikt XVI. vom 9. bis 14. September in seiner bayerischen Heimat liegt das offiziell bestätigte Programm vor.

Monsignore Alois Kirchberger, langjähriger Kirchenmusiker der Erzdiözese München und Freising ist nach langer, schwerer Krankheit im Alter von 78 Jahren in München gestorben.

01.09. Kaplan Markus Moderegger, bisher Gröbenzell-St. Johann Baptist, wird neuer Direktor des Studienseminars St. Michael in Traunstein. Er wird Nachfolger von Thomas Frauenlob, der seit 1997 Direktor des Studienseminars war. Im Einvernehmen mit Erzbischof Friedrich Kardinal Wetter übernimmt Thomas Frauenlob eine neue Aufgabe an der Kurie in Rom. Papst Benedikt XVI. hat ihn als Mitarbeiter in die Römische Kongregation für katholische Bildung, Abteilung für katholische Fakultäten und Universitäten, berufen.

07.09. Papst Benedikt XVI. hat sich in einer persönlichen Botschaft an die Menschen gewandt, die ihn bei seinem Besuch vom 9. bis 14. September in seiner bayerischen Heimat begrüßen und mit ihm Gottesdienst feiern werden: „Ich freue mich auf die Begegnung mit den Menschen in Bayern".

09.09. Der Heilige Vater trifft um 15.30 Uhr auf dem Flughafen Franz Josef Strauß in München ein und wird dort von Bundespräsident Horst Köhler mit militärischen Ehren als Staatsoberhaupt empfangen. Der Bundespräsident begrüßt den Papst, der Papst antwortet. Auch Bundeskanzlerin Angela Merkel begrüßt den Papst auf dem Rollfeld, ebenso Ministerpräsident Edmund Stoiber und der Erzbischof von München und Freising, Kardinal Friedrich Wetter, die den Papst nach Bayern eingeladen haben, sowie der Vorsitzende der Deutschen Bischofskonferenz, Kardinal Karl Lehmann, und die bayerischen Diözesanbischöfe. Anschließend fährt der Papst in die Münchener Innenstadt, den letzten Teil des Weges, vom Herzoglichen Georgianum am Professor-Huber-Platz an, im Papamobil zum Marienplatz. Dort wird er um 17.30 Uhr vor der Mariensäule von Ministerpräsident Stoiber und Kardinal Wetter begrüßt. An der Mariensäule richtet der Papst ein Gebet an die Gottesmutter Maria, die als Schutzfrau Bayerns verehrt wird. Münchens Oberbürgermeister Christian Ude begrüßt ihn anschließend und reicht ihm das Goldene Buch der Landeshauptstadt zur Unterschrift. Danach fährt der Papst im Papamobil zur Residenz, wo er Bundespräsident Köhler einen Höflichkeitsbesuch abstattet und der Kanzlerin und dem Bayerischen Ministerpräsidenten zu einem persönlichen Gespräch begegnet. Im Papamobil fährt er anschließend zum Erzbischofshof, wo er während seines Aufenthaltes in München wohnt.

10.09. Papst Benedikt XVI. trifft um 9.30 Uhr auf dem Freigelände der Neuen Messe München ein. Im Papamobil fährt er durch die Reihen der Gläubigen und feiert mit ihnen um 10.00 Uhr die Eucharistie. Kardinal Wetter begrüßt ihn zu Beginn des Gottesdienstes. Der Papst predigt, betet nach dem Gottesdienst den Engel des Herrn und hält dabei die traditionelle Ansprache zum Angelus. Nächster offizieller Termin ist am Sonntagnachmittag die Fahrt im Papamobil zum Münchener Liebfrauendom, wo um 17.30 Uhr eine Vesper mit jungen Familien, Katecheten, Religionslehrern und Kommunionkindern beginnt. Der Papst wird am Hauptportal des Doms vom Münchener Metropolitankapitel empfangen. Nach einem Gebet in der Chorkapelle vor dem Allerheiligsten und in der Krypta an den Gräbern von Kardinal Michael Faulhaber, der ihn 1951 zum Priester weihte, und von Kardinal Julius Döpfner, dessen unmittelbarer Nachfolger er als Erzbischof von München und Freising von 1977 bis 1982 war, beginnt die Vesper im Dom.

11.09. Papst Benedikt fliegt im Hubschrauber nach Altötting. Er wird in der Münchener Bayern-Kaserne um 8.15 Uhr von Oberbürgermeister Ude aus der Landeshauptstadt verabschiedet. Um 9.20 Uhr trifft er in Altötting ein und wird vom Bischof von Passau, Wilhelm Schraml, Ministerpräsident Edmund Stoiber, dem Landrat des Landkreises Altötting, Erwin Schneider, und dem Bürgermeister von Altötting, Herbert Hofauer, empfangen. Um 9.30 Uhr fährt der Papst im Papamobil zum Kapellplatz in Altötting und verweilt zu einem kurzen Gebet in der Gnadenkapelle. Um 10.30 Uhr beginnt auf dem Kapellplatz die Heilige Messe, zu der ihn Bischof Schraml begrüßt. Daran schließt sich eine Sakramentsprozession zu der neu eröffneten Anbetungskapelle an, die der Papst einweiht. Am Montagnachmittag um 17.00 Uhr feiert der Papst in der Basilika St. Anna eine Vesper mit Ordensangehörigen und Priesteramtskandidaten aus Bayern und spricht zu ihnen. Zuvor verweilt der Heilige Vater in der Kirche St. Konrad am Grabe des heiligen Bruders Konrad von Parzham zu einem kurzen Gebet. Nach der Vesper trägt sich der Papst in der Basilika in das ihm von Bürgermeister Hofauer vorgelegte Goldene Buch der Stadt ein. Am Abend des 11. September trifft der Papst um

Vesper im Münchener Dom mit jungen Familien, Religionslehrern und Erstkommunionkindern, 10. September 2006; v. l. Diakon Peter Pfister, Erzbischof Friedrich Kardinal Wetter, Domzeremoniar Diakon Anton Häckler, Papst Benedikt XVI., Päpstlicher Sekretär Georg Gänswein, Päpstlicher Zeremonienmeister Erzbischof Piero Marini, Diakon Werner Ingo Mehlich.

18.45 Uhr zu einem kurzen Besuch in seiner Taufkirche, der Pfarrkirche St. Oswald in Marktl am Inn, ein, wo ihn Pfarrer Josef Kaiser und Bürgermeister Hubert Gschwendtner begrüßen. Anschließend fährt er mit dem Papamobil zum Sportplatz des Ortes und fliegt von dort aus mit dem Hubschrauber nach Regensburg. Dort wird er von Bischof Müller, einem Vertreter des Bayerischen Ministerpräsidenten, dem Oberbürgermeister von Regensburg, Hans Schaidinger, und dem Landrat des Landkreises Regensburg, Herbert Mirbeth, begrüßt.

12.09. Um 9.30 Uhr trifft Papst Benedikt XVI. auf dem Islinger Feld bei Regensburg ein und fährt im Papamobil durch die Reihen der Gläubigen. Die Eucharistiefeier, zu der ihn Bischof Müller begrüßt, beginnt um 10.00 Uhr. Nächster offizieller Termin in Regensburg ist um 16.45 Uhr die Fahrt mit dem Papamobil zur Universität Regensburg, wo eine Begegnung mit Wissenschaftlern aus ganz Bayern stattfindet. Der Papst wird um 17.00 Uhr vom Rektor der Universität, Professor Alf Zimmer, empfangen und in das Auditorium Maximum geleitet, wo er zu Professoren und Studenten spricht. Ein weiterer Höhepunkt des Papstbesuches in Regensburg ist die Feier einer ökumenischen Vesper und eine ökumenische Begegnung im Regensburger Dom. Der Papst fährt um 18.00 Uhr im Papamobil zur Kirche St. Ulrich neben dem Dom. Dort wird er von hochrangigen Repräsentanten der Mitgliedskirchen und kirchlichen Gemeinschaften der Arbeitsgemeinschaft christlicher Kirchen in Bayern empfangen, die sich zu einer Prozession in den Dom formieren. Dort beginnt um 18.30 Uhr ein ökumenischer Vespergottesdienst mit Predigt des Papstes. Beim Verlassen des Doms trägt sich der Papst im Beisein von Oberbürgermeister Schaidinger in das Goldene Buch der Stadt ein.

13.09. Außerhalb des offiziellen Programms ist vor allem die Begegnung Papst Benedikts XVI. mit seinem in Regensburg lebenden Bruder, Apostolischer Protonotar Georg Ratzinger, vorgesehen. Es gibt nur einen offiziellen Termin an diesem Tag. Um 11.00 Uhr segnet der Papst in der Alten Kapelle in Regensburg eine neue Orgel und spricht dabei ein Grußwort. Am Nachmittag besucht er den nahe seinem früheren Wohnort Pentling gelegenen Friedhof und die anliegende Kirche St. Josef. Auf dem Friedhof befindet sich das Grab seiner Eltern und seiner Schwester Maria. Den späten Nachmittag verbringt der Papst zusammen mit seinem Bruder in seinem ehemaligen Wohnhaus in Pentling.

14.09. Von Regensburg kommend trifft Papst Benedikt XVI. um 10.30 Uhr mit dem Helikopter in der General-von-Stein-Kaserne in Freising ein. Er fährt mit dem Papamobil durch die Freisinger Innenstadt zum Domberg. Im Freisinger Mariendom wurde er am 29. Juni 1951 von Kardinal Faulhaber zusammen mit seinem Bruder und 40 weiteren Weihekandidaten zum Priester geweiht und hat an der Philosophisch-Theologischen Hochschule in Freising seine Laufbahn als Theologieprofessor begonnen. Im Domhof wird er vom Rektor der Domkirche und Direktor des Freisinger Kardinal-Döpfner-Hauses, Pfarrer Guido Anneser, vom Freisinger Oberbürgermeister Dieter Thalhammer und dem Landrat des Landkreises Freising, Manfred Pointner, empfangen. Er trägt sich vor dem Domportal in das Goldene Buch der Stadt Freising ein. Im Dom betet der Papst vor dem Schrein des heiligen Korbinian, der im 8. Jahrhundert den christlichen Glauben in Altbayern verkündete und als Patron des alten Bistums Freising und der Erzdiözese München und Freising verehrt wird. Zu den im Dom versammelten Priestern und Diakonen, darunter die noch lebenden Priester seines Weihejahrgangs, spricht der Papst. Kardinal Wetter richtet zum Abschluss des Besuches ein Gruß- und Dankwort an den Heiligen Vater. Um 12.15 Uhr wird Papst Benedikt XVI. auf dem Münchener Flughafen von Repräsentanten des Staates und der Kirche empfangen und verabschiedet. Um 12.45 Uhr startet die Maschine zum Abflug nach Rom. Anschließend ziehen bei einer Pressekonferenz im Pressezentrum des Flughafens Kardinal Wetter, Bischof Schraml, Bischof Müller und Ministerpräsident Stoiber eine erste Bilanz des Besuches.

20.09. Papst Benedikt XVI. hat den Leiter des Katholischen Büros Bayern, Prälat Valentin Doering, mit der höchsten Prälatenwürde eines Apostolischen Protonotars ausgezeichnet.

24.09. Eine der ältesten lebensgroßen Darstellungen des Gekreuzigten in der Welt, das Schaftlacher Kreuz, aus der Zeit um 970, kehrt nach umfangreichen Restaurierungsarbeiten in die Pfarrei Heilig Kreuz in Schaftlach zurück. Die Pfarrei feiert die Rückkehr des restaurierten Kreuzes mit einer Festwoche.

27.09. Erzbischof Friedrich Kardinal Wetter gratuliert dem Bayerischen Ministerpräsidenten, Dr. Edmund Stoiber, zur Vollendung seines 65. Lebensjahres.

28.09. Der Studiengang „Religionspädagogik und kirchliche Bildungsarbeit" wird künftig nur noch an der Katholischen Universität Eichstätt angeboten, nicht mehr auch im Kirchlichen Zentrum in der Preysingstraße in München. Der Grund dafür liegt in Sparmaßnahmen, wozu sich die Universität veranlasst sah.

30.09. Drei bayerische Diözesen geben mit den erstmals durchgeführten „Tagen neuer Kirchenmusik" Impulse für zeitgenössische sakrale Kompositionen. Dabei werden in ca. 80 Kirchen des Erzbistums München und Freising, in 20 Kirchen des Bistums Eichstätt und in acht Kirchen des Bistums Passau Werke von insgesamt 220 Komponisten des 20. und 21. Jahrhunderts aufgeführt. Das sind allein im Erzbistum Werke von mehr als 180 Komponisten mit 20 Uraufführungen und 19 Erstaufführungen.

Weihbischof Engelbert Siebler führt den neuen Stadtpfarrer von München-St. Peter, Msgr. Herbert Jung, bisher Pfarrer in München-St. Michael/Perlach, in sein Amt ein. Der 52. Pfarrer von Münchens ältester Stadtpfarrei ist Nachfolger von Msgr. Herbert Kuglstatter, der die traditionsreiche Pfarrei im Zentrum der bayerischen Landeshauptstadt 23 Jahre lang leitete und den Wiederaufbau des Gotteshauses vollendete.

09.10. Weihbischof Engelbert Siebler legt für das katholische Dominikuszentrum im neuen Münchener Stadtteil Nordheide den Grundstein. Mit einer Kapelle, Kindergarten im Caritaszentrum München-Nord und der Katholischen Jugendstelle München-Nord entsteht am Hildegard-von-Bingen-Anger ein Seelsorgezentrum der Pfarrei München-St. Gertrud.

20.10. Das ökumenische Seelsorgezentrum an der Münchener Universitätsklinik Großhadern, in dem acht katholische und vier evangelische Frauen und Männer als Seelsorger arbeiten, wird beim sechsten Kongress der Deutschen Gesellschaft für Palliativmedizin in Hamburg für ihre Forschungsarbeit an der Schnittstelle von Medizin und Seelsorge ausgezeichnet. Es erhält den dritten Preis für ein Dokumentationsverfahren, das zuverlässige Daten über den Einsatz der Seelsorge liefert.

22.10. Erzbischof Friedrich Kardinal Wetter leitet als Legat des Papstes zum ersten Mal eine Seligsprechung in Deutschland. Papst Benedikt XVI. beauftragt ihn, den als „Vater der Armen" verehrten Priester des Bistums Speyer und Ordensgründer, Paul Joseph Nardini, selig zu sprechen. Den festlichen Gottesdienst mit Seligsprechung feiert Erzbischof Friedrich Kardinal Wetter um 14.30 Uhr im Speyerer Dom.

25.10. Das alte mechanische Uhrwerk aus dem Nordturm der Münchener Frauenkirche zieht in das Deutsche Museum in München um. Das 1842 von dem Münchener Uhrmacher Johann Mannhardt geschaffene Werk hatte noch bis in die 60er Jahre des vorigen Jahrhunderts die Zeiger der Uhrenblätter auf den beiden Türmen der Münchener Frauenkirche bewegt. Das Metropolitankapitel München hat das seit Jahrzehnten ungenutzte Werk jetzt dem Deutschen Museum in München als Stiftung überlassen.

30.10. Weihbischof Dr. Bernhard Haßlberger, Bischofsvikar der Seelsorgsregion Nord des Erzbistums München und Freising, vollendet sein 60. Lebensjahr.

01.11. Prälat Valentin Doering, seit 1994 erster Leiter des von den bayerischen Bischöfen eingerichteten Katholischen Büros Bayern tritt aus gesundheitlichen Gründen in den Ruhestand. Sein Nachfolger wird Professor Peter Beer, der an der Universität München in Pädagogik und Theologie promovierte und als Honorarprofessor an der Philosophisch-Theologischen Hochschule der Salesianer Don Boscos in Benediktbeuern lehrt.

08.11. Die bayerischen Bischöfe beglückwünschen die Jüdische Gemeinde Münchens zur Errichtung und Eröffnung des „Neuen Jüdischen Zentrums" in München.

19.11. In den katholischen Pfarrgemeinden der bayerischen Bistümer werden die Kirchenverwaltungen neu gewählt. In der Erzdiözese München und Freising gibt es bei der diesjährigen Kirchenverwaltungswahl eine Vereinfachung. Aus historischen Gründen gibt es in vielen Pfarreien auch für die Filialen eigene Kirchenverwaltungen. Aus Gründen der Verwaltungsvereinfachung und Entlastung der Seelsorge hat die Erzbischöfliche Finanzkammer in München dazu aufgefordert, möglichst wenig eigene Filialkirchenverwaltungen gesondert zu wählen. Es sei rechtlich möglich, eine Vertretung der Belange der Filialkirchenstiftungen in der Pfarrkirchenverwaltung sicherzustellen – entweder durch gemeinsame Wahl oder Berufung.

25.11. Nach zweijähriger Innenrenovierung wird der Freisinger Mariendom im Rahmen eines Festgottesdienstes anlässlich des Korbiniansfestes durch Erzbischof Friedrich Kardinal Wetter wieder eröffnet. Ziel der Innenrestaurierung der letzten beiden Jahre war die Wiederherstellung der Raumschale des 18. Jahrhunderts im Mittelschiff und in den Seitenschiffen. Die Farbigkeit der Asam'schen Fresken und ihre Aussage sollte wiedergewonnen werden. Diese offizielle Wiedereröffnung des Freisinger Doms wird von einer Festwoche begleitet.

21.11. Der Direktor des Diözesanmuseums für christliche Kunst der Erzdiözese München und Freising, Dr. Peter Steiner, erhält am 22. November den Kulturpreis der Bayerischen Landesstiftung.

Im Alter von 102 Jahren ist der älteste Priester im Erzbistum München und Freising, Geistlicher Rat Johann Michael Gmeiner, in Bad Endorf gestorben.

29.11. Im Alter von 77 Jahren ist Carl-Theodor Horn an den Folgen einer schweren Krankheit gestorben. Er war 25 Jahre lang, von 1969 bis 1995, Baureferent im Erzbischöflichen Ordinariat München.

07.12. Im Rahmen eines Festakts wurde der Neubau für Bayerns größte Förderberufsschule, der Adolf-Kolping-Berufsschule in München (mit 1 400 Berufsschülern in 35 überwiegend handwerklichen Berufen), seiner Bestimmung übergeben.

08.12. Im Münchener Dom wird ein großes neues Marienbild zur Verehrung angebracht. Das Bild vom Typus Maria, Mutter der Kirche, ist ein Geschenk von Papst Benedikt XVI. Das Bild hängt an einem besonderen Platz in einem goldenen Rahmen in der Chorkapelle der Kathedrale.

12.12. Prälat Bernhard Egger, ehemaliger Stellvertretender Generalvikar im Erzbischöflichen Ordinariat München, vollendet in guter körperlicher und geistiger Verfassung sein 90. Lebensjahr.

Pater Ferdinand Demes, Steyler Missionar, ist im Alter von 77 Jahren im Münsterland verstorben. Pater Demes hatte 1971 mit dem Aufbau der Audio-visuellen Medienzentrale der Erzdiözese begonnen, deren Leiter er bis 1984 war.

21.12. Der Erzbischöfliche Finanzdirektor, Domkapitular Dr. Sebastian Anneser, verabschiedet Dr. Ludwig Summer, Diplomkaufmann und promovierter Wirtschaftsethiker, von seinem Amt als Stellvertretender Finanzdirektor. Er wechselt nach siebenjähriger Tätigkeit aus der Aufgabe des Stellvertretenden Finanzdirektors für den Vermögensbereich zum Franziskuswerk Schönbrunn im Landkreis Dachau. Für den Bereich Haushalt ist bereits seit Juli 2006 der Bankkaufmann und Diplomvolkswirt Markus Reif neu im Amt. Er ist Nachfolger von Klaus Weißbach, der ein neues Amt als Verantwortlicher für das Ressort Wirtschaft beim Caritas-Verband der Erzdiözese angetreten hat.

22.12. Die promovierte Kunsthistorikerin Silvia Hahn löst zum 1. April 2007 den Direktor des renommierten Diözesanmuseums für christliche Kunst der Erzdiözese München und Freising auf dem Freisinger Domberg, Dr. Peter Steiner, ab, der in den Ruhestand geht.

31.12. Domkapitular Dr. Lothar Waldmüller, Leiter des Referats „Weltkirche, Ökumene und interreligiöser Dialog" im Erzbischöflichen Ordinariat München tritt altersbedingt zum Ende des Jahres in den Ruhestand.

2007

11.01. Die sieben katholischen bayerischen Bistümer und die Evangelisch-Lutherische Landeskirche in Bayern schließen sich der Klimaallianz der Bayerischen Staatsregierung mit dem Bund Naturschutz offiziell an. Beim Zweiten Bayerischen Klimagipfel, der an diesem Tag unter Beteiligung hoher Repräsentanten von Staat und Kirche im Münchener Kardinal-Wendel-Haus stattfindet, wird zugleich eine Grundsatzerklärung der bayerischen Kirchen und der Bayerischen Staatsregierung für eine Zusammenarbeit zum Schutz des Klimas unterzeichnet.

18.01. Der Bayerische Ministerpräsident, Dr. Edmund Stoiber, hat seine persönliche Entscheidung bekannt gegeben, am 30. September vom Amt des Bayerischen Ministerpräsidenten zurückzutreten. Namens der bayerischen Bischöfe dankt Erzbischof Friedrich Kardinal Wetter Stoiber für die besondere Aufmerksamkeit und Wertschätzung, die er den Anliegen und dem Wirken der katholischen Kirche in Bayern entgegengebracht hat.

19.01. Nach mehrmonatigen Verhandlungen zwischen Kirche und Staat wird die Ordnung der Katholisch-Theologischen Fakultäten an den staatlichen Hochschulen in Bayern neu geregelt. Für die Verhandlungspartner, den Freistaat Bayern und den Heiligen Stuhl, unterzeichnen der Bayerische Ministerpräsident, Dr. Edmund Stoiber, und der Apostolische Nuntius in Deutschland, Erzbischof Erwin Ender, im Prinz-Carl-Palais ein entsprechendes Zusatzprotokoll zum Bayerischen Konkordat. Das Bayerische Kabinett hatte vorab beschlossen, die Katholisch-Theologischen Fakultäten an den staatlichen Hochschulen in Augsburg, München, Regensburg und Würzburg zu erhalten. Die Fakultäten in Bamberg und Passau ruhen für zunächst 15 Jahre. Sie werden für diesen Zeitraum in theologische Institute zur Lehrerbildung für das Fach „Religionslehre" in allen Schulgattungen umgewandelt.

22.01. Papst Benedikt XVI. zeichnet den emeritierten Ordinarius für christliche Sozialethik an der Katholisch-Theologischen Fakultät der Universität München, Professor Dr. Alois Baumgartner, mit der Ernennung zum Komtur des St.-Silvesterordens aus.

28.01. Wolf Ulrich Bachbauer, Vorsitzender des für die Unterstützung katholischer Christen in Nordeuropa bestimmten St.-Ansgarwerkes München und Pfarrer von Altomünster-St. Alto, ist unerwartet an den Folgen eines Herzinfarkts gestorben.

02.02. Papst Benedikt XVI. hat den Amtsverzicht von Erzbischof Friedrich Kardinal Wetter mit Wirkung vom 2. Februar 2007 angenommen. Zugleich setzt er Erzbischof Friedrich Kardinal Wetter als Apostolischen Administrator für das Erzbistum mit allen Rechten und Vollmachten eines Diözesanbischofs ein, der wie bisher das Erzbistum in seinem Namen bis zur Bestellung eines neuen Erzbischofs leiten wird.

Susanne Kaup

Statistischer Anhang zur Chronik

	Priesterweihe: Erzbistum / andere[1]	Diakonenweihe: Erzbistum/ andere	Ständiger Diakonat	Sonstiges	Aussendung von Pastoralassistenten[2]	Firmungen	Kirchenweihen im Erzbistum	Errichtung von Pfarreien und Kuratien	Errichtung von Pfarrverbänden
ab 28.10. 1982	–	7 / 2	12	–	–	1 557 (Gesamtjahr: 26 491)	–	–	2
1983	9 / 9[3] / 2	13 / 3	8	1 Bischofsweihe[4]	18	23 553	1	1 Pfarrei	1
1984	13[5] / 2	11 / 7	5	–	18	14 210	1	–	4
1985	11 / 8	10/ 2	15	–	9	14 560	–	1 Pfarrkuratie	1
1986	11 /3	18 / 3	5	1 Bischofsweihe 1 Klosterweihe	15	19 198	1	2 Pfarreien, 2 Pfarrkuratien	4
1987	19 / 5	12 / 5 / weitere[6]	1	–	13	17 085	2	1 Pfarrei	4
1988	11 / 2	13 / 2	13	–	13	16 740	1	–	7
1989	15 / 2[7]	11 / -	5	–	13	15 137	–	–	15
1990	11 / -	10 / 16	5	1 Jungfrauenweihe	15	15 907	–	1 Pfarrei	18
1991	10 / 1[8]	8 / 6	7	–	15	15 681	2	2 Pfarreien	9
1992	8 / 4	11 / 8	5	1 Jungfrauenweihe	16	15 752	1	–	6
1993	13 / 15[9] / 1	14 / 9	11	1 Bischofsweihe 2 Jungfrauenweihen	20	14 878	1	3 Pfarreien	5

	Priesterweihe: Erzbis-tum / andere	Diakonen-weihe: Erzbistum / andere	Ständiger Diakonat	Sonstiges	Aussendung von Pastoral-assistenten	Firmungen	Kirchen-weihen im Erzbistum	Errichtung von Pfarreien / Ku-ratien	Errichtung von Pfarr-verbänden
1994	14 / 4	– / 1	4	1 Bischofsweihe 1 Jungfrauen-weihe	17	15 785	–	–	3
1995	2[10] / –	12 / 2	5	–	–	15 785	1	1 Pfarrei, 1 Kuratie	7
1996	12 / 9	8 / 2	5	–	18	16 664	–	–	–
1997	8 / 4	10 / 1	10	–	10	16 369	1	1 Pfarrei	–
1998	11 / –	10 / 3	4	2 Jungfrauen-weihen	10	16 072	1	1 Pfarrei, 1 Kuratie	3
1999	10/ 8	8 / 7	12	1 Bischofsweihe	9	16 406	–	1 Pfarrei, 1 Kuratie	–
2000	6 / 3	7 / 1	12	–	8	16 505	1	1 Kuratie	2
2001	8 / –	4 / 1	7	1 Abtsweihe 2 Jungfrauen-weihen	6	16 117	–	2 Pfarrkuratien	1
2002	3 / 4	11 / –	7	1 Bischofsweihe	6	16 739	–	–	5
2003	10 / 4[11] / 4	3 / 2	9	1 Abtsweihe 1 Jungfrauen-weihe	9	17 052	–	–	4
2004	4 / –	12 / 3	2	–	10	17 847	–	1 Pfarrkuratie	7
2005	12 / –	6 / 1	12	1 Abtsweihe	14	17 917	1	2 Pfarreien	2
2006	6 / 5	11 / 1	20	1 Seligsprechung 1 Äbtissinnen-weihe 1 Jungfrauen-weihe	8	18 273	–	–	4
bis 2.2. 2007	–	–	–	–	–	–	–	–	1

1 Wenn nicht anders angegeben, sind sämtliche Angaben dieses statistischen Anhangs dem Amtsblatt für das Erzbistum München und Freising, Jgg. 1982-2007, entnommen.

2 Für diese statistischen Angaben sei Herrn Dipl.-Theol. Johann Fellner, Ständiger Stellvertreter des Referatsleiters, Referat Pastorale Dienste, Erzbischöfliches Ordinariat München, vielmals gedankt.

3 Kandidaten des Collegium Germanicum et Hungaricum in Rom.

4 Es wurden nur die Bischofsweihen erfasst, an denen der Erzbischof oder die Weihbischöfe als Haupt- bzw. Mitkonsekratoren beteiligt waren. Quellen: Amtsblatt für das Erzbistum München und Freising, Jgg. 1982-2007; www.catholic-hierarchy.org.

5 Eine Priesterweihe durch Bischof Joachim Kardinal Meisner (Berlin) an einen Kandidaten des Collegium Germanicum et Hungaricum in Rom.

6 Im Canisianum Innsbruck.

7 Kronberger, Chronik 1989 (Beiträge zur altbayerischen Kirchengeschichte 39, 1990, S. 205) führt zudem zwei Kandidaten aus dem Benediktinerorden an.

8 Kronberger, Chronik 1991 (Beiträge zur altbayerischen Kirchengeschichte 41, 1994, S. 235) nennt zusätzlich vier Kandidaten aus dem Jesuitenorden.

9 An Kandidaten des Collegium Germanicum et Hungaricum in Rom: zwei Kandidaten aus dem Erzbistum München und Freising (dort zugerechnet) und 15 aus anderen Diözesen.

10 An Kandidaten des Collegium Germanicum et Hungaricum in Rom.

11 An Kandidaten des Collegium Germanicum et Hungaricum in Rom.

Susanne Kaup

Ortsregister

Erfasst wurden alle Nennungen von Orten und Diözesen (mit Ausnahme von „München und Freising") sowie von Ländern (z.T. auch deren Einwohnern und adjektivische Wortformen). In Bayern gelegene Orte sind (außer bei kreisfreien Städten) nach Gemeinde- und Landkreiszugehörigkeit näher bestimmt, bei den übrigen deutschen Orten ist das Bundesland angegeben. Ausländische Orte sind nach dem Land lokalisiert. Die Bestimmungen richten sich nach der derzeit gültigen politischen Zugehörigkeit, in Ausnahmefällen sind historische Zugehörigkeiten angegeben. Eine genauere Differenzierung innerhalb der Orte wurde in Auswahl vorgenommen.

Susanne Kaup

Personenregister

Aufgenommen wurden alle in Text, Anmerkungen und Bildunterschriften namentlich vorkommenden Personen (außer Friedrich Wetter), in Auswahl auch indirekte Nennungen. Namen von Heiligen in Kirchen- und Altarpatrozinien sowie in Ordensbezeichnungen wurden nicht berücksichtigt. Charakteristiken erfolgten in der Regel nach der Funktion, in der die betreffende Person in den vorliegenden Texten letztmalig erwähnt wurde.

Susanne Kaup

Thematisches Register

Bei der Erstellung dieses Registers lag der Hauptgesichtspunkt auf der möglichst umfassenden thematischen Erfassung des Inhalts, nicht auf der vollständigen Angabe aller Nennungen. Wo es zur Verdeutlichung von Kerngedanken und zur Erleichterung der Orientierung nützlich und angemessen erschien, wurden Differenzierungen der Sachbegriffe vorgenommen. Andererseits wurden aber auch einzelne Stichwörter unter einem Oberbegriff zusammengefasst bzw. dem Sinn nach zugeordnet. Die Einteilung des Begriffs „Erzbischöfliches Ordinariat" erfolgte in Anlehnung an die derzeit gültige Organisationsstruktur.

Autoren

Prof. em. Dr. Alois Baumgartner,
Vorsitzender des Diözesanrats
der Katholiken des Erzbistums München und Freising

Franz Xaver Kronberger,
Monsignore, Geistlicher Rat, Domvikar i. R.

Dr. Peter Pfister,
Diakon,
Diözesanarchivar des Erzbistums München und Freising

Winfried Röhmel,
Leitender Redakteur, Leiter der Pressestelle
des Erzbischöflichen Ordinariats in München

Dr. Lorenz Wolf,
Prälat, Domdekan des Metropolitankapitels München,
Offizial des Erzbischofs von München und Freising

Abbildungsnachweis

amw Pressedienst, München: 331

Archiv der Erzdiözese München und Freising: 288

Erzbischöflicher Stuhl München: 50, 170, 202, 283, 292, 301, 311, 314, 320, 324, 350, 360, 365, 385, 408

Erzbischöfliches Ordinariat München, Pressestelle: Umschlag, 2, 8, 64 (Fotograf: Thomas Klinger)

Felici/Grazia Neri/Agentur Focus, Hamburg: 395

Münchner Kirchenzeitung: 92, 114, 140, 328, 376, 380, 387; 276, 278 (Fotograf: Karl Wagner); 296 (Fotograf: Simon Trapp)

Gerd Pfeiffer, München: 248, 341, 352

Die im Predigtteil abgebildeten Fotos von Kardinal Wetter entstanden bei folgenden Anlässen:
S. 50: Domjubiläum, 1988.
S. 64: Korbiniansfest der Jugend, Freising, 1997.
S. 92: Fronleichnamsfest, 2000.
S. 114, 140: Fronleichnamsfest, 2002.
S. 170: 50-jähriges Priesterjubiläum von Kardinal Wetter, Dom, 2003.
S. 202: Gedächtnisgottesdienst im KZ Dachau, 2005.
S. 248: Korbiniansfest, Freising, 2006.

Wir haben uns nach Kräften bemüht, alle Inhaber von Bildrechten ausfindig zu machen. Für versehentlich nicht oder falsch angegebene Quellen bitten wir bereits im Voraus um Nachsicht. Mögliche Rechteinhaber werden gebeten, gegebenenfalls mit dem Verlag Kontakt aufzunehmen.